大 学 问

始 于 问 而 终 于 明

守望学术的视界

明代国家权力结构及运行机制

方志远 著

MINGDAI
GUOJIA
QUANLI JIEGOU
JI YUNXING JIZHI

广西师范大学出版社
·桂林·

图书在版编目（CIP）数据

明代国家权力结构及运行机制 / 方志远著. -- 桂林：广西师范大学出版社，2024.3（2025.3 重印）
ISBN 978-7-5598-6425-3

Ⅰ．①明⋯ Ⅱ．①方⋯ Ⅲ．①权力结构－研究－中国－明代 Ⅳ．①D691.21

中国国家版本馆 CIP 数据核字（2023）第 188076 号

广西师范大学出版社出版发行

（广西桂林市五里店路 9 号　邮政编码：541004）
　网址：http://www.bbtpress.com
出版人：黄轩庄
全国新华书店经销
广西广大印务有限责任公司印刷
（桂林市临桂区秧塘工业园西城大道北侧广西师范大学出版社集团有限公司创意产业园内　邮政编码：541199）
开本：700 mm × 960 mm　1/16
印张：39.25　　　　字数：500 千
2024 年 3 月第 1 版　　2025 年 3 月第 7 次印刷
印数：21 431~24 430 册　　定价：118.00 元
如发现印装质量问题，影响阅读，请与出版社发行部门联系调换。

目 录

导 论 ………………………………………………………… 1

―― 上 篇 ――

明代中央决策系统的权力关系：内阁、内监与皇帝

第一章 "三大府"的设置与中书省的废除 …………………… 39
  第一节 皇权独尊与"三大府"的分工 ………………… 39
  第二节 宰相的两难选择与中书省的废除 …………… 45

第二章 翰林春坊官平驳奏启与内阁的出现 ………………… 53
  第一节 四辅官、大学士与翰林春坊官平驳诸司奏启 … 53
  第二节 "内阁"的出现及其地位的迅速提高 ………… 57
  第三节 明代内阁建置诸问题 ………………………… 61

第三章 内阁制度的形成及其在国家权力结构中的地位 …… 77
  第一节 内阁权力运行的基本方式：票拟 …………… 77
  第二节 内阁权力的集中：首辅制的形成 …………… 91
  第三节 内阁在明代中央决策权力结构中的地位 …… 97

第四章 司礼监的崛起及中央决策系统的"以内制外" …… 108
  第一节 司礼监的崛起 ………………………………… 108

第二节　司礼监职责的扩充及所谓"对柄机要" …………… 115

第五章　"以内制外"的保障：关于明代宦官的知识化问题 …… 125
　　第一节　明代宦官知识化的主要途径 …………………… 125
　　第二节　"知识宦官"的出路及其与士大夫的关系 ……… 135
　　第三节　明代宦官再认识 ………………………………… 143

第六章　明代皇帝的"事必躬亲"与"垂拱而治" ……………… 149
　　第一节　传统等级制度的重新确立与厘正 ……………… 150
　　第二节　从"祀天"看明代皇帝的勤政与疏懒 …………… 168
　　第三节　明代皇帝的"视朝""面议"与"批答" …………… 180
　　第四节　"垂拱而治"状态下明代中央决策系统的运行 … 199

―― 中　篇 ――

明代中央管理系统的权力制衡：外廷、内府与科道

第七章　废除中书省后"彼此颉颃"的外廷与内府 …………… 207
　　第一节　外廷"六部九卿"分理庶务 ……………………… 207
　　第二节　内府"二十四衙门"各司其职 …………………… 221
　　第三节　南北两京的定制及其在国家权力结构中的作用 … 226

第八章　明代官员选拔、任用中的权力分配 …………………… 232
　　第一节　官员任用：吏部的权威 ………………………… 232
　　第二节　科举取士：礼部的职权 ………………………… 251
　　第三节　明代的吏及其在国家权力结构中的地位 ……… 269

第九章　明代财政管理中的权力关系 …………………………… 276
　　第一节　中央财政管理系统 ……………………………… 276
　　第二节　中央派出财政管理机关 ………………………… 282

第十章　明代的军事力量及领导系统的"三权分立" ………… 292

　　　　第一节　明代军队的编制与布防 …………………………………… 292
　　　　第二节　明代军事领导系统中的"三权分立" …………………… 313
第十一章　明代的法律与司法权力结构 …………………………………… 325
　　　　第一节　明太祖的立法思想与明朝的"国法" …………………… 325
　　　　第二节　明代司法系统的权力结构 ………………………………… 334
第十二章　明代的监察权力及运行 ………………………………………… 346
　　　　第一节　都察院与六科十三道 ……………………………………… 346
　　　　第二节　明代监察权力的运行 ……………………………………… 360
　　　　第三节　明朝监察在国家权力结构中的作用与局限 …………… 372

———— 下　篇 ————

明代地方国家权力的调整与重组：抚按、司道与乡里组织

第十三章　行省、三司与三堂：省级权力结构的调整 ………………… 379
　　　　第一节　从行省到三司 ……………………………………………… 379
　　　　第二节　"三司"的弊病与"三堂"的出现 ……………………… 396
　　　　第三节　镇守中官的设置及其普遍化和制度化 ………………… 401
　　　　第四节　正德时镇守中官的泛滥及嘉靖初的革除 ……………… 417
第十四章　明代省级国家权力结构的定制 ………………………………… 429
　　　　第一节　巡抚的设置及地方化、制度化 ………………………… 429
　　　　第二节　巡抚在明代省级权力结构中的地位 …………………… 439
第十五章　明代的"道"：分巡、分守与"整饬兵备" ………………… 460
　　　　第一节　三司职能的变化与分巡、分守道 ……………………… 460
　　　　第二节　整饬兵备副使、佥事：兵备道 ………………………… 475
第十六章　明代府州县"亲民官"及其施政方式 ………………………… 491
　　　　第一节　府州县机构的设置与调整 ………………………………… 491

第二节　官的责任与吏的义务 …………………………… 502

第十七章　明代国家权力向基层社会的延伸 ………………… 527

　　　第一节　深入民间的礼乐教化 …………………………… 527

　　　第二节　里甲、保甲与里老 ……………………………… 552

　　　第三节　宗族与生员 ……………………………………… 567

引用文献 …………………………………………………………… 587

后　记 ……………………………………………………………… 601

再版后记 …………………………………………………………… 608

附录:明代国家权力结构演进简表 ……………………………… 611

导 论

一、中国古代国家制度的基本特征及形成道路

六、七世纪来到中国的日本、朝鲜留学生及外交使节，曾经为中国政府的强有力统治和中华民族的璀璨文化而惊叹；但同时期来到中国的波斯商人，窥测到中国皇帝的虚荣心和中国政府的自欺欺人。13世纪来中国的意大利探险家马可·波罗，曾经记载了中国的繁荣和强盛；但在十六世纪末、十七世纪初，马可的同胞利玛窦教士更多地看到这个天朝大国的愚昧和落后。法兰西哲人伏尔泰18世纪还在大声赞颂：当我们还漫游在亚平宁原始森林之中的时候，中华帝国就已经治理得像一个家庭一般；但不到一个世纪，他的国人就伙同盎格鲁·撒克逊人的后裔，曾一度占领了这个有五千年文明史的伟大国家的都城北京。

其实，无论是日本、朝鲜留学生及马可、伏尔泰看到的和听说的中国，还是波斯商人、利玛窦及英法联军与之打过交道的中国，它们并没有什么实质上的区别，都是在一个皇帝和一大群官吏的统治之下，都是以天朝大国自居。如果没有"野蛮"的"胡人""洋人"的威胁，如果没有"该死"的"流贼""乱民"的闹事，这个国家的君主永远是"伟大的"，因为在他们的统治下，这块东方大地曾经有过辉煌的时代和灿烂的文明。即使这样，这个国家的人民也只是习惯于日复一日地日

出而作、日落而息，他们关心的是居家过日子，因为当时的政府只让他们无条件地承担义务，但对国家事务，他们没有任何话语权和参与权。

当西方还在神权统治下的黑暗时代，我们为有一个强有力的政府、一个高高在上的君主"普降甘露"而沾沾自喜；当西方摆脱混乱和愚昧，并建立起发达文明和民主政治之后，我们又不禁埋怨，为什么中国旧有的政治体制和习惯势力竟是如此顽固，使我们改革的步履如此艰难，乃至兴一利出百弊，新的问题、新的矛盾层出不穷。于是比较研究之风蔚然而起。经过一段时间的探讨，有人豁然开朗：原来，西方之所以能够建立近代政治制度和经济秩序，很大程度是因为他们中世纪政治上的分裂割据、经济上的庄园林立，还有教皇和无数教堂在参与政治斗争和经济生活。于是有人进一步发现，原本作为古代中国繁荣昌盛三大基石的君主制、大一统、小农经济，竟然是阻碍中国走出中世纪进入近代社会的三大障碍。那么，中国是否应该退回去，退到那个曾经被诅咒过的西方中世纪，然后再由中世纪进入近代社会？

中世纪的西方人并不愿意自己的国家破碎，正如当代中国人不可能接受头上有一个至高无上、操持生杀大权的君主一样。西方中世纪的黑暗（尽管黑暗中孕育着积极因素）和近代的进步，中国中世纪的繁荣（尽管繁荣下掩盖着愚昧痼疾）和近代的落后，都不是有意识的选择，而是各自历史发展的结果。如果不将中国和西方进行横向比较，如果东西方不发生接触，只是孤立地从各自的发展轨迹来看，不仅仅西方在进步，中国同样也在进步。谁能不顾历史事实，认为明清时期的中国比汉唐或宋元时期的中国落后？但又有谁能够断定：如果没有鸦片战争，如果没有西方资本主义的猛烈撞击，如果中国不被卷入世界经济发展的潮流之中，清王朝也必然是中国的末代王朝，明清时期也肯定是中国"封建社会晚期"？

既然上帝把东方和西方安顿在同一个星球上，那就无法不让它们相互影响。我们诅咒西方殖民主义者把东方变为他们的殖民地和半殖民地，给包括中国在内的各国人民造成了巨大的灾难；西方也曾经诅咒，东方的"黄祸"，把一个好端端的罗马帝国折腾得七零八落，从而导致了近十个世纪的黑暗时代。但是，从历史的进程来看，如果没有"黄祸"的西进浪潮，也许就没有西方近代民主制度产生的土壤；如果没有大航海时代的开启和全球一体化，或许就没有近五个世纪以来的现代化过程。

每个民族、每个国家，都有因为自然环境、人文环境和政治生态形成的生产方式和生活习惯、政治体制和权力结构，但是，这些生产方式和生活习惯、政治体制和权力结构，也并非一成不变，它们将随着自然环境、人文环境和政治生态的变化而变化，随着全球化时代的到来而日益趋同。

现有的文献记载和考古发现表明，从我们的祖先由野蛮时代迈入文明时代的这一步起，就决定了此后几千年的基本政治格局：家天下和君主制。中国几千年的光荣与耻辱无不与此相关。但如何走到这一步，先贤们却有不同的看法。

孟子在任何情况下都不忘记宣传"性善"。他告诉人们，中国的家天下是温文尔雅地形成的：当年大禹东巡，死于会稽（今浙江绍兴），死前将天子之位授予自己的助手益。三年之后，益又主动将天子之位让给了禹的儿子启，自己则隐居于箕山之阳（又名许由山，今河南省登封市南）。启不但是禹的儿子，而且大贤大德，所以天下归心。（《孟子·万章篇上》）这是一个美好动听、令人感动的故事。而且，箕山也是一个很有纪念意义的地方。据称，当年尧要将天子之位让给许由，许由为了躲避，就隐居在这颖水之阳的箕山。孟子将益也"安置"在箕山隐居，是有深意的。当然，孟子并非第一个"性善论"者。最早讲述此类"禅让"故事的是《墨子》："古者尧举舜于服泽之阳，授之政，天下平。禹举益于阴方之中，授之政，九州成。汤举伊尹于庖厨之中，

授之政,其谋得。文王举闳夭、泰颠于罝罔之中,授之政,西土服。"(《尚贤上》)

与《墨子》《孟子》的看法不同,《战国策》的作者认为,启的王位是从益手中夺来的:禹在位时,不断委以儿子启重任,临死前却又宣布益为自己的接班人。益的威望不高,在禹身边的时间也不长,大小酋长不买他的账。在他们的支持下,启在禹死后不久即攻杀益而取其位。(《燕策一》)司马迁《史记》也持这一说法,并画龙点睛地加了一笔:"天下谓禹名传天下于益,已而实令启自取之。"(《燕召公世家》)《荀子》更完全否定有"禅让"之事:天子至高无上,没有"与让"的道理。(《正论篇》)《韩非子》更将舜、禹和汤、武并称:舜逼尧、禹逼舜、汤放桀、武伐纣,"此四王者,人臣弑其君者也"。(《说疑篇》)

但是,《战国策》《荀子》《韩非子》的说法不仅为后儒所忌,也不被当代历史教科书所采用。人们宁愿相信有尧、舜、禹温文尔雅的"禅让",也不愿看到比比皆是的暴力和阴谋。这样既可以证明当时确实有"军事民主制"的存在,也有望为后世留下一个是非标准。但即使是所谓"军事民主制",也是以军事实力为前提的。舜通过辅佐尧而积势,禹通过多年的治水,名望和实力大增。尧、舜年事已高,儿子无能,故舜、禹得以取而代之。在韩非子的眼里,这都是篡夺。但从当时的情况来看,可以视之为军事民主制的传统战胜了世袭制的萌芽。在对武力的迷信方面,禹更超过尧、舜。刘向《说苑》有一段很有意思的记载:"当舜之时,有苗氏不服……禹欲伐之,舜不许,曰:'教谕犹未竭也,究教谕焉。'而有苗氏请服。"(《君道》)就算刘向的这个说法比较接近事实,但如果没有禹的用兵主张的威慑,光靠舜的"教谕",不知有苗氏会请服否?又据《国语·鲁语下》,禹继位后,大会诸侯于会稽,防风氏后到,禹即杀之,可见其独断的威势已有后世君主的风范。此后启断然攻杀益,实有其父之遗风。同时也说明,随着社会财富的积累和私有意识的加强，世袭的观念已经在武力的支持下战胜了军事民主传统。

美国著名人类历史学家摩尔根，在他的那部被马克思和恩格斯高度评价的《古代社会》中指出，世袭制的最初出现，最可能是由于暴力建立起来的，而不大可能是由于人民的心甘情愿。[①] 马克思在摘录这段话时，将其推向极致："世袭继承制在凡是最初出现的地方，都是暴力（篡夺）的结果，而不是人民的自由许可。"[②] 看来，《荀子》《韩非子》《战国策》和《史记》的说法，比《墨子》《孟子》更符合马克思主义的国家学说，也更符合"国家"形成的规律。

如果将视野延伸，还可以从传说中进一步发现，华夏族的始祖轩辕氏黄帝也是以武力铲除异己的。黄帝和炎帝本为同胞兄弟，但性格各异，炎帝盛气凌人，黄帝将各方面关系处理得很好，并加紧训练军队。兄弟反目后，在阪泉连战三场。由于得到诸侯的帮助，黄帝大败炎帝，夺了他的部落，占了他的地盘。（《国语·晋语四》）后来，黄帝又带着中原各部落攻灭了三苗首领蚩尤，势力几乎扩大到整个黄河中下游地区。

不管经典文献如何说黄帝及尧、舜、禹、启的大仁大德，有一点却是肯定的，他们的地位都是以实力为基础，或者直接通过战争而取得的。后来的汤伐夏桀、武王伐商纣也一样。如果没有军事力量，即使仁德如孔孟，也只能摇唇鼓舌敲边鼓。可见，"枪杆子里面出政权"，乃千古至理。

既然是战争，就需要权威和专断，而一旦国家的形成由军事征服来实现，一旦部落联盟或军事集团转化为国家政权，一旦部落首脑或军事

[①] （美）摩尔根：《古代社会》，北京：商务印书馆，1977年，第141页。
[②] （德）马克思：《摩尔根〈古代社会〉一书摘要》，北京：人民出版社，1965年，第123页。

首脑转变为国家首脑，君主专制的局面就形成了。从全球范围看，早期城邦国家，可能有过国民自治的方式，但我们所看到的中国历史上国家的雏形，大抵都是战争机器。在中国境内，有文献记载的全国性大帝国的建立，乃至地方性小朝廷的组建，无不通过战争的途径来实现，或者以军事实力为后盾。因此，这些政权无一例外都实行君主专制的政治体制，其权力结构，也是为维护这一体制服务的。

例外当然也有。秦亡后，项羽搞了大民主，分封十八位诸侯王，并且希望通过和刘邦谈判的方式结束战争、瓜分地盘，结果弄得身败名裂。五代时期的南唐后主李煜也是主张中国境内大小政权相安无事、和平共处的，但宋太祖赵匡胤则认为，这块大地上只能是一人高卧，其余的只能匍匐在地："卧榻之侧，岂容他人鼾睡！"可见，"天无二日，民无二主"早已成为根深蒂固、深入人心的意识。天上只能有一个太阳，一旦出现十日，不是由其中一个召集会议，讨论如何轮流出来，以免祸害人类，而是干脆造出一位后羿，将多余的九个一一射落。一个民族、一个国家的集权意识，在传说和神话中也得到体现。

二、国家权力与明代国家权力结构的演进轨迹

从秦汉到明清的全部历史表明，在以个体农业为基本生产方式的中国土地上，在无数自耕农像马铃薯般散落的中国土地上，建立全国性统一政权的唯一途径就是战争。其间或许有无数次的使节往来和讨价还价，但最终还是要靠武力解决问题。[①] 因而，君主制也成为唯一能够存

---

① 中国历代国家政权的这一形成过程的影响是巨大的，它不仅决定了中国国家体制和权力构成的基本特点，也决定了国民心理的"非此即彼"，其表现是在人际交往和财产纷争过程中的以权以钱压人，而不是在平等前提下通过谈判和契约的方式来解决矛盾和纠纷。而其极端，则是不断发生的与钱权对抗的无赖和扯皮。

在的政治体制。在这一点上，明代与秦汉、隋唐、宋元并无本质的区别。但是，随着时代的推进、文明的发展、中外交流的频繁，明代的经济社会较之秦汉、隋唐、宋元确乎发生了重大的变化，国家权力的构成方式、国家权力与其他社会权力的相互关系，也发生了显而易见的变化。本书所讨论的，正是在明代的经济社会中产生并演进的国家权力结构及其运行方式。

国家权力是一种社会公共权力。从社会政治学的角度来说，社会权力包括国家权力、家庭或家族权力、宗教及其他各种社会权力（如社区、社会群体、社会组织、商会、会馆等）、个人权力（如商人、士绅、富民、游棍、贫民等）等。由于国家权力是社会公共权力，是各种社会权力的集中体现，因而它在各类社会权力关系中起着主导作用，具有协调各类权力关系的功能和责任，但同时又受其他各类权力体系的制约和影响。正如法国学者魏丕信所说，国家行政组织以及与之共同形成一个权力结构的那些社会群体是不可能截然分隔的，它们紧密地联系在一起，而国家只是处于这个权力结构的顶点。[1]

傅衣凌先生在论及中国传统社会权力结构时指出："一方面，凌驾于整个社会之上的是组织严密，拥有众多官僚、胥役、家人和幕友的国家系统。这一系统利用从国家直至县和次于县的政权体系，依靠军队、法律等政治力量和经济习惯等方面的力量实现其控制权。""另一方面，实际对基层社会进行控制的，却是乡族的势力。乡族保留了亚细亚公社的残余，但在中国历史的发展中已多次改变其组织形态，既可以是血缘的，也可以是地缘性的，是一种多层次、多元的、错综复杂的网络系统，而且是具有很强的适应性。"[2] 而乡族势力和国家权力又是相互依

---

[1] （法）魏丕信：《18世纪中国的官僚制度与荒政》（徐建青译），南京：江苏人民出版社，2003年，第4页。

[2] 傅衣凌：《中国传统社会：多元的结构》，《中国社会经济史研究》1988年第3期。

存和互为补充的。不仅如此，乡族势力还随着人口的流动而在异域他乡以新的方式出现，这就是明清时期普遍存在的同乡"会馆"及其他类似的组织，以及由"移民"而为"土著"的新乡族。

在讨论国家权力特别是国家权力结构时，必然涉及国家制度。这是两个既密切相关又应该有所区别的概念。一般来说，国家权力是体现国家存在并贯彻统治者意图的强制力量，国家权力结构是国家权力行使主体的构成方式或组织形式；国家制度指的是国家的阶级属性和关于国家权力结构的法律规定。国家制度更多地表现国家的阶级属性问题，国家权力结构则更多地表现国家权力机关的组织形式问题。但二者又是紧密结合在一起的，国家制度中包含着国家权力结构，国家权力结构又体现着国家制度。在讨论国家权力结构时，应该包括以下内容：一、国家权力的结构或构成，既包括从上到下的纵向结构，也包括分层权力体系中的横向结构，以及它们之间的相互关系。二、国家权力结构的变化，以及导致其发生变化的社会的、个人的因素，必然的、偶然的因素。三、国家权力与其他各类社会权力之间的关系，以及影响这一关系态势的各种因素。四、国家权力的运行机制及其效率，体现国家权力结构自身的关系调整及与其他社会权力协调的过程。

经历了春秋战国、两晋南北朝及宋辽夏金时期的社会动荡与民族融合，又经历了秦汉、隋唐及元代的大一统与政权重构，中国国家权力结构在明代有了新的特点，更加趋于成熟而富于弹性。随着社会经济形势和统治集团内部各种力量对比的变化，明代国家权力结构经历了一个初创、定型、调整、再定型的演进过程。这一过程贯穿整个明代历史。实际上，任何一个有着相当长统治时段的皇朝，都有过类似的过程。因此，研究明代国家权力结构演进，在一定程度上又是在探讨中国国家权力结构演变的一般规律。

从明太祖奠基南京，到洪武十三年（1380）废中书省、升六部，可视为明朝国家权力结构由初创到定型的时期。在这一时期，明朝中央和地方政权的构成大致上承袭元朝。中央设中书省、大都督府（即元朝的枢密院）、御史台，并称"三大府"，分掌政令、军令和监察，分别对皇帝负责。地方设行中书省，既是省级最高权力机关，在体制上又是中央中书省在地方的派出机关。

但是，任何继承都包含着改革和创新。

早在明朝建立之前，明太祖就已经开始对地方权力机关进行调整。行省一般不设平章，而以左、右丞为最高长官，规制已在降低；而且，明初的行省也并不像一般研究者理解的那样，统有地方一切权力。在"行中书省"机构之外，各省另有作为中央大都督府在地方派出机构的"都督府"，以及作为中央御史台在地方分支机构的"提刑按察使司"，形成与中央三大府相对应的地方三大权力机关。洪武九年，改行中书省为承宣布政使司，与都指挥使司、提刑按察使司并称"三司"，地方新的权力结构定型。

随着统治集团内部斗争的激化，中央权力结构更发生了重大的变化，且充满着腥风血雨。洪武十三年，明太祖以谋反罪杀左丞相胡惟庸、废中书省，同时升六部品秩，让其分掌政务，直接对皇帝负责，又将大都督府一分为五，称"五军都督府"，分统地方各都司；十五年，废御史台，设都察院，掌监察。中央新的权力结构也告定型。

这可以说是明朝国家权力结构的第一轮变化，也是中国古代国家权力结构的重大变化。明太祖曾对这一权力结构进行总结：

> 自古三公论道，六卿分职。自秦始置丞相，不旋踵而亡。汉唐宋因之，虽有贤相，然其间所用者多有小人专权乱政。我朝罢相，设五府、六部、都察院、通政司、大理寺等衙门，分理天下庶务，彼此颉颃，不敢相压，事皆朝廷总之，所以稳当。以后嗣君并不许

立丞相，臣下敢有奏请设立者，文武群臣即时劾奏，处以重刑。①

后来，这段话被列入《皇明祖训》的"甲令"。其要害有二：

其一，将外廷权力机关视为对皇权的首要威胁，这就导致了"以内制外、内外相制"思想的产生，并将最终形成明朝国家权力结构中内廷宦官系统与外廷文官系统并存的双轨制权力体系，实质上则是通过宦官系统对文官系统进行制裁。

其二，以各部门或各权力系统的相互制衡作为维护皇权的基本手段或方针。这是对皇帝集权而中央各部门分权、中央集权而地方各部门分权的明朝国家权力结构的基本原则的法律规定，并导致了"大小相制、上下相维"的权力格局的形成。

以上是明朝国家权力结构的两个基本特点或原则，它既是明朝皇权的绝对权威得以维护的根本保证，也是明朝国家权力结构与历代的区别所在。此后，明朝国家权力结构有过许多变化，但上述两个特点或原则是不变的。

在明太祖精心设计的明朝国家权力结构中，除文官和武官系统外，还有两股极为重要的力量，一是上面所说的宦官系统，二是诸王系统。虽然有记载说太祖立有禁令，宦官不得读书识字、不得干预政务，但洪武时期十二监、四司、八局宦官"二十四衙门"的设置，以及宦官的出使、视军、侦刺，已经显示出宦官与外廷抗衡的"以内制外"的态势。而从洪武三年开始分三批共封的二十四个诸侯王，少者领兵三千，多者统军近两万，不仅足以挟制各省都司，而且负有在紧要关头起兵"靖难"的"以外制内"的责任，至少最初的愿望如此。

因此，明朝的国家权力就其结构来说，可划分为两大集群。其一是

---

① 《明太祖实录》卷239，洪武二十八年六月己丑。

中央到地方的行政、军事及监察等权力机关，这是用以治理国家、管理民众、镇压反抗、抵御外侮，即主要用以维护国家稳定的权力体系。其二则是内廷宦官和外地诸王，这是专门用以控制文官武将以维系朱明王室的权力体系，宦官的态势是"以内制外"，诸王的态势则是"以外制内"。

在明代的国家权力结构中，还有一个不可忽略的系统，由六科十三道组成的明代言官系统，体制上属于文官，职能上又具有相对的独立性。它是明太祖"以下制上、上下相维"治国理念的产物，拥有站在传统道德和国家利益的立场上，对一切社会问题和官场弊病乃至君主的行为，进行揭露和抨击的法律性权力。

明太祖在洪武时就已经确立了明朝的国家政治制度和国家权力结构，每次进行权力重新配置时，也总是胸有成竹、振振有词。[①] 局部的调整也从洪武时开始，以中枢权力为例。废中书省的当年，洪武十三年九月，明太祖便召几位山乡老儒进京，任为"四辅官"，说是为君者不

---

① 以分封诸王为例，《明太祖实录》卷51，洪武三年四月辛酉条载："上谕廷臣曰：'昔者元失其驭，群雄并起，四方鼎沸，民遭涂炭。朕躬率师徒，以靖大难，皇天眷佑，海宇宁谧。然天下之大，必建藩屏，上卫国家，下安生民。今诸子既长，宜各有爵封，分镇诸国。朕非私其亲，乃遵古先哲王之制，为久安长治之计。'"分封诸王，本是明太祖所设计的整个国家权力结构中的极其重要的组成部分，但也是给明朝和中国社会造成巨大灾难的制度。就在明太祖发表上述言论的六年后，山西平遥县学训导叶伯巨于洪武九年借星变求言之机上疏，鉴古说今，指出这一制度的潜在危机："臣恐数世之后，尾大不掉，然后削其地而夺之权，则必生觖望，甚者缘间而起，防之无及矣。"（《明史》卷139《叶伯巨传》）叶伯巨的忠告被明太祖视为离间骨肉之言，其人下狱致死。但事情的发展一如伯巨之预言，只是没有等到"数世之后"。明太祖尸骨未寒，燕王朱棣即起兵南向，开始了长达数年之久的"靖难"之役，并夺取了皇位。作为历史总结，《明史·诸王传赞》（"四库全书"本）对这一制度的演变和后果作了如下评述："封建之不可行于后世也信矣！明太祖建立亲藩，大封诸子，方谓枝叶相维，根本益固，乃一传而有燕王之变，篡夺之祸，起不旋踵。厥后高煦、宸濠逆谋屡动，非所谓最强则最先反者欤。中叶以来，矫枉过正，防闲之峻，至于二王不得相见，省墓请而后许，识者讥焉。降及末季，盗贼充斥，社稷之危，在于呼吸，而起兵勤王者，且援祖制以罪之。诸王之据名城、拥厚赀，束手就戮，所在皆是，其能资捍御者谁耶？"按整个明朝，实封就藩的亲王共48位（内太祖诸子23王、成祖诸子2王、仁宗诸子5王、英宗诸子5王、宪宗诸子7王、世宗诸子1王、穆宗诸子1王、神宗诸子4王），先后发生过大的宗室动乱4次（建文时燕王朱棣、宣德时汉王朱高煦、正德时安化王置鐇及宁王宸濠）。

可无辅臣；洪武十五年十一月，又任命几位官员为"殿阁大学士"，说是为君者不可无顾问。这些措施并无实际意义，却为后来内阁的形成提供了"祖制"依据，也使后来的一些研究者误以为明代内阁始设于洪武。[①] 而真正具有意义的则是洪武十四年命翰林春坊官平驳诸司奏启，这成为内阁基本职责票拟的发端。

明朝国家权力结构的第二轮整体性调整和定型发生在永乐至嘉靖期间。这一时期，明朝的国家权力结构发生了四个方面的重大变化。

第一个变化发生在中央。一方面由翰林院分离出的内阁，始为皇帝的机要秘书班子，继而成为处理国家政务的外廷中枢机关，六部长官视其颜色，地方大吏听其指麾。另一方面司礼监逐渐凌驾于内官监之上，成为内府二十四衙门的首署，并成为处理国家政务的内廷中枢机关。内阁与司礼监，分掌"票拟"与"批红"，内廷宦官全面参与国家事务，成为国家权力结构中的重要组成部分，形成中国历史上仅见的贯穿于整个朝代的宦官与文官双轨制权力体系。

第二个变化发生在地方。由吏部任命而挂衔都察院的巡抚都御史、由司礼监提名且主要由御马监宦官充任的镇守中官、由兵部任命而由都督府将领充任的总兵官，形成新的省级权力结构，被称为"三堂"。其后镇守中官陆续收回，总兵地位日渐下降，巡抚都御史成为一省军政首脑。与此同时，都察院派出的巡按监察御史成为一省最高监察官员。原来的省级权力机关都指挥使司、布政使司、按察使司则下降为"道"级机关，布政司官为分守道，按察司官为分巡道、兵备道，而都司官员也多在各地"分守"。于是，地方在省、府、县三级的基础上多出了一个道，其介于省、府之间。兵备道的设置，更剥夺了都司的领兵权，使军事将领彻底沦为"吏曹"。而分守、分巡、兵备道之间，则往往随着

---

① 《明史·职官志》和现在大学通用的中国古代史教材即有此误。

形势的变化而调整。

第三个变化发生在皇室。成祖朱棣以"靖难"为名起兵,经过四年的战争,夺取了建文帝的帝位。这一变故使得成祖即位后立即着手削弱诸王的军事力量和经济供给,藩王的地位从此在整个国家权力结构中迅速下降。永乐以后,虽然仍发生了数起藩王"谋反"事件,但诸王已经不具备和中央抗衡的力量。嘉靖以后,在国家权力结构中,诸王及其子弟已经可以忽略不计,大抵成为享受丰厚俸禄的外放"囚徒"。[①]

第四个变化发生在最高统治者皇帝的身上。明太祖确立中央权力结构时强调各部门相互颉颃,不敢相压,"事皆朝廷总之",即事皆皇帝裁决。但皇帝直接过问庶事,陷于纷繁琐细的日常事务之中,在格局上已降至政务官的地位。以明太祖的雄才大略和充沛精力,已是不堪重负,后世子孙更无法应付。成祖为夺取皇位,不惜起兵"靖难",但夺取帝位后不久,已有厌政的迹象,加上主要精力用于北伐蒙古,庶政均由太子处理。永乐之后,仁、宣在位,号为"仁宣之治",却开了内阁票拟、内监批红的先河,并在内府设内书堂,教小宦官读书,进行参政训练,为皇帝不亲政作了制度上的准备。从成化开始,明朝皇帝基本上已不接见大臣,有的甚至不亲理政务。世宗从嘉靖十九年(1540)开始,视朝、祀天,概不亲临。明代中后期,已不再像洪武、永乐时那样,事无巨细,由皇帝亲自裁决,而是依靠各系统、各衙门间的相互制衡。皇权的表现方式,由"事必躬亲"演变为"垂拱而治"。至于崇祯帝的"亲政",只能视为明代皇权表现方式在特殊状态下的变异。

宋人黄履翁《古今源流至论》说:

[①] 关于历代政治家对分封与郡县问题的讨论,参见方志远:《略论汉初的同姓分封与削藩》,《南昌职业师范学院学报》1987年第2期。

> 以天下之责任大臣，以天下之平委台谏，以天下之论付士夫，则人主之权重矣。夫权出于人主，则臣下禀国家之命而不敢欺，藩镇惮京师之势而不敢慢，夷狄畏中国之威而不敢侮。然人主之所谓总权者，岂必屑屑然亲事务之细哉。夫苟屑屑然亲之，则其聪明必有所遗而威福必有所寄。聪明有所遗者，乃生患之原；而威福之所寄者，即弄权之渐也。是故权不可以不归于人主，而必重庙堂之柄以总之；政不可以不在庙堂，而必择台谏之臣以察之；言不可以不从台谏，而必通天下之情以广之。①

黄履翁提出了一个理想中的为君之道、理想中的国家权力结构，这本来在实践上是很难行得通的，因为他没有考虑到在权力分配问题上的难以调和性。但没想到明太祖的子孙们，因不愿亲理政务而歪打正着地为黄履翁的设计提供了实证。

在国家核心权力体系发生变化的同时，其他如财政、军事、司法、监察、科举及官员选拔与任命等权力系统也都在相应地发生变化，以与核心权力体系的变化相适应。

明代国家权力结构的上述变化，有着明显的演进轨迹，那就是：内廷机构的外延化，中央机构的地方化，监察机构的行政化。这种轨迹其实也是中国历代皇朝国家权力结构变化的普遍规律，只是在明代表现得特别突出。

在明朝国家权力的运行过程中，通过国家推行的乡里制度及事实上长期存在的宗族社会等基层组织对民众进行教化，并赋予基层组织部分行政处罚权，是值得特别重视的。它说明，明朝政府已经认识到基层社会组织在整个社会权力结构中的地位和作用，并且因势利导，将其作为

---

① 黄履翁：《古今源流至论·别集》卷2《君权（揽权不必亲细务）》。

国家权力的延伸，充分发挥它们的社会控制功能。与此同时，对佛、道二教利用与打击并举，对儒家文化宣扬与改造并行，也可以看出明朝国家权力的全面渗透。从另外一个方面说，国家权力在基层社会中表现出来的每一个变化，都是国家权力和其他社会权力之间斗争与协调的结果。

在以下的讨论中，本书将逐步揭示出这样一个事实：比起明前期，成化以后的明代国家权力结构发生了许多被人们忽略的变化，而且这些变化的发生，既是社会经济格局变化及社会思潮影响的结果，又导致了国家对社会生活直接干预程度的逐渐削弱。对于人民的日常生活和生产，国家权力的控制已经部分地让位于基层社会组织及群体。这样，应该更有利于经济和文化循着自身的规律发展。但是，由于在社会权力结构中，国家权力的地位仍然至高无上，因此一旦国家权力发生问题，而又必须同时面对来自底层的民众反抗和来自外部的军事挑战时，整个社会便容易陷入权力瘫痪、无法收拾的地步。这是明朝也是中国历代政府都没有解决好的问题。

从明代国家权力结构的初创、定型、调整、再定型的全过程，我们可以看到两个方面的力量在起作用，一是社会发展各阶段关于国家权力结构调整的客观要求，二是明朝统治者在适应社会要求和维护政权稳定方面的主观努力。

就明朝统治者的主观努力来说，有三个明显的因素值得注意。一是明太祖本人维护朱明皇朝的主观意愿和杀伐果断的性格因素，二是明初统治集团通过对历代治乱兴亡经验教训的总结而产生的整体认识，三是明代统治者在社会关系发生变化时的被动性适应。

三、有关明代国家权力结构的研究及本书的基本思路

由于明代在中国历史上所处的特殊地位以及明朝国家制度和国家权力结构的显著特点，从明中期开始，人们就开始对其进行讨论。① 其著名者如霍韬、郑晓、王世贞、吕坤、孙承泽、顾炎武、黄宗羲、万斯同、全祖望等，他们的研究成为清修《明史》的重要基础。

由于在开国之始就规定了立国原则，故后人无论是称赞还是抨击明朝的国家制度和权力结构，都是首先针对明太祖的。明人王瓊说，太祖立法"高出千古"②；郑晓则说，"太祖之权衡度量，非后人所能测识也"③。清顺治帝在和大臣讨论历代帝王时，更将明太祖列于汉高祖、唐太宗之上，称为"秦汉以来中国第一帝"，原因是他所立的制度为后世定下了规矩。④ 康熙帝不但连续三次"下江南"时皆前往南京的明孝陵祭奠、称明太祖为"英武伟烈之主"，而且在孝陵题写了"治隆唐宋"四字匾额。⑤

但是，明末清初黄宗羲则批评："有明无善治，自高皇帝罢丞相始也。"⑥ 顾炎武从吸取历史教训的角度，认为明朝中央控制过于严密，致使地方权力过于削弱。他认为地方权力应在封建制与郡县制之间寻找

---

① 严格地说，这种讨论早已开始。如前引洪武九年山西平遥县学训导叶伯巨对分封诸王的做法所进行的批评即是。
② 张萱：《西园闻见录》卷 26《宰相上》。
③ 郑晓：《今言》卷 1 之 92。
④ 《清世祖实录》卷 71，顺治十年正月丙申载："上幸内院……问上古帝王圣如尧舜，固难与比伦。其自汉高以下、明代以前，何帝为优。对曰：汉高、文帝、光武、唐太宗、宋太祖、明洪武，俱属贤君。上曰：此数君者，又孰优？名夏曰：唐太宗似过之。上曰：岂独唐太宗。朕以为历代贤君，莫如洪武。何也？数君德政有善者有未尽善者。至洪武所定条例章程，规画周详。朕所以谓历代之君，不及洪武也。文程等奏曰：诚如圣谕。"
⑤ 《清圣祖实录》卷 193，康熙三十八年四月壬子、甲寅。
⑥ 黄宗羲：《明夷待访录·置相》。

适中点，应"寓封建之意于郡县之中"，以避免"今天下官无封建而吏有封建"之弊。①

对于明代国家权力结构进行真正具有科学意义的讨论，当自20世纪三四十年代始。八十年来，已经有许多成名学者在这个领域进行了长期而且卓有成效的研究。

孟森《明清史讲义》（中华书局1981年版）的明代卷，既是一部明代政治和制度史，也是一部明代国家权力演进史，于明太祖的开国及建章立制，以及此后明朝的政治演绎、制度变迁作了精湛的阐释。其中第二编第一章《开国》开篇云："中国自三代以后，得国最正者，惟汉与明。匹夫起事，无凭藉威柄之嫌；为民除暴，无预窥神器之意。"②既为汉、明开国正名，也指出汉、明两代能够建立起君主的真正权威及高度集权的君主制度的道义上的理由，这正是汉、明两代少有顾忌地清除统治集团内部的异己力量、不断调整国家权力结构的原因所在。

吴晗《朱元璋传》（三联书店1965年版）以人物传记的方式，对明朝开国历程及洪武时期的重大历史事件和重要典章制度进行了综述，而于明太祖废中书省、升六部事，讨论尤详。其《读史札记》（三联书店1956年版）虽自谦为"若干专题史料的汇集"，但对明朝国家制度和国家权力的一些重要环节进行了比较细致的研究。如《明教与大明帝国》讨论了明太祖与红军、大明帝国与明教的关系，得出了明朝国号出于明教（摩尼教）的结论，揭示了明教及其他宗教特别是佛道二教与

---

① 顾炎武：《亭林文集》卷1《郡县论一、论八》，《顾亭林诗文集》，北京：中华书局，1959年，第12、17页。

② 孟森：《明清史讲义》上册，北京：中华书局，1981年，第13页。按：此书本为孟森先生20世纪30年代在北京大学历史系授课的讲义，经商鸿逵先生整理出版。明太祖在夺取政权之后曾反复声称自己从未"预窃神器"："朕本无意天下，今日成此大业，是皆天地神明之眷佑，有非人力之所致。"（《明太祖实录》卷58，洪武三年十一月丙申）

明朝国家权力的关系。再如《记大明通行宝钞》聚焦于明太祖印造的大明宝钞及其在历朝流通的情况，兼及户口、食盐、商税、薪俸等，实则讨论了明朝国家权力在控制市场和经济社会方面所作的努力。再如《明初的学校》对明代初期的官学即中央的国子监学和地方的府州县学，以及官学与科举的关系进行了讨论，从而得出了官学为科举附庸的结论。

丁易的《明代特务政治》（群众出版社1983年版），可以说是第一部有影响的探讨明朝宦官参政与专权的著作，虽然因时代的影响而不免评价有所偏激，但对宦官在明朝国家权力结构中的地位以及国家事务中的负面影响进行了淋漓尽致的揭示。

梁方仲《明代粮长制度》和韦庆远《明代黄册制度》分别着眼于明朝前期田税的征收和国家赋役的制定，讨论了国家权力在超经济强制方面的表现方式和运作方式。前者对明代粮长制度的产生、演变及消亡的过程进行了翔实的讨论，指出：粮长的主要职责是主持区内田粮的征收和解运，同时也承担着领导乡民开垦荒地、对乡民进行教化劝导乃至裁决地方事务的责任，从一定意义上说，实为国家权力在基层社会的表现。[①] 后者对被《明史》称为"赋役之法"的黄册制度的编制和推行、黄册的管理和利用，以及编制黄册过程中所发生的种种问题，进行了讨论，指出，黄册制度并不是一个偶然的孤立存在的事物，从它的建立到最后瓦解的变化过程……是跟明代社会从初期一度稳定，到后期危机日益深刻的变化密切相关连的。[②] 也就是说，黄册制度的推行和田赋力役的征发效果与明朝国家权力的运行效率直接相关。

---

① 梁方仲：《明代粮长制度》，上海：上海人民出版社，2001年，第29—50页。
② 韦庆远：《明代黄册制度》，北京：中华书局，1961年，第3页。又，栾成显《明代黄册研究》（北京：中国社会科学出版社，1998年）对这一问题进行了更为细致和深入的讨论，可谓不辱先贤。

在20世纪六七十年代，相对中国大陆来说，港台及海外华人学者在明朝国家制度和国家权力方面的成果更值得关注。陶希圣、沈任远《明清政治制度》（台北商务印书馆1967年版）的上编专论明代，对明朝的兴衰过程及缘由、明朝国家权力的构成演绎及得失进行了条分缕析，并列专章对中央和地方权力机关，以及官员的选拔和管理进行了讨论。杨树藩《明代中央政治制度》（台北商务印书馆1978年版）将明朝中央权力结构分解成"政务机构"（含内阁、六部、翰林院、六科给事中等）、"监察机关"（都察院）、"业务机关"（含宗人府、大理寺、太常寺及太医院、钦天监、国子监等）、"侍卫机关"（宦官二十四衙门及女官、宿卫等），并逐个分析，得出了西方的分权是为了民主，中国的分权则是为了专制的结论。杜乃济《明代内阁制度》（台北商务印书馆1967年版）考察了中书省废除后内阁由秘书机关演变成政治中枢的过程，同时考察了内阁与皇帝、六部、内监以及阁臣之间的关系。黄彰健《明清史研究丛稿》（台北商务印书馆1977年版）着重考察了明代国家权力的法律解释、废中书省后重建决策方式的尝试，以及明太祖在构建国家权力体系特别是废除中书省后重构国家权力过程中对宦官和诸王的倚重。贺凯《明代中国的监察制度》（斯坦福大学出版社1966年版）专论明朝的监察权力，特别是对言官在明后期国家权力结构中发挥的作用进行了比较细致的分析和讨论。

由于政治环境和学术环境的原因，中国大陆严格意义上关于明代国家权力的研究在中断了近四十年后，20世纪80年代初才重新开始。

20世纪80年代的前中期，可被视为这一研究的启动时期。

1980年在天津南开大学召开的"明清史国际学术讨论会"，无疑对新时期明清史研究同时也对明代国家制度和国家权力的研究，产生了重要的推动作用。参加这次会议的国内外学者提交的论文中，有多篇涉及明清国家制度和国家权力，如美国学者范德的《明王朝初期（1350—

1425）的政体发展》、李天佑《明代的内阁》、关文发《试论明朝内阁制度的形成和发展》、许大龄《试论明后期的东林党人》、王德昭《清代的科举入仕与政府》、郑天挺《清代的幕府》等。[①] 中华书局在1981年和1982年，相继出版孟森《明清史讲义》和黄仁宇《万历十五年》，对于推动明代史特别是明代国家制度、国家权力的研究，无疑也起了重要作用。

以此为发端，虽然只有二十多年的时间，但无论是成果的数量还是质量、无论是研究的广度还是深度，中国大陆的明史研究都取得了重大的进展。

政治高压和学术禁锢在改革开放的初期不仅成为文艺作品也成为学术研究的主要批评对象，由此也导致了这一时期对于明朝国家制度和权力结构的研究以批判为主，首当其冲的自然是明太祖的集权统治。代表作有李天佑《论明清的封建专制》（《学术月刊》1980年第1期）、陈梧桐《论朱元璋强化封建专制中央集权的统治》（《中央民族学院学报》1980年第2期）、洪焕椿《明清封建专制政权对资本主义萌芽的阻碍》（《历史研究》1981年第5期）、郭厚安《关于明代专制主义中央集权高度强化的问题》（《西北师大学报（社会科学版）》1983年第4期）、商传《试论明初专制主义中央集权的社会基础》（《明史研究论丛》1983年第2辑）等。这些成果对明代国家权力高度集中的原因、途径、作用和后果进行了多方面的分析和探讨，并一致认为，它对于社会经济的发展具有双重的影响，其消极作用大大超过积极作用，严重阻碍了封建生产方式向资本主义生产方式的过渡。但是，郑天挺《明代的中央集权》（《天津社会科学》1982年第2期）和美国学者范德《明王朝初期

---

① 明清史国际学术讨论会秘书论文组编：《明清史国际学术讨论会论文集》，天津：天津人民出版社，1982年。

(1350—1425)的政体发展》则指出，尽管明朝前期专制主义中央集权被极大地强化，但到后期已经明显地行不通。

王春瑜和杜婉言《明代宦官与江南经济》(《学术月刊》1984年第6期)、栾成显《洪武时期宦官考略》(《明史研究论丛》1983年第2辑)、怀效锋《明代中叶的宦官与司法》(《中国社会科学》1985年第6期)以批判的态度从不同的角度对宦官在明朝国家政治中的地位和作用进行了讨论。与上述研究不同，欧阳琛《明代的司礼监》(《江西师院学报》1983年第4期)明确指出：明朝的宦官与汉、唐不同，它并非国家权力发生问题时的产物，而是明太祖构建的国家权力的重要组成部分，可以说是在真正意义上客观地探讨明代宦官的地位和作用。

学术研究特别是历史研究从来就与时局密切相关。在当时整个国家的拨乱反正过程中，对于明朝国家权力的讨论以及对明朝专制主义中央集权的批判，不仅开创了新时期明史研究的新局面，而且也可以视为当时中国史学界为肃清现实生活中封建专制主义残余，开展对历史上封建专制主义的批判的重要组成部分，对当时全社会的思想解放产生了重要作用。

而黄仁宇《万历十五年》(中华书局1982年版)则以其新颖的篇章结构和独特的审视角度(至少在当时的大陆学者看来如此)，通过对正德—万历年间明朝政局变化的描述，对明朝国家权力结构的诸关系及运行状况进行了解剖，从紫禁城中的囚徒(皇帝)到对皇帝进行教育、管理乃至制裁的文官(主要是大学士)，从古怪的官僚(海瑞)到孤独的将领(戚继光)，一一点评各类人物，对于当时中国学术界特别是明史学界，无疑具有启示意义。

从20世纪80年代后期开始，随着改革开放的深入和经济建设成为社会发展的主旋律，关于明代国家制度和国家权力的研究进入一个相对理性的时期，并取得了三个方面的重要成果。

一、出现了一批从整体上研究明代国家制度和国家权力的著作。按著作出版的先后，主要有王天有《明代国家机构研究》（北京大学出版社 1992 年版），关文发、颜广文《明代政治制度研究》（中国社会科学出版社 1995 年），张德信《明朝典制》（吉林文史出版社 1996 年版），杜婉言、方志远《中国政治制度通史·明代卷》（人民出版社 1996 年版），王兴亚《明代行政管理制度》（中州古籍出版社 1999 年版），李渡《明代皇权政治研究》（中国社会科学出版社 2004 年版）及唐克军《不平衡的治理：明代政府运行研究》（武汉出版社 2004 年版）等。这些著作，是相关学者对明代国家制度和国家权力长期关注和研究的结晶，大多以前期的个案研究为基础。如杜婉言、张德信、关文发、王兴亚教授等从 70 年代末 80 年代初就开始致力于明代国家权力的研究，张德信教授积数十年之力完成的五百万字的《明代职官年表》也将于 2009 年由黄山书社出版。再如王天有 70 年代末师从许大龄教授读研究生时，已经对万历、天启年间因党争而引起的国家权力纷争进行过研究，此后又在北大连续多年开设"明代国家机构研究"的课程并不断有相关成果问世。方志远在 70 年代末师从欧阳琛教授时，将明代内阁作为研究生毕业论文的课题，此后遂在江西师范大学为本科生和研究生开设明代政治制度研究课程并就此发表了系列论文。正因为如此，上述成果从讨论问题的广度和考察问题的深度而言，都有其独到之处。此外，从上述成果也可以看出学者们在研究明朝国家制度和国家权力过程中向纵深推进的轨迹，即由制度的构成层面向制度的过程层面，进而向制度的贯彻和操作层面推进，或者说，由国家权力结构自身的研究向国家权力的表现和运作过程研究推进。学界在这个方面虽然不能说已经做得很好，但至少已经进行了努力。

二、出现了一大批就明朝国家制度和国家权力结构的某一个环节进行深入讨论的专著和论文。虽然研究者的功力有深浅，讨论层次也有高下，但几乎有关明代国家制度和国家权力的所有环节，从内廷到外廷、从中央到地方、从官员到吏员、从行政到监察、从军队到司法、从成法到新例，均有重要成果问世。当然，作为国家权力结构变化的产物甚而枢纽之所在，内阁、巡抚及宦官，理所当然地引起更多的关注。

王其榘《明代内阁制度史》（中华书局1989年版）和谭天星《明代内阁政治》（中国社会科学出版社1996年版）是大陆学者研究明代内阁的代表性作品。前者对明代内阁制度的形成过程及各阶段的主要特点进行了研究，后者则试图"从权力结构的角度来研究明代内阁"。其实，他们的研究并非只反映出个人的成就，更体现了当时关于这一问题的研究状况。早在1980年明清史国际学术讨论会上，关文发、李天佑就分别提交了《试论明代内阁制度的形成与发展》《明代的内阁》。关文对明代内阁的发展阶段及其特点进行了讨论，李文论述了明代内阁的职能及其与翰林院、司礼监及君主专制的关系。欧阳琛《论明代阁权的演变》（《江西师范大学学报》1987年第4期）对阁权的演变进行了深入细致的考察，认为阁权的日益扩大使首辅变成了真宰相，但太祖"六卿分制"的思维惯性，限制了历代阁臣的政治作为。神宗皇帝削弱阁权，导致长期党争与朝政混乱。张德信《明代中书省、四辅官、殿阁学士废立述略》（《史学集刊》1988年第1期）论述了明代洪武年间罢中书省与设四辅官、殿阁学士之间的关系，认为殿阁学士制为创建内阁制度奠定了基础。赵轶峰《票拟制度与明代政治》（《东北师大学报》1989年第2期）则从内阁票拟制度的演变过程，探求了明亡的政治原因：随着票拟之制趋于完备，首辅权力膨胀，皇帝养成不亲躬、不近臣工、倚重宫奴之习。梁希哲《明代内阁与明代的官僚政治》（《史学集刊》1992年第2期）将明代内阁与官僚政治置于君主专制政体发展脉络之中，并对其内在关系进行了横向剖析与纵向研究，说明君主专制政体下官僚制度的弊病必然要左右和影响一代政治的发展。杜婉言《论明代内阁制度的特点》（《中国史研究》1992 年第 4 期）对内阁制度的特点进行了深入剖析，认为内阁虽然成为明代国家机器不可缺少的一环，维系着国家机器的惯性运作，但其特殊的地位成为了各种矛盾聚焦的中心，对明代政治没有起到、也不可能起到应有的"赞辅"作用。孟昭信《试论张居正的"考成法"》（《吉林大学社会科学学报》1993 年第 5 期）则认为，万历初年内阁首辅张居正所行考成法，是对中央政治体制的一次重大改革，旨在确立内阁作为辅弼机构的合法地位。田澍《明代内阁的政治功能及其转化》（《西北师大学报（社会科学版）》1994 年第 1 期）则在分析了明代内阁的各项政治功能及其转化的前提、障碍和层次性后，得出了明代内阁产生于明代集权政治却又被集权政治所阉割，功能衰竭、形同虚设的结论，并特别指出明代内阁的政治功能不等同于政治权力。方志远的硕士论文《论明代内阁制度的形成》（1981 年通过答辩，发表于中华书局 1990 年出版的《文史》第 33 辑）及《明代内阁的票拟制度》（《江西师范大学学报》1987 年第 4 期）、《关于明代内阁建置的几个问题》（《南昌职业技术师范学院学报》1990 年第 4 期，署名刘礼芳），对明代内阁从临时性设置到明代政治中枢的全过程进行了考察，就明代内阁与唐宋翰林学士的异同，内阁与皇帝、内监、六部的关系进行了讨论，并将票拟制度和首辅制度的确立视为明代内阁初步形成和最终确立的标志。同时，对明代内阁的建制、名称、阁址及票拟制度等具体问题进行了考辨。

随着学术的推进和时势的发展，某些历史问题往往会在一个特定的时期引起众多学者的关注。与 20 世纪 80 年代初明史学者们不约而同地将眼光投向内阁相似，80 年代中后期，则有一批学者同时将眼光投向了督抚。几乎在同一时期发表了王跃生《关于明清督抚制度的几个问题》（《历史教学》1987 年第 9 期）、林乾《论明代的总督巡抚制度》（《社会科学辑刊》1988 年第 2 期）、方志远《明代的巡抚制度》（《中国史研究》1988 年第 3 期)、罗冬阳《明代的督抚制度》(《东北师大学报》1988 年第 4 期)、范玉春《明代督抚的职权及其性质》(《广西师范大学学报》1989 年第 4 期)、关文发《试论明代督抚》(《武汉大学学报(社会科学版)》1989 年第 6 期)、刘秀生《论明代的督抚》(《中国社会科学院研究生院学报》1991 年第 2 期)、朱亚非《明朝督抚制度浅议》(《山东师大学报》1991 年增刊) 等多篇论文。这些文章对明代督抚的成因、选任、考核、督抚关系、与地方建设的关系和影响等多方面进行了讨论。但严格来说,明代的总督和巡抚并不像清代那样督抚并称,因为在明代,巡抚已经成为地方最高长官而总督则一直是临时性的军事派遣人员。因此,方志远才专论明代巡抚,就巡抚的发生及其地方化、制度化过程,巡抚的类型、职责、作用及其所受到的各种力量的制约进行考察,指出:巡抚由临时派遣的官员到后来正式成为地方一级权力机构最高长官并为清代所继承。靳润成《明朝总督巡抚辖区研究》(天津古籍出版社 1996 年版) 对明代督抚的辖区范围及其沿革演变的考证与论述,可补《明史·职官志》在这一方面的疏缺,也可以视为吴廷燮《明督抚年表》的后续研究,对于理解明代中央与地方关系的变迁具有重要意义。

与此同一时期或稍后,有一批学者将眼光投向了巡按监察御史,先后发表了《明代巡按御史》(李熊,《史学月刊》1988 年第 4 期)、《略论明代御史巡按制度》(王世华,《历史研究》1990 年第 6 期)、《试论明代的巡按制度(哲学社会科学版)》(高春平,《山西大学学报》1990 年第 1 期)、《明代巡按御史制度研究》(余兴安,《中国史研究》1992 年第 1 期) 等作品。这些成果对巡按的设置、职能、选拔、任用、考察、升黜、回避制度,巡按制度在明朝地方权力结构中的作用及其与巡抚的关系进行了探讨和研究,认为巡按制度对巩固明朝统治起了巨大的清污除腐作用。而明代巡按御史制度的败坏,从体制上说是因为弘治以后巡按权力的不断扩张，攫取了不少监察外的行政、军事权，使监察官员行政化；而从根本上说又是中国古代专制集权政体内重外轻的分权格局的必然结果。

研究明朝国家制度和国家权力，宦官是重要的对象。王春瑜、杜婉言《明代宦官与经济史料初探》（中国社会科学出版社1986年版）和《明朝宦官》（紫禁城出版社1989年版），苗棣《魏忠贤专权研究》（中国社会科学出版社1994年版）以及冷东的《被阉割的守护神——宦官与中国政治》（吉林教育出版社1990年版）是继丁易《明代的特务政治》之后关于明代宦官研究的几部重要著作。这些著作从不同的角度对明朝宦官在国家权力结构中的地位和作用进行了较为系统的讨论。以往对明代宦官问题的研究，过分强调宦官专权乱政、挟制百官的势焰，而忽视了皇权对宦官势力的防范、牵制以至打击，更没有重视外廷文官与内廷宦官的合作关系。欧阳琛《明内府内书堂考略——兼论明司礼监和内阁共理朝政》（《江西师范大学学报》1990年第2期）对明朝的宦官"国学"内书堂的建立、规制以及担任教习的翰林官员进行了考证，认为内书堂既培养了司礼监的要员，又为翰林官员以后跻身内阁奠定了基础。只要监阁共理朝政，"内外相继，可否共济"，政局就相对稳定。在《明代的司礼监》（《江西师院学报》1983年第4期）一文中，欧阳琛对明代司礼监由一般宦官机构发展为内监第一署的过程，以及明朝司礼监的职能、地位和作用，特别是与内阁"对柄机要"的关系进行鞭辟入里的分析。梁绍杰《明代宦官教育机构的名称和初设时间新证》（《史学集刊》1996年第3期）也对明代内府宦官教育机构进行了考察，认为它早在成祖时已经设立，并为仁宗所沿袭，而非始于宣宗；宣宗在外廷完善内阁政治的同时，也相应地发展内廷宦官教育。冷东从军事、思想文化以及重要人物与宦官关系的角度进行了分析。其中，《明代宦官监军制度述略》（《汕头大学学报》1994年第3期）就明朝宦官监军制度形成的原因、表现、影响等方面进行了论述，认为这是明朝军队战斗力下降和国防败坏的重要因素。《叶向高与宦官关系略论》(《汕头大学学报》1995年第2期)则通过叶向高这样一个重要的政治人物与宦官关系的个案研究，从另一个方面表明了明代内阁与宦官的关系，不但关系到阁臣个人之成败，而且关系到明朝政治之格局，甚至关系到明朝之国运。李渡《明代皇权与宦官关系论略》(《中国史研究》1995年第3期)认为，司礼监、内阁、厂卫等都是皇权不同形式的延伸和扩张，从本质上说，宦官势力受皇权的绝对控制，乃是明代专制主义皇权空前强大的一个重要表征。刘晓东《监阁共理与相权游移：明代监阁体制探赜》(《东北师大学报》1998年第4期)认为，司礼监与内阁联结成一个有机整体并承担起决断国是的政治职能，皇权的相对倾斜，造成了相权在司礼监和内阁间游移，一方面确保了皇权的稳固与政治的稳定，另一方面也成为"宦祸"与"党争"的内在原因。赵世瑜、张宏艳《黑山会的故事：明清宦官政治与民间社会》(《历史研究》2000年第4期)从黑山会这样一个宦官的祭祀组织出发，探讨他们塑造刚铁这样一个宦官祖神的意义，从新的角度理解宦官政治，并进而探索宦官与京师民间社会的关系，以及他们在宫廷与民间社会之间的中介角色。

方志远就明朝的宦官问题发表了多篇论文。其中，《论明代宦官的知识化问题》(《江西师范大学学报》1989年第3期)对明代宦官进行了结构性分析，认为以内书堂教育为核心，并杂以其他不同的途径，一定程度上造就了明朝宦官的知识化，并形成了一个知识宦官阶层或群体，这个阶层或群体的出现，加强了宦官与文官的沟通和理解，成为明朝国家权力结构双轨制、二元化的前提和条件，进而对明代政局产生重要影响。其《明代的御马监》(《中国史研究》1997年第2期)则为配合欧阳琛《明代的司礼监》而作，指出：御马监统领禁兵并与兵部及督抚共执兵柄，实为内廷"枢府"；管理草场和皇庄，经营皇店，与户部分理财政，为内庭的"内管家"；两度设置西厂，与司礼监提督的东厂分庭抗礼。司礼监具有相对稳定性，御马监则有较大随意性，这种随意性是明代君主制度随意性的体现和延伸，能否遏制这种随意性，很大程度上决定了明代社会的稳定与否。《明代的镇守中官制度》（《文史》总第40辑，中华书局1994年版）探讨了明代镇守中官的设置与革除，认为镇守中官制度是明朝国家权力双轨制特色在地方权力结构中的体现，其兴革则是内廷宦官集团与外廷文官集团彼此力量消长的结果，从中可以看出明朝宦官参政的广泛性和专权的可控性。

三、明朝国家权力在地方特别是基层社会的体现，以及国家权力与其他社会权力的关系，也得到了比较充分的关注。

赵世瑜在20世纪80年代对明代的"吏"进行了持续研究，并将其心得融入《吏与中国传统社会》（浙江人民出版社1994年版）一书中。90年代以来，柏桦发表了一系列有关明代州县官吏及其体制的论文。《试论明代州县官吏》（《史学集刊》1992年第2期）考察了明代州县官吏的等级层次，并对其等级观念、伦理观念和心理素质诸方面进行了分析。《明代知县的关系网》（《史学集刊》1993年第3期）则以知县的关系网为中心，试图从心理学角度探讨封建专制政体下官僚的内心世界。《明代州县衙署的建制与州县政治体制》（《史学集刊》1995年第4期）则通过对众多州县衙署的建筑格局的分析，探讨了明代州县政治体制的演变及其发展的必然趋势。《明代州县官的施政及障碍》（《东北师大学报》1998年第1期）、《社会环境的变化对明代州县官施政的影响》（《明史研究》2001年）认为明朝的政治环境、社会经济和社会风俗的变化对州县官的施政行为有极大的牵制，使其处于"两难"的境地，但个人气质、性格又使他们的施政各具特征。在这些成果以及其他成果的基础上，柏桦出版了《明代州县政治体制研究》（中国社会科学出版社2003年），可谓对自己明代州县政治体制研究的总结。

刘志伟《在国家与社会之间：明清广东里甲赋役制度研究》（中山大学出版社1997年版）论述了明清广东里甲赋役制度的变化及其与地方社会的互动过程，并始终把王朝制度变迁看成是国家与基层社会之间对话的过程，也就是说，看成是国家权力与基层社会权力之间的相互斗争和妥协的过程。赵世瑜从多个角度讨论了明清时期国家权力与地方社会、基层社会权力之间的关系。其中《黑山会的故事：明清宦官政治与民间社会》（《历史研究》2000年第4期）揭示了明中期以后宦官乡籍的变化，使得宦官成为宫廷与地方社会产生关系的纽带。而《明清时期华北庙会研究》（《历史研究》1992年第5期）及《庙会与明清以来的城乡关系》（《清史研究》1997年第4期）则讨论了庙会等大众参与的活动在明清地域社会和底层社会权力关系中的作用。

王昊《明代乡、都、图、里及其关系考辨》（《史学集刊》1991年第2期）对明代乡、都、社、区、图、里等名称的概念、含义及其相互之间的关系进行了梳理，认为这些称谓在用于指称行政建制时，一般表示里甲制的"里"，并且明代乡里组织行政建制单位是一级而不是多级制。在《明代乡里组织初探》（《明史研究》1992年第1辑）中又指出里甲制虽是明代乡里组织的基本形式，但不是唯一的形式。明代后期又在全国各地推行了保甲制，里甲和保甲并存是明后期乡里组织的基本特点。

陈宝良也发表了一系列文章阐述自己的看法，在《明代的社与会》（《历史研究》1991年第5期）中分析论述了明代的"社"与"会"的释义、源流、种类及组织结构，认为明代的社与会是一种群体意识，这种群体意识是明朝人生活方式的精神动向。这种动向有经济的、政治的或者是文化的。《明代的保甲与火甲》（《明史研究》1993年第3辑）对明中期以后专门的乡村防御体制——保甲制和火甲制的设立、职能、作用与弊端进行了系统的研究。

栾成显《明代里甲编制原则与图保划分》(《史学集刊》1997年第4期）认为明代江南许多地方的乡村建置十分复杂，都图与都保并存，都保并非保甲制的下级单位，而都图亦与都保有别，二者既有交叉又各成系统。都图以人户划分为主，属黄册里甲编制；都保以地域区划，属鱼鳞图册系统。里甲编制与自然村的分布并不一致，但二者存在一定的统一性。黄忠怀《明代县以下区划的层级结构及其功能》(《史学月刊》2003年第4期）则认为明代县以下区划的层级结构因人口数量和人口密度等而具有明显的区域性差异，一般南方地区多采用乡—都—图三级制，北方则多为乡—社（里）二级制，并且乡、都、图有不同的行政和社会功能。高寿仙新著《明代农业经济与农村社会》(黄山书社2006年版）辟专章论明代的《地方精英与乡村控制》，认为在乡村社会发生作用的，主要有三股势力或者说三种"地方精英"：职役性地方精英（即里老、里长、保长等）、身份性地方精英（各类乡绅如生员、监生、举人、进士等及由此身份进入仕途者）、非身份性地方精英（其他在乡村社会发挥作用者）。赵中男《试论明代的"老人"制度》(《东北师大学报》1987年第3期）、余兴安《明代里老制度考述》(《社会科学辑刊》1988年第2期）、王兴亚《明代实施老人制度的利与弊》(《郑州大学学报（哲学社会科学版）》1993年第2期）等文对里老进行了比较详细的论述。其中，王文对明代老人制度的确立和推广、职责和任期进行了考证，认为明代推行老人制度有利于加强对乡里基层组织的管理，稳定社会秩序，促进社会经济的恢复与发展，但由于明代吏治的败坏，老人制度也随之而腐败。

乡约是在政府或乡绅的倡导乃至主持下制定的乡村自治条例，从中可以看出国家权力在社会底层的体现，同时也可以看出传统文化和道德精神，以及基层社会权力在其中的作用。曹国庆对此进行过较长时期的研究。其《明代乡约发展的阶段性考察——明代乡约研究之一》(《江西社会科学》1993年第8期)、《王阳明与南赣乡约》(《明史研究》1993年第3辑)详细考察了明代乡约的推行情况、组织结构、重要特点,认为明代乡约虽然在发展过程中产生了一定的流弊,但其所起到的积极作用是主要的、主流的。《明代乡约推行的特点》(《中国文化研究》1997年第1期)中指出明代乡约推行伊始,便是民办与官办同步,综合性与专门性并举,嘉靖以后的主要发展趋向,就是乡约与保甲、社仓、社学打成一片,形成以乡约为中心的乡治体系,乡约又推动了宗约、土约、乡兵约、会约等自治组织的发展。《明代乡约研究》(《文史》1999年第1辑)则从乡约的发展、组织结构、与其他地方组织之间的关系、作用等方面对明代乡约作了全面深入的论述。段自成《明清乡约的司法职能及其产生原因》(《史学集刊》1999年第2期)认为到了明清时期,一部分乡约已被赋予司法职能,承担起调处民间纠纷、调查取证和勾摄人犯等责任,这一情况的产生,与这一时期民间争讼纷繁,里老制度渐衰和吏役、讼师把持词讼有关。汪毅夫《试论明清时期的闽台乡约》(《中国史研究》2002年第1期)详细考察了明清闽台乡约推行的情况及其地域性特点,认为其在整顿社会陋习、稳定社会秩序、防范外来侵略等方面收到了一定的效果。与其他研究者较多关注南赣乡约不同的是,黄志繁《乡约与保甲:以明代赣南为中心的分析》(《中国社会经济史研究》2002年第2期)认为保甲法由于其实际功能大于乡约而更为王阳明所重视,两者相结合不但在基层社会发挥了一定的作用,而且成为地方社会制度的一部分。王日根《明清基层社会管理组织系统论纲》(《清史研究》1997年第2期)、《论明清乡约属性与职能的变迁》(《厦门大学学报(哲学社会科学版)》2003年第2期)认为明清基层社会管理中存在着"官"和"民"的二元组织系统,乡约通过政治的、经济的、文化的教化方式,能有效地实现其社会整合的功能。明代朱元璋所创设的老人制度敝坏之后,乡约重新获得提倡并与官府的关系出现日益密切的倾向。乡约的职能主要是思想道德的教化，但不同时期、不同地区乃至不同乡约的具体职能有所差异，职能的变化可以映现基层社会的运行状况。在以往的乡里制度研究中，很少有人将元代和明代连在一起研究。周绍泉《退契与元明的乡村裁判》(《中国史研究》2002年第2期)通过研究徽州文书中的元明退契，发现这些退还土地文书的背后常常隐藏着诉讼纷争，而在处理这些纷争时，元代的社长和明代的老人发挥着惊人相似的调节、裁判作用。

明代宗族组织在相当大的程度上起着基层政权作用，几乎成了当代学者的共识。李文治《明代宗族制的体现形式及其基层政权作用——论封建所有制是宗法宗族制发展变化的最终根源》(《中国经济史研究》1988年第1期)将明代宗法宗族制的发展变化归纳为两点：一是废除了关于建祠及追祭世代的限制，使一个族姓所涵括的族众范围较前扩大；二是宗族关系的政治性质加强，宗族结构逐渐变成维护封建统治的基层社会组织，起着基层政权的作用。郑振满《明清福建的里甲户籍与家族组织》(《中国社会经济史研究》1989年第2期)通过分析明清福建地区的族谱资料，探讨了里甲户籍的世袭化及其对家族发展的影响，认为家族组织与基层政权的结合，加强了官僚政府对于基层社会的控制，这种控制又是以基层社会的自治化为前提的。陈柯云《明清徽州宗族对乡村统治的加强》(《中国史研究》1995年3期)认为明中叶以后，徽州宗族对乡村的统治逐步加强，到清前期达到鼎盛时期。宗族的影响几乎渗透到徽人宗族生活的各个方面，某些宗族组织逐渐控制了乡村的司法仲裁权，形成"家法大于国法"的局面。宗族统治与封建政权统治互相支持、补充，使中国社会具有不断自我修补、自我完善的机制。陈支平《近五百年来福建的家族、社会与文化》(上海三联书店1991年版)认为，明清福建家族权力在与国家权力的关系上，既有割据、对抗的一面，又有互相利用、密切配合的一面；郑振满《明清福建家族组织与社会变迁》（湖南教育出版社 1992 年版）则认为，在明清时期，福建社会出现了宗法伦理庶民化、财产关系共有化、基层社会自治化的趋势。常建华《明代宗族研究》（上海人民出版社 2005 年版）以南直徽州、福建兴化、江西吉安三府特别是吉安府泰和县为例，对明代的宗族制度进行了比较系统的研究，通过对宗族制度与乡约推行关系的研究，提出了"宗族乡约化"的概念，并且认为，通过乡约实现社会控制，是明朝政府对基层社会进行治理的重要途径和手段。此外，有不少学者立足于整个明清乃至更长的时段对基层社会进行了研究，他们的研究对于揭示明朝国家权力在基层社会的实施及其与宗族、宗教等社会权力的关系同样具有重要意义。

陈宝良《明代儒学生员与地方社会》（中国社会科学出版社 2005 年版）无疑对解读明代地方社会具有重要意义。明后期特别是晚明时期上百万的生员形成了一个庞大的社会阶层，其"群体性"行为（陈宝良称为"社会性运作"）在一定程度上左右社会舆论和官府决策，干预着国家权力的实施，对地方社会产生重要影响。陈宝良正是从这个层面上对生员问题进行了有益的探讨。

其实，在过去的二十多年里，有关明朝国家权力结构的方方面面，诸如军事、财政、司法、监察，以及明朝国家权力在少数民族地区与土司权力的协调与斗争，以及作为国家权力执行主体的官员和吏员等，都有学者进行探讨并取得了重要的成果。

所有这些成果，既为本课题的研究构筑了坚实的学术基础，也加大了笔者/本课题在这一领域进行后续研究的困难。但是，这并不意味着对于明朝国家权力的研究已经没有拓展的空间。一方面，任何成果都受到时代认识和作者视野的限制，因而都是阶段性的，很难说一个问题在某一位或某几位学者的研究之后就再无研究的必要。我并不苟同一些学者所声称的"某某问题已被某人某文解决"，倒是更赞赏梁启超一再声明的"以今日之我攻昨日之我",所以并不忌讳对一些学界讨论的热点问题进行再评述。另一方面,本项研究将在已有成果的基础上,将重点放在明朝国家权力的内部构成,主要是结构的变化过程、运作程序以及各环节之间的协调关系上,因此,权力结构及其运作过程中的变化和调整将得到极大的重视。而这恰恰是过去的研究者包括笔者本人所忽视或关注不够的。

国家制度一经建立,法定权力的构成及分配往往是相对静态的,但这种静态仅仅停留在"祖制"的层面上,其运作过程中的权宜和调整永远是处于动态的,一些偶发事件及政治家个人的权变在其中也起着重要的作用。因此,将明代国家权力结构看成是一个动态过程,并将特定时期"阴差阳错"发生而后来被证明重要的历史事件以及推动这些事件发生、发展并且对国家权力关系产生影响的个人行为、群体行为纳入研究的视野,将是本书的重要特点。

根据上述思路,全书分为三个部分。

上篇讨论的是明代中央决策系统的权力关系。由于明初最高统治集团内部矛盾的激化特别是明太祖个人求治过切、杀伐果断的个性,春秋中期开始出现并在秦汉时期得以确立并延续到明初的宰相制度被废除,这是中国政治史上的一件大事。可以说,如果不是明太祖个人的性格因素,这一情况绝不可能发生。明代中央决策系统的权力关系,正是在这一前提下重新进行组合的,并形成了内阁通过票拟处理中外一切庶务,司礼监代表皇帝通过对阁票批红进行再裁决,六科签署或封驳一切"旨意"以行监督,皇帝不视朝不接见大臣"垂拱而治"的格局。在这一格局中,皇帝不必亲自处理任何具体事务,却可以随时追究任何部门的责任。皇帝、内监、内阁,成为中央决策系统的"三角"。从表面上看,皇帝为核心,内阁、司礼监为两个支点,但实质上是以内制外,司礼监代表"朝廷"制约内阁。被当今学界广泛认可的明人沈德符等人关于内阁与司礼监"对柄机要"的论断，其实并没有真正揭示出内阁与内监之间的关系。这是明朝不同于中国历史上任何朝代的中央决策系统的权力关系。本篇描述的，正是这一格局及权力关系的形成过程，以及这一过程中的种种偶然和必然。内书堂的设置及"知识宦官"群体的出现，无疑既是应这一格局需要而产生的新事物，又是推动这一格局形成的重要因素。

中篇讨论的是明代中央管理系统的权力制衡。在这个系统中，以司礼监、御马监、内官监、御用监等为代表的内府宦官系统，与以六部、五府为代表的外廷文官及武职系统，以及专职监督的都察院，构成了明代中央管理系统的权力制衡主体。几乎所有的国家事务，无论是财政管理、军事管理还是司法管理、外事管理，均由外廷相关部院及其下属机关、内府宦官相应监局，以及都察院的各类差遣官员，三方乃至四方对等负责，形成内府与外廷的全方位制衡。本属都察院但在一定程度上具有相对独立性的十三道监察御史与六科给事中所构成的言官系统，又在这一制衡中起着极其重要的作用。中央管理系统的这种权力制衡，早已超出了明太祖设计的所谓五府六部"相互颉颃"，而是以内制外、内外相制，以下制上、上下相维，无论哪一个部门，其权力都在其他各种权力的制约之中。

下篇讨论的是明代地方国家权力的调整与重组。行省—三司—三堂—巡抚，是明代省级权力结构演进的全过程。这一过程既反映出中央在地方集权与分权上的矛盾，也反映出权力上的集中在处理地方事务中的必要。省与府之间"道"的出现，是明代地方上的国家权力在社会矛盾发展过程中调整与重组的重要结果，也是明代国家权力在解决社会矛盾时的主要的体制上的改革。而里甲、保甲特别是里老的设置，以及在各地推行及倡建的乡饮酒礼、乡规民约及申明亭、旌善亭，在国家允许及默认中复兴的宗族组织等社会权力，既是国家权力在基层社会的延伸，也是明朝以民间自治作为国家权力补充的意图的具体表现。但是，构成国家权力的种种因素，包括显现的因素和潜在的因素，如在职及离任的官员及吏员，受到国家礼遇并作为国家权力主体后备力量的生员、举监，其他在基层社会具有一定影响力的各色人等，随着国家权力的衰退及统治效能的降低，都有可能成为异己力量。南宋叶适曾经指出在中央集权体制下地方政权"官无封建而吏有封建"的弊病，这一弊病在元明时期继续存在，甚至更为严重，所以清初顾炎武提出了"寓封建于郡县之中"的主张。但至少到清朝，这些问题也没有得到解决。可以说，在非民主制度的社会中根本无法实现。

皇帝集权、中央各部门分权，中央集权、地方各部门分权，既是明朝也是中国历代统治者所希望的权力构成方式。其间的分分合合，反映的是社会发展进程与统治者意愿之间的矛盾与统一。

内廷机构外廷化、中央机构地方化、监察机构行政化，是中国历代国家权力关系演变的基本规律，这一规律在明代国家权力结构的演变过程中，仍然处处得到体现。

所有这些问题，本书将力争有所讨论，并提出自己的认识。

— 上篇 —

明代中央决策系统的权力关系：内阁、内监与皇帝

第一章 "三大府"的设置与中书省的废除

第一节 皇权独尊与"三大府"的分工

一、相依为命的生死冤家:"皇权"与"相权"

自从秦朝确立君主专制的中央集权国家政治体制,皇帝就是国家权力的象征和总汇,拥有至高无上的地位,"三公九卿"则成为历代皇朝皇帝之下中央国家权力的基本结构。秦汉是丞相、太尉、御史大夫"三公",及奉常(太常)、郎中令(光禄勋)、卫尉、太仆、廷尉、典客(大鸿胪)、宗正、治粟内史(大司农)、少府、中尉(执金吾)等"诸卿";隋唐是中书、门下、尚书"三省",及吏、户、礼、兵、刑、工"六部"。元代的中书省、枢密院、御史台"三府"更类似秦汉的"三公",却又继承了隋唐以后六部听命于尚书省(或中书省)的做法。

台湾学者杨树藩在讨论这一体制时,将中国古代"三公"或"三省"并立与西方近代国家国会、政府、法院"三府"进行比较,认为虽然二者都是"分权",但西方分权为的是民主,中国分权为的是专制。①

西方的分权固然是事实，因为它有法律和民众制约，特别是有控制着国家经济命脉的众多利益集团的相互制约及其对国家事务的干预。但中国的分权始终没有真正实现，虽然说分权为的是便于君主集权，而无法真正分权也同样是因为君主的集权。

秦汉虽然是"三公"并立，但真正有决策权的还是丞相。其后有一段时间，大将军录尚书事更凌驾于其他衙门之上。隋唐虽然是"三省"并立，但当李世民为尚书令时，尚书省的地位就不是中书、门下所能制约的。元代虽然是"三府"并立，由太子兼中书令的中书省也非枢密院、御史台所敢抗衡。更何况，无论是"三公""三省"还是"三府"，头上都有一个"独揽乾纲"的皇帝。皇帝信赖哪个衙门，这个衙门便为权力的中心，汉之尚书、唐之政事堂、明之内阁、清之军机处即是，同时的"三公""三省""三府""内阁"却沦为办事机构乃至"闲曹"。又由于君主集权，只要皇帝真正关心政务，皇帝就是权力的中心，尚书台、政事堂、内阁、军机处实则是皇帝的办公厅或秘书处。

在讨论明代中央决策系统权力结构时，首先必须为皇帝"定位"，因为在任何时候，皇帝才是国家权力结构的总枢纽，至于如何表现权威和地位，只是形式而已。一些历史读物和民众言论，喜欢将中国古代的皇帝和宰相比之于今日的主席（或总统）和总理，评书家更每每将宰相说成是"一人之下、万人之上"。从表象来看，这些说法不无道理，但从本质上说，毋宁将皇帝和宰相看成是现代家族型企业的董事长和总经理。董事长可以世袭且具有决策权，总经理则永远是打工仔，是董事会决策的执行者。当然，一些"从龙"功臣在皇朝的创建、重建过程中或危难关头立下了汗马功劳，因此获取了高位，有的还得到了世袭特

---

① 杨树藩：《明代中央政治制度》，台北：商务印书馆，1977年，第241页。

权和免死多次的特权。这一方面是酬谢，另一方面也类似于现代企业的股份花息。但这种"花息"并没有法律保障，取予之间也许就是皇帝的一念之差。当然，对皇帝而言，这里有一定的人情风险。明太祖自己也说："自起兵以来，诸将从朕被坚执锐以征讨四方，战胜攻取，其功何可忘哉。"[①] 在明代国家权力的建构过程中，可以十分清晰地看到这层关系。

在中国历史上，从来也没有过关于皇帝和宰相分工的法律条文，但是二者的职能有诸多的重叠。一般来说，只有皇帝不问政事，或者本来就是傀儡时，宰相才有独立处理国家事务的可能，如汉宣帝初即位时的霍光、汉献帝时代的曹操、蜀汉后主时代的诸葛亮等。但正如明太祖所反复强调的，国家一旦进入到这种时代，改朝换代就为期不远了。如果皇帝年富力强而又亲理政务，宰相只是协调各部门的"秘书长"，多半是以其人生阅历、从政经验和学识见解充当参谋。如秦始皇时代的李斯、唐太宗时代的房玄龄乃至宋高宗时代的秦桧，也有明洪武时的李善长、汪广洋及胡惟庸。

二、明初"三大府"与中书省"独重"

任何新事物的出现都避免不了对旧事物的模仿和继承。明初承袭元代中书省、枢密院对柄政令、军令，御史台执掌监察的体制，在中央设中书省、大都督府、御史台，并称"三大府"。中书省总理政务，置左右丞相（均为正一品）、平章政事（从一品）、左右丞（正二品）、参知政事（从二品）等，下有吏、户、礼、兵、刑、工六部，分理庶务。大都督府即枢密院，总管军伍，置大都督（从一品）、左右都督（正二

---

① 《明太祖实录》卷58，洪武三年十一月丙申。

品）等。御史台掌管监察，置御史大夫（从一品）、御史中丞（正二品）等。

明太祖对三大府的分工作了如下说明："国家新立，惟三大府总天下之政。中书政之本，都督府掌军旅，御史台纠察百司。"① 虽然并称"三大府"，但以中书省独重。大都督府和御史台均为从一品衙门，中书省则为正一品。明太祖也反复强调中书省的特殊地位。洪武元年（1368）八月，在召见六部官员时，明太祖指出："国家之事，总之者中书，分理者六部，至为要职。"② 又说："中书，法度之本，百司之所禀承，凡朝廷命令政教，皆由斯出。"③ 中书省不仅掌行政，还与大都督府同掌军政。洪武四年规定："凡军机文书，非大都督府长官与中书丞相及在省长官，不许入奏，亦不许擅自奏请。若有诏急令调军，中书省即会大都督府官同入复奏。"④ 而出任第一任中书省长官的，则是明代开国第一文、武功臣李善长和徐达。中书省的地位和权威，于此可见。

明初中书省的这一地位，既继承元朝旧制，又与明太祖起兵后的政权建置和权力分配有密切关系。至正十六年（1356）三月，朱元璋攻占集庆路（改应天府）后，被诸将奉为"吴国公"，置江南行中书省，自总省事，名义上奉龙凤年号，实则成为独立势力。在朱元璋集团的势力范围内，江南行省的权力是至高无上的。当时的江南行省，是以后大明皇朝的雏形，明太祖本人就是江南行省的首脑，日后为中书省丞相的李善长此时为江南行省参议。击灭陈友谅势力后，至正二十四年正月，以李善长、徐达为首的官员，欲推明太祖即皇帝位。明太祖以"戎马未

---

① 《明太祖实录》卷26，吴元年十月壬子。
② 《明太祖实录》卷34，洪武元年八月丁丑。
③ 《明太祖实录》卷39，洪武二年二月乙酉。
④ 《明太祖实录》卷67，洪武四年八月辛巳。

息、疮痍未苏、天命难必、人心未定"不允，但为收拾人心，改称"吴王"，同时置中书省，以李善长、徐达为右、左相国（时尚右）。① 这个中书省，是直接听命于明太祖的最高权力机构。由于左相国徐达长年领兵在外，李善长在中书省的权威便凸显出来。《明史》本传说："军机进退，赏罚章程，多决于善长。"明太祖"前后自将征讨，皆命（善长）居守，将吏帖服，居民安堵，转输兵饷无乏。……制钱法，开铁冶，定鱼税，国用益饶"。② 在战争年代，以李善长为首的中书省起到了稳定后方、支援前线的重要作用。其时朱元璋的主要精力放在扫平群雄、统一全国、取代元朝建立新朝之上，中书省在处置政务方面的权威性和高效率，是其从事统一战争的有力保证。

与此同时，作为军令所在的大都督府，却并未发挥真正的作用。曾经出任大都督的只有两人：朱文正、李文忠。二人分别受命于建元洪武之前的至正二十一年和建元洪武之后的洪武三年。朱文正是明太祖侄儿，至正二十一年改枢密院为大都督府时，朱文正以枢密同佥为大都督，"节制中外诸军事"。至正二十二年五月，朱文正出镇洪都（南昌），并在次年抗击陈友谅围攻达八十五日，不仅极大打击了陈友谅集团的锐气，还为明太祖击灭陈友谅集团赢得了时间、积蓄了力量。但作为大都督，朱文正没有也不可能真正行使"节制中外诸军事"的职责。真正作出决策的是明太祖自己，协助其调度"军机进退"的，却是中书省（初期为江南行中书省）。就在朱文正以枢密同佥为大都督的同时，时为江南行中书省参议的李善长即兼大都督府"司马事"，另一位参议宋思颜"兼参军事"。③ 至正二十五年正月，朱文正因罪免官，安置于浙江桐庐。虽然仍有大都督府，但大都督的位置空缺。李文忠为明

---

① 《明太祖实录》卷14，至正二十四年正月丙寅。
② 《明史》卷127《李善长传》。
③ 《明太祖实录》卷9，至正二十一年三月丁丑。

太祖外甥，与朱文正同由马皇后抚养，历任浙东分省中丞、浙江行省平章，又随常遇春北伐，遇春死后代领其众，直捣应昌，获元顺帝嫡孙及故元宗室多人。洪武三年十一月北伐归，论功第一，封曹国公，为大都督。① 但从洪武四年七月开始，李文忠先是出抚四川，后与徐达、冯胜、傅友德等人轮番北伐、巡边，大抵上是春出冬归，也不可能真正主持大都督府的事务。而命将出师，从来都是明太祖的亲自决策。

吴元年（1367）十月初九日，始设御史台，以汤和、邓愈为左、右御史大夫，刘基、章溢为御史中丞。第二天，汤和即为征南将军，启程往庆元讨方国珍。② 两个月后，洪武元年正月，邓愈为征戍将军，经略河南。③ 主持御史台的其实是刘基、章溢。但是，洪武元年八月，刘基因得罪李善长告归青田；二年五月，章溢病逝。④ 此后，出任过御史中丞的仍有几位重要人物：杨宪、陈宁、涂节、安然，陈宁、安然还一度任御史大夫。御史台官员在行使职责时，中书省官员不能过多干预。以刘基为御史中丞时为例，"凡中书僚吏有犯，即捕治之"。在请旨诛杀中书省都事李彬时，丞相李善长除了请缓，只能在明太祖面前攻击刘基的"专恣"。⑤ 刘基这种不将中书省长官放在眼里的行为，没有得到明太祖的鼓励。恰恰相反，被认为"深文以为能、苛察以为智""直以搏击为能"。⑥ 当然，一旦明太祖需要御史台进行"搏击"时，则将其

---

① 《明太祖实录》卷58，洪武三年十一月戊戌。
② 《明太祖实录》卷26，吴元年十月壬子、癸丑。
③ 《明太祖实录》卷29，洪武元年正月庚子。
④ 《明太祖实录》卷34，洪武元年八月丁丑；卷42，洪武二年五月辛酉。
⑤ 《明太祖实录》卷34，洪武元年八月丁丑。
⑥ 《明太祖实录》卷26，吴元年十月乙卯条载，明太祖谕御史台臣刘基、章溢、周祯等曰："纪纲法度，为治之本。所以振纪纲明法度者，则在台宪。凡揭纪法度以示百司，犹射者之有正鹄也。……苟不知其本，察于小物而昧于大体，终非至正之道。尔等执法，上应天象，少有偏曲，则纪纲法度废坏而民不得其安，况或深文以为能、苛察以为智，若宁成、郅都、周兴、来俊臣之徒，巧诋深文，恣为酷虐，终亦不免。"与刘基同为御史中丞的章溢，也并不主张过于苛察。《明太祖实录》卷42，洪武二年五月辛酉条载，"（章）溢为政务存大体，不屑屑于细故。或以为言，溢曰：'宪台百司之仪表，居其职者，皆先养人以廉耻，岂直以搏击为能哉。'"

利用到极致。

由于"三大府"的上述态势，因此，虽说是三府并立，事实上却是中书省一府独重。即使是中书省，其前后丞相李善长、胡惟庸等，在明太祖的权威面前，也是"仅供驱使"，一旦被认为有碍于皇帝权威的彰显，即予铲除。这可以说是明代最高权力结构的一般情况。

第二节　宰相的两难选择与中书省的废除

一、明初的皇权、相权及"易相"尝试

在战争年代，明太祖的主要精力用于荡平群雄、夺取天下，以李善长为首的中书省的职责则是协调关系、稳定后方。在这个阶段，作为最高统治者的明太祖和作为政府首脑的中书丞相李善长是相安无事的。

随着战事的逐渐平息和政权的趋于稳固，明太祖的精力自然转向内政，长期以来积势甚重的中书省，这时成了皇帝亲理政务的障碍。历史上曾经反复出现的所谓皇权与相权的矛盾和斗争，不可避免地在此时重演。

但是，明初的情形又与历代殊不相同。一方面，明太祖并非即位初时的汉宣帝，也并非傀儡皇帝汉献帝和蜀后主，甚至也不似近知天命而始起兵、五年即得天下的汉高祖，他青年从军，十五年方奄有天下，一心一意要使大明江山传之万代，故处处留意，事必躬亲。另一方面，明太祖又并不像秦始皇、唐太宗乃至宋高宗那样有祖宗留下的家业作为基础，而李善长作为最早的"从龙"功臣之一，前后主持江南行省、中书省十多年，为参谋、预机务、主馈饷，抚安部属、调护诸将，在官场

中的势力根深蒂固。这两个因素放在一起，本来就容易发生问题。而李善长在功高位隆之后，竟然居功自傲，让明太祖感觉到其"骄"，这当然不是好的兆头。明太祖曾向刘基表露出换相意向，刘基当即质疑："善长勋旧，能调和诸将。"特别强调其不可取代性。这种表态看似"为之地"①。但明太祖最为担心的，也正是李善长既为勋旧而又能调和诸将的不可取代性。在他看来，明廷已经出现两个权力中心，即皇帝和宰相。仅此一端，李善长就必须离开中书省。

洪武四年（1371）正月李善长的致仕，可视为明太祖调整中央决策系统权力结构的第一步。但走出这一步时，并没有任何迹象表明他将对整个国家权力结构动大的"手术"。如果没有胡惟庸事件，明朝的国家权力结构或许不会是后来的样子。但后来发生的一系列事件，又恰恰是明初政治形势发展的合理结果。

黄伯生为刘基所作《行状》记载了一个后来广为流行的故事：

> 帝欲相杨宪。公与宪素厚，以为不可。帝怪之。公曰："宪有相才，无相器。夫宰相者，持心如水，以义理为权衡而已，无与焉者也。今宪不然，能无败乎？"帝曰："汪广洋何如？"公曰："此偏浅，观其人可知。"曰："胡惟庸何如？"公曰："此小犊，将偾辕而破犁矣。"帝曰："吾之相无逾于先生。"公曰："臣非不自知。但臣疾恶太深，又不耐繁剧，为之且孤大恩。天下何患无才，愿明主悉心求之。如目前诸人，臣诚未见其可也。"②

这段文字后来被《明史·刘基传》及其他各种有关刘基的记载采

---

① 《明史》卷128《刘基传》。
② 刘基：《诚意伯文集》卷20《杂录·故诚意伯刘公行状》。

用。明太祖在和刘基讨论中书丞相时提到了三个名字：杨宪、汪广洋、胡惟庸。但这三人被刘基一一否定：杨宪"有相才无相器"、汪广洋的狭隘更甚于杨宪、胡惟庸有些才力却易"偾辕"。而在当时，中书丞相的人选也确实是两难选择：背景深厚又有能力，是又一个李善长甚至比李善长更令人担忧，此后的胡惟庸正属此类；缺乏根基，即使再有能力，也难以协调各种利害关系，杨宪属此类；如果既无根基又无过人才干，虽然可能维持局面，却于事无补，最终是尸位素餐、受他人摆布，这正是汪广洋的悲剧。

明太祖向刘基"问相"之事的细节是否真实并不重要，重要的是，明太祖并没有采纳刘基的意见。明太祖换相的主意已定，而群臣中又找不出比杨、汪、胡三人更合适者，故三人都得到任用。

汪广洋是三人中最早在中书省任职的。至正十五年（1355）四月，明太祖自为大元帅，李善长为帅府都事，汪广洋即为帅府令史。至正二十四年正月明太祖称"吴王"，置中书省，当时任命的中书省高中级官员只有六人，而汪广洋为其一：李善长、徐达为相国（正一品），常遇春、俞通海为平章政事（正二品），汪广洋为右司郎中（正五品），张昶为左司都事（正七品）。[①] 但明太祖更关注的显然是杨宪。杨宪虽然至正十六年才以儒士身份投奔南京，但到吴元年（至正二十七年）九月，已是中书省参知政事；洪武二年九月为中书右丞，三年七月即为左丞。[②] 汪广洋为参知政事的时间为洪武元年十二月，三年六月时是右丞，都比杨宪慢一拍；洪武四年正月李善长致仕时，杨宪已被诛，而汪广洋乃任中书右丞相。[③] 胡惟庸为参知政事在洪武三年正月，四年正月

[①] 《明太祖实录》卷3，至正十五年四月丁巳；卷14，至正二十四年正月丙寅。
[②] 《明太祖实录》卷25，至正二十七年九月戊寅；卷45，洪武二年九月辛丑；卷54，洪武三年七月丙辰。
[③] 《明太祖实录》卷37，洪武元年十二月丁卯；卷53，洪武三年六月庚辰；卷60，洪武四年正月丙戌。

为左丞，六年六月为右丞相。①

明太祖对于李善长继承人的排序是：杨、汪、胡。可见，其心目中丞相的标准，应该是有能力而无背景。诛杀杨宪之后，明太祖宁愿用无背景且能力稍弱的汪广洋，也不用既有背景又有能力的胡惟庸。也就是说，他不希望在皇权之下有一个强大的相权。但是，杨宪虽然吴元年已为中书省参知政事，却从洪武元年正月至二年九月先后出任御史中丞和山西行省参政；汪广洋在任中书省参知政事之后，也曾外任陕西参政；唯独胡惟庸，自洪武三年以太常卿为参知政事后，一直没有离开过中书省。

可见，中书省居于国家权力结构的核心地位，为丞相者就既需要背景又需要能力，但这恰恰可能造成对皇权的威胁，至少明太祖本人有这种感觉。既然如此，在明太祖创建并将遗之后世的国家权力结构中，就不允许有这类威胁皇权的权力机关，中书省也就理所当然不能存在。② 而从后来言官所列举的种种"罪状"看，李善长的特点是"柔奸隐匿、尸位素餐"③，并非具有很强的能力。明太祖之所以警惕且必易之而后已，应该因为中书省本身的地位和权力。

有了这种认识，从洪武十年开始，明太祖对于国家权力结构的调整，便集中在对中书省权力的削夺乃至铲除。由于这一行为和明初最高

---

① 《明太祖实录》卷48，洪武三年正月辛亥；卷60，洪武四年正月丙戌；卷83，洪武六年六月壬子。

② 吴晗《朱元璋传》认为李善长和胡惟庸均为明初淮右勋贵集团的代表，甚是。在当时的情况下，如果不摧毁这一集团，其他任何人都不可能在中书省立足。其实可以有另外一种选择，即明太祖在没有解决胡惟庸问题之前就去世，如同汉高祖刘邦。如果是这样，朱氏天下也不可能被他人取而代之，而中书省仍然存在，或者可以通过另外一种方式存在。但毕竟历史按照现在这样发生了。一些偶然的事件或许是可以左右或决定一些历史现象的。

③ 《明太祖实录》卷202，洪武二十三年五月戊戌，监察御史劾奏："善长始由小吏，遭遇龙兴，无介胄之劳、乏匡辅之德。皇上念其闾里旧人，艰难扈从，服勤左右，多历年所，锡之公爵，位及人臣，禄及子孙，恩覃骨肉。而善长柔奸隐匿，尸位素飧。杨宪谋叛若罔闻，知胡陈不轨又为谋主。"

统治集团中的派系斗争交织在一起,加上明太祖杀伐果断的性格因素,其残酷性就超过以往任何朝代。

二、中书省的废除及明太祖对国家权力结构的新设计

洪武十年(1377)夏天,明太祖连续采取了三项措施限制中书省的权力。五月,"命太师韩国公李善长、曹国公李文忠共议军国重事,凡中书省、都督府、御史台悉总之,议事允当,然后奏闻行之。"① 这可以说是无奈之举。李善长是已经退休的丞相,被重新请了回来,和李文忠一道主持三大府事务,不知明太祖此时可曾想起当年刘基的劝告。六月,明太祖给中书省下了一道敕谕,以"清明之朝,耳目外通,昏暗之世,聪明内蔽"为由,要求凡军民言事奏章,"实封直达朕前"。② 七月,设置通政司,"掌出纳诸司文书敷奏封驳之事",这是对军民言事直达御前的制度上的保证。《实录》记载,通政司初置之时,"上重其任,颇难其人"。最后选定的首任通政使是准备出任陕西行省参政的刑部主事曾秉正,而以历任四川、广东参政及兵部尚书、应天府尹的刘仁为左通政。明太祖给曾、刘二人的敕谕无疑是给中书省敲警钟:"壅蔽于言者,祸乱之萌;专恣于事者,权奸之渐。必有喉舌之司,以通上下之情,以达天下之政。"③ 通政司的建立,是为了扼制"权奸",这样一个"喉舌之司",开辟了一条内外诸司越过中书省直接与皇帝联系的渠道。此时明太祖从权力结构的改革开始着手对中书省地位和权威的削弱,而不仅仅是限于宰相人选的物色。

第二年三月,明太祖发表了一番足以让中书省长官们胆寒的言论:

---

① 《明太祖实录》卷112,洪武十年五月庚子。
② 《明太祖实录》卷113,洪武十年六月丁巳。
③ 《明太祖实录》卷113,洪武十年七月甲申。

"胡元之世，政专中书，凡事必先关报，然后奏闻。其君又多昏蔽，是致民情不通，寻至大乱，深可为戒。大抵民情幽隐，猝难毕达，苟忽而不究，天下离合之机系焉，甚可畏也。"为此，明太祖命礼部制定奏式，申明天下。①但奏式的具体内容和格式，《实录》和《会典》均未明载。郑晓《今言》认为这次制定奏式的核心内容是"禁六部奏事不得关白中书省"。②查继佐《罪惟录》扩大了这一奏式的适用范围："禁奏事关白中书省"。③如果参照《实录》所说的"申明天下"，查继佐的处理应该更符合事实。《明史》即采用了这一说法，明载"命奏事毋关白中书省"。④但《御批通鉴辑览》在记载这一史实时显得较为谨慎："诏奏事毋先白中书省。"⑤从事情表面上的逻辑关系，以及明太祖所指责的"凡事必先关报"来看，《御批通鉴辑览》的说法似乎更合情理，即这次制定奏式主要是针对"先关报"的问题，即有事必须先上本通政司以达皇帝，而不是先关报中书省。但这里就产生一个疑问：如果仅仅是不先关报中书省，那就意味着还是要关报中书省，那么，是什么时间、通过什么方式"关报"？抑或根本就没有考虑"关报"？可以相信，这个奏式的内容就是"奏事毋关白中书省"。如果是这样，中书省就成为累赘了。

洪武十二年（1379）九月发生的占城使者事件，加速了明太祖彻底废除中书省的步伐。当时，占城王使臣到南京进表文、贡方物，有关部门却不向皇帝通报。有内臣因事出宫，恰巧遇上占城使者，回宫后告知明太祖。这一事件看似微不足道，但其性质是严重的，明太祖当时就

---

① 《明太祖实录》卷117，洪武十一年三月壬午。
② 郑晓：《今言》卷1之14。
③ 查继佐：《罪惟录·纪》卷之1《太祖纪》。
④ 《明史》卷2《太祖纪二》。
⑤ 傅恒等：《御批历代通鉴辑览》卷100，洪武十一年三月。

感叹:"壅蔽之害,乃至此哉!"① 于是"切责"中书省官员。中书省丞相胡惟庸、汪广洋被迫认罪,却又诿过于礼部,礼部也推卸责任。明太祖极为不满,发了一道措辞严厉的敕谕:"九月二十五日,有慢占城入贡事,问及省、部,互相推调。朕不聪明,罪无所归。"② 如果考虑到洪武十一年三月禁诸司奏事先关白中书省,而接待使臣又是礼部的职责,那么,不管礼部是否"关白"中书省,中书省都可以不负未奏闻的责任。省、部推诿,罪无所归,乃是制度上的漏洞所致,但在明太祖看来,全因中书省从中作梗,至少也是消极对抗。既然皇帝可以直接处理六部事务,六部直接对皇帝负责,那么,中书省这一环节自然没有存在的必要。

接着而来的是中书省右丞相汪广洋的贬死。据《明史》载,"(洪武)十二年十二月,(御史)中丞涂节言刘基为(胡)惟庸毒死,(汪)广洋宜知状。帝问之,对曰:'无有。'帝怒,责广洋朋欺,贬广南。舟次太平,帝追怒其在江西曲庇(朱)文正,在中书不发杨宪之奸,赐敕诛之。"③ 由此看来,汪广洋之死,实死于胡惟庸,死于他不敢出面证实胡惟庸的罪状。④ 既然如此,胡惟庸的死期也就不远了。

洪武十三年正月初二日,涂节又告胡惟庸与御史大夫陈宁等谋反。明太祖闻报,亲自处理此事。初六日,赐胡惟庸、陈宁死,尽诛其党僚凡一万五千余人。十一日,祀天地于南郊,宣告罢中书省、升六部,改大都督府为五军都督府。⑤ 从涂节告变到中书省废除,前后仅十天时

---

① 《明太祖实录》卷126,洪武十二年九月戊午。先师欧阳琛教授怀疑有关内臣外出办事偶遇占城使者的记载,认为应是洪武时期宦官"侦事"的典型例子。(见《明代的司礼监》,《江西师范大学学报(哲学社会科学版)》1983年第4期)
② 朱元璋:《洪武御制文集》卷7《问中书礼部慢占城入贡第二敕》。
③ 《明史》卷127《汪广洋传》。
④ 按:所谓胡惟庸毒死刘基事,多半属推测。且不说胡惟庸并无毒死刘基的必要,即使有这种动机,也未必三个月之后才致人于死地的毒药。
⑤ 《明太祖实录》卷129,洪武十三年正月甲午、癸卯。

间，而上距涂节告刘基为胡惟庸所毒死，也不到一个月。明代官方史料记载了胡惟庸的诸多罪状，至云其通倭、谋反，但多属"莫须有"。虽然没有确切材料可以证实涂节的两次关键性密报乃出于明太祖的授意，但至少是揣摩明太祖之意而为之。

洪武二十八年（1395），即废除中书省后的十五年，明太祖下了那道著名的"不许复立丞相""五府、六部、都察院、通政司、大理寺等衙门，分理天下庶务"的敕谕。这道敕谕是明太祖对明初中央权力结构改革的总结，也是对历代中央权力结构利弊的总体认识。[①] 根据这道敕谕的精神，明代中央权力结构的基本特点，用明太祖的话来说，就是各衙门"彼此颉颃，不敢相压，事皆朝廷总之"，也就是皇帝亲理政务。前、后、左、右、中五军都督府，吏、户、礼、兵、刑、工六部，及都察院、通政司、大理寺并立，相互制衡，分别对皇帝负责。皇帝则担负起相当于现代企业董事长和总经理的双重职责，以便于权力的高度集中。

这一权力结构的设计并定型，既反映了明太祖力图在政治体制上扫除一切危及皇权的因素以维护朱明皇朝统治的主观意志，也反映了明初统治阶级在经历了一场严酷的权力斗争、总结了历代治乱经验之后，希望通过强化君权、保持各层次权力平衡以缓和内部矛盾、维护长远利益的政治意向。但是，由于这一体制较多地注入了明太祖个人杀伐果断、求治太切的性格因素，尤其是受明初最高统治集团内部权力斗争的强烈影响，因而过于极端化，难以经受时间的考验。

[①]《明太祖实录》卷29，洪武元年正月戊寅条载："上谕中书省臣曰：'成周之时，治掌于冢宰，教掌于司徒，礼掌于宗伯，政掌于司马，刑掌于司寇，工掌于司空。故天子总六官，六官总百执事，大小相维，各有攸属，是以事简而政不紊故治。秦用商鞅，变更古制，法如牛毛，暴其民甚而民不从，故乱。卿等任居宰辅，宜振举大纲，以率百寮，赞朕为治。'"可见，早在洪武初元，明太祖就已经向往着所谓"天子总六官"的统治模式。

第二章 翰林春坊官平驳奏启与内阁的出现

第一节 四辅官、大学士与翰林春坊官平驳诸司奏启

一、四辅官与殿阁大学士

明初中书省既全面处理国家政务，又是皇帝和诸司衙门之间的一个协调机关。明太祖在统治集团内部矛盾激化的特定条件之下，既过分估计了这种矛盾的严重性，又从极端的角度吸取历代君权与相权斗争的教训，断然废除中书省，并严令禁止复设丞相。这不但违背了中国古代君主专制制度自身运行的规律，而且使皇帝在国家权力结构的格局中降至政务官的地位，陷于纷繁琐细的日常事务之中。据给事中张文辅统计，在洪武十七年（1384）九月十四日至二十一日的八天里，内外诸司的奏章共1660份，奏事3391件，明太祖不得不哀叹："朕一人处此多务，岂能一一周遍，苟致事有失宜，岂惟一姓之害，岂惟一身之忧，将为四海之忧。"[①] 表现出一个负荷过重、力不从心的独裁者的窘境。因此，明太祖不得不采取一些措施来弥补因中书省的废除而导致的权力结构上

---

① 《明太祖实录》卷165，洪武十七年九月己未。

的空缺和权力运作中的不便。

废中书省的当年,即洪武十三年的九月,明太祖告祭太庙,"仿周制"置四辅官,以王本、杜祐、龚敩为春官,杜敩、赵民望、吴源为夏官,皆从一品,位列公侯都督之后而在六部尚书之前,每月分上中下三旬轮流理事。秋官、冬官员缺,由春官、夏官兼摄。

对于四辅官的设置,明太祖作了以下说明:"朕尝思之,人主以一身统御天下,不可无辅臣。而辅臣必择乎正士。故尧舜以得人而昌,商辛以弃贤而亡。"并对王本等人说:"卿等昨为庶民,今辅朕以掌民命,出类拔萃,显扬先亲,天人交庆。"① 几乎将四辅官的设置视为国家的盛典。不久即命吏部,凡郡县所举文学、贤良、方正、聪明、正直、孝弟、力田及才干之士等诸科人才,均在端门庑下,让四辅官观其才识;又命刑部录囚,送四辅官、谏院官、给事中复核,有疑狱则由四辅官封驳,著为令。②

如果仅依据上述材料,必然过高估计四辅官的作用。由于消极吸取过去中书省官员结党弄权的教训,首批被任命的六位四辅官,都是新从外地征辟而来的乡间老儒,"淳朴无他长",洪武十三年(1380)九月十二日到京,十九日就任命为四辅官,确是"昨为庶民",今为王辅。但他们并无从政经历,也未见有政治抱负,加上年事较高,精力不足,不可能对时局有所补益。就在十四年正月,离受命为四辅官不到半年,龚敩、杜祐、赵民望、吴源四人就相继致仕。《罪惟录》说四人是"坐罪黜"③。六位四辅官只剩两位。这年三月,曾任御史中丞的安然被任命为四辅官,这可以说是四辅官中较有行政经验的,但任职才四个月即病故。其后又有李干、何显周任四辅官,但随即和杜祐皆被罢去。剩下

---

① 《明太祖实录》卷133,洪武十三年九月戊申。
② 《明太祖实录》卷135,洪武十四年正月丙申及附条。
③ 查继佐:《罪惟录·纪》卷之1《太祖纪》。

的一位王本，是在最初任命的四辅官中排首位的，也是任职时间最长的，最后却"犯极刑""坐罪诛"。① 至于犯了何罪，史无明载，很可能是因为不懂朝中规矩、不知君主性格，或无意间泄露宫中隐私而触怒明太祖。王本一死，四辅官一职也随之而罢，存在的时间为一年左右。

洪武十五年（1382）十一月，明太祖又"仿宋制"置殿阁大学士。与四辅官不同的是，殿阁大学士品秩不高，皆正五品，均由翰林院官员出任。华盖殿大学士邵质、东阁大学士吴沈是翰林典籍，文渊阁大学士宋讷是翰林学士，武英殿大学士吴伯宗是翰林院检讨。而且，大学士不像四辅官那样务实，参与具体政事，而只是务虚，"备顾问而已"②。所问之事，不过道德教化、文学辞章；所行之事，不过讲经史、读心箴。至洪武十八年（1385）文渊阁大学士朱善告归，大学士之位已空无一人，虽然官名尚存，实形同虚设。

二、翰林、春坊官"平驳诸司文章事"

值得注意的是，就在四辅官或罢或杀之时，明太祖于洪武十四年（1381）十月"命法司论囚，拟律奏闻，从翰林院、给事中及春坊正字司直郎会议平允，然后复奏论决"。③ 十二月，"命翰林院编修、检讨、典籍，左春坊左司直郎、正字、赞读考驳诸司奏启以闻。如平允，则署其衔曰：'翰林院兼平驳诸司文章事某官某'，列名书之"。④ 实则将司法复审权和政务初审权赋予翰林、春坊官。故明人沈德符认为，"生杀大权，主于词臣矣""唐宋平章参政之任又兼之矣"。⑤ 孟森先生也认

---

① 查继佐：《罪惟录·纪》卷之1《太祖纪》。
② 《明太祖实录》卷150，洪武十五年十一月戊午。
③ 《明太祖实录》卷139，洪武十四年十月癸丑。
④ 《明太祖实录》卷140，洪武十四年十二月丁巳。
⑤ 沈德符：《万历野获编》卷10《翰林权重》。

为:"是为千余年来政本之一大改革。"① 有学者以为洪武时的殿阁大学士平驳诸司奏启,实属误解。《明史·职官志》于此早有评论:"当是时,以翰林、春坊详看诸司奏启,兼司平驳。大学士特侍左右,备顾问而已。"这些翰林、春坊官事权虽重,但职位卑下,与外廷无公事往来,又非固定人员,类似临时性差遣,自然没有结党弄权、威胁皇权的可能。

对于四辅官,明太祖开始似乎抱有较大的指望,希望对废除中书省后统治上的不便有所补益,但因有中书省的前车之鉴,又不能不予限制。不然,四辅官地位崇高,如事权太重,所任者又年富力强、精明过人,岂不又成变相中书省?明太祖这一矛盾心理,从他对四辅官非同一般的隆重礼遇和对人员过于谨慎的选用可以看出,这就决定了四辅官不可能有实质上的作用。至于殿阁大学士,则完全用以体现所谓"三公论道"的"古制"精神而已,于政事无任何实际价值。而翰林、春坊平驳奏启,显然是明太祖为解决中书省废除后的实际问题而采取的一项重要措施。由于现存材料的缺乏,这项措施的详细情况尚不十分清楚,明太祖也不可能意识到它们的潜在影响,但事实上为后来明成祖调整中枢体制提供了"祖制"依据,为内阁的产生开了先河。日后内阁取得了四辅官的地位、殿阁大学士的衔号以及翰林春坊平章政事的职责,这却是明太祖始料不及的。

---

① 孟森:《明清史讲义》上册,北京:中华书局,1981年,第58页。

第二节 "内阁"的出现及其地位的迅速提高

一、明代"内阁"的初始状态

成祖以藩王取皇位,用正统观念看,无异于篡夺。为了应付复杂而动荡的政局,在使用高压手段镇压反侧的同时,迅速组成一个可靠而得力的参赞机务班子显得尤为迫切。这实际上是明太祖废中书省后遗留下来的老问题。

当时,成祖的"从龙"功臣多出戎伍,不谙文事,以方孝孺为代表的一些有声望的建文朝大臣又拒不合作,新政权在人才方面的匮乏是显而易见的。恰恰在这时,年轻的翰林官解缙、胡广等在成祖进南京时"率先"迎附,表明其政治态度;杨荣更直叩马首,提醒成祖当先谒太祖之陵、后即皇帝之位,以正名分、收人心,表现出不同寻常的政治眼光。[①] 基于这些情况,也为了表示用人不分彼此,成祖即位不到两个月,就先后命解缙、黄淮、胡广、杨荣、杨士奇、胡俨、金幼孜等七人直文渊阁,参预机务。内阁作为一种建制,开始出现。黄佐《翰林记》对这一情况作了较为详细的记载:

> 太宗即位,首诏吏部及本部举文学行谊才识之士授职。始闻待诏解缙名,稍亲近之。召对,喜其豪杰敢言,益见信用。建文四年

---

① 《明史》卷148《杨荣传》。按:建文四年成祖初置内阁时,解缙34岁、黄淮36岁、胡广33岁、金幼孜35岁、胡俨42岁、杨士奇38岁、杨荣30岁。都是年富力强,但又都过了而立之年。其中,胡俨年龄最大,杨荣年龄最小。

（1402）七月，侍书黄淮改中书舍人，入见。上与语，大奇之。凡侍朝，命与缙立于御榻之左，以备顾问。上以万几丛脞，日御奉天门左室，每夕召语至夜分。上或就寝，赐坐榻前，议论几密，同列不得与闻。是时，吴府审理副杨士奇在翰林充史官，亦有誉望，亲擢为编修。已而改给事中金幼孜、桐城县知县胡俨为检讨。寻升缙为侍读，修撰胡靖（胡广）为侍讲，编修杨子荣为修撰，而改子荣名荣。继又升淮为编修。九月，遂开内阁于东角门内，召七人者谕以委任腹心之意，俾入处其中，专典密务，虽学士王景辈不得与焉。①

根据这段记载，内阁的组成是从人员的选拔开始的。最早得到重用的是解缙和黄淮，然后是二杨、二胡及金幼孜。而七人作为一个群体出现，则在成祖即位后的不到三个月（见下文），可见其紧迫性。永乐五年（1407），成祖命吏部："（胡）广等侍朕日久，继今考满，勿改外任。"当时解缙已经获罪，胡俨出任国子监祭酒，仍在内阁的是胡广、黄淮、杨荣、杨士奇和金幼孜五人。"勿改外任"，既表明内阁为一整体，又保证其成员的相对稳定，同时也意味着内阁开始由临时性建制向永久性机构过渡。

如《明史·职官志》所言，永乐时参预机务者"皆编检讲读之官，不置官属，不得专制诸司，诸司奏事，亦不得相关白"。且终永乐之世，他们的品秩未过五品，均挂衔翰林而无公开身份。"内阁"的名称也并未真正确定，成祖每有言及，或称"翰林"，或直呼"解缙等""胡广等"。从其性质来说，近于皇帝的顾问和机要秘书。但是，内阁的实际作用远远超出它的公开地位。永乐初，"凡制诰命令诫敕之文日繁，而

---

① 黄佐：《翰林记》卷2《内阁亲擢》。

礼典庶政之议及事之关机密者咸属焉";"时几务孔殷,常旦及午,百官奏事退,内阁之臣,造膝前进呈文字,商几密,承顾问,率漏下十数刻始退"。① 内阁的这些作用对于成祖稳定时局、巩固统治起了重要作用。永乐七年(1409)以后,成祖长期离开南京,经营北京,同时亲自指挥对元朝残余势力的战争,杨荣、胡广、金幼孜扈从北上,参与帷幄。成祖"军务悉委(杨)荣,昼夜见无时","凡宣诏出令,及旗志符验,必得(杨)荣奏乃发"。② 杨士奇、黄淮辅皇太子监国,亦被仁宗倚为心膂。成祖在说到内阁作用时认为:"代言之司,机密所系,且旦夕侍朕裨益不在尚书下也。"③ "天下事咸朕与若等同计,非若六卿之分理也。"④

二、洪熙、宣德年间"阁权日重"

永乐时内阁公开地位与实际作用的差异,反映了政治统治的迫切需要和中枢权力结构严重缺陷之间的矛盾。正是这一矛盾,促使洪熙、宣德以后内阁地位迅速提高和内阁制度逐步形成。

洪熙时,以二杨(按:杨士奇、杨荣,时杨溥尚未入阁)为核心的阁臣不仅以顾问的身份与仁宗"同计天下事",还在仁宗的授意和指令下开始直接干预六部和都察院事务。宣德时,"宣宗内柄无大小,悉下大学士杨士奇等参可否,虽吏部蹇义、户部夏原吉时召见,得预各部事,然希阔不敌士奇等亲。自是阁权日重,即有一二吏兵之长与执持是非,辄以败"。⑤ 这不仅是因为二杨具有丰富的政治斗争经验和卓越的

---

① 杨士奇:《御书阁颂有序》《三朝圣谕录序》。
② 《明史》卷148《杨荣传》。
③ 《明史》卷147《解缙传》。
④ 黄佐:《翰林记》卷2《内阁亲擢》。
⑤ 《明史》卷72《职官志序》。

治理才干，更主要的是与皇帝关系近密，往往秉承"上意"来左右朝议。关于安南和战问题的一场争议，尤其能说明这一点。

洪熙元年（1425）十一月，宣宗召杨士奇和杨荣，告以欲弃安南之意，并戒之曰："卿二人但识朕意，勿言。三二年内，朕必行之。"①五个月后，宣宗召二杨及吏部尚书蹇义、户部尚书夏原吉共议安南事。当宣宗表示准备放弃安南时，蹇、夏立即反对："太宗皇帝平定此方，劳费多矣。今小丑作孽，何患不克。若以二十年之勤力，一旦弃之，岂不上损威望。愿更思之。"宣宗随即征求二杨的意见。二杨早已心领神会，并准备好了历史依据："陛下此心，固天与祖宗之心。交趾于唐虞三代，皆在荒服之外。当时不有其地，而尧舜禹汤文武不失为圣君。太宗皇帝初欲立陈氏，所以为圣。汉唐以来，交趾虽尝为郡县，然叛服不常，丧师费财，不可殚纪，果尝得其一钱一兵之用乎？……陛下天下之父母，何与豺豕辈较得失耶？"②可见，宣宗是通过二杨来说自己不便说的话，二杨则秉承宣宗的意旨来左右朝议，蹇、夏毫无思想准备，被打了个措手不及。

宣德五年（1430），夏原吉病死，蹇义虽然在公开地位上高于三杨，"然遇事多疑少断，常持两端，且短于才"③，完全不是二杨的对手，阁权开始凌驾于部权之上。正统初，英宗九岁即位，三杨以四朝元老持政柄，举凡任官、选举、漕运、清军、边务诸大政，皆杨士奇等主议，内阁地位空前提高，内阁制度也初步形成，主要表现在：内阁名称的公开化、"殿阁大学士"成为阁臣的专称、文渊阁成为内阁的官署，内阁权力的基本行使方式——票拟也开始出现。

---

① 《明宣宗实录》卷11，洪熙元年十一月壬戌。
② 《明宣宗实录》卷16，宣德元年四月丙寅。
③ 《明英宗实录》卷1，宣德十年正月丁亥。

第三节 明代内阁建置诸问题

正德、万历《明会典》和清修《明史》都对内阁的出现及大学士的设置进行了记载。

正德《明会典》说：

> （洪武时）设华盖殿大学士、武英殿大学士、文华殿大学士、文渊阁大学士、东阁大学士，俱正五品，班在本院学士上。永乐初，简命编修等官于文渊阁参预机务，谓之"内阁"。渐升至学士等官。洪熙元年，以辅导任重，加升至师保及各部尚书、侍郎职衔，仍兼学士、大学士。①

万历《明会典》说：

> 华盖殿大学士、武英殿大学士、文华殿大学士、文渊阁大学士、东阁大学士，俱洪武中设，职五品，班在学士上。永乐初，简命编修等官直文渊阁，参预机务，谓之"入阁办事"。后渐升至学士及大学士。②

---

① 正德《明会典》卷174《翰林院》。
② 万历《明会典》卷221《翰林院》。

《明史·职官志》说：

> （洪武）十五年（1382），仿宋制置华盖殿、武英殿、文渊阁、东阁诸大学士，又置文华殿大学士。……当是时，以翰林、春坊详看诸司奏启，兼司平驳。大学士特侍左右，备顾问而已。建文中，改大学士为学士。成祖即位，特简解缙、胡广、杨荣等直文渊阁，参预机务。阁臣之预务自此始。然其时，入内阁者皆编、检、讲读之官，不设官署，不得专制诸司。①

这是明清两代官修史书对明代内阁建置的权威性记载，但至少在三个重要环节上存在疑点或造成后人的误解。

一、关于"直文渊阁"参预机务

粗略地看，万历本《明会典》只是照录了正德本《明会典》的记载，其实却有关键性的修正。弘治本记："简命编修等官于文渊阁参预机务，谓之内阁。"万历本则改为："简命编修等官直文渊阁，参预机务，谓之入阁办事。"至于"内阁"抑或"入阁办事"将在下文讨论，这里只论"于"与"直"。

不管作者的意图怎样，如果仅从字面理解，弘治本显然是说，永乐初阁臣们是在文渊阁参预机务的。于是后人也就可以认为，如果说永乐初设置了内阁，那么内阁的地点就在文渊阁。所以《明史》有关人物的列传便"内阁""文渊阁"杂用。如《杨士奇传》说："成祖即位，（士奇）改编修，简入内阁，典机务。"《杨荣传》则说："简入文渊阁。"后之研究明史者，大抵继承了这一说法，并予以发挥。如李天佑

---

① 《明史》卷72《职官志一》。

先生即指出：永乐初，解缙等"皆以翰林官直文渊阁，参预机务。因文渊阁在午门之内迤东、文华殿南面，即在内廷，遂有内阁之称"。①

其实，内阁建置之初，阁臣并不在文渊阁参预机务，文渊阁之为内阁官署，乃在宣德、正统以后。

据刘若愚《酌中志》、孙承泽《天府广记》所载，明代文渊阁位于皇城奉天门外、午门内之东、文华殿南面。② 永乐时，南京的文渊阁乃是翰林院所在地及其属读书之处。永乐三年（1405），即内阁建置之后，成祖命解缙等于新进士中选"才质英敏者"就学文渊阁，③ 此后即成惯例。迁都北京后，皇城规制一如南京。直至宣德九年（1434），翰林院编修马愉等与庶吉士三十九人进学文渊阁。④ 内阁在明代被称为"密勿之地"，"常人所不能到"，自然不可能在人员嘈杂的文渊阁。

就所见材料，较早提到永乐初内阁建置时所在地的是杨士奇的《御书阁颂有序》："太宗皇帝入继大统。……初建内阁于奉天门内，简任翰林之臣七人其中，所职代言。"⑤ 虽然过于笼统，却明确指出了当时的内阁是在奉天门"内"，而不在奉天门"外"的文渊阁。杨士奇卒后，王直为其作传，进一步指出："太宗皇帝即位，遂擢为编修。时方开内阁于东角门内，命解缙、黄淮、胡广、胡俨、杨荣、金幼孜及公七人处其中，典机务。"⑥ 王直与杨士奇同乡，举永乐二年进士，次年改庶吉士读书文渊阁。《明史》本传说："帝喜其文，召入内阁，俾属

---

① 李天佑：《明代的内阁》，载《明清史国际学术讨论会论文集》，天津：天津人民出版社，1983年，第67页。
② 刘若愚：《酌中志》卷17《大内规制纪略》；孙承泽：《天府广记》卷10《内阁》。按：刘若愚、孙承泽等人所记皆为北京文渊阁，而永乐内阁初置时，京师尚在南京。由于北京宫殿仿南京而成，故可并论之。
③ 《明太宗实录》卷38，永乐三年正月壬子。
④ 《明宣宗实录》卷112，宣德九年八月癸酉。
⑤ 杨士奇：《东里集·续集》卷44《颂·御书阁颂有序》。
⑥ 王直：《抑庵文集》卷11《少师泰和杨公传》。

草。"王直也自言"被选拔,得从诸公后"。① 其言内阁在"东角门内",当属不谬。按东角门在奉天门东侧,这与杨士奇所说建内阁于"奉天门内"是一致的。此后,黄佐《翰林记》、郑晓《今言》等俱沿此说。但是,内阁究竟在奉天门内或东角门内何处,无明确记载。

从永乐时解缙、胡广等人的活动情况来看,阁臣的职责主要是侍从左右、备问代言。杨士奇就说:"时几务孔殷,常旦及午。百官奏事退,内阁之臣,造扆前进呈文字、商几密、承顾问,率漏下数刻始退。"② 成祖也谕解缙等:"朕即位以来,尔七人朝夕相与共事,鲜离左右。"③ "天下事咸朕与若等同计。"④ 这些记载中,看不出阁臣有单独的或专门的议事论政之所。阁臣参预机务,皆在御前进行。《明太宗实录》说:"上视朝之暇,辄御便殿阅书史,或召翰林儒臣讲论。"⑤《翰林记》也说:"上以万几丛脞,日御奉天门左室,每夕召(解缙等)语至夜分。上或就寝,赐坐榻前,议论几密,同列不得与闻。"⑥

如果要深究永乐时内阁建置之所在,其实就是成祖与阁臣议事之所在,它可以是东角门,也可以是武英殿,或奉天殿侧成祖视朝后憩息的便殿。翰林院在东角门外的文渊阁,解缙等均挂衔翰林,平日待召文渊阁,所以入内阁便是"直"文渊阁。有旨意则由奉天门的东角门召入预机务而不是"于"文渊阁预机务。故杨士奇说"初建内阁于奉天门内",王直则说"开内阁于东角门内",均为实情。

上述结论,可以从当时阁臣活动的情况中得到证实。杨士奇《三朝圣谕录》和宣德五年所修的《明太宗宝训》记载了永乐时阁臣们的主

---

① 王直:《杨文敏集序》,载《杨文敏集》。
② 杨士奇:《东里集·别集》卷2《圣谕录·三朝圣谕录序》。
③ 《明太宗宝训》卷3,永乐二年九月庚申。
④ 黄佐:《翰林记》卷2《内阁亲擢》。
⑤ 《明太宗实录》卷53,永乐四年四月己卯。
⑥ 黄佐:《翰林记》卷2《内阁亲擢》。

要活动，其中有明确地点的共十次：

永乐元年十二月壬辰，上宴间御谨身殿阅太祖皇帝御制文集，学士解缙等侍。

永乐二年四月甲申，上御奉天门，与翰林学士兼左春坊大学士解缙等议事。

永乐二年九月庚申，上御右顺门，召翰林学士解缙等议事。

永乐四年正月乙巳，上御武英殿，览《存心录》，与翰林侍臣讲论。

永乐四年闰七月乙亥，上御奉天门，与翰林侍读胡广等议事。①

永乐五年冬，一日，胡广独于武英门进呈文字。

永乐五年冬，一日，上御西角门，翰林诸臣奏事退，特召杨士奇还，……复召至榻前。

永乐十一年十二月，一日，（杨士奇）独于武英门进呈敕稿。

永乐十四年冬，一日，上御东华门，召翰林诸臣议事。②

其中，武英殿及武英门三次，奉天门两次，右顺门、东华门、谨身殿、西角门、榻前各一次。这都是成祖与阁臣们议事之处。

上述结论，还可以从以后的史实中得到印证。正统十四年（1449）二月，侍讲刘定之上疏景帝："凡政事有早朝未及决者，宜日御便殿，使与大臣敷奏。"③ 弘治六年（1493），左谕德曾彦上疏："今诸臣章奏，皆蒙令所司议处，乞御便殿，宣召内阁及府部大臣相与参决。"④ 这些

---

① 以上诸条据《明太宗宝训》。
② 以上诸条据杨士奇：《三朝圣谕录》。
③ 《明英宗实录》卷184，正统十四年十月乙亥。
④ 《明孝宗实录》卷75，弘治六年五月壬辰。

建议，实际上要求恢复永乐时皇帝召阁臣御前议事的旧制。所谓"便殿"，即成祖常与阁臣议事或阁臣"参预机务"之所在，也可以说是永乐时内阁之所在。弘治末年，孝宗曾数次召刘健、李东阳、谢迁三阁臣及六部马文升等议事。只是孝宗议事在平台而不在奉天殿前的奉天门、右顺门等地。

  永乐初内阁建置之时，实际上是翰林院的一个负有特殊职责的分支机构。但是，随着其作用和地位的提高，解缙、胡广、杨荣等人又相继为翰林学士、主持翰林院事，翰林院反而为下属。仁宗即位后，命杨士奇等"俱掌内制"①；宣德三、四年间，宣宗又命二杨代为批答部分奏章。阁臣的办事方式，逐步由"日侍左右、参预机务"，向独立视草、批答演变；其办事地点，也自然由御前转为文渊阁。为了适应内阁的这一演变，宣宗于宣德四年至文渊阁议事时，命扩大文渊阁的规制，赐内阁以文渊阁印，增设诰敕、制敕两房中书舍人为内阁属官。② 这时，内阁尚需与翰林院合署办公，但翰林院的迁出也只是时间问题了。正统七年，翰林院新署落成，文渊阁遂正式成为内阁官署。③ 作为机构的内阁和作为官署的文渊阁，此时才真正统一起来。所以，杨士奇、杨荣、黄

---

① 《明仁宗实录》卷1下，永乐二十二年八月己未。
② 《明宣宗实录》卷59，宣德四年十月庚辰；《明会典》卷221《翰林院》，黄佐：《翰林记》卷2《内阁亲擢》。
③ 《明英宗实录》卷91，正统七年四月癸卯条载："建宗人府、吏部、户部、兵部、工部、鸿胪寺、钦天监、大医院于大明门之东，翰林院于长安左门之东。初，各衙门自永乐间皆因旧官舍为之，散处无序，至是上以宫殿成，命即其余工以序营建，悉如南京之制。其地有民居妨碍者，悉徙之。"按：此时建翰林院于"长安左门之东"即所谓"东阁"，但并非"南京之制"，因为南京的翰林院在文渊阁。又按尹直《謇斋琐缀录》卷1《翰林故事》也记载了翰林院新署的情况：今翰林院外署，本鸿胪寺旧址，建于正统七年，而印则造于六年也。初落成日，诸学士皆到任，钱文肃先生掌印，不设西杨、南杨二先生公座，曰："此非三公府也。"至期，二杨闻，乃命工部具椅案，胡宗伯定位次，二先生始自内阁出就座。时论虽嘉文肃，然二公所供职，则固翰林事也。成化壬辰夏四月，直等升学士。到任时，可斋彭先生以兼秩，非本院学士，止于后堂，辞不出座，万循吉请至再三。直乃进曰："闻西杨先生亦尝坐，先生何为辞？况后陈、高诸先生亦未尝不坐。"可斋始出，坐中，万先生坐右，商先生时以兄丧不至，故虚其左，而直五人以次东西列坐。按：从这段记载也可以看出两个事实。其一，明朝人一直将内阁和翰林院视为"同官"；其二，由于内阁压制翰林院，因而其间的矛盾也是显而易见的，大学士们既自外于翰林，翰林学士也在刻意地保持独立性。

淮及王直等人的记叙中，凡追记永乐时与成祖"预机务"的地点，皆云"东角门""奉天门"等而不言文渊阁。而后人记正统以后的内阁，则直言"文渊阁"了。

陆深《玉堂漫笔》对内阁所在地的上述变化作了这样的记叙：

> （永乐时）内阁在东角门内，常人所不能到。其外为文渊阁，则翰林诸公之处。……今内阁傍文渊阁，而不在东角门内。诸学士所处，则在左顺门之南廊而傍为东阁云。①

天顺、成化之际为大学士的彭时，对当时内阁所在地文渊阁作了这样的记载：

> 文渊阁在午门内之东、文华殿南面，砖城凡十间。……西五间，中揭"文渊阁"三大字牌扁，牌下置红柜，藏三朝实录副本。前楹设凳东西坐。余四间皆后列书柜，隔前楹为退休所。②

嘉靖十六年（1537），对文渊阁进行了扩建：

> 以文渊阁之中一间恭设御座，旁四间各相间隔，而开户于南，以为内阁办公之所。阁东诰敕房内装为小楼，以贮书籍。阁西制敕房南面隙地造卷棚三间，以容各官书办。于是阁制视前称完美矣。③

这次扩建的格局一直保存到明末清初。孙承泽《天府广记》载：

---

① 陆深：《玉堂漫笔》。
② 彭时：《彭文宪公笔记》。
③ 《明世宗实录》卷199，嘉靖十六年四月癸亥。

> 大学士办事内阁，在午门内东南隅外，门西向，阁南向。入门一小坊，上悬圣谕，过坊即阁也。……阁中一间恭列孔圣暨四配像，旁四间各相间隔，而开户于南，以为阁臣办事之所。阁东诰敕房，装为小楼，以贮书籍。阁西制敕房，南面隙地添造卷棚三间，以处各官书办。①

内阁活动由御前移至文渊阁，客观上反映了内阁建置由临时性设施到永久性机构的过渡，反映了内阁由皇帝的侍从幕僚到明代政治中枢的演变。

人们之所以误认为内阁建置之初即在文渊阁，认为永乐时阁臣在文渊阁参预机务，既因为宣德、正统以后文渊阁为内阁的官署，也因为忽视了内阁的上述变化。但明朝学者对内阁的这一变化是清楚的。郑晓《今言》说："文皇即位，开内阁，召七臣入预机务，名'直文渊阁'。"②王世贞《弇山堂别集》也说："阁臣入阁，止云直文渊阁及办事而已。"③再如前引陆深《玉堂漫笔》的记载皆是。当然，当时也有人忽视了这一变化。如羽林卫指挥刘昌就将他所在的嘉靖时的状况移植于永乐："太宗命史臣于文渊阁参预机务。"④郑晓、王世贞二人为明代著名学者，尤谙朝廷掌故，其文本影响是不可低估的。

万历本《明会典》正是吸收了王世贞等人的研究，对正德本《明会典》修正了一个字，是"直"文渊阁而非"于"文渊阁。《明史·职官志》应该注意到了这一变化，并采用了万历本的说法："成祖即位，

---

① 孙承泽：《天府广记》卷10《内阁》。
② 郑晓：《今言》卷1之53。
③ 王世贞：《弇山堂别集》卷7《皇明异典述二·掌文渊阁》。
④ 《明世宗实录》卷116，嘉靖九年八月庚辰。

特简解缙、胡广、杨荣等直文渊阁，参预机务。"《列传》的作者却没有领会到这一点。

二、关于殿阁大学士

《明史·职官志》的意思十分明显：永乐以后的内阁大学士是洪武时殿阁大学士的继续，只是职责有所变化而已。后之研究明史者也有承袭了这一看法者，甚至将其推进了一步。聂崇岐先生就说："洪武中废中书省，由皇帝直接处理国政，而指派翰林院等文翰机关选调几个官员草拟诏谕，加以殿阁大学士头衔，是为内阁之始。"[①] 朱绍侯先生主编的《中国古代史》则说："明太祖废丞相后，推选几名文人担任华盖殿、武英殿、文渊阁、东阁等殿阁大学士，协助他批阅奏章、充当顾问。明成祖时，阁臣可参预机务。"[②]

其实，洪武时的殿阁大学士既无"批阅奏章"之任，也不负责"草拟诏谕"，与永乐以后的阁臣或殿阁大学士迥不相同。如前所述，洪武时期的殿阁大学士的职责是"备顾问"，所顾问者仅道德教化之类。自洪武十八年（1385）朱善告归后，殿阁大学士遂为虚设。故《明史·宰辅年表序》也说："洪武时置殿阁大学士，而其官不备，其人亦无所表见，燮理无闻，何关政本。"关于殿阁大学士与阁臣的区别，王世贞说得十分明白："洪武中，华盖等殿大学士刘仲质、邵质、余思诚、鲍恂、余铨、张长年、吴伯宗、朱善、宋讷、吴沈，其时原无内阁也。若洪熙时文华殿大学士权谨及陈山教内竖，后皆非内阁臣矣。"[③]

---

① 聂崇岐：《中国历代官制简述》，载聂著《宋史丛考》，北京：中华书局，1980年。
② 朱绍侯主编：《中国古代史》下册，福建：福建人民出版社，1982年，第99页。因为此书为部颁高等院校文科教材，故影响甚大。
③ 王世贞：《弇山堂别集》卷7《皇明异典述二·大学士非内阁》。

废除中书省后，从文翰机关选调并协助皇帝批阅奏章的，是一些属临时性差遣的翰林春坊官（见前），而代皇帝草拟诏谕的，则是翰林官。黄佐《翰林记》说："国朝（内外）两制，悉归本院，非鸿儒历显秩者不可掌。"①考洪武一代掌诰敕者，主要是陶安、宋濂、刘三吾等。明太祖于内外大政，也多听取他们的意见，或与其议定。如陶安之于律令、宋濂之于资阶、刘三吾之于礼制等皆是。凡此种种，殿阁大学士俱不得预。

成祖即位后，解缙以侍读，胡广以侍讲，杨荣以修撰，杨士奇、黄淮以编修，金幼孜、胡俨以检讨，入内阁参预机务，兼掌两制。②而除解缙、胡广、杨荣外，杨士奇原为吴府审理副、金幼孜为给事中、黄淮为中书舍人、胡俨为桐城知县，俱转为翰林官。正是因为从制度上来说，只有转官翰林，才能直文渊阁，才方便参与诰敕之类的文字工作。因此，内阁诸臣从系统来说，均属翰林院；从体制来说，则属临时性差遣而非正式职务；从职责来说，是参预机务、草拟诏令。因而从其渊源来说，永乐时内阁诸臣并非洪武时殿阁大学士的继续，而是翰林院兼掌两制和翰林春坊官平驳诸司奏启的发展。如果考虑到以后内阁以票拟为主要职责，这一点就更清楚了。

永乐十四年（1416），胡广由翰林学士兼左春坊大学士晋文渊阁大学士，这是内阁诸臣为殿阁大学士之始，也是殿阁大学士与翰林院结合的开始。《明会典》说殿阁大学士"班在学士上"，应是从这个意义上说的。因为在洪武时，殿阁大学士与翰林院之间既无职责上的关系，也无名义上的联系。从胡广为文渊阁大学士始，至洪熙，杨士奇以少傅兵部尚书兼华盖殿大学士，杨荣以太子少傅工部尚书兼谨身殿大学士，黄

---

① 黄佐：《翰林记》卷11《知制诰》。
② 杨士奇：《东里集·东里文集》卷20《铭·金幼孜墓志铭》。

淮以少保户部尚书、金幼孜以太子少保礼部尚书俱兼武英殿大学士。但殿阁大学士这时仍不是阁臣的专称。洪熙元年（1425）三月，仁宗曾授权谨文华殿大学士，《明史》亦将其列入《宰辅年表》，实则并未入内阁议事。仁宗即明谕权谨："朕之除卿，嘉其孝，以风天下之为人子者，他非卿责也。"① 宣德初，张瑛、陈山以东宫旧臣分别被授礼部左侍郎兼华盖殿大学士、户部尚书兼谨身殿大学士。杨溥为张瑛作墓志铭，也说是"入内阁制诰"②。但宣德四年（1429）宣宗两至文渊阁，与杨士奇等议事，并悉召诸翰林，张瑛、陈山二人不预。③ 当年十月，宣宗与杨士奇论及陈山，谓"内阁政本之地，岂可令斯人溷也。"遂命辍机务，专授小内使书，但大学士衔号仍故。④ 可见，洪熙、宣德时的殿阁大学士尚有两种情况：一是褒节义、待故旧，而无关政本，与洪武时相类似；一是阁臣兼衔殿阁大学士，使其既区别于翰林，又能长期名正言顺供职内廷，与洪武时迥异。

正统以后，入内阁者不一定授大学士之衔，但大学士则非入内阁者不授，内阁的职责和殿阁大学士的衔号至此方完全合二而一。但大学士已不是原来意义上的大学士了。在体制上，大学士虽为五品，但加官不至三孤、尚书者，即使入内阁也不授殿衔。至于华盖/中极、谨身/建极二殿大学士，则成为首辅、次辅的专称。

阁臣兼衔殿阁，是明代内阁地位公开化的重要标志，它反映了在明太祖所定的"祖制"和现实统治需要发生矛盾时，明代中枢权力结构在二者的交错制约下进行的自我调节。正德时历任兵、吏二部尚书的王琼对此颇具见地，他认为，阁臣之兼衔殿阁，既遵循了太祖的"定

---

① 王樨：《文华殿大学士河间权公瑾传》，载焦竑：《国朝献征录》卷12《内阁一》。
② 杨溥：《张瑛墓碑》，《国朝献征录》卷12《内阁一》。
③ 《明宣宗实录》卷56，宣德四年七月己未；卷59，同年十月庚辰。
④ 雷礼：《陈山传》，载《国朝献征录》卷12《内阁一》；又《弇山堂别集》卷7《皇明异典述·二阁臣不预事》。

制",又使"祖宗官制额定之员得以增置"。①

三、关于"内阁"名称

万历本《明会典》在内阁的名称上也对正德本《明会典》进行了修正。弘治本说:"简命编修等官于文渊阁参预机务,谓之内阁。"万历本则改为:"简命编修等官直文渊阁,参预机务,谓之入阁办事。"《明史·职官志》采用了万历本的说法,而其后由傅恒领衔编修的《御批通鉴辑览》却采用了弘治本的说法,直称:建文四年(1402)八月,解缙等"同入直、预机务,谓之内阁。内阁之名自此始,参预机务亦自此始。"② 赫舒德等修订的《资治通鉴纲目三编》也沿用此说。③

"内阁"之说至少在汉魏之际已有之,但指的是内廷或禁中、大内,而非专门的机构。如《三国志》裴注云:"太和中,(薛夏)尝以公事移兰台。兰台自以台也,而秘书署耳,谓夏为不得移也,推使当有坐者。夏报之曰:'兰台为外台,秘书为内阁,台阁一也,何不相移之有?'"④ 相对于主管监察的御史台,秘书监在内廷,故有"内阁"之称。由于秘书监始置于东汉桓帝延熹间,以至有人称"内阁始建于东汉"。⑤ 又《新唐书·于志宁传》云,贞观时,太子承乾喜突厥狎戏,志宁谏曰:"突厥达哥支等,人状野心,不可以礼教期,不可以仁信待。狎而近之,无益令望,有损盛德。况引内阁中,使常亲近,人皆震骇,而殿下独安此乎?"也是将内廷称"内阁"。而隋之门下坊更设有"内

---

① 张萱:《西园闻见录》卷26《宰相上》。
② 傅恒等:《御批历代通鉴辑览》卷101,建文四年八月。
③ 赫舒等:《资治通鉴纲目三编》卷4。
④ 《三国志·魏书》卷13《王朗附传》。
⑤ 参见《争鸣》杂志1988年第3期载《内阁始建东汉考》。

阁帅"。① 其后各史也多有类似的记载。《新唐书》载，唐睿宗时，韦凑以鸿胪寺少卿兼通事舍人上疏，语多恳直，"帝瞿然，引内阁中"。②《宋史》载，太宗至道中，贾黄中为礼部侍郎兼秘书监，"黄中素嗜文籍，既居内阁，甚以为慰"。③《宋史》卷296《论赞》更云："太宗崇尚儒术，听政之暇，以观书为乐，置翰林侍读学士以备顾问。真宗克绍先志，兼置侍讲学士，且因内阁以设职名，俾鸿硕之士更直迭宿，相与从容讲论。"所有这些"内阁"，其实都是内廷或禁中、大内之意。

这些"内阁"的称谓虽然都不意味着有一个作为机构的内阁，但显然为明代废除中书省后的中枢机构找到了一个十分贴切的名称。正如《明史·职官志一》所说："以其授餐大内，常侍天子殿阁之下，避宰相之名，又名内阁。"《明太宗实录》载：永乐四年（1406）二月，"上以太祖高皇帝御制《嘉禾》诗勒石装潢成轴，赐诸王及尚书、侍郎，内阁学士、侍读、侍讲及国子监祭酒司业"④。又，永乐六年八月，礼部议奏"巡狩事宜"，其一言侍从人员，包括"翰林院内阁官三员，侍讲、修撰、典籍等官六员，书制敕秀才八人，及译写四文夷字监生十三人"⑤。《明太宗实录》成书于宣德时，或许是按宣德时的称呼来记永乐时的事情。但"内阁"的名称似乎在永乐时期已经出现，所以解缙、黄淮等人的诗文中才不断有"内阁"之名。

解缙《退朝即事》诗云："椰子南来百粤中，黄藤纯束赤筠笼。恩颁内阁分携去，犹有大官黄纸封。"⑥ 这首诗的写作时间当在永乐四年七月解缙受冷落之前。又永乐十五年夏黄淮诗云："退朝长日御西清，

---

① 《隋书》卷27《百官志中》。
② 《新唐书》卷118《韦凑传》。
③ 《宋史》卷265《贾黄中传》。
④ 《明太宗实录》卷51，永乐四年二月壬申。
⑤ 《明太宗实录》卷82，永乐六年己卯。
⑥ 解缙：《文毅集》卷6《七言绝·退朝即事》。

内阁词臣奉诏频。几度从容承顾问，深惭无术赞经纶。"① 再如金幼孜永乐十五年前后有《和子棨曾侍讲敕建内阁之作》《内阁新成次大学士胡公韵》，其一曰："秘阁新开紫禁西，高甍辉映与云齐，娟娟碧树当窗近，霭霭晴峰入户低。"②

但是，《明太宗实录》在记载内阁初期的活动时，却又无"内阁"之说：

> 洪武三十五年（建文四年）七月丙戌，升翰林院侍讲王景为本院学士，擢吴府审理副杨士奇为编修。
>
> 洪武三十五年七月辛卯，改给事中金幼孜、王洪及桐城县知县胡俨为检讨。
>
> 洪武三十五年七月己亥，升翰林院待诏解缙为本院侍读，修撰胡靖（胡广）侍讲，编修吴溥、杨子荣（杨荣）修撰。
>
> 洪武三十五年八月戊午，升中书舍人黄淮为翰林院编修。
>
> 洪武三十五年九月癸巳，赐翰林侍读解缙等七员金织罗衣各一袭。

即使永乐四年二月的记载中已称"内阁"，永乐六年八月礼部的奏疏中也已明言"翰林内阁官"，但在另外的一些情况下并不如此称呼：

> 永乐四年七月辛丑，赐左春坊左庶子兼翰林院侍读黄淮等五员二品金织罗衣各一袭（按：时解缙因立储事得罪、胡俨出为国子祭酒，故不及）。
>
> 永乐五年十一月辛亥，命吏部臣曰："（胡）广等侍朕日久，

---

① 黄淮：《省衍集》卷下《七言绝句·乙未（永乐十三年即1415年）夏五月初三日夜梦侍朝因追想平日所见成绝句三十八首其二十二》。

② 金幼孜：《金文靖文集》卷4《七言律诗》。

继今考满，勿改外任。"①

不仅如此，杨士奇在宣德二、三年（1427、1428）间为胡广所作的神道碑，杨荣在宣德四年因宣宗"驾幸"文渊阁而作的谢表等，乃至宣德五年所修的《明仁宗实录》，均只字不提"内阁"。杨荣在宣德元年送张瑛归省时，也只说："子玉得以儒学发身，列官内庭，荐历荣显。"②《三朝圣谕录》《明太宗宝训》等在提及内阁诸臣活动时，也只载"翰林侍臣"，或直书解缙等人的翰林职衔。

因此，在永乐时甚至是宣德前期，"内阁"应该还是一个不固定的说法，就如内阁成员一样，仍然只是翰林院中的一个比较特殊或者是具有崇高地位的群体。但自宣德中期特别是正统以后，情况就大不一样了。

宣德六年金幼孜卒后，杨士奇、杨荣为其墓碑撰文。杨士奇作墓志铭："太宗皇帝初临御，注意文学士，改翰林检讨，居无几，简翰林之臣七人，处之内阁，付以密务，而两制悉归焉。"③ 杨荣作神道碑铭："太宗皇帝即位，……七人同直内阁，参掌机密。"④ 二文均作于宣德七、八年间。正统初修《明宣宗实录》，三杨为总裁，故用词相类。至正统，杨士奇作《御书阁颂有序》、作《三朝圣谕录·序》、作杨荣墓志铭，杨溥为张瑛作墓碑文，陈敬新为黄淮撰墓志铭，王直为杨士奇作传等，皆直书成祖开内阁。此后的各朝实录及私家撰述俱如此。如杨士奇《三朝圣谕录·序》追记："太宗皇帝初正大统，故翰林之臣不及十数人，诏吏部及翰林举文学行谊才识之士，授职其中。士奇首膺简擢，

---

① 《明太宗实录》卷56，永乐四年七月辛丑；卷73，永乐五年十一月辛亥。
② 杨荣：《杨文敏集》卷12《送礼部侍郎兼华盖殿大学士张公子玉归省序》。
③ 杨士奇：《东里集·东里文集》卷20《金幼孜墓志铭》。
④ 杨荣：《杨文敏集》卷17《金幼孜神道碑铭》。

赐五品服。肇建内阁，简七人专典密务。"① 前文所引黄佐《翰林记》对内阁建置的记载也十分详细。

将杨士奇、黄佐所记与《实录》及前引解缙、黄淮、胡广、杨荣、金幼孜诸人的诗文相印证，可以得出这样的结论：一、内阁建置，始于建文四年九月癸巳（十三日）。这天，成祖赐解缙等七人金织罗衣各一袭，谕以委任腹心之意；地点可推测在奉天门左室。此后，解缙等七人即为一整体。但严格地说，这还只是一种权宜而非制度。《明史·成祖纪一》记："建文四年八月壬子，侍读解缙、编修黄淮入直文渊阁，寻命侍读胡广，修撰杨荣，编修杨士奇，检讨金幼孜、胡俨入直，并预机务。"从时间上，《明史》与《实录》及杨、黄所记皆不符。又按八月壬子为初一，而黄淮六日后即初七日（戊午）才由中书舍人升编修，可见《明史》之误。二、内阁作为一个永久性设施，实始于永乐五年十一月初一日（辛亥）。这一天，成祖命吏部，对于胡广等人"勿改外任"，从而在制度上保证了内阁成员的稳定性。三、"内阁"这一名称在永乐内阁肇建时已有其名，但有一个从泛指"内廷"到专指"内阁"的过渡，这一过渡恰恰反映了内阁由临时设置到稳定机构的转变。

内阁之先有建制，后乃为衙门名称，正反映出明代内阁之由临时设施到正式机构，并非出于某个君主的事先设计，而是受到中书省废除后明代中枢权力结构的严重缺陷和实际统治的迫切需要这一矛盾的推动。

---

① 杨士奇：《东里集·别集》卷2《圣谕录·三朝圣谕录序》。

第三章　内阁制度的形成及其在国家权力结构中的地位

第一节　内阁权力运行的基本方式：票拟

一、"纶言批答、裁决机宜，悉由票拟"

文渊阁成为内阁的所在地、阁臣由翰林官而戴衔大学士，以及"内阁"得名并公开使用，均意味着内阁由临时建制到正式机构的转变，实际上是内阁的制度化过程。而其职责及活动方式也由在御前参预机务、起草制敕，转变为在文渊阁通过票拟批答协助皇帝处理国家事务。这一变化，始于宣德时，并在正统初成为定制。此后，票拟成为明代内阁的基本职责，也是明朝内阁权力运行的基本方式。孙承泽说："内阁之职，同于古相，而所不同者，主票拟而不身出与事。"[①] 应该说有一定的道理。

《明史·宰辅年表》对内阁的票拟作了十分简洁的概括：

纶言批答，裁决机宜，悉由票拟。

---

① 孙承泽：《天府广记》卷10《内阁》。

《明史·职官志一·内阁》则作了较为详细的列举：

> 凡上之达下，曰诏，曰诰，曰制，曰册文，曰谕，曰书，曰符，曰令，曰檄，皆起草进画，以下诸司。下之达上，曰题，曰奏，曰表，曰讲章，曰书状，曰文册，曰揭帖，曰制对，曰露布，曰译，皆审署申覆而修画焉，平允乃行之。

票拟的内容包括两个方面：一是皇帝诏令的起草，或称"视草"，即"上之达下"者；一是诸司奏启的批答，即"下之达上"者。而作为内阁的职掌，人们更为关注的是后者，即诸司奏启的批答。其起始时间，则有两种说法。

一为宣德说。张璁认为："太宗皇帝时，内阁止设翰林学士及讲读、编修等官，备顾问而已。及宣宗皇帝朝，杨荣、杨士奇等始专任之，有代言拟旨之责。"[1] 王世贞也认为："自宣德中，大学士二杨公（按：指杨荣、杨士奇），与尚书蹇（义）、夏（原吉），始有调旨之说。"[2]

二为正统说。王锜记叙道："英宗以幼冲即位，三阁老杨荣等虑圣体易倦，因创权制，每一早朝，止许言事八件。前一日先以副封诣阁下，豫以各事处分陈上。遇奏，止依所陈传旨而已。"[3] 骆问礼也认为："英宗冲年登极，有诏，凡事白于太后，太后令付内阁议决。阁臣票本始此。"[4]

综二者之说，黄佐认为批答始于宣德，至正统开始由内阁专掌：

---

[1] 张璁：《谕对录》。
[2] 王世贞：《弇山堂别集》卷45《内阁臣不由甲第者》。
[3] 王锜：《寓圃杂记》卷1《早朝奏事》。
[4] 骆问礼：《喉论》，《明经世文编》卷470。

永乐、洪熙二朝，每召内阁造膝密议，人不得与闻。虽倚毗之意甚专，然批答出自御笔，未尝委之他人也。宣德时，始令内阁杨士奇辈，及尚书兼詹事蹇义、夏原吉，于凡中外奏章，许用小票墨书贴各疏面以进，谓之条旨，中易红书批出。……自正统后，始专命内阁条旨。①

以上诸家，票旨、调旨、条旨、票本，说法不一，但均指批答奏启，且涉及几个关键性人物：二杨、蹇、夏。二杨姑且勿论，关于蹇义、夏原吉参与批答之事，在其他记载中也可以看到痕迹。《明史·夏原吉传》："仁、宣之世，外兼台省，内参馆阁，与三杨同心辅政。"孙承泽《天府广记》："预阁务不居其职者，蹇义以吏书，夏原吉以户书，朝夕备顾问拟旨，然不与阁职。"②"内参馆阁"即"备顾问拟旨"。由此可印证张璁、黄佐等人关于批答肇于宣德之说。

按宣德三年（1428）十月，宣宗曾命蹇义、夏原吉、杨士奇、杨荣四人："辍所务，朝夕在朕左右，相与讨论至理，共宁邦家。"③ 宣德四年三月，从礼部尚书胡濙之请，命蹇义等四人主持廷议天下官吏军民建言奏章。④ 在主持议论奏章、与宣宗讨论大政的同时，四人将处置意见用小条书写，贴于各奏章之上以进，备皇帝"御览"，这在逻辑上是说得通的。又按夏原吉卒于宣德五年正月，由此推断，二杨、蹇、夏等人开始票拟批答的时间，当在宣德三年十月至五年正月之间。但仁宗给杨士奇的一道敕谕，又说明批答在永乐时已经出现："往者……两京政

---

① 黄佐：《翰林记》卷2《传旨条旨》。
② 孙承泽：《天府广记》卷10《内阁》。
③ 《明宣宗实录》卷47，宣德三年十月乙酉。
④ 《明史》卷149《蹇义传》。

务方殷，朕膺监国之命，卿以翰林亲臣兼职春坊，留侍左右，赞助庶务，敷答章奏。"① 所谓"敷答章奏"无疑是指对诸司奏启的批答。

但无论是永乐还是宣德，当时在内阁者除二杨外，还有金幼孜，后者不与票拟事。可见，二杨是以朝廷重臣而非以阁臣身份与蹇、夏共同批答诸司奏启的，票拟自然也不专属内阁。此外，当时的票拟，也多在御前进行而不具备独立性，在某种意义上是代行书办。至正统，英宗幼年即位，蹇、夏均亡故，三杨柄政，票拟才真正由内阁专掌，而且是在文渊阁独立进行，但当时在阁的陈循、曹鼐、马愉仍不参与。直至正统十年（1445），陈循等人才与杨溥同议批答之事。② 可见，票拟批答真正成为内阁而不是二三元老重臣的职责，又当在正统十年而不是正统初。

至于皇帝诏令的起草，则永乐内阁建置不久就开始由阁臣承担。对此，杨士奇的自叙作了如下记载：

> （永乐）初建内阁于奉天门内，简任翰林之臣七人其中，所职代言。属时更新，凡制敕、命令、诫敕之文日夥，而礼典庶政之议，及事之关机密者咸属焉。③

曾棨、杨士奇作解缙行状、墓志铭，皆云永乐初"朝廷诏敕与凡大制作"，皆出其手。④ 但当时起草诏令也不专属阁臣，未入内阁的王直，

---

① 雍正《江西通志》卷114《艺文志·诏敕·赐少傅杨士奇贞一印敕》。
② 《明英宗实录》卷129载："正统十年五月甲戌朔，礼部言天下诸司官吏军民建言，例会廷臣议行。窃见宣德中尚书蹇义、夏原吉已解职务，特诏与议。正统初，学士杨士奇、杨荣、杨溥轮番会议。今士奇、荣已故，惟溥尚在，请令学士陈循曹鼐马愉参之。上以溥年老，礼宜优闲，令循等典议。"
③ 杨士奇：《东里集·续集》卷44《颂·御书阁颂（有序）》。
④ 《吉水先哲碑传集》卷17。

也以翰林官的身份时时被召入起草诏令。仁宗即位后，命杨士奇等诸阁臣"俱掌内制，不预所升职务"。①而明朝"内制"包括除文官诰敕之外的一切以皇帝名义颁行的文字，这样，才确认了起草诏令为内阁的职责。

但是，时人并不认为永乐、宣德时内阁草诏有何特殊意义。正德时为吏部尚书的王琼就轻描淡写地认为："其职不过代草词令。"②嘉靖、万历之际的大学士高拱也认为，永乐时内阁草诏，"未有平章之任"。③巡按御史史学迁也说，"仅以备顾问代制草"。④之所以有这种看法，是由于自洪武时起，视草就由翰林院所掌，依旨行事，连词语也不得改动。内阁与翰林为同官，掌内制不过是翰林之职。批答诸司奏启本是明初中书省的职权，即所谓"平章之任"。废中书省后，皇帝亲自批答，因此有"批答出自御笔"之说。洪武十四年（1381）命翰林春坊官"考驳诸司奏启"，虽被孟森先生称为"千余年政本之一大改革"，但也不被时人重视。因为翰林春坊官的考驳只是为皇帝的决策提供一个参考意见，而非定论，更毋论这些翰林春坊官皆品级低下。永乐、宣德时阁臣间或进行的批答，在当时也未被人们关注，既因为多在御前进行，也因为任何权宜之计在成为定制之前，其重要性一般是不可预见的。

内阁的票拟，无论是批答，还是视草，只有在两个前提下，才真正具有意义。其一，由内阁专掌；其二，不是在御前受命进行，而是在文渊阁由内阁独立进行。正统七年，翰林院新署落成，文渊阁为内阁的官署，阁臣办事的方式，不再像永乐、宣德时那样，日侍左右、备问代

---

① 《明仁宗实录》卷1下，永乐二十二年八月己未。
② 张萱：《西园闻见录》卷26《宰相上》。
③ 高拱：《论养相才》，《明经世文编》卷302。
④ 张萱：《西园闻见录》卷26《宰相上》。

言，而是在文渊阁处理庶务、裁定机宜，对诸司奏启的批答、皇帝诏令的起草，均在文渊阁进行，而且，形成了一套程序。此时，内阁票拟这才真正引起人们的关注。

内阁票拟的程序分上之达下和下之达上两种。如属上之达下，一般由司礼监太监代笔，当然也不排除皇帝亲笔，或写一简单"意旨"，由司礼监或文书房宦官送到内阁，有时则由宦官直接口传"圣旨"，内阁按规定格式写成正式文字，然后由司礼监朱笔照抄，六科签发。所谓"红本到阁，内阁票拟"，即指这一类。实际上，大量的例行谕旨，如皇帝死后的遗诏，新皇帝即位的登极诏，及大婚、大礼、万寿、出师、告捷、大赦、赈济诏书等，已不用"意旨"，而直接由内阁拟旨。如属下之达上，则由司礼监或文书房将通政司每日封进的诸司奏启分批送到内阁，内阁裁其可否，拟好处理意见，然后由司礼监碌笔照抄，六科签发。① 弘治时，孝宗曾让阁臣刘健等在御前票拟批答，甚至亲自批答，但已是罕见的"盛事"了。一般来说，内阁票拟之后，皇帝还得审阅，果系妥当，再行批红，否则，当下内阁重新批答。刘瑾常在武宗嬉戏正酣时送上奏章和阁票，请其亲阅，刘若愚说神宗或熹宗于阁票每日"御笔亲批数本"，高拱说穆宗每日"略览一二"。② 可见皇帝对阁票的审批制度一直是存在的，虽然后期已流于形式。

皇帝诏令的起草、诸司奏启的批答，如未经内阁票拟，则被称为"中旨""手敕"，或"内批"；如奏启不下内阁票拟，则被说是"留

---

① 《明史·宰辅年表·序》："纶言批答，裁决机宜，悉由票拟。"《职官二》："通政使掌受内外章疏敷奏封驳之事。"《职官三》：司礼监"照阁票批硃"。六科"凡制敕宜行，大事覆奏，小事署而颁之。有失，封还执奏"。《彭文宪公笔记》：英宗临终，处置后事，"命太监牛玉执笔，口占便书。……书毕，且命牛曰：'将去阁下看，令为我润色之。'"《明武宗实录》卷164，正德十三年七月丙午，谕内阁："特命尔等依照内阁旧规，……每日司礼监发下在京在外各衙门题本、奏本，俱要一一用心看详，拟旨封进，奏请施行。"

② 高拱：《病榻遗言》。

中"。这两种情况均不符合正常程序。正德时阁臣蒋冕曾上疏:"内阁之职,其大者在代王言。手敕、旨意,撰拟进呈,然后行之于外。此祖宗旧制。近奉手敕,事出非常,乃祖宗百五六十年来所未尝有者。传闻远近,孰不惊疑?而皆径自内批,不关内阁,命下之后,谏者盈廷。"① 蒋冕之言,未免夸张,从宣德时票拟的出现到正德年间,总共不到一百年,并非百五十年的"祖宗旧制"。但至少说明票拟制度的确立无疑。

二、"内阁书办"及相关制度的形成

随着票拟成为内阁的主要职责,而大学士又品秩尊崇、职在辅弼,如果任何细务皆由阁臣亲自执笔票拟,其职责又无异于书办。基于这种原因,从宣德时开始,陆续命中书舍人入阁,分在制敕、诰敕两房,充当"书办"。一些无关要旨的视草或例行文字,无须阁臣亲笔,由书办代写。甚至一些重要的机密文书,也由阁臣授意、书办执笔。

沈德符《万历野获编》说:"永乐初设内阁,本理制诰,其后渐以中书入直,……称'内阁属吏'。然其衔自云'文渊阁书办',或云'内阁书办',专随辅臣出入,一切条旨答揭,俱得预闻。"② 弘治时,孝宗在司礼监的诱导下,以中书代写易于泄漏为由,命太监陈宽至内阁传旨:"今后凡有票拟文书,卿等自行书封密进,不许令人代写。"阁臣刘健等当即表示反对:"内阁之职,在于辅佐朝廷、裁决庶务。"坚持"除事理重大者自行书写封进,以听圣裁,其余仍乞容令中书代写"③。经过一番争执,孝宗让步。

---

① 《明武宗实录》卷164,正德十三年七月甲寅。
② 沈德符:《万历野获编》卷9《内阁·两殿两房中书》。
③ 《明孝宗实录》卷154,弘治十二年九月丙戌。

设置制敕、诰敕两房中书舍人的意义在于，内阁既掌票拟，阁臣则摆脱了永乐时书记官或书办的性质。而在有了属官之后，内阁更在体制上与六部、五府及内监诸司衙门有了对等的地位。

王世贞根据自己的研究，认为书办官是有首脑的，这个首脑就是东阁学士，此例始于弘治时李东阳，而于嘉靖时废止：

> 宣德中，大学士二杨公与尚书蹇、夏始有调旨之说。而二杨公复以位尊恶烦，特奏以少詹事兼讲读学士曾棨、王直、王英兼知诰敕。然内阁实总之。后棨卒，直、英迁礼部侍郎，仍司内制。直出理部事，迁吏书，英出理部事，而以侍讲学士陈循、马愉，侍讲曹鼐代之，寻革，并入内阁。弘治甲寅，复奏以学士李东阳兼礼部右侍郎掌诰敕，说者以为为李公入阁地也。李入阁，太常卿程敏政代；敏政以礼侍致仕，礼侍傅瀚代；瀚迁尚书，吏侍吴宽代；（宽）以尚书卒，太常卿张元祯代；元祯以吏侍卒，詹事杨廷和代；廷和改南京户部左侍郎，吏部尚书梁储代；储改南京吏部，尚书刘忠代；忠入阁，礼部尚书白钺代；钺卒，吏部侍郎靳贵代；贵以礼书入阁，吏部侍郎蒋冕代；冕迁礼书入阁，礼部尚书毛纪代；纪入阁，礼部尚书刘春代；春卒，礼部尚书李逊学代；逊学卒，吏部尚书石珤代；珤入阁，吏部侍郎贾咏代；咏入阁，礼部尚书吴一鹏代；鹏出理部事，吏部侍郎温仁和代；以忧归。自是大学士张桂等密疏不宜设，而旨罢矣。按东阁在左顺门廊，接史馆。虽有大学士官，其职在文渊阁。而司诰敕官多坐东阁，为侍从之长，故总谓之阁老。然非参预政务，非真相也。嘉靖末，内阁以其两制官不文，始奏设翰林讲读史官分掌外制，而武官诰勅仍用其属之能文者

理之。若诏赦敕草之类，仍用阁臣，翰林诸臣不得与。①

《明会典》对制敕、诰敕两房中书舍人的分工作了具体记述："凡内阁所掌制敕、诏旨、诰命、册表、宝文、玉牒、讲章、碑额及题奏、揭帖等一应机密文书，各王府敕符底簿，制敕房书办。凡文官诰敕及翻译敕书并四夷来文揭帖、兵部记功勘合底簿等项，诰敕房书办。……凡驾诣郊坛或巡狩行幸、亲征，内阁官扈从，制敕房随行。书办遇有敕旨，即时撰写。"②仅成化、弘治两朝，名见于《实录》的内阁书办不下三十人。其中，夏衡、林章、刘锐等任内阁书办的时间长达四五十年，加官至尚书、寺卿，而何景明诸人更为一时之文豪。③

与票拟制度的形成和内阁地位的迅速提高相适应，一些相关的制度也在形成。摘其要者：

其一，阁臣的简选方式。《明史·选举志》说，阁臣的简选方式有二：奉特旨和廷推。"奉特旨"是最初的入阁方式，即由皇帝直接下令，命某人入阁。永乐时解缙、胡广等皆是。"廷推"则是成化、弘治以后形成的入阁方式，即在内阁员缺时，由吏部会三品以上大臣及科道官公推数人，然后由皇帝选定入阁。其发端在景泰三年（1452），因内阁员缺，命礼部会内阁学士推举。④ 比较正规的廷推始于弘治八年（1495）二月："时内阁缺员，有旨命吏部会六部、都察院、通政司、大理寺及科道官推举行止端方、学术纯正者六人以闻。"⑤ 此后，廷推与奉特旨并行而以廷推为主。尽管世宗一再声称："阁臣简择自君心，

---

① 王世贞：《弇山堂别集》卷45《内阁臣不由甲第者》。
② 万历《明会典》卷221《翰林院》。
③ 钱谦益：《历代诗集小传》丙集《何副使景明》。
④ 《明英宗实录》卷222，景泰三年十月戊戌。
⑤ 《明孝宗实录》卷97，弘治八年二月乙丑。

本非推举之例。"① 但由于廷推作为一种制度已经形成，而皇帝又很少面接大臣，因而即使在嘉靖朝，廷推也未尝停止。

其二，入阁者的资格。正统初，三杨柄政，内阁号称极盛，但马愉、曹鼐也仅为侍讲学士（从五品）、侍讲（正六品），仍是讲读官，与永乐时入阁者的品秩相差无几。这一情况从正统后期开始改变。正统十年（1445），苗衷以兵部右侍郎、高谷以工部右侍郎入阁，皆正三品。景泰、弘治时，王文、丘濬分别以太子太保左都御史、太子太保礼部尚书入阁，均从一品，位列七卿，从此开了重臣入阁的先例。自正德至明末，入阁者凡121人，除翟銮、李本、魏藻德外，皆正三品以上大臣。②

其三，阁臣戴衔。阁臣员额虽无明文规定，但自天顺、成化起一般为三四人。弘治以后，原则上师、傅、保臣俱应配齐。正德十二年（1517），梁储、蒋冕、毛纪同在内阁，当时梁储已为太子太师，于是分别加蒋、毛为太子太傅、太子太保。蒋冕为此上疏，认为这是因为"内阁中既有师臣矣，而保、傅之臣尚缺而不备"之故。③ 此后，阁臣按资历深浅，依次冠以少师太子太师兼吏部尚书华盖殿大学士（是为首辅）、少傅太子太傅兼户部尚书谨身殿大学士（是为次辅）、少保太子太保兼礼部尚书武英殿大学士，初入阁者一般只授文渊阁或东阁大学士。大学士仅五品，戴衔不至三孤、尚书，即使入阁也不授殿号；至于华盖、谨身二殿大学士，则必先加少师吏部尚书、少傅户部尚书。嘉靖初，世宗命杨一清以少师兼太子太傅吏部尚书武英殿大学士入阁，礼部尚书席书当即上疏质疑："杨一清既晋少师，则宫衔殿名皆当递转，不

---

① 《明世宗实录》卷267，嘉靖二十一年十月癸巳。
② 《明史》卷109、110《宰辅年表一、二》及诸阁臣传。
③ 《明武宗实录》卷151，正德十二年七月甲申。

宜仍兼太子太傅武英殿大学士。"① 并以此攻大学士费宏专权。

其四，内阁班次。按明制，朝参以五府六部等衙门尊卑为次，经筵、阅卷等则以各官品秩为序。内阁与翰林为同官，大学士仅五品，故常列于诸司之后。景泰二年，陈循等对此提出异议："内阁系掌制诰机密重务衙门，近侍之职，莫先于此。……臣等叨蒙皇上擢任同知经筵事，会讲之日，班或列于六卿之下，恐识者笑。玷辱此职，自臣等不才始也。又每午朝进，近御榻奏事，臣所奏多系制诰机密重务，理不宜在五府六部奏杂事后。"景帝从其请，命常朝时内阁学士与锦衣卫官东西对立，经筵日同知经筵官序于尚书、都御史之上，午朝内阁先奏事。此后即为定制。② 世宗对内阁与锦衣卫列前班作了这样的解释："阁臣职守文班，位居辅弼，故宜近。锦衣卫官侍于座傍，乃便于承旨。"③ 成化以后，在所有的大典、大礼、阅卷等公开场合，如阁臣与部臣品秩相当，则阁臣班于部臣之前。沈德符曾就此加以比较："景泰元年辛未科廷试读卷，工部尚书石璞，居工部尚书兼翰林学士直内阁高谷之前。……盖以坐部为尊，故抑戴衔于后也。至成化五年（1469）己丑科读卷，则兵部尚书兼翰林院学士直内阁商辂，居吏部尚书崔恭之前，时两人俱不带宫衔，亦宜以部序为次，而位置如此，则以阁体重也。"④

其五，文移格式。内阁与诸司的文移格式，定于景泰元年。时陈循等奏准："凡六部都察院等衙门奏奉圣旨，请写制敕、撰述、册祭，并拟封谥、圣旨、榜文等项手本，乞令各衙门今后俱从堂上官佥书用印，方许送院。又臣今后移文于各衙门堂上官，宜佥书于各司属，止令孔目

---

① 《明世宗实录》卷64，嘉靖五年五月丁未。
② 《明英宗实录》卷208，景泰二年九月丙申。
③ 《明世宗实录》卷119，嘉靖九年十一月丁亥。
④ 沈德符：《万历野获编》卷7《内阁·阁部列衔》。

第三章　内阁制度的形成及其在国家权力结构中的地位

金名，臣惟判案用印，庶于事体为当。"① 即部院行文内阁，皆需堂上官金书用印；内阁行文部院，由阁臣金书用印，行文部院下属各司，则只需内阁书办官金书用印。

三、"非翰林不入内阁"

内阁本为翰林院的分支机构。尽管内阁发展为明代外廷的权力中枢，以至有"真宰相"之称，但由于大学士的出身多为翰林，翰林学士又为其入阁的重要台阶，二者的职责也有诸多重叠，因此明人一直将内阁与翰林院视为"同官"。弘治、万历两次修《明会典》，也将内阁置于《翰林院》下进行叙述。而事实上，翰林院随着内阁地位的日渐提升而沦为附庸。

《明史·选举志》说："成祖初年，内阁七人，非翰林者居其半。翰林纂修，亦诸色参用。自天顺二年，李贤奏定纂修专选进士。由是，非进士不入翰林，非翰林不入内阁。"而庶吉士始进之时，便被视为"储相"。孙承泽《天府广记》还专列了《列辅起家考》一目，对明代内阁大学士的出身进行罗列。结果如下表。

表3-1：阁臣翰林出身分期统计表②

年号	阁臣人数	出身翰林人数	出身庶吉士人数	出身一甲人数	年号	阁臣人数	出身翰林人数	出身庶吉士人数	出身一甲人数
永乐	7	2		2	正德	15	12	8	4
洪熙	5	1		1	嘉靖	27	21	14	7
宣德	6	2		1	隆庆	8	8	6	2

① 《明英宗实录》卷196，景泰元年九月庚戌。
② 孙承泽：《天府广记》卷10《内阁》，其中宣德、正统、正德三朝人数有误，据《明史·宰辅年表》补正。

续表

年号	阁臣人数	出身翰林人数	出身庶吉士人数	出身一甲人数	年号	阁臣人数	出身翰林人数	出身庶吉士人数	出身一甲人数
正统	9	8	2	6	万历	20	20	13	7
景泰	9	6	1	5	泰昌、天启	21	21	17	4
天顺	8	6	2	4	崇祯	50	39	25	14
成化	10	9	5	4	合计	183	150	97	63
弘治	6	6	4	2					

按：一、表中阁臣的总人数高于实际人数，原因是分朝统计，如杨士奇、杨荣，历永乐、洪熙、宣德、正统四朝，而方从哲则历万历、泰昌、天启三朝，韩爌历泰昌、天启、崇祯三朝。二、翰林院设庶吉士始于永乐二年，解缙洪武时为"中书庶吉士"，故不计。

从上表可以看出，"非进士不入翰林，非翰林不入内阁"的原则大致是从正统开始形成的，而弘治、隆庆、万历、泰昌、天启五朝更是清一色的翰林内阁。这是明代翰林令人注目的一个方面。不过，与其说庶吉士是"储相"，倒不如说一甲进士是储相。明代科举，每榜一甲进士只有三人，而二、三甲选为庶吉士的则有二十人（弘治六年定），从概率看，一甲进士入阁的机会显然高于庶吉士。当然，由于基数大，庶吉士入阁的绝对人数自然也更多一些。

其实，永乐时入阁的七人中，虽黄淮为中书舍人，金幼孜为给事中，胡俨为桐城知县，杨士奇为吴府审理副，但在入阁前均已转官翰林（见前文）。自宣德至天顺二年（1458），入内阁者共十八人，除王文、薛瑄、李贤外均为翰林官。即王文等，入阁时也先兼翰林学士。[①] 可见，自内阁建置之日起，"非翰林不入内阁"的原则就已开始形成，因为内阁本为翰林院附属机构。正统七年（1442），于翰林院设阁臣公座，内阁、翰林称同官，入内阁者不兼殿阁大学士即兼翰林学士。加之

---

① 《明史》卷109《宰辅年表一》，又见王文等传。

皇帝不视朝，所接触的臣子主要是翰林讲读官，其简选范围也就极为有限。弘治八年又定入阁标准为"行止端方、学术纯正"，这就使"非翰林不入内阁"的原则得以贯彻。此后，入阁者要求提高，非进士不入翰林，非翰林不任礼部尚书、侍郎，而内阁又多由礼部侍郎乃至尚书简选，更体现出"非翰林不入内阁"的原则。

"非翰林不入内阁"的另一个原因是希望保证入阁者的"学术纯正"，但其弊端也是显而易见的。作为有实政经验的政治家，隆庆、万历间的大学士高拱对此有着极深的感受。其《本语》卷5说：

> 圣祖罢丞相，分其权于六卿，而上自裁决。成祖始制内阁，以翰林官七人处之，备问代言，商榷政务，极其宠密，然未有平章之任也。嗣后遂理机务庶政。比其久也，则遂隆以师保之官，称辅臣焉，虽无宰相之名，有其实矣。然皆出诸翰林。翰林之官，皆出诸首甲与夫庶吉士之选留者，其选也以诗文，其教也以诗文，而他无事焉。夫用之为侍从而以诗文犹之可也，今既用于平章而犹以诗文，则岂非所用非所养、所养非所用乎？……今也止教诗文，更无一言及于君德治道，而又每每送行贺寿以为文、栽花种柳以为诗，群天下英才为此无谓之事，而乃以为养相材，远矣。

高拱认为，舞文弄墨的高手未必就能治剧平乱。虽然国家事务需要众多治剧平乱的高手，但明代中央决策系统在形成内阁票拟、内监批红的权力结构之后，大学士的主要职责也就是应付公文的往来，所以舞文弄墨的高手才有了用武之地。

第二节　内阁权力的集中：首辅制的形成

一、阁臣中的首次之分

如果说票拟是明代内阁权力运行的基本方式，那么首辅则是明代内阁权力的集中体现。

明武宗死后，杨廷和为首的内阁定策以兴献王长子朱厚熜（即后来的世宗）为嗣皇帝，并以草遗诏和登极诏的机会，革除正德时的种种弊端，裁削宦官势力，安定京师局面。嘉靖初，鉴于正德时宦官、近幸的干政，以及杨廷和等人在易代之际的重要作用，文官集团中形成了要求属权内阁的舆论。兵科给事中夏言首先发难，提出："即圣意有所予夺，亦必经由内阁议而后行；事有可否，许令执奏。其有所寝罢，亦明示外廷。"[1] 吏科都给事中李学曾则要求："凡百命令，悉付内阁票拟，有未当意者，再令改拟精切，然后形诸批答。如此则大柄不移。"[2] 这些呼吁，表面上反映了内阁在当时的崇高地位和威望，而实质上，则是针对正德时期宦官的参政与专权。

由于在大礼议和其他问题上的分歧，刚由"外藩"入继大统的明世宗和以内阁首辅杨廷和为首的朝臣之间发生了激烈的冲突。结果，杨廷和、蒋冕、毛纪三辅先后被迫致仕。随后，世宗采取了一系列措施削弱内阁的影响，迫使杨派官员就范。议礼诸臣张璁等也纷纷上疏，攻击

---
[1] 《明世宗实录》卷1，正德十六年三月戊申。
[2] 《明世宗实录》卷29，嘉靖二年七月庚辰。

内阁权重，大有摧毁内阁之势。但是，世宗很快发现，无论是出于维护自己的地位，还是出于实行有效的统治，均无法离开内阁。因此，世宗将在大礼议中支持过自己并出力最大的张璁、桂萼、方献夫等先后简入内阁，组成了以这些亲信为核心的新内阁，协调了皇帝和内阁之间的关系。

明朝自正统以后，各种社会矛盾进一步激化。至嘉靖，北方有鞑靼的频繁内侵，东南有倭寇的连年骚扰。严重的"内忧外患"，要求明政府提高其统治效率。但作为最高统治者的明世宗，在巩固了皇位以后，即暮气沉沉，鲜问政事；虽然时时以恩威莫测的权术督察群臣，却已不能不属权内阁。正是在这种形势下，内阁权力迅速向首辅集中，以便快速应对各种矛盾。其结果，则是首辅制度的确立。

内阁阁臣有首次之分，虽无明确记载，但也并非无迹可寻。永乐时七人入阁，成祖有命，即谓"解缙等"；解缙贬谪后，又谓"胡广等"。解缙、胡广当时实为阁臣的领衔者。宣德、正统时，阁臣论事，每以杨士奇领衔，罗汝敬在给杨士奇的信件中，就称其为"四朝旧臣、二圣元辅"①。然当时二杨地位相近，首次无明显区分。景泰时陈循有"权臣"之称，叶盛攻其"谬当内相之首"，景帝也敕谕陈循："朕任卿掌内阁事。"② 但此时有王文、高谷相抗衡。英宗复辟后，授徐有贞武功伯、兵部尚书兼华盖殿大学士，掌文渊阁事。③ 同时在内阁的许彬、薛瑄、李贤等，地位无法与有贞匹。徐有贞"掌文渊阁事"，实为首辅。但不到三月即下狱。李贤复入阁，亦命掌文渊阁事，后加少保吏部尚书兼华盖殿大学士，在内阁中地位独尊，又居文班之首，故被群臣目为首辅。

---

① 《明史》卷137《罗复仁附罗汝敬传》。
② 《明英宗实录》卷268，景泰七年七月丙申。
③ 《明英宗实录》卷280，天顺元年七月癸未。

所以《明史》说："终天顺之世，（李）贤为首辅，吕原、彭时佐之。"①《明宪宗实录》也说：天顺时，"事皆处分于（李）贤。……贤卒，（陈文）首秉国钧"②。

为首辅的先决条件，自然是皇帝的信任和倚重。李贤自言："凡左右荐人，（上）必召贤问其如何。贤以为可者即用之，不应者即不行。""上躬理政务，凡天下奏章，一一亲决。有难决者，必召贤商议可否。"③王鏊也认为："国朝自三杨后，相业无如（李）贤者。其得君最久，亦能展布才猷。"④

彭时记载了自己在天顺时与李贤的争论：

> 李公（贤）自吏部进（内阁），以傍坐不安，令人……设公座。予争之曰："不可。闻宣德初年圣驾至此坐，旧不设公座，得非以此耶？"……李词气稍不平，曰："假使为文渊阁大学士，岂不正坐？乌有居是官而不正其位乎？"予曰："正位在外衙门则可，在内决不可。如欲正位，则华盖、谨身、武英、文华诸殿大学士将如何耶……"李公方语塞，然意犹未已。⑤

这是天顺元年（1457）李贤第二次入阁时与彭时的一场争议。表面上是为一座之设，实则为首辅正名之争。后来虽因内阁正室设御座而未设首辅正座，但内阁的首次之分，已日趋明朗。

与首辅地位的确立相联系，是票拟开始由首辅主持、重大问题的票

---

① 《明史》卷176《李贤传》。
② 《明宪宗实录》卷53，成化四年四月丁巳。
③ 李贤：《天顺日录》。
④ 王鏊：《守溪笔记》。
⑤ 彭时：《彭文宪公笔记》。

拟由首辅专掌。

景泰年间,景帝曾谕陈循:"凡制诰命令等文,但撰述进呈,无不信行。"① 已有李贤主票拟的迹象,但尚未公开化。至天顺,大凡重要的诏令、批答,皆由李贤票拟,或由李贤嘱陈文、彭时等人票拟,故《明史》有"英宗崩,李贤当草诏"之说②。《彭文宪公笔记》中则有大量关于李贤、陈文、彭时共同议事而由李贤主拟的记载。成化时,陈文、彭时、商辂、万安等相继为首辅,亦皆如此。弘治时,刘健、李东阳、谢迁三人在内阁,号为"融洽",但据王鏊所言,谢迁数次向刘健提及用吴宽入阁,刘健却执不拟旨,吴宽终不得入。③ 可见首辅在内阁中的地位。但此时的首辅主票拟还只是停留在诸辅共议、首辅执笔或由首辅委他辅执笔,而未发展到首辅的意见决定阁票的程度,原因是首辅的专决地位尚未确立。故武宗出巡时谕阁臣杨廷和等:"照依内阁旧规,同寅协恭,谨慎供事,每日司礼监发下在京在外各衙门题本奏本,俱要一一用心看详,拟旨封进,奏请施行。"④ 至嘉靖以后,情况则不同了。

二、"至嘉靖而始有相与首"

世宗与张璁的关系对首辅制度在嘉靖时的最终确立有着重要影响。张璁因在大礼议中出力最多而受知于世宗,屡被超擢,简入内阁。《实录》评曰:"(璁)深于礼乐,丰格俊拔。大礼之议,乃出所真见,非以阿世。……刚明峻洁,一心奉公,慷慨任事,不避嫌怨。……持议守正,虽严谕屡下,陈辞益剀切不挠。上察其诚,久而滋重信之。"⑤ 世

---

① 《明英宗实录》卷268,景泰七年七月丙申。
② 《明史》卷176《李贤传》。
③ 王鏊:《守溪笔记》。
④ 《明武宗实录》卷164,正德十三年七月丙午。
⑤ 《明世宗实录》卷221,嘉靖十八年二月乙巳。

宗曾谕之曰："朕有密谕，卿勿令他人测知，以泄事机。"并许其"入奏无拘时"。① 以世宗的信任和自己的个性才力，又居首辅之位，张璁自然在内阁中处于专决地位，并真正主票拟，其他阁臣只能"参议论而已"，甚至"唯唯不敢可否"。

张璁任首辅期间，基本上确定了明代首辅在内阁的三个主要特权：专决、专票拟、专应对。首辅之权以专决为基础，以专票拟为表现方式，以专应对维护其专决和专票拟的特权。冯琦认为："人谓永嘉夺馆阁之官，而不知馆阁得永嘉始重也。"② 可谓一针见血。夏言、严嵩继之，巩固并加强了首辅的地位。夏言为首辅，凡事专决，但有议论，次辅严嵩等"噤不敢吐一语"，票拟后仅让他辅看一二而已。③ 严嵩为首辅，吏部尚书许瓒、礼部尚书张璧同入阁，阁中事务一决于嵩，瓒、璧皆不预，致使许瓒后悔不迭："何夺我吏部，使我旁睨人。"④ 神宗即位之初，主幼国疑，次辅张居正偶有揭帖直接投入，首辅高拱就认为："我当国，凡事当自我同众而处，独奈何于斯际而有私言（于保乎）!"⑤ 天启时入阁的孙承宗也深有体会："阁体重首辅，其图事揆策，主之首辅。当予陪末缀，每见上传首辅主裁，语不及次。"⑥

嘉靖以后的首辅，一般来说都具备这样几个特点：衔号为"少师太子太师兼吏部尚书华盖殿/中极殿大学士"；在内阁拥有专决、专票拟、专应对的特殊地位；居文官之首。而阁臣之间的倾轧，就其表现形式来说，主要是争夺票拟权。在当时，一位阁臣一旦受命与首辅共行票拟，则意味着他将取代首辅的地位；而一旦身为首辅，则竭力争取司礼监的

---

① 《明世宗实录》卷80，嘉靖六年六月甲子。
② 张萱：《西园闻见录》卷26，宰相上。
③ 《明史》卷308《严嵩传》。
④ 《明史》卷308《严嵩传》。
⑤ 高拱：《病榻遗言》。
⑥ 孙承泽：《天府广记》卷10《内阁》。

配合、博得皇帝的信任，以维护票拟权。

首辅的这种地位，在群臣中曾引起强烈的反响。嘉靖时胡世宁上疏说："不知自何年起，内阁自加隆重，凡职位在先第一人，群臣尊仰，称为首相。其第二人以下多其荐引，随事附和，不敢异同。"① 但明世宗对首辅的特殊地位则公开表示认可，即位之初，就对杨廷和说："卿朝廷元臣，德望素隆。"② 在给费宏的手书中题其衔为："内阁掌参机政辅导首臣。"③ 在敕谕夏言时则云："朕之简任倚托，在卿独重，况职居辅首。"④ "首辅"这种称谓，正德以前间或偶见，嘉靖以后则为专称。这并非偶然现象，而是首辅合法化和制度化的必然反映。

首辅主票拟及其在阁中的专决地位，在天启、崇祯时曾受到两次冲击。天启四年（1624），阉党魏广微为分首辅韩爌之权，勾结魏忠贤传旨，谕韩爌与他辅"同寅协恭"，并责怪其他辅臣"伴食"，导致韩爌抗疏乞休。《明史》将这一事件视为票拟权的分割，"后遂沿为故事"⑤。实不尽然。二魏分韩爌的票拟权，是因为韩爌"不附己"。韩爌去位后，顾秉谦继为首辅，仍主票拟，所以天启四年十二月至六年九月间，才有"凡倾害忠直，皆秉谦票拟"⑥ 之说。又孙承泽《天府广记》说："旧制，红本到阁，首辅票拟，余唯诺而已。崇祯中，御史倪元珙疏请分票。其后本下即令中书分之。"⑦ 孙承泽崇祯时为刑科都给事中，与倪元珙分居科道，其言当为不谬。按倪元珙自崇祯元年（1628）为御史，崇祯八年因复社事谪光禄寺录事，其上疏分票之事当在崇祯元年至

---

① 张萱：《西园闻见录》卷26，宰相上。
② 《明世宗实录》卷21，嘉靖元年十二月庚子。
③ 《明世宗实录》卷180，嘉靖十四年十月戊申。
④ 《明世宗实录》卷229，嘉靖十八年九月戊午。
⑤ 《明史》卷306《顾秉谦传》。
⑥ 《明史》卷306《顾秉谦传》
⑦ 孙承泽：《天府广记》卷10《内阁》。

八年间。① 但从实际情况来看，崇祯八年以后为首辅的温体仁、周延儒等仍然掌握着票拟权。因此，中书分票并未从根本上改变首辅主票拟的传统，孙承泽也认为这次冲击，不过是使首辅之权"稍分"而已。

第三节　内阁在明代中央决策权力结构中的地位

内阁的出现并形成制度，是明朝废除中书省后中央决策系统权力结构演变中的重大事件。随着内阁制度的形成，人们开始将内阁视为政府，称首辅为"真宰相"。尽管明太祖祖训谆谆，世宗君臣却全不讳言。张璁宣称："今之内阁，宰相职也。"② 世宗认为："此官虽无相名，实有相职。"③ 王世贞特作《嘉靖以来首辅传》以志之，并在序中声明："曰嘉靖以来首辅传，盖至嘉靖而始有相与首也。曷言辅，避相也。"④ 只是万历十五年（1587）重修《明会典》时为表示一遵祖制，依弘治之旧而将内阁列入翰林院一章。私家撰述及清朝编纂的各种有关明代制度的书、表、志、传，则毫无例外地将内阁与历代宰相、明初中书省并列。但是，后人在考察明代首辅是否真正相当于历代宰相，即在评价内

---

① 《明史》卷257《冯元飙传》。又光绪二十五年《浙江通志》卷169《人物三》（商务印书馆影印本）。
② 《明世宗实录》卷81，嘉靖六年十月辛未。
③ 清敕修《续文献通考》卷52《职官二》。
④ 王世贞：《嘉靖以来首辅传》。

阁在明代国家权力结构中的地位和作用时，一直存在很大的分歧。① 而不论持哪种意见，在这一点上又是基本一致的：明代内阁的地位和作用，完全取决于皇帝对内阁、对首辅的信任程度。《历代职官表》的作者将这一看法表述得异常清楚："总之钧衡近地，职参密勿，其事权之属与不属，原不系乎宰相之名，而惟视乎人主之威柄以为操纵。"②

由于内阁是在中书省废除后出现的新事物，它有一个发生、发展的过程，内阁制度也有一个逐步形成的过程，因此，内阁在明代国家权力结构中的地位也就不能一概而论。事实上，内阁的地位和作用有其明显的阶段性，而这一阶段性又和内阁制度形成的阶段性是一致的。基本结论是：在内阁建置以后的一段时期，即永乐至宣德时期，内阁尚无独立性，属皇帝的幕僚和机要秘书；在内阁制度初步形成以后，即正统至正德时期，内阁虽仍在禁内办事，但已成为外廷政务的总汇之所，成为明代的政治中枢；随着内阁制度的最终形成，即自嘉靖以后，内阁首辅在一定程度上成为明朝实际上的宰相。这三个阶段又有衔接性和交叉性。虽然每一时期均受到各方面因素的干扰和影响，但内阁的上述地位和作用仍然是相对稳定的；虽然首辅个人的进退及权力的大小很大程度上取决于君主的信任与否，但内阁和内阁首辅的地位和作用从总体上来说，则并非只是取决于君主的个人意志，而主要是取决于中书省废除后明代中央集权统治的需要，是明朝国家机器自身调节的结果。

要认识内阁、特别是嘉靖以后内阁在明代中央决策系统权力结构中

---

① 聂崇岐、吴晗、林绍明等认为：明代内阁虽无宰相之名，却有宰相之实，内阁的产生是中书省废除后宰相制度的复活（见聂著《中国历代官制简述》；吴著《明史讲座》；林著《略论明代的内阁》，载《华东师范大学报》社科版1982年第3期）。朱东润、李天佑等则认为：明代内阁无宰相的权力，其职责相当于唐、宋翰林学士、知制诰（见朱著《张居正大传》；李著《明代的内阁》，载《明清史国际学术讨论会论文集》）。

② 清敕修《历代职官表》卷2。关文发《试论明朝内阁制度的形成和发展》则表述为："阁臣权力的大小，完全取决于皇帝对他们的信任程度。……明代的阁权忽轻忽重，其作用忽大忽小，很不稳定。"（载《明清史国际学术讨论会论文集》）

的地位和作用，有必要对内阁与皇帝、内阁与内监、内阁与六部诸司以及明代内阁与唐宋翰林学士、知制诰的关系加以分析。

一、内阁与皇帝

在说明这一问题之前，不妨将视野延伸。李斯是中国君主专制制度下的第一代宰相，在帮助秦始皇巩固国家统一、建立君主专制的中央集权国家制度中起了重大作用，但当二世重用赵高之后，则郁郁不得志，终至身首异处。[①] 周勃在平定诸吕中功推第一，又主议迎立代王刘恒为帝，但汉文帝一旦倾意于陈平，则不得不辞去相位。[②] 唐代宰相，前有房、杜，后有姚、宋，但姚崇、宋璟为相均不过三四年，而"口蜜腹剑"的李林甫却居相位达十八年之久。[③] 可见，在中国古代的君主专制制度下，宰相个人的进退及其权力的大小，从来就取决于皇帝的信任与否，这并非明代的特殊现象。认为相权可以不受皇权控制，这种看法显然忽略了中国君主专制制度的基本特点。问题还在于，虽然皇帝的信任程度并非稳定且时时出现转移，但相权仍然客观存在，三公九卿制、三省六部制的兴替离合，以及明代中书省的废除和内阁制度的形成、清代内阁名为宰相实为闲曹而军机处为实际上的宰相府即说明了这一点。

回到明代，明世宗在迫使杨廷和等致仕以后，仍得将张璁等简入内阁；在对张璁的信任减弱时，将这种信任转移到夏言、严嵩；当对严嵩不满意，又"舍（严）嵩而之（徐）阶"[④]。因此，应将首辅个人的进退和权力的消长同作为机构的内阁和内阁首辅加以区别。而且，不仅应

[①] 《史记》卷87《李斯列传》。
[②] 《史记》卷56《陈丞相世家》；卷57《绛侯世家》。
[③] 《新唐书》卷124《姚崇传》、《宋璟传》；卷223《奸臣上》。
[④] 《明史》卷213《徐阶传》。

该看到阁权对皇权的依附性,还应该在这一大前提下看到内阁对皇帝的限制和干预。内阁在奉旨草诏时,如认为旨意不合"祖制",或有碍于国计民生,可以提出不同的意见,请皇帝收回成命;在皇帝一意孤行时,阁臣可以以去就力争。成化时,阁臣曾被戏称为"万岁阁老",因其只会呼"万岁"。但当周太后庄户与民争田,宪宗命内阁拟旨徙民于塞外时,商辂拒不票拟,宪宗只好收回旨意。① 正德时,武宗许近侍之请,命户部卖盐引,刘健等却认为有违成法而拟旨不得卖引。在武宗坚持己意时,刘健等又几次将原票封进,最后在户部的配合下,迫使武宗让步。② 嘉靖时,世宗因孝宗张后抑其母蒋氏,迁怒于张后兄弟张延龄等,三谕首辅张璁,两谕内阁,命拟旨处延龄等死刑。张璁等为此先后十三次上疏表示异议,终予缓刑。③ 可见,票拟并非只是简单的"承旨办事",而有其相对的独立性。人们往往只注意到神宗对阁臣的凌辱,却很少注意,正是内阁首先干预了神宗:神宗尽可宠爱郑妃,却不能将其立为皇后④;尽可空内库积蓄以赐福王,却无法将其立为太子⑤。当然,不能因此说内阁可凌驾于皇帝之上,而是说明内阁可以代表官僚集团为维护统治阶级的长远利益和正常统治秩序,利用其崇高地位对皇帝进行某些限制。

二、内阁与内监

《明史·职官志》曰:"内阁之票拟,不得不决于内监之批红,而相权转归之寺人。"此论有其合理性,却不能用来说明明代相权在于内

---

① 《明史》卷176《商辂传》。
② 《明孝宗实录》卷142,弘治十一年十月癸未。
③ 《明武宗实录》卷10,正德元年二月戊辰;卷13,正德元年五月癸未。
④ 《明史》卷114《神宗郑贵妃传》。
⑤ 《明史》卷120《福王常洵传》。

监或用来否定明代相权的存在。

从职责来说,内阁票拟的范围是:"纶言批答,裁决机宜,悉由票拟。"① 内监批红的原则是:"照阁票批朱。"② 刘若愚《酌中志》曰:"凡每日奏文书,自御笔亲批数本外,皆众太监分批。遵照阁中票来字样,用朱笔楷书批之。间有偏旁偶讹者,亦不妨略为改正。"③ 这是内阁票拟和内监批红的正常情况。可见,诸司奏启的批答均由内阁,且一般以阁票为定。在王振、刘瑾、魏忠贤等专权时,确有擅改阁票甚至自行拟票的记载,但这是在正常秩序遭到严重破坏时的变态,不能因此而否定内阁的地位和阁票的意义。其实,即使在刘瑾专权时,曾为大学士的王鏊仍认为:"刘瑾虽擅权,然不甚识文义,中外奏疏处分,亦未尝不送内阁,但秉笔者自为观望。……人人据理执正……则彼亦不敢大肆其恶也。"④ 天启时魏忠贤势炽,但"凡倾害忠直,皆(大学士顾)秉谦票拟"⑤。

从体制来说,内监的批红代表皇帝对阁票履行的审批手续,它并不是表示相权,而是皇权的象征。因此,内阁和内监通过票拟和批红所表现出来的关系,实为内阁和皇帝的关系。成化二十三年(1487)御史陈孜奏疏中的一段话,有利于认清司礼监和内阁之间的关系:

> 国家政务,我祖宗既设司礼监掌行,又命内阁大学士共理,内外相维,可否相济。近来政务之决,间有大学士不与闻者。今后政务不分大小,俱下司礼监及内阁公同商榷,取自圣裁。其有极重大

---

① 《明史》卷109《宰辅年表·序》。
② 《明史》卷74《职官志三》。
③ 刘若愚:《酌中志》卷16《内府衙门职掌》。
④ 王鏊:《震泽长语》。
⑤ 《明史》卷306《顾秉谦传》。

者，乞敕多官计议，奏请区处。①

国家政务，并非是内阁"掌行"，而是司礼监"掌行"，司礼监才是皇帝的代表，这是"祖宗"的制度。正统时王振对二杨说："朝廷事久劳公等，公等皆年高，倦矣。"② 万历时申时行上疏："阁臣以平章政事为职。"③ 说明无论是司礼监还是内阁，都明白自身的地位。内监以"朝廷"自居，实代表皇权；内阁以"平章政事"为己任，实行使相权。二者的界限是清楚的。

黄宗羲对明代的宦官为患有切肤之痛，其《明夷待访录·奄宦上》对宦官的抨击也极为严厉，但在抨击中道出了明代宦官特别是司礼监的真正地位：

> 奄宦之祸，历汉、唐、宋而相寻无已，然未有若有明之为烈也。汉、唐、宋有干与朝政之奄宦，无奉行奄宦之朝政。今夫宰相六部，朝政所自出也。而本章之批答，先有口传，后有票拟。天下之财赋，先内库而后太仓。天下之刑狱，先东厂而后法司。其他无不皆然。则是宰相六部，为奄宦奉行之员而已。

"宰相六部，为奄宦奉行之员"，则此"奄宦"自然是代表着"朝廷"而对包括内阁六部在内的国家权力部门进行控制的内监。

从理论上说，内监代表皇帝对阁票有所改定，本无可非议；而皇帝本人改动阁票或直接批答，更是理所当然。但这经常引起包括内阁在内的文官集团的不满，恰恰说明内阁地位的巩固和阁票的实际意义。

---

① 《明孝宗实录》卷7，成化二十三年十一月己未。
② 《明史》卷148《杨溥附马愉传》。
③ 《明神宗实录》卷147，万历十二年三月己亥。

同时，内阁和内监的关系也不是绝对的。二者有为政治经济权益进行斗争的一面，也有为同样的目的进行合作的一面。从总的趋势来看，合作多于斗争，反映了皇权与相权关系的相对协调。而且，还经常出现某些阁臣与宦官相勾结以对抗另一些阁臣与宦官的情况。刘瑾专权是"（焦）芳之官非（刘）瑾不进，以瑾之权非芳不彰"；魏忠贤专权则是"得内阁为羽翼，势益张"①。这些，客观上反映了最高统治集团内部派系斗争的复杂性。②

三、内阁与六部诸司

由于明太祖严禁复设丞相，并规定了六部诸司分立、皇帝亲理政务的统治原则，而这一原则又以"祖训"的方式予以确定，因而不可能有法律条文明确内阁对部院的统辖关系。但是，随着内阁制度的逐步形成和内阁中枢地位的巩固，内阁对诸司的控制已成公认的事实。这主要表现在以下三个方面。

其一，内阁通过票拟裁决政务，六部承奉意旨。关于这一点，除批红和票拟的关系尚存分歧外，学界并无异议。

其二，诸司奏事，关白内阁。景泰三年（1452）十二月，命举方面官，吏部得备二简，一送司礼监备御览，一送内阁备顾问，从制度上规定了诸司奏事，关白内阁。③ 随着内阁制度的形成，对于重大问题，诸司在上疏之前，一般得与内阁商议，以达成共识。正德、嘉靖之际为吏部尚书的王琼即云："内阁之权渐重，无异宰相之设。六部之权渐轻，

---

① 《明史》卷306《顾秉谦传》。
② 关于这一问题，参见方志远《论明代宦官的知识化问题》，《江西师范大学学报》1989年第3期。
③ 《明英宗实录》卷224，景泰三年十二月庚子。

凡事多禀受内阁风旨而后行。"① 吏兵二部的用人权，正德以前多忌内阁插手。嘉靖初兵部尚书胡世宁却认为："吏兵二部选用紧要官职及会推大臣，必先用首相所欲，而后敢拟名奏上。法司外出勘事，亦必承其意旨，而不问虚实，任情勘报。"② 身为吏部尚书的许瓒，则连疏奏请世宗："省谕二辅（严嵩、翟銮）浑厚博大，姑容臣等少尽职业。"③ 徐阶为首辅后，曾表示要"以威福还主上，以政务还诸司，以用舍刑赏还公论"④，但诸司奏事关白内阁的情况并未改变。万历末年叶向高任首辅，在给申时行的信中说："自不肖受事以来，六曹之政，绝未尝有一语相闻，甚至上疏之后，揭帖亦无，直至发拟，然后知之。"⑤ 这既反映了内阁在当时激烈党争中的窘境，又反映了一个事实：六部之政，应向内阁通报；六部上疏的同时，应该通过揭帖的方式将内容告知内阁。同时也说明，即使在窘境之下，内阁仍认为六部奏事关白内阁为理所应该，不关白内阁，乃反常现象。

其三，在外之督、抚、总兵、巡按御史直接上书内阁，请示机宜。明中期以后的督、抚为封疆大吏，从其地位来说，多为尚书、侍郎或都御史，从其系统来说，则属兵部或都察院，均与内阁无直接联系。但自正德以后，督、抚纷纷以揭帖的方式上书内阁，请示军、政、财、赋之计，内阁则居中遥授方略，习以为常。⑥ 故每当民变平息、边事安定，朝廷毫不例外地要封赏内阁诸臣，酬其居中指示之劳。甚至东南倭寇平息，赵文华也上疏世宗，请"归功元辅"⑦，朝野上下，不以为怪。何

---

① 张萱：《西园闻见录》卷26《宰相上》。
② 张萱：《西园闻见录》卷26《宰相上》。
③ 《明世宗实录》卷275，嘉靖二十二年六月壬寅。
④ 《明史》卷213《徐阶传》。
⑤ 叶向高：《与申瑶老第二书》，《明经世文编》卷461。
⑥ 如杨一清数次上书内阁，论陕西茶马之政；何孟春上书论边地镇守事宜；翁万达上书言三镇总兵事；冯恩上书言东南防倭事务，等等。（见《明经世文编》及诸人文集）
⑦ 《明世宗实录》卷442，嘉靖三十五年十二月乙未。

良俊在分析嘉靖以后内阁与诸司的关系时曾有这样的感慨："此不知胡（惟庸）、汪（广洋）当国时有此事否。"①

申时行在万历十二年三月的一份奏疏中，对内阁与诸司的关系作了较为全面的说明：

> 阁臣以平章政事为职，而用人则政事之大者。故文官自京堂，武官自参将以上，部臣亦与臣等商量，无非虚心为国，以示慎重公平之意……至于各地方事情，若关系重大，督抚等官，岂得不与臣等言之。如陕西等处重灾，作何赈济；辽东虏情，作何防剿；云南莽贼，作何备御。此皆朝廷大计，即各官揭问，不为阿承；即臣等告以方略，不为侵越。

神宗也表示："朕方以大政悉委卿等，各衙门事务岂得不与闻。"②

四、明代内阁与唐宋翰林学士、知制诰

明代内阁行使职权的主要方式是票拟，而唐代翰林学士加知制诰衔"专掌内命"，宋代则由知制诰与翰林学士"对掌内外制"，均"不身出与事"。因此，论者又有将明内阁视为唐、宋翰林者，并以此来否定明代内阁的地位和作用。

首先，应该对唐、宋翰林学士、知制诰有一恰当的认识。《新唐书·百官志》云："玄宗初，置翰林待诏，……掌四方表疏批答、应和文章。既而又以中书务剧，文书多壅滞，乃选文学之士，号'翰林供

---

① 孙承泽：《天府广记》卷10《内阁》。
② 《明神宗实录》卷147，万历十二年三月己亥。

奉'，与集贤院学士分掌制诏、书敕。开元二十六年，又改翰林供奉为学士，别置学士院，专掌内命。凡拜免将相、号令征伐，皆用白麻。其后选用益重，而礼遇益亲，至号为'内相'。"可见：一、学士院掌内命，乃分割中书之权的结果；二、一旦掌内命，即非闲曹可比，而是与宰相相抗，称"内相"。宋知制诰与翰林学士对掌内外制，凡遇除命，"有所不合，贴黄执奏，而宰相之选，多在其中"①，其地位与三省一院相匹。因此，不能因唐、宋翰林学士、知制诰专主文书而忽视其实际作用。尚书、中书在汉魏时发展为中枢机构，也正是从主管文书制敕开始的。

其次，唐宋翰林学士、知制诰掌内外制，与明内阁主票拟，形式上相似，实际内容却有很大不同。按宋之两制，内制为"册文、表本、青词、密词、祝文、斋文、诏书、批答、口宣"，外制为"皇后、皇妃追封先代，皇女、皇族册封进封，文武百官迁擢、致仕、加恩等诰敕"。②核心内容是诏令，所谓"批答"，亦为诏令的一种格式。《宋史·职官志》："赐大臣太中大夫、观察使以上，用批答及诏书，余官用敕书。"而明代内阁票拟的内容则有二，一是视草，一是批答。前者（视草）承唐、宋及明初翰林学士、知制诰之旧；后者（批答）则是对诸司事务的裁决，在宋朝，是中书门下之职，明初属中书省，中书省废后皇帝自行批答，所谓"平章政事者"即此。票拟的内容和性质决定了明代内阁的地位及其与诸司的关系不同于唐、宋翰林及知制诰。

其三，由于唐、宋设有宰相，军国大政，决于中书门下，故翰林学士虽"晓达机谋，天子机事密命在焉"③，却始终未能突破"内相"这一界限。明代内阁则是应中书省废除后政治统治的需要而产生的，因而得由秘书机关发展为中枢机构，实势所必然。永乐、宣德时的明代内

---

① 于慎行：《谷山笔麈》卷1《制典下》。
② 黄佐：《翰林记》卷11《知制诰》。
③ 马端临：《文献通考》卷54《职官考八》。

阁，确与唐、宋翰林学士、知制诰相近；但随着内阁制度的形成，则无论是公开地位还是实际作用，内阁皆非唐、宋翰林及知制诰可比。

秦汉以降，宰相的名称屡变，由丞相而大将军录尚书事，由三省并立而中书门下，由中书门下平章政事而中书省；相权的行使方式也不尽相同，或独操权柄或共同议事，或形同虚设或实至名归。但主要特点不外有二：一是地位尊崇，居百官之首；二是职权重要，"掌丞天子，助理万机"①。内阁制度形成以后，应该说是具备这两个特点的，这是明代内阁与历代宰相的共性。与历代宰相相比，明代内阁又有其特性，即责任虽有均衡之重，建官却无宰相之名；总揽政务，操纵诸司，但制度上不统六部；通过票拟裁决机宜，但票拟又得经批红方正式生效；首辅居百官之首，被视为"真宰相"，但又因其名不正而经常被攻为专权。

内阁的这一特性，是明代政治背景下的产物。明太祖废中书省，并下令不得复设丞相，代表着统治阶级经过对历代兴亡治乱的总结，企图通过强化君主集权以保持各方面的平衡、缓和内部矛盾的政治要求和思想倾向，这是公开恢复宰相制度的主要障碍。而现实统治的需要和对皇权腐朽的补救，又导致内阁的产生及内阁制度的形成，并使内阁首辅在特定时期成为"真宰相"。

其实在明人眼中，内阁的地位同样也是变化着的。大体上说：正统到正德期间的内阁，是无相之名而有相之实；嘉靖以后的内阁，则是有相之名而无相之实。之所以造成这一感觉上的反差，是因为正统以后，尽管内阁的地位提高并在某些方面行使着与明初中书省类似的职责，但人们还不习惯于将大学士视为"宰相"；而嘉靖以后，当人们将大学士特别是首辅视为"真宰相"时，却发现它与汉唐时的"真宰相"还是有很大的差异。这个差异就是不但名不正，而且既不统驭六部，又受制于内监。

---

① 《汉书》卷19上《百官公卿表上》。

第四章　司礼监的崛起及中央决策系统的"以内制外"

第一节　司礼监的崛起

一、从典礼纪察司到司礼监

司礼监于洪武十七年（1384）设置，后来成为明代宦官第一署，司礼监掌印及秉笔、随堂太监获得掌理内外奏章和"批红"的权力，经历了一个演变过程。这个过程大致可以分为两个阶段。从洪武到宣德为第一阶段，主要是从宦官的一般衙门，成为第一署。正统而后为第二阶段，司礼监的权力继续扩大，既通过批红制约内阁，又成为"朝廷"的代表，"掌行"国家政务。司礼监这一地位的确立，又是与当时皇位的交替、朝局的变动密切联系、互为作用的。

明太祖于吴元年置内使监、御用监，设监令、丞、奉御等官，其中有纪事奉御的名目。[①] 洪武六年，改御用监为供奉司，又置纪事、内正二司。纪事司显然是由纪事奉御扩充建置的。[②] 关于内正司，《明太祖

---

① 《明太祖实录》卷25，吴元年九月丁亥。
② 《明太祖实录》卷83，洪武六年六月辛未；卷84，洪武六年八月癸酉。

实录》载：

> 命考究前代纠劾内官之法，礼部议置内正司，设司正一人，秩正七品；司副一人，从七品，专掌纠察内官失仪及不法者。①

《明太祖实录》又载，洪武六年十一月十四日，"更内正司为典礼司，秩正七品"。九天后，"改典礼纪察司，升秩正六品"。②《明实录》对内正司一个月内两次改名并升秩的原因，未加说明。《皇明祖训录》"内官"条载典礼纪察司的职掌：

> 司正、副，掌内府一应礼仪，钦记御前一应文字；凡圣旨裁决机务，已未发放，须要纪录亲切，御前题奏；及纠劾内官内使非违不公等事；而造笔墨、表背匠亦属焉。③

从上述记载看，典礼纪察司应是纪事司与典礼司合并而成的。这或许是它一再改名并升秩的原因。又据《皇明祖训录》，同时设置的还有绳顽司，其职掌是"治内官内使之犯罪者"。按绳顽司系置于洪武九年④，说明当时纠劾内官内使的"非违不公"、惩治他们中间的犯罪者分由两个机构掌管。典礼纪察司从洪武六年更名起，到洪武十七年以

---

① 《明太祖实录》卷85，洪武六年十月壬辰。
② 《明太祖实录》卷86，洪武六年十一月辛亥、庚申。
③ 《皇明祖训录》（北京图书馆藏明抄本）书前有洪武六年五月御制序，然从其内官一章的内容看来，其中有一些机构系分别在洪武九年、十年、十二年所置。所以这些机构始置的年代须据他书加以考订。《明太祖实录》卷242，洪武二十八年闰九月庚寅载："上于是重定祖训录名为《皇明祖训》。"
④ 《明太祖实录》卷108，洪武九年八月己亥。

前，一直存在。① 而绳顽司于洪武十七年调整后就从内监机构中消失了。

洪武十七年四月，宦官机构进行了第一次全面调整，增设了司礼监。它的职掌是："掌宫廷礼仪。凡正旦、冬至等节，命妇朝贺等礼，则掌其班位仪注，及纠察内官人员违犯礼法者。"② 这和原内正司与典礼纪察司的职掌是一脉相承的。可见司礼监的前身就是典礼纪察司。而绳顽司可能并入了司礼监。至于原来典礼纪察司纪录御前文字的职能虽未于司礼监职掌中提及，当仍归司礼监掌管。

洪武二十八年，宦官机构作了第二次全面调整。司礼监职掌的内容改为："掌冠婚丧祭礼仪、制帛与御前勘合、赏赐笔墨书画、并长随当差内使人等出门马牌等事，及督光禄司供应诸筵宴之事。"③ 从这次职掌更动可以看出两点。一、掌冠婚丧祭礼仪，是原来掌宫廷礼仪的具体化。"纠察内官人员违犯礼法者"虽未提及，可以理解为纠察即包括在掌管职责之内。因此，洪武十七年所定司礼监的主要职掌保留下来了。二、增加了掌管御前勘合、内使人等出门马牌、赏赐笔墨书画、催督光禄司供应筵宴等四项内容。其中前两项职掌均属机要工作④，这当然增强了司礼监的地位。赏赐笔墨书画一项，是典礼纪察司"造笔墨、表背匠"这一职掌的延续。总的来说，洪武二十八年调整后的司礼监，排列

---

① 《明太祖实录》卷143，洪武十五年三月甲子，载有典礼纪察司与礼部尚书奏请改作戟氅等制的纪事。

② 《明太祖实录》卷161，洪武十七年四月癸未。

③ 《明太祖实录》卷241，洪武二十八年九月附条。

④ 如"诸司勘合"，即为御前勘合的一种。《明太祖实录》卷141，洪武十五年春正月甲申："始置诸司勘合。其制：以簿册合空纸之半而编写字号，用内府关防印识之，右之半在册，左之半在纸，册付天下布政使司、都指挥使司及提刑按察使司、直隶府州卫所收之。半印纸藏于内府。凡五军都督府、六部、都察院有文移，则由内府领纸填书所行之事，以下所司。所司以册合其字号勘文，相同则行之，谓之半印勘合，以防欺弊。"又"出门马牌"当为"走马符牌"的简称，系内使奉命出外进行紧急调发时所佩的符令。《明太祖实录》卷65，洪武四年五月乙卯："命工部造……军国调发走马符牌。……其走马符牌，凡有军国急务，遣使者佩之以行。……凡造金字牌二十，银字牌二十，文曰：符令所至，即时奉行，违者必刑。……藏之内府，遇有调发则出之。"

于内官监之后，仍然是宦官的一般衙门。

成祖朱棣以藩王起兵，夺取帝位。为了镇压建文旧臣的反抗、监视沿边的藩王、加强对军队的掌握，他公开任用了一批"从起兵有功"的宦官担任要职，这就使宦官的权力大为增长。永乐、洪熙年间，宦官执掌东厂①，监临京营②，守备南京③，出镇各地④，遂成有明一代的定制。至于宦官出使外国，偕御史等官抚安军民，查勘仓库，检核税收等，都比洪武时更为广泛与频繁。⑤ 值得注意的是，永乐时，赵王朱高燧觊觎储位，宦官黄俨等参与了策划。⑥ 仁宗、宣宗继位之际，都有心腹太监参预。⑦ 可见用事宦官在皇位交替时已处于重要的地位。

---

① 东厂始置于永乐十八年，见王世贞《弇山堂别集》卷90《中官考一》、沈德符《万历野获编》卷6《内监·东厂》、刘若愚《酌中志》卷16《内府衙门职掌》。王世贞谓此说不见正史，系《会典》据大学士万安题本推算而得。据《明史》卷74《职官志三·宦官》："提督东厂，掌印太监一人。……旧选各监中一人提督，后专用司礼秉笔第二人或第三人为之。"至于永乐中掌东厂有过哪些宦官，专用司礼始于何时，各书均不能详，可见当时对此事是非常讳言的。

② 查继佐《罪惟录》列传卷之29《宦寺列传》："王安，女直（真）人，……亦从郑和等从燕起兵有功。永乐八年，令安监视京营。自是王彦、郑和及脱脱相继。预营监视自安始。"又据同书，太监刘永诚"三扈成祖兵间有功，后历西陲大镇，凡总京营长十年。"《明史》卷74《职官志三·宦官》谓提督京营"始于景泰元年"，则宦官监京营，永乐后可能有间断。成祖在北征中，命宦官监诸将军，屡见记载。《弇山堂别集》卷90《中官考一》："（永乐）八年，都督谭青等营有内官王安、王彦、三保、脱脱。（原注：按此内臣监军之始也。）"

③ 王世贞：《弇山堂别集》卷90《中官考一》："洪熙元年正月丁未，命内官监太监郑和，领下番官军守备南京。在内与太监王景弘……协同管事。遇外有事，同襄城伯李隆、驸马都尉沐昕计议而行。（原注：按此南京守备之始也。）"

④ 王世贞：《弇山堂别集》卷90《中官考一》："（永乐八年）勅内官马靖往甘肃巡视，如镇守西宁侯宋琥处事有未到处，密与之商议，务要停当，尔却来回话。（原注：按此内臣出镇之始也，然职尚止巡视，事毕还京。）"同书洪熙元年下："其年二月，勅甘肃总兵官都督费瓛、镇守太监王安。（原注：按此镇守之始见者也，计永乐末已有之矣。）"此后各地镇守宦官，不断增置。到景泰时，宦官出镇遍于全国，嘉靖中才全部予以撤回。详见下文。

⑤ 永乐时宦官出使外国及参与全国库藏税收的勘核，《明太宗实录》屡见记载。

⑥ 《明太宗实录》卷8，永乐三年七月戊戌；卷259，永乐二十一年五月己丑。

⑦ 成祖于北归途中死于榆木川，由随驾宦官马云、海寿与大学士杨荣、金幼孜决策秘不发表。"文渊阁大学士兼翰林院学士杨荣、御马监少监海寿奉遗命驰讣皇太子"。仁宗不豫，亦急遣海寿驰召皇太子。俟皇太子还自南京，始发丧宣遗诏（分别见《明太宗实录》卷273，永乐二十二年七月庚寅、壬辰；《明仁宗实录》卷10，洪熙元年五月庚辰、六月辛丑）。

永乐、洪熙时期，为了加强对全国的控制，皇帝把可靠的宦官公开派到军事、政治等重要职位上去，宦官的权力因而大为扩张，这是和洪武时期不同的地方。然而这些掌握权力的宦官，从《明实录》的记载来看，他们中间许多人都不是司礼监官员。如成祖病死榆木川时，与杨荣同奉遗命驰讣仁宗的宦官海寿，是御马监少监。曾多次率船队出使"西洋"、洪熙初守备南京的郑和，是内官监太监。① 永乐一朝奉命出使的宦官，据《明实录》所载有四十余人。除多次出使西域的侯显是司礼监少监，后擢太监外②，没有一人以司礼监入衔。至于为成祖所倚任，受命监京营、出镇的宦官王安、王彦等，也没有一个是司礼监的官员。此外，在成祖晚年居中用事的中官黄俨，曾和赵王朱高燧密谋政变，《明实录》也没有明载他是哪一监的官员。③ 当然，上面提到的一些没有列监衔的宦官，可能有些是司礼监的官员，但由于记载的疏略而无从稽考。上述总的情况可以说明，当永乐、洪熙两朝，司礼监在宦官机构中仍属一般衙门，司礼监官员不具有优越地位。因此，各监的宦官凭借皇帝的宠眷，都有机会出任要职，掌握大权。

二、司礼监为宦官第一署

到了宣宗朝，司礼监的情况开始出现了变化。变化的端倪，是宣德元年（1426）正式设立内书堂，并命翰林官专授小内侍书。④《明史·宦官传序》认为，宣宗这个措施破坏了太祖不许内臣读书识字的祖制，是明代宦官专权乱政的根源之一。其实，我们只要对洪武时期宦官职掌

---

① 王世贞：《弇山堂别集》卷90《中官考一》："洪熙元年正月丁未，命内官监太监郑和领下番官军守备南京。"
② 《明史》卷304《宦官传·郑和传附侯显传》。
③ 《明太宗实录》卷259，永乐二十一年五月己丑条载宦官黄俨等与朱高燧密谋政变事。
④ 《明宣宗实录》卷19，宣德元年七月甲午；《明史》卷74《职官志三·宦官》。

及其任使略加考察，就知道明太祖禁止内臣读书识字之说是可疑的。因此，《明史》作者的论断是缺乏史实依据的。事实上，由于皇帝对宦官的任使日多，永乐时就已开始对小宦官进行培养与训练。《明史·宦官传》载：

> 范弘，交趾人，初名安。永乐中，英国公张辅以交童之美秀者还，选为奄，弘及王瑾、阮安、阮浪等与焉。（弘）占对娴雅，成祖爱之。教令读书，涉经史，善笔札，侍仁宗东宫。宣德初，为更名，累迁司礼监太监，偕（金）英受免死诏，又偕英及御用太监王瑾同赐银记。

明代第一个专权的司礼监太监王振，也是在永乐时选拔培养的。《明英宗实录》载有英宗给王振的一道敕文：

> 尔振性资忠厚，度量宏深。昔在皇曾祖时，特以内臣选拔，侍我皇祖，深见眷爱。教以诗书，玉成令器。委用既隆，勤诚益至。肆我皇考，念尔为先帝所器重，特简置朕左右。朕自春宫至登大位，前后几二十年；而尔夙夜在侧，寝食弗违。保卫调护，克尽乃心。赞翊维持，靡所不至。正言忠告，裨益实多。兹特敕赐给赏，擢为尔后者以官。①

这两则记载充分说明，永乐时对年幼宦官的培养，目的就是为皇储

---

① 《明英宗实录》卷137，正统十一年春正月庚辰。又《弇山堂别集》卷之90《中官考一》。引文系据《中官考》。据此敕文，《明史·宦官传》谓王振少选入内书堂之说是可信的。且振于永乐中入宫，曾侍仁宗于东宫，嗣侍英宗者又几二十年，年岁亦相符。严从简《殊域周咨录》与查继佐《罪惟录》谓振由儒士为教官，九年无功，乃自宫以进，授宫人书云云，其说虽难以为据，但在当时却流行甚广。

准备能处理文字的秘书人才。比之洪武时能记录御前文字的纪事奉御，要求更高了。所以，宣宗设立内书堂，不过是把成祖的做法进一步正规化与制度化而已，说他破坏祖制是没有根据的。

值得注意的是，从永乐到宣德，逐渐形成了一套经由内书堂、侍东宫、入司礼的宦官培养制度，这个制度后来成为宦官进入司礼监的"正途出身"，对明代政治产生了深远的影响。就明代实际的情况而言，被选入侍东宫的宦官，常常是幼年皇储的伴读和"豫教"的教师。① 他们对未来皇帝思想、性格和兴趣爱好等方面所给予的影响，远非那些后来为太子讲解经书的翰林讲官们说教的效果可比拟。这些宦官和皇储长期相处而形成的亲密关系，成为他们以后擅宠专权的政治资本。王振之于英宗，刘瑾等之于武宗，就是典型的例子。

宣德时期，直接影响司礼监权位变化的关键事件，是宣宗令内阁条旨和伴随而来的"批红"。黄佐《翰林记》载：

> 唐宋以来，传旨属之执政……国朝始犹设中书省……其后革去，分任六部九卿衙门。中外奏章皆上彻睿览。每断大事、决大疑，臣下惟面奏取旨……故洪武中，批答与御前传旨为一事……永乐、洪熙二朝，每召内阁造膝密议，人不得与闻……然批答出自御笔，未尝委之他人也。宣庙时，始令内阁杨士奇辈……于凡中外章奏，许用小票墨书贴各疏面以进，谓之条旨，中易红书批出，上或亲书或否。及遇大事大疑，犹命大臣面议。议既定，即传旨处分，不待批答……自正统后，始专命内阁条旨。然中每依违，或径由中

---

① 明代历朝都有大臣或言官上疏，请慎选老成内臣以豫教皇储。如弘治时马文升的《题为豫教皇储以隆国本疏》，又隆庆时魏时亮的《悬乞圣明严拣宫僚近侍预养皇储以光昭燕翼事》，分别载《明经世文编》卷62、卷370。可见明代君臣公认入侍东宫的内臣，是豫教皇储的担当者之一。

出。是时上方幼冲,委政中官王振,一至于此。①

这一段有关"条旨"的记载,目的是说明内阁职掌的变化,对于明了明代司礼监权位的变化同样十分重要。太祖废丞相后,不得不以翰林春坊官"看详"诸司奏启,兼司平驳,内廷还有司礼监纪事奉御之类的宦官记录御前文字。成祖设立内阁参预机务,实际上也不可能事无大小都召阁臣密议、批答均出"御笔",势必假手"善笔札"的宦侍。这是明朝皇帝总揽朝政的必然结果,也是成祖要选拔小宦官并加以培养的缘由。宣宗令内阁条旨,然而对这些条旨亲自批朱,仍然是难以办到的。"上或亲书或否",大部分需由别人代为批红。这样,经过内书堂训练、代替皇帝批红的司礼秉笔太监就应运而生了。宣宗而后,英宗幼冲,实际主政的太皇太后不能与内阁面议取旨,遂"专令内阁条旨",从此内阁拥有了票拟权。同时,批红遂成了司礼太监的主要职掌。司礼太监参预批红,成为皇帝处理机务最贴近、最可靠的助手,司礼监作为宦官机构第一署的地位得以确立,同时也为它逐步集中与扩充权力奠定了基础。

第二节 司礼监职责的扩充及所谓"对柄机要"

一、司礼监职责的扩充与机构的膨胀

正统以后,司礼监作为宦官机构的第一署,首先将宦官各衙门的主

---

① 黄佐:《翰林记》卷2《传旨条旨》。

要权力逐步集中于司礼监。成化以后的皇帝，除少数例外，多日处深宫，极少召见大臣。因此，司礼监经常作为皇帝的代表，到内阁议事，或监临外廷，从而进一步扩大了它们在外廷的权力和地位。综合起来，正统以后，司礼监陆续扩大的权势主要表现在以下几个方面。

其一，皇位交替之时，司礼太监与阁臣同受顾命。这是永乐以来宦官参与皇位更替机密的进一步发展。如英宗朝司礼太监牛玉、孝宗朝的司礼太监戴义，都和勋臣、辅臣同受"遗旨"。① 穆宗则在遗诏中正式命司礼太监冯保与阁臣同受顾命。② 神宗死前谕内阁，命其与司礼监协心辅佐太子。③

其二，出镇内臣的派遣和调动亦归于司礼监。从永乐到正统，出镇内臣均由皇帝直接调派。景泰时，内臣出镇遍于全国，调派之权逐渐归于司礼监。至嘉靖时，世宗竟谓"各处内官亦非朕亲用，皆系司礼监指名奏请"④，可见司礼监取得内官出镇的调派权力已非一日。

其三，会同三法司审录狱囚。仁宗时，曾特命大学士杨士奇等同三法司会审重囚。⑤ 英宗正统时，始命司礼太监同三法司堂上官审录狱囚，以后成为定制，谓之"大审"，每五年举行一次。《明史·刑法志三》对此有以下描述：

> 凡大审录，赍敕张黄盖于大理寺，为三尺坛。（内官）中坐，三法司左右坐，御史、郎中以下捧牍立，唯诺趋走惟谨。三法司视成案，有所出入轻重，俱视中官意，不敢忤也。……内臣曾奉命审录者，死则于墓寝画壁，南面坐，旁列法司堂上官，及御史、刑部

---

① 彭时：《彭文宪公笔记》；《明孝宗实录》卷224，弘治十八年五月庚寅。
② 《弇山堂别集》卷100《中官考十一》。
③ 《明神宗实录》卷596，万历四十八年七月丙申。
④ 《明世宗实录》卷80，嘉靖六年九月癸卯。又《明宪宗实录》卷51，成化四年二月庚子。
⑤ 《明仁宗实录》卷3下，永乐二十二年十月丁巳。

郎引囚鞠躬听命状，示后世为荣观焉。

三法司录囚，是明王朝的最高审判。司礼太监以皇帝代表的身份监临审判，所以声势不可一世，他们也以此为殊荣。到了明代中期，内臣犯法，只交司礼监审治，法司不得逮问。① 这些都说明司礼监享有司法方面的特权。

其四，提督京营。宦官监京营军始见于永乐，然司礼太监与兵部同理京营军务，则始于土木之变后司礼太监兴安、李永昌同石亨、于谦整理军务。② 宦官曹吉祥于正统时督军出征和监督神机火器制造，后以复辟之功，天顺初迁司礼太监，并总督三大营。成化以后，司礼太监提督京营成了定制。所以，京师的部分军队也控制在司礼太监之手。

其五，提督东厂。以司礼太监兼掌东厂的宦官，最早见于史料的，是成化时的尚铭。③ 然而尚铭是先掌东厂，后入司礼监的。此后，正德初司礼太监王岳曾管东厂事。④ 刘瑾专权时，自掌司礼监，并另立内行厂，酷烈甚于东、西厂。这当然是一个特例。正德以后，司礼太监掌东厂成为定制。司礼监掌印太监按例不得兼掌厂印，以防权重。但是嘉靖后期和万历初年，司礼掌印太监麦福、黄锦、冯保等先后破例兼掌厂印。⑤ 所以成化以后，东厂的权力亦为司礼太监所掌握。

以上为司礼监权力在正统以后继续扩展的情况。同时，在组织形式上，司礼监已形成了一个以掌印、秉笔太监为首脑的，和内阁部院相对

---

① 《明世宗实录》卷16，嘉靖元年七月庚午："先是各内臣犯法，屡诏免逮问，唯下司礼监治。于是刑部尚书林俊等言，宫中、府中，宜为一体，诸内臣所犯，宜下法司，明正其罪。如罪之不当，自宜废不法之官，不宜废祖宗之法。上报有旨。"
② 《明英宗实录》卷184，正统十四年十月戊午。
③ 《明宪宗实录》卷248，成化二十年正月壬子。
④ 《明武宗实录》卷13，正德元年五月壬午。
⑤ 沈德符：《万历野获编》卷6《内监·内臣兼掌印、厂》。

应的庞大官僚机构。《万历野获编》载：

> 司礼今为十二监中第一署，其长与首揆对柄机要。佥书、秉笔与管文书房，则职同次相。其僚佐及小内使，俱以内翰自命，若外之词林。……内官监视吏部，掌升选差遣之事。今虽称清要，而其权俱归司礼矣。御马监虽最后设，然所掌乃御厩兵符等项，与兵部相关。近日内臣用事稍关兵柄者，辄改御马衔以出，如督抚之兼司马中丞，亦僭拟甚矣。①

刘若愚在《酌中志》中将司礼太监同阁臣解读为："最有宠者一人以秉笔掌东厂。掌印秩尊，视元辅；掌东厂权重，视总宪兼次辅。其次秉笔，其次随堂，如众辅焉。"② 同样把司礼掌印太监比为内阁首辅。但把掌东厂的司礼太监放在前面，这是万历、天启时期政治情况的反映。其实，据史籍记载，早在成化时，礼部尚书姚夔就曾面称司礼掌印太监怀恩为内相。③ 可见沈德符司礼之首脑与内阁首辅对柄机要的见解是有根据的。

《酌中志》对司礼太监看本章作了具体描述：

> 每日早晨，或非朝讲之日，及申时后，掌印公过司房看文书，秉笔、随堂，人各有室，挨次细看。先看文书房外本，次看监官典簿文书……万历年间，先监过司房，例印公穿直身，率秉笔等，都是单身入室。其亲信掌班人等，一人不得入机密禁近。④

---

① 沈德符：《万历野获编》补遗卷1《内官定制》。
② 刘若愚：《酌中志》卷16《内府衙门职掌》。
③ 郑晓：《吾学编余·女后门》。
④ 刘若愚：《酌中志》卷16《内府衙门职掌》。

这里的"先监"是指万历中的司礼掌印太监陈矩,《酌中志》作者刘若愚曾隶陈矩门下,故尊其为"先监"。关于批红的情况:

> 凡每日奏文书,自御笔亲批数本外,皆众太监分批。遵照阁中票来字样,用朱笔楷书批之。间有偏旁偶讹者,亦不妨略为改正。①

虽说是"遵照阁中票来字样"批红,但有关除弊兴利事涉内府的章奏,经常在批红中遭到驳回或留中。所以,《明史·职官志序》说:"然内阁之拟票,不得不决于内监之批红,而相权转归之寺人。"② 总之,正统以后的司礼监,实际是内廷的另一"内阁"。司礼掌印太监实质上成了和内阁首辅对柄机要的"内相",而且是能向皇帝面奏取旨的"内相"。在某种意义上说,司礼太监和永乐、洪熙时期的阁臣更为近似。

二、关于司礼监与内阁的"对柄机要"

不仅仅是沈德符《万历野获编》对内阁和司礼监进行了比较和对照,长期在内府任职的刘若愚也将司礼监太监同内阁大学士进行比较:"最有宠者一人以秉笔掌东厂。掌印秩尊,视元辅;掌东厂权重,视总宪兼次辅。其次秉笔随堂,如众辅焉。"③

---

① 刘若愚:《酌中志》卷16《内府衙门职掌》。
② 《明史》卷72《职官志一》。其实,宦官们利用身份的便利上下其手之事无处不在。于慎行记载自己因失早朝当值宦官向其卖人情事:予在南宫,一日早朝后至,点查列名,当事中贵遣阁校来言:"欲隐予名",以是市交。予亟遣人驰谢曰:"失朝事小,欺君罪大,忝为大臣,岂敢以欺自处?可列吾名以上,如有所隐,当上书自首,反于中贵不便。"其人惭惧而止。盖失朝之罪不过夺俸,何忍以是欺上?且中贵以此市交,他日请托横至,何以应之?正宜谢绝为当耳。(《谷山笔麈》卷10《谨礼》)
③ 刘若愚:《酌中志》卷16《内府衙门职掌》。

沈德符和刘若愚以明朝人论明朝事，都指出了内阁和司礼监"对柄机要"在国家事务决策中形成的双重负责制。从上述记载中，还可以看出司礼监其实是一个庞大的办事机关，它不仅仅与内阁"对柄机要"，还几乎可以和内阁、部院为首的整个外廷相抗衡。秉笔、随堂太监们并非完全"照阁票批朱"，而是在对内阁票拟的依据即各衙门的奏本、题本进行认真阅读以后，才进行批红。其职责实际上是对外廷一切事务进行审批，并且，这种审批是以最高统治者皇帝的名义进行的，故而具有极大的权威性。说内阁与司礼监"对柄机要"，其实是抬高了内阁的地位而没有真正认识到司礼监的权威，或者说，是因为文人的"面子"思想而使他们不愿意面对司礼监压制内阁的事实（刘若愚实为"知识宦官"，见下文）。

从司礼监崛起的过程中，可以看出明代中央决策权力结构非常明显的以内制外的特征。永乐、宣德时，内阁是作为翰林院的分支机构，确切地说是作为皇帝的顾问班子出现的，其活动方式是在御前议政论事；宣德时票拟，是代表皇帝对国家事务进行裁决，也可视为内廷机构对外廷事务的干预。这时的"内"是"内阁"，而"外"则是六部九卿，所以《明史·职官志》有"内阁权日重，即有一二吏、兵之长与执持是非，辄以败"之说，原因在于："宣宗内柄无大小，悉下大学士杨士奇等参可否。虽吏部蹇义、户部夏原吉时召见，得预各部事，然希阔不敌士奇等亲。"由于外廷"希阔"，而内阁与仁宗、宣宗更"亲"，故能以内制外。而内阁制度的形成过程，也是内阁机构的外廷化过程。正统以后，内阁挟三杨柄政之势，虽无宰相之名，却有钧衡之重，内阁票拟，已成为对在京在外各衙门事务的公开裁处。由于有了内阁的独立裁决，司礼监的批红也就成了代表皇帝对内阁裁决的再裁决，而内廷机构对外廷事务的干预也通过这一方式表现出来。于是，内阁由"内"而转"外"，司礼监则崛起为"内"，形成了又一轮的"以内制外"。而其原因，很大程度上也是因为皇帝已经不面接大臣，而内阁与皇帝之间，需要司礼监进行沟通和衔接。于是便发生了宣德时曾经发生的事情，但主体已经发生了变化：内阁大学士"希阔"不敌司礼监秉笔太监们"亲"。

尹直《瑣缀录》通过所见所闻分析了成化年间内阁与司礼监关系的这一转变。其一曰：

> 国初，革中书省不设宰相。永乐初，乃设内阁，选翰林六七儒臣居之，职知制诰，日备顾对，参决政机，隐然相职，而官不过学士。洪熙初，始升孤卿，皆潜邸旧人，而三杨同官最久。当是之时，干戈甫定，宗室未蕃，军职尚少，经费无几，国用有余，民间人稀地广，法网未密，财利无制。宣庙英武，乾纲独断，百司守令，久任不更，官民相安，天下号为太平，三杨之名所由以著。时福建佥宪廖谟杖死驿丞事，东杨（按：指杨荣）以乡官欲坐偿命，西杨（按：指杨士奇）以乡故欲拟因公，互争不决，请裁于太后。王振因而进言："三杨皆有私，偿命过重，因公过轻，宜对品降调府同知。"太后韪之。自是振日掯撼内阁之误，裁决一归于振，三杨乃迭请告展省。适宗室中有遗东杨土物者，振将发其事，西杨以东杨不在京辨解之。东杨闻报，兼程造朝，触冒瘴疹，卒于钱塘。以此振权益专，好大喜功。遂因麓川思机发、思仁发兄弟仇杀，遽有麓川之征。遣将出师，疲耗中国，滥费爵赏，所争荒夷之地，竟何益于国家？乃致九溪苗僚乘势不靖，兵连祸结，延至叶宗流、邓茂七、黄萧养辈相扇而起，极于土木之大变，此皆三杨失柄于初不能沮振之所致也。①

---

① 尹直：《謇斋瑣缀录》卷1《翰林故事》。

其二曰：

> 成化辛卯十一月末旬，彗见。廷臣建言皆谓君臣悬隔，情意不通，请时召内阁大臣面议政机。彭可斋先生（时）亦对司礼监官言："莫谓上不得见，虽诸老太监亦不得见。"以是内臣难于诿拒，乃约一二日间，上御文华殿召见众先生，但初见时，情未浃洽，不宜多言，姑俟再见可说。先生诺之。至期将入，复约如初。既见，可斋言："天变可畏。"上曰："已知，卿等宜尽心办事。"可斋又言："昨准御史建言，减京官皂隶与俸，文职尚可，武官不免怨望，急须传旨仍旧，以慰安之。"上曰："卿即传旨与该部。"万先生（安）遂呼"万岁"。三人皆同声叩头。遂命光禄赐酒饭而退，自后再不召见。诸太监乃谓人曰："常言不召见，及见，无一奇谋至论，止呼'万岁'。"四方因传为口实，曰"万岁阁老"云。盖中官初惧有所言，戒约至再，后喜无所言，反见讥诮。……予在内阁时，尝欲请面见，万循吉（安）止之曰："往年彭可斋每面见，一语不合，即叩头呼'万岁'，不敢尽言，今我辈每事尽言，太监择而转闻，无不允从，胜于面对。"是亦有理。①

显而易见，尹直认为正统时王振为首的司礼监之所以凌驾于内阁三杨之上，是因为杨士奇与杨荣处事的不公导致了王振越俎代庖的裁决及此后的弄权。但在任何时候，官员在处理政务时都不可能做到不但无私而且无误。一般来说，应该是皇帝或言官对宰相的过失进行纠正，但在司礼监代表"朝廷"的情况下，只能由司礼监作出裁决。因此，从正

---

① 尹直：《謇斋琐缀录》卷2《翰林故事》。

统开始司礼监凌驾于内阁之上，并不是因为杨士奇们的一两次失误或徇私，而是因为皇帝年幼无法亲政、太皇太后限于祖制无法亲自裁决政事、在宣德时又有内阁票拟与内监批红的先例。归根到底，是在皇帝不亲政情况下"以内制外"的统治方针所致。正统时王振为首的司礼监对以三杨为中心的内阁的态势，成为明代内廷压制外廷总态势的开端，或者说，明代中央决策权力结构中"以内制外"的局面，正是在此时开始形成的。及至成化，大学士们不仅难以见到皇帝，连司礼监的资深太监也难得一见，致使彭时有"莫谓上不得见，虽诸老太监亦不得见"之叹。经过万安的一番告诫，血气方刚的尹直接受了内阁受制于内监的事实，转而认为内阁有事请示于内监、再由内监有所选择地转呈皇帝"是有亦理"。于是便有了《明史·职官志》说的另一番景象："至世宗中叶，夏言、严嵩迭用事，遂赫然为真宰相，压制六卿矣。然内阁之拟票，不得不决于内监之批红，而相权转归之寺人。"但正如上文一再指出的那样，《明史·职官志》受黄宗羲的影响，一直纠缠于"相权"的实质归属方。其实，真正的相权并不在"内"而在"外"，"内"代表的是"皇权"，也就是明太祖所说的"朝廷"。正统时司礼监太监王振对内阁杨士奇、杨荣说"朝廷事久劳公等"①，显然是以"朝廷"自居。正德初，内阁大学士刘健、户部尚书韩文等抨击宦官，声势浩大，宦官刘瑾认为："若司礼监得人，左班官安敢如是。"② 可见司礼监在以内制外这一基本设计中的地位和作用。前引成化末监察御史陈汶的奏疏，更揭示了内阁与司礼监或者说是外廷文官系统与内廷宦官系统的实质关系："国家政务，我祖宗既设司礼监掌行，又命内阁学士共理，内外相维，可否相济。"对于国家政务，内阁只是"共理"，司礼监才是"掌

---

① 《明史》卷 148 附《马愉传》。
② 《明史》卷 304《宦官传》。

行"。但与此同时，司礼监也受着内外两个方面的制约。按明制，司礼监掌印一般不得兼掌东厂，以免权势过重；一旦司礼监官掌内廷出纳文书机关文书房，则须转衔内官监，以免司礼监同时掌批红和文书出纳而专权。① 虽然司礼监在内廷地位独尊，但御马监、内官监等在制度上仍具独立性，时常与司礼监抗衡。汪直之设西厂，刘瑾之杀王岳、范亨，实际上反映了内廷对司礼监的制约。对于司礼监的越权干政，内阁可执奏，六部、六科可复奏；对于违法内使，诸衙门均可依律惩治。因此，虽然明代宦官权重，却也只能"为乱"而不能"为变"。而实际上，由于明代对宦官所进行的较为成功的道德教育，司礼监宦官（除极少数如魏忠贤者）对于维护明朝君主专制制度，倒是起了非常重要的作用。而整个宦官系统，其实已是明代国家权力结构中不可分割的组成部分。

在论及司礼监批红问题时，不能不对司礼监的下属机关文书房作一说明。文书房既是与外廷通政司对等的内廷文书出纳机关，其下的宦官又相当于内阁属官翰林院和制敕、诰敕房的司礼监属官。《明史·职官志》说："文书房，掌房十员。掌收通政司每日封进本章，并会极门京官及各藩所上封本。其在外之阁票，在内之搭票，一应圣谕旨意御批，俱由文书房落底簿发。凡升司礼者，必由文书房出，如外廷之詹翰也。"② 刘若愚则说，文书房宦官均选自二十四衙门的"有学行才识者"③，可见，这个衙门对于保证司礼监宦官的素质从而确立对阁票批红的权威性，具有重要作用。

---

① 刘若愚：《酌中志》卷16《内府衙门职掌》。
② 《明史》卷74《职官三·宦官》。
③ 刘若愚：《酌中志》卷16《内府衙门职掌》。

第五章 "以内制外"的保障：关于明代宦官的知识化问题

第一节 明代宦官知识化的主要途径

一、儒士自宫及被强行阉割入宫

知识化是明代宦官全面参政的前提和条件，也是明代中央决策系统"以内制外"权力结构的基本保障。明代宦官的知识化，主要有两条途径：一是儒士的自宫或被强行阉割入宫，二是设内书堂对小内使进行系统的教育。

虽然明代屡颁自宫禁令，对自宫男子及其亲属也有惩罚性条例，但自宫者一直是明代宦官的重要来源。陆容《菽园杂记》论及明代京畿地方成年男子自阉及阉割幼童的风气：

> 京畿民家，羡慕内官富贵，私自奄割幼男，以求收用。亦有无籍子弟，已婚而自奄者。礼部每为奏请，大率御批之出，皆免死，编配口外卫所，名"净军"。遇赦，则所司按故事奏送南苑种菜。遇缺，选入应役。亦有聪敏解事跻至显要者。然此辈惟军前奄入内

府者，得选送书堂读书，后多得在近侍，人品颇重。自净者其同类亦薄之。识者以为朝廷法禁太宽，故其伤残肢体，习以成风如此。欲潜消此风，莫若于遇赦之日，不必发遣种菜，悉奏髡为僧。私蓄发者，终身禁锢之。则此风自息矣。①

陆容显然对自阉及阉割幼童深恶痛绝。但从他的这段话，则可看出明代宦官的几个来源：京畿百姓的自宫及阉割幼童、在战争中掳掠的幼童。在自宫者中，自然也不乏落第文人及知识青少年。如弘治时的著名宦官何文鼎，"少习举业，能诗文，壮而始阉"②。《酌中志》的作者刘若愚，幼年从父游辽东，于书无不读，因父兄相继去世，愁绪万端，"感梦而自宫，废儒业"③。魏忠贤死党涂文辅，早年曾为塾师，后自宫冒姓入侍。④

查继佐《罪惟录》不无愤慨地记载了宣宗强行阉割儒士之事：

程宗，宣庙时为翰林编修，以事逮狱。宗是夕梦青鸾集五凤楼，堕二卵而去。有百户者，善占梦，曰："公其宫刑乎？"三日果然须脱成宦者，召入侍孝恭皇后。后以文臣罪此，为恻然，曰："有子乎？"对曰："有二子。"后曰："赖有是。不然，后世谓陛下何？"……不意宣庙之日致负此刑！翰林官称太史公，乃真有马迁之腐乎？或曰：宗未尝有罪也，上酷（按："酷"后当有"爱其文"数字），教宫人出此。即否，史不言其罪，罪未至腐刑，且刑不载腐律也。帝三失矣。宣庙好文，而词臣得此乎？时京师人王

---

① 陆容：《菽园杂记》卷2。
② 沈德符：《万历野获编》卷6《内监·内臣何文鼎》。
③ 刘若愚：《酌中志》，吕毖所作《后序》。
④ 刘若愚：《酌中志》卷15《逆贤羽翼纪略》。

敏，以蹴鞠幸上，与其伴同召。伴内畏窜，敏被宫刑。创愈而归，妻惊失髭，得其故，相抱恸哭。敏后守备南京，寿终。迹此，宣庙时亦或多强腐也。①

关于程宗、王敏被宫刑事，《菽园杂记》也有记载，可见在当时影响甚大。按明制，为翰林院编修者只能是两种人：一为一甲进士的二、三名，直授编修；一为二甲进士中选入翰林院为庶吉士者，散馆时授编修。当然，洪武、永乐间也有以他官转翰林官者。无论哪一种情况，都说明程宗当时是以文采而为宣宗所喜，并被强行阉割入宫的。② 王敏是否为儒士，尚难断定，但因"善蹴鞠"而受宫刑，可作为程宗等儒士被强行阉割的佐证。而王敏的同伴得知宣宗召其进宫，即先行逃窜，可见这类事情并非个别。

在自宫或被强行阉割入宫者中，还有一些出身于教官者。李诩《戒庵老人漫笔》记："永乐末年，诏天下学官考绩不称者，许净身入宫训女官辈。时有十余人。"③ 陆容《菽园杂记》（卷4）也说："永乐中，始命吏部听选教官入内教书。"何良俊《四友斋丛说》等书也有类似的记载。可见并非传闻。但有关教官净身入内教习之事，《实录》等官修史书只字未载，很可能是编纂者的有意遮掩。因为这类事情无论从哪个角度说，对朝廷、对当事人都并不体面。由于不体面，因此李诩、陆容、何良俊也都没有记载净身教官的姓名。而查继佐《罪惟录》直指正统时的著名宦官王振为净身教官：

---

① 查继佐：《罪惟录》列传卷之29上《宦寺列传上》。
② 按：《明清进士题名碑录》仅有一"程宗"，为景泰二年三甲进士，南直常熟县人。则《罪惟录》所说程宗事件，或属张冠李戴的讹传，或此程宗非进士出身。
③ 李诩：《戒庵老人漫笔》卷2《教职净身》。

王振，大同人，始由儒士为教官，九年无功，当谪戍。诏有子者许净身入内，振遂自宫以进，授宫人书，宫人呼"王先生"。宣德中，使侍太子讲读，太子雅敬惮之。①

关于王振的出身，史籍所载互异，虽然自宫说不甚可信，但永乐时选教官入内教习事，当是事实，而且儒士很可能是宫内教官的主要来源。然而，儒士自宫历来为士大夫所不齿，强行阉割儒士，更为社会舆论所谴责，且人数毕竟有限。因此，明代宦官知识化的主要途径，还是对幼年内使进行教育。而当对幼年内使的教育形成制度之后，也就鲜有强行阉割儒士之事，教官考绩不称者许净身入宫的做法也不再被提及。可见，二者之间其实有一个递进过程。

二、宦官参政的培训基地：内书堂

在明代，有一个广为流行且言之凿凿的故事：洪武十年（1377）五月，有内侍以久侍内廷，言及政事，当即遭到明太祖的斥责，遣归原籍，终身不用。为此，明太祖定制："内臣不许读书识字。"② 但是，明代对小内使进行文化教育，又恰恰是从洪武时开始的。早在吴元年九月初设内使监时，已有"典簿"一职，正八品。又有"纪事"，正六品。③ 既为典簿、纪事，自然得识字，但当时多用自宫及因罪受腐刑的文人。至洪武十七年、二十八年定内府诸司职掌，内官监"通掌内史名籍"，司礼监"掌御前勘合"，这些文籍工作，皆"以通书算小内使为

---

① 查继佐：《罪惟录》列传卷29下《宦寺列传下》。
② 《明史》卷304《宦官传序》。
③ 王世贞：《弇山堂别集》卷90《中官考一》。

之"①。小内使自幼入宫，欲使其"通书算"，只可能是在入宫后对其进行教育。正如明太祖一面禁止宦官干政，一面又不断差遣宦官出使、观军一样，他一面可能因一时之激怒而禁宦官读书识字，一面又不能不对小内使进行"书算"教育。由于资料的匮乏，当时教育小内使的具体方式尚不明其详，但陆容《菽园杂记》（卷4）记载了明代宫中教育制度的形成过程：

> 洪武中，内官仅能识字，不知义理。永乐中，始令吏部听选教官入内教书。正统初，太监王振于内府开设书堂，选翰林检讨、正字等官入教，于是内官多聪慧知文义者。

洪武时，内官的教育以能识字为限；永乐时，开始有教官入内教书，所授者自不限于识字；正统初年，王振正式开设书堂，教内官"文义"或"义理"。关于永乐时内官在宫中接受教育，在前引正统十一年（1446）英宗给王振的敕谕中可以得到证实。这道敕文录自成化时所修的《明英宗实录》，其真实性当无问题。根据这一敕文，王振永乐时已入宫，并先后侍奉仁宗、英宗于东宫，与《罪惟录》所说同。但敕文中所说的"教以诗书、玉成令器"，否定了《罪惟录》关于王振以教官身份入宫的说法，倒是印证了《明史·宦官传》中所说的"少选入内书堂"。或者说，《明史·宦官传》采纳了《实录》及王世贞的说法。但是，是王振当权时授意内阁或翰林院通过英宗敕谕的方式掩盖自己以教官身份入宫的不体面历史，还是《罪惟录》轻信嘲讽王振的传闻以

---

① 王世贞：《弇山堂别集》卷90《中官考一》。

遂快意?在没有发现新的佐证之前,尚难以定论。①但无论是哪一种情形,永乐时有教官教小内使读书毋庸置疑。内书堂则无疑是在此基础上设立的。与内阁由临时措施到国家定制的演变一样,内书堂也有一个由初创到定制的过程。正是有这样的过程,其设置时间才有记载的互异。

前引《菽园杂记》说内书堂设于正统初王振当道时。但《明史·宦官传序》则认为内书堂的设置应在宣德时:

> 初,太祖制,内臣不许读书识字。后宣宗设内书堂,选小内侍,令大学士陈山教习之,遂为定制。用是多通文墨、晓古今,逞其智巧,逢君作奸。

《明史》的这一说法或出于刘若愚《酌中志》:"内书堂读书,自宣德创置,始命大学士陈山教授之。"②按陈山以大学士受命授小内使书之事发生在宣德四年（1429）十一月,则内书堂也当设置于此时。但《御批通鉴》则据《明宣宗实录》所载"改行在刑部陕西清吏司主事刘翀为行在翰林院修撰……专授小内使书"③,将内书堂之设置定于宣德元年七月:

> 洪武中设内官监典簿,掌文籍,以通书算小内使为之。又设尚宝监掌玉宝图书。皆仅识字,不明其义。及永乐时,始令听选教官

---

① 按:先师欧阳琛教授在《明代的司礼监》一文中认为《罪惟录》所言"不可据"。王世贞《弇山堂别集》卷23《史乘考误四》说:"《闲中今古录》言:永乐末,诏许学官考满乏功绩者,审有子嗣,愿自净身入宫中训女官辈。时有十余人,后独王振官至太监,正统初,居中得宠,至张太后崩,权倾中外。……考之王振,少以选入司礼读书,后为东官局郎,英庙即位,遂越兴安、金英,柄司礼,见实录甚详,无所谓教官阉割之说也。"
② 刘若愚:《酌中志》卷16《内府衙门职掌》。
③ 《明宣宗实录》卷19,宣德元年七月甲午。

入内教习。至是开书堂于内府，改刑部主事刘翀为翰林修撰，专授小内使书。其后大学士陈山、修撰朱祚俱专是职。选内使年十岁上下者二三百人，读书其中，后增至四五百人，翰林官四人教习以为常。①

《御批通鉴》的作者与陆容的观点一致，均认为从宦官仅能识字、选教官入内教习，到刘翀、陈山、朱祚等专授小内使书，实为内书堂建置的几个步骤。宣德三、四年间，内阁开始拟票，内监也开始代皇帝批红，对宦官文字方面素质的要求更高、更为迫切。在这种情况下，设立内书堂的可能性自然更大。其实，到底将内书堂设置的具体年月定在宣德元年抑或四年并不十分重要，重要的是，从宣德开始，明政府对小内使的培养已经走向制度化。或者说，宦官的知识化问题，已引起最高统治者的极度重视。

刘若愚《酌中志》对内书堂的基本情况作了十分详细的记述：

（内书堂）自宣德年间创建，始命大学士陈山教授之，后以词臣任之。凡奉旨收入官人，选年十岁上下者二三百人，拨内书堂读书。本监（按：指司礼监）提督总其纲，掌司分其劳，学长司其细。择日拜圣人，请词林众老师。初则从长安右门入、北安门出；后则由北安门出入。每学生一名，亦各具白蜡、手帕、龙挂香，以为束修。至书堂之日，每给内令一册《百家姓》《千字文》《孝经》《大学》《中庸》《论语》《孟子》《千家诗》《神童诗》之类，次第给之。又每给刷印仿影一大张。其功课，背书、号书、判仿。然判仿止标日子，号书不点句也。凡有志官人，各另有私书自读，其

---

① 傅恒等：《御批历代通鉴辑览》卷103，宣德元年七月。

第五章 "以内制外"的保障：关于明代宦官的知识化问题　　　-131-

原给官书，故事而已。派年长有势力者六人或八人为学长，选稍能写字者为司房。凡背书不过、写仿不堪，或损污书仿、犯规有罪者，词林老师批数目，付提督责之。其余小事，轻则学长用界方打手，重则于圣人前罚跪，再重扳着几炷香。扳着者，向圣人前直立弯腰、用两手扳着两脚，不许体屈。屈则界方乱打如雨。或半炷香一炷香，其人必眼胀头眩，错晕僵仆，甚而呕吐成疾者。此最酷、最不近理之法也。凡强凌弱、众暴寡、长欺幼者，每贿托学长，借公法以报私怨。此第一陋套，所宜痛革者也。……遇令节朔望，亦放学一日。每日暮放学，则排班题诗，不过"云淡风轻"之类，按春夏秋冬，随景而以腔韵题毕，方摆列鱼贯而行。有不知而搀越者，必群打诟辱之。别衙门官遇学生排班行走，必拱手端立让过。即司礼老公，遇之亦然。凡各衙门缺写字者，即具印信本奏讨，奉旨拨若干名，即挨名给散……凡内书房官人，已拨散将完，无人读书，该监题知，于二十四衙门官占官下及监工，改读书以补之。①

刘若愚以宦官所记内书堂事，是迄今所见有关宦官学校的最翔实记载。结合其他资料，可知明代内书堂的基本情况。

内书堂始为内官监、后为司礼监的下属机构，由司礼监提督、掌司等官掌管学籍、学规。学生一般为二三百人，后一度增至四五百人。学生干部称为"学长""司房"，由年长有势力或粗通文字者任之，有权对犯有小过的同学进行惩罚。

在内书堂接受教育的小内使主要有四种来源。一是在战争中掳掠而来的少数民族幼童。如永乐时英国公张辅征交趾，"以交童之美秀者还，选为奄"。在这些从交趾掳掠而来的少数民族幼童中，有几位后来享有

---

① 刘若愚:《酌中志》卷16《内府衙门职掌》。

盛名，如范弘、王瑾、阮安、阮浪等。《明史·宦官传》说他们"占对娴雅，成祖爱之，教令读书，涉经史，善笔札，侍仁宗东宫"。又如天顺四年（1460），镇守湖广御马太监阮让掳掠并阉割苗族幼童一千五百多人。① 二是外国进贡的被阉幼童。如洪武二十四年，明廷一次就向高丽"索阉人二百人"，皆为幼阉。② 三是籍没幼童。成化时的著名宦官、司礼监太监怀恩，就是坐族兄戴伦之罪而"被宫为小黄门"的。③ 四是北方主要是北直地区被阉幼童。如前引《菽园杂记》所说："京畿民家，羡慕内官富贵，私自阉割幼男，以求收用。"内书堂就是从这些幼年内使中挑选学员的。他们从小离开父母家人，身遭极刑，其性格的坚毅自非一般纨绔子弟及读书士子可比。况且在内书堂已无民族、门第的差别，主要靠个人的才智和钻营，因而往往能造就人才。

内书堂的学业教育由翰林院负责，以编修、检讨或修撰，甚至侍讲、侍读为教习，一般每轮四人。从师资配备看，内书堂高于明朝的最高学府南北国子监。④ 业师欧阳琛教授从《明实录》《酌中志》《明史》及明人笔记中，共检得曾在内书堂任职的官员69人，其中有19人后来入阁为大学士。如景泰七年（1456）五月任命为教习的翰林词臣四人，其中岳正、万安、刘珝三人先后入阁⑤。万历二十六年（1598）正月任命韩爌、朱国祯、沈㴶三人为教习，其后竟全部入阁。⑥ 万历三十九年四月任命了六位教习，有钱象坤、徐光启、李标、来宗道四人入

---

① 《明英宗实录》卷313，天顺四年二月己亥。
② 《明太祖实录》卷259，洪武二十四年五月丙子。
③ 《明史》卷304《宦官传》。
④ 按《明史·职官志二》：国子监设祭酒一人，从四品；司业一人，正六品。这两个职务，特别是祭酒，一般由著名学者担任。但真正从事教职的，则是五经博士及助教，多为会试下第的举人出身，品秩仅为从八品。
⑤ 《明英宗实录》卷266，景泰七年五月癸未。
⑥ 《明神宗实录》卷318，万历二十六年正月辛亥。

阁。① 其中更有不少饱学之士，如钱溥、焦竑、朱国祯、徐光启等。

内书堂的法定课程，既有社会上流行的启蒙读物《百家姓》《神童诗》《千字文》等，又有所谓"举业"——《大学》《中庸》《论语》《孟子》等。这些课程，与一般的官学私塾相同。值得注意的是，内书堂还有三门更为重要的课程。一为"内令"，包括太祖、太宗以来明朝历代皇帝对宦官的戒谕。二为《忠鉴录》，收集了各朝各代奉公守法宦官的事迹，以为明代宦官效法的楷模。万历二十四年，四川按察佥事张世则还编纂了一部《貂珰史鉴》，备列历代宦官之善恶，有评、有考、有论。礼部认为："（此书）善可为法，身享令名，国亦受福，读之令人慕；恶可为戒，国将受害，身先诛夷，读之令人畏。"故建议将其作为内书堂的必读教材。② 三是判仿，即对具体事务的处理意见，以便日后对外廷奏章进行判答、对阁票进行批红。从明政府为内书堂开设的课程可以看出，设置内书堂的目的，是培养小内使的传统道德观念和实际参政能力。

内书堂虽无固定的学习时限，但一般为三年。万历初年的司礼监太监冯保自言，他嘉靖十五年（1536）选入内书堂读书、十七年拨司礼监写字③，在内书堂的时间为两至三年。万历、天启间为司礼监太监的王安，万历六年选入内书堂，后拨至冯保名下。④ 按冯保于万历十年十月被籍没，王安拨司礼监当在此之前，其在内书堂的时间自然不会超过四年。如以每期学员二百人、每人在内书堂的时间三年计，从宣德到崇祯的二百年间，除去某些时间的变故，在内书堂读书的内使应有一两万人之多。

除了儒士自宫及内书堂读书，还有一些宦官是通过各种方式的自学

---

① 《明神宗实录》卷482，万历三十九年四月丁西。
② 《明神宗实录》卷250，万历二十四年七月癸西。
③ 王世贞：《弇山堂别集》卷100《中官考十一》。
④ 刘若愚：《酌中志》卷9《正监蒙难纪略》。

而达到一定文化水平的。田艺蘅《留青日札》记载了正德时司礼监太监刘瑾的早年经历：

> （刘瑾）景泰初以净身进。坐内臣李广奸党，充南京海子口军，夤缘取用。乾清宫灾，复发配。又召回金书。正德元年（1506）十月，掌司礼监事。①

从时间上推算，刘瑾初入宫时，年纪不大，属净身幼童。后既为"金书"，自当"知书"，但并无其于内书堂读书的记载，很可能是入宫后进行自学。天启时的司礼监秉笔太监李永贞更是此类宦官的典型。永贞五岁时因家境困苦，由父亲做主被阉割，万历二十五年十五岁时进京，四年后选入皇城为内侍，二十一岁因事下狱，"始读'四书'、《诗经》，后读《易经》《左传》《史》《汉》等古书"，如此在狱中度过十八年。天启间因魏忠贤名下掌班刘荣的推荐，见重于魏忠贤，先入内书房，旋升为司礼监秉笔太监。②

第二节 "知识宦官"的出路及其与士大夫的关系

一、"知识宦官"的出身与出路

儒士自宫及一些有志向的内使的自学，特别是明政府设置内书堂进

---

① 田艺蘅：《留青日札》卷35《刘瑾》。
② 刘若愚：《酌中志》卷15《逆贤羽翼纪略》。

行常规教育，在一定程度上促成了明代宦官的知识化，并形成了一个特殊的阶层——知识宦官阶层。但由于出身的不同，知识宦官们的最终结局也不一样。

内书堂读书小内使们的出路，一般是拨到内府各衙门充当"写字"。如《酌中志》所说，"凡各衙门缺写字者，即具印信本奏讨，奉旨拨若干名，即挨名给散"。此处的"各衙门"，自然主要是指内府十二监四司八局及其下属机构。至各衙门后，小内使们均会归属于某太监名下，此太监即为"本管"；同时又有专人"照管"。如王安由内书堂分至司礼监写字，便拨属掌印太监冯保的名下，冯保为其"本管"；又由秉笔太监杜茂"照管"，杜茂为其"照管老叔"[①]。《酌中志》说：

> 中官规矩，本管者，视甲科之大主考，照管老叔者视房考，同官视同门。本管之于名下，照管之于侄子，犹座师之视门生，亦若父子焉。[②]

这样，小内使一出内书堂来到内府各衙门，就已经有了靠山。这靠山不仅是身份上的，还包括此后学业上的，因而，其升迁机会自然远比未入内书堂者多。他们开始是"写字"，此后可渐升为掌司、典簿、佥书，而"聪明解事"、善于迎合人意者，则可得到本管、照管太监的赏识，有的还可能被选为东宫伴读，这样，就极有可能"跻身显要"。况且，内书堂出身在当时的宦官中被视为"读书正途"，分在司礼监或文书房的宦官，更自比"内翰""清流"。沈德符《万历野获编》说：

---

① 刘若愚：《酌中志》卷9《正监蒙难纪略》。
② 刘若愚：《酌中志》卷14《客魏始末纪略》。

司礼今为十二监中第一署。其长与首揆对柄机要,佥书秉笔与管文书房,则职同次相。其僚佐及小内使,俱以"内翰"自命,若外之"词林",且常服亦稍异。其宦官在别署者,见之必叩头称为上司。虽童稚亦以清流自居,晏然不为礼也。①

冯保在万历初历数了自己的仕途:他于嘉靖十五年(1536)选入内书堂读书,十七年拨至司礼监六科廊写字,三十二年转入内书房,三十九年升司礼监秉笔太监、管文书房事;隆庆初以秉笔太监提督东厂,六年掌司礼监印,直至万历十年(1582)罢退。②刘若愚则记载了万历时另一位司礼太监陈矩的"简历":陈矩于嘉靖二十六年选入内书堂读书,时年八岁;后拨至司礼监秉笔太监高忠名下写字;万历十年时,已任典簿,二十六年以秉笔太监掌东厂,三十三年以掌东厂兼司礼监掌印。③冯保和陈矩都有由幼阉入内书堂、拨司礼监写字,然后逐渐升为司礼监秉笔、掌东厂、掌印的经历。明代中后期的司礼监秉笔太监,尤其是掌印太监,除个别例外,大抵都有这样的经历。

儒士自宫及内使中的自学者,其仕途则比内书堂读书"正途"出身者坎坷得多。如属幼阉入宫,尚能有所依附,而儒士自宫,则被众阉视为"异类",备受歧视。当然,也有不少经过苦心钻营而进入上层者,如刘瑾、涂文辅、李永贞等皆是,但也多是在非常时期依靠宦官中的派系矛盾而达到目的。刘瑾是通过攻击司礼监太监王岳等与外廷勾结而取而代之,涂文辅、李永贞则是通过依附魏忠贤而为司礼监太监。

魏忠贤本人不识字,故只能掌东厂而不能为司礼监掌印。但其谋主王体乾、涂文辅、李永贞都是"知识宦官"。王体乾于万历六年入宫,

---

① 沈德符:《万历野获编》补遗卷1《内监·内官定制》。
② 王世贞:《弇山堂别集》卷100《中官考十一》。
③ 刘若愚:《酌中志》卷7《先监遗事纪略》。

选入内书堂，后升司礼监秉笔太监、掌文书房，并在天启初年与魏忠贤合谋害死司礼监掌印太监王安而为司礼监掌印。此后，凡是批红改票之事，"（王）体乾独奏，忠贤默然也"①。涂文辅自宫前曾为塾师，在魏党中以"有心计，善书算，通文理"而居重要地位。②李永贞则在狱中苦读了十八年，最终爬上司礼监秉笔的位置。这三人，恰恰代表着明代宦官知识化的三条途径：内书堂读书、儒士自宫、宫中自学。

各太监名下的掌班及主要办事人员，也多属"知识宦官"。王体乾名下的田玉、赵本政、刘文忠，都曾在文书房掌文书、写字；魏忠贤名下的刘荣、苗全、刘文正、纪用、苏雄、陈福寿、夏鉴等，或者曾在宫内教书，或曾管文书房。这些，也都是内府诸司中的有权势者。③

可见，明代宦官的知识化，又主要表现为上层宦官的知识化，准确地说，是知识宦官成为明代宦官上层的主体。这种状况，与外廷国家机关由文官集团占据极为相似。它适应并加速了宣德以后宦官的全面参政，推动了明代中央集权政治制度的双轨制进程，并使得明代统治集团内部的派系斗争更为错综复杂。

二、"知识宦官"与文官派系

一般来说，内书堂出身的宦官因从小接受儒家的传统道德思想，故比较注意自身的操守；又与翰林官有师生之谊，故与士大夫关系较为密切。当他们执掌内柄时，内、外廷的矛盾往往相对缓和，配合相对默契，政局也就相对稳定。如成化时怀恩、弘治时陈宽、万历时冯保和陈矩等人掌司礼监时即是。同时，他们对宦官中的一些为非作歹者，也是

---

① 刘若愚：《酌中志》卷15《逆贤羽翼纪略》。
② 刘若愚：《酌中志》卷15《逆贤羽翼纪略》。
③ 刘若愚：《酌中志》卷12《各家经管纪略》。

一种制约力量。如刘瑾专权时,先有王岳、范亨、徐智,后有李荣、黄伟等与之抗衡。魏忠贤专权时,又有王国臣、刘克毅等与其抗争,内官监总理马诚也"敢于逆贤面前持正不阿"。即使是王体乾,也在一些决策问题上对魏忠贤进行牵制,故崇祯初定"逆案"时得以"漏网"。① 明代宦官专权的可控性,与这一股力量的存在关系甚大。同时,由于他们一出内书堂便分在有权势的太监们的名下,因此,也就不可避免地卷入权势者们的派系斗争之中,其仕途的沉浮也往往由此而决定。

儒士自宫者则有所不同。他们也受过儒家思想的熏陶,对个人的品格操守,颇为注意。但他们多为落魄文人,饱尝世态炎凉,带着自卑和怨愤自残身体,入宫后又备受歧视,一旦在内廷位居要职,这种自卑和怨愤就容易转化为极度自尊与报复。同样,自学者因缺乏有势力的靠山,欲出人头地,很是不易。这两类身份的知识宦官虽然也想辅君主为圣明之君,但权欲极重,与内书堂"读书正途"出身的宦官存有芥蒂,与外廷文官集团的关系也不易协调。因此,他们执掌内柄时,往往刚愎自用,其行事之出人意表就在所难免,内臣之间、内外廷之间的矛盾也容易激化。如刘瑾、李永贞等得势时即是。

宦官的知识化,也导致了内外廷之间关系的复杂化。内书堂出身的宦官由于与翰林院文官有师生之谊,因此一旦在内廷柄政,则往往利用自己与皇帝的近密关系对其业师予以关照。如景泰初王一宁入阁,系由当年受业内侍王诚之力。② 嘉靖时为内书堂教习的殷士儋,隆庆时由受业之内使、司礼监太监陈洪取"中旨"入阁。③ 而天启时沈㴶的入阁,则是借受业内使李进忠和刘朝之力。④ 刘若愚《酌中志》记载了不少内

---

① 《明史》卷304、305《宦官传一、二》。
② 《明英宗实录》卷218,景泰三年七月壬寅。
③ 《明史》卷193《殷士儋传》。
④ 《明史》卷218《沈㴶传》。

书堂小内使发迹后对业师感恩报德之事。当然，这一行为的背后也不排除或者更主要是在外廷寻求政治联盟的可能。天顺、成化之际发生的司礼监太监牛玉与内阁大学士李贤、陈文共同驱逐中官王纶和翰林学士钱溥之事，便反映了内书堂的师生关系而导致的内外官政治结盟的事实。王鏊《守溪笔记》载：

> （钱）溥之居与（大学士）陈文邻也，尝教内竖。后显来谒，必邀文与共饮。天顺末，英庙不豫，中外危疑。内侍王纶，溥之所教，伴读东宫。一日来谒，文意必召己，竟不召。乃使人微调之。纶言上不豫，东宫未纳妃如何。溥言当以遗诏行事。已而内阁草遗诏，大学士李贤当笔。文起夺其笔曰："无庸，已有草之者矣。"遂言溥、纶定计，将退贤以溥代之，退兵部尚书某，以韩雍代之。故俱及于败。

先帝去世、新君即位，草遗诏和登极诏是大学士的例行职掌，也是革旧立新、重新组合政治力量的重要契机。但作为翰林学士的钱溥，背着内阁大学士们，密谋遗诏内容，自然被视为结党营私。结果王纶被发往南京闲住，钱溥降广东顺德知县，兵部右侍郎韩雍、锦衣卫都指挥佥事门达等均受牵连。严格地说，一批被李贤、陈文及牛玉等人视为异己的文武官员被贬谪。①《弇山堂别集》详细记叙了事情的始末：

> 典玺局局丞王纶事上于春宫，一时群小希进用者多与交通。侍读学士钱溥教内书馆，纶尝受业焉。时尚宝丞朱奎以幼童陪读馆中，相亲昵。至是，先帝不豫，溥意纶必预机务，有入阁觊，密遣

---

① 《明宪宗实录》卷1，天顺八年正月壬午。

奎通款曲于纶。纶因偕奎造溥，修弟子敬，欢饮至晡而去。内阁学士陈文以邻故知。及帝崩，奎持晋州知州邹和所馈纶书以入。或曰此溥密草遗诏也。纶亦以例当柄用，骤骄肆。司礼监太监牛玉恐其轧己。玉侄春坊赞善（朱）纶，复与溥有隙，构之。会大行就殓，纶衰服，袭貂裘于外，上见而恶之。玉因数其过恶，劝上执下狱。又唆人发其交通事，并逮溥等。法司依律拟斩，以赦例从轻。（王）纶降内使，发南京闲住；（钱）溥降顺德知县，（朱）奎盐课副提举，（邹）和澜沧卫经历。凡平日与纶往还者，词连及之：兵部右侍郎韩雍降浙江左参政，顺天府尹王福两浙盐运使、治中丘晟福州府同知，通政司左参议赵昂瑞州府同知；南宁伯毛荣、都督马良谪广西，都督冯宗、刘聚谪广东，各听总兵官调遣杀贼；锦衣卫掌卫事都指挥佥事门达，指挥同知郭英、陈纲，指挥佥事吕贵，俱调贵州边卫，带俸差操。①

这段文字源于《明宪宗实录》，带有明显的倾向性，但反映了一个基本事实，即内书堂教习与受业的关系而导致内外官的政治结盟，进而引发了一场权力斗争。这也是天顺朝臣（包括内廷宦官和外廷文、武官员）派系斗争的延续。但事情并没有就此结束。王纶、钱溥获罪的关键问题是太子的婚事。而半年之后，牛玉因在新君大婚问题上的纰漏，被言官弹劾，获罪下狱，不久即步王纶后尘，贬往南京孝陵种菜。与牛玉关系密切的一批文武官员，同样被罢官。② 李贤也因"党恶欺君"受到言官的弹劾。③ 此伏彼起。钱溥于是被召回并官复原职，韩雍也以右佥都御史提督军务，领兵讨伐大藤峡的闹事瑶民。而导致翻盘的关键人

---

① 王世贞：《弇山堂别集》卷92《中官考三》。另见《明宪宗实录》卷1，天顺八年正月壬午。
② 《明宪宗实录》卷8，天顺八年八月癸卯。
③ 《明史》卷176《李贤传》。

物,则是钱溥在内书堂所教的另外一个发迹了的内使——在明代以忠鲠正直著称的司礼监太监怀恩。对于钱溥的沉浮,同时代人陆容以旁观者的身份一语中的:"盖原(钱)溥尝在内书堂教书,今之近侍若怀恩辈皆多出其讲下。其出以附王纶,其入以怀公之力也。"①

钱溥之贬官与复职,均因为结交在内书堂从其受业的内使,而同样有在内书堂教习经历的沈鲤,却因为不与内使们合作,而一再受到排斥。沈鲤在隆庆时教习内书堂,又为神宗在东宫时的讲官,所以万历时受到神宗的眷顾,一路升迁,直至礼部尚书,这在当时,是大学士的当然人选。但沈鲤自恃与神宗的关系,又自命清高,对有权有势的宦官学生们不买账,导致仕途坎坷。《明史·沈鲤传》记:

> 鲤初官翰林,中官黄锦缘同乡以币交,拒不纳。教习内书堂,侍讲筵,皆数与巨珰接,未尝与交。及官愈高,益无所假借……藩府有所奏请,贿中贵居间,礼臣不敢违,辄如志。至鲤,一切格之。中贵皆大怨,数以事间于帝。帝渐不能无疑,累加诘责……鲤自是有去志……帝有意大用鲤……有老宫人从子为内竖者,走告鲤。司礼张诚亦属鲤乡人内竖廖某密告之。鲤并拒之,曰:"禁中语,非所敢闻。"皆恚而去。

沈鲤的不合作态度得罪了宦官中的权贵,在宦官们的谗言声中,失去了神宗的信任,于万历十六年(1588)引疾归。此后虽然多次被推入阁或为吏部尚书,均未获准。赋闲十三年后,终于在万历二十九年受命入阁,时年已七十,不久即被迫致仕。②

---

① 陆容:《菽园杂记》卷6。
② 《明史》卷217《沈鲤传》。

《明史·选举志》说：天顺以后，"非进士不入翰林，非翰林不入内阁""庶吉士始进之时，已群目为储相。通计明一代宰辅一百七十余人，由翰林者十九。"之所以出现这种情况，既与翰林官多为皇帝东宫时或经筵时的伴读官或讲读官而受到眷顾有关，也因为内书堂的教习均为翰林官，而操持"内柄"的司礼监太监们又多出自内书堂。在"帘远堂高，君门万里"的明代中后期，后一因素甚至更为重要。

第三节　明代宦官再认识

《孟子·尽心篇》说："士穷不失义，达不离道。……得志，泽加于民；不得志，修身见于世。穷则独善其身，达则兼善天下。"这是中国古代知识分子的最高精神境界。而明代的一些知识宦官，也以修身重道、匡济天下为立身处世的宗旨。

嘉靖时曾任兵部侍郎的陈洪谟，对他所推崇的一些宦官作了这样的评述：

> 近时宦官，如萧敬之文雅、陈宽之谨厚、何文鼎之忠说，皆不可少。前此若金安之廉、兴安之介、金英之知人、怀恩之持正、张永之刚勇、王高之雅饰，后乎此若芮景贤之安静，皆有取焉。[①]

同时期任刑部尚书的著名学者郑晓，对于世人称誉名臣时不及宦官也颇有看法：

[①] 陈洪谟：《治世余闻》下篇卷3。

> 内臣如王岳、徐智、范亨、怀恩、覃昌,镇守陕西晏宏、河南吕宪,皆忠良廉靖,缙绅所不及也。①

刘若愚则记载了嘉靖、万历时一些"颇具人品"的司礼监太监们的言行。张宏极重修身,常对人说:"我形虽废,自有不废者存。"而且身体力行。田义"俭朴寡言,休休有量,人不敢干以私"②。陈宏更以"祖宗法度""圣贤道理"作为立身行事的准则。③

《明史·宦官传》以赞扬的笔调记载了成化时司礼监太监怀恩的几件事情:

> 员外郎林俊论(西厂太监梁)芳及僧继晓下狱,帝欲诛之,恩固争。帝怒,投以砚曰:"若助俊讪我!"恩免冠伏地号哭。帝叱之出。恩遣人告(锦衣卫)镇抚司曰:"汝曹谄芳倾俊。俊死,汝曹何以生!"径归,称疾不起。帝怒解,遣医视恩,卒释俊。会星变,罢诸传奉官,御马监王敏请留马房传奉者,帝许之。敏谒恩,恩大骂曰:"星变,专为我曹坏国政故。今甫欲正之,又为汝坏,天雷击汝矣!"敏愧恨,遂死。进宝石者章瑾求为锦衣卫镇抚,恩不可,曰:"镇抚掌诏狱,奈何以贿进。"当是时,尚书王恕以直谏名,恩每叹曰:"天下忠义,斯人而已。"宪宗末,惑万贵妃言,欲易太子,恩固争。帝不怿,斥居凤阳。孝宗立,召归,仍掌司礼监,力劝帝逐万安、用王恕。一时正人汇进,恩之力也。

---

① 郑晓:《今言》卷2之115。
② 刘若愚:《酌中志》卷5《三朝典礼之臣纪略》。
③ 刘若愚:《酌中志》卷7《先监遗事纪略》。

怀恩能够如此，既因为"忠鲠无所挠"的人品及个性，更因为他与宪宗的密切关系。怀恩本姓戴，其父戴希文为太仆寺卿，宣德时因受族兄兵部侍郎戴纶的株连，被宫为小黄门，入内书堂读书，前文所说的钱溥即是其教师，此后，为宪宗在东宫时的伴读及教习。成化、弘治间，怀恩入宫已五六十年，故在诸太监中"班在前"。

傅维鳞《明书》记载了成化时的另一位"老阉"覃吉："常口授孝宗以《（大）学》《（中）庸》及《论语》诸书，暇则开导以台省政务、民间疾苦，且言前代宦者专权误国之弊尤切。尝曰：'奴老矣，安望富贵，但得天下有贤主足矣！'"①"但得天下有贤主"本为古代知识分子的心愿，此时却出于一位"老阉"之口。而从这位"老阉"的姓氏看，他显然是当年从广西少数民族中掳掠而来的幼童，也可以断定其出身于内书堂。万历初，内臣孙海、客用等以狗马拳棒诱导神宗，司礼太监冯保则"凡事导引以文"。②当然，并非所有君主都能"调教"好，神宗亲政后，深居内宫，不理政事，并纵宦官以矿税为由，敲剥天下。张宏时为司礼监掌印太监，苦谏不听，遂"绝食数日而卒"，以死谏君。③

即使被视为明代宦官首恶者的王振、刘瑾，也绝不像某些士人所说的那样一无是处。据《罪惟录》载，王振侍英宗于东宫时，导之以礼，英宗"雅敬惮之"。英宗即位后，"尝与小臣击球，（王）振至而止。诘旦，驾在阁中，振跪奏曰：'先皇帝为一球子，几误天下，陛下复蹈其好，如社稷何？'上愧无所容。"大学士杨士奇等赞叹不已："宦官中宁有是人！"④《菽园杂记》（卷7）则云：

---

① 傅维鳞：《明书》卷158《宦官传一》。
② 刘若愚：《酌中志》卷5《三朝典礼之臣纪略》。
③ 刘若愚：《酌中志》卷5《三朝典礼之臣纪略》。
④ 查继佐：《罪惟录》列传卷之29《宦寺列传》。

> 本朝中官自正统以来，专权擅政者固尝有之，而伤害忠良、势倾中外，莫如太监王振。然宣德年间，朝廷起取花木鸟兽及诸珍异之好，内官接迹道路，骚扰甚矣。自振秉内政，未尝轻差一人出外，十四年间，军民得以休息。是虽圣君贤相治效所在，而内官之权，振实揽之，不使泛滥四及，天下阴受其惠多矣。此亦不可掩也。

英宗复辟后全然不计蒙尘之耻，念念不忘给王振招魂以葬，并赐"旌忠"祠额，并非全无道理。①

陈洪谟《继世纪闻》（卷3）则记载了刘瑾的几件"假窃大义"之事。谷大用因镇守临清太监之言，传旨于该处开设皇店，刘瑾得知，立即予以制止，并逮捕献策者。太监王琇令人包纳钱粮，以图私利，也为刘瑾所止。正德四年（1509），刘瑾奏盐法四事，武宗盛称"经画周详，防范严密"，但嘉靖初修《明武宗实录》时只载条目而尽删内容。谈迁对此甚为不满，认为："逆瑾虽妄议，要未可以人废言也。"②

正因为这样，当正德初大学士刘健等奏称宦官假公济私、破坏祖宗"成例"时，武宗却正色反驳："天下事岂专是内官坏了？譬如十个人中也仅有三四个好人，坏事者十常六七，先生辈亦自知之。"③呛得刘健等人无言以对。崇祯八年（1635）八月，思宗朱由检曾下一诏："往以廷臣不职，故委寄内侍。今兵制粗立，军饷稍清，尽撤监视、总理（内臣）。"意思很明显，文官不称职，才将事情托付给宦官；宦官把事

---

① 王世贞：《弇山堂别集》卷90《中官考一》：天顺元年，诏复司礼监太监王振官爵，立祠，赐额曰："旌忠。"

② 谈迁：《国榷》卷40。廖心一《刘瑾"变乱旧制"考略》（载《明史研究论丛》第三辑）专论刘瑾之事。

③ 《明武宗实录》卷17，正德元年九月辛卯。陈洪谟《继世纪闻》卷1亦记武宗此语："岂独此数人坏事？文官亦有不好的。譬诸十人，岂能皆贤？亦未免有四五人坏事者耳。"

情办好，再让文官们坐享其成。连《明史》的作者也认为："（崇祯）帝初即位，鉴魏忠贤祸败，尽撤诸方镇守中官，委任大臣。继而廷臣竞门户，兵败饷绌，不能赞一策，乃思复用近侍。"当吏部尚书闵洪学率群臣上疏力争时，崇祯帝理直气壮地责问："苟群臣殚心为国，朕何事乎内臣！"① 孝宗即位后，鉴于成化时宦官用权，也想加以控制，凡事责任文官。但当他召见吏部尚书屠滽，让其帮助筹划边务时，这位颇具人望的六部首臣竟然"惭赧，久不能对，阉竖皆掩口窃笑"，"至是召见大臣鲜矣。凡遇大事，上径自裁之"。② 其实是与宦官共裁之。

因此，在很大程度上说，明代宦官的全面参政，又是宦官参政素质提高和文官集团腐败无能的结果。

宦官的知识化及部分知识宦官的跻身显要，客观上为一些科场失意者及穷家子弟开辟了除科举、从军之外的又一条出仕之路。走这一条道路，既不需要家庭或家族的财力支持，也无马革裹尸之忧。由于经济、文化发展的不平衡，明代科举的受益者中，南方士人远远超过北方。明太祖曾经以行政手段压抑南方士人，从而引起强烈的不满。宦官的知识化，却在无意之中部分地解决了这一问题。在明代中后期可以看到这样一个事实：外廷文官固然以通过科举入仕的南方人为多，但内廷中通诗书、有权势者则多为北方人。二者之间的协调力量，既有"祖宗法度"，即太祖、太宗制定的条例法规，又有"圣贤道理"，即中国古代传统的儒家道德标准。宦官的知识化程度越高，知识宦官和外廷士大夫之间的共同语言也就越多，内外廷之间的关系也就越趋于融洽。而在文官集团整体腐败的过程中，一些被视为最可贵的道德信条，竟然是由宦官来体现和坚持的。即以崇祯帝最后自缢景山而言，与之作陪的竟然是

---

① 《明史》卷305《宦官传二》。
② 陈洪谟：《治世余闻》上篇卷2。

司礼监秉笔太监王承恩。从这一点来说，明代的知识宦官们也对得住皇室。至于有的知识宦官窃柄弄权、纳贿受赂，也并不足为怪。知识阶层本来就是良莠并存。只要我们注意到那些通过科举而身居高位的明代士大夫在聚财时的贪婪，那么，宦官中的种种丑恶现象，也就不足为怪了。明代的衰亡，是整个统治集团，包括皇帝、官僚士大夫集团以及宦官集团全面腐朽的结果。

第六章　明代皇帝的"事必躬亲"与"垂拱而治"

在有文字记载的中国历史中，皇权（或君权）均处于国家权力结构的顶端。只是在不同的时期内、不同的政治政体下，皇权的影响力和表现方式有所不同。在明太祖设计的明代国家权力结构中，皇权既是国家权力的起点，又是终点。一方面，国家的一切政令均以其名义发出，即使是地方的政令，也由中央任命的官员发出；另一方面，所有关系国计民生的重大事务，在理论上都由皇帝作出裁决，在国家权力能够发挥作用的任何地区发生的任何危及国家安全及民众生命财产的事件，在理论上也必须上报朝廷并听候处置。尽管如此，整个国家日常事务的管理、紧急状态的应对，并非也不可能由皇帝一人进行，而是依靠庞大的国家机器并且需要调动一切社会力量协调运作。明代皇权主要表现在以下三个方面：一、建立并维系以各级各类衙门及军队为主体的国家机器，同时选拔、任命官员，并通过一定的途径保证其恪尽职守、效忠朝廷；二、建章立制、颁布政令，并通过一定的方式甚至暴力保证这些政令的畅通；三、对具体的国家事务进行最高裁决。但作为最高统治者的皇帝，真正做的事情，则为制礼、祀天、视朝、面议、批答。皇帝的勤政与疏懒、"事必躬亲"与"垂拱而治"，也可以通过这几件事情进行检验。

第一节　传统等级制度的重新确立与厘正

一、洪武时的"制礼作乐"

孔子曾将春秋时期王室衰落、大国争霸的局面称作"礼崩乐坏"。可见礼与乐对于政权的生存、社会的稳定具有何等重要的意义。

在中国古代，礼有着极为丰富的内容，它是规定社会行为的一切法则、规范、仪式的总称。司马光《资治通鉴》开篇即对礼的重要意义进行阐述：

> 天子之职莫大于礼，礼莫大于分，分莫大于名。……夫以四海之广，兆民之众，受制于一人，虽有绝伦之力、高世之智，莫敢不奔走而服役者，岂非以礼为之纲纪哉！是故天子统三公，三公率诸侯，诸侯制卿大夫，卿大夫治士庶人。贵以临贱，贱以承贵。上之使下，犹心腹之运手足，根本之制支叶；下之事上，犹手足之卫心腹，支叶之庇本根。然后能上下相保而国家治安。故曰：天子之职莫大于礼也。[1]

要维护君主至高无上的地位和不受限制的权力，必须依靠"礼"。而礼的最大作用，则在于确定名分。从这个意义来说，礼实际上是建立和维护君主专制的基本手段，是建立国家制度、设计权力结构的基本原

---
[1] 司马光：《资治通鉴》卷1《周纪一·威烈王二十三年》。

则。乐的作用也在于此。《明史·乐志·序》说：

> 古先圣王，治定功成而作乐，以合天地之性，类万物之情，天神格而民志协。盖乐者，心声也，君心和，六合之内无不和矣。是以乐作于上，民化于下。

如果说礼是外在的规范，乐则是内心的沟通。二者相辅相成，确立起"上之使下、下之事上"的严格等级制度和权力关系。

明太祖自幼因家贫而失去系统接受文化教育的机会，但在其天性中有对社会秩序或者说对权力结构平衡的追求本能。网罗文化人、学习传统文化，成了他和元末群雄的重大区别。而且，稍成气候，他便及时重整纪纲、制礼作乐、设计权力结构。因此，在元末天下大乱之时，朱元璋集团客观上成了秩序的代表和安定的象征。

前文所引清顺治皇帝对明太祖的赞词"条例章程，规画周详"，具有非常广泛的含义，既包括明太祖建立的一系列政治、军事、法律、监察、教育、人事制度，也包括礼乐制度。也就是说，既包括国家权力结构，也包括设计这一权力结构的基本原则。如果从广义的角度来看"礼"，则上述制度实为礼在各个方面的体现，是权力分配的原则在权力分配的实践中的体现。

《明史·礼志·序》对明太祖的制礼作乐过程进行了叙述和评价：

> 明太祖初定天下，他务未遑，首开礼乐二局，广征耆儒，分曹究讨。洪武元年命中书省暨翰林院、太常司，定拟祀典，乃历叙沿革之由，酌定郊社宗庙议以进。礼官及诸儒臣又编集郊庙山川等仪，及古帝王祭祀感格可垂鉴戒者，名曰《存心录》。二年诏诸儒臣修礼书。明年告成，赐名《大明集礼》。其书准五礼而益以冠

服、车辂、仪仗、卤簿、字学、音乐，凡升降仪节，制度名数，纤悉毕具。……在位三十余年，所著书可考见者，曰《孝慈录》、曰《洪武礼制》、曰《礼仪定式》、曰《诸司职掌》、曰《稽古定制》、曰《国朝制作》、曰《大礼要议》、曰《皇朝礼制》、曰《大明礼制》、曰《洪武礼法》、曰《礼制集要》、曰《礼制节文》、曰《太常集礼》、曰《礼书》。若夫厘正祀典，凡天皇、太乙、六天、五帝之类，皆为革除，而诸神封号，悉改从本称，一洗矫诬陋习，其度越汉、唐远矣。

顺治帝、康熙帝对明太祖的评价看来并非虚言，明太祖的制礼作乐不仅深深地影响着明史馆的大学士和翰林学士，而且成为人们的共识。而明太祖在"他务未遑"的情况下制礼作乐，奠定一代制度，又与一位不大为人注意的儒士孔克仁有很大的关系。《明史·孔克仁传》记载了至正二十四年（1364）五月克仁与明太祖的一段对话：

（太祖）尝阅《汉书》，（宋）濂与克仁侍。太祖曰："汉治道不纯者何？"克仁对曰："王霸杂故也。"太祖曰："谁执其咎？"克仁曰："责在高祖。"太祖曰："高祖创业，遭秦灭学，民憔悴甫苏，礼乐之事固所未讲。孝文为令主，正当制礼作乐，以复三代之旧，乃逡巡未遑，使汉业终于如是。帝王之道，贵不违时。三代之王有其时而能为之，汉文有其时而不为，周世宗则无其时而为之者也。"

虽然明太祖否定了孔克仁关于汉制未备、责在高祖的说法，而以"遭秦灭学，民憔悴甫苏"进行解释，但他从至正二十七年即建元洪武的前一年就开始制礼作乐，未尝不是受孔克仁的启示。

明太祖的制礼作乐，主要是在吴元年至洪武四年，而《大明集礼》和《宴享九奏乐》的完成，则可视为明初大规模制礼活动的结束。《明太祖实录》记载了这一期间的相关活动：

吴元年（1367）七月，命学士朱升、起居注熊鼎辨五音。八月，协律郎冷谦定乐律；圜丘、方丘、社稷坛成。九月，太庙成；新宫成。十月，恢复汉人习俗，命百官礼仪俱尚左；考正郊社、太庙雅乐，定舞制。

洪武元年（1368）正月，即皇帝位。二月，定郊社宗庙礼；复衣冠如唐制，禁胡服胡语胡姓。三月，诏儒臣修女诫，戒后妃毋预政。七月，以应天为南京，开封为北京。十一月，定帝后、皇太子妃嫔、百官命妇冠服之制。定皇太子及品官庶人冠礼。十二月，定皇太子、亲王及士庶婚礼；定中外官亲属冠服之制。

洪武二年正月，封京师及天下城隍神。四月，定封建诸王之制。八月，命儒士徐一夔、梁寅等修礼书。

洪武三年二月，制四方平定巾颁天下。六月，定朝仪。八月，定官民房舍车器衣服之制。九月，定朝会宴享乐舞之数；《大明集礼》成。

洪武四年六月，《宴享九奏乐》成。

宋濂《洪武圣政记》对《大明集礼》的编纂情况作了记叙：

> 上以国家创业之初，礼制未备，敕中书省，令天下郡县举素志高洁、博古通今、练达时宜之士年四十以上者礼送至京。参考古今制度，以定一代之典。……于是儒士徐一夔、梁寅、刘于、周子谅、胡行简、刘宗弼、董彝、蔡深、滕公琰至京。时曾鲁以《元史》方成，共奏留之，因命与诸儒同纂修礼书。书成，赐名曰

《大明集礼》。①

《大明集礼》共十五卷，以吉、嘉、宾、军、凶五礼及冠服、车辂、仪仗、卤簿、字学、乐律为纲。

吉礼包括十四目：祭天，祭地，宗庙，社稷，朝日，夕月，先农，太岁，风、云、雷、电、雨师，岳镇、海渎，天下山川，城隍，三皇、孔子，旗纛及马祖、先牧、马步、马社，祭厉，祀典神氏。

嘉礼包括五目：朝会，册拜，冠礼，婚礼，乡饮酒礼。

宾礼包括二目：朝贡，遣使。

军礼包括三目：亲征，遣将，大射。

凶礼包括二目：吊赙，丧仪。

乐律包括三目：钟律，雅乐，俗乐。

冠服、军辂、仪仗、卤簿、字学皆一目。

《洪武圣政记》对《宴享九奏乐》的制作也作了记载：

> （洪武）四年夏六月，礼部尚书陶凯制《宴享九奏乐》成。其曲一曰《本太初》、二曰《仰大明》、三曰《民初生》、四曰《品物亨》、五曰《御六龙》、六曰《泰阶平》、七曰《君德成》、八曰《圣道成》、九曰《乐清宁》。先是上厌前代乐章率用谀词以为容悦，甚者鄙陋不称，乃命凯等更制其词。至是上之，命协音律者歌之。（上）谓侍臣曰："礼以导敬，乐以宣和，不敬不和，何以为治？元时古乐俱废，惟淫词艳曲更唱迭和，又使胡虏之声与正音相杂。甚者，以古先帝王祀典神祇饰为队舞，谐戏殿廷，殊非所以导

---

① 宋濂：《洪武圣政记》，(明) 邓士龙辑，许大龄等点校：《国朝典故》卷9，北京大学出版社，1993年，第186页。

中和、崇治体也。今所制乐章，颇协音律，有和平广大之意。自今一切流俗喧亵之乐，悉屏去之。"①

《大明集礼》《宴享九奏乐》以及此后制定的其他礼乐制度，对天地万物、君臣士庶的等级关系及履行权利和义务时的仪式等，均进行了规范。在这里，礼和乐是并重的。明太祖曾经多次强调："治天下之道，礼乐二者而已。若通于礼而不通于乐，非所以淑人心而出治道。达于乐而不达于礼，非所以振纪纲而立大中。必礼乐并行，然后教化醇一。"② 当然，作为心声的乐，也必须在礼的仪式中体现出来。因此，明太祖更偏重的还是礼："古者帝王之治天下，必定礼制，以辨贵贱、明等威。""礼者，国之防范，人道之纪纲，朝廷所当先务，不可一日无也。""朝廷之礼，所以辨上下，正名分，不以贱加贵，不以卑逾尊。"③ 中国传统的上下、长幼、尊卑、贵贱等级，也在礼的"导敬"和乐的"宣和"中得到了恢复乃至强化。而上下、长幼、尊卑、贵贱等级观念的恢复和强化，正是协调国家权力关系的前提和保证。

当然，只要是在阶级社会中，只要有国家机器存在，就不可能只有和风细雨的礼乐，而无阴冷肃杀的刑罚。礼与刑从来是并存的。礼是积极的规范，是禁恶于未然的预防；刑是消极的处罚，是惩恶于已然的制裁。二者不可或缺。明太祖之所以被清顺治帝誉为"古代皇帝第一"，也是因为他对刑和礼这两个方面都不偏废，而且运用自如。

与刑罚相比，明太祖声称更应重礼乐："或者曰：有礼乐不可无刑政。朕观刑政二者，不过辅礼乐为治耳。苟为治徒务刑政，而遗礼乐，在上者虽有威严之政，必无和平之风；在下者虽存苟免之心，终无格非

---

① 宋濂：《洪武圣政记》，《国朝典故》卷9，北京大学出版社，1993年，第187页。
② 《明太祖宝训》卷2《兴礼乐》。
③ 《明太祖宝训》卷2《议礼》。

之诚。大抵礼乐者，治平之膏粱；刑政者，救弊之药石。"① 不过，空泛的声明和实际的行动毕竟是有区别的。在礼和刑的关系上，也是世轻世重、时轻时重的。当社会稳定、阶级矛盾缓和、统治阶级内部关系相对协调时，礼的作用强调得更多；而当社会动荡、阶级矛盾激化、统治阶级内部关系紧张时，刑的使用也就提到首要位置。治乱之道，一张一弛，此之谓也。

二、洪武、永乐时的"官修经史"

中国有"盛世修志""盛世修史"之说。从一定意义上说，修志或修史的过程，就是对社会思想进行整顿和引导的过程，也是对国家权力结构进行认定并寻求理论依据和历史参照的过程，它与制礼作乐是相辅相成的。

在中国历史上，除了清朝的乾隆皇帝，大概还没有哪一位帝王比明太祖朱元璋对修书更感兴趣且身体力行的了。

张德信先生在为《洪武御制全书》作序时，择要列举了明太祖在位期间的近六十种"御制"和"敕纂"的著作。其中"御制"有：《御制文集》及《文集补》（即《明太祖文集》）、《申诫公侯铁榜》《道德经注》《集注金刚经》《资世通训》《御制大诰》《御制大诰续编》《御制大诰三编》《御注洪范》《御制纪非录》《大诰武臣》《教民榜文》《祖训录》《皇明祖训》等十五种。另有"敕纂"的四十多种。② 在这近六十种御制和敕纂的著作中，以礼书和律书所占的比重为大，正体现了明太祖礼治与法治并重的治国思想，也可以看出他规划大明帝国蓝图

---

① 《明太祖实录》卷162，洪武十七年六月庚午。
② 张德信：《洪武御制全书序》，《洪武御制全书》，合肥：黄山书社，1995年。

的苦心。而且，明太祖在万几丛脞之余，竟然亲自为《尚书·洪范篇》《道德经》《金刚经》作注或集注，恰恰是他"儒佛道皆为我用"思想的具体表现。特别能体现其个性及极端君主意识的，则是《孟子节文》。

反对专制和暴力、提倡为政以仁、宣扬民本思想，是孟子思想的突出特点。而这些，恰恰是与洪武时期的政治气候和权力结构特征格格不入的。《明史·钱唐传》有这样一段记载：

> 帝尝览《孟子》，至"草芥""寇仇"语，谓非臣子所宜言，议罢其配享，诏有谏者以大不敬论。（钱）唐抗疏入谏曰："臣为孟轲死，死有余荣。"时廷臣无不为唐危。帝鉴其诚恳，不之罪。孟子配享亦旋复。然卒命儒臣修《孟子节文》云。

钱唐谏明太祖事，各书记载互异。谈迁《国榷》、全祖望《鲒埼亭集》均有专论辨之，不管孟子配享事是否与钱唐有关，明太祖一度将孟子牌位从孔庙搬出去却是事实。

按所谓"草芥""寇仇"云云，载《孟子·离娄章句下第三节》，孟子见齐宣王曰："君之视臣如手足，则臣视君如腹心；君之视臣如犬马，则臣视君如国人；君之视臣如土芥，则臣视君如寇仇。"当年的齐宣王正想网罗天下人才，与强秦相抗衡，虽然觉得孟子的话有些刺耳，但毕竟还是不动声色。明太祖以布衣取天下，又以重典治天下，孟子的话仿佛处处是在针对自己。尤其是当时的国子监和各地学校都以包括《孟子》在内的"四书"为教科书，科举考试也以《孟子》命题，明太祖岂不是自己安下套子和自己过不去？另外，《孟子》中诸如"民为贵，社稷次之，君为轻""君有大过则谏，反复之而不听，则易位""闻诛一夫纣矣，未闻弑君也"之类的言论比比皆是。明太祖虽迫于清议，让孟子重新配享孔庙，但毕竟心有不满，故在二十多年后，又命翰林学士刘三吾对《孟子》进行删节。

翰林学士们经过反复揣摩，最后从全部《孟子》的二百五十余条中删去了八十五条，上文所举的各条自然都在删除之列。而《梁惠王章》《养气章》等，更尽行删除。并规定，被删除的八十五条，"课试不以命题，科举不以取士"。至永乐九年（1411），经孙芝等人的力争，作为中央和地方教材的《孟子》才恢复了原貌。①

解缙《大庖西封事》有一段很有意思的话：

> 臣见陛下好观《说苑》《韵府》杂书，与所谓《道德经》《心经》者，臣窃谓甚非所宜也。《说苑》出于刘向，多战国纵横之论；《韵府》出元之阴氏，抄辑秽芜，略无可采。陛下若喜其便于检阅，则愿集一二志士儒英，臣请得执笔随其后。上溯唐、虞、夏、商、周、孔，下及关、闽、濂、洛，根实精明，随事类别，勒成一经，上接经史，岂非太平制作之一端欤？②

这件事发生在洪武二十一年（1388）。侯外庐等先生主编的《宋明理学史》对这个文献给予了高度重视，认为：一、从解缙的建议看，明太祖以帝王之尊，其实并无一定的经典可读；他的这种读书状况，既属个人爱好，更本质的则是反映了统治思想的尚未确立；二、解缙的建议，实开后来明成祖修纂三部理学巨著的先声。③ 说解缙的建议开明成祖修纂三部理学著作的先声是对的，说直到洪武二十一年明太祖尚无一定的经典可读、统治思想尚未确立却是误解，至少不了解帝王的公开宣

---

① 参见潘柽章：《国史考异》卷3。
② 《明史》卷147《解缙传》。
③ 侯外庐等主编：《宋明理学史》下卷第一编第一章，北京：人民出版社1987年，第7—8页。

言与个人喜好的区别。关于这一点，下文将有涉及。

所谓成祖时修纂的三部"理学巨著"，指的是《五经大全》《四书大全》和《性理大全》。

《明太宗实录》记载了编书的缘起：

> 永乐十二年十一月甲寅，上谕行在翰林院学士胡广，侍讲杨荣、金幼孜曰："五经""四书"，皆圣贤精义要道，其传注之外，诸儒议论，有发明余蕴者，尔等采其切当之言，增附于下。其周、程、张、朱诸君子性理之言，如《太极》《通书》《西铭》《正蒙》之类，皆六经之羽翼，然各自为书，未有统会，尔等亦别类聚成编。二书务极精备，庶几以垂后世。"命广等总其事，仍命举朝臣及在外教官有文学者同纂修，开馆东华门外，命光禄寺给朝夕馔。①

从永乐十二年（1414）十一月"上谕"发布时起，三书开始修纂。第二年九月，三书修完，前后约十个月。因"五经"是儒家的经典，故在三部"大全"中，《五经大全》的地位最高，卷帙也最多，计有《周易大全》24卷、《书传大全》10卷、《诗经大全》20卷、《春秋大全》70卷、《礼记大全》30卷，共154卷。如果说《五经大全》经注的依据是朱学，或为朱熹本人的著作，或为朱熹弟子的著作，或为朱熹推崇的理学家著作，那么，《四书大全》（36卷）则是朱熹《四书集注》的翻版和扩大：《大学》和《中庸》全是朱熹的集注，《孟子集注大全》和《论语集注大全》则是在朱熹的集注之后逐章逐节附入诸儒之说。至于《性理大全》（70卷）所收的"先儒"著作，除两篇外，其他的不是朱熹所作便是朱熹所注。可见，三部"大全"都是在确立

---

① 《明太宗实录》卷158，永乐十二年十一月甲寅。

朱学的地位。

从赏赐的情况看,最后修定时在馆修纂者有四十二人,都是饱学之士。但由于时间过于紧迫,故内容芜杂,"不暇精择、未免抵牾"之处自然不少。但成祖在为三部"大全"作序时给予极高的评价:"书编成来进,朕间阅之,广大悉备,如江河之有源委、山川之有条理,于是圣贤之道,粲然而复明。所谓考诸三王而不缪、建诸天地而不悖、质诸鬼神而无疑、百世以俟圣人而不惑。"遂令付版印行。"使天下之人,获睹经书之全,探见圣贤之蕴。由是穷理以明道,立诚以达本,修之于身,行之于家,用之于国,而达之天下。使家不异政,国不殊俗,大回淳古之风。以绍先王之统,以成熙皞之治,将必有赖于斯焉。"①

可见,成祖把编纂"大全"作为统一思想、统一认识的大制作。客观上说,明成祖的这一目的达到了。由于全国学校学的是"大全",科举考试考的也是"大全",因此清朝《四库全书总目》的作者说:"有明一代士大夫学问根柢具在于斯。"② 实际上,人们通常所说的程朱理学的官方地位的确立,也是以明代三部"大全"的编纂为标志的。

"大全"之外,永乐朝还有一项规模更大的制作,那就是《永乐大典》的编纂。

《四库全书总目》对《永乐大典》的成书过程与贮藏情况作了概述:

> 《永乐大典》,二万二千八百七十七卷,目录六十卷……明永乐元年七月奉敕撰,二年十一月奏进,赐名《文献大成》。总其事者,为翰林院学士兼右春坊大学士解缙,与其事者,凡一百四十七人。既而以所纂尚多未备,复命太子少保姚广孝、刑部侍郎刘季

---

① 《明太宗实录》卷168,永乐十三年九月己酉。
② 纪昀等:《四库全书总目提要》卷36《四书大全提要》。

箓，与缙同监修……与其事者，凡二千一百六十九人，于永乐五年十一月奏进，改赐名曰《永乐大典》。并命复写一部，锓诸梓，以永乐七年十月讫工。后以工费浩繁而罢。定都北京以后，移贮文楼。嘉靖四十一年，选礼部儒士程道南等一百人，重录正副二本，命高拱、张居正校理。至隆庆初告成，仍归原本于南京。其正本贮文渊阁，副本别贮皇史宬。明祚既倾，南京原本与皇史宬副本并毁。今贮翰林院库者，即文渊阁正本，仅残阙二千四百二十二卷。[①]

这在当时是中国有史以来规模最大的一次修书活动。如果说三部"大全"是对"先儒"学说的总结，《永乐大典》则是试图对中国文化进行一次全面的整理。对于这一举动，人们有多种看法。孙承泽《春明梦余录》说："靖难之举，不平之气遍于海宇，文皇借文墨以销垒块，此实系当日本意也。"[②] 也就是说，其目的，仍然在于为权力的重新分配服务。从成祖永乐元年七月敕修这部书的本意看，是有这方面因素的。其敕曰：

  天下古今事物，散载诸事，篇帙浩穰，不易检阅。朕欲悉采各书所载事物类聚之，而统之以韵，庶几考索之便，如探囊取物尔。尝观《韵府》《回溪》二书，事虽有统，而采摘不广，纪载大略。尔等其如朕意，凡书契以来经、史、子、集百家之书，至于天文、地志、阴阳、医卜、僧道、技艺之言，备辑为一书，毋厌浩繁。[③]

时局刚刚安定，仅仅因为《韵府》等二书"采摘不广"就如此兴

[①] 纪昀等：《四库全书总目提要》卷137《永乐大典提要》。
[②] 孙承泽：《春明梦余录》卷12《文渊阁》。
[③] 《明太宗实录》卷21，永乐元年七月丙子。

师动众，难免令人生疑。但从收拾人心出发，借修书对前代文化进行一次大规模的整理，是完全有可能的。

当然，永乐朝最亟待修撰的书还是《明太祖实录》。建文帝即位后，沿前朝旧制修《太祖实录》。成祖以"靖难"为由夺取皇位，《实录》中有关洪武时立朱允炆为皇太孙、"指斥靖难君臣为逆党"等事，对成祖夺位的合法性十分不利。因此，成祖建文四年（1402）七月即位，十月就令侍读学士解缙为总裁，重修《太祖实录》。书成之后，成祖仍不满意，又命内阁诸臣胡广、黄淮、杨荣等人为总裁，三修《太祖实录》。永乐十七年，《太祖实录》修成，并作为定本流传下来。虽然成祖对这次修撰表示满意，但后人认为实是以修史为名而行篡改之实，在立储、嫡庶等问题上，都有不少疑点。如洪武二十五年三月戊寅条记：

> 上（太祖）御东角门，召廷臣谕之曰："朕老矣，太子不幸，遂至于此，命也。古云：国有长君，社稷之福。朕第四子贤明仁厚，英武似朕。朕欲立为太子，何如？"翰林学士刘三吾进曰："陛下言是。但置秦、晋二王于何地？"上不及对，因大哭而罢。[1]

这是在立储事上有代表性的修改。至于修改后的《实录》说成祖的亲生母为高皇后马氏，吴晗先生已有专文辨正。《太祖实录》是这样，其他的"国史"也多有类似的问题。如《孝宗实录》由焦芳主修，对政敌刘健、谢迁进行攻击。如此等等，不一而足。明代史学家王世贞在《弇山堂别集·史乘考误》的引言中有一段耐人寻味的话：

---

[1] 《明太祖实录》卷217，洪武二十五年三月戊寅。

> 国史人恣而善蔽真，其叙章典、述文献，不可废也。野史人臆而善失真，其征是非、削讳忌，不可废也。家史人谀而善溢真，其赞宗阀、表官绩，不可废也。①

国史、野史、家史各有其优劣。人们对"野史"和"家史"之伪较有认识，也较易识辨，而由最高统治者授意、经众多"国手"作伪的"国史"，辨伪则显得更为困难。

由明太祖时的编律书、编礼书，到成祖时的编经书、编史书，前者奠定建国的规模，后者制定立国的思想，相辅相成，循序渐进，构成了明帝国的基本统治原则和权力结构依据。

三、嘉靖时的"厘正旧章"

对于太祖、太宗制定的统治原则和治国方针，后世子孙虽然未必恪守不移，但也少有更改。世宗以外藩入继大统，主政大臣杨廷和等人先是以"嗣皇帝"相请，后又以太子礼相迎，引起世宗的极大不满。接着而来的是一系列表面上是有关礼仪而实质上是有关名分、有关权力关系的问题。世宗是继承堂兄武宗皇位的。那么，是只承帝统，还是既承帝统又承宗统，即只是作为皇位的继承人，还是既作为皇位的继承人，又作为已经绝后的孝宗、武宗一支的继承人？如果作为孝宗、武宗一支的继承人，那么本生父母兴献王及王妃怎么称呼？而这些问题的焦点，便是世宗之生父兴献王的名分。兴献王的名分一解决，其他问题也就迎刃而解。

---

① 王世贞：《弇山堂别集》卷20《史乘考误一》。

明太祖说："礼立而上下之分定，分定而名正，名正而天下治矣。"① 礼仪的实质是名分，而解决名分问题又必须从制礼着手。司马光说得好："天子之职，莫大于礼。"既然是这样，世宗从议礼开始，来为自己和自己的父亲定名分。

正德十六年（1521）四月，世宗即位才六天，便命礼部议其父兴献王的尊号及祭祀礼仪，从而拉开了嘉靖议礼的序幕。由议礼进而更定礼制，嘉靖时期遂成为明代制礼作乐的又一重要时期。由于大礼议的实质是明朝最高统治层的权力斗争，而支持明世宗的张璁、桂萼等人又因行事偏颇乖戾受到舆论的指责，加上世宗一生崇信方术，中年之后更由制礼发展到专事斋醮，因此后人对嘉靖制礼多所否定。但《明史·礼志·序》说："世宗以制礼作乐自任。其更定之大者，如分祀天地，复朝日、夕月于东西郊，罢二祖并配，以及祈谷大雩，享先蚕，祭圣师，易至圣先师号，皆能折衷于古。独其排众议，祔睿宗太庙跻武宗上，徇本生而违大统，以明察始而以丰昵终矣。"除了反对将没有做过皇帝的父亲插在孝宗和武宗之间，清人对嘉靖时的制礼作乐基本上是肯定的。

大礼议和嘉靖制礼作乐既是相互关联的，又是各自独立的。如果没有大礼议及其最终胜利，世宗不可能对制礼作乐产生兴趣，即不可能"以制礼作乐自任"。但大礼议是政治斗争，是权力关系的重新调整；制礼作乐则基本上属礼制范围，其目的，也是为了巩固调整了的权力关系。

大礼议的结果是《明伦大典》的编纂。《明伦大典》起初的名称是《大礼全书》，收集了在大礼议中最先支持世宗的张璁、桂萼、方献夫、席书、霍韬等五人的议礼奏疏，这是主体部分，共二卷；同时将熊浃、黄宗明、黄绾、金述、陈云章、张少连等六人及楚王、枣阳王二宗室的

---

① 《明太祖实录》卷14，至正二十四年四月壬戌。

议礼奏疏作为附录，也编了二卷；另有叙述议礼过程的《纂要》上下二卷。嘉靖六年（1527），《大礼全书》编成之后，世宗认为该书"不但创行于今日，实欲垂法于万世，以明人伦、正纪纲"，故改名为《明伦大典》，颁布天下。①《明伦大典》从理论的角度肯定了世宗尊本生父母的做法，并作为对以杨廷和为首的反对派继续进行打击的依据。

国之大事，惟祀与戎。世宗对戎事一窍不通，况且，嘉靖时期的戎事也并无太多值得夸赞之处，于是专在祀事上即在制礼作乐上做文章，居然搞得有声有色。"世宗"庙号之定，也是因为他在礼制改革方面有所成效。

嘉靖制礼的第一项重大举动是改洪武以来的天地合祀为分祀，同时，恢复对朝日和夕月的祭祀，并改太祖、太宗并配为太祖独配。

明太祖建国之初，遵周礼定祭祀，冬至祀天于圜丘，夏至祀地于方丘，并以仁祖（明太祖尊其父朱世珍为"仁祖"）配祀。洪武十年（1377），因天气异常，明太祖从汉代名卜京房的灾异说中得到启发，认为这是分祭天地的结果，遂接受礼部尚书张筹的提议，合社、稷为一坛，合祀天地于大祀殿。建文时撤仁祖，改由太祖配祀；仁宗即位后，为尊其父成祖"靖难"及定鼎北京之功，定制由太祖、太宗并配。至于天、地合祀，则仍沿洪武之旧。②

天、地分祀是周礼的旧制，明太祖的一系列改制都以周礼为依据，而合祀天地却违背周礼，所以当时就有不少人持不同看法。但慑于明太祖的权威，谁也不敢公开表示异议。其后"胡狱""蓝狱"及文字狱不断，明太祖自己无暇顾及礼制，群臣也不敢提出改制。建文、永乐及以后的君主，无人对制礼作乐感兴趣，加上明太祖有不得更改祖制的"祖

---

① 《明世宗实录》卷79，嘉靖六年八月庚申。
② 《明史》卷48《礼志二·吉礼二》。

训"，天地合配也就相沿不改。世宗为争大礼，读了不少有关祭祀方面的书。其实，只要读了《周礼》，就会发现天、地合祀不合古制。世宗与他的堂兄武宗以及自孝宗至成祖历代祖宗不同的是，他有更定礼乐的兴趣，同时又有对付文官的办法，还有不达目的决不罢休的个性。如果仅就个性来说，他甚至不逊于太祖高皇帝。在他的个性面前，"祖训"是没有太大制约力的，何况洪武"初制"就是天地分祀。

经过一番争论，世宗排除了来自大臣的阻力。礼部按照他的意思，于嘉靖九年十月，在北京南郊正阳门外五里的大祀殿南建起了祭天的圜丘坛；又于第二年夏天在北郊定安门外建起了祭地的方丘坛，在东郊建了朝日坛，在西郊建了夕月坛。至此，天、地分祀的改制完成。同时，撤去成祖牌位，将洪熙以来的二祖配祀改为只太祖一位配祀。

天、地分祀的顺利进行，激发了世宗在制礼方面的更大兴趣。也是在嘉靖九年，世宗试图开展一次意义更为重大的改制活动，那就是对孔子的名号和祭祀进行修改。

其实，明太祖也曾试图对孔子的祭祀制度作一些改革。洪武二年，诏孔庙春秋释奠，止行于曲阜，天下不必通祀。刑部尚书钱唐随即伏阙上疏说："孔子垂教万世，天下共尊其教，故天下得通祀孔子，报本之礼不可废。"刑部侍郎程徐也上疏说："古今祀典，独社稷、三皇与孔子通祀。天下民非社稷、三皇则无以生，非孔子之道则无以立。尧、舜、禹、汤、文、武、周公，皆圣人也，然发挥三纲五常之道，载之于经，仪范百王，师表万世，使世愈降而人极不坠者，孔子力也。孔子以道设教，天下祀之，非祀其人，祀其教也，祀其道也。今使天下之人，读其书，由其教，行其道，而不得举其祀，非所以维人心扶世教也。"虽然明太祖当时仍坚持己意，但这天下不必通祀孔子的诏令也就此搁置。①

在这方面，世宗却比太祖更有毅力。当然，也是因为太祖要思考和处理的事情太多了，而世宗全部心思只在制礼上。

从汉武帝独尊儒术开始，孔子的地位不断提高。司马迁《史记》已将孔子列入《世家》，与诸侯等。汉平帝时，追谥孔子为"褒成宣尼公"。唐玄宗时，孔子被升了一格，尊为"文宣王"。到元武宗时，加尊号为"大成至圣文宣王"。世宗认为这不符合实际情况，也有违孔子自己的意愿，因此，应该把孔子的"王"号去掉，祭祀的等级也应作调整，命礼部对这一问题进行讨论。

世宗的这一举动，在朝野上下引起了很大的震动。但皇帝在大礼议中不折不挠、锲而不舍的性格以及对反对派的打击和清算，使臣子们仍然心有余悸。因此，虽然大臣们普遍持反对态度，但站出来公开发表看法的只有一些品级较低的翰林官及科道官。编修徐阶第一个上疏，被谪为福建延平府推官。世宗亲作《正孔子祀典说》，大学士张璁再一次为世宗"冲锋陷阵"，作《正孔子庙祀典或问》，这两个文件都下到礼部，命礼部集议。

言官们在这种情况下不能再沉默了。御史黎贯等人上疏说："圣祖初正祀典，天下岳渎诸神皆去其号，惟先师孔子如故，良有深意存焉。陛下疑孔子之祀上拟事天之礼。'夫子之不可及也，犹天之不可阶而升。'虽拟诸天，亦不为过。自唐尊孔子为'文宣王'，已用天子礼乐，宋儒皆无异词；论其辨孔子不当称王者，止吴沉一人而已。伏望博采群言，务求至当。"给事中王汝梅等也极言不宜去孔子王号。

大礼议时世宗只是十五岁的少年，也敢独自和杨廷和等顾命大臣相抗，如今更不会将几个言官放在眼里。黎贯被革职，王汝梅等人也遭到

---

① 《明史》卷139《钱唐传》。

严斥。礼部不敢再行延缓，按世宗的意思重新拟定孔子的祀礼。以往各代加给孔子的尊号一概被除去，只称"至圣先师"；各地的"大成殿"也改名为"先师庙"（亦称"文庙"），庙中一概不用塑像，只用木主；春秋两季的祭祀，祭品为十笾十豆，乐舞用六佾；配享的四子称复圣（颜子）、宗圣（曾子）、述圣（子思）、亚圣（孟子），其他孔子弟子也都被除去公、侯、伯等尊号，皆称"先贤""先儒"等；公伯寮、秦冉、荀况、刘向、马融、杜预、吴澄等十三人罢祀，后苍、王通、欧阳修、胡瑗、陆九渊等人增入，从祀者定为91人。[①]

在以后十多年的时间里，世宗在张璁、夏言等人的帮助下，对包括三皇、海渎、山川在内的几乎所有旧章都进行了或大或小的厘正，并最终在嘉靖二十四年六月新太庙建成时，确定了供奉次序：太祖居中，左昭为成祖、宣宗、宪宗、睿宗，右穆为仁宗、英宗、孝宗、武宗。睿宗即世宗的父亲兴献王不但被尊为"皇"，且跻于武宗之前。可以说，嘉靖制礼是以讨论兴献王的尊号而开始，以确定兴献王在太庙中的地位而告终的。皇帝的绝对权威在制礼中重新得到强化，祭祀的作用则在皇权的强化过程中重新得到体现。

第二节 从"祀天"看明代皇帝的勤政与疏懒

一、太祖定制与明前期皇帝的"亲祀"

《汉书·五行志》曰："国之大事，在祀与戎。"[②] "祀"与"戎"

---

① 谷应泰：《明史纪事本末》卷51《更定祀典》。
② 《汉书》卷27中之上《五行志中之上》。

同为国家大事。夺取政权、维护统治,需要通过"戎"即军事力量来实现;同时,又必须通过"祀"即敬天祭祖的仪式使其合法化。虽然随着人们对"天""人"关系认识的变化,祭祀在整个国家事务中的地位有所下降,但仍然是历代君主不敢忽视的重大活动。①

明太祖虽然出身草莽,在制礼作乐、建章立制方面却表现出比历代开国君主更大的积极性。《明史·礼志序》说:"明太祖初定天下,他务未遑,首开礼、乐二局,广征耆儒,分曹究讨。洪武元年(1368)命中书省暨翰林院、太常司定拟祀典,乃历叙沿革之由,酌定郊社宗庙,议以进。"其中,圜丘祀天、方丘祀地、太庙祭祖宗、社稷坛祭五谷为国之"大祀",皇帝均须"亲祀"。在这些"大祀"中,又以祀天为第一大典。《大明集礼》开篇第一句话就是:"天子之礼,莫大于事天。"② 亲自到场祀天,以表明自己合法身份的同时也向臣民展示自己的形象,在一定程度上反映出皇帝有"亲政"的态度,也是对深居简出的明朝历代皇帝意志和信念的一种考验。

洪武元年正月初四,明太祖"祀天地于南郊",告知天地,大明皇朝就此建立。祝文说:

> 惟我中国人民之君,自宋运告终,帝命真人于沙漠,入中国为天下主。其君父子及孙百有余年,今运亦终。其天下土地人民,豪

---

① 欧阳修将"祀"拓展为"礼乐"并将其作用无限夸大,《新唐书》卷11《礼乐志一》云:"由三代而上,治出于一,而礼乐达于天下……宫室车舆以为居,衣裳冕弁以为服,尊爵俎豆以为器,金石丝竹以为乐,以适郊庙,以临朝廷,以事神而治民。其岁时聚会以为朝觐、聘问,欢欣交接以为射乡、食飨,合众兴事以为师田、学校,下至里闾田亩,吉凶哀乐,凡民之事,莫不一出于礼。由之以教其民为孝慈、友悌、忠信、仁义者,常不出于居处、动作、衣服、饮食之间。盖其朝夕从事者,无非乎此也。此所谓治出于一,而礼乐达天下,使天下安习而行之,不知所以迁善远罪而成俗也。及三代已亡,遭秦变古,后之有天下者……其朝夕从事,则以簿书、狱讼、兵食为急,曰:'此为政也,所以治民。'至于三代礼乐,其名物而藏于有司,时出而用之郊庙、朝廷,曰:'此为礼也,所以教民。'此所谓治出于二,而礼乐为虚名。"

② 《大明集礼》卷1《吉礼第一·祀天·总叙》。

杰分争。惟臣，帝赐英贤，为臣之辅，遂戡定采石水寨蛮子海牙、方山陆寨陈野先、袁州欧普祥、江州陈友谅、潭州王忠信、新淦邓克明、龙泉彭时中、荆州姜珏、濠州孙德崖、庐州左君弼、安丰刘福通、赣州熊天瑞、永新周安、萍乡易华、平江王世明、沅州李胜、苏州张士诚、庆元方国珍、沂州王宣、益都老保等，偃兵息民于田里。今地幅员二万余里，诸臣下皆曰：生民无主，必欲推尊帝号。臣不敢辞，是用以今年正月四日于钟山之阳，设坛备仪，昭告上帝皇祇，定有天下之号曰"大明"，建元"洪武"。①

虽然只是个仪式，但只有通过这个仪式，大明皇朝才算是合理合法，才能被民众及周边的属国邻邦认可。而明太祖也就是在这个仪式上，"即皇帝位"。所谓祷告天地，其实就是宣告天下、告示万民。建文四年（1402）六月，成祖进南京，准备直奔皇城宣告即位，却被当时的翰林院编修杨荣挡住马首："殿下先谒陵乎，先即位乎？"② 急于做皇帝的朱棣被提醒，当即掉转马头往谒太祖孝陵。此举固然是做给人看，但只有这样，才有利于缓和建文旧臣的对立情绪，获得一些社会舆论的支持。

洪武元年二月，中书省丞相李善长及翰林院学士陶安等人奉明太祖之命，根据历代祭祀制度，制定了明朝的"祀典"，提出天、地分祀的主张，分建"圜丘""方丘"于南郊、北郊，作为天、地的祭所，冬至祀天于圜丘，夏至祭地于方丘。当年十一月初三是冬至日，明太祖亲祀"昊天上帝"于圜丘。③ 次年五月初十为夏至日，明太祖又亲祀"皇地

---

① 《明太祖实录》卷29，洪武元年正月乙亥。
② 《明史》卷148《杨荣传》。
③ 《明太祖实录》卷36上，洪武元年十一月庚子。

祇"于方丘。① 这是明朝皇帝按"祀典"分祀天地的开始。但行之不到十年。洪武十年十一月冬至日，本来是往圜丘祀天的时间，明太祖却在奉天殿合祀天地。其祝文曰：

> 礼以义起，贵乎情文两尽。曩者建国之初，遵依古制，分祀天地于南北郊。周旋九年，于心未安。诚以人君者，父母天地，仰覆载生成之恩一也，及其严奉禋祀，则有南北之异。揆以人事，人子事亲，曷敢异处？窃惟典礼，其分祀者，礼之文也；其合祀者，礼之情也。徒泥其文而情不安，不可谓礼。方改建祀殿，功未就绪。今朝堂适成，时当冬至，讲合祀于殿廷。自今以春首合祀于南郊，永为定礼。②

说是"遵依古制"，但从李善长等人洪武元年二月关于"祀典"的上疏看，历代祭祀天地或"分祀"或"合祀"，并无定规。③ 前天后地、左祖右社，中规中矩，这种选择是符合明太祖个性的。所以，当年决定天地分祀，应该是明太祖自己的意思。如今要改天地分祀为合祀，是否真像祝文所说，只是在"情"与"文"之间选择了"情"，抑或随着最高统治集团内部矛盾的激化而需要集中精力，尚不可知，但至少是有化繁为简的想法。洪武十一年底，南郊大祀殿落成，遂"合祀天地于南郊"。④

---

① 《明太祖实录》卷42，洪武二年五月癸卯。
② 《明太祖实录》卷116，洪武十年十一月丁亥。
③ 《明太祖实录》卷30，洪武元年二月壬寅。
④ 自洪武十二年正月十一日（孟春）开始，合祀天地于南郊大祀殿，此后即为定制。成祖迁都北京后，也在正阳门外修大祀殿，合祀天地。嘉靖十年，恢复洪武初制，仍于两至日分祀天地（见《明史》卷48《礼志二·吉礼二·郊祀》）。另见《明世宗实录》卷132：嘉靖十年十一月初四（甲寅）为冬至日，世宗亲祀圜丘，复郊祀分祭礼。

此后，无论太祖、成祖或仁宗、宣宗，皆于正月上辛日（当然，也可以在上辛日的前后几天，下文所说"上辛"日亦然）亲祀天地于南郊。建文帝在位的四年，由于朱棣"靖难"兵起而几无宁日，但在建文元年、二年、三年均亲祀南郊。① 永乐间，成祖长年经营北京、用兵漠北，除了永乐八年（1410）、十二年、十三年、十四年、十六年、十七年、十八年由太子高炽代祀，其余都是亲祀，包括去世当年永乐二十二年。当然，自永乐十八年成祖迁都北京后，这个"南郊"便是北京的南郊即正阳门外了，合祀的地点，在正阳门外圜丘的大祀殿。

英宗九岁即位，宣德十年（1435）至正统三年（1438）由卫王瞻埏代祀，正统四年遣太师英国公张辅代祀。正统五年，英宗十四岁，开始亲祀，至十四年，从无间断。其后，因"土木之变"而做了皇帝的景帝、因夺门之变重新做皇帝的英宗，以及懒惰之宪宗、弱智之孝宗②，也无不在每年正月上辛日赴南郊祀天。③ 而且，从正统元年开始，在杨士奇等人的策划下，形成了有关大祀的一套仪式：大祀前三日，皇帝和群臣开始"致斋"；大祀南郊之后，皇帝先回宫谒皇太后，然后御奉天殿接受群臣的庆成礼；大祀的第二天，设庆成宴款待群臣及各国各族使节。④

---

① 见《国榷》卷12、《明史》卷4《恭闵帝纪》。

② 按：弘治时代夹在成化、正德之间，前有万贵妃、汪直与西厂，后有刘瑾、八虎及内行厂，加之成化帝的内向和正德帝的荒唐，故弘治帝被明人称为"中兴之主"。清人作《明史·孝宗纪》，其赞曰："明有天下，传世十六，太祖、成祖而外，可称者仁宗、宣宗、孝宗而已。仁、宣之际，国势初张，纲纪修立，淳朴未漓。至成化以来，号为太平无事，而晏安则易耽怠玩，富盛则渐启骄奢。孝宗独能恭俭有制，勤政爱民，兢兢于保泰持盈之道，用使朝序清宁，民物康阜。"并称唯有孝宗知《易》所说的"无平不陂、无往不复、艰贞无咎"之道。但黄仁宇在《万历十五年》中则敏锐地看到，孝宗之为文臣所称道，就是因为他比较愿意听文臣的摆布。而实际上，孝宗不仅为文臣摆布，更受内臣摆布，从其种种行事来看，应该是个智商较低或者说是一个相对弱智的皇帝。关于这个问题，拟另文讨论。

③ 景泰八年即天顺元年，景帝病笃，仍居南郊斋宫，只是让武清侯石亨代为行礼。英宗则在天顺八年正月因病让会昌侯孙继宗代为行礼。二人均于大祀之后的数天病逝。

④ 《明英宗实录》卷13，正统元年正月丙子。

即使儿戏如武宗，对于大祀天地的仪式，即位开始也是每次亲临。而且亲祀之后，必回宫向皇太后问安，并御奉天殿接受群臣行"庆成礼"。但是，在祀天问题上的不守规矩，也是从武宗开始的。正德十年（1515）正月初十，大祀结束后，武宗至"漏下二鼓"始还宫。① 而十二年正月大祀后武宗的行为，更让群臣目瞪口呆。《明武宗实录》载其行踪：

> 正德十二年正月己丑，大祀天地于南郊。礼甫毕，车驾遂幸南海子。黎明，文武诸大臣追从之。上方纵猎，门闭不得入。晡时传旨，令诸大臣先还候于承天门。夜半，驾始入，御奉天殿，群臣行庆成礼。明日，以獐麂麇兔分赐府部大臣、翰林五品以上及科道官。初，上时出微行，犹讳之。至是特宣谕外廷，无敢力争者。旬日间再猎南海子。西北巡边之行自此始矣。②

武宗的公然出行由此开始。正德十二年的下半年，武宗几乎都在宣府、大同一带活动，并亲自和蒙古人打了一仗。正德十三年正月初六日，鸿胪寺请升殿誓戒文武群臣致斋，但武宗这天刚从宣府赶回，进京后并不升殿，先是向迎候的大学士杨廷和等人炫耀："朕在榆河亲斩虏首一级。"而后即"驰马由东华门入，宿于豹房"。当时北京大雨雪，文武群臣迎驾者"仆马相失，曳走泥淖中，衣尽沾湿，夜半后仅得入城"③。初十日大祀天地，武宗亲临，行礼之后并不进宫见太后，也不升殿接受群臣的致贺，而是"复幸南海子"④。武宗这一次能够从宣府

---

① 《明武宗实录》卷120，正德十年正月戊辰。
② 《明武宗实录》卷145，正德十二年正月己丑。
③ 《明武宗实录》卷158，正德十三年正月丙午。
④ 《明武宗实录》卷158，正德十三年正月庚戌。

匆匆赶回北京亲祀天地，固然是因为群臣的反复陈请，但也说明武宗对天地还有敬畏之心，对皇帝这个称号也还有一定的职能感。

正德十三年的一年中，武宗的大部分时间也是在宣府、大同、延绥一带度过的。七月间，在边关的皇帝让司礼监太监回京向内阁大学士们"传奉圣旨"，要求他们立即起草敕谕，内容是命"总督军务威武大将军总兵官朱寿统率六军"巡边，而这个"朱寿"，正是武宗给自己取的名字。[①]

正德十四年正月十二日甲辰日，是太常寺和钦天监选定的大祀日，但武宗还在太原并且早忘记了大祀的日子。所以当太常寺因为皇帝无法回京而提出"改卜郊"时，武宗随意就改批为显然不可能做到的"次日"。一个月后，武宗返京，这一年的大祀终于在二月十三日丁丑日进行。

自明朝开国以来，这是第二次大祀日的改期。第一次发生在洪武六年。当时天、地分祀，十一月丙寅冬至，是祀天的日子，但推迟到二十七日后的闰十一月壬午日进行，原因是太祖的"不豫"。而这一次的改期，却是因为武宗在宣府、大同一带厮混，全然没将大祀当回事，国家大事已被视作儿戏。即使二月十三日的补祀，也是给文臣们一个面子而已。

正德十四年六月十四日，宁王在南昌起兵，七月二十六日兵败被俘，却给了一直就想去江南的武宗名正言顺的理由。七月十三日，宁王起兵的准确消息传到北京，八月二十二日武宗"御驾亲征"。离京的第二天，王守仁平叛的捷报就到了北京并在第四天送到了涿州军前，但武宗继续率军南下，并干脆在南京长住。直到正德十五年闰八月十二日，武宗才率领船队离开南京，返程一路招摇，经镇江、扬州、临清，沿运

---

① 《明武宗实录》卷164，正德十三年七月己亥。

河北上，十月二十六日抵通州，十二月十六日才回到北京，上距离开北京的时间整整十七个月。

皇帝在南京，正德十五年正月的大祀天地便无法举行。这是明朝立国以来前所未有的大事情。早在上年十月，大学士杨廷和等人就上疏提醒："郊祀天地实朝廷第一大事。"① 敦促武宗返京，以免误了大祀。正德十五年正月初四日，钦天监奏定初八日为大祀日，因武宗未归而"改卜"二月，但二月武宗尚在南京。直至十二月二十三日，武宗才补祀天地，此时距应该大祀天地的时间将近晚了一年。即使这样，这一次的祀天也成了未完成的告别仪式。《明武宗实录》载："大祀天地于南郊。初献时，上拜，呕血于地，不能终礼。遂扶归斋宫。"② 半个月后，正德十六年正月初十日，是新一年的大祀日，因皇帝"不豫"而"改卜"。③ 但武宗的病并没有好转，于三月十四日病逝。

武宗是明朝第一位缺席大祀的皇帝。正德十四年是因为南下未归，而返京后的"补祀"又未"终礼"。正德十五年则是因为病重而未行。虽然都有原因，但主要还是因为在他的意识中，已经没有"大祀"这个概念了。

二、世宗改制与明后期勋臣的"代祭"

比起武宗，世宗应该说是一个办事认真的人，而且，在即位后的相当长时间里，可以说是十分勤政。从嘉靖元年（1522）至九年，世宗每年孟春照例大祀天地于南郊，从不偷懒。在"大议礼"中挫败了杨廷和为首的正德旧臣之后，世宗更热衷于改革礼制，其庙号之为

---

① 《明武宗实录》卷179，正德十四年十月戊辰。
② 《明武宗实录》卷194，正德十五年十二月丁酉。
③ 《明武宗实录》卷195，正德十六年正月癸亥。

"世"，很大程度上即由此而来。嘉靖九年，世宗改制的兴趣放在了大祀天地上，命大学士张璁等考核古今以闻，且明示合祀天地不合古礼，欲恢复天地分祀。这个想法受到包括"议礼"功臣张璁等人在内的群臣的反对。但世宗当时"锐意欲定四郊之制"，必行之而后快。虽然两次卜于奉天殿太祖神位前的结果均"不吉"，但御史夏言关于行"亲蚕礼"的建议重新激起世宗的决心，于是世宗力排众议，在当年的十一月冬至日，恢复洪武初年天地分祀的制度。这一年及此后的嘉靖十年、十一年的冬至日，世宗都亲自到南郊行礼。方丘祭地则另遣勋臣。十二年十一月冬至日世宗因染风寒，命成国公朱希忠代祀。这实在是一件很正常的事情，正如世宗自己所说："然虽圣人，不能无疾。"① 况且十三、十四、十五、十七、十八年，世宗均亲祀南郊。也可以说，从即位直到嘉靖十八年，世宗都是勤政的。

　　事情的变化发生在嘉靖十九年。从这一年开始到嘉靖四十五年去世，共三十六个"冬至"日，世宗再也没有出席过与上天进行对话的"郊祀"。十九、二十、二十一年说是"因疾"，二十二年则因刚刚发生宫女谋杀的"宫闱之变"。从下年开始，便不再说缺席理由了，郊祀均由成国公朱希忠"恭代"。所以《实录》在记载其第一次也就是嘉靖十二年因病让勋臣代祀时指出："大祀南郊遣代自此始。"② 虽然这个说法是事实，但嘉靖十二年之事是一个偶然事件。实际上从嘉靖十九年开始，或者说嘉靖二十二年开始，大祀南郊才真正是"遣代"。而这也恰恰是嘉靖朝政治的分界线，从此，世宗开始由"勤政"转向"疏懒"，严格地说，是由热衷朝政转向热衷斋醮。

---

① 《明世宗实录》卷156，嘉靖十二年十一月丙寅条载：辅臣张孚敬以冬至不得面贺，具疏问安。上报曰："（冬）至日大祀不亲，庙享不与，两宫寿宴不行，君臣庆筵不举，皆朕不自慎所致也。然虽圣人，不能无疾。方阳长阴消之时，朕心欢庆，仰赖天休，与卿等同之。"

② 《明世宗实录》卷156，嘉靖十二年十一月壬戌。

在明代皇帝中，穆宗对文官的尊重和言听计从甚至超过孝宗。即以祭祀而言，穆宗从隆庆元年（1567）到四年，四个冬至日都"亲祀天于圜丘"；隆庆二年、三年，又两次"亲祀地于方泽"。特别是亲祀方丘，这是坚持恢复天地分祀的世宗也没有做到的。因为身体原因，隆庆四年五月祀地由朱希忠代行，隆庆五年十一月祀天由英国公张溶代行。为此，给事中张国彦等人上疏警告说："今圣体违和，诚当颐养。但礼莫严于祭天，不宜委之臣下。况祠官奏请在数日之前，皇上第凝神斋戒，可保康宁。若遽先命代，恐中外闻者疑陛下之懈心从此生也。"[1] 半年之后穆宗去世，可见并非因"懈心"，而是力不从心。

神宗和英宗一样，也是九岁即位。万历元年（1573）、二年冬至，神宗命英国公张溶代祀天于圜丘，但万历三年亲祀，比英宗早了两年。四年、五年又由张溶代祀，六年亲祀。此后，郊祀不再亲行，均由公、侯、驸马代祀。

神宗的这一举动受到言官们的持续抨击。其中云南道御史区大伦之疏具有代表性：

> 天者百神之主，王者所从受命。郊之祭也，王者所以致其精之德以上交于天，享必躬亲，故谓之"郊"。郊而遣代，则精诚隔塞，天与人不交，而非郊矣。……乃冬至大祀，复遣公徐文璧恭代。臣不知其可矣。臣闻之：郊则报本而反始，仁之至也；郊则尊祖以配天，孝之至也。礼称：唯圣人为能飨帝，此岂臣工之任耶？礼曰：神不歆非类。王者为天之子，气相合而心相通，故郊焉。……今以臣子而摄天子之祭，于气为非类，于心不相贯矣。王

---

[1]《明穆宗实录》卷63，隆庆五年十一月甲申。

者祀天之道，唯仪与诚，遣官恭代，仪则具矣，诚于何有？①

这番言论的措词虽然委婉，却暗含机锋。自称"天子"的皇帝，应该对"天"尽孝。否则，如何要求"子民"效忠"君父"？此其一。其二，郊祀又不仅仅表示对"天"的礼仪上的尊重，更表现"天子"内心的"仁"和"孝"。也就是说，如果连祀天这样重大的事情都不做，皇帝也就缺乏基本的为人子、为人父的品质，其皇位的合法性也就值得怀疑。同时，也违背了太祖高皇帝"天子之礼，莫大于事天"的祖训，其作为高皇帝子孙的资格亦可被质疑。

若就事论事，世宗在嘉靖十九年之后不再亲祀，神宗在位四十八年仅亲祀两次；即以前十年论，以太皇太后的深明事理及张居正、冯保等人对少年皇帝的督促和激励，竟然也能容忍。张居正在万历三年冬至前神宗即将初祀南郊时所上的一道题本，却是在提前为神宗的不亲行祀天寻找理由：

> 恭遇皇上肇举郊禋大典，臣等谨辑《郊礼新旧图考》进呈。旧礼者，太祖高皇帝所定；新礼者，世宗肃皇帝所定也。按天地之祭，自周以来，或分或合，其礼不一，然大率合祭者为多。国朝自洪武以后，一向合祭。嘉靖年间，始建分祭之制。然议者咸以合祀为便。……夫礼因时宜，本乎人情者也。高皇帝初制，郊礼分祀者十年矣，而竟定于合祀者，良以古今异，宜适时为顺。故举以岁首，人之始也；卜以春初，时之和也；岁惟一出，事之便也；为屋而祭，情之安也。百六十余年，列圣相承，莫之或易者，岂非其至当允协，经久而可守乎。今以冬至极寒，而祼献于星露之下；夏至

---

① 《明神宗实录》卷292，万历二十三年十二月辛丑。

盛暑，而骏奔于炎歊之中。一岁之间，六飞再驾，以时以义，斯为戾矣。……故世宗虽分圜方之制。而中世之后，竟不亲行。虽肇举大享之礼，而岁时禋祀，止于内殿。是斯礼之在当时，固已窒碍而难行矣，况后世乎。[①]

就郊祀的问题，张居正站在当事人的立场上指出了一个言官们从来不考虑或者不以为意的问题。那就是，相对于南京来说，北京的冬天更加寒冷。而相对于天气回暖的正月上辛日前后在祭殿之内大祀天地，十一月冬至日在露天的圜丘坛上祀天的艰苦性不可同日而语。世宗一生，前期热衷于与朝臣公开讨论改制，中后期则热衷于斋醮禳祷，改天地合祀为天地分祀，正是这两个方面相结合的产物。以世宗的虚弱身体及从嘉靖十三年开始就稀于上朝，却还能够连续多年在"冬至极寒"之时，"裸献于星露之下"，不能不说是靠着精神力量的支撑，其中不免有顾全面子的因素。所以张居正认为，鉴于祀天的天气条件，要求皇帝次次亲行郊祀的主张"斯为戾矣"，并以世宗的"中世之后，竟不亲行"为参照和依据，为少年万历皇帝找到了不亲自郊祀的理由："斯礼之在当时，固已窒碍而难行矣，况后世乎。"

不管张居正及其他内阁辅臣如何体谅皇帝，作为"天子"而不亲行祀天，无论如何说不过去。以武宗的荒唐和穆宗的孱弱，尚且能够勉强亲行"祀天"大典。即使天启年间魏忠贤当道，熹宗也在短短的七年里祀了两次天（天启元年、三年）、祭了三次地（天启元年、五年、六年）。而在张居正辅政的十年里，神宗只有两次祀天、两次祭地。可以说，神宗此后的我行我素，很大程度上是辅臣的纵容而造成的。或许以张居正为首的辅臣们和许多务实的政治家一样，已将祀天视为"虚

---

① 《明神宗实录》卷44，万历三年十一月丁酉。

文",视为可有可无的累赘。但某些仪式或形式其实又是规矩,是规范人们行为和心理的底线。家庭的协调、政权的巩固、社会的稳定,恰恰需要大量看上去可有可无的形式上的事情,这些事情恰恰又是不可或缺的。"祀天"即是。

《明史·神宗本纪赞》云:"论者谓明之亡,实亡于神宗。"岂止是因为万历年间的内忧外患,即就不亲行祀天而言,也是亡国之君的征兆。而张居正死后即被抄家,其过于急功近利、重视实务而不以"礼义"辅君、不教幼君重礼仪讲规矩恐怕也是重要的原因。

第三节 明代皇帝的"视朝""面议"与"批答"

一、"事必躬亲":洪武、天顺间的"视朝"与"面议"

"祀天"已如上述,而在视朝上,同样可以看出明代皇帝由亲政到疏懒、由"事必躬亲"到"垂拱而治"的转变。

祀天的辛苦,在于置身寒冬的风雪之中,但每年毕竟只有一次,而视朝却是每天的必修课。按明制,除了发生重大变故而免朝,皇帝每日都得上早朝,接受文武群臣的朝贺,并现场裁决各衙门所奏事务。早朝的时间,明太祖说"夙兴视朝"[1],成祖则是"四鼓以兴"[2]。弘治时大学士徐溥在奏疏中批评孝宗视朝过晚:"人君视朝,必以昧爽为节,古今常理。盖平旦之时,志虑清明,气象严肃,行政出令,恒必于斯。臣

---

[1] 《明太祖实录》卷173,洪武十八年五月戊寅。
[2] 《明太宗实录》卷50,永乐四年正月丙辰。

等屡以早朝为言，辄蒙圣明俯垂采纳。切见数月以来，视朝渐迟，多至日出。"① 所谓"夙兴""昧爽"，均指黎明时分。《孔子家语·五仪》："昧爽夙兴，正其衣冠。"即此之谓。所谓"待漏五更"，亦即此意。当然，季节不同，早朝的时间也是机动的，春夏季稍早而冬季稍迟，夏至当在五点半左右，冬至则在六点半左右，但决不能在日出之后早朝。

洪武二十四年（1391）和二十九年，曾两次规定各衙门视朝时的奏事次序。《明太祖实录》载：

> 洪武二十四年十月乙卯，诏公侯早朝于华盖殿叩头毕，退于中右门伺候。次五府、六部、都察院、通政司、大理寺、断事官奏事，毕，亦退于中左门候齐侍班。其余各衙门依次入奏毕，应侍班者依品级序立。②
>
> ……
>
> 洪武二十九年九月丁酉，诏定各司奏事次第。礼部会议：凡奏事，一都督府、次十二卫、次通政使司、次刑部、次都察院、次监察御史、次断事官、次吏户礼兵工五部、次应天府、次兵马指挥司、次太常司、次钦天监。若太常司奏祀事，则当在各司之先。每朝，上御奉天门，百官叩头毕，分班序立，仪礼司依次赞：某衙门奏事，奏毕复入班，伺各司奏毕俱退。若上御殿，奏事官升殿，以次奏毕先退，其不升殿者俱于中左中右门外两廊伺候。奏事官出，则皆出。若于文华殿启事，则詹事府在先，余次第并同前。凡晚朝，唯通政使司、六科给事中、守卫官奏事，其各衙门有军情重事者许奏，余皆不许，诏从之。

---

① 《明孝宗实录》卷101，弘治八年六月丁丑。
② 《明太祖实录》卷213，洪武二十四年十月乙卯。

从这两条记载看，视朝无论是对皇帝还是对百官，均十分辛苦，且不论太祖、成祖时早朝之外还有午朝或晚朝。即以早朝论，上朝时间之早对于每个京官来说都是考验。每天黎明上朝，风和日暖时尚可，风雨交加更觉五更之寒。皇帝耽误了上朝的时间，要受到言官的批评；臣子没有赶上早朝，要受到朝仪官的弹劾。其次是上朝时间之长。五府奏事，六部九卿奏事，十二卫兵马司奏事，言官断事官奏事，太常寺钦天监奏事。各上朝官员不奏事或奏事毕，也必须等待朝退。值班卫士更须上朝之前清场，他们和官员一样伫立于廊阶，风吹日晒雨淋之苦自不堪言。皇帝虽无风雨之苦，却须自始至终御朝、精神饱满地处理各衙门上奏事务。太祖、成祖固然是励精图治，但到晚年都显示出一定程度的疲惫。《明太祖实录》记载了洪武十八年太祖与侍臣的一段对白：

> 上谓侍臣曰："朕夙兴视朝，日高始退，至午复出，迨暮乃罢。日间所决事务，恒默坐审思，有未当者，虽中夜不寐。筹虑得当，然后就寝。"侍臣对曰："陛下励精图治，天下苍生之福。但圣体过劳。"上曰："吾岂好劳而恶安？向者天下未宁，吾饥不暇食、倦不暇寝，奖励将帅、平定祸乱。今天下已安，四方无事，高居宴乐，亦岂不可？顾自古国家未有不以勤而兴以怠而衰者，天命去留，人心向背，皆决于是。甚可畏也。安敢暇逸。"①

《明太宗实录》则记载永乐四年成祖和侍臣的一段对白：

> 上御右顺门晚朝，百官奏事毕，皆趋出。上召六部尚书及近臣

---

① 《明太祖实录》卷173，洪武十八年五月戊寅。

谕曰："……朕每旦四鼓以兴，衣冠静坐。是时神清气爽，则思四方之事、缓急之宜，必得其当，然后出付所司行之。朝退未尝辄入宫中，闲取四方奏牍，一一省览，其有边报及水旱等事，即付所司施行。宫中事亦多，须俟外朝事毕，方与处置。闲暇则取经史览阅，未尝敢自暇逸，诚虑天下之大，庶务之殷，岂可须臾怠惰，一怠惰即百废弛矣。卿等宜体朕此意，相与勤励，无厌斁也。自今凡有事当商略者，皆于晚朝来，庶得尽委曲。"①

这类文字在洪武、永乐朝可说是连篇累牍，一方面可以看出皇帝对国家事务"励精图治"的态度，另一方面也可以看出其丝毫不敢懈怠、"如履薄冰"的无奈。这种状况在国家肇始之时是不难理解的，在国家承平之际却难以维持。懈怠往往是在合情合理之中产生的。正如太祖所说，如果没有压力，谁又愿意"好劳而恶安"？

永乐七年（1409）十月，成祖在北京对"行在"礼部尚书赵羾说："北京冬气严凝，群臣早朝奏事，久立不堪。今后朝见毕，欲于右顺门内便殿奏事，尔于群臣斟酌可否。"这当然是群臣求之不得的恩典。赵羾遂与户部尚书夏原吉、内阁学士胡广等"议奏"：除朔望御奉天殿接受朝贺之外，每日常朝，皇帝在奉天门接受百官叩头礼后，即御右顺门内便（便）殿，百官有事奏者以次为奏，无事者退治职务。② 这个改革可以说是具有积极意义的，一方面它缩短了部分官员早朝的时间，不需要奏事的官员可以回各自衙门处理"庶务"，另一方面也使得皇帝有充沛的精力和宽裕的时间与重臣一起讨论国家的大政方略。但是，早朝也因此由皇帝亲自处理政务的重要方式开始转变为"虚应故事"的官样

---

① 《明太宗实录》卷50，永乐四年正月丙辰。
② 《明太宗实录》卷97，永乐七年十月乙卯。

文章。实质性的议事时间和地点由早朝时在奉天殿、华盖殿或奉天门，转为早朝后在右顺门便殿。当然，在永乐时期，乃至此后的洪熙、宣德时期，右顺门便殿的议事仍然属视朝的一部分。因为无论是成祖还是仁宗、宣宗，早朝之后均接见奏事官员，并与侍臣讨论国家事务。

事情在正统初发生了变化。永乐时皇帝体谅群臣，英宗即位后辅臣也体谅少年皇帝。王锜《寓圃杂记》记载了这件事情：

> 自太祖、太宗列圣临朝，每至日昃，食不遑暇，惟欲达四聪，以来天下之言。英宗以幼冲即位，三阁老杨荣等虑圣体易倦，因创权制：每一早朝，止许言事八件，前一日先以副封诣阁下，豫以各事处分陈上。遇奏，止依所陈传旨而已。英宗既壮，三臣继卒，无人敢言复祖宗之旧者，迄今遂为定制。①

这条记载后来得到了穆宗君臣的认可，《明穆宗实录》载：

> 隆庆元年（1567）正月辛酉，吏科都给事中胡应嘉等言："祖宗朝军国大政皆躬临臣下处断。自英宗皇帝以冲年即位，辅臣偶从权宜，创为早朝奏事之例，遂相沿不改。然所奏者惟常行数条，先期拟答承旨即退，具文而已。②

胡应嘉所说的"早朝奏事之例"，即王锜所说的三杨等人因为英宗年幼而作出的限制早朝奏事量的权宜之计。但这个权宜之计后来竟然成了"常例"。也就是说，早朝时只是象征性地由有关衙门说几件早就准

---

① 王锜：《寓圃杂记》卷1《早朝奏事》。
② 《明穆宗实录》卷2，隆庆元年正月辛酉。

备好的事情，而真正的议事，是早朝之后的"面议"。成年以后的英宗，无论是在"土木之变"以前还是在"夺门之变"以后，以及监国并即位的景泰帝，都是勤于在早朝之后与大臣"面议"的。从当时的有关记载看，他们和大臣们既面议军国大计，也讨论祖宗法度和圣贤道理。而于谦在景泰时能有"再造之功"、李贤在天顺时能复兴内阁并被《明史》赞为"伟哉宰相才"，除去本人的人格和才识，就因为有时时与皇帝"面议"的机会。李贤《天顺日录》说："上躬理政务，凡天下奏章，一一亲决，有难决者必召贤商议可否。"是可以相信的。

从永乐七年十一月改革早朝，到天顺八年（1464）正月英宗去世，早朝及早朝之后的面议是两个不可分割的环节，或者说，面议仍为视朝的一部分。而将二者割裂、将早朝改革的积极意义转化为皇帝懈怠理由的，是宪宗成化帝。

二、"君门万里"：成化以后"视朝"之为虚文

成化帝并不是不讲规矩的皇帝，每年孟春的大祀天地，他每次都亲自祭祀。而且，从天顺八年（1464）正月即位至成化二十三年（1487）八月去世，只要不是特殊原因，他也是每天视朝的。但是，视朝被改造成为一种按例走过场而不具有实际意义的仪式，正是从成化开始。

从王锜所说的三杨创"权制"到胡应嘉所说"早朝奏事之例"的形成，从有关宪宗的两条互相矛盾的记载也可以看出。沈德符《万历野获编》记："宪宗皇帝玉音微吃，而临朝宣旨，则琅琅如贯珠。"① 陆容《菽园杂记》则记："常朝，诸司奏事御前，事当准行者，上以'是'字答之。成化十六七年间，上病舌涩，每答'是'字苦之。"后来一位

---

① 沈德符：《万历野获编》卷1《列朝·君相异禀》。

名叫施纯彦的鸿胪寺卿献上"照例"二字,才解除了宪宗的窘境,施纯彦也因此由寺卿而侍郎、而尚书,并有"二字尚书"的雅号。① 一边说虽然口吃,但临朝宣旨可朗朗上口;一边说即便一个"是"字,回答起来都感觉痛苦。口吃者要将事情说得朗朗上口,必须事前有准备,而且答的时候尽可能地简洁。宪宗视朝时用"贯珠"般的"是"字或"照例"回答,说明正统时所定每日早朝只言八事(这或许是概数,六事七事也无妨)、事前由内阁拟好处置意见、皇帝临朝只需说"是"、几件事情说完即散朝的"权制"已成惯例。这个惯例一形成,皇帝更可以轻松愉快地应付视朝了。更为严重的是,视朝后的面议从此取消,视朝也彻底由实事变为虚文了。

《明史·万安传》记载了一件在成化年间广为流传的事情:

> (成化)七年冬,彗见天田,犯太微。廷臣多言君臣否隔,宜时召大臣议政。大学士彭时、商辂力请。司礼中官乃约以御殿日召对,且曰:"初见,情未洽,勿多言,姑俟他日。"将入,复约如初。比见,时言天变可畏,帝曰:"已知,卿等宜尽心。"时又言:"昨御史有疏,请减京官俸薪,武臣不免觖望,乞如旧便。"帝可之。安遂顿首呼万岁,欲出。时、辂不得已,皆叩头退。中官戏朝士曰:"若辈尝言不召见。及见,止知呼万岁耳。"一时传笑,谓之"万岁阁老"。帝自是不复召见大臣矣。

这就是著名的"万岁阁老"故事的由来。

赵翼《陔余丛考》在言及成化末万安劝阻尹直面议要求时说:"自

---

① 陆容:《菽园杂记》卷6。

七年召见时、辂后,至此十五六年,未尝与群臣相见也。"① 这些记载固然是事实,却容易造成错觉,以为宪宗不召见大臣、不面议政事是从成化七年才开始的。其实即位之初便如此。天生口吃,又幼年多艰,造成了宪宗心理上的自卑和对万贵妃的依赖,而李贤为内阁首辅,牛玉掌司礼监,二人配合默契,故宪宗在视朝之后是否面议并不妨碍君臣的沟通和政事的处理。② 成化四年彭时为首辅,其权威固远不如李贤,又是谦谦君子;次辅商辂,是有明一朝唯一的"三元"(解元、会元、状元)进士,会读书、习礼仪,但也是个没有历事经验的书生;同在内阁的还有一位万安,虽然与彭、商和睦相处,却通过裙带关系交通万贵妃,遇事先为自己打算。这样一来,内阁的力量大打折扣,宪宗与外廷的沟通,全由司礼监和文书房。内阁所言之事,"或留中,或下所司,多阻隔"(《明史·彭时传》)。彭时遂悒悒不得志,屡屡请求宪宗召见面议,其于成化七年十二月十三日疏云:"自古贤君及我祖宗列圣,未有不接大臣议论政事者。君臣情通,政是以和,今皇上视朝即退,不一接大臣,天下军民利病何由尽知?伏望皇上日御便殿,召文武大臣忠直有职者,面议政事而可否之,则听览日熟而治道成矣。"③ 可见,宪宗在视朝之后不召大臣面议,已非一朝一夕。十六日,彭时等再次请求面议,遂有十七日退朝后的"万岁阁老"事件。

成化朝不但有"万岁阁老"的传闻,又有传奉官的闹剧④,还有汪直与西厂的折腾⑤,而孝宗弘治帝则因为偶尔召见了几次大臣,又比较有耐心地听大学士们的"唠叨",因而博得了"弘治中兴"的美誉。孝

---

① 赵翼:《陔余丛考》卷18《有明中叶天子不见群臣》。
② 关于这方面的情况,参见方志远《(明)成化皇帝大传》第六章《朝臣的劝谏与纷争》(第199—252页)、第八章《偏信僧道求长生》(第292—329页),沈阳:辽宁教育出版社,1994年。
③ 《明宪宗实录》卷99,成化七年十二月庚辰。
④ 参见方志远《"传奉官"与明成化时代》,《历史研究》2007年第1期。
⑤ 参见方志远:《(明)成化皇帝大传》第七章《宦官的参政与营私》(第253—291页)。

宗不仅每年亲祀天地，还几乎每日视朝。不但有早朝，而且时常有午朝，其大小经筵在明代的皇帝中也是坚持得比较好的。但这些与宪宗成化时期并没有太大的实质性区别，反而在视朝的问题上，还颇有不如。所以历任吏、兵二部尚书的马文升甚至要求孝宗效法宪宗："我太祖高皇帝以至宪宗纯皇帝，俱昧爽视朝，早朝后，日每二次裁决在京各衙门并天下一应章奏，或有大政事，复召大臣面议而行。此我朝列圣之定规也。"①"昧爽视朝"是事实，但说宪宗也时常召大臣面议政事，无疑是糊弄无知的孝宗。

从弘治十五年（1502）八月内阁大学士刘健等人的上疏，可以看出弘治时视朝的一般情况：

> 窃闻天下之事，未有不以勤励而兴，亦未有不以懈怠而废……恭惟陛下聪明仁厚，圣质天成，即位之初，百度一新，远近欢戴，诚大有为之君也。迩来勤励之志渐异于前，每日早朝不过数刻，而起鼓或至日高。宫中奏事止得一次，而散本或至昏黑。侍卫接本之人，筋力疲惫，不得休息；百司庶府之事，文书壅滞，不得施行。一事之决，动逾旬月；一令之出，随辄废弛。群寮玩习视为例。如此而欲久安长治保无祸乱，恐亦难矣。②

刘健等人指出了孝宗朝的三大问题：一是上朝的时间太晚而且视朝的时间又太短，二是文书批答不及时致使诸事壅滞，三是上下懒惰并习以为常。当然，刘健等人的这道奏疏，也容易使后人产生误解，以为这类情况只发生在弘治朝的后期。而事实上，这类意见言官和内阁一直在

---

① 马文升：《端肃奏议》卷1《法乾健以勤圣政事》。
② 《明孝宗实录》卷190，弘治十五年八月己巳。

提，最早的记载出现在弘治元年闰正月也就是孝宗即位后的不到半年。当时有位名叫杨守陈的吏部侍郎出于致君尧舜的拳拳之心，对孝宗提出了殷切期望，从中可窥见弘治初政的真实情况，疏云：

> 孟子曰：我非尧舜之道不敢以陈于王前。夫尧舜之道一也。精一执中，尧舜之得于内者深；询岳达聪，尧舜之资于外者博。陛下俨然端拱，朗诵经书，未尝降一睿问；儒臣亦肃然进退，略陈训诂，未尝进一详说。则理欲危微之辩何由而明，知行精一之功何由而尽。臣恐得于内者未如尧舜之深也。今陛下朝时之所接见者，惟大臣之风仪，至于君子小人之情状、小官远臣之才貌，何由识之？退朝之所阅览者，惟百官之题奏，至于诸司之条例、群臣之情弊，何由见之？宫中之听信者，惟内臣之词说，至于千官百职之正论、六军万姓之烦言，何由闻之？臣恐资于外者未如尧舜之博也。……近日讲、视朝，虚应故事，凡百章奏，皆付内监条旨批答，则未有本不立而末能茂、纲不举而目能张者也。①

从这段奏疏看，孝宗弘治帝不仅继承了其父宪宗成化帝的帝位，还继承了其父的作风，对于视朝、日讲可谓一丝不苟，正如陈洪谟《治世余闻》（卷2）所言："上无日不视朝。"但视朝归视朝，日讲归日讲，孝宗"俨然端拱"，"未尝降一睿问"，并不与大臣交接一语，故视朝、日讲均是"虚应故事"。而且，诸司奏疏的批答，也都交给了司礼监代劳。孝宗比其父宪宗表现更好或者说更缺乏个性的是，对臣下提出的意见，常常表示"嘉纳之"。此外，在弘治十年，孝宗曾于早朝后御文华殿，召见内阁大学士徐溥、刘健、谢迁，面议诸事，赐茶而退。《明孝

---

① 《明孝宗实录》卷10，弘治元年闰正月庚子。

宗实录》记载了当时的情形：

> 弘治十年三月甲子（二十二日），经筵毕，上遣太监韦泰至内阁，召大学士徐溥、刘健、李东阳、谢迁至文华殿御榻前。上出各衙门题奏本曰："与先生辈商量。"溥等每本议定批辞，乃录于片纸以进。上览毕，亲批本面，或更定三二字，或删去一二句，皆应手疾书，略无疑滞。有山西巡抚官本，上曰："此欲提问一副总兵，何如？"溥等对曰："此事轻，副总兵恐不必提，止提都指挥以下三人可也。"上曰："然。边情事重，小官亦不可不提耳。"又礼部本拟一"是"字。上曰："天下事亦大，还看本内事情。"因取本阅之，则曰："是，只须一是字足矣。"又一本，健奏曰："此本事多，臣等将下细看拟奏。"上曰："就此商量岂不好？"既又指余本曰："此皆常事，不过该衙门知道耳。"因命左右赐茶而退。盖自即位以来，宣召顾问，实自此始云。①

这种事情在洪熙、宣德间乃至英宗天顺间可以说再平常不过，但自成化七年宪宗召见彭时、商辂、万安之后，这是明朝皇帝第一次召见大臣，故被视为盛事。虽然《实录》说孝宗宣召顾问"实自此始"，而事实上，直到弘治十七年八月以后，孝宗才又在早朝后召见了几次大臣，所谓"平台召对"即是。这几次召对对孝宗的盖棺定论起了十分重要的作用。《实录》记："自是每有政务，时召诸大臣面谕，因事论事，从容详悉，动数十百言，不能悉记。蒙延接者，皆感激奋励。宣召之际，下至群臣百执事，莫不倾耳注目，以为一代之盛典云。"② 后来的

---

① 《明孝宗实录》卷123，弘治十年三月甲子。
② 《明孝宗实录》卷215，弘治十七年八月丁亥。

大臣们也将此说事，以勉励偷懒的皇帝。杨一清在嘉靖时上疏，宣讲孝宗的勤政："孝宗皇帝弘治十三年以后，时召大学士刘健、李东阳、谢迁，并尚书马文升、刘大夏，都御史戴珊等咨访政务，面赐裁决。昌大休明之气象，至今思之。"① 王世贞也在隆庆时上疏，重弹杨一清的老调，甚至将孝宗比配太祖："臣窃惟我祖宗功莫盛于太祖高皇帝，德莫盛于孝宗敬皇帝。……孝宗皇帝简素恬穆，后宫无偏私声艳之宠；节俭敦谨，后乘无狗马驣肥之嗜。御极十八年，贡献裁损殆尽。行幸稀简，昧爽视朝，退御经筵，咨询治道。暇则召大学士刘健、李东阳、谢迁，尚书刘大夏、都御史戴珊等，相与讲析政要，较求画一，以故圣聪日启，万几益练。"②

可见，随着皇帝与大臣日渐疏远，文官们对皇帝的要求也越来越低，即使是大学士，只要能够和皇帝见一两次面、被皇帝问一两句话，就已经是莫大的荣誉，而对于国家，则是莫大的盛典。但是，明代皇帝比较守规矩的"视朝"与偶尔在视朝或经筵之后与大臣的"面议"，也由孝宗宣告谢幕。此后的武宗正德皇帝是个闲不住的顽童，他宁愿在豹房和御马监的勇士们角力斗狠，宁愿到居庸关外与蒙古人打架，宁愿去大同临清寻花问柳，也不愿待在紫禁城与大学士们坐而论道。武宗继位后的一年，即正德元年（1506）六月，大学士刘健、李东阳、谢迁三人上言：

> 近日以来，视朝太迟、免朝太多、奏事渐晚、游戏渐广。兹当长夏盛暑之时，经延日讲，俱各停止，臣等愚昧，不知陛下宫中何以消日？奢靡玩戏，滥赏妄费，非所以崇俭德；弹射钓猎，杀生害

---

① 杨一清：《关中奏议》卷18《提督类·献愚忠以答圣眷事》。
② 王世贞：《弇州四部稿》卷106《应诏陈言疏（隆庆二年）》。

物,非所以养仁心;鹰犬狐兔,田野之畜,不可育于朝廷;弓矢甲胄,战斗不祥之象,不可施于宫禁。①

这段文字的描述,大抵上概括了武宗继位一年来的所作所为,而此后的正德皇帝,也沿着这个方向走完他的人生历程和皇帝生涯。"视朝""面议""批答"基本上排除在他的思考和行为之外,国家事务的处理,也完全是司礼监和内阁的事情。对于大学士们的批评,他开始尚用"帝王不能无过,而贵于改过"②进行搪塞,后来根本不置一词。

陈洪谟《继世纪闻》(卷5)记载了一则很有趣的故事:宁王宸濠一面忙于筹划兵变,并通过宠臣钱宁的关系扩大特权;一面胁迫江西巡抚孙燧、巡按王金上奏其种种"善迹",特别是称其孝称其勤。太监张忠与钱宁有隙,遂密奏于武宗:"朱宁(按:钱宁赐姓朱)与臧贤交通宁王,谋为不轨。爷爷不知乎?奏内称王孝,讥爷爷不孝也。称王早朝勤,讥爷爷不朝也。"可见武宗的不视朝、不亲政已是天下皆知。

三、"垂拱而治":世宗的"乾纲独揽"与神宗的"玩世不恭"

与武宗不同,世宗由外藩入继大统,一开始便表现出亲政的热情和姿态。正因为如此,引来了不少批评。

嘉靖元年(1522)三月,都察院向司礼监发出揭帖,提取无良宦官吴善良。司礼监欲庇护善良而将揭帖呈于世宗,世宗竟在都察院的揭帖上加"浮帖"书写"圣旨":"吴善良等照前旨,免提问,由司礼监

---

① 《明武宗实录》卷14,正德元年六月庚午。
② 《明武宗实录》卷14,正德元年六月庚午条记:大学士刘健、李东阳、谢迁因灾变批评皇帝"视朝太迟、免朝太多、奏事渐晚、游戏渐广",即位不久的武宗十分虚心地表示:"朕闻帝王不能无过,而贵于改过。览卿等所言,具见忠爱之诚。朕当从而行之。"

奏请发落。"并将这一"浮帖"连同都察院的原帖一并发至刑科。这引起刑科给事中刘世扬的批评:"臣等窃惟祖宗之制,凡旨意批于题奏本或登闻鼓状,发六科抄行;凡重大事理传奉旨意,各衙门必补具奏本,于早朝面进。此外未有朱写旨意出承天门外者,所以重敕旨防诈伪也。今累批浮帖,径从中出,六科不得抄行,诸司无从补本,轻亵纶音,更张旧制,此失政之最大也。伏望鉴成宪、重命令,今后旨意,俱遵祖宗旧制。"① 批答奏章本来是皇帝的本分,太祖太宗时皆如此,而清代康、雍、乾诸帝更是勤于批阅。但明朝自正统以后,批答奏章反成了内阁和司礼监的事情,因此才有嘉靖初给事中邓继曾因世宗不经内阁票拟自行批答的上疏:"祖宗以来,凡有批答,必下内阁拟议而行。顷者中旨,事不考经,文不会理,或左右群小窃权希宠,以至于此。"② 皇帝的亲政竟然遭到批评。

世宗不仅执意批答奏章,从嘉靖元年至十一年,每年的大祀南郊也都躬行,而且几乎无日不视朝,对于早朝迟到或缺席的官员则予以严惩。

宣德六年(1431)六月初八日发生一件事情。当日,行在鸿胪寺奏:"早朝文武官不至者五百余人,请治其罪。"宣宗命失朝二三次者罚俸五月,一次者不问。③ 处理得如此之轻,令人惊讶,既说明早朝不至在当时已经相当普遍,也说明朝廷上下的懒散作风正在形成。但嘉靖前期对此类事情的处理极其严厉。嘉靖九年十二月初九日早朝,不至者近三百人。《实录》记载当时的情形:"上怒,下法司议。已而刑部请量加罚治,上以为曲护,命从实分别:三次者法司逮问,余夺俸禄有

---

① 《明世宗实录》卷12,嘉靖元年三月辛未。
② 《明世宗实录》卷36,嘉靖三年二月丁酉。
③ 《明宣宗实录》卷80,宣德六年六月庚子。

差，患病者查明以闻。"① 嘉靖十一年十二月初七日，早朝不至者三百余人，"各夺禄俸有差"②。嘉靖十二年七月初三日早朝，因朝参官少，而侍班御史柯乔、李凤翱，序班陈进德、董效义不行纠奏，"命锦衣卫执送镇抚司杖之"③。嘉靖十三年八月二十三日，早朝不至者为184人，命本月之内，一次未到及患病而未告假者夺俸一月，两次未到者夺俸，三次未到者下法司逮问。④ 这是世宗初政时的状况。从嘉靖十三年九月开始，世宗因病不视朝，一个月后，连同两年未行郊祀一并作出如下解释："因自幼受病，率五七日而解。今者病深，痰火间作，故早朝多废，不视事者一月。固欲假此静养，以冀消除。允为郊祀，二年不亲，心甚不宁，故专一摄养，以候大报。恐群臣不悉朕意，谓朕放咨（恣）自肆。其谕礼官播告之。"⑤ 这次中断视朝前后达两月，并在以后的多次诏谕中为此作解释。此后世宗间或早朝，也连续多年亲祀南郊，以实践自己的诺言，但毕竟已经迈开了不视朝的步子，嘉靖十七年开始，便不再视朝，也稀见大臣。⑥

终嘉靖一朝，世宗对外廷事务并非一无所知，甚而时时事事在意，批红也时常亲自为之。只是和祖辈不一样，太祖、太宗乃至英宗、宪宗都宣称以圣贤道理和祖宗法度治理国家，即以"王道"治国，世宗却硬生生弄出一个"神道"。王世贞《弇山堂别集》收录了嘉靖二十一年世宗给都察院的一则"手敕"："近日人事愆违，天垂仁爱，雨泽方至，禾茂民康，今雨下竟朝矣。丞弼之臣，宜忠敬清亮者居之，故曰燮理调

---

① 《明世宗实录》卷120，嘉靖九年十二月乙丑。
② 《明世宗实录》卷145，嘉靖十一年十二月庚辰。
③ 《明世宗实录》卷152，嘉靖十二年七月甲辰。
④ 《明世宗实录》卷166，嘉靖十三年八月辛酉。
⑤ 《明世宗实录》卷168，嘉靖十三年十月甲辰。
⑥ 《明世宗实录》卷490，嘉靖三十九年十一月丙戌："自戊戌以后，上不复视朝，辅弼大臣，皆希得进见。"

和之职也。朕承皇天眷命，以神、王二道裁理天下，非求仙用夷荒昧之为，止是一早朝终始不一耳。"① 这以"神、王二道"理天下的说法至少在明朝开国以来是没有先例的，虽然是世宗经过深思熟虑之后为自己的不视朝和修道养生寻找的托辞，但仍然振振有词，也无人敢持异议。世宗从此更加沉湎于修道养生，更加热衷于和上天对话。嘉靖朝的政治也因此被戏称为"青词"政治，宰相自然成了"青词"宰相。正如朱东润先生在《张居正大传》中所说的那样："世宗对于整个的政治，仍然把持着，一步不会放松。他是洞内的虎豹，发怒的时候，会从洞内跳出来，打死些獐猫鹿兔，打得厌倦了，便仍回洞内，度那优裕懒散的生活。"②

明代的十六位皇帝中，穆宗隆庆帝是和孝宗弘治帝比较相似的人物，一样的亲祀南郊，一样的视朝日讲，一样的极少发表意见，也一样的极少批答文字，一样的尊重儒臣。如果说有隔代遗传，这或许也可以算是，只是关系疏远了些。神宗万历帝与世宗嘉靖帝的相似，其血缘则是一脉相承的。不同的是，世宗的个性在某种意义上是被以杨廷和为首的大学士们激发出来的，而神宗的个性在某种意义上则是被以张居正为首的大学士们纵容出来的。

在张居正们的纵容下，神宗在位四十八年，仅仅两次亲祀南郊。而在早朝问题上，张居正们也进行了一次既宽容皇帝也宽容官员的改革。隆庆六年（1572）八月，即神宗即位的第四个月，张居正等从"有益于身心、有裨于治道"两方面考虑，当然也不排除其他动机（如内阁可以比其他衙门的官员更多地与皇帝在一起），请改每日视朝为三六九日视朝，其余时间则在文华殿讲读。这个提议被采纳，并以神宗的名义

---

① 王世贞：《弇山堂别集》卷15《皇明异典述十·罢首辅特敕》。
② 朱东润：《张居正大传》，武汉：湖北人民出版社，1957年，第13页。

下了一道敕谕："朕方在谅暗，哀慕深切，日临朝政，心实未安。今后除大礼节并朔望升殿及遇有大事不时宣召大臣咨问，其常朝外每月定以三六九日御门听政，余日俱免朝参，只御文华殿讲读，一应谢恩见辞人员，遇免朝之日，止于午门外行礼毕，即各供职事，不必候补。大祥之后，仍照旧行。"① 虽然说是"大祥之后"恢复旧制，但三六九日视朝从此成为制度，故万历十五年（1587）仍有言官上疏："三日而朝，暇日尚多；早朝而退，暇时尚多。"②

虽然内阁在纵容，但太后对神宗的管教仍十分严格。于慎行《谷山笔麈》记：

> 慈圣内教极严，上或宫中不读书，即召使长跪，面数之。每御讲筵入，常戏作讲臣进退之礼，进讲太后前，以验其记否。当朝日，五更至上寝所，呼曰："帝起，今日早朝。"即呼左右掖坐，亟取水为上沃面，挈之登车以出，故上宫中起居，罔有不钦。而一二大珰，奉太后懿旨，左右夹持，时至过当。比上春秋稍长，积有所不堪，而难于发也。③

从某种意义上说，神宗也正是在这"时至过当"的纵容与严察中养成了自以为是、桀骜不驯的个性，并以玩世不恭的态度来对待群臣的批评。《谷山笔麈》又记：

> 今上在御日久，习知人情，每见台谏条陈，即曰："此套子也。"即有直言激切，指斥乘舆，有时全不动怒，曰："此不过欲

---

① 《明神宗实录》卷4，隆庆六年八月癸亥。
② 《明神宗实录》卷184，万历十五年三月庚戌。
③ 于慎行：《谷山笔麈》卷2《纪述一》。

沽名尔，若重处之，适以成其名。"卷而封之。予尝称圣明宽度，具知情状，有当事大臣所不及者，而太宰宋公（纁）独愀然曰："此反不是。时事得失，言官须极论，正要主上动心，宁可怒及言官，毕竟还有惊省，今若一概不理，就如痿痹之疾，全无痛痒，无药可医矣。"同列皆服其言。此后数年，百凡奏请，一切留中，即内阁密揭，亦不报闻，而上下之交日隔矣。回忆此公之言，为之三叹。①

有了这种人生态度，神宗自万历二十年以后，既不视朝也不日讲，更不接见大臣。万历四十年十月，监察御史杨鹤上疏"时事忧危者七"，其一即云："皇上二十年以后罢朝辍讲、斋居决事。……日与宦官宫妾处而不一见士大夫之面。"② 虽然这种情况在嘉靖时已经发生，但万历朝的形势又远非嘉靖朝可比：兵备同样废弛，而关外女真正在崛起；民心同样涣散，而田赋加派正在加剧；政局同样腐败，而派系党争正在形成。但此时的神宗，已经将国家大事当作一场与文官之间的游戏和赌气：文官们请求早立太子，他偏偏诸王同封；文官们要求让福王之藩，他则代福王讨价还价；文官们以封印辞官相激劝，他则冷眼旁观辨真假。神宗如此为君，高拱在其即位之初就表示了担心：

> 帝王创业垂统，必有典则贻诸子孙，以为一代精神命脉。我祖宗燕谋宏密，注意渊远，非前代可及。圣子神孙守如一日、治如一日，猗欤盛矣。迨我穆皇，未获有所面授。我皇上甫十龄，穆皇上宾，其于祖宗大法，盖未得于耳闻也。精神命脉，既所未悉，将何

---

① 于慎行：《谷山笔麈》卷5《臣品》。
② 《明神宗实录》卷500，万历四十年十月丙子。

以鉴成宪绳祖武乎。①

世宗不仅不见大臣，连儿子也难得一见，所以穆宗并没有得到世宗的"面授"。神宗不到十岁即位，也未曾"耳闻"穆宗的多少教诲。在高拱看来，明朝列祖列宗的"精神命脉"至此已经失传。虽然说法离奇，但后人认为明朝之亡亡于神宗并非没有道理。

继之而起的是天启、崇祯时代。熹宗虽然在位只有七年，虽然被魏忠贤等人玩弄于股掌之中，大祀天、地却一共去了五次（天启元年、三年祀天，元年、五年、六年祀地），比神宗在位的四十八年还多，三六九日视朝也大抵不废。至崇祯帝，不但祀天祭祖身体力行，视朝、面议更无宁日，各方军情塘报也多亲自批阅。清修《明史》给了崇祯帝极高的评价："帝承神、熹之后，慨然有为。即位之初，沉机独断，刬除奸逆，天下想望治平。……在位十有七年，不迩声色，忧勤惕励，殚心治理。"同时也指出其种种失误："用匪其人，益以偾事。乃复信任宦官，布列要地，举措失当，制置乖方。"当"大势已倾，积习难挽"之时，且不说关外女真虎视眈眈，连年用兵，仅明廷域内，也是"在廷则门户纠纷，疆场则将骄卒惰，兵荒四告，流寇蔓延，遂至溃烂而莫可救"。在这大厦将倾之际，崇祯帝也只能是"有心泣血、无力回天"。后世学者每每质疑其执政能力，谴责其用人不当，必欲使不足十七岁而即位的少年以个人之力挽狂澜、扶倾厦，实不公允。

就明代皇帝行使职能的四件事情——祀天、视朝、面议、批答，在太祖、成祖及仁、宣时期应该是统一的。尽管洪武中后期有翰林、春坊官"平驳诸司奏启"，但只能视其为一种"初审"程序；而永乐、洪

---

① 高拱：《本语》卷5。

熙、宣德时内阁在"御前"面议、批答,但不能独立行使权力。这一时期的明代皇帝应该说都"事必躬亲"。从宣德后期至正统、天顺,围绕批答开始形成了内阁票拟与内监批红的局面;祀天、视朝、面议却是一丝不苟,英宗和景泰帝的亲政,主要体现在"面议"这一环节。这一时期已经为皇帝从"事必躬亲"到"垂拱而治"的过渡准备了条件。从成化开始,面议基本被取消,只剩下祀天、视朝以"虚应故事"。嘉靖中后期和万历时期,明代皇帝连祀天和视朝的"虚应故事"也懒于理会,大抵上已经是"垂拱而治"了。但各朝的特点并不一样。成化、弘治、隆庆、天启是祀天、视朝但不面议、不批答、不亲政;嘉靖、万历大抵上不祀天、不视朝、不面议,偶尔批答、偶尔亲政,甚至时时别出心裁地驳回内阁票拟,但国家事务的处理,仍然由内阁和司礼监代劳。武宗正德帝和思宗崇祯帝可以说是两个特例。武宗可以风风火火去关外和蒙古人厮杀,也可以大张旗鼓下江南和宁王宸濠拼命,但从本质上来说仍然是"垂拱"皇帝。思宗于祀天、视朝、面议、批答,无不亲行,连李自成的"伪诏"也说:"君非甚黯,孤立而炀蔽恒多。臣尽行私,比党而公忠绝少。赂通宫府,朝端之威福日移。利擅宗绅,闾左之脂膏殆尽。肆昊天聿穷乎仁爱,致兆民爰苦于褐灾。"[①] 但已是有心泣血、无力回天。

第四节 "垂拱而治"状态下明代中央决策系统的运行

赵翼《陔余丛考》云:"自成化至天启,一百六十七年,其间延访

---

① 计六奇:《明季北略》卷23《李自成伪诏》。

大臣，不过弘治之末数年，其余皆廉远堂高、君门万里。无怪乎上下否隔，朝政日非！"① 这在中国两千年来的君主集权国家中都是十分罕见的。

正统以后，我们看到的是明朝中央决策系统的如下运行程序：全部政务的处理、裁决，重大问题的决策，几乎均由各部门议定。府、部、院诸衙门该管事务，皆由各衙门先行提出处理意见，是为"部议"。弘治时左谕德曾彦在疏中就说："诸臣章疏，皆蒙令所司议处。"② 官民建言奏章之重大者，先由礼部，后由六部尚书、都御史、六科给事中聚议裁处，是为"廷议"。官员的任免升黜，文归吏部、武由兵部；在京三品以上大臣及在外督、抚员缺，则由"廷推"。重大案件的判决，有"三司会审"；难以结案者，又有"廷鞫"。所有奏章，包括部议、廷议的结果，均由内阁票拟批答。对票拟进行最后审批的是司礼监的批红。皇帝诏令敕谕的颁布，得由六科签署。在整个过程中，皇帝的工作只是对章奏和阁票象征性地"略览一二"。尽管世宗、神宗有时也自行批答、更改阁票，但只不过是以恩威莫测的权术驾驭群臣，以示"乾纲独揽"。然而，所有的政务又都以皇帝的名义裁决。这种为解决皇帝无法事必躬亲而又可大权独揽而形成的决策程序，使得皇帝可以完全从具体事务中解脱出来，为皇帝的不视朝不亲政、"垂拱而治"提供了条件。但这些程序，归根到底是"公文往来"，用嘉靖时给事中章侨的话说，皇帝"高拱穆清之上，而付万几于章奏之间"③。

皇帝的不视朝、不亲政，在一定程度上导致了明代中后期的宦官专权、阁臣倾轧、阁部相争、门户纷立。所以，正德时吏部尚书杨一清因武宗的不亲政而上疏："陛下岂不以天下政务，文武诸司分职于外、辅

---

① 赵翼：《陔余丛考》卷18《有明中叶天子不见群臣》。
② 《明孝宗实录》卷75，弘治六年五月壬辰。
③ 《明世宗实录》卷24，嘉靖二年三月癸亥。

导之臣论思于内，委任责成，可不劳而理？"① 隆庆时的内阁首辅高拱则直言不讳："阁臣拟令代答，以致人主玩愒。"② 但是，此时统治集团内部的斗争与洪武时期的态势不相同，皇帝不再是作为矛盾的一方，而是处于超乎各种矛盾之上的协调者的地位。皇帝可以不对任何决策负责，却可以随时追究决策失误的责任。这样，可以避免皇帝亲政而造成的政策不易转变、矛盾没有缓冲余地等弊病。

从明中叶以后的舆论来看，官僚集团更倾向于皇帝的不亲政，只是措辞比较含蓄而已，称为"垂拱"。正德、嘉靖之际为吏部尚书的王琼，就一方面称誉明太祖废除丞相、加强皇权的措施"高出千古"，以抨击内阁的权重，另一方面却将"事皆朝廷总之"的原则偷换成了"朝廷端拱以照临于上"，并大加赞扬。③ 但是，作为希望有所作为的政治家，高拱对此则痛心疾首并揭示出其中的隐秘：

> 致君以格心为本，格心以诚意为本。今日辅德之事全未。且莫说朝夕纳诲、格君心之非，即平日何曾讲论个道理、商量个政事？纵紧急不得已事，亦只札子往来而已。书既不能尽意，而又先经内官之手拆视而后进上，机密之言，如何说得？君臣道隔，未有甚于此也。然事须面议，乃得其情，而面议不得开端，不止内官不乐人主与大臣说话，恐破其壅蔽。而辅臣亦不敢苦请面对，若忽然问一件道理，未必能知，问一件事体，未必能处，原无本领，当面说个甚，所以亦不乐于面对也。④

---

① 《明武宗实录》卷120，正德十年正月庚辰。
② 高拱：《病榻遗言》。
③ 张萱：《西园闻见录》卷26《宰相上》。
④ 高拱：《本语》卷5。

如果不是身在其位，恐怕无法有如此深的感受。原来皇帝不亲政、不面接大臣，竟然是最高决策层的共同选择：宦官不愿皇帝见大臣，担心君臣一见面、一交谈，自身的营私、作弊、弄权便暴露无遗；大学士也不愿意和皇帝见面，封闭既久，见面之后难以沟通，前者担心没有真才实学而丢面子，后者更不愿在外臣面前露短。见了大家都不方便，内官不便、大学士不便、皇帝更不便，而不见大家都清心省事，于是垂拱之治成矣。

要求皇帝亲政视朝的呼声只有在两种情况下才趋于强烈。一是宦官专权，二是内阁专权。在明代中后期，评价皇帝的优劣和政治的盛衰，不再看皇帝是否亲政，而是看其是否能起到最高裁决者和协调者的作用。从一定意义来说，明朝末代皇帝崇祯帝的亲政，正是万历末年至天启时整个官僚集团内部的权力制衡态势遭到严重破坏、国家机器运转发生故障的结果。但明朝的统治也便江河日下、无可挽回了。

人们在评述明代的中央集权、君主专制时，总是用皇权的"至高无上""不受任何限制"来说明其强化的程度。而事实上，任何专制君主都受到社会经济条件、传统道德规范的制约。我们通常所说的皇帝有至高无上的权力，只是说立法、行政、司法等方面，原则上得由皇帝作出最后的裁决，而并不意味着事无巨细，均得由皇帝决定；我们说皇权不受限制，只是说没有对皇帝实行限制的法律条文，而决不意味着皇帝可以无所不为或为所欲为。在明代中后期，皇帝在权力结构和政治体制中至少受到以下几个层次的"合法"限制。

一是司礼监。这是被人们视为明代君主专制腐朽之源、明朝宦官专权祸害之源的机构。但实际上，它又是皇帝越轨行为的第一道防线。皇帝的意旨，须经司礼监才能下到内阁，如果旨意不合"祖制"，司礼监可据理力争。如成化时宪宗欲易储，司礼监太监怀恩以社稷安定为由，

"死拒不从",并声称:"非敢违命,恐违法耳。"① 又如武宗从刘瑾等游,不理朝政,司礼监太监王岳等联合阁、部大臣,极力劝谏,并欲重惩刘瑾等。② 因为明代司礼监权重而内外廷矛盾时时激化,所以人们往往忽视它在限制君主独裁方面的作用。

二是内阁。内阁的主要事务是票拟,虽说旨意到阁后拟票,但如果认为旨意有碍国计民生、有损官僚集团的利益,内阁可提出不同的意见,请皇帝收回成命,或拒不拟票,这在当时叫"执奏"。如世宗因孝宗张皇后曾抑其母蒋氏,迁怒于张后的兄弟张延龄,四谕内阁及首辅张璁,命其票拟处张延龄死刑。张璁先后上十三疏表示异议,终至减刑。③ 又如崇祯帝欲定"从逆"案,广为罗织,命内阁列名,首辅韩爌再三拒之:"臣等职在调旨,三尺法非所习。"④

三是六科。凡诰制敕文的宣行,均由六科签署,大事复奏、小事颁布,如有讹误,当封还执奏。如嘉靖二年(1523)二月,世宗亲批都察院差御史巡盐事,稍有失误,刑科给事中黄臣等即予驳还⑤。邓继曾等则将未经内阁票拟的"中旨"斥为"事不考经、文不会理"。⑥ 在保持各个系统、各个层次的权力相互制衡的过程中,科道的作用是不容忽视的。以"上下相维、大小相制"原则建立起来的六科十三道言官系统,是明代中央集权制度的重要组成部分,也是明朝国家权力结构的重要组成部分。在宦官干政或专权时,科道是抨击和抗衡宦官的重要力量;在宦官势力消退、内阁势力扩张时,科道又是牵制内阁的重要力量。弘治时户部主事卢锦对此看得十分透彻:"盖必有学士,则内臣不

---

① 沈德符:《万历野获编》卷6《内臣·怀恩安储》。
② 沈德符:《万历野获编》卷6《内臣·怀恩安储》;郑晓:《今言》卷3之205。
③ 张璁:《谕对录》。
④ 《明史》卷306《阉党》。
⑤ 《明世宗实录》卷23,嘉靖二年二月丙戌。
⑥ 《明世宗实录》卷36,嘉靖三年二月丁酉。

得以自专；有都给事中，则学士、内臣不得以声势相倚。"① 而对于皇帝的越轨行为，抗争最为激烈的，也是科道。顾炎武在评价明代科道作用时认为："明代虽罢门下省长官，而独存六科给事中以掌封驳之任。旨必下科，其有不便，给事中驳正到部，谓之'科参'。六部之官无敢抗科参而自行者，故给事中之品卑而权特重。万历之时，九重渊默，泰昌以后，国论纷纭，而维持禁止，往往赖抄参之力。"②

对皇帝的这些限制，不同于一般臣下对君主的净谏，而是以该衙门的法定职责为保证的。明代皇帝对臣下凌辱之甚，是历代所罕见的，但受制于臣下之多，也是历代不多见的。

从上述变化可以看出，明太祖建立的各部门相互颉颃、事皆皇帝主之的国家权力结构和政治体制，在中央决策系统中已演变为皇帝"垂拱而治"，司礼监代表"朝廷"并与内阁"对柄机要"的"以内制外"的运行模式。

---

① 《明孝宗实录》卷11，弘治元年二月乙未。
② 顾炎武：《日知录》卷12《封驳》。

— 中篇 —

明代中央管理系统的权力制衡：
外廷、内府与科道

第七章 废除中书省后"彼此颉颃"的外廷与内府

第一节 外廷"六部九卿"分理庶务

一、六部的分工与协调

明太祖攻取南京之后,设江南行中书省,号令四方。又于江南行中书省内设四部,分理钱谷、礼仪、刑名、营造诸务,相当于后来的户、礼、刑、工各部。缺吏、兵二曹,用王世贞的话说,是因为战事紧迫,"势不遑设"①。而实际上,明太祖亲自掌握官员任免权和军事指挥权。建元洪武后,国家已成规模,设官也需完备,遂按隋唐宋元以来的旧制,于洪武元年(1368)八月设吏、户、礼、兵、刑、工六部,为正三品衙门,仍属中书省。各部均设尚书(正三品)、侍郎(正四品)、郎中(正五品)、员外郎(正六品)、主事(正七品)等官。②

洪武十一年,明太祖在设立通政司以直接沟通内外诸司之后,命六部奏事毋关白中书省,实际上已开始越过中书省直接向六部发号施令。

---

① 王世贞:《弇山堂别集》卷47《六部尚书表》。
② 《明史》卷72《职官志一》。

洪武十三年废中书省，罢丞相，同时升六部为正二品衙门，直接对皇帝负责。于是，原中书省之政分于六部，又总于皇帝。洪武十三年四月，罢御史台及各道按察司；① 十五年十月，置都察院及十二道监察御史；十七年正月，升都察院为正二品衙门。② 以上吏、户、礼、兵、刑、工六部及都察院，合称"七卿"。加上通政司、大理寺，遂为"九卿"。在废中书省的当天，又改大都督府为中、左、右、前、后五军都督府。这就是明太祖所设计的既"分理天下庶务"又"彼此颉颃、不敢相压"的"五府、六部、都察院、通政司、大理寺等衙门"。

这些衙门虽然"不敢相压，事皆朝廷总之"，但它们的地位及事权仍是畸轻畸重。

六部之中，有高下尊卑之分，吏、户、兵三部或因权重，或因事繁，地位在礼、刑、工三部之上，被称为"上三部"。六部各设尚书一人（正二品）、左右侍郎各一人（正三品）；所属清吏司各设郎中一人（正五品）、员外郎一人（从五品）、主事一人（正六品，事务较繁的一些清吏司增设一人）；另设首领官司务厅司务（从九品）、照磨所照磨（正八品）及检校（正九品）等。建文时改革官制，六部尚书均为正一品，增设左右侍中各一人，正二品，位在侍郎之上。永乐时恢复旧制。各部机构设置及职责分工如下：

吏部掌全国官吏的选授、封勋、考课等政令，被视为"古冢宰之职"，故地位较其他五部为尊。下有文选（始称"总部""选部"）、验封（始称"司封"）、稽勋（始称"司勋"）、考功四清吏司。文选司掌官吏班秩的迁升及改调等事，故事权特重；验封司掌官员及其亲属的封爵、袭荫、褒赠及吏算等事；稽勋司掌官吏的勋级、名籍、丧养等

---

① 《明太祖实录》卷131，洪武十三年四月附条。
② 《明太祖实录》卷149，洪武十五年十月丙子；卷159，洪武十七年正月辛亥。

事；考功司掌官吏的考课、黜陟等事，是吏部中又一个有实权的部门。

《明史·职官志》说，自中书省废除后，"吏部尚书表率百僚，进退庶官，铨衡重地，其礼数殊异，无与并者。"可见吏部在当时的崇高地位。在内阁成为国家决策权力机关之后，外廷各衙门唯一能与其抗衡的，也只有吏部。

户部掌全国户口、田赋等政事，具有民政管理和财政管理两个方面的职能，事权最为繁重，其下属机构的设置也与其他各部不同。

洪武六年充实六部机构时，吏、兵二部之下各设三个属部，礼、刑、工三部之下各设四个属部，唯户部下设一、二、三、四科及总科，共五个属部。洪武二十三年，为了适应部务浩繁的实际情况，与地方十二个布政司相对应，在户部设十二个部，后改十二部为十二清吏司。宣德时定为浙江、江西、湖广、陕西、广东、山东、福建、河南、山西、广西、贵州、四川、云南，共十三个清吏司。十三司各掌其分省之事，兼领所分两京、直隶贡赋，诸司、卫所俸禄，边镇粮饷，以及各仓场、盐司、钞关等。吏、兵等部每清吏司按例设郎中一人、员外郎一人、主事二人。但户部较其他五部更多：山西司设郎中四人，陕西、贵州、云南三司各设三人，山东司设二人；云南司设主事九人，浙江、江西、湖广、陕西、福建、河南、山西诸司各设四人，山东、贵州、四川诸司各设三人。

礼部掌礼仪、祭祀、宴飨、贡举等政令，下设仪制（始称"仪部"）、祠祭（始称"祠部"）、主客、精膳（始称"膳部"）四司。仪制司掌各种礼文及宗封、贡举、学校之事，祠祭司掌各类祀典及天文、国恤、庙讳之事，主客司掌国内各少数民族及外国朝贡接待给赐之事，精膳司掌宴飨、品料、酒膳之事。

明太祖一再声称以礼治天下，故礼部兼有礼乐教化的职责；世宗崇鬼神、重祭祀，举凡天文、地理、医药、卜筮、音乐、僧道，皆掌于礼部，礼部尚书、侍郎都是撰写青词的高手，每每由此入阁。故礼部虽为清要衙门，却是拜相的台阶，自然令人瞩目。

兵部掌全国军官的选授考察、军队的训练调遣等政事，下设武选（始称总部、司马部）、职方、车驾（始称驾部）、武库（始称库部）四清吏司。武选司掌卫所军官及土官的选授、升调、袭替、功赏之事，凡除授出自中旨即未经兵部而直接由内官宣称出自皇帝简选者，该司可复奏请旨，在四清吏司中地位特重，与吏部文选司相仿；职方司掌舆图、军制、城隍、镇戍、简练、征讨之事，故该司官员对天下地理的险易远近、边腹疆界的古今变化、各处军队的强弱配备等最为熟悉；车驾司掌卤簿、仪仗、禁卫、驿传、厩牧之事，负有巡警、宿卫的职责；武库司掌戎器、符勘、尺籍、武学、薪隶之事，负有后勤供给及兵源输送的职责。

明初都督府和兵部共掌军政，其后都督府渐成闲曹，兵部权势更重。而太仆寺因掌全国草场和马匹，隶于兵部。

刑部掌天下刑名及徒隶、勾覆、关禁等政令，为全国最高司法行政机关，与户部一样，下设浙江、江西等十三清吏司，既分掌各分省刑名，也带管在京各衙门事务。由于东厂和锦衣卫参与缉捕，司礼监又主持"廷鞫"，大理寺专理复审，故刑部的事务受到各方面的牵制，但也可以看出明朝政府对司法的重视。

工部掌全国百工[①]营造及山川采捕之政令，下设营缮（始称营部）、虞衡（始称虞部）、都水（始称水部）、屯田四清吏司，及宝源局、抽分局等机构。营缮司主经营兴作之事，故三年一役的轮班工匠、月役一旬的住坐工匠，以及各色工役人员均由其管理，一应工料均由其筹办；虞衡司主山泽采捕及陶冶之事，故山货土产的征税，制陶冶炼的费用，

---

① 中华书局标点本及各种版本的《明史》均为"百官"，误，从《明会典》。

以及山场、园林的收入，均由其负责；都水司主川泽、陂地、桥梁、舟车、织造、券契、量衡之事，与此有关的力役和费用由其筹措；屯田司主屯种、抽分、薪炭、夫役、陵墓之事，组织垦殖及工商管理的职能非常明显。①

六部掌管的工作，大体上包括了当时国家的基本政务。六部的分工，虽说是仿效《周礼》六卿，但实际上是唐宋以来六部制度的继承和发展。所不同的是，唐宋及元代的六部归属尚书省或中书省，而明代废中书省后，六部直接对皇帝负责，六部尚书在名义上是最高一级的行政官员，其地位非前代六部可比。另外，六部内的机构设置和分工，也打破了前代各部下辖四司的所谓"六部二十四司"的传统模式，反映了国家权力机关的设置在适应社会经济发展方面的进步。关于六部职权的行使状况，以及六部和内阁、都察院等其他机构在明代国家权力结构中的地位和关系，将在下文进行论列。

二、都察院、通政司及大理寺

与六部合称为"九卿"的是都察院、通政司和大理寺。

都察院是国家最高监察机关，这使得都察院的权力可以渗透到明代国家权力结构的各个环节，因而同时具有司法、财政、军事、吏治等各方面的职能；大理寺为司法复核机关，驳正刑部审理的重刑大狱。这两个机关的具体情况也将在下文进行讨论，本节只对通政司的职能作一概述。

通政司全称为"通政使司"，是明太祖为防止中书省的专权而设置的"喉舌之司"，设通政使一人（正三品）、左右通政各一人、誊黄右

---

① 以上参见《明史》卷72《职官志一》，以及正德、万历《明会典》的有关部分。

通政一人（均为正四品）、左右参议各二人（正五品）。另设首领官经历司经历一人（正七品）、知事一人（正八品）。

　　由于通政司的设置具有特殊使命，故而被赋予特殊的地位，为九卿之一，居都察院之后而在大理寺之前，其职"掌受内外章疏敷奏封驳之事"。凡议大政、大狱及会推文武大臣，通政使均参与。工作程序也有严格的规定：凡四方陈情建言、申诉冤滞，或告不法等事，均于底簿内誊写诉告缘由，与原状一并奏闻；凡天下臣民实封奏事，最初得直送御前开拆，后许于公厅启示，节写副本，然后奏闻；重要机关如五军都督府、六部、都察院等衙门，如有事关重大者，其入奏也须有通政司印信；凡诸司公文、勘合皆经通政司辨验，并编号注写，公文用"日照之记"、勘合用"验正之记"关防存底；凡在外之题本、奏本，在京之奏本，皆不得径自封进，须由通政司汇总，早朝时一并进呈；午朝则引奏臣民之言事者，有机密重务则随时入奏；凡抄发、照驳诸司公移及勘合、讼牒、勾提件数、给由人员等，月终类奏，岁终通奏。即凡是以下达上的所有公私文书，均由通政司上达，在京各衙门下发的公文、勘合，均由通政司验辨驳正，确实有"喉舌之司"的特权。[①]

　　但是，通政司的设置是为了防止中书省的专权，那么，随着中书省的废除，特别是明中后期皇帝不亲理政务，外廷内阁六部新格局的形成，内廷司礼监下属文书房掌收通政司每日封进本章并会极门京官及各藩所上封本，封驳之权又归于六科，通政司的地位也日趋下降，虽然仍在九卿之列，但大致已属闲曹，其地位的唯一体现，只是参与廷议和廷推。

---

① 《明史》卷73《职官志二》。

三、太常、光禄及其他事务性衙门

在明代中央管理系统的权力结构中，除"九卿"之外，还有太常寺、光禄寺、太仆寺、鸿胪寺、尚宝司等一些衙门，管理一些具体的事务，其首脑与大理寺同，均称"卿"，故通称"京卿"。

这些"京卿"中，除大理寺位列九卿外，太常寺地位最高，为正三品衙门，设卿一人（正三品）、少卿二人（正四品）、寺丞二人（正六品）。太常寺其实是礼部之下一个相对独立的掌管祭祀礼乐的事务性衙门，所以《明史》说它"掌祭祀礼乐之事，总其官属，籍其政令，以听于礼部"①。

从属官的设置，可以看出太常寺的职责范围：典簿厅典簿二人（正七品），专掌日常庶务；博士二人（正七品）、协律郎二人（嘉靖时增至五人，正八品）、赞礼郎九人（嘉靖时增至三十三人，正九品）、司乐二十人（嘉靖时增至三十九人，从九品），这是主管礼乐的业务官员；天坛、地坛、朝日坛、夕月坛、先农坛、帝王庙、祈谷殿、长陵、献陵、景陵、裕陵、茂陵、泰陵、显陵、康陵、永陵、昭陵等均置祠祭署，各有奉祀一人（从七品）、祀丞二人（从八品），这是分管祭祀的官员。另有牺牲所，设吏目一人（从九品），供给祭祀所用的牺牲物品。

无论是礼乐还是祭祀，太常寺的主要职责是与上天对话、是司"阴礼"的衙门，天神、地鬼均由其联络，故出任该寺正卿、少卿者，多是通晓阴阳之术的高手。而且，在位的皇帝越是相信天命，太常寺越受重视。成化、嘉靖年间太常寺设官的大大超员，便说明了这一点。不仅如

---

① 《明史》卷74《职官志三》。

此，大批太常寺官员因得到宠信，弃"天事"而干"人事"，从而给国家行政事务带来了冲击。[1]

除掌礼乐祭祀之外，太常寺专设少卿一人（正四品），提督四夷馆。四夷馆初隶翰林院，选国子监生于此学习少数民族及外国语言、翻译文字。永乐时有蒙古、女直（真）、西番、西天、回回、百夷、高昌、缅甸八馆，加上正德时增设的八百馆、万历时增设的暹罗馆，共为十馆。明前期民族关系发展较快，海外交通也发达，故四夷馆译字生待遇较高，如参加科举考试中式，可以得到乡、会试科甲的同样出身。待遇既高，趋之者也多，弊病也就日渐凸显。天顺时，礼部侍郎邹干上疏说："永乐间翰林院译写番字，俱于国子监选取监生习用。近年以来，官员军民匠作厨役子弟投托教师，私自习学，滥求进用。况番字文书多关边务，教习既滥，不免透漏夷情。乞饬翰林院，今后各馆有缺，仍照永乐间例，选取年幼俊秀监生，送馆习学，其教师不许擅留各家子弟私习及徇私保举。"[2] 为了加强对四夷馆的管理，弘治七年（1494）增设太常寺卿、少卿各一员为提督（嘉靖时裁卿，只留少卿），于是四夷馆改隶太常寺。其实，像四夷馆这样的机构出现一些弊病，本是非常正常之事，加以整顿即可，即使要改，也应改隶主管外事接待的鸿胪寺，改隶太常寺则不伦不类（当然，明代在制度设置方面的不伦不类现象并非只是表现在四夷馆上）。这一方面是明朝的国际影响力逐渐下降，另一方面在太常寺的"提督"下无所事事，四夷馆也日趋寥落。据隆庆时大学士高拱所说，"译字生自嘉靖十六年（1537）考收之后，迄今垂三十年，中多事故更迁，所存者仅余一二。世业无传，番译俱废"[3]。

---

[1] 成化时期，有"道术"的著名"传奉官"如李孜省、顾玒、邓常恩、李景华、陈敩、康永韶等，均曾在太常寺任职。参见方志远：《"传奉官"与明成化时代》（《历史研究》2007年第1期）。
[2] 孙承泽：《天府广记》卷27《四译馆》。
[3] 孙承泽：《天府广记》卷27《四译馆》。

光禄寺也是礼部的分支机构，参与天地鬼神的祭祀，但与太常寺掌祭祀礼乐、主要与上天进行语言和精神对话不同，光禄寺的主要职责是提供祭品，以便在物质上满足天地鬼神的需要。另外，凡筵宴酒食及外使、降人的宴犒，也由光禄寺官员负责操办。该寺设卿一人（从三品）、少卿二人（正五品）、寺丞二人（从六品）。其属官有：典簿厅典簿二人（从七品）、录事一人（从八品）；大官、珍羞、良醢、掌醢四署，各设署正一人（从六品）、署丞四人（从七品）、监事四人（从八品）；司牲司大使一人（从九品），司牧局大使一人（从九品），银库大使一人。从设官情况也可以看出光禄寺的主要职责是物资供应。《明史》概括光禄寺卿的职责是："掌祭享、宴劳、酒醴、膳羞之事，率少卿、寺丞官属，辨其名数，会其出入，量其丰约，以听于礼部。"①

太仆寺专掌马政。战马的繁殖和牧养是为军队服务的，所以太仆寺又是兵部的分支机构。其前身为设于答答失里营所及滁州的群牧监，改太仆寺后为从三品衙门。该寺设卿一人（从三品），主寺事；少卿三人（其中一人为正德时增设，正四品），一人佐寺事，一人督营马，一人督畿马；寺丞四人（正六品），分理京卫、畿内及山东、河南六郡孳牧、寄养马匹。其属官有：主簿厅主簿一人（从七品），典勾省文移；常盈库大使一人，典贮库马金。《明史·职官志》说太仆寺"掌牧马之政令，以听于兵部"，在明前期是一个较有权势的衙门。洪武二十三年（1390）定制时，太仆寺辖有滁阳、大兴等14牧监及其下属的97个牧群。永乐时，各牧监、牧群有马190多万匹。其后，随着北方人口的增加和牧场的被复垦、被侵占，牧场面积日蹇、马匹数量日减，特别是御马监干预马政，太仆寺的地位也就逐渐下降。

鸿胪寺是礼部的分支机构，掌朝会、宾客、吉凶仪礼之事。设卿一

---

① 《明史》卷74《职官志三》。

人（正四品）主寺事；左、右少卿各一人（从五品），左、右寺丞各一人（从六品），以佐寺事。其属有主簿厅，设主簿一人（从八品），管理本寺庶事；司仪、司宾二署，各设署丞一人（正九品），为业务部门，从中可看出鸿胪寺的基本职责，一是礼仪，二是对外接待。又有鸣赞四人（从九品），专在行礼时发号令；序班五十人（从九品），为行礼时的领班。凡国家大典礼、郊庙、祭祀、朝会、宴飨、经筵、册封、进历、进春、传制、奏捷，凡在外官员朝觐、外国使节朝贡、派出使臣复命及谢恩等，均由该寺主持行礼。对于不熟悉朝仪的官员及外国使臣，该司还负有教习礼仪的责任。

此外，可列入京卿的衙门还有尚宝司。这是一个与内廷尚宝监共掌宝玺、符牌、印章的衙门，地位特殊，但并无独立办事的权力。按明朝制度："各宝皆内尚宝监女官掌之。遇用宝则尚宝司以揭帖赴尚宝监，尚宝监请旨，然后赴内司领取。"[①] 可见，凡用宝、用符、用印，尚宝司均应先奏请，且须与尚宝监一同收、发、察、验，基本上属闲曹，所以该司只设卿一人（正五品）、少卿一人（从五品）、司丞三人（正六品），而无属僚，在该司任职者也多属以恩荫寄禄者。

四、翰林院及其他近侍衙门

在明代中央管理系统中，还有翰林院、钦天监、太医院等近侍衙门。但这些近侍衙门和宦官衙门不一样，均由外官出任，而且依赖于专门的业务知识，故也可以被视为专业技术衙门。

翰林院是明代最重要的近侍衙门之一。明太祖于政权粗创时，就设立了翰林院，为正三品衙门，与六部品秩相同，设学士（正三品）、侍

---

① 孙承泽：《天府广记》卷10《尚宝司》。

讲学士（正四品）、直学士（正五品）等官。当时的翰林学士陶安既是议礼总裁官，又与中书省丞相李善长、御史中丞刘基等删定律令。明太祖在制定政策、改革机构、考虑重大人事变动时，往往先与翰林诸臣商议。所以《明史》将翰林院职责概括为"掌制诰、史册、文翰之事，以考议制度，详正文书，备天子顾问"①。

废中书省后，六部品秩由正三品升为正二品，成为最高一级的行政管理机关，翰林院却由正三品降为正五品。如果考虑到洪武十七年（1384）更定内官诸监、库、局时，宦官的最高品秩仅为正七品，翰林院品秩的降低就容易理解了。既然要建立一个五府、六部、九卿各衙门相互颉颃、事皆皇帝总之的新权力体系，近侍衙门就不能干预政务，为此，必须在体制上对其进行压制。至于后来从翰林院之中分出内阁，对政府各部门的事务进行裁决，地位在六部之上，内府各监又提升为正四品，且司礼监崛起，对内阁票拟进行审批，则是在皇帝由事必躬亲到不亲政不接见大臣这一根本转变中新权力结构形成的体现。实际上，从洪武十四年明太祖命翰林、春坊官平驳诸司奏启，到明成祖命解缙、胡广等以翰林官的身份参预机务并导致内阁的产生和内阁制度的形成，以及内阁和司礼监对柄机要，都说明在君主专制制度下，君主的统治是离不开近侍衙门的。但上述变化对于翰林院来说，是一个悲剧。

内阁产生并最终与翰林院分署办公（其实是将翰林院逐出），直接后果是翰林院在公开地位和实际作用上的下降。翰林院设学士一人（正五品），侍读学士、侍讲学士各二人（从五品），侍读、侍讲各二人（正六品），五经博士九人（正八品，均世袭），典籍二人（从八品），侍书二人（正九品），待诏六人（从九品），孔目一人。学士们的工作主要是在内阁的带领下参与经筵日讲、编修实录及玉牒、史志等书，编

---

① 《明史》卷73《职官志二》。

纂诸司章奏等。至于考议制度、备天子顾问，已是内阁的事情。有明一代，翰林院称"清要"之地，"清"固然清，而其"要"，并不在于本衙门有何权势，而是因为：一、这里是出大学士之所在，二、这里是"知识宦官"的教师之所在。

翰林院中最引人注目的是被称为"史官"的修撰（从六品）、编修（正七品）和检讨（从七品），以及庶吉士们。这是历届科举的佼佼者：一甲进士三人，状元授修撰，榜眼、探花授编修；二、三甲进士中的年轻有才学者选入翰林院读书，三年后散馆，学业优秀者留翰林院，二甲授编修、三甲授检讨。这些史官们有机会参与经筵，陪皇帝读书，升迁的机会多，而且是进入内阁的必由之阶，故令人注目。有"非进士不入翰林，非翰林不入内阁"之说，庶吉士始进之时，便被视为"储相"（见上文）。

明代翰林令人注目的另一方面是翰林官为内书堂教习。宣德元年（1426）七月，设内书堂教小内使读书，第一位教官是刘翀，其原职是刑部主事，但改授翰林院修撰后才为教官。① 从景泰开始，内书堂教官均由翰林院侍讲、修撰、编修、检讨担任。这些翰林官的出身大都是一甲进士，或是庶吉士选留者。一般每次任命三四人，任期不限，最长的达二十年之久。由于司礼监宦官尤其是掌印太监和秉笔太监多出身于内书堂，故与出任教习的翰林官们有师生之谊。明代大臣入阁，多有复杂的政治背景，而在皇帝左右参预决策的司礼监太监们对此常常起着关键性的作用。业师欧阳琛教授曾从各种文献中查得任内书堂教习的翰林官共69人（当然，出任过内书堂教习的翰林官远远不止这个数字），后来入阁的有29人，占出任教习人数的五分之二。其中，景泰七年（1456）任教习的翰林官四人，入阁者三人（万安、岳正、刘翀）；万

---

① 《明宣宗实录》卷19，宣德元年七月甲午。

历二十六年（1598）任命的三人，后来全都入阁（韩爌、朱国祯、沈㴶）；万历三十九年任命的六名教习，后来有四人入阁（钱象坤、徐光启、李标、来宗道）。①虽然不能说这些翰林官的入阁都是由于司礼监太监的援引，但太监们在其中起的作用是不可否认的。

钦天监是一个带有一定神秘色彩的专业技术衙门。明初沿元代之旧，称"太史监"，任太史令的便是充满神秘色彩的刘基。后改太史监为"太史院"，再改名"钦天监"。如果说太常寺的职责是与上天对话，钦天监的职责则是探测上天的奥秘和意图。为了观测天象，钦天监在北京城的东南立有观象台，台上备有浑天仪、简仪及其他设备。

钦天监设监正一人（正五品）、监副二人（正六品），掌察天文、定历数及占候、推步之事。凡日月、星辰、风云、气色诸天象，皆率其属进行观测，如有变异，则视为上天示警，密疏奏闻。其属官有春、夏、中、秋、冬五官，设五官正各一人（正六品）、五官灵台郎八人（从七品，后革四人）、五官保章正二人（正八品，后革一人）、五官挈壶正二人（从八品，后革一人）、五官监候三人（正九品，后革一人）、五官司历二人（正九品）、五官司晨八人（从九品，后革六人）、漏刻博士六人（从九品，后革五人）。五官正主推算历法、定四时，司历、监候佐之；灵台郎主辨日月星辰之躔次、分野，以占候天象的变化；保章正专志天文的变化，以测定吉凶；挈壶正掌刻漏，以研求中星昏旦的位置；漏刻博士以漏定时，以牌换时，以鼓报更，以钟鼓报晨旦，司晨佐之；钦天监所置观象台，东、南、西、北四面各有四名天文生，轮番测候。

由于该监专业性强，故监官不得改任其他衙门，且子孙世袭，不得改从他业。洪武时曾下严令："钦天监人员别习他业、不学天文历数者，俱发海南充军。"②天顺时，曾一度允许天文生应科举，随即因洪武时

---

① 欧阳琛：《明内府内书堂考略》，《江西师范大学学报》1990年第2期。
② 孙承泽：《天府广记》卷29《钦天监》。

有禁令而停止。如果监官员缺，由礼部访寻试用。在监官员上自五官正、五官灵台郎，下至司历、司晨、博士，以及天文生、阴阳人等，一方面要恪尽职守，观察天象、修订历法，为大营建、大征讨以及皇帝的冠婚、陵寝等选宝地、择吉日，另一方面得不断学习专业知识、汲取先进技术、改进工作方法。

在古代中国的科学技术中，天文历法是最先进的领域，到明代前期，这方面也保持着世界领先水平，钦天监的工作功不可没。但是，由于观测仪器和观测技术长期没有突破性发展，当西方近代天文学兴起之后，钦天监的一套老办法就显得落伍了。所以明末聘请著名西方传教士龙华民、邓玉函、罗雅谷、汤若望等参与钦天监修订历书的工作，采用西方学者的天体运动体系和几何计算系统，完成了比以往历法更为先进的《崇祯历书》，这也是明代钦天监在吸收西方新技术之后作出的最重大的贡献。

与天文历法一样，医药学在中国古代也非常发达。作为掌管医疗的最高机关，**太医院**自然也是一个技术性非常强的衙门。该衙门设院使一人（正五品）、院判二人（正六品），其属有御医四人（后增至十八人，隆庆时定为十人，正八品）、吏目一人（隆庆时定为十人，从九品）。辖生药库、惠民药局，各设大使一人，副使一人。

太医院的职责是双重性的，一方面是皇室的御用医疗机关，故称"御医"。如皇帝或太后、嫔妃有病，院使、院判及御医一同诊视，共议病情并开具药方，会同内臣选药，药剂须连名封记，开写药性及证治之法；烹调"御药"，由院官与内臣监视，每次均二剂合一烹调，然后分成两份，御医、内臣先尝一份，另一份才进呈皇帝及其亲属服用。一旦发生意外，院官及御医、内臣均得承担责任。除给皇帝及其嫔妃治病，如藩王府请医，或文武大臣及外国君长有病，也往往派御医治疗。太医院另一方面的职责是主管全国的官方医药机构、培训医务人才。当时的医术分为大方脉、小方脉、妇人、疮疡、针灸、眼、口齿、接骨、伤寒、咽喉、金镞、按摩、祝由等十三科，医官、医生、医士，或专攻一科，或兼攻多科，均选自医家子弟，并经过专门的训练，考试合格方可任用。即使在职的医官、医生、医士，也得定期接受考核，不合格者即行革除。外省各府州县均置惠民药局，边关卫所及居民聚集处，均设有医生、医士或医官，皆由本院考试及差遣。①

第二节 内府"二十四衙门"各司其职

明太祖在位期间，不仅对外廷文官机构进行了一系列调整，还逐步建立起一整套内廷宦官机构。

吴元年（1367）九月，置内使监，设监令，秩正四品，下有丞、奉御、内使、典簿。不久，分内使监为内使、御用二监，各设令一人，秩正三品。又置御马司，设司正，秩正五品。这是明太祖在建元洪武之前设立的第一批宦官机构。②

明太祖曾一再告诫有关部门："古时此辈（指宦官）所治，止于酒浆醯醢、司服、守祧数事。今朕亦不过以备使令，非别有委任。可斟酌其宜，毋令过多。"又说："此辈自古以来，求其善良，千百中不一二见。若用以为耳目，即耳目蔽矣；以为腹心，则腹心病矣。驭之之道，但常戒敕，使之畏法，不可使之有功。有功则骄恣，畏法则检束。检束则自不敢为非也。"③ 但从吴元年到洪武十七年（1384）初，宦官机构

---

① 《明史》卷74《职官志三》。
② 《明太祖实录》卷25，吴元年九月丁亥。
③ 《明太祖实录》卷44，洪武二年八月己巳。

已增至七监，另有司局若干。洪武二十八年九月，宦官衙门定为十一监二司六局。十一监：神宫、尚宝、孝陵神宫、尚膳、尚衣、司设、内官、司礼、御马、印绶、直殿。二司：钟鼓、惜薪。六局：兵仗、内织染、针工、巾帽、司苑、酒醋面。十一监各设太监一人，秩正四品，左、右少监各一人，秩从四品，左、右监臣各一人，秩正五品，典簿一人，秩正六品。司有司正，局有大使，皆正五品。① 到洪武三十年七月，宦官机构已增至十二监二司七局，均为正四品衙门，每个衙门的设官也大量增加，另有门官、库使等。② 《明史·职官志》记载了这些衙门的名称和职责③：

司礼监，如前文所说，这是内府最具权威性的一个衙门，故有"首监"之称。设提督太监一员，掌印太监一员，秉笔太监、随堂太监、书籍名画等库掌司、六科廊掌司、典簿等无定员。提督督理皇城内一应仪礼刑名，以及管束长随、当差、听事各役，关防门禁，催督光禄供应等事。掌印掌理内外章奏及御前勘合。秉笔、随堂掌章奏文书，照阁票批朱即"批红"；其中有宠者一人提督东厂。掌司各掌所司事务，典簿掌记奏章及诸出纳号簿。

所属有内书房，专掌通政司每日封进本章，并会极门京官所上封本，是一个极为机要的机构。有内书堂，为小内使读书之所。又有南京、凤阳、承天、天寿山等处守备太监等。

内官监，这是曾经的内府首监，后让位于司礼监而以掌管皇城供给为主。设掌印太监一员，总理、管理、佥书、典簿、掌司、写字、监工无定员，掌木、石、瓦、土、塔材、东行、西行、油漆、婚礼、火药十

---

① 《明太祖实录》卷241，洪武二十八年九月附条。
② 《明太祖实录》卷254，洪武三十年七月庚戌。
③ 按：《明史·职官志》对明代宦官衙门的记载，很大程度上是依据刘若愚《酌中志》卷16《内府衙门职掌》，反映的大抵是万历、天启间的情况。本节的叙述以《明史·职官志》为主，也参考了《酌中志》的记载。

作，及米盐库、营造库、皇坛库等，并国家营造宫室、陵墓、铜锡妆奁、器用暨冰窖诸事。

御用监，这是内府掌管器物用具的衙门，设掌印太监一员，里外把总二员，典簿、掌司、写字、监工无定员。掌御前所用围屏、床榻诸木器，及紫檀、象牙、乌木螺钿诸玩器。另有仁智殿监工一员，掌武英殿中书承旨所写书籍画册等。在这个衙门供职的宦官，应该对于把玩古董、字画有一定的经验。①

司设监，设员与内官监同，掌卤簿、仪仗、帷幕诸事。

御马监，这是内府的又一个要害衙门，既掌兵符令旗，与外廷兵部相酹；又掌四卫、勇士营，与外廷都督府相抗；并掌草场及皇店、皇庄，为内府的"户部"。设掌印、监督、提督太监各一员。腾骧四卫营各设监官、掌司、典簿、写字、挈马等员。象房有掌司等员。

神官监，掌印太监一员，佥书、掌司、管理无定员，掌太庙各庙洒扫香灯等事。其职责与外廷的太常寺相类似。

尚膳监，掌印太监一员，提督光禄太监一员，总理一员，管理、佥书、掌司、写字、监工及各牛羊等房厂监工无定员，掌御膳及宫内食用并筵宴诸事。

尚宝监，掌印一员，佥书、掌司无定员，掌宝玺、敕符、将军印信。凡用宝，外尚宝司以揭帖赴监请旨，至女官尚宝司领取，监视外司用印后，存号簿，缴进。

---

① 按：御用监是吴元年设置的最早一批宦官衙门之一，但于洪武六年改为供奉司，复于二十二年罢去。(《明太祖实录》卷83，洪武六年六月辛未：御用监改为供奉司；《明太祖实录》卷195，洪武二十二年正月己亥：罢供奉司。) 所以在洪武二十八年的十一监和三十年的十二监中都没有御用监，也没有供奉司。但洪武二年八月，在置御马监前身御马司的同时，置御用司；(《明太祖实录》卷44，洪武二年八月己巳：置御马、御用二司。) 宣德元年六月，改御用司为随驾御用监。(《明宣宗实录》卷18，宣德元年六月壬午：改御用司为随驾御用监) 是从洪武二年八月至宣德元年六月间御用司应一直存在，但《实录》在记洪武二十八年及三十年两次宦官机构的改革时均未载御用司，疑为漏载。

印绶监，设员同尚宝监，掌古今通集库，并铁券、诰敕、贴黄、印信、勘合、符验、信符诸事。这两个衙门地位不高，但因掌"御宝""印绶"，故责任不轻。

直殿监，设员同印绶监，掌各殿及廊庑扫除事。

尚衣监，设掌印太监一员，管理、佥书、掌司、监工无定员，掌御用冠冕、袍服及履舄、靴袜之事。

都知监，与内官监相似，也是一个被剥夺了主要职责的衙门。设掌印太监一员，佥书、掌司、长随、奉御无定员，初掌各监行移、关知、勘合之事，后仅随驾前导警跸。

以上为十二监。

惜薪司，掌印太监一员，总理、佥书、掌道、掌司、写字、监工及外厂、北厂、南厂、新南厂、新西厂各设佥书、监工，俱无定员，掌所用薪炭之事。

钟鼓司，这是内府中掌管娱乐的衙门，设掌印太监一员，佥书、司房、学艺官无定员，掌管出朝钟鼓，及内乐、传奇、过锦、打稻诸杂戏。

宝钞司，掌印太监一员，佥书、管理、监工无定员，掌造粗细草纸。

混堂司，掌印太监一员，佥书、监工无定员，掌沐浴之事。

以上为四司，但洪武三十年七月时，尚无宝钞、混堂二司，二司似为永乐时置。

兵仗局，掌印太监一员，提督军器库太监一员，管理、佥书、掌司、写字、监工无定员，掌制造军器。下辖火药司。

银作局，掌印太监一员，管理、佥书、写字、监工无定员，掌打造金银器饰。

浣衣局，掌印太监一员，佥书、监工无定员。凡宫人年老及罢退废者，均发此局居住。

巾帽局，掌印太监一员，管理、佥书、掌司、监工无定员，掌宫内使帽靴、驸马冠靴及就藩诸旗尉帽靴。

针工局，设员同巾帽局，掌造宫中衣服。

内织染局，设员同巾帽局，掌染造御用及宫内应用缎匹。下辖城西蓝靛厂。

酒醋面局，设员同巾帽局，掌宫内食用酒醋、糖酱、面豆诸物。

司苑局，设员同巾帽局，掌蔬菜、瓜果。

以上为八局，其职责与外廷的工部相对应，所辖工匠甚多。其中浣衣局为永乐以后置。

这十二监、四司、八局通称"二十四衙门"，为明朝宦官的主要常设机构，基本上在洪武时设置。但是，在这二十四个衙门之外，还有包括内承运库、供用库、司钥库及被称为"十库"的甲字、乙字、丙字等库在内的内府库，包括午门、东华门、西华门等诸门在内的管理机构，等等。

从以上宦官衙门的设置和职掌可以看出，尽管明太祖多次在公开场合抨击汉唐宦官专权的弊病，并一再颁布有关宦官参政的禁令，却又不断扩充宦官机构，调整其品秩，确定其职掌，加重其权势，其用意乃在于建立一套能和外廷分庭抗礼的内廷机构，以全面实现其各衙门"彼此颉颃，不敢相压，事皆朝廷总之"的政治体制的设想。后世子孙则将这一设想推向极端，不仅内外廷彼此颉颃，甚至内廷压制外廷，造成了表面上是内阁与司礼监"对柄机要"实则司礼监制约内阁的以内制外的局面。

第三节　南北两京的定制及其在国家权力结构中的作用

一、南北两京的权宜与定制

明代国家权力结构及行政管理系统不同于历代汉人政权的一个重要特点是，南北两京制度。

元顺帝至正十六年（1356）三月，朱元璋集团攻破江宁，改元集庆路为应天府。此后攻城略地，均以应天为根本。明朝建立后，以应天为南京，洪武十一年（1378）定都，称"京师"。①

从改集庆为应天，又以应天为南京、为京师，经历了一个决策定都的过程。早在朱元璋南下至定远妙山时，冯国用就提出，金陵龙蟠虎踞，为帝王之都，建议"先拔之以为根本"②。后渡江克太平，陶安也认为："金陵古帝王之都，龙盘虎踞，限以长江，若取而有之，据其形胜，出兵以临四方，则何向不克？"③话虽如此，可谁都清楚，南京固占地利，但在此建立基业的，全是据有江南半壁江山的偏安政权，大一统帝国没一个定都江南。冯国用、陶安的建议，也是在特定历史条件下提出的。

明太祖称帝时，定国号为"大明"，年号为"洪武"，又册皇后、立太子，唯独没有定都。称帝七个月后，太祖才以应天为"南京"，而以开封为"北京"，可见在定都问题上一直举棋不定。洪武二年九月，

---

① 《明史》卷40《地理志一》。
② 《明史》卷129《冯国用传》。
③ 《明太祖实录》卷3，至正十五年四月丁巳。

明太祖与群臣商议建都之事，仍是各有主张。有人主张建都长安、洛阳，有人倾向开封、北京，当然也有人坚持定都南京。虽然明太祖自己曾经表示，"建业江南形胜，真足立国"，但主要是考虑到"平定之初，民未苏息"①，如定都关、洛、汴、燕，供给力役皆赖江南；如定都南京，则可省去转输之劳。加上南京有吴王时所建的宫殿，可暂免大兴土木。

洪武十一年，改称南京为京师，定都问题看上去已经解决，但明太祖心里并不踏实。正如后来郑晓所说："国朝定鼎金陵，本兴王之地，然江南形势，终不能控制西北。"②《明史·兴宗孝康皇帝传》说：

> 洪武二十四年八月，敕太子巡抚陕西。先是，帝以应天、开封为南、北京，临濠为中都。御史胡子祺上书曰："天下形胜之地可都者四：河东地势高，控制西北，尧尝都之，然其地苦寒；汴梁襟带河、淮，宋尝都之，然其地平旷，无险可凭；洛阳周公卜之，周、汉迁之，然嵩、邙非有淆、函、终南之阻，涧、瀍、伊、洛非有泾、渭、灞、浐之雄。夫据百二河山之胜，可以耸诸侯之望，举天下莫关中若也。"

明太祖被胡子祺之言打动，故有懿文太子朱标的关中之行。因此，人们认为朱标的西行，巡抚是虚，筹划迁都才是实。

但是，胡子祺关于定都的一番议论，带有明显的局限性。他所列举的"可都者"，只限于历代汉人政权定都之处，却将元大都北京摒弃不提。虽然在北京建都的辽、金、元均是"胡人"政权，但作为政治家

---

① 《明太祖实录》卷45，洪武二年九月癸卯。
② 郑晓：《今言》卷4之274。

的刘基显然比文人胡子祺有更博大的胸怀和更卓越的见识，他明确表示过北京作为都城的无可取代的优势：

> 元氏入主中原，佐以姚、刘、许、律诸君子。虽因其迩于阴山以定都，而地形之强，实甲天下。抚据全盛，几将百年。一时文章，亦颇有奇气，未必非山川形胜风气之观感或有以助之也。至于元季，四方鼎沸，而国都固犹晏然自若也。盖其东连沧海，西接晋冀，前者潆潴大陆之利，北有重关天险之固。若非天命所归，其主自逊于荒，而以势利相持，虽引百万之兵顿之坚城之下，岁月之间，成败利钝，未知其势孰为得失也。①

其实，明太祖也未尝没有考虑过定都北京，据何孟春《余冬序录》记载，明太祖曾问廷臣："北平建都，可以控制胡虏，比南京何如？"修撰鲍频认为北京"地气天运已尽，不可因也"，并重弹帝王之兴"在德不在险"的老调。而建国之初，百废待举，明太祖暂时放弃了迁都北京的念头。② 加上太子朱标的去世，秦、晋、燕、宁诸王扼守诸边以及其他因素，明太祖在位的三十一年内未行迁都。

成祖"靖难"夺位的成功，使迁都问题重新提出。北京既为燕藩故邸，是兴王之地；而靖难的成功，在成祖看来，又未尝不是因为北京的"形胜"压制了南京。加上来自北方的边患越来越严重，所以成祖很快就确定营建北京。

永乐元年（1403）正月，礼部尚书李至刚等人上言："自昔帝王，或起布衣平定天下，或由外藩入承大统，而于肇迹之地，皆有升崇。切

---

① 孙承泽：《天府广记》卷1《形胜》。
② 何孟春：《余冬序录》，《纪录汇编》卷149。

见北平布政司实皇上承运兴化之地，宜遵太祖高皇中都之制，立为京都。"① 李至刚等人之疏，实秉承成祖的意旨，故很快"报可"，以北平为北京，并仿南京应天府，改北平府为顺天府。永乐十八年九月，诏告天下，以北京为"京师"，改原先"京师"为"南京"。② 经过仁、宣时期的酝酿和争论，最终在英宗正统六年（1441）十一月定都北京并以南京为陪都，确立了南北两京制度。③

二、南京的地位及机构配置

迁都北京之后，如何摆正两京的地位，是一个关系全局的问题。一方面，既要使南京继续起着控制江南财赋重地并保证北京漕运畅通的作用，另一方面，又不能使南京成为某些野心家另立山头、对抗中央的基地。既然成祖可在北京起兵、南下夺位，谁能保证日后无人在南京起兵、问鼎中原？因此，自宣宗北上继承皇位之后，不再以太子在南京"监国"，也不委派宗室居守，而是以中官、勋臣、兵部尚书为首，组成守备班子，负责处理南京及江南事务。

南京守备太监始设于永乐二十二年八月初五日，即仁宗即位的前十天。成祖病逝榆木川后，仁宗一面调北征部队回防京师，一面命太监王景弘率出使南洋的官军赴南京镇守。这是南京"镇守中官"之始，王景弘也成为第一位南京镇守太监。为区别于各地的镇守中官，南京的镇守中官被称为"守备"太监。一个月后，仁宗又命襄城伯李隆、驸马都尉沐昕为南京守备。洪熙元年（1425）正月，郑和领下西洋的官军主力回到南京，也受命为南京守备太监。从此，南京守备太监和守备勋

---

① 《明太宗实录》卷16，永乐元年正月辛卯。
② 《明太宗实录》卷17，永乐元年二月庚戌；卷229，永乐十八年九月丁亥。
③ 《明英宗实录》卷85，正统六年十一月甲午。

臣均定额二员，并各授关防一颗，并称为内、外守备，名为协同办事，实则相互制约。仁宗给郑和的敕谕说："于内则与内官王景弘、朱卜花、唐观保协同管事，遇外有事，同襄城伯李隆、驸马都尉沐昕商议的当，然后施行。"① 宣宗给李隆的敕谕则说："凡事同守备太监郑和、王景弘计议，昼夜用心。"② 谁也不能单独作主。

英宗即位，国虽不疑，主幼却是事实。为加强对南京的控制，明廷特命南京兵部尚书黄福参赞襄城伯李隆机务。③ 南京文臣参赞机务由此开始。成化二十三年（1487）定制，专以南京兵部尚书参赞机务，同内外守备"操练军马，抚恤人民，禁戢盗贼，振举庶务"④。内外守备和参赞机务兵部尚书三位重臣共理南京事务的制度确立，与当时各省镇守中官、镇守总兵、镇守文臣"三堂"并立的局面相似。

与此同时，南京还配备了除内阁、都督府及司礼监等内府衙门以外的全部中央机关，却又多不配齐官员，六部缺左侍郎，都察院缺左都御史。国子监、科道却是诸官俱备。这样一来，南京设官既能满足实际需要，又不能自成体系。

明朝的两京制度，在当时已是褒贬不一。不少人认为南京吏部不典铨选，礼部不知贡举，户部无敛散之实，诸司皆设，实为冗员。但也有人认为，两京并立解决了北京无法控江南之财、南京又无法制西北之患的矛盾。

应该说，明朝迁都北京以后，以南京为陪都，对于管理江南财赋及漕运，并控制南方地区，是起到了很大作用的；但若说为了这些目的就非要采用两京制，则显然过分。且不说元代和清代定都北京，并未将南

---

① 《明仁宗实录》卷11，洪熙元年二月戊申。
② 《明宣宗实录》卷2，洪熙元年六月辛亥。
③ 《明史》卷154《黄福传》。
④ 《明史》卷75《职官志四》。

京作陪都，江南漕运也未出大乱，就是在明代，南京许多官员的设置事实证明也是多余的，所以后来多行裁革。

顾祖禹说："太宗靖难之勋既集，切切焉为北顾之虑。建行都于燕，因而整戈秣马，四征弗庭，亦势所不得已也。銮舆巡幸，劳费实繁，易世而后，不复南幸，此建都所以在燕也。"[①] 成祖迁都北京，其实是在不断排除干扰、逐步将政治重心北移的过程中进行的，这一过程直到正统六年（1441）才最终完成。而土木之变后，仍有人提出还都南京，可见明朝官员在定都问题上的分歧。因为毕竟还没有汉人全国性统一政权的都城设置在北京的先例，而自汉末以来，这里一直是"胡"汉杂居的地区，先是匈奴、鲜卑，后是契丹、女真。因此，明代两京制的形成，不仅有政治、经济、军事等方面的原因，还有观念上及南北文化差异上的原因。业师郑克晟教授曾详细论述明代南北地主阶级及其政治代理人之间的斗争，以及明政府为维护政权的稳定，既协调二者之间关系、又利用二者之间矛盾而采用的举措。[②] 这对于揭示明代国家权力结构中两京制度的形成，是十分有益的启示。

[①] 顾祖禹：《读史方舆纪要·北直方舆纪要序》。
[②] 郑克晟：《明代政争探源》，天津：天津古籍出版社，1988年。

第八章　明代官员选拔、任用中的权力分配

第一节　官员任用：吏部的权威

一、从荐举到科目

明代国家权力的执行主体为大大小小的官员和吏员，对其进行选拔、任用及管理，主要是吏部的职责，但礼部和都察院也起着重要作用。这可以说是明代中央国家权力结构中唯一在制度上没有被内府染指的领域。

明朝的选官途径，经历过一个从荐举到荐举、科举两途并用，到专用科举的过程。这个过程也可视为明朝选拔官员的制度化过程。

明太祖领兵南下途中，文武官员多"投谒"而来。如兵至定远，有冯国用兄弟前来投奔；兵至滁州，李善长自谒军门；兵至太平，李习、陶安出城归附。在南京建立政权后，管理人员的缺乏成了严重问题，正如明太祖在谢绝方国珍献宝时所说："吾有事四方，所需者文武材能，所用者谷粟布帛，其他宝玩，非所好也。"[①] 于是多方搜罗人才。进南京则辟儒士范祖干、叶仪，克婺州则召儒士许元、胡翰等，下处州

[①]《明太祖实录》卷9，至正二十四年三月戊寅。

则征耆儒宋濂、刘基、章溢、叶琛。而这些人物都是通过推荐而征用的，皆一时之选。因此，元至正二十四年（1364）平克陈友谅集团后，太祖敕中书省：

> 今土宇日广，文武并用，卓荦奇伟之才，世岂无之。或隐于山林，或藏于士伍，非在上者开导引拔之无以自见。自今有能上书陈言、敷宣治道、武略出众者，参军及都督府具以名闻。或不能文章而识见可取，许诣阙面陈其事。郡县官年五十以上者，虽练达政事，而精力既衰，宜令有司选民间俊秀年二十五以上、资性明敏、有学识才干者辟赴中书，与年老者参用之。十年以后，老者休致，而少者已熟于事。如此则人才不乏而官使得人。①

这是明初荐举的总纲领，大规模的荐举也由此而始。凡内外大小官员连同各地库、仓、司、局吏员均可推举所知，被举入朝者又可转荐。并多次遣官往各地求贤访士，召至京师，授以官职。其名目有：聪明正直、贤良方正、孝弟力田、儒士、孝廉、秀才、人才、耆民等。由布衣而为大僚者不可胜数，吏部所奏荐举除官者，最多的一次达3700多人。富户耆民还可自请赴京进见，奏对称旨，辄予授官。②

明初以荐举选官，既是因为急需人才而正常的选举办法一时难以建立，也是因为确实有大量富真才实学者或因战乱而避居林下，或因官场腐败而遭到排斥。这时的朱元璋集团为夺取政权，上下一心，荐举也大抵出自公心。但是，这般纷纷攘攘地收罗人才，自然免不了鱼目混珠，泥沙俱下。加上所谓"寰中士夫不为君用"律③，稍有名气的文人儒

---

① 《明史》卷71《选举三》。
② 万历《明会典》卷5《吏部·选官》。
③ 万历《明会典》卷173《刑部·罪名一》。

士，地方官不敢不荐，自知无理政安民之才者，受荐后又不敢不应征。尤其是随着统一大业的完成和政权的日渐巩固，借荐举以拉帮结党、营私舞弊的情形无法避免。因此，关于滥举的禁令颁布后，许多受荐及荐人者纷纷获罪。解缙在著名的《大庖西封事》中对此进行了尖锐的批评："陛下进人不择贤否，授职不量重轻。建不为君用之法，所谓取之尽锱铢；置朋奸倚法之条，所谓弃之如泥沙。"①

其实，对于荐举之弊及由此造成的任官的随意性，明太祖自己也早有感受，因而力图在用人问题上制度化和规范化。吴元年（1367）"设文武二科取士"之令及洪武二年（1369）科举取士之诏，是紧接着"滥举者治罪"的禁令而发布的，尤其是宣称"非科举者毋得与官"②，其意即在以科举取代荐举。

从洪武三年首开科举，到六年二月暂停科举，到十七年宣布重开科举及其以后的一段时间，可以说是科举、荐举二途并用时期。但自唐宋以来，科举作为正式的出仕途径在人们观念中已是根深蒂固，随着明朝学校制度和各种考试制度的健全，无论是统治者还是被统治者、在朝士大夫还是在野读书人，都以科举为堂堂正正的进身之途。三年一科，无论有多少弊病，毕竟给士子们提供了一个相对公正平等的竞争机会，而且这种机会可以反复出现。虽然通过科举出仕者也有大量庸才，但科举制度也确实使明朝官员选举制度走上正规化，并选拔出一大批后来成为政治家、军事家、思想家、文学艺术家甚至是科学家的人才。大批有真才实学者通过科举进入仕途，而不由科举者即使有真才实学也被人歧视，所以荐举虽然代代均有却只不过是"第应故事"，明朝的选官途径，也就自然由荐举、科举并用发展为专重科举，而科举中又尤重"甲科"即进士。

---

① 《明史》卷147《解缙传》。
② 《明太祖实录》卷52，洪武三年五月己亥。

二、出身与出路

　　吏部选官,循资格或出身。《明史·选举志》称:"选人自进士、举人、贡生外,有官生、恩生、功生、监生、儒士,又有吏员、承差、知印、书算、篆书、译字、通事诸杂流。进士为一途,举贡等为一途,吏员等为一途,所谓三途并用也。"① 但顾炎武并不这样看,他认为:国初之制,谓之三途并用,荐举一途也,进士、监生一途也,吏员一途也。或以科与贡为二途,非也。并解释说:"从考试而得者,总谓之一途。"② 其实,顾炎武犯了一个逻辑上的错误。进士、监生、吏员均是出身,即有为官的资格,荐举却是选官的途径或方式,将荐举与进士、监生、吏员并列是失当的。《明史·选举志》说到荐举时,只将其与"科目"即科举相对应,称"两途并用",即通过正常的考试选拔人才和不拘一格推荐人才相互补充、并行不悖。

　　虽然明朝中后期专重科目,并有"非科举者毋得与官"之说,但这只是相对荐举才具有意义。事实是,不通过科举的"杂流"也可通过吏部铨选进入仕途,通过科举的也还有甲科和乙科之别,这就是所谓"三途并用"。科举、荐举"两途并用"是指选官的途径或方式不同,三途并用指的是任官者的资格或出身。

　　"进士"一途是清一色的通过科举考试而获得进士及第及出身者,他们是读书"正途"中的"甲科"。

　　"举贡"一途的成分稍稍复杂,包括因故未参加会试及会试下榜的举人及各类监生,还有乡试下第的"充场儒士"。明代举人称"乙科",

---

① 《明史》卷71《选举三》。
② 顾炎武:《日知录》卷19《通经为吏》。

会试下第，有两条出路：一是入国子监或回原籍读书，以待下科；二是安排教职。由于教职地位低下，又无升迁希望，故下第举人们多选择第一条路。但如三试不中，就不得再参加考试，而由吏部安排官职，否则即贬为吏。同为监生，贡监地位最高，在出身上与举人略同，故合称"举贡"，也是"读书正途"；其次是官荫生、恩荫生及例监，他们和"充场儒士"的资格约等。

"杂流"一途最为复杂，实际上包括内外衙门的所有文职办事人员及各种专业技术人员。

可见，即使在科举鼎盛时，也从来不排斥其他各色人等进入仕途的途径，但出身或资格不同，其出路也大不一样。

吏部任官，初授者曰"听选"，升任者曰"升迁"。对于初授，《明史·选举志三》作了这样的概括：

> 京官六部主事、中书、行人、评事、博士，外官知州、推官、知县，由进士选；外官推官、知县及学官，由举人、贡生选；京官五府、六部首领官，通政司、太常光禄寺、詹事府属官，由官荫生选；州县佐贰、都布按三司首领官，由监生选；外府、外卫、盐运司首领官，中外杂职入流、未入流官，由吏员、承差等选。

可见，三途的差别，甲科与乙科的差别，贡生、官荫生与其他监生的差别，在初授时就已表现出来。

出身或资格的差别在考选升任中继续得到体现，可以说，它将伴随着当事人一生的仕途。明朝官员中最有机会升迁的"初授官"，是京官中的翰林院编修、检讨、修撰，六部主事及科道官，以及外官中直隶州和上县的掌印官，这些官初授时均在进士中选任。翰林官的升迁一般是由编、检（七品）而讲、读（五、六品），然后很可能直接升为詹事府少詹事（正四品），接下去则是侍郎、尚书直至入阁为大学士。六部主事（六品）考满后很可能升为员外郎、郎中（五品），而后或外补上府知府（正四品），或转升寺少卿（四品），接下去则是侍郎、尚书。六科给事中和都察院监察御史（均七品）数考后往往直接升为佥都御史或左右通政（均正四品），然后或递升副都御史、都御史，或转升六部侍郎、尚书。外官中的上县知县（七品）则可升知州、府同知（均五品）乃至知府，知州则可升府同知、知府，他们也有机会"行取"进京为科道官乃至翰林官。而初选授举贡以下的中、下县及属州正官、府州县佐贰官等，升迁机会很少，故留滞时间甚长。

  这种资格或出身的差别而导致的任官时的差别，也有一个形成过程。《明史·选举志三》对这一过程作了概述："太祖尝御奉天门选官，且谕毋拘资格，选人有即授侍郎者，而监、司最多。进士、监生及荐举者，参错互用。给事、御史，亦初授、升迁各半。永（乐）宣（德）以后，渐循资格，而台省尚多初授。至弘（治）正（德）后，资格始拘，举贡虽与进士并称正途，而轩轾低昂，不啻霄壤。"万历时又有定例，关于州县正印官，上、中为进士之缺，中、下为举人之缺，最下才为贡生之缺，举贡出身者历官虽至布、按方面官，也是非广西及云、贵不以处之，"以此为铨曹一定之格"[①]。

  在所有衙门中，讲究出身最严格的是翰林官和科道官。

  洪武十八年（1385）重开科举后的首次殿试，一甲三人丁显、练子宁、花纶俱授修撰，二甲马京、齐麟为编修，吴文为检讨，开了进士入翰林的先例。从洪武二十一年始，一甲第一名授修撰，二、三名授编修，以后即为定制。自永乐二年（1404）始，每科从二、三甲进士中选若干人为庶吉士，入翰林院读书，学业成后散馆，二甲选留者授编

[①] 顾炎武：《日知录》卷17《进士得人》。

修，三甲选留者授检讨。① 天顺二年（1458），大学士李贤奏定，翰林院修撰、编修、检讨专选进士，"由是，非进士不入翰林，非翰林不入内阁，南、北礼部尚书、侍郎及吏部右侍郎，非翰林不任"②。而实际上，即使是进士出身，也只有一甲三人及被选为庶吉士的部分人能入翰林。

天顺、成化以前，进士、举贡和监生都有初授科道的可能，外官中的府推官、知县、学官也间有升迁为科道者。其后，科道官不再"初授"，或由庶吉士改授，或从两京进士出身的户、礼、兵、刑、工五部主事，以及中书、行人、评事、博士和国子监博士三年考满者中考选，或从进士、举贡出身的推官、知县中"行取"。③ 由此也可以发现，在明朝，升迁的机会往往不在于品级的高低，而在于资格和出身，以及所居的位置。本来，六部主事是正六品，却要三年考选后才有望为御史（正七品）、给事中（从七品）。另据《明史》，天下为守令者，进士出身的约十之三，举贡出身的约十之七，但其中被行取为科道官者，是进士出身者占十之九，举贡出身者只有十之一。而且，即使是这十之一的举贡出身者，也是"有台无省，多南少北"④，即只补御史而不补给事中，官南京者多，官北京者少。

至于吏员出身者，洪武四年就明令不许参加科举。永乐七年又规定吏员不许官科道。这年，吏部简南京御史张循理等二十八人赴京听用，一问出身，其中二十四人为进士、监生，另有四人为吏员，成祖当即表示："用人虽不专一途，然御史国之司直，必有学识达治体、廉正不阿乃可任之。若刀笔吏，知利不知义，知刻薄不知大体，用之任风纪，使

---

① 王世贞：《弇山堂别集》卷81《科试考一》。
② 《明史》卷70《选举二》。
③ 万历《明会典》卷5《吏部·选官》。
④ 《明史》卷71《选举三》。

人轻视朝廷。"遂黜四人为序班，并谕吏部："自今御史勿复用吏。"虽成祖自称用人不专一途，但顾炎武认为"流品自此分矣"①。

三、铨选与保举

吏部对官员的任用，统称"铨选"。此外，又一度实行过大臣的"保举"。

《明会典》说，吏部铨选，每年有大选，有急选，有远方选，有岁贡就教选。这是吏部文选司的常规事务。②

所谓"大选"，指进士、举贡、吏员等的初授（又称"听选"）及考满官员的升任（又称"升迁"）。《明史》说是"双月大选"。因为大选一般在单月开始，文选司根据听选者的资格和升迁者的考试等级，以及所缺的员额进行预安置，双月正式公布结果。大选为吏部的"大典"，每逢大选，吏部尚书、侍郎照例率文选司郎中、员外郎在吏部大堂举行大选仪式，吏科都给事中也会同参与，对打印、张榜等项进行监督。

所谓"急选"，指大选后有改授、改降及丁忧候补者，均在单月公榜安排，所以叫"单月急选"，实际上是解决大选中的遗留问题，当然也不排除个别有背景者的"加塞"。

所谓"远方选"，专指选授边远地区官员。成化五年（1469）定，云、贵、广西三省，以及广东的雷州、廉州、高州、琼州四府，四川的马湖府，陕西、山西二行都指挥使司和辽东都指挥使司所属府州县，宁夏、岷州二卫，均属"边远"，其官有缺，可在到部听选而"挨次未

---

① 顾炎武：《日知录》卷17《通经为吏》。
② 万历《明会典》卷5《吏部·选官》；另见《明史·选举三》。

及"又愿就远方的监生中选授。嘉靖七年（1528）又定，可在挨次未及的听选吏员中除授。不过，无论是监生还是吏员，仍有资格限制，监生不得授府佐及州县正官，吏员只能授巡检、长官司吏目及仓副使等职。边远选开始是不定期进行，嘉靖三十一年才规定每年春季举行一次，但嘉靖四十五年不再举行，被纳入大选及急选之中。

所谓"岁贡就教选"，指岁贡就选教职。洪武十八年（1385）曾规定，会试下第举人俱授州学学正及县学教谕。至二十六年，又授监生年三十以上能文章者县学教谕等官。嘉靖十年，令岁贡生员愿就教职者到翰林院考试，吏部根据考试等级授职，上等授学正、教谕，其余只授训导，至于府学教授，仍用举人。

除以上几项（主要是大选和急选）每年定期进行外，还有三年一次的"拣选"，即于外官朝觐年在岁贡监生中拣选学行兼优者，授以府佐及州县正官，以鼓励岁贡中的突出人才。另有不定期的举人乞恩选等。

官员无论是初授还是升任，都得视员缺情况，否则就得"待选"。洪武二十六年定，凡内外官员考满、侍亲、致仕、丁忧、残疾、受刑、去世，在京衙门得每天造册报吏部，在外衙门五天一次报抚、按，抚、按两月一次作册报吏部，考功司根据所报情况造册，分送文选司及内府备案，以便除授。从原则上说，升任官员均应为考满者，但也有因员缺应补而不待考满，这种情况就叫"推升"。

最能体现吏部铨选权力的是除授中、下级官员，即所谓"常选官"，包括在京九卿的属员、在外府州县正佐官，以及内外各衙门的首领官、杂职官等。这些官职，或由进士、举贡、监生、吏员初授，或由考满的低级官员升任，大抵是按资格序迁，但具体安排"一切由吏部"。因此，希望得到美缺者总是力图打通吏部和文选司的关节。为了铨选的公正，吏部及文选司官员得顶住来自各方面的压力。景泰时王翱为吏部尚书，为了谢绝请谒，除年节及每月朔望给祖宗上香外，其余时间根本不回家。成化时李裕为吏部尚书，每逢大选，均让人在吏部后堂正中立一木牌，上书"皇天鉴之"，自己与二侍郎傍坐，文选司官员前立，将缺额与待选人的资格进行核实，然后进行分派，到期则引奏填榜，使请托者无从置喙。①

至于京官中的内阁大学士和吏、兵二部尚书员缺，由吏部或礼部会同九卿及五品以上官、科道官廷推二至四人，"请上自裁"，或者直接由皇帝拣择，叫"奉特旨"。其他诸部尚书及六部侍郎，都察院都御史、副都御史、佥都御史、通政使、大理寺卿、国子监祭酒员缺，由吏部会同三品以上京官按缺一推二的比例廷推，由皇帝最终裁定。外官中的总督、巡抚由吏部会同九卿、科道廷推，布、按二使由三品以上官会推，也由皇帝裁定。由此可表明最高统治者在用人方面的绝对权威，当然，在皇帝"垂拱"的情况下，用人权则由内阁和司礼监共掌。

另外，詹事府、翰林院掌印官由内阁推补，太常、太仆、光禄诸寺掌印官由吏部推举，通政司左右通政、参议及其他衙门四品以下副贰官，由吏部会选。科道官虽只七品，但有纠劾大臣的职责，为了避免铨曹挟怨报复，由吏部和都察院共同考选。地方监司即布政司参政、参议，按察司副使、佥事等及兵备道，或序迁，或选择保举，均付以敕书，以示"钦点"。

尽管如此，吏部在高级官员任用中的导向作用仍然不可忽视。所谓"现官不如现管"，作为主管部门，吏部实际上在从考选到廷推的全过程中都拥有话语权。

与吏部铨选相辅而行的是"保举"，《明史·选举志三》说："保举者，所以佐铨法之不及，而分吏部之权。"这是在一定时期内对吏部权

---

① 《明史》卷177《王翱传》；卷160《李裕传》。

力的一种限制。

保举与荐举之异在于，荐举是选拔人才的方式，与科举相对应，保举则是任官的方式，与吏部铨选相对应。二者之同则是无一定之规，带有很大的随意性，如《会典》所说："保举之令，历朝各异，或令在京三四品以上官，或两京科道部属等官，或布按二司官，皆得杂举，或进士办事，或监生历事，或吏员面考，或岩穴隐逸皆与举例。"①

保举法始行于洪武十五年，命天下朝觐官各举所知一人，"凡有一善可称，一才可录者，皆具实以闻"②。永乐元年（1403），又命内外文职官七品以上，于臣民中有沉滞下僚、隐居田里者，各举所知一人，量才擢用。③ 可见，这时的保举在形式上与荐举并无区别，但限定只举一人，而且有举主连坐法，即所举之人任职后犯贪污罪，举主连坐。

保举最盛是在洪熙、宣德、正统三朝。当时用人尚不过于拘泥资格，进士、举贡、吏员三途流品还相差不大，荐举、科举也互为补充，加上仁、宣二帝汲汲求治（当然，其中不排除作秀的成分），三杨又甚受信任，故凡布、按二司及知府有缺，都由三品以上京官保举。如宣德五年（1430）五月，命大臣保举苏州等九"雄剧地"知府，况钟任苏州、赵豫任松江、莫愚任常州、罗以礼任西安、陈本深任吉安、邵旻任武昌、马仪任杭州、何文渊任温州、陈鼎任建昌，其后又有薛广等二十九人被保举出知各府。"（况）钟等皆有声绩，有居官至一二十年者，吏称其职、民安其业。一时烝烝，称极盛焉。"④

但保举只能是权宜之计，完全因人成事，时间一长，流弊自现，所举或乡里亲旧，或僚属门下，而无人保举者，久任不迁。吏部从一开始

---

① 万历《明会典》卷5《吏部·保举》。
② 《明太祖实录》卷141，洪武十五年正月庚戌；《明史·选举志》云十七年，误。
③ 万历《明会典》卷5《吏部·保举》。
④ 傅恒等：《御批历代通鉴辑览》卷103，宣德五年五月；《明史》卷71《选举志三》。

就对保举极为不满,认为是侵夺部权,有舆论则直指是三杨揽权。而杨士奇和杨荣也确实在用人问题上各偏同乡。因此,正统十三年(1448)三杨去世后,大臣保举之例遂罢,在抚按行部,或部臣出差时,方能举其所属。此后,虽景泰、弘治、嘉靖时均有保举之令,但只是"虚应故事"而已。①

四、任职回避

为了预防官员的结党营私,同时也为了排除官员行使职责时可能遇到的障碍,明朝制定了一系列任官回避制度,其要者有四。

一、亲属回避。洪武元年(1368)定,凡父兄伯叔任两京堂上官,子侄有任科道官者,皆对品改调;凡内外管属衙门官吏,有系父子、兄弟、叔侄者,皆以卑避尊,改调其他衙门。② 景泰二年(1451)定,科场官如有子弟应试,应回避,乡试、会试皆然。

二、职务回避。凡户部,无论是官员还是吏员,洪武时定不得用浙江、江西二省及苏、松二府人。③ 原因是该地赋税多,民风不淳,恐飞诡为奸,尤其洪武十八年郭桓等人侵没税粮事后,明太祖对户部收受钱粮事更为重视。此后,不但是户部官,即使是巡抚、镇守中的苏松江浙人,也不得挂户部衔。但谢肇淛《五杂俎》说:"今户部十三司胥算,皆吴越人也。"④ 沈德符《万历野获编》也说:"户部胥吏,尽浙东巨奸。"⑤ 黄宗羲记其同门陈龙正之语:"天下之治乱在六部,六部之胥吏

---

① 《明史》卷71《选举三》。
② 万历《明会典》卷5《吏部·改调》。
③ 万历《明会典》卷5《选官》;卷8《吏役参拨》。
④ 谢肇淛:《五杂俎》卷15《事部三》。
⑤ 沈德符:《万历野获编》补遗三《历法·算学》。

尽绍兴。……故绍兴者，天下治乱之根本也。"① 户部官虽禁用江浙苏松人，但用吏之禁至晚明则徒为虚文。②

三、司法回避。洪武《大明律》明确规定："凡官吏于诉讼人内，关有服亲及婚姻之家，若受业之师及旧有仇嫌之人，并听移文回避。违者笞四十。若罪有增减者，以故出入人罪论。"③

四、地区回避。洪武元年所颁《大明令》，已定"流官注拟，并须回避本贯"的原则，而洪武四年吏部铨选，也有"南北更调，已定为常例"的说法。南北更调，也只是为回避本贯即本省。而到洪武十三年，则要求任官北、南、东、西更调："命吏部以北平、山西、陕西、河南、四川之人，于浙江、江西、湖广、直隶有司用之；浙江、江西、湖广、直隶之人，于北平、山东、山西、陕西、河南、四川、广东、广西、福建有司用之；广西、广东、福建之人，亦于山东、山西、陕西、河南、四川有司用之。"④ 实将全国划分成三大任职区，这一措施显然与当时的政治斗争密切相关。鉴于胡惟庸为首的淮右勋贵集团的教训，明太祖对官员以地缘关系结成朋党特别敏感，但不免矫枉过正，从而造成一系列问题。如许多官员因不愿远离本土而缺任，即使到任，也遇到水土不服、语言不通、民情不习等难以克服的困难，更有人以南籍改冒北籍，以北籍改冒南籍。故此，不久即恢复洪武元年的规定，只是不得官本省。

明代官员任职的回避制度在一般情况下还是能够较好遵守的，因为这里有刚性的禁令。《明宪宗实录》记载了一个例子：成化二十二年

---

① 黄宗羲：《明儒学案》卷62《蕺山学案》。（中华书局标点本，下同）
② 关于这一问题，详见方志远、李晓方：《明代苏松江浙人"毋得任户部"考》，《历史研究》2004年第6期。
③ 正德《明会典》卷131《刑部·明律·听讼回避》。
④ 《明太祖实录》卷129，洪武十三年正月乙巳。

（1486）十月，调吏部右侍郎黎淳于南京吏部，夺尚书耿裕俸两月、文选司官吏三月。之所以有这一变动，是因为有一位名叫陆瓛的进士被授予镇江推官，陆瓛明告吏部，其先为苏州人，与镇江皆直隶府，乞改任。吏部不为覆请。事情被东厂官校揭露后，下陆瓛于狱。耿裕等上疏自劾。内阁所拟"上谕"曰："朝廷选法，俱付若等，须审究明白，斟酌贤否，方可奏用。裕等胡为轻率怠忽，以致选法乖违，物议腾沸。当置于理，姑宥之。"故有上述处置。而科道官亦上疏抨击耿裕、黎淳及郎中吴珉等不职罪。① 从这个事情也可以看出，明朝一些制度的贯彻，不仅靠都察院及科道官的监察，厂卫也起着重要的作用，尽管手段可能不近人情。

《明史》说，学官不受回避本贯的限制。但据《实录》，隆庆五年（1571）七月，经吏部奏准，学官及仓、驿、递、闸、坝等官可依教官系边远人者得授本省地方之例，酌量隔府近地铨补。因此，隆庆五年以前，即使是教官，若非系"边远人者"，仍不得官本省。② 而《明史》所说，只是隆庆以后的规定。

在地区回避中，广西属于例外。正德七年（1512）定，除布、按二使及知府外，广西大小职事许本省别府、州、县人员相兼选用。此后，四川边远地方的首领官、属官，以及湖广永顺宣慰司等少数民族居住区的经历、吏目等官，许以本省别府人相兼用。③

五、吏部的无奈：掣签法

不仅是权宜之计的保举，即使是形成制度的铨选，其公正与否也和

---

① 《明宪宗实录》卷283，成化二十二年十月丁丑。
② 《明穆宗实录》卷59，隆庆五年七月丙戌。
③ 万历《明会典》卷5《吏部·选官》。

整个官场的风气直接相关。当政治清明,"正气"上升时,吏部自可持正;若政治腐败,贿赂公行,吏部欲正也不可得。明朝中后期,皇帝长期不视朝,不见大臣,内监成了皇帝与外廷联系的纽带,内阁也是积权日重,请托者往往先打通内监或内阁的关子,通过他们向吏部打招呼,于是在铨选中出现了所谓"掣签法"。

掣签法定于万历二十二年(1594)。当时阁部形同水火,吏部尚书孙丕扬既要防范内阁首辅张位寻端相攻,又要抵制内监的请谒,于是创立掣签法。每逢双月大选、单月急选,吏部文选司均将缺额写在预制的竹签上,分类置于筒内,让候选人按资历深浅自行抽签,肥差美缺、京畿边远,听凭天意。① 由于当时请托公行,故孙丕扬的这一创举得到普遍赞扬。

但抽签本来就是无奈之法,其弊病自然不言而喻,所以致仕的礼部尚书于慎行批评说:"人才长短,各有所宜,员格高下,各有所便,地方烦简,各有所合,道里远近,各有所准,而以探丸之智为掣瓶之守,是掩镜可以索照,而折衡可以悬决也。""奈何衡鉴之地,自处于一吏之职!"② 沈德符则举了一实例:掣签法创立者孙丕扬的一位陕西同乡,是位老儒,抽签得了杭州府推官。杭州与苏州、松江、吉安等府并称"雄剧难治",读书人多,官宦之家多,民事纠纷也多,而推官又专理刑名。这位老儒不敢赴任,请求调换,孙丕扬不许,老儒只好拭泪上路,在任上果然一筹莫展。后来抚、按将其与浙东某府一位进士出身的干练者互调,上报吏部,孙丕扬佯作不知而允之,其实是承认掣签之弊。③

万历二十六年六月,礼科给事中曹大咸建议改革掣签法,经吏部请

---

① 《明史》卷224《孙丕扬传》。
② 于慎行:《谷山笔麈》卷5《臣品》。
③ 沈德符:《万历野获编》卷11《掣签授官》。

旨实行：一、将签分为东北、西北、东南、西南四筒，东北以北直、山东为主，河南之汝、彰、归、卫诸府，南直之庐、扬、凤阳诸府附之；东南以南直、浙江、江西、福建、广东为主，而广西之梧州、平乐、桂林诸府附之；西南以湖广、四川、云南、贵州为主，广西之柳、南、浔、宁远、太平诸府附之；西北以陕西、山西为主，河南之怀庆、开封、河南、南阳，湖广之郧阳等府附之，即将选地分成四大片，以解决道里的远近和习俗的异同问题。二、科贡考选，前三名与进士同掣，以示用人不拘一格；其余举贡监生则与进士分筒掣签，以示分途。三、首领官及州县佐贰，因有钱谷词讼之责，掣签时实行本省回避原则。① 此后，掣签大抵按修改后的办法进行，仍有种种弊病。如沈德符所说，没有门路者，掣签任其自取、祸福由命，有背景者，自有肥缺先行匿藏而待，而签之长短厚薄也有名堂，② 但比起公开请托，仍可掩人耳目，故其一直沿用到明亡。

六、传奉授官与捐纳入监

吏部权力遇到的挑战，不仅仅是三杨时代的"保举"和万历时期的"请托"，更有成化至正德时期"传奉授官"的尴尬。沈德符《万历野获编》有这样一段议论：

> 传奉官，莫盛于成化间。盖李孜省等为之。至孝宗而厘革尽矣。然弘治十年（1497），清宁宫灾，给事中涂旦等奏烟火传升者程通等十三人，建毓秀亭升者康表等三十余人，其他李广传升匠官

---

① 谈迁：《国榷》卷78，万历二十六年六月附条。
② 沈德符：《万历野获编》卷11《掣签授官》。

六十六人，冠带人匠百三十八人，几与成化间相埒。此犹李广用事时耳。至十四年吏部、兵部奏近年传奉文职，至八百九十余人，武职二百八十余人，视李广乱政时又数倍。盖中官亲戚居其大半，此又宪宗朝所无矣。①

从表面上看，君主政体的基本特征是君主独裁，但在事实上，君主政体和民主政体一样，也包含着一整套办事程序和规则。君主有权任命或罢免官员，却必须师出有名、事出有因，且得由吏部具体经办。所谓"传奉授官"，则是指不经吏部正常选官程序，直接由皇帝内批、宦官"传奉圣旨"而任命或提拔官员，因而受到官僚集团的抨击和反对。

明朝传奉授官始于成化朝。天顺八年（1464）二月，宪宗即位不到一个月，司礼监太监便传奉圣旨，升司礼监工匠姚旺为文思院副使。②

文思院是工部所辖的一个掌管制造金银犀玉工巧之物、金彩绘素装钿之饰的机构，集中了来自全国各地的技艺高超的匠人，姚旺便是其中一位。但文思院的品级很低，大使不过正九品，副使为从九品，因此，这一异常举措在当时并没有引起人们太多的关注。但《明史》的作者对这件事十分重视，在《宪宗本纪》中特书："始以内批授官。"在《佞幸传》中又说："帝践位甫逾月，即命中官传旨，用工人为文思院副使。此后相继不绝，一传旨姓名至百十人，时谓之'传奉官'，文武、僧道滥恩泽者数千。"仅以宪宗在位的最后几年计，成化十九年（1483）内批授官320余人，二十年为450多人，二十一年因发生天变，减为200余人，二十二年又回升为400多人，二十三年的前七个月（宪宗于这年八月去世）为200多人。在不到五年的时间里，传奉授官至少

---

① 沈德符：《万历野获编》卷11《传奉官之滥》。
② 《明宪宗实录》卷2，天顺八年二月庚子。

有1500多人。据成化二十一年吏部的一个奏疏,当时在京文职官员额外增多及传奉升授者通计2000多人;另据礼部的奏疏,当时京师的大慈恩寺、大能仁寺、大隆善寺并称"三大护国法寺",仅番僧就有1000多人。加上1000余名匠官,传奉官达4000人。[①] 而吏部在"传奉"授官的全过程中所起的作用,只是到左顺门外等候宦官"传奉圣旨",并在第二天早朝时奏请授官,故被斥为"吏曹"。

这些传奉官主要有八类人。一是工匠出身的匠官,二是医士出身的医官,三是僧道出身的僧官道官,四是西藏等地的"番僧",五是非僧非道却懂得一些江湖法术的术士,六是有一技之长的各色儒士、画士、戏子、作家等,七是宦官、贵戚、功臣子弟出身的锦衣卫官,八是在职及罢免的文武官员。

不管是哪一类,首先是要走通宦官的路子,或要得到同道的引荐,当然,也要有一两手真功夫。成化朝地位最高的传奉官是蒯祥的儿子蒯钢。从正统时开始,蒯祥就在北京服役,著名的工程如三大殿的重修、天安门的改建等,都有他的功劳,人称"蒯鲁班"。蒯钢自幼跟着父亲施工,被耳提面命,也有一身好手艺,被提升为工部右侍郎。成化朝影响最大的传奉官则是李孜省。李孜省是江西南昌人,善于符箓,会"扶鸾术",众目睽睽之下,竟然在沙盘上"变"出了"江西人赤心报国"几个大字。还有一些精通养生术或房中术,又有著名的书画家、名医名优,都是皇帝和宦官的过从甚密之人。

传奉授官不仅在成化时泛滥,在号称"中兴"的弘治时期也极盛。弘治十二年九月,监察御史燕忠等人在一份奏疏中指出,从弘治四年到十二年的九年时间,匠官杂流不计,传奉官文职为540余员,武职也有

---

① 《明宪宗实录》卷260,成化二十一年正月己丑。

217员，和成化末的数字相差无几。①

传奉授官严重破坏了正常的官员任免制度，助长了走门路、通关节的腐败风气，而且，传奉官中的左道旁门之士与宦官沆瀣一气，以奇技淫巧诱导皇帝，使其不问朝政，专事淫乐，故而引起文官集团的强烈不满。每当发生天变或灾异，尤其是新君即位之际，文官集团便要乘机对传奉官进行革除。但悲剧也同时发生。传奉官中那些真正的专业技术人员如匠官、医官、钦天监官也被一股脑裁革。儒家正统势力在维护独尊、排斥异己的同时，也对真正的科学进行了一次不分青红皂白的打击。②

与传奉授官同样不能被正统士大夫们接受的是捐纳入监。景泰元年（1450）正月，因边事需饷，定输纳之例，舍人、军民纳粟纳马者"悉赐冠带，以荣其身"。③ 汉代的入粟拜爵故事千余年后在明代重演了。景泰四年，临清县县学生员伍铭等人提出，愿纳米八百石赈济灾民，条件是入国子监读书。明政府应允了伍铭等人的要求，并告示全国，各布政司及直隶府、州、县学的生员，凡有能运米八百石（后减至五百石或马七匹）于临清、东昌、徐州三处赈灾者，均可入国子监读书。④ 从此，国子监中多了"例监"。

景泰初开"例监"，只是允许官学"生员"纳粟入监，到成化，"白身"人即不在官学的士子也可通过加倍输纳入国子监，称"俊秀子弟"。由于俊秀子弟完全以钱米来换取入学的资格，故被监生们视为"异类"，国子监也被戏称有了"铜臭"味。⑤

---

① 《明孝宗实录》卷154，弘治十二年九月甲戌。
② 关于明代"传奉官"问题，参见方志远：《"传奉官"与明成化时代》，《历史研究》2007年第1期。
③ 《明英宗实录》卷187，景泰元年正月壬寅。
④ 《明英宗实录》卷228，景泰四年四月己酉。
⑤ 沈德符：《万历野获编》卷15《纳粟民生高第》。

成化年间发生的两件事情，却使国子监监生和整个社会对例监刮目相看。成化五年殿试，山西籍贡士张遂凭着真才实学进入"首甲"，却因是例监而被抑为二甲二名。成化二十二年，北京国子监的俊秀子弟江西南城人罗玘力挫群英，在人才济济的顺天府乡试中得了解元，第二年又在京闱中考中进士，选为庶吉士，入翰林院读书，文名震海内，被学者称为"圭峰先生"。

第二节 科举取士：礼部的职权

一、明代科举制度的确立及考试的程序化

明代选官，权在吏部。但在科举成为定制后，为吏部提供官员后备人选，是礼部的事情。由于科举为三年一次的"盛典"，其牵涉范围包括皇帝及在京、在外各衙门，故严格说来，礼部在整个科举中的作用只是进行程序上的安排。但考官的选用，是礼部的权限。

明代科举从名义上说是文武两科，吴元年（1367）三月，明太祖宣布要"设文武二科取士"，并命各地官员劝谕民间士子勉力向学，"俟开举之岁，充贡京师"[①]。但实际上是以文举代科举，武举只是一种点缀。人们通常说的科举，也专指文举，这是中国科举制度的通例，明代科举自非例外。

《明史·选举志》说："明制，科目为盛，卿相皆由此出。"《明会

[①]《明太祖实录》卷22，吴元年三月丁酉；《明史》卷70《选举二》。

典》也说："天下英俊之士，非此不得进用。"① 可见科举在明代选官制度中的地位。

洪武三年（1370）五月，明太祖诏告天下，从当年开始，开科举取士。鉴于天下初定，官员缺乏，各省连试三年，中式举人均免会试，赴京听选，并宣称："中外文臣皆由科举而进，非科举者毋得与官。"② 话虽有些绝对，但大体上确立了明代选官制度的原则。当时还规定，高丽、安南、占城等国士子，也可在本国参加乡试，中式者赴京师会试。但不久，明太祖因科举所取多后生少年，缺乏实际办事经验，罢科举而行荐举。到洪武十七年，经过十来年的酝酿，公布"科举成式"，决定从十八年开始，重开科举。从此科举每三年举行一次，称"大比"，分乡试、会试、殿试三级。③

二、乡试

乡试定在子、卯、午、酉年秋八月，故又称"秋闱"。

参加乡试的人员有两种：一是在校学生，即国子监监生和府、州、县学生员，但生员必须是在科考中获得一、二等的"科举生员"；二是"充场儒士"，即未入政府各级学校读书但又经过特别考试的"儒士"，可获准参加乡试。乡试参试名额与中举名额大致为三十比一。

根据"科举成式"的规定，"官未入流者"也可参加乡试，但官、吏分途以及任官注重资格以后，这种规定就基本取消了。科举成式还规定，学校教官、罢闲官吏、倡优之家、居父母丧者，不许参加乡试。④

---

① 万历《明会典》卷77《礼部·科举》。
② 《明太祖实录》卷52，洪武三年五月己亥。
③ 万历《明会典》卷77《礼部·科举》；《明史》卷70《选举二》。
④ 万历《明会典》卷77《礼部·科举·科举成式》。

乡试试场设在各省省城，即布政司衙门所在地，南北直隶的试场分别设在应天、顺天二府，均称"贡院"。考试之前，各布政司及二京府均聘请主考官二人、同考官四人。主考官的职责是出题、审卷、决定录取名单、排定名次并上报礼部，同考官则协助出题、审卷。

明初，两京乡试主考皆用翰林官，各省则教官、耆儒兼用。景泰三年（1452），定两京乡试考官仍用翰林，各省考官则由布政司和按察司会同巡按御史在本省教官中推举五十岁以下、三十岁以上，"平日精通文学、持身廉谨者"充任。这一规定，本意是要考官得人，但考官既由布、按二司与巡按御史推举，且任考官的教官本来就职分卑微，对上司的嘱托也就不能不有所关照，有的甚至主动献殷勤，导致士子意见纷然。于是从成化至嘉靖，不断有人建议差京官往各省主考乡试，以杜请托。嘉靖七年（1528），世宗采纳张璁的意见，每省派京官或进士二人前往主考，但只行了两科，就因与监临官的礼节纠纷而罢。直到万历十一年（1583），礼部重新提出这一问题，才最后定制，浙江、江西、福建、湖广为科举大省，由翰林编修、检讨主考，其他省则派六科给事中及礼部主事主考。同考官也要求由进士出身的推官、知县担任，教官只是"间用"，加以点缀而已。从主考官、同考官人选资格的变化，可以看出明政府对乡试的重视，也可见杜绝科举中请托作弊的困难。

除了主考、同考，还要组织一个乡试管理班子，这个班子由提调官一人、监试官二人、供给官一人、收掌试卷官二人、弥封官一人、誊录官一人、对读官四人、受卷官二人、巡绰搜检官四人组成，另有办事人员及号军若干。

乡试开考时间是八月初九日。届时，来自全省各地的考生齐集省城，南北直隶的考生则分赴二京府。主考、同考官及有关人员得提前两天进入考场，实行"锁院"。锁院的目的，一是清除闲杂人员，二是安排好考生的号房并公布，三是出题及刻印试卷。

考试分三场进行。第一场安排在八月九日,内容是"四书"义三道,每道答案在二百字以上;经义四道,每道三百字以上。如书写不及,可各省去一道。这一场主要是考考生对"四书"和本经以及各家注疏的基本掌握情况,类似于基础知识考试,答案也是统一的。按科举成式规定的标准答案,"四书"用朱子集注,《易经》用程传和朱子本义,《尚书》用蔡氏传及古注疏,《诗经》用朱子集传,《春秋》用左氏、公羊、谷梁三传及胡安国、张洽传,《礼记》用古注疏。永乐时颁布的《四书五经大全》,成为国子监和府、州、县学的统编教材以及科举头场的标准答案。第二场在八月十日,内容是论一道,三百字以上;判语五条;诏、诰、表、内科任选一道。这一场主要考考生是否具备出仕的基本条件。第三场在八月十五日,考经、史、时务策五道,可视为考安邦定国的见解。

为防止夹带舞弊,考场气氛十分紧张。考生黎明入场,除自带笔、墨、砚及草卷、正卷纸各十二幅外,不得携带他物。入场前,巡绰搜检官带人对考生逐个进行搜查,从头发、衣服直至鞋,如发现夹带,立即驱出考场,并取消考试资格。入场后,每位考生有一席舍,称"号房",由军人(称"号军")看守,然后由掌试卷官发卷。考生答卷,有几条规则:一、考卷一律用墨书写,谓"墨卷";二、卷首先写考生姓名、年龄、籍贯及三代名讳[①],以及考生在校所习本经;三、文字中应回避本朝皇帝的御名、庙号,并不许自序门第;四、答卷时禁止讲问代冒,如答题未完而时已黄昏,供烛三支,烛尽后不管是否答完,均须离开考场。

考生答卷(即墨卷)先交受卷官,然后由弥封官糊名,誊录官督人将墨卷誊录成朱卷并编上序号,对读官校对后,墨卷交掌试卷官封

[①] 《明太祖实录》卷160,洪武十七年三月戊戌。

存，朱卷送主考、同考官审评，最后由主考官决定名次。录取者的朱卷与墨卷核对无误后，即张榜公布名单。榜上有名者即中式为举人，算是有了"功名"（即任官的资格），并可参加第二年在京师举行的会试。乡试第一名者则称为"解元"。各省乡试的举人名额则根据人口的多寡和教育的普及程度而异，而以江西、浙江、福建为最。

表 8-1：明代直省举人名额变化表

年代 数量 直省	洪武三年	洪熙元年	宣德四年	宣德七年	正统五年	景泰四年	成化三年	成化十年	弘治七年	嘉靖十四年	嘉靖十九年	嘉靖二十五年	万历元年
南直	100	80	80	80	100	135	135	135	135	135	135	135	135
北直	40	50	50	80	100	135	135	135	135	135	135	135	135
浙江	40	45	45	45	60	90	90	90	90	90	90	90	90
江西	40	50	50	50	65	95	95	95	95	95	95	95	95
福建	40	45	45	45	60	90	90	90	90	90	90	90	90
湖广	40	40	40	40	55	85	85	85	85	85	90	90	90
山东	40	30	30	30	45	75	75	75	75	75	75	75	75
山西	40	30	30	30	40	65	65	65	65	65	65	65	65
河南	40	35	35	35	50	80	80	80	80	80	80	80	80
广东	25	40	40	40	50	75	75	75	75	75	75	75	75
广西	25	20	20	20	30	55	55	55	55	55	55	55	55
陕西	40	30	30	30	40	65	65	65	70	65	65	65	65
四川	—	35	35	35	45	70	70	70	70	70	70	70	70
云南	—	10	15	15	20	30	40	45	50	40	40	40	45
贵州	—	—	—	—	—	—	—	—	—	25	25	30	30
交趾	—	10	—	—	—	—	—	—	—	—	—	—	—
合计	510	550	545	575	760	1 145	1 155	1 160	1 165	1 180	1 185	1 190	1 195

第八章 明代官员选拔、任用中的权力分配

三、会试

会试的时间在乡试的第二年，即丑、辰、未、戌年的春二月，所以又叫"春闱"。考场设在礼部，也称"贡院"。孙承泽《天府广记》对北京礼部贡院作了记载：

> 贡院在城南隅，元礼部旧基也。永乐乙未（1415 年即永乐十三年）改为贡院，制甚逼隘。嘉靖中，议改创西北隙地，又有言东方人文所会，宜因其址而充拓之，卒未果。至万历二年（1574），始命工部重建，因故址拓旁近地益之，径广百六十丈，外为崇墉施棘。徼道前入，左、右、中各树坊。名左曰"虞门"，右曰"周俊"，中曰"天下文明"。坊内重门二，左右各有厅，以备议察。次曰龙门，逾龙门直甬道为明远楼，四隅各有楼相望以为瞭望。东西号舍七十区，区七十间，易旧制板屋以瓦甓，可以避风雨、防火烛。北中为至公堂，堂七楹，其东为监试厅，又东为弥封、受卷、供给三所；其西为对读、誊录二所，又后为燕喜堂三楹，东西室凡十六楹，诸胥吏工匠居之。其后为会经堂，堂东西经房相属，凡二十有三楹，同考者居之。①

参加会试者均为乡试录取的举人，但也有两种情况。一是新科举人，他们"官给廪传送礼部会试"，即由各地官府提供食宿费用甚至交通工具。二是此前各届会试下第及因故未参加会试的举人，但如果已授教职，则有一定的限制。如天顺八年（1464）规定，任教职的举人要

---

① 孙承泽：《天府广记》卷 17《贡院》。

"任满该升、年四十以下"方能参加会试；成化二十三年（1487）更明确规定，举人任教职后应停两科即在六年后，且"教有成效"才可参加会试。三试下第的举人，不能参加会试。①

会试的考前组织工作与乡试大体相同，也要组成一个包括主考、同考、提调、监试、供给、收掌试卷、弥封、誊录、对读、受卷及巡绰监门、搜检怀挟官在内的工作班子，②但整个规格要高得多。洪武十八年（1385）定，会试主考官二人，同考官八人，主考官及三位同考官必须由翰林官担任，其余五位同考官可从教官中聘用。正统四年（1439），要求主考、同考官均由翰林、春坊官担任，兼用京官"由科第有学行者"，不再聘用教官。主考官的资格更不断提高。洪武、永乐时，一般用翰林学士及侍读、侍讲为主考官，到宣德、正统，改为三品正卿兼翰林院学士为主考官，从弘治开始，一般是大学士一人、翰林院掌院学士一人为主考，至天启二年（1622），二主考官均用大学士。③

会试也分三场进行，时间为二月初九日、十二日和十五日，考试内容及要求与乡试同。经糊名、誊录、校对后，同考官分房阅卷并进行预选，预选出来的考卷送主考官审阅并拟定名次，写成"草榜"。草榜拟成后，再由主考官和礼部知贡举官主持，将拟定录取的"朱卷"与考生的"墨卷"进行"对号"，编号不对者弃而不取。复核以后，再行"填榜"，即正式确定录取名单。

一般来说，会试定榜时间为二月二十七日，发榜则在二月二十八日。榜上有名者称"贡士"，第一名称"会元"。由于会试的录取名额与殿试等额，故"贡士"实际上已是进士，所差的只是"钦赐"而

---

① 万历《明会典》卷77《礼部·科举》。
② 按：据朱国祯《涌幢小品》卷7《会试搜检》，会试搜检官设于隆庆二年。
③ 参见王世贞：《弇山堂别集》卷81—84《科试考一至四》。

已。① 关于会试的录取名额，《会典》作了如下记述："会试中式无定额。大约国初以百名为率，间有增损。多者，如洪武十八年、永乐三年（1405），俱四百七十二名；永乐十三年，三百五十名。少者，如洪武二十四年，三十一名；三十年，五十二名。成化而后，以三百名为率，多者如正德九年（1514），嘉靖二年（1523）、三十二年、四十四年，隆庆二年（1568）、五年，俱四百名。少者如成化五年（1469）、八年，俱二百五十名。各科三百名之外，或增二十名，或五十名，俱临时钦定。"② 根据这条记载以及《明清进士题名录》可知，从洪武至宣德，会试录取人数为每科 100 名左右，正统五年开始每科 150 名左右，成化以后每科 300 名左右。而乡试录取额自景泰四年（1453）以后为 1100—1200 名，加上历届下榜及因故未能参加会试的举人，应试者为 1500—2000 名，录取率约为六比一。

会试的录取有一个政策性很强的问题，即要考虑地区间的平衡问题。问题首次发生在洪武三十年。这年会试由翰林院学士刘三吾与吉府纪善、白信蹈为考试官，取录了宋琮等 52 人。经廷试，以闽县陈䢿、吉安尹昌隆、会稽刘谔为一甲进士。但出榜之后，人们发现本科进士全为南方人，大江以北无一人登科。于是，下第举人纷纷上疏，认为这是会试主考官刘三吾等均为南人、私其同乡所致。为此，明太祖又亲擢韩克忠、王恕、焦胜等 61 人为进士，皆为北人，并重惩考官。③ 此举虽平息了北方士子的怒气，但实属意气用事，也不能从根本上解决问题。

洪熙元年（1425），仁宗命大学士杨士奇等人定会试取士之额，以百名为率，南人试南卷，录取名额为总额的十分之六，北人试北卷，录

---

① 当然也有例外，如洪武二十一年策试进士即斥落三人。再如或因病重、或因奔丧等故无法参加殿试。
② 万历《明会典》卷 77《礼部·科举》。
③ 王世贞：《弇山堂别集》卷 81《科试考一》。

取额为总额的十分之四。宣德以后，南、北各退卷五名为中卷，于是成了百名为率，南卷55名，北卷35名，中卷10名。南卷包括浙江、江西、福建、湖广、广东五省，应天府及南直隶所属的松江、苏州、常州、镇江、徽州、宁国、池州、太平、淮安、扬州十府和广德州。北卷包括山东、山西、河南、陕西四省，顺天府及北直隶的保定、真定、河间、顺德、大名、永平、广平七府和延庆、保安二州，还有辽东、大宁、万全三都司。中卷包括四川、广西、云南、贵州四省，以及南直隶的庐州、凤阳、安庆三府和徐、滁、和三州。① 这种分配方法，看上去是对经济文化较为发达的江南地区的政策倾斜，但如果考虑到"南卷"地区的人口优势，则反映出对北方和西南地区的政策保护。这种保护虽然牺牲了东南地区的部分利益，却有利于协调各地区之间的关系、缓和由来已久的所谓南人北人之争。②

四、殿试

会试出榜后的两三天，即三月初一日，为殿试日，从成化八年（1472）开始，殿试推迟到三月十五日举行。③ 会试中式的"贡士"均参加殿试。由于殿试名义上是皇帝"亲策于廷"，皇帝本人就是主考官，所有贡士都是天子的门生，因此只设读卷官和执事官若干名。读卷官由内阁大学士和五部（礼部除外）、都察院、通政司、大理寺正官及詹事府、翰林院堂上官充任，提调官由礼部尚书、侍郎担任，监试用监察御史二人，其余受卷、弥封、掌卷等官则由翰林、春坊、司经局、光

---

① 万历《明会典》卷77《礼部·科举》。
② 关于明代科举数额上的南北差异，参见方志远：《明代城市与市民文学》第二章，北京：中华书局，2004年。
③ 《明宪宗实录》卷101，成化八年二月癸未；朱国祯：《涌幢小品》卷7《殿试改期》。

禄寺、鸿胪寺、尚宝司、六科及内阁制敕房官员充任，巡绰有锦衣卫，后勤供应由礼部和光禄寺负责。几乎所有在京文职衙门都参与这三年一度的大典。

殿试只考时务策一道，明太祖曾"御制"策问，但以后只由翰林院学士，特别是内阁大学士预拟试题，呈皇帝圈定。考生对策要求"惟务直陈"，限一千字以上。殿试的全过程均有定制：①

殿试的前一天，鸿胪寺官在奉天殿（嘉靖改名"皇极殿"，即今故宫太和殿）东室预设"策题案"，光禄寺则预备好贡士们的试桌，陈放于殿外东西两庑。

殿试日，先举行仪式。礼部官将贡士们带到奉天殿前丹墀内分东西两群面北站立，文武百官各具公服如常立殿内外朝侍，然后鸿胪寺官员请皇帝升殿，鸣放鞭炮，百官行叩头礼。礼毕，执事官举着策题案来到殿中，内侍官将策题付礼部官置于案上。这时，鸿胪寺官已带着贡士作好跪拜准备。执事官举着策题案由左阶而下，将其置于御道中，贡士们朝案行五拜三叩头礼，然后分东西侍立。执事官再将策题案举到丹墀东，鸿胪寺官奏告仪式结束，再放鞭炮。鞭炮声中，皇帝退殿，文武百官也依次退出。

接下来就是考试。军校将准备好的试桌在丹墀东西两侧面北排列，礼部官散卷，贡士们列班跪接，叩头就位，露天答卷。如遇到大风或下雨，则在奉天殿东西两庑考试。由于这场考试只是决定排名，这个排名又带有极大的偶然性，因此殿试对于每个参试者来说，是一件相对轻松愉快的事情。又由于殿试只有一道策试，题目也万变不离其宗，考生们大多是带着腹稿进入考场的。只要不触犯忌讳，进士已在囊中。

考试结束后，贡士们将对策交往东角门的受卷官处，并由此出。受

---

① 万历《明会典》卷51、77《礼部·策士、科举》。

卷官将试卷送弥封官糊名。与乡试、会试不同,殿试不另用朱笔誊录,故糊名后直接由掌卷官送东阁读卷官处,以定高下。读卷官的工作是将试卷分成三等,即一、二、三甲,关键是定出送皇帝"钦定"的前十几名尤其是前三名的试卷。

殿试的第三天有一个"读卷"仪式,通常在文华殿举行。这天早朝后,皇帝来到文华殿,读卷官们各持一份试卷,东西序立,然后按官职的高低依次跪在御前读卷。每读完一份,即由司礼监官将试卷收于御案。一般只读三份,如有旨再读,则继续读卷,直到下旨免读。然后,司礼监依次收卷于御案,读卷即告结束,读卷官退门外候旨。这时,前三名的人选和排名就看御笔钦定了。如果内阁与皇帝及司礼监关系融洽,那么最先由三位大学士读的卷子就为一、二、三名,所以许多人认为是"读卷官取状元"①。嘉靖时礼部尚书席书更专疏劾论:"旧例廷试贡士,掌卷官先行看阅,分送内阁,然后以次及于九卿。进士甲第前后,第决于读卷官职之尊卑,不复论其文之高下,非所以示大公也。"②但惯例已成,不复改变。当然,如果皇帝要表示"乾纲独断",则往往打破次序,但这种情况"十不一二"。③皇帝"钦定"前三名后,其余试卷被退回东阁,读卷官也回到东阁,将第二甲第一名以下排列,然后拆卷填写黄榜,等待"放榜"。

在明代,殿试放榜叫"传胪",照例要举行仪式。比起三月十五日的殿试,传胪仪式的气氛更加轻松。传胪的准备工作在华盖殿(嘉靖以后称"中极殿",今故宫中和殿)进行。读卷官在御前按钦定的一、二、三名依次拆卷,拆第一卷即奏第一甲第一名某人,二、三卷亦然,随即在早已写好二、三甲进士姓名的黄榜上填上一甲三人,尚宝司官员

---

① 沈德符:《万历野获编》卷15《读卷官取状元》。
② 《明世宗实录》卷62,嘉靖五年三月乙未。
③ 沈德符:《万历野获编》卷15《读卷官取状元》。

在黄榜上用印。随着鼓乐声，执事官将黄榜卷好交付翰林院官，后者捧至奉天殿（皇极殿）等候，皇帝由导驾官引导，由华盖殿来到奉天殿升座，文武百官按常朝侍立，作堂下乐，鸣放鞭炮，传胪开始。

这时，贡士们早已在殿外丹墀两边拜位上排列，传制官请旨后出奉天殿左门，在丹陛东朝西站立，执事官高举放有黄榜的榜案来到丹墀御道上并放定，传制官高唱"有制！"待众贡士跪下后宣制："某年三月十五日策试天下贡士。第一甲赐进士及第，第二甲赐进士出身，第三甲赐同进士出身。"然后念第一甲三人、第二甲和第三甲的第一名共五人姓名。念罢，众进士随着口令俯、起、四拜。执事官举着黄榜案出奉天门左门，将黄榜张挂于长安左门外，众进士随出观榜，顺天府官员用伞盖仪从送新科状元归第。宫内，文武百官依次入班，致词官于丹陛中跪定致词："天开文运，贤俊登庸，礼当庆贺！"接着鸣放鞭炮，皇帝起驾，百官退朝。仪式结束。

传胪后的一两天，还有一个由新科状元率众进士进宫谢恩及往国子监谒先师孔子庙的仪式。仪式结束后，众进士易冠服，这才算完全"释褐"，即不再是民而是官了。国子监照例立碑题名。除内阁和翰林院共同选拔若干名庶吉士外，三年一次的科举全部结束。新进士则等待吏部的铨选。

从表面上看，殿试在整个科举制度中似乎只是一个无足轻重的程序，它由一系列仪式构成。虽说是皇帝"亲策于廷"，但除特例，策试题均由翰林院和内阁拟定。从嘉靖后期开始，皇帝有时连仪式也不出席，至于进士名次的排列，也多由内阁会同读卷官决定。但正是这一系列仪式使科举取士给人一种神圣和公正的感觉，可以激发新进士们效忠皇室的热情，并吸引着万千士子争取金榜题名的荣光。从一定意义上来说，君主的权威和人们的信念是离不开庄严隆重而带有几分神秘色彩的仪式的。

五、明代科举制批判

对明朝科举的批评，从明代就已经开始。批评主要集中在两个方面。

一是科举考试中出现的种种弊端，如考官营私，有司嘱托，考生作弊，等等。

这些弊病，有些确有其事。如景泰四年（1453）顺天府乡试录取的举人中，经揭发而被查出的冒籍生员有九人；又如景泰七年，大学士陈循、王文因其子乡试下第而力攻主考官刘俨；再如万历四年（1576）顺天府乡试，主考官高汝愚为依附权贵，将张居正之子张嗣修、张懋修及吏部侍郎王篆之子王之衡、王之鼎尽行录取。[①] 诸如此类，不胜枚举。但也有不少传闻属捕风捉影，并无实据。如正德六年（1511）殿试，大学士杨廷和之子杨慎为一甲第一名，于是有传言说首辅李东阳私下将策题密示杨慎，故杨慎策对独详。[②] 对这件事，武宗并未追究，舆论也认为杨慎以才高及第，不会有先得试题之事。再如折腾几个月之久的弘治十二年（1499）会试卖题案，给事中华昶劾主考官翰林学士程敏政受贿出卖试题，使江阴县举人徐经、苏州府举人唐寅遭到斥谴，被剥夺考试资格，程敏政也被勒令致仕、含愤而死。但根据《实录》所记载的情况，并无程敏政泄题的实证。[③] 至于洪武三十年（1397）举子们攻会试主考官刘三吾等尽取南人之事，更带有偶然性。

其实，既有考试，就免不了有人作弊，贿买钻营、怀挟请代、割卷

---

① 《明史》卷70《选举二》。
② 王世贞：《弇山堂别集》卷82《科试考二》。
③ 《明孝宗实录》卷147，弘治十二年二月丁巳；卷148，弘治十二年三月丙寅；卷149，弘治十二年四月辛亥；卷151，弘治十二年六月己丑。

传递、顶名冒籍，可说是无代不有。但作弊即是违法，明政府对揭露出来的营私舞弊常常予以重惩，甚至不惜大兴诏狱，并不断完善考试制度，堵塞漏洞。如将乡试主考官由地方教官改为京官、提高会试主考官品级以遏制嘱托贿买的不正之风，完善糊名、誊卷、钦定殿试名次诸程序以防考官营私，严禁冒籍、顶替、挟带、传条以绝考生投机，并制定了大臣回避制度。整个制度虽说弊端百出，屡禁不止，但相对来说还是较为严密的，因此考生竞争也就相对公平。平心而论，在当时的条件下，要基本革除荫子制度、合理选拔人才，除了进行统一的考试，确实别无他途。

二是考试本身的不合理性。关于这一点，古人和今人的角度并不一样。

正德六年殿试第一的杨慎对考经义只考"本经"进行了批评："本朝以经学取士，士子自一经之外，罕所通贯。近日稍知务博，以哗名苟进，而不究本原，徒事末节。五经诸子，则割取其碎语而诵之，谓之'蠡测'；历代诸史，则抄节其碎语而缀之，谓之'策套'。其割取抄节之人，已不通经涉史，而章句血脉，皆失其真，有以汉人为唐人、唐事为宋事者，有以一人析为二人、二事合为一事者。"①

在明代学者中以博学多闻著称的何良俊则对永乐以后以四书、五经"大全"为标准答案进行了批评："太祖时，士子经义皆用注疏，而参以程朱传注。成祖既修五经四书大全之后，遂悉去汉儒之说，而专以程朱传注为主……学者但据此略加敷演，凑成八股，便取科第，而不知孔孟之书为何物矣，以此取士而欲得天下之真才，其可得乎？"他认为，用八股文考经义，犹如用程朱语填词，做文字游戏而已。②

---

① 参见黄云眉：《明史考证》卷70《考证》。
② 何良俊：《四友斋丛说》卷3《经三》。

对考试制度进行全面批评的是明末清初的大学者顾炎武，除了批评考试只考一经并以程朱传注为标准答案，他集中抨击了试文格式，即八股文。所谓八股文，其实是一种答题格式，始于成化二十三年（1487）会试，考生答卷按破题、承题、起讲、入手、起股、中股、后股、束股的顺序进行，而起股、中股、后股、束股四段又规定各有两组排比对偶的文字，故称"八股"。考卷从无定式到有定式，单纯从阅卷角度看应是一个进步。但明太祖在洪武二十五年规定，学校、科举一应文字只用散文，不许作四六骈文，而八股文强求考生用八组排比对偶文字答题，从文风来说是倒退。加上明朝以科举取士，科举重在经义，经义又以八股文为考试格式，从而导致人人习八股，称其为"时文"，致使文风败坏。后来更发展到有人以卖八股时文为业，称"十八房之刻"，考生只需熟记若干篇时文，即可取得功名。本来是"十年寒窗苦"，结果有人背一年时文就金榜题名，但其人对于本经原史，茫然不知。所以顾炎武认为，"八股之害，等于焚书，而败坏人材，有甚于咸阳之郊，所坑者但四百六十余人也"①。

杨、何均为饱学之士，顾炎武更为一代名儒，他们对明朝科举制度的批评是具有代表性的，也确实切中时弊。但是他们并不反对考试以经义为主，只是反对只考一经且断章取义；他们也不反对用注疏答题，只是反对仅用宋儒注疏而摒斥汉儒乃至不通孔孟原文；他们更不反对以科举取士，只是反对文用八股。顾炎武还为改革科举制度提出了三项措施。一曰："欲革科举之弊，必先示以读书学问之法，暂停考试数年而后行之。"二曰："欲振今日之文，在毋拘之以格式，而俊异之才出。"三曰："救今日之弊，莫急乎去节抄剽盗之人。"② 中心思想仍然集中在

---

① 顾炎武：《日知录》卷16《拟题》《十八房》。
② 顾炎武：《日知录》卷16《拟题》《程文》《三场》。

如何通经史、去八股之上。

其实，八股文是困不住真才的，如柳诒徵先生所说："以帝王之尊崇，及科举之需要，故凡向风慕化者，无不渲染浸渍于身心性命之说，而其蔚然成为儒宗者，则由科举之学，进而表示人格，创造学说，而超出八股之生活者也。"何良俊、杨慎固逊一筹，而顾炎武正是由"科举之学，进而表示人格、创造学说"者。①

其实，即使在当时，人们对科举、对八股文的看法也不尽一致。

李贽《焚书》将当时的科举时文与六朝的骈文、唐代的诗歌和传奇、金元的院本杂剧、明代白话小说并列，称其为"至文"：

诗何必古选？文何必先秦？降而为六朝，变而为近体，又变而为传奇，变而为院本、为杂剧、为《西厢曲》、为《水浒传》，为今之举子业，皆古今至文，不可得而时势先后论也。②

沈德符《万历野获编》说：

今教坊杂剧，约有千本，然率多俚浅，其可阅者十之三耳。元人未灭南宋时，以此取士子优劣，每出一题，任人填曲。如宋宣和画学，出唐诗一句，恣其渲染，选其得画外趣者登高第。于是宋画元曲，千古无匹。③

明代科举时文，如同宋画元曲，乃明人用以取荣华富贵的手段，所以也经千锤百炼，遂为"古今至文"。将这些古今至文传播于世，起始

---

① 柳诒徵：《中国文化史》，上海：中国大百科出版社，1988年，第611页。
② 李贽：《焚书》卷3《童心说》。
③ 沈德符：《万历野获编》卷25《词曲·杂剧院本》。

本为官方的示范行为，但在利益的驱动下，发展为传抄、私刻、商刻。

至嘉靖中后期，刊行时文已风靡各地，时文也成为具有重要影响的文学品种，一些戏剧作家甚至以作时文的手法写剧本。徐渭对此进行了批评：

> 以时文为南曲，元末、国初未有也。其弊起于《香囊记》。《香囊》乃宜兴老生员邵文明作，习《诗经》，专学杜诗，遂以二书语匀入曲中，宾白亦是文语，又好用故事作对子，最为害事。夫曲本取于感发人心，歌之使奴童妇女皆喻，乃为得体。经、子之谈，以之为诗且不可，况此等耶？直以才情欠少，未免辏补成篇。①

明代有影响的科举时文汇编，始于《艺海元珠》《阅艺随录》，选家为冯梦桢和王士骕。沈德符《万历野获编》说：

> 南宫放榜后，从无所谓房稿。丁丑（万历五年），冯祭酒（梦桢）为榜首，与先人（按：指沈德符的父亲沈自邠）俱尚书首卷，且同邑同社，两人为政，集籍中名士文，汇刻二百许篇，名《艺海元珠》，一时谓盛事亦创事。至癸未（万历十一年），冯为房考，始刻书《一房得士录》，于是房有专刻。嗣是渐盛。然壬辰（万历二十年）尚少三房、乙未（万历二十三年）少一房，俱京刻，无选本。至戊戌（万历二十六年）则十八房俱全。而娄江王房仲（士骕）有《阅艺随录》之选。至辛丑遂有数家。今则甲乙可否，入主出奴，纷纷聚讼，且半系捉刀，谩不足重轻矣。②

---

① 徐渭：《南词叙录》。
② 沈德符：《万历野获编》卷16《科场·进士房稿》。

不仅有选本，而且有评论，并出现了一批以评点科举时文而著名的大家，如沈一贯、李廷机等。现存的明代科举应试文集及有关论集主要有：武之望《举业卮言》、郭子章《举业利用拔奇》、沈一贯《沈相国续选百家举业奇珍》、申绍芳《四书顺天捷解》、邹守益《续文章轨范百家批评注释》、余有丁《标题论策指南纲鉴纂要》、朱之蕃《刘太史汇选古今举业注释评林》、李廷机《翰林评选注释程策会要》、朱呈滋《午未注释二三场程论玉谷集》、张瑞图《翰林评选历朝捷录总要》、顾东谦《癸丑科翰林馆课》、顾充《评林注释历朝捷录》、归有光《批释举业初要古今文则》、李叔元《诸名家前后场六部肄业精决》、袁黄《增订二三场群书备考》、丁绍轼《十六翰林拟纂西戌科急出题旨棘围丹篆》、魏浣初《魏仲雪补李卓吾名文捷录》、邵景尧《翰林评选注释二场表学司南》和《邵翰林评选烩业捷学宇宙文芒》、徐奋鹏《笔洞山房批点诗经捷渡大文》、刘元震《乙未科翰林馆课东观弘文》、薛应旗《举业明儒论宗》等。当然，若论数量之多、挑选之严，自然是清乾隆时所编的《钦定四书文》，收录明永乐至崇祯二百多年间科举文共486篇。

任何一种选举制度，均受当时社会制度的制约，科举亦然。科举制度的目的是选拔官员而不是选拔学者及其他专门人才，这就决定了它的考试内容；同时，由于生产力发展水平的限制，很难要求科举考试内容中增加诸如数学、物理、农学乃至商业管理等尚未形成体系或尚未出现的学科。清末之所以能够废科举，并不在于科举本身的弊病，而在于社会制度发生变革。

当然，明朝科举制度以实用主义引导读书人断章取义地对待文化遗产、钻研甚至强记八股时文去夺取功名利禄，对于思想文化和科学事业的进步，确实产生了极为恶劣的影响。

第三节　明代的吏及其在国家权力结构中的地位

一、"吏"的种类与职责

明朝继承了宋元以来的传统，将"官"与"吏"分为两途。官为国家权力各层面的决策者和主持者，所谓"领持大概者，官也"；吏是各衙门的具体办事人员，所谓"办集一切者，吏也"①。官虽然管吏，具体事务却得依靠吏来完成；官有罪可能贬为吏，吏考满也可升为官。但一般来说，吏所充之官多为"首领官"，而难以成为主政官。所以民间将官与吏之差别比之为天与地、东与西。②尽管如此，在民众眼中，国家权力的具体体现，却未必是官而往往是吏，国家权力的行使状况，也往往决定于吏。因为他们才是国家意志和国家权力的贯彻者，是一切国家事务的"操盘手"，也只有他们才最直接地与普通民众打交道。

万历《明会典》列有十二种主要吏员的名目：提控、都吏、令史、通吏、掾史、司吏、典吏、书吏、承发、胥吏、攒典、狱典，分布在京师及各地所有的衙门。但除典吏在各类衙门均有设置之外，其余十一种吏按衙门的性质灵活设置。其特点有二：一、文职衙门和武职衙门主管吏员的名目不同。文职衙门中南北两京六部及都察院的主管吏员均为"都吏"，其他衙门为"令史"或"司吏"，地方衙门则是"通吏"或

---

①　王恽：《秋涧集》卷46《吏解》。
②　明代民谣说热恋男女的海誓山盟："要分离，除非是天做了地；要分离，除非是东做了西；要分离，除非是官做了吏！"（《明清民歌时调集·挂枝儿》卷2《分离》，上海：上海古籍出版社1987年，第62页。）

"司吏"。武职衙门的五军都督府及各省镇守总兵府的主管吏员为"提控"或"掾史"。二、衙门性质不同，吏的配置也不尽相同。如都察院、刑部、大理寺、按察司等衙门职在监察与刑罚，故设有胥吏、狱典等，其他在京衙门则无。而主管财政的户部、工部及各地库、仓、局、所，多配置攒典，其他衙门则无。①

上述十二种吏员，可以分为四大类：主管吏员、案牍吏员、司财吏员、司狱吏员。

主管吏员包括宗人府、都督府、顺天府的提控，六部、都察院的都吏，各省总兵衙门的掾吏，各理刑衙门的胥吏，以及其他在京、在外衙门的令史或司吏。其职责是协助首领官检视、起草文案，统领该管事务内的典吏、书吏等。丘濬曾将主管吏员如都吏比作《周书》中的胥："胥，若今之都吏，所谓一胥则十徒，才智为什长者也。"② 可见都吏等主管吏员在全部吏员中的地位，也可以看出许多官员受制于吏员的原因。

案牍吏员包括内外各衙门的典吏、承发、书吏等。而典吏是数量最多、设置最普遍、地位最低下的吏员。除了翰林院及各省总兵衙门和府州县所属库、仓，所有衙门均有设置。其中，户、刑二部达百人以上。其职责主要是抄写、收发、保管文案，并分房办事。

司财吏员指户部、工部及所属各处库、仓、税课司、抽分局和各布政司、府、州、县、卫、所所属库、仓的攒典。其职责是协助首领官及大使、副使保管、收支钱粮及工料、实物等。司狱吏员指刑部、都察院、大理寺、按察司及各府、州、县的狱典。其职责是分管狱卒、管理人犯。此外，还有驿吏、闸吏、坝吏及承差、知印等，均为业务性衙门

---

① 万历《明会典》卷7《吏部·吏员》。
② 丘濬：《大学衍义补》卷98《治国平天下之要·备规则》。

的吏员。

二、吏的来源

明朝吏员主要有两个来源：佥充、罚充。吏员的选任由吏部及礼部主持。

佥充。从农民中佥充的吏役是明朝吏员的最初来源。

《明会典》说："凡佥充吏役，例于农民身家无过、年三十以下能书者选用。"同时禁止曾在元朝及本朝做过案牍吏员者以及市民、隶卒、还俗僧道充吏。不仅如此，父兄伯叔有人已在充吏但服役未久，或因犯赃罪充军及为民者，其弟男子侄也不许充吏。作为"宪司"的都察院和按察司，对其下吏员的选择比其他部门更为严格，除上述禁止人员外，犯过奸、贪罪者均不得录用。① 可见，明初对于"吏"的佥充是相当严格的，这自然是鉴于元朝官昏吏贪、政治腐败的教训。但将"吏"作为"役"来佥发，本身就是对吏员的歧视。

罚充。因故罚充吏役或贬谪为吏的各级学校的学生、举人及官员，是明朝吏员的又一来源。具体包括以下几种情况。

生员充吏。明代府州县皆设官学，学员称"生员"。洪武时定，凡生员官给廪膳，并免其家二丁差役。后扩充名额，称"增广生"，亦免其家二丁差役，但无廪膳。于是称官给廪膳者为"廪膳生"。其后又有"附学生"。学校及生员的有关政策均由礼部制定并督促实施，生员罚吏条例的制定和实施也由礼部主持。洪武十八年（1385）正月，礼部奏准，天下岁贡生员考试不中者再试，再试而不中者，罚为吏。② 洪武

---

① 正德《明会典》卷9《吏部·事例》、万历《明会典》卷8《吏部·吏役参拨》。
② 《明太祖实录》卷170，洪武十八年正月乙酉："礼部奏天下岁贡生员考试不中者，当罚为吏。上曰：'人资质有高下，故成效有迟速。且令还学读书，以俟再试。再试不中者，罚之。'"

二十七年十月，命生员凡食廪十年而其学无成效者，罚充吏。① 这个条例至少在相当长的时期内实行。永乐时，礼部引奏北方岁贡生员入学十年考不中试者，例当充吏。② 正统时又定，生员入学六年以上"不谙文理者"，廪膳生悉发为吏、增广生罢黜为民当差。③

贡生充吏。洪武十六年定，岁贡生员至京，由翰林院考试，中式者入国子监，不中者罚为吏。其后稍有放宽，不中者已食廪五年以上者充吏，不及五年者可在次年再考，仍不中者乃充吏。④

监生充吏。洪武三十年定省亲等项期限，凡监生因省亲、丁忧等返家，视道路远近，超过期限三个月至一年者，俱发充吏。⑤

举人及教官充吏。下第举人试用为教师，可以说是明朝的普遍做法。举人考试不第则罚为吏的条例是在建文继位之后颁布的。洪武三十一年九月，对寄监的下第举人进行考试，其中中式者415人，按其名次除授府学教授、州学教谕及县学训导，不中者87人，皆罚为州吏目。⑥ 此后即为惯例。

此外，弘治时定，凡参加乡试的生员、儒士、监生，以及参加会试的举人，因舞弊而被搜检暴露者，皆罚充吏。这个"例"，非常有可能

---

① 《明太祖实录》卷235，洪武二十七年十月庚辰。这次的条例较早年宽松。至永乐，更加宽松了。
② 《明太宗实录》卷28，永乐二年二月癸酉。但这一次成祖作了宽限，原因是"北方近三四年间，兵戈扰攘，诸生舍俎豆而事军旅，飞刍挽粟之劳、奔走流离之苦，岂暇于学"，故将其发回原学，补其废学年数，以俟再试，再试不中，则罚充吏。
③ 《明英宗实录》卷17，正统元年五月庚寅。
④ 万历《明会典》卷220《国子监》。
⑤ 万历《明会典》卷220《国子监》。
⑥ 《明太祖实录》卷256，洪武三十一年九月己丑。

和当时发生的科场案有关。①

官员充吏。洪熙元年（1425）正月，命文职官自永乐二十二年（1424）八月十五日以前，有犯罪充办事官及吏典承差者，并送吏部，随才授职。但犯赃罪者不在此例。② 官员充吏也不在少数。如洪武二十三年，国子生李约因父李允恭以事谪广东充吏，请以身代。③ 建文时，监察御史高以正因事谪河州充吏，给事中马麟、王徵、杨恭、张景安、官麟等皆因言事发云南充吏。④ 永乐时给事中张昭、郑杰、周岐，汉王朱高煦王府长史程石琮、纪善、周巽等，尚宝司丞范宁，洪熙时监察御史窦信、给事中刘涣，皆因言事发交趾充吏。⑤

三、吏的地位与"求充"

吏员的金充和罚充，都和吏的法律地位相关。自太祖开始，明朝统治者就表现出对吏的歧视和不信任。洪武四年（1371）五月，命天下吏人与倡优同服皂衣，以在服色上将吏与官、民区别。⑥ 当年开科举，

---

① 《明孝宗实录》卷151，弘治十二年六月己丑条载：先是给事中华昶奏学士程敏政会试漏题事。既午门前置对，敏政不服，且以昶所指二人皆不在中列，而覆校所黜可疑十三卷，亦不尽经校阅，乞召同考试官及礼部掌号籍者面证。都御史闵珪等请会多官共治。得旨：不必会官，第从公讯实以闻。复拷问徐经，辞亦自异，谓来京之时，慕敏政学问，以币求从学问，讲及三场题可出者，经因与唐寅拟作文字，致扬于外。会敏政主试所出题有尝所言及者，故人疑其买题。而昶遂指之，实未尝赂敏政，前惧拷治，故自诬服。因拟敏政、经、寅各赎徒，昶等赎杖，且劾敏政临财苟得不避嫌疑，有玷文衡，遍招物议，及昶言事不察实，经、寅等贪缘求进之罪。上以招轻参重，有碍裁处，命再议拟以闻。珪等以具狱上。于是命敏政致仕，昶调南京太仆寺主簿，经、寅赎罪毕送礼部奏处，皆黜充吏役。
② 《明仁宗实录》卷6下，洪熙元年正月丙戌。
③ 《明太祖实录》卷201，洪武二十三年四月壬申。
④ 《明太宗实录》卷16，永乐元年正月癸巳；卷20上，永乐元年五月庚寅。
⑤ 《明太宗实录》卷114，永乐九年三月丁丑；卷186，永乐十五年三月丙午；卷229，永乐十八年九月己巳；《明仁宗实录》卷6下，洪熙元年正月庚寅；卷7上，洪熙元年二月丁卯。
⑥ 《明太祖实录》卷65，洪武四年五月辛酉。

中书省奏请诸生、俊民、吏胥皆得应举，明太祖明确表态："吏胥心术已坏，不许应试。"① 洪武九年九月，福建布政司参政魏鉴、瞿庄拷讯奸吏时致其死，中书省以此事上奏，请治魏、瞿之罪。明太祖却特赐二人玺书，以"吏诈则蠹政，政既骚矣，民何由安"为由，称其"惟仁人能好人能恶人"。② 而《大诰》及其续编、三编，更连篇累牍地斥责吏的祸害。③ 所以，对于生员、儒士及准备入学求仕的农民子弟来说，为吏是有失身份的，更毋论官员。故唐寅一旦被谪为吏，则更为放诞和玩世不恭，政府也常为贬为吏员的官员留着复任的后路。

对吏的歧视可以说贯穿明代始终，这既与吏的所作所为有关，更与明代乃至历代政治体制及权力结构的不尽合理有关。顾炎武《郡县论》在自己的认识范围内指出了这种不合理并开出了药方：

> 善乎叶正则（按：叶适）之言曰："今天下官无封建而吏有封建。"州县之敝，吏胥窟穴其中，父以是传之子，兄以是传之弟。而其尤桀黠者，则进而为院司之书吏，以掣州县之权。上之人明知其为天下之大害而不能去也。使官皆千里以内之人，习其民事，而又终其身任之，则上下辨而民志定矣、文法除而吏事简矣。官之力足以御吏而有余，吏无所以把持其官而自循其法。昔人所谓养百万虎狼于民间者，将一旦而尽去。治天下之愉快，孰过于此。④

顾炎武认为吏之弊主要是因为官员的异地任职及任职年限过短，从而使吏有作弊的空间。但实际情况远比顾炎武的认识复杂，可以说在这

---

① 《明太祖实录》卷67，洪武四年七月丁卯。
② 《明太祖实录》卷108，洪武九年九月己卯。
③ 参见方志远：《明代苏松江浙人"毋得任户部"考》，《历史研究》2004年第6期。
④ 顾炎武：《亭林文集》卷1《郡县论八》，《顾亭林诗文集》，第17页。

一点上明武宗甚至看得更清楚：吏治和官风从来都是联系在一起的，官场腐败，又怎能要求吏员清廉？

虽然明代法律贱吏员，但吏员可以自寻富贵。其一，他们既可利用官员的昏庸无能而大行己意，或者有所作为，或者从中作弊；也可以与官员连为一体，或共同为国为民谋利，或共同贪赃索贿。其二，虽然官、吏悬隔，但吏员仍然不失为入仕之途。尤其是天顺、成化之后，随着商品经济的发展和人们等级贵贱观念的淡化，充吏成了一些科举无望的读书人、营生无门的农家子弟谋求生计乃至进入仕途的出路。于是，吏员在佥充、罚充之外，又有了"求充"。

吏员求充的发生应该有一个从地下到公开的过程。最初是打通关节，牟求吏的身份和职务，其后则公开标价、公平竞争。纳银的数量，例为白银十五两。其后求充者日多，纳银数也随着增加。纳银之后，还得进行考试，考试合格，才能获得为吏的资格，以守缺顶补。由于缺额少而候者多，又得向有关官员和吏员交"顶头银""替头银"数十两乃至数百两，以求早日顶编。①

吏员的罚充特别是求充，使得佥充的一些积极意义荡然无存。罚充的生员和监生既被褫夺功名，干脆一心一意谋私利；求充者既然花了数十数百两的银子才得以顶缺，自然要千方百计地寻回本息。而他们对于官场的腐败又洞察秋毫，他们可以瞒着官员干坏事，官员的隐私却瞒不了他们。明后期国家权力效能的降低和吏治的腐败，以及吏员挟持官员、操纵地方及部门事务，与此有极大的关系。

---

① 参见赵世瑜：《明代吏典制度简说》，《北京师范大学学报》1988年第2期。

第九章　明代财政管理中的权力关系

第一节　中央财政管理系统

一、外廷财政管理衙门：户部、工部

明朝中央财务行政机关为户部，这是排序仅次于吏部而实际事务最为繁重的一个衙门。财政对于国家权力的意义是不言而喻的，唐末五代及宋甚至将其事务分由户部、度支、盐铁三个部门管理，分理户口赋役、财政预算及工商税收，而"三司使"则成为地位仅次于宰相的主持全国财政事务的重臣。这既反映了当时经济发展的新动态，也可以说是中国历史上最具典型意义的经济基础推动上层建筑变化的事件。但这一国家体制和权力结构方面的重大创新并没有被元、明继承。

作为主管全国财政事务的衙门，为了工作上的便利，明代户部设了十三个清吏司，分领十三个布政司，同时"带管"在京各衙门及在外各仓、司、关、局，其分工见下表。

表9-1：户部十三清吏司"带管"分工

清吏司	在京诸司	在外诸司	各仓、场、司、关
浙江	羽林右、留守左、龙虎、应天、龙骧、义勇右、康陵等7卫及神机营	浙江布政司	
江西	旗手、金吾前、金吾后、金吾左、济阳等5卫	江西布政司	
湖广	国子监、教坊司、羽林前、通州、和阳、豹韬、永陵、昭陵等6卫	湖广布政司 兴都留守司	
福建	顺天府，燕山左、武骧左、武骧右、骁骑右、虎贲右、留守后、武成中、茂陵、通州右等9卫，五军、巡捕、勇士、四卫各营	福建布政司 北直隶各卫所及永平、保定、河间、真定、顺德、广平、大名等7府，延庆、保安二州，大宁、万全二都司	北直隶山口、永盈、通济各仓
山东	锦衣、大宁中、大宁前等3卫	山东布政司 辽东都司	两淮、两浙、长芦、河东、山东、福建各盐运司，四川、广东、海北及云南黑盐井、白盐井、安宁、五井等7盐课提举司，陕西灵州盐课司、江西南赣盐税
山西	燕山前、镇武、兴武、永清左、永清右等5卫	山西布政司 宣府、大同、山西各镇	
河南	府军前、燕山右、大兴左、裕陵等4卫、牧马千户所	河南布政司 南直隶漳关卫、蒲州马户所	

续表

清吏司	在京诸司	在外诸司	各仓、场、司、关
陕西	宗人府、五军都督府、六部、都察院、通政司、大理寺、詹事府、翰林院、太仆寺、鸿胪寺、尚宝司、六科、中书舍人、行人司、钦天监、太医院、五城兵马司、京卫武学、文思院、皮作局、留守右、长陵、献陵、景陵等4卫、神枢、随侍二营	陕西布政司延绥、宁夏、甘肃、固原各镇	
四川	府军后、金吾右、腾骧左、腾骧右、武德、神策、忠义后、武功中、武功左、武功右、彭城等11卫	四川布政司应天府、南京49卫，南直隶安庆、苏州、松江、常州、镇江、徽州、宁国、池州、太平、庐州、凤阳、淮安、扬州等13府及徐、滁、和、广德四州，中都留守司并南直隶各卫所	
广东	羽林左、留守中、鹰扬、神武左、义勇前、义勇后等6卫、蕃牧、奠靖二千户所	广东布政司	
广西	太常寺、光禄寺、神乐观、牺牲所、司牲司、沈阳左、沈阳右、留守前、宽河、蔚州左等5卫	广西布政司	太仓银库、内府十库，二十三马房仓，各象房、牛房仓，京府各草场
云南	府军、府军左、府军右、虎贲左、忠义右、忠义前、泰陵等7卫	云南布政司	大军仓、皇城四门仓，临清、德州、徐州、淮安、天津各仓

续表

清吏司	在京诸司	在外诸司	各仓、场、司、关
贵州	上林苑监，济州、会州、富峪等3卫	贵州布政司 蓟州、永平、密云、昌平、易州各镇	宝钞提举司、都税司，正阳门、张家湾各宣课司，德胜门、安定门各税课司，崇文门分司，临清、浒墅、九江、淮安、北新、扬州、河西务各钞关

资料来源：万历《明会典》卷14《户部·十三司职掌》

上表所列为嘉靖二十九年（1550）尤其是万历三年（1575）调整以后的户部十三司分工。嘉靖二十九年的调整主要是归并府州卫所，即将原来由各清吏司分散带管的北直隶府州卫所归并于福建司，南直隶府州卫所归并于四川司。万历三年调整的主要是理顺财源，亦将原来由各清吏司分散带管的各盐司统一由山东司带管，在外之临清、德州诸仓统归于云南司，在内之御马、象房等仓及草场统归于广西司，而崇文门及临清、浒墅诸关税收则统归于贵州司。这样，山东、贵州二司在一定意义上分别成了全国盐政、关税的管理机关，而云南、广西二司则分别主管在外及在内的粮钱储备。

十三清吏司之下又各设民科、度支科、金科、仓科等四个业务部门。民科掌该司所分管的省府州县的地理、人物、图志、古今沿革、山川险易、土地肥瘠宽狭、户口物产多寡及升降等数；度支掌会计夏税秋粮的存留、起运及赏赉、禄秩等项经费；金科掌市舶、鱼盐、茶钞税课，以及赃罚的收折等；仓科掌漕运、军储出纳科粮等。可见，四科分别具有编造图册、计划预算、工商管理、储运出纳的职能。也就是说，户部的每个清吏司，几乎都相当于一个部，只是下辖的不是"司"而是"科"。

虽然明代的户部不具备"三司使"的地位,但户部内部的这种地区划分与业务分工相结合的机构设置,不仅在明朝的六部中独一无二,即使在中国财政管理制度史上,也是开创性的。

此外,为了保证京师的粮食供给,户部从宣德五年(1430)起,专设总督仓场一人,或尚书,或侍郎,掌督在京及通州等处仓场粮储,但不治部事。

户部固为明代中央最高财政管理机关,但工部也有一定的财政管理职能。正如嘉靖、万历年间历任内外要职的张瀚所说:"明兴,关市之禁视前代尤详。舟车掌于钞关,为司徒属。竹木掌于抽分,为司空属。"[1]

工部设有营缮、虞衡、都水、屯田四清吏司,以及宝源局、抽分局等机构。营缮司主经营兴作之事,故三年一役的轮班工匠、月役一旬的住坐工匠,以及各色工役人员均由其管理,一应工料由其筹办。虞衡司主山泽采捕及陶冶之事,故山货土产的征税、制陶冶炼的费用,以及山场、园林的收入,由其负责。都水司主川泽、陂池、桥梁、舟车、织造、券契之事,以及与此有关的力役和费用均由其筹措。屯田司主屯种、抽分、薪炭、夫役、坟茔之事,组织垦殖与工商管理的职能十分明显。至于宝源局主造钱币、抽分局主持竹木抽分,更直接与财政相关。[2] 嘉靖三十五年定,工部四清吏司的岁额料银共五十万两,以及由内府提办的各种物料,均不通过户部而由工部直接下达到各省及直隶府州。[3] 即以户口而言,民户统于户部,匠户则由工部管理。

---

[1] 张瀚:《松窗梦语》卷4《商贾纪》。
[2] 《明史》卷72《职官志一》、万历《明会典》卷181—206《工部》。
[3] 万历《明会典》卷207《工部·料银》。

二、内廷管理衙门：司礼监、御马监及内官、御用诸监

如同在中央决策系统所见到的那样，明朝的财政管理也有两个系统。除外廷的户部、工部等之外，还有内廷的宦官诸衙门。在宦官二十四衙门中，与财政管理直接相关且权力较重者主要有以下几个。

司礼监。司礼监既为明朝"朝廷"的代表，又负有多种具体的行政职能，财政管理即为其一。洪武二十四年（1391）第二次大造黄册时，命各布政司及直隶府州并各土司衙门均将黄册送户部转南京后湖收架，由"司礼监、户部收掌锁钥，并不许一应诸人往来"。① 其时司礼监还只是宦官诸衙门中的一个普通衙门，但在黄册管理中的地位已在户部之上。其外差则是提督大坝等处马房及苏、杭二府的织造，② 其实是分割并监督户部所属太仆寺及工部之权。

御马监。御马监是一个被后人忽略却权力极为重要的一个宦官衙门。它不仅掌兵符令旗，与兵部相颉颃，又多出镇守中官，与巡抚、总兵并称"三堂"（见下文），而且掌牧马草场和皇庄、皇店，兼管象房、马房等，握有宫中经济命脉，与外廷的户部极为相似。在外之督仓中官、市舶中官也多由该监宦官充任。③

内官监和御用监。这是被刘若愚称为"盈余肥润"的两个内府衙门。洪武、永乐时，内官监为宦官二十四衙门之首，宣德以后专掌营造宫室陵墓，下有木、石、瓦、土、塔材、东行、西行、油漆、婚礼、火药十作，以及米盐、营造、皇坛等库。其外差则有真定府管理抽印木植等，与外廷工部职掌相关。御用监是明朝皇帝日常用品及奢侈品的采办

---

① 正德《明会典》卷 21《户部·事例》。
② 刘若愚：《酌中志》卷 16《内府衙门识掌》。
③ 参见方志远：《明代的御马监》，《中国史研究》1997 年第 2 期。

和管理机关,大凡皇家玩物用具的采买,均由御用监操办。[1]

内府供用库、司钥库。前者掌宫中及山陵一应人等的食粮及蜡、香等物,后者掌收贮制钱以给赏赐。更为重要的是内承运库及内府十库,凡宫中所用金银及诸宝货、诸物品皆隶之,且自正统开始,户部太仓的钱粮不断调拨至内承运库。

京、通二仓及各水次仓从宣德开始均设有督仓中官,与总督仓场户部尚书共理仓储。

在明朝的财政管理中,外廷的户部、工部及其他部门与内府的司礼监、御马监及其他衙门形成了权力的分工和制衡。前者的职责侧重于国家正常的财政预算、钱粮征收与支出,后者的职责则侧重于国家钱粮的储藏和皇室用度。一些研究者以为皇室用度可以不受外廷制约、皇帝的用度可以摆脱户部和都察院的监督,其实是一种误解。实际情况是,外廷掌管的国家财政收入和支出固然要受到内府衙门的制约,皇室的用度、内府的开支同样也要受到户部、工部及都察院等衙门特别是科道的监管。

第二节　中央派出财政管理机关

一、各盐运司及盐课提举司

为了控制财源,明廷在各地设立了行业性的垄断机关,对一些与国计民生密切相关或获利较大的物产如盐、茶等进行控制,又在水陆通商口岸设立征税机关如钞关、抽分局等,与各地行政机关共同构成地方财

---

[1] 刘若愚:《酌中志》卷16《内府衙门识掌》。

政管理体系。其中所透露的，则是中央与地方的财权分配关系。

在当时，除了田赋和力役，国家的最大财源在于盐。因此，在中央派出的所有财政管理机构中，盐运司及盐课司是最为庞大的系统。

至正二十一年（1361）二月，朱元璋集团在南京设立了盐法局，凡商人贩盐，皆二十取一，以资军用。[①] 这是明代盐司设置之始。至正二十六年二月，置两淮都转运盐使司，设运使、同知、判官、经历、照磨、知事等官，下辖三十九场盐课司。[②] 这是中央在地方设置的第一个盐政管理直属机关。此后，各主要产盐区皆次第设司，计有两淮、两浙、河间长芦、山东、福建、河东六个都转运盐使司，广东、海北、四川、云南七个盐课提举司（其中云南为四个），及陕西灵州盐课司。其设置如下表。

表9-3：明代盐运司盐课司机构设置表

盐运司	分司名	批验所	盐课司（场）
两淮都转运盐使司	泰州、淮安、通州	仪真、淮安	富安、拼茶、安丰、角斜、梁垛、东台、何垛、小海、草堰、丁溪（以上泰州分司）、白驹、刘庄、庙湾、板浦、伍祐、徐渎浦、莞渎、临洪、新兴（以上淮安分司）、吕四、余东、余中、余西、金沙、西亭、石港、马塘、掘港、丰利、天赐（以上通州分司），凡30场
两浙都转运盐使司	嘉兴、松江、宁绍、温台	杭州、绍兴、嘉兴、温州	许村、仁和（以上直辖）、西路、鲍郎、芦沥、海沙、横浦（以上嘉兴分司）、下沙、青村、袁浦、浦东、天赐、青浦、下沙二场（后增）、下沙三场（后增，以上松江分司）、西兴、钱清、三江、曹娥、龙头、石堰、鸣鹤、清泉、长山、穿山、玉泉、大嵩、昌国（正统五年裁革，以上宁绍分司）、永嘉、双穗、长林、黄岩、杜渎、长亭、天富南、天富北（以上温州分司）凡36场

[①] 《明太祖实录》卷9，至正二十一年二月。
[②] 《明太祖实录》卷16，至正二十六年二月。

续表

盐运司	分司名	批验所	盐课司（场）
河间长芦都转运盐使司	沧州、青州	长芦、小直沽	海润、阜民、利国、海丰、利民、益民、海阜、阜财、富民、润国、海盈（以上沧州分司）、越支、严镇、惠民、兴国、富国、芦台、丰财、厚财、三汊沽、石碑、归化、济民（以上青州分司）凡23场
山东都转运盐使司	胶莱、滨乐	洛口	信阳、涛洛、石河、行村、登宁、西由、海沧（以上胶东分司）、王家冈、官台、固堤、高家港、新镇、宁海、丰国、永阜、利国、丰民、富国、永利（以上滨乐分司）凡19场
福建都转运盐使司			上里、浯州、海口、牛田、惠安、浉州、浔美凡7场
河东都转运盐使司	解河东、解盐西、解盐中		
广东盐课提举司			小江、石桥、东莞、招收、靖康、矬铜、隆井、淡水、双恩、咸水、归德、黄田、海晏、香山凡14场
海北盐课提举司			博茂、新安、武郎、茂晖、白石、大小英感思、三村马袅、临川、官寨丹兜、白沙、博顿兰馨、西盐白皮、蚕村调楼、陈村乐会、东海凡15场
四川盐课提举司			广福等三井、仙泉井、华池等三井、郁山井、通海等三井、涂甘井、上流等九井、永通等七井、罗泉等五井、黄市等二井、大宁县大宁和福兴等六井、新罗等二井、云安场等五井、富义等十三井、盐井卫黑盐井及白盐井，共63井及大宁凡17盐课司
云南黑盐井白盐井安宁盐井五井四盐课提举司			黑盐井、阿陋猴井、琅井凡3盐课司 白盐井盐课司 安宁盐井盐课司 师井、诺邓盐井、山井、大井盐井、顺荡盐井凡5盐课司

续表

盐运司	分司名	批验所	盐课司（场）
陕西灵州盐课司			漳县、西河县

资料来源：正德《明会典》卷35《户部二十·盐法一》

按：浙江下沙二、三场二盐课司为后增，昌国盐课司正统五年裁革；河东解盐东、西二分司设于成化十年，解盐中分司设于弘治五年。

从都转运盐使司、盐课提举司特别是各场盐课司分布的广泛，可以看出明朝政府对食盐控制的严密，大凡有盐场之处，便设有盐课司进行管理。

其官员的配置，各都转运盐使司均设运使一人（从三品）、同知一人（从四品）、副使一人（从五品）、判官若干人（从六品），其属有经历司经历、知事及库大使、副使各一人；所辖分司由同知、副使及判官分领，各场盐课司及盐仓、批验所均设大使、副使各一人。各盐课提举司均设提举一人（从五品）、同提举一人（从六品）、副提举无定员（从七品），所辖各盐仓及场、井盐课司均设大使、副使各一人。

这些盐司的职责是管理各处盐场、盐井，向灶户征收盐课，并根据盐引将盐批发给盐商。因此，它们既是盐业生产的管理机构，又是官盐售卖的垄断机构，代表国家对食盐产、销两个环节的控制。从制度上说，各盐司是户部权限的延伸，并由户部各清吏司带管，如广东司带管广东、北海二盐司，福建司带管福建盐司。课额也定于户部。盐商至各场支盐，必须持有户部发给的盐引，盐司凭引给盐，否则即为私盐。万历三年（1575），为了便于统一管理，各盐司并归户部山东清吏司带管，形成了户部山东司—各都转运盐使司、盐课提举司—盐课司这样一个自上而下的盐政管理体制。但是，各盐司同时又要受巡盐御史或盐法道副使的监督，以免其上下其手、从中作弊。

通过这些盐司，盐利几乎全由中央控制，地方财政只能在食盐的运销过程中分得利润，或者通过中央的特批而截流。如王守仁在南赣巡抚任上，为筹措军饷而获批允许粤盐行销吉安、临江、袁州三府，从而将部分盐税"以备军饷"。①

二、钞关与市舶司

钞关指明代在运河及长江沿岸商贾辏集处设置的税关，因疏通钞法而设，故名。市舶司始为接待海外贡使的机关，后兼为对海外来华商船的征税机关。

明初在各地设有税课司、局近400处，向商人征收过税和坐税；又有河泊所、抽分局等，均辖于当地府、县有司。② 宣德四年（1429），户部认为钞法不通，皆由商人逃税所致，于是一面增加京、省市镇的店肆门摊税，一面在运河沿线的漷县（今北京通县）、临清、济宁、徐州、淮安、扬州、南京上新河等客商辏集处设立钞关，差御史及户部官对过往商船按其尺寸大小和路程远近监收船料钞。以遮洋船为例，头长一丈一尺，梁头十六座为百料，从南京至淮安、淮安至徐州、徐州至济宁、济宁至临清、临清至通州，俱每百料收钞100贯。如从北京直抵南京或南京直抵北京，则每百料收钞500贯。③

正统四年（1439），罢徐州、济宁二处钞关；六年，罢上新河钞关；十一年，移漷县钞关于河西务。景泰元年（1450），差户部主事四人分往湖广武昌的金沙洲、江西九江及南直苏州、松江，增设钞关，监

---

① 王守仁：《王文成全书》卷9《别录一·奏疏一·疏通盐法疏》。
② 《明史》卷81《食货志五》。
③ 《明宣宗实录》卷55，宣德四年六月壬寅；正德《明会典》卷32《户部·课程·船料钞》。

收船料钞。又遣南京户部主事一员，往浙江杭州设置北新钞关。① 此后，各地钞关或罢或置，但有七处大致属于常设，即运河沿岸的河西务、临清、淮安、扬州、苏州、杭州，以及长江南岸的九江。于此也可以看出当年运河在南北物质交流中的作用。而九江的钞关，主要的征税对象并不是过往长江的船只，而是进出鄱阳湖，即从长江进入赣江或由赣州进入长江的船只，由此可以看出赣江水运在当时的地位。至于长江，由于江面广阔而难以控制，因此明中央政府除在荆州等处设有抽分局外，几乎不将其作为税源。

各处钞关设置之初，多由户部差主事一员管理，或由御史和主事共管。景泰时，曾召回各钞关御史、主事，由所在府、州委佐贰官一员监收船料，另有巡河御史或巡按御史提督兼管。至弘治六年（1493），各钞关重由户部差官管理。河西务、临清、苏州、九江钱粮多处，由户部差官一员；淮安、扬州、杭州钱粮少处，由南京户部差官一员。各给精微批文一道，直接对中央户部负责。② 所有差官均一年一换，以防日久生弊。万历三年，各处盐司统归户部山东清吏司带管，各处钞关则统归贵州司带管。

设税关向过往商船收税，本为历代通例。但明朝将这些税关称为"钞关"，对过往商船征收"船料钞"，是为了挽救危机重重的钞法。洪武八年（1375）初行钞法时，将"大明宝钞"作为法定货币，不仅禁止金银流通，还试图逐步取消铜钱。当时规定每铜钱千文、银一两、金二钱五分，折合"宝钞"一贯。但十年后，钞值已下降十之八九；至永乐末，钞值已不及初时的1/60；至成化，钞一贯已不值钱一文，其

---

① 正德《明会典》卷32《户部·课程·船料钞》。
② 《明孝宗实录》卷80，弘治六年九月己酉载："复命户部差官属领苏州、九江等处钞关，南京户部差官属领淮安、扬州等处钞关，其折征银钞，解内府供用。以前此改委府县佐贰官收受船料，其弊多而岁课日损故也。"

实际价值几乎荡然无存。① 这样，钞关不仅救不了钞法，征收的船料钞也只是一堆废纸。基于这些原因，钞关开始征收"折色"银、钱，至成化、弘治以后，大抵皆折收银两。至万历时，河西务、临清等八钞关（加上北京崇文门钞关），每年额征商税32万余两，② 成为重要的税源。而在明政府设置钞关的同时，各地的税课局等仍然存在，也仍然在收商业税。也就是说，钞关的设置，不仅仅是为了挽救钞法，还是中央和地方分利的重要手段。

宋元时期曾在沿海的广州、泉州、明州（宁波）等地设立市舶司，征收国内外商人的进出口贸易税。明朝建立后，曾在苏州太仓黄渡设市舶司，接待各国使节，民间称之为"六国马头"。

洪武三年，海上"不靖"，而黄渡过于靠近京师南京而罢去该市舶司③，另设浙江、福建、广东三市舶司于宁波、泉州、广州。但这时的市舶司已和宋元时期大不相同，其目的不是开海禁、促海交，而是"通夷情，抑奸商"。其职责不是征收进出口商品贸易税，而是接待来华的海外各国"贡使"。因此，市舶司不由户部而由礼部管辖。即使是海外贡使，其入贡的路线、时间、人数、船只也有限制：宁波市舶司只接待日本贡使；泉州市舶司只接待琉球贡使；广州市舶司远离中原腹地，又近南洋，故可接待占城、暹罗及南洋、西洋各国贡使。故从严格意义上说，在明朝已经形成了广州"一口通商"的格局。琉球、占城以及由陆路进贡的朝鲜因为是明朝的属国，皆两年一贡；日本因倭寇问题，只

---

① 《明史》卷81《食货志五》、卷82《食货志六》。
② 《明神宗实录》卷376，万历三十年九月丙子，户部尚书赵世卿疏云："国家置立钞关，仿古讥市征商之法，内供赏赍，外济边疆，法至善也。臣莅任以来，备查崇文门、河西务、临清、九江、浒墅钞关，扬州、北新、淮安等钞关会计录，载原额每年本折约共征银三十二万五千五百余两。"但由于矿监税监的敲剥，于万历二十五年增银八万二千两，但从万历二十七年之后，岁减一岁，至二十九年，各关解到本折银止二十六万六千八百两。
③ 郑晓：《今言》卷3之208；沈德符：《万历野获编》卷12《户部·海上市舶司》。另见《明太祖实录》卷49，洪武三年二月甲戌。

能十年一贡；其余国家可三年一贡。如果未至贡期或过了贡期，除有特恩，市舶司皆不予接待。每次接待的贡船只能是一至两条，随行人员则限定在150—200人，超过的船只及人员不得入港。①

洪武七年九月，为配合海禁，革除广州等三处市舶司②，至成祖即位后，才于永乐元年（1403）八月重新恢复。各市舶司设提举一员（从五品）、副提举二员（从六品），另有吏员（包括负责翻译的"通事"）若干。③在各市舶司置驿馆，以接待来华的外国贡使及其随行人员。④"平定"交趾后，又在该处增设云屯、新平、顺化三市舶提举司⑤，市舶司的数量增加到六个。其后因"夷变"，明军撤出交趾，云屯等三市舶司也自然不复存在。嘉靖三年（1524）以后，日商争贡事件诱发了旷日持久的倭患，三市舶司被罢去，至三十九年方又恢复。

按永乐元年恢复市舶司时，明确了市舶司的隶属关系，即在业务上听命于中央的礼部，而行政上则归各布政司管辖。但为了贡品的不致流失，也为了更好地控制进出口贸易税的征收，自正统、景泰始，或由所在省份的镇守中官兼领市舶司事，或在市舶司增设提督市舶太监。从此，市舶司虽然表面仍受礼部和所在地布政司管辖，但实质上受内府控

---

① 《明史》卷81《食货志五·市舶司》。
② 《明太祖实录》卷93，洪武七年九月辛未。
③ 《明太宗实录》卷22，永乐元年八月丁巳。
④ 《明太宗实录》卷46，永乐三年九月甲午："上以海外诸番朝贡之使益多，命于福建、浙江、广东市舶提举司各设以馆之，福建曰'来远'、浙江曰'安远'、广东曰'怀远'各置驿丞一员。"
⑤ 《明太宗实录》卷84，永乐六年十月庚子。

制。① 人员、物资的提供及馆舍的修缮由布政司负责，"赏赐"给贡使的礼品由礼部筹办，而贡品中的珍品则由市舶太监直送内府。

受国内商品经济发展和海外"舶来品"涌入的双重影响，进出口贸易日渐增加，市舶司也开始由单纯的外事管理部门转化为外事、外贸双重管理部门，而且外贸的意义越来越明显。市舶司遂成了明政府派驻沿海的财政管理机关。

此时的市舶司，其职责可以分为两个方面。一是接待贡使，验收贡物。凡贡船进港，市舶司官须会同地方行政官员登船检验明政府及该国政府所发的证件即"勘合"，以辨明贡使身份的真伪；同时检验并封存贡使所携贡品，如有必要，遣员将贡使和贡品一道护送进京。贡使及其随员回国时，照例设宴饯行，护送上船。二是对进口商品抽税。贡使及其随员来华，多携带私货进行贸易。洪武二年九月曾规定对其进行6%的抽分，但同时"给价偿之，仍免其税"②，其实是补偿贸易，以显示天朝大国的气度。永乐恢复市舶司，户部重新提出抽税问题，成祖一如其父："商税者，国家以抑逐末之民，岂以为例？今夷人慕义远来，乃侵其利，所得几何，而亏辱大体万万多矣！"③ 仍免征税。直到正德十二年（1517），户部议准广东右布政使吴廷举对"番舶"抽分的建议，

---

① 按，《明英宗实录》卷236，景泰四年十二月丙午条载：召镇守福建少监戴细保还京，命奉御来住代之，"仍兼领市舶司事"。是戴细保以镇守福建中官的身份兼领泉州市舶司事。《明宪宗实录》卷21，成化元年九月丙午条载："浙江提督市舶内官福住居宁波所为多不法，役占匠作，人以千数，横取公私财贿无算，别筑公馆于杭州。"卷152，成化十二年四月乙未条载："巡按福建监察御史叶稠及都布按三司奏市舶提举司专理琉球一国贡物，事务不繁。内官施斌既卒，宜勿更差，而兼属之镇守太监卢胜，庶民不扰。上不从，即敕内官韦眘查以往。"卷198，成化十五年十二月辛未条载："给提督广东市舶提举司太监韦眘均舶余户三十名。"是至成化年间，三市舶司已各设专职市舶宦官。
② 清敕修《续文献通考》卷26《市籴考》。
③ 《明太宗实录》卷24，永乐元年十月甲戌。

规定由市舶司对所有商船实行20%的抽税。① 其后，又改"抽分"为"丈抽"，并改征收实物为征收货币：西洋船面阔一丈五以上，每尺征银五两，面阔一丈七以上，每尺征银五两五钱，每多一尺，加银五钱。东洋船按这一税率的70%纳税。②

除了上述盐司、钞关、市舶司，明政府在各主要茶场及金、银、铜、铁诸矿场也都派出官员进行直接管理，而各行太仆寺、苑马寺等也可被视为中央太仆寺、苑马寺在各地的办事机关。而这些机关，无一不是中央与地方争夺财权的反映。

---

① 《明武宗实录》卷149，正德十二年五月辛丑。但吴廷举的这一提议在嘉靖初受到修撰《实录》诸臣的严厉指责："右布政使吴廷举巧辩兴利，请立一切之法，抚按官及户部皆惑而从之。不数年间，遂启佛朗机之衅，副使汪鋐尽力剿捕，仅能胜之。于是每岁造船铸铳为守御计，所费不赀，而应供番夷，皆以佛朗机故，一概阻绝，舶货不通矣，利源一启，为患无穷。廷举之罪也。"并将葡萄牙占领满加剌的账算在吴廷举的头上。(见《明武宗实录》卷194，正德十五年十二月乙丑条)

② 参见陈尚胜：《论明代市舶司制度的演变》，《文史哲》1986年第2期。

第十章　明代的军事力量及领导系统的"三权分立"

第一节　明代军队的编制与布防

一、明朝军队的基本编制：卫所

《明史·兵志·序》说："明以武功定天下，革元旧制，自京师达于郡县，皆立卫所。"卫所为明军的基本编制自不待言。但就整个明朝而言，军队的基本编制并不只有卫所制，而有一个由卫所制到卫所制和营兵制并存的过程。元至正十五年（1355）六月，明太祖自和州渡江取太平，置太平兴国翼元帅府，自领元帅事。此后，太祖于所下之地，各置翼元帅府以总制军民。所部将领则沿袭元朝之旧，有枢密、平章、元帅、总管、万户等官号，各自招兵买马，编成军队，兵员固然多寡不一，名号也是五花八门。[①]

至正二十四年，明太祖称"吴王"、立百官，江南半壁政权粗具规模，在刘基等人的帮助下，也开始对军队编制进行全面整顿。先是置武德、豹韬、飞熊、威武等十七卫亲军指挥司，以"卫"为单位规划亲

[①] 《明太祖实录》卷3—14。

军；继而改各总管府为千户所，又有了"所"的编制。① 明太祖对此解释说："为国当先正名，今诸将有称枢密、平章、元帅、总管、万户者，名不称实，甚无谓。"于是悉罢之，诸将所部，"有兵五千者为指挥，满千者为千户，百人为百户，五十人为总旗，十人为小旗"。一方面，军官地位的高低，主要据其所拥有军队的多寡；另一方面，以卫、所作为军队的基本编制，每卫下辖五千户所，以指挥、千户、百户为各级军官的官号，编制划一，名实相符，部伍整齐。这就是所谓"部伍法"，也是卫所制度的基本内容。据称，当时"众皆悦服，以为良法"②。

随着战事的发展和军队的扩充，到洪武六年（1373）八月，内外军卫已有164个，独立的千户所84个。当时一卫统十个千户所，每卫兵员已不是初时的5000人，而是万余人。因而，卫所官军当有170余万人。洪武七年，对卫所进行了一次大规模的整顿，"度要害地，系一郡者设所，连郡者设卫。大率五千六百人为卫，千一百二十人为千户所，百十有二人为百户所，所设总旗二，小旗十。大小联比以成军"。③

至此，卫所为明军的基本编制即成定制，无论是京、省驻军，还是皇帝、藩王的亲军、护卫军，均按卫所编制。除上十二卫亲军（永乐时增为上二十二卫）和宣德时增设的腾骧等四卫，以及各陵卫军外，在外卫所分统于各省及特别区的都指挥使司和行都指挥使司，并与在京卫所一道统于中央大都督府。洪武十三年大都督府分为五军都督府，在京在外各都司卫所又分统于五军都督府，形成了五军都督府—都司、行都司—卫—千户所—百户所—总旗—小旗这样一个以卫所为基本单位、从上到下的军事编制体系。

洪武二十六年，共有都司、行都司20个、留守司1个。永乐以后

---

① 《明太祖实录》卷14，至正二十四年三月庚午。
② 《明太祖实录》卷14，至正二十四年四月壬戌。
③ 《明史》卷90《兵二·卫所》。

增为都司、行都司21个,留守司2个,内外卫所493个,守御、屯田、屯牧千户所359个,总兵力达280万人。这应该是明代卫所也是明代兵力最盛的时候。

然而,卫所一方面是明军的基本编制,另一方面逐步由战时军事建制向驻防、屯种乃至预备兵编制转化。

明朝绝大部分卫所分散在边省,"系一郡者设所,连郡者设卫"。既然战争已基本结束,卫所的职能转以驻防为主。为解决军粮问题,洪武二十一年更定军卫屯种法,冲要地区卫所及王府护卫的军士,十分之五用以屯田,其他卫所均十分之八用以屯田。① 洪武二十五年,又命卫所军士以十分之七屯种,十分之三守城。② 永乐时则规定,边地守军多于屯军,内地屯军多于守军,并命屯兵每百名委百户、三百名委千户、五百名以上委指挥提督。这样,"东自辽左,北抵宣、大,西至甘肃,南尽滇蜀,极于交趾,中原则大河南北,在在兴屯矣。"③ 军粮问题部分地解决了,但卫所以屯种为业,其机动性和战斗力自然下降。

从洪武时开始,凡有战事,均命将充总兵官,调各卫所军中的精壮从征,临时组合成战时编制。永乐时,以京卫和中都、山东、山西、河南、陕西、大宁各都司及江南、江北诸卫所番上军士组成五军营,与三千营、神机营并称"京军三大营",营制开始成为京军的备操编制。与此同时,为运送漕粮而组成的漕军,为边境防务而设置的戍兵,以及为地方治安而增置的总兵、巡抚所属军,均从卫所抽调并以营为建制。④ 于是,从永乐时直至明末,明军的编制实际上是卫所制和营兵制并存。卫所制为法定的军事编制,但只是军籍管理及屯种、驻防单位;

---

① 《明太祖实录》卷194,洪武二十一年十月丁未。
② 《明太祖实录》卷216,洪武二十五年二月庚辰。
③ 《明史》卷77《食货志一》。
④ 参见万历《明会典》卷126—131《兵部·镇戍一至六》。

营兵制为机动兵力及驻防军队的编制，但"营"制既因时局的变化而多次改制，京军与边军及地方驻军的编制也有所不同。

二、永乐、正统间的"京营"：京军三大营

明朝的军队分别驻扎在京师、边省，根据其驻地和职责的不同，称为"京军""镇戍军"。京军由三大部分组成。一是京营，这是明朝京师卫戍军及主要的机动部队；二是亲军，又称"侍卫上直军"，是皇帝的侍卫军及皇城守卫军；三是四卫军，即四卫、勇士营，这是由御马监宦官统率的禁军。从其作用来看，京营大致相当于汉初的北军，亲军类似于南军，四卫军则介乎二者之间，是一支具有特殊职能的部队。本节主要讨论京营，亲军和四卫军则在下节讨论。

万历《明会典》说："国初设京营，隶大元帅府，后改五军都督府，以训练在京官军。永乐间迁都，又于中都、大宁、山东、河南附近卫所摘拨官军，轮班上操，以内卫京师、外备征伐，名曰'三大营'。景泰三年（1452）分为十营，成化三年（1467）分十二团营。正德六年（1511），更为东西两官厅。嘉靖二十九年（1550），复三营制，名曰'京营'。"[①] 这段话，大体勾画出了明代京营的演变过程。

明初定都南京，驻有官军四十八卫约20万人，先由大都督府，后由五军都督府统领，置大小二校场操练，以捍卫京师。这时军制初定，部伍严整，南京为明太祖龙兴之地，又处江南太平富庶之乡，四十八卫京军完全有力量保卫京师的安全。因为四十八卫由五军都督府分统，所以京营又有"五军营"之称。

成祖迁都北京，地近边陲，京师成为整个北部边境防御体系的中

---

① 万历《明会要》卷134《营操》。

心。根据这一形势，成祖一方面将南京的部分驻军调往北京，使京营兵力增加到七十二卫共30余万人，加上畿内八府驻军28万，京师及其外围兵力达60万人。故查继佐《罪惟录》说："尽边兵不逾此，而括各藩之兵，不能当也。"① 同时，命京师附近的中都、大宁、山东、河南各都司所属卫所军于春秋两期轮番进京，每期8万人，分属京营五军操练，称"班军"。② 这时的京营，由三部分组成，一是京卫，二是畿内军，三是班军。而在京师营操的，则主要是京卫和班军。这样，京师及其附近地区的驻军实际上已有近70万人。故土木之变时，随征的50万京营尽溃，而于谦括京内三大营军兵，仍有10多万人。

永乐八年（1410），成祖北征蒙古，分步骑为中军、左掖、右掖、左哨、右哨，作为战斗编制。回师北京之后，即以这一编制分营操练，仍称"五军"营。但是，这时的五军营与洪武时的五军营有所区别。洪武时的五军营由五军都督府分统，五军之名也由此而来，它是一种备操编制。永乐八年以后的五军营，既是备操编制，又是战斗编制。特别是，由于永乐以后的五军都督府只是"治常行簿书而已，非特命不与营务"③，五军营已不由都督府统领，它另有一套管理体制。

五军营设有提督内臣一员，代表皇帝对五军营进行控制；又有武臣二员、掌号头官二员，这是五军营的主要军事首脑；有大营坐营官一员、把总二员，处理日常营务。中军、左掖、右掖、左哨、右哨五军各设坐营官一员，马、步队把总各一员，分别掌管各营操练京卫及轮班马步官军。在五军营中还有十二营、围子手营、幼官舍人营、殚忠效义营等编制。十二营设把总二员，掌随驾马队官军；围子手营设坐营官一员，下有四司，每司把总二员，掌操练上直叉刀手及京卫步队官军；幼

---

① 查继佐：《罪惟录》志卷之20《兵志》。
② 《明史》卷89《兵志一》。
③ 查继佐：《罪惟录》志卷之20《兵志》。

官舍人营设坐营官一员，辖幼官、舍人二营，幼官营把总一员，舍人营下四司把总各一员，掌操练京卫幼官及应袭舍人；殚忠效义营设坐营官一员，辖殚忠、效义二营，殚忠营把总二员，效义营把总二员，掌操练京卫报效舍人、余丁。

永乐时，京营除五军营外，还包括三千营和神机营，合称京军"三大营"。

三千营最初由边外降卒三千人组成，均为骑兵，后来扩充到数万人，以蒙古人为主体。该营设提督内臣二员、武臣二员、掌号头官二员、见操把总三十四员、上直把总十六员、明甲把总五员。三千营下分五司，各设坐司官一员：一司掌执大驾龙旗、宝、勇字旗、负御宝及兵仗局什物上直官军；一司掌执左右二十队勇字旗、大驾旗纛金鼓等件上直官军；一司掌传令营旗牌，御用监盔甲、尚冠、尚衣、尚履什物上直官军；一司掌执大驾勇字旗、五军红盔贴直军上直官军；一司掌杀虎手、马轿及前哨马营上直明甲官军、随侍营随侍东宫官舍、辽东备御回还官军。从三千营五司的分工看，显然负有护卫皇帝、传递命令、督战陷阵的责任，可视为京营中的精锐。

神机营设于张辅平交趾之后。当时得交趾火器法，用其相国黎澄为工部官，专司督造，立营肄习，称"神机营"。[①] 神机营的编制和五军营一样，也分为中军、左掖、右掖、左哨、右哨五营。每营各设坐营内臣一员、武臣一员，下分三司（中军营分四司），各设监枪内臣一员、把司官一员、把总官二员，掌操演"神枪""神炮"等项火器。整个神机营和三千营一样，设提督内臣、武臣、掌号头官各二员。神机营另辖"五千下营"，由都督谭广所部五千骑兵组成，设坐营内臣、武臣各一

---

① 沈德符：《万历野获编》卷17《火药》。

员,下分四司,各设把司官二员,掌操演火器及随驾护卫马队官军。①

《明史·兵志》说京军三大营的关系:"居常,五军肄营阵,三千肄巡哨,神机肄火器。大驾征行,则大营居中,五军分驻,步内骑外,骑外为神机,神机外为长围。"② 由此可见,三大营既为平时训练编制,也是战时战斗编制。永乐时,三大营各为教令,自备营操,随征则成祖本人即为最高统帅。从洪熙时起,命武臣一人总理营政,英国公张辅、宁阳侯陈懋、阳武侯薛禄、成国公朱勇曾先后出任此职,但也只是传达诏令、处理日常事务。③

三、景泰、正德间的"京营":团营与官厅

土木之变时,随征的 30 万大军几乎全军覆没,但京营留守北京的兵力尚存,加上各地赴京"勤王"官军,京营兵员又达 43 万人,仍然编为五军、三千、神机三大营。景泰三年(1452),根据总督军务兵部尚书于谦和总兵官武清侯石亨等人的建议,于五军、神机、三千等营选精锐官军 15 万(其中五军营 8 万,神机营 5 万,三千营 2 万),分为十营团操,称"团营"。每营 1.5 万人,置坐营都督一员、都指挥二员。团营以"队"为基本单位,每队 50 人,设管队官二员;十队为一把总,设把总指挥一员;两把总设都指挥二员。又于三大营提督武臣中推一人充总兵官,监以内臣,以兵部尚书或都御史一人为提督。三大营其余军士仍留本营,称"老家"。④

这样,京营就由原来的三大营分为两部分,一为团营,这是京营的

---

① 以上参见万历《明会典》卷 134《兵部·营操》;《明史》卷 89《兵志一》。
② 《明史》卷 89《兵志一》。
③ 王世贞:《弇山堂别集》卷 87《诏令杂考三》。
④ 《明英宗实录》卷 224,景泰三年十二月癸巳;于谦:《建置五团营疏》,《明经世文编》卷 33。

精锐；一为老家，即原来的三大营。团营军分营团练，为征讨之兵；老家军回本营操练，守备京师。英宗复辟后，废团营，军士仍回归三大营。

宪宗即位后，采纳兵部尚书马昂等人的建议，重定团营制，选得一等军士14万，称之为"选锋"，立十二营以团练，分别命名为"四武"营（奋武、耀武、练武、显武）、"四勇"营（敢勇、果勇、鼓勇、效勇）、"四威"营（立威、扬威、伸威、振威）。每营以武臣侯、伯、都督等一员为坐营官，内官一员协同管操，并设号头一员、把总二十员。每把总仍领10队，每队有军士50人。十二营内又各分为五军、三千、神机三营：五军营管马步官军，三千营管马队官军，神机营管步队官军。仍以勋臣、内臣、文臣各一员，提督十二营操练，另遣给事中、御史各一员巡察。未被选入十二营的军士仍回"老家"，专以供役。① 这时，京营军兵员额为38万人，除14万为选锋属团营外，其余均供役使。即使是这14万"选锋"，到成化末，也已有7万余人被权贵隐占充役。而至武宗即位时，十二营"锐卒"只剩6万余人。②

正德六年（1511），河北流民起义爆发，京营镇压不力，乃调宣府、延绥、辽东、大同四镇边军突骑数万人入援。事平之后，于正德七年十一月留四镇锐卒三千人于京营，号"外四家军"。另选团营兵三千人，与外四家军互调操练，立东、西两官厅于禁中，由边将江彬等统领操练。正德九年十一月，又命兵部选团营官军六千人并分前后二营，于禁兵四卫营和勇士营中各选三千人，由都督张洪等四人分领，于西官厅操练。③ 以后，又称东、西两官厅军为"威武团练营"，武宗自为大将军以统之，江彬、许泰为副将军，操练之时，"甲光照宫苑，呼噪达九

---

① 《明宪宗实录》卷3，天顺八年三月戊寅。
② 《明史》卷89《兵志一》。
③ 《明武宗实录》卷94，正德七年十一月丁亥；118，正德九年十一月丙戌。

门"，称为"过锦"。① 于是，由东、西官厅组成的威武营成为"选锋"，十二团营也变为"老家"了。

从永乐时的三大营，到景泰、成化时的团营，再到正德时的东西官厅，京营已由原来的以卫所为基本建制，转变为以营为基本建制。但其兵源，仍然是卫所额军。正德末，给事中王良佐奉敕选军，在籍者三十八万，存者不及十四万，中选者仅二万余人。嘉靖时选东西官厅选锋，也仅得骑卒三万人，鞑靼兵临北京，京营竟无可用御敌之兵。

四、嘉靖以后的"京营"："三大营"

嘉靖二十九年（1550）"庚戌之变"的危机，暴露出团营的问题，于是罢团营及两官厅，复三大营旧制，改三千营名为"神枢营"，罢提督、监枪等内臣。在京的七十五卫及三千户所，编成三十营，分隶于三大营。团营及两官厅士卒均划归五军营，另从畿辅、山东、山西、河南募兵四万，分隶神枢、神机二营，又选边兵六万八千人分番入卫，与京军杂练。

"三大营"由文、武大臣各一员提督，武臣名"总督京营戎政"，例由勋臣充任，文臣名"协理京营戎政"，例由兵部尚书及侍郎或都御史充任。三大营仍以营为基本建制，其具体规制是：

五军营设大将一人，由总督京营戎政的勋臣兼任，三大营将佐均听其节制。五军营又设副将二人、左右前后参将四人、游击将军四人，分领战兵四营、车兵四营和城守二营共十营。大将统军一万，副将所领战兵营各七千，参将所领战兵营和车兵营各六千，游击所领车兵营和城守营各三千，共有士卒六万人。另设备兵坐营官一员，专收新补之兵以备

---

① 王世贞：《弇山堂别集》卷89《兵制考》。

十营兵员之缺，备兵定额为 66660 名。又有大号头官一员，与大将、副、参、游诸将及备兵坐营官，均由兵部推选。又设监枪号头官一员，中军官十一员，随征千总官四员，随营千总官二十员，选锋把总官八员，把总共 138 员，均在本营军官中推选。另山东领班都司二员。共有军官 196 员。

神枢营、神机营均设副将二员，各统军六千；参将四员，各统军四千；佐击将军四员，各统军三千。二营定额兵员均为四万人，另有备兵四万人。与五军营相同，神枢、神机二营之下也各设战兵、车兵、守兵十营，军官名目亦同，其员额，神枢营 208 员，神机营 182 员。

以上，三大营定额兵员为 14 万人，备兵 146660 名，军官 586 员。其兵源则有四途，一是原两官厅、团营及京卫兵，二是边兵，三是募兵，四是班军。[①]

此后，京营编制及设官时有变更，但大体上仍为嘉靖时所定的三大营规制。

五、亲军与"四卫军"

在成祖迁都北京后，北京实际上处于北部防御的枢纽地位，故京军"三大营"可以视为明军的"国防军"（明人称其为"征讨之兵"）。其主要职能是对外，即抵御外侮，具体地说，是防御当时来自北方蒙古的侵扰。当然也根据需要调往各地镇压动乱。

京军之中，又有"亲军"，可视为明军的"禁卫军"，主要职能是保卫皇城和皇帝。明代的亲军包括侍卫上直军、皇城守卫军。从性质来

[①] 万历《明会典》卷 134《兵部·营操》，《明史》卷 89《兵志一》，查继佐：《罪惟录》志卷之 20《兵志》。

说，四卫军也可视为亲军，故一并讨论。

至正十六年（1356），明太祖渡江取太平时，即令冯国用典亲兵。其后，又从所降陈兆先部择骁勇者500人为亲军，宿卫帐中，开始建立起一支侍卫军。① 至正十八年十二月攻取婺州，明太祖选富民子弟充宿卫，称"御中军"，其后，设帐前总制亲兵都指挥使，总领侍卫亲军。至洪武初，亲军已有金吾前后、羽林左右、虎贲左右、府军前后左右等十卫，称"上十卫"，统于"留守司"。留守司即过去的帐前亲兵都指挥使，名义上虽隶大都督府，但只对皇帝负责，并直接与中书省及兵部联系，其性质也已发生变化，即由原先的侍卫军变为皇城守卫军。而侍卫上直军，则由锦衣卫和旗手卫组成，主要是锦衣卫。②

锦衣卫的前身是拱卫司，设于至正二十四年明太祖即吴王位之后，统领校卫。后改名"仪鸾司"。洪武二年（1369），设亲军都尉府，统中、左、右、前、后五卫军，仪鸾司也属都尉府。洪武十五年，罢亲军都尉府及仪鸾司，设锦衣卫，下辖南北两镇抚司及十四所将军、力士、校尉，掌直驾侍卫、巡察缉捕。如以明军千户所的编制看，则锦衣"卫"的员额远远超过一般建制的"卫"，不是5600人而是近2万人。

旗手卫的前身是旗手所，洪武十八年升为卫，掌大驾金鼓旗，统领随驾力士及宿卫等事。③

但是，侍卫上直和皇城守卫的责任又并不严格地由锦衣卫、旗手卫和府军等上十卫分别承担，而是相互调配。永乐时五军营、三千营所属的红盔、明甲二将军及叉刀围子手也有侍卫任务。

永乐以后，侍卫上直军的编制包括：锦衣卫大汉将军1507人；府军前卫带刀官40人；三千营（后改神枢营）红盔将军2500人、把总指

---

① 《明史》卷129《冯国用传》。
② 《明史》卷89《兵志一》。
③ 正德《明会典》卷180《上二十二卫》。

挥 16 人，明甲将军 502 人、把总指挥 8 人；由公、侯、伯、都督、指挥等高级武官的嫡次子组成的勋卫散骑舍人无定员；旗手等卫带刀官 180 人。共计约 8000 人。

皇城守卫军在原亲军"上十卫"的基础上，先是增加到十二卫（即府军等上十卫加上锦衣卫和旗手卫），永乐时更扩大到二十二卫：锦衣卫、旗手卫、羽林前左右卫、府军及其前后左右卫、金吾前后左右卫、燕山前左右卫、虎贲左卫、大兴左卫、济阳卫、济州卫、通州卫，分工守卫皇城，并与五军都督府所属其他京卫轮班巡警京城各门。①

四卫军是亲军中一支非常特殊的部队，由御马监提督，被称为"禁兵"，这也是明朝唯一的一支专由宦官提督的部队。弘治十年（1497）十月，兵部尚书马文升在一份奏疏中对明朝的禁兵设置情况作了这样的回顾：

> 汉制有南北军，南军护守皇宫，禁卫之兵也；北军拱护京师，征讨之兵也。各有所掌，而南军尤托之心腹，其防奸之意严且密矣。我太祖高皇帝有天下，法古为治，制兵之法极其周悉。故置十六卫亲军指挥使司，不隶五府，为禁兵，即古之南军也；其他卫俱属五府，以备征讨，即古之北军也。永乐中，复设亲军指挥使司十二卫，又选天下卫所官军年力精壮者及房中走回男子收作勇士，常数千余人，俱属御马监，更番上直，委以心腹内外官统领，其盔甲器械俱异他军。②

从这份奏疏可知：一、明朝京军有"禁卫之兵"和"征讨之兵"

---

① 万历《明会典》卷 228《上二十二卫》，《明史》卷 89《兵志一》。
② 《明孝宗实录》卷 130，弘治十年十月辛卯。

之分,"征讨之兵"为三大营及团营等,"禁卫之兵"包括锦衣、旗手等上十二卫(后来是上二十二卫)和御马监"勇士"。二、御马监"勇士"的最初来源有二,一是从各地卫所挑选的精壮之士,二是从蒙古地区逃回的青壮年男子,是一支具有很强战斗力的部队。三、"勇士"不属亲军指挥使司管辖,而是统于御马监,其职责是更番上直,担任宿卫,可说是禁兵里的禁兵。

宣德六年(1431),这支由御马监统领的禁兵有3100人,取名"羽林三千户所"。两年后,以羽林三千户所为基础,充实以京军各卫养马军士及原神武前卫官军,组编成腾骧左、右卫和武骧左、右卫,统称"四卫",又称"四卫军",仍由御马监统领。① 如按当时的卫所编制,5600人为一卫,则四卫军当有二万人以上。

景泰、成化时,京军三大营改编为团营制。四卫军的勇士和精壮旗军被抽出,组成了勇士营和四卫营,在四卫指挥使中推选坐营官。在弘治、正德时,四卫有旗军三万、勇士一万,总数达四万二千人。而这时京军十二团营锐卒不过六万,另有羸弱二万五千,总共才九万人。② 由此可见四卫军在明朝京军中的地位。

对于这支部队,内外廷都非常重视。正德时的兵部尚书许进公开表示:勇士"名虽养马,实为禁兵,防奸御侮,关系重大"③。同一时期统领四卫军的御马监太监宁瑾则当仁不让:"腾骧等四卫勇士旗军,乃祖宗设立禁兵。以备宿卫扈从,名为养马,实以防奸御侮也。"④ 实际上,每当京师发生变动,四卫军也确实起了"防奸御侮"的作用。

正统十四年(1449)土木之变后,瓦剌骑兵直扑京师,北京保卫

---

① 《明史》卷89、90《兵志一、二》,《明宣宗实录》卷103,宣德八年六月壬戌。
② 《明史》卷89《兵志一》。
③ 许进:《勇士名额疏》,《明经世文编》卷68。
④ 《明武宗实录》卷7,弘治十八年十一月乙酉。

战进行了五天，最激烈的战斗发生在西直门和彰义门。当时，京军三大营尽陷，守卫西直门的是御马监太监刘永诚的侄子、右军都督刘聚，而在彰义门主动出击的则是御马监提督的部分留守北京的四卫勇士、旗军。① 天顺五年（1461）二月，提督京营司礼监太监曹吉祥与养子昭武伯曹钦在北京发动兵变，平定兵变、击杀二曹的主力，也是四卫勇士、旗军。② 正德时，流民四起，宗藩叛乱，边境多事，武宗选团营精锐编为前后二营，和勇士营、四卫营于西官厅操练，称"选锋"，统领西官厅的，是御马监太监张忠③。如果说以前的四卫军是"宿卫之兵"，而这时则向"征讨之兵"过渡了。至明末，勇士营和四卫营被合编为"勇武营"，参与抗御清军、镇压张献忠农民起义军，完全成了"征讨之兵"。④

明朝的亲军，无论是"上二十二卫"还是"四卫军"，虽说不归京营管辖，但其编制仍在京营。以嘉靖以后的三大营为例，亲军中的府军前卫、羽林前卫和四卫军中的武骧左右卫属五军营，亲军中的燕山左右卫、锦衣卫、羽林左右卫、济阳卫、大兴左卫、虎贲左卫、旗手卫、府军后卫、通州卫和四卫军中的武骧左右卫属神枢营，而亲军中的府军及其左右卫、济州卫、燕山前卫、金吾前后左右卫则属神机营。因此，亲军也和京营的其他部队一样，有"选锋"和"老家"之分，选锋以"营"为建制，老家则仍以明军的基本编制"卫所"为建制。如被称为四卫军的腾骧、武骧四卫，当四卫营和勇士营组建后，二营为选锋，四卫则为老家。

---

① 沈德符：《万历野获编》卷6《内监·内臣掌兵》。
② 沈德符：《万历野获编》卷6《内监·内臣掌兵》。
③ 《明武宗实录》卷118，正德九年十一月丙戌。
④ 参见方志远：《明代的四卫、勇士营》，《第二届明清史国际学术讨论会论文集》，天津：天津人民出版社，1993年。

六、边军与地方驻军

《明史·兵志二》说："天下既定，度要害地，系一郡者设所，连郡者设卫。"这是明初的定制。其时，各边各省驻军均以卫所为单位，分隶于都司、行都司，除京卫之外，各地驻军在洪武二十六年（1393）有281个卫，62个独立的千户所，兵力约有150万人。如有征伐，命将出师，调卫所官军属之，事毕，将还于朝，军士回归卫所。

成祖为了加强边疆的防务和对地方的控制，于建文四年（1402）八月即位伊始，便命都督刘真、何福为总兵，分别镇守辽东、宁夏。辽东在洪武时已立都司，统领定辽左、右等二十个卫；宁夏则有隶属于陕西都司的宁夏卫和宁夏中护卫。辽东、宁夏二总兵之设，使辽东出现镇守总兵与都司并存的局面，也使宁夏二卫受着总兵和陕西都司的双重领导。不久，成祖又命都督韩观镇守广西、镇远侯顾成镇守贵州，随后，江西、云南等省也次第设镇守总兵官，均形成镇守总兵和都司两套军事机关。迁都北京后，京师三面临塞，东起鸭绿江、西抵嘉峪关，依次设置了辽东、蓟州、宣府、大同、偏头、固原、延绥、宁夏、甘肃九大边镇，称为"九边"，成了京师的外围防线。各镇均设镇守总兵官，虽然兵源来自辽东、山西、陕西等都司所属卫所及京卫，却自成系统。①

景泰时，于谦等选京营精锐官军15万人别营团操，使京卫营兵和卫所分离，京营营兵制和卫所制并行。而类似的变化永乐时就已在诸边和各省驻军中发生，卫所的精锐渐次被抽调，另立兵营，专事镇戍，留下的老弱及余丁仍在卫所"老家"，从事屯田，为营兵提供衣粮。正如方逢时所说："洪、永以后，边患日棘，大将之设遂成常员，镇守权重，

---

① 万历《明会典》卷129《兵部·镇戍四》、卷130《兵部·镇戍五》。

都统势轻，卫所精锐，悉从抽选。于是正、奇、参、守之官设，而卫所徒存老家之名。"①

《明会典》说："凡天下要害地方，皆设官统兵镇戍。其总镇一方者曰总兵，守一路者曰分守，独守一堡一城者曰守备，与主将同守一城者曰协守……其总镇，或挂将军印，或不挂，皆曰总兵，次曰副总兵，又次曰参将，又次曰游击将军，旧于公侯伯都督指挥等官内推举充任。"② 可见，镇戍任务已不由各省都司及所统卫所完成，而是由总兵、副总兵、参将、游击等所统的营兵承担。据万历时吕坤所言营伍之法：50人为一队，队有管帖二人；500人为司，司有把总一人；1000人为哨，哨有千总一人；3000人为营，营有中军一人。③ 这与于谦在景泰时所定京军团营——50人一队，设管队官二人；500人为一把总，设把总指挥一人，二把总设都指挥二人——基本编制是一样的。而每营的兵员，则与正德时东西两官厅威武团练营一样，均为每营3000人。可见，吕坤所说的营伍之法，其实已是明朝中后期京营和边省驻军营兵的基本建制。虽然各地营制也因时因事而变，但大抵是以这种编制区划的。

《明史·兵志》详载各都司及其所属卫所的设置情况而不载各地镇戍军的编制，显然只注意了明初的"定制"而忽略了永乐以后军制的变化；后人研究明代兵制，则往往将《会典》所载的各地镇戍军兵员总额视为万历时明军的总兵力，忽略了作为"老家"的卫所军，没有考虑明中后期卫所制和营兵制并存的实际情况。以河南为例，除嵩县、汝宁、唐县三处守备及领蓟镇班四都司所属镇兵及边操班军31000余人外，另有军舍操余二万余人。这二万余名"军舍操余"，其实正属卫所

---

① 方逢时：《大隐楼集》卷12《审时宜酌群议陈要实疏》，沈阳：辽宁人民出版社，2009年。
② 万历《明会典》卷126《兵部·镇戍一》。
③ 吕坤：《摘陈边计民艰疏》，《明经世文编》卷416。

"老家"。①

镇戍军军官的设置视各镇兵员的多寡而异,边镇和内地也有所不同。宣府额定兵员15万余人,为诸镇之最,设有挂"镇朔将军"印的镇守总兵官一员,协守副总兵一员,分守参将七员,游击将军三员;坐营中军官二员兵一员,分守参将七员,游击将军三员;坐营中军官二员,守备三十一员。福建额定兵员12万余人,是内地各省中兵员较多的一镇,设有总兵官一员,分守参将一员,守备三员,把总七员,总兵下坐营官一员。河南、山东番上蓟镇备边,故设有领蓟镇班都司各四员(春班、秋班各二员)。其他各镇军官的设置大体类似。由此可以看出军官设置的惯例:边镇的设置为镇守(总兵官)—协守(副总兵)—分守(参将、游击)—守备,内镇的设置为镇守(总兵官)—分守(参将)—守备—把总。但也并不完全划一:如兵员较少的江西、河南等省不设镇守,兵员较多的广东既设镇守总兵,又设协守副将;至于有番上班军的河南、山东,则另设领班都司。总兵、副总兵或副将一般由公、侯、伯等勋臣及都督等官充任,参将、游击多由都指挥使等官充任,守备、把总则由卫指挥及千、百户充任。

七、海防军与江防军

《明史·兵志》说:"沿海之地,自广东乐会接安南界,五千里抵闽,又二千里抵浙,又二千里抵南直隶,又千八百里抵山东,又千二百里逾宝坻、卢龙抵辽东,又千三百余里抵鸭绿江。岛寇倭夷,在在出没,故海防亦重。"②《明会典》则说:"国初定鼎金陵,倚长江为天险,

---

① 万历《明会典》卷131《兵部·镇戍六》。
② 《明史》卷91《兵志三》。

然江洋巨盗，时有出没，始设操江、巡江等官。其沿海州县，洪武间，时有倭警，常遣兵戍守，至嘉靖中，倭寇猖獗，于是增将增兵，畿甸之间，若备边矣。"①

这两段话都概括了明代设置海防和江防军的主要原因：一是对内，对付那些杀人越货、出没于江湖沿海间的"江洋巨盗"；二是对外，防御在沿海地区进行骚扰劫掠的倭寇。

吴元年（1367）九月，朱元璋集团攻灭张士诚势力；接着，盘踞在浙江沿海的方国珍势力也被迫投降。至此，长江三角洲沿海地区皆在掌握之中，明太祖根据浙江行省平章李文忠的建议，在嘉兴、海盐、海宁等地设兵戍守。但这一措施与以前每得一地即派兵驻守的做法并无二致，不能视为明朝海防设施的开始。明朝设海防军，实与一次突发事件有密切关系。

洪武元年（1368）二月，御史大夫汤和攻取福建后奉旨班师回明州（今浙江宁波），拟在明州造海舟漕运北征粮饷。但途经浙江近海舟山群岛时，遭到当地昌国州兰秀山居民的攻击，指挥徐珍、张俊战死。②一波未平，一波又起。当年三四月间，浙江象山县又被兰秀山民攻陷。《实录》对这次事件作了如下记载："昌国州兰秀山盗入象山县作乱，县民蒋公直等集乡兵击破之。初，方国珍遁入海岛，亡其所受行枢密院印。兰秀山民得之，因聚众为盗。至是入象山县，执县官，劫掠居民。公直与王刚甫率县民数百人欲击之。适知县孔立自府计事还，公直等走告立，遂驻兵东禅山，盗来攻，公直乃先伏兵两山间，自领数十人迎战，佯败走，盗追之，伏发，尽擒杀之。"③

事件发生之后，引起了明政府的高度重视。这些兰秀山民不但攻城

---

① 万历《明会典》卷131《兵部·镇戍六》。
② 《明太祖实录》卷47，洪武二年十二月己丑。
③ 《明太祖实录》卷32，洪武元年五月庚午。

略地、袭击国家正规军队，而且有方国珍遗留下来的元枢密院印，足以号召江南地区的元朝残余势力，既可另立山头、与明政府分庭抗礼，也可与退居塞外的蒙古政权遥相呼应。据资料记载，兰秀山民被明军击败后，并没有销声匿迹，他们远遁海外，在位于中国黄海东北边缘、连接日本诸岛和朝鲜半岛的济州岛建立据点。而类似于兰秀山民的"岛寇"在舟山群岛、在整个东部沿海还有不少，他们或商或盗，对希望把整个国家统治得铁桶一般的明政府是强有力的挑衅。

为了从根本上铲除兰秀山民之类的"岛寇"，明太祖在洪武三年批准了曹国公李文忠的建议，在浙江设置七个卫，加强沿海地区的防御力量；第二年十二月，又命靖海侯吴祯籍方国珍所部温州、台州、庆元（宁波）三府军士及兰秀山无业游民，共11万多人，隶各卫为军；又通告朝鲜政府，联合对济州岛进行清剿。并重申禁海令，沿海居民不得私自出海。[①]

仅仅这样，还不足以使明太祖下决心在沿海建立一支庞大的军事力量。更为严重的是，在国内战争中失败的日本武士、商人、浪人，长期以来在中国沿海进行骚扰劫掠，被称为"倭寇"。明朝建立前后，倭寇在沿海的活动更为猖獗，明太祖曾"数遣使赍诏书谕日本国王，又数绝日本贡使，然竟不得倭人要领"[②]。洪武二年，一股倭寇在海盗的引导下，多次深入到崇明及距京师南京不远的苏州一带，杀掠居民，劫夺货财，被太仓卫生擒的就有数百人。这一事件几乎和兰秀山民事件同时发生，即使二者之间没有任何关系，明朝政府也将它们联系在一起看待。何况，"岛寇"与"倭夷"的相互勾结早已不是一朝一夕之事。在当时，凡是沿海地区发生的"倭变"，几乎都有海盗引导；同样，凡是大

[①] 《明史》卷91《兵志三》。关于这一事件的本末，台湾"中研院"《中国海洋发展史论文集》第一辑所载曹永和《试论明太祖的海洋交通政策》一文作了翔实的叙述。

[②] 《明史》卷130《张赫传》。

股的海盗活动，也多有倭寇参与其中。外部的倭寇与内部的海盗，以及二者的相互勾结，成为明代海疆的主要问题。于是，在加强陆防的同时，明初在海防线上也布置了相当数量的兵力。

继洪武四年吴祯籍兵11万以充实海防力量之后，明太祖又于洪武十七年命信国公汤和巡视海上，在山东、南直隶（今江苏、安徽）、浙江沿海及近海岛屿建城59座；洪武二十年，又命江夏侯周德兴在福建的福州、兴化、漳州、泉州四府，每三丁抽一人，得15000人，为沿海戍兵，并在要害处设置卫所，筑城16座。与此同时，大规模建造海船，加强海上巡逻，并鼓励水师出海作战。到洪武末，沿海包括长江下游两岸，共有军卫54个、独立的千户所99个、巡检司353个、烽堠997座，总兵力40余万人、舰船1000多艘，形成一个从沿海到近海、再到远洋的具有纵深防线的海防体系。这支部队实际上成为后来"郑和下西洋"的主力部队。

江防的重点是长江一线。洪武初，在京师南郊的新江口设水兵8000人，不久增至12000人，有战船400艘；同时，设陆兵于北岸的浦子口，与江南的水兵相呼应，为掎角之势。沿江诸地，上自九江、广济、黄梅，下抵苏州、松江、通州、泰州，中包安庆、池州、和县、太平，凡有盗贼及贩私盐者，均行巡捕。其任务，主要是防盗，兼以防倭。永乐时，又设操江都御史及总兵官，统领江防军队。

永乐是明朝向外开拓的重要时期，东北置奴尔干都司及各卫所、西北设置大量卫所、西南推行改土归流、南边设置交趾布政司。明成祖还亲自统兵深入斡难河一带，围击蒙古主力。并命郑和率领数万水师，七次远航印度洋，成为世界航海史上的壮举。但是，汉民族长期以来形成的农业生产方式和因循保守习惯，以及由此而带来的一系列社会问题，使得明政府无法长期推行向外开拓政策。仁宗和宣宗的统治，虽然为自己挣得了"太平天子"的美誉，也换得了"仁宣之治"的好名声，却使明朝从此在对外政策上趋于保守,并使中国在以后的世界竞争中逐渐处于劣势地位。郑和下西洋的壮举,也成了中国退出世界先进行列的告别仪式。表现在海防上,则是由积极的远洋、近海、沿海纵深防御,改变为消极的近海、沿海乃至单纯的海岸防御。因此,嘉靖年间发生大规模倭患时,沿海各省甚至内地的许多地区都成为防御倭寇的战场,造成极为严重的损失。直到这时,明政府才重新整顿海防力量,同时,江防也成为政府需要花大力气解决的问题。

嘉靖以后,沿海大都会各设有总督、巡抚、兵备副使及总兵官、参将、游击等,以加强对海防的领导。海防与江防部署也重新作了调整,由南到北具体如下。广东水军分为东、中、北三路,各由参将一员统领;福建有水寨五座,并于澎湖列岛设游击一员、把总二员,统兵三千,筑炮台防守;浙江设六个把总,统领金乡、盘石等九卫和钱仓、大嵩等千户所,并分统于四参将。南直隶为留都所在,又处长江、运河交汇之处,故兵力配备更重:乍浦以东,金山卫设参将,黄浦以北,吴淞口设总兵;淮扬一带,设总兵驻通州(今江苏南通),设游击驻庙湾,又于扬州设陆兵游击,以备调遣;长江江防部队共有十营,由操江都御史一人、兵备副使五人统领。山东沿海的登州、莱州、青州三府,设巡察海道副使一员、管理民兵参将一员、总督沿海兵马备倭都指挥一员;大沽海口为京师北京门户,驻以重兵,设副总兵一人统领,而以密云、永平两游击为应援;山海关外,广宁中、前、后、左、右五个千户所均用以巡海,金、复、海、盖四州驻军皆用以防海,并以宁前参将为应援,九联城外另筑镇江城,设游击一员,统兵1700人,巡哨海上,北与宽甸参将陆营相接。以上,广东、福建、浙江、南直隶、山东、北直隶、辽东,沿海七镇,共设总兵二员、副总兵一员、参将十一员、游击六员，守备、把总、分守、巡徼等数百员。①

不仅兵员增加，武器装备也得到加强。仅浙江一省，万历二十一年（1593）就有兵船1100多只，相当于洪武时沿海水军兵船的总和。而且，兵船多装备火器。嘉靖时戚继光的水军战船，就备有佛郎机（仿荷兰火炮）、鸟铳、火砖、喷筒、火箭等火器，使用火器的士兵占参战士兵的一半。②

但到明末，内忧外患接踵而起，明朝沿海兵力内调，海防空虚，致使西班牙、荷兰殖民主义者乘虚而入。具有讽刺意义的是，曾经被明朝政府视为"海盗"的郑芝龙、郑成功父子，此时却承担起了保卫海防、收复台湾的使命。

第二节　明代军事领导系统中的"三权分立"

一、军事领导原则

嘉靖时曾历任兵部职方主事、兵部侍郎，又因"知兵事"而以右都御史"协理戎政"的郑晓，对明朝的军事领导原则有过颇为精彩的叙述：

> 祖宗微意，不欲武臣权重。在内营操官，止管操练者，无开设衙门，亦无印信。在内五府，有衙门印信，理常行政务，至于营

---

① 《明史》卷91《兵志三》。
② 参见范中义：《明代海防略述》，第三届明史国际学术会交流论文。

操,非特命不得干预。盖五府、三营、十二营,职掌不相侵也。至于出征,亦不止大将一人,必选二三人名位谋勇相等者,相参用之。出师之日,赐平贼、讨贼、平虏、平胡、征夷、征虏等印,或将军,或副将军,或大将军,随时酌与,必由兵部题请,五府亦不得干预。事平之日,将归于府,军归于营,印归于朝,其意深矣。……大抵统军不专于一人,练军不专于一人,行军不专于一人。皆为有意焉。①

郑晓所说,只限于在军事将领配置上对武臣的防范,但足以说明明朝军事领导权的分割程度。而明朝的军事领导原则,又不仅仅是以武臣制武臣,而是以文制武,以内制外,文武相制,内外相制。

以京营为例。永乐立京军三大营时,各营坐营官即武臣、内臣并设。景泰建十团营,以武臣武清侯石亨、昌平侯杨洪、安远侯柳溥为总兵官,以内臣曹吉祥、刘永诚为监军,又以兵部尚书于谦为提督。故王世贞认为,京营提督凡三,曰太监,曰公侯,曰尚书。② 嘉靖二十九年(1550)庚戌之变后,为提高京营战斗力,以武臣咸宁侯仇鸾总督京营戎政,统帅三大营,并罢提督、监枪诸内臣,但仍以文臣一人"协理京营戎政",成文、武共理戎政之势。隆庆时更是三大营各设一总兵一文臣,形成六提督共议京营戎政的局面。③

再如各边、各省驻军。永乐开始,在省、边增置镇守总兵官,同时又有内臣"协守",宣德以后另有镇守、巡抚文臣,也是内臣、文臣、武臣同理兵事。故成化时兵科给事中章鉴等在一份奏疏中认为:"国家

---

① 郑晓:《今言》卷1之50。
② 王世贞:《弇山堂别集》卷89《兵制考》。
③ 《明史》卷89《兵志一》。

之制，边方以文臣巡抚，以武臣总兵，而内臣纲维之。"① 三者有功同赏，有罪同罚。

再如命将出师。正统以后，凡有出征，武臣为总兵官、内臣监军、文臣提督军务成为定制。正统二年（1437），讨蒙古朵儿只伯等部，以中军都督府左都督任礼为平羌将军总兵官，又以太监王贵监军、兵部尚书王骥提督军务②；正统六年讨麓川思任发，左军都督府右都督蒋贵为总兵官，内官曹吉祥、萧保监军，王骥则以兵部尚书总督军务。③

在武臣、文臣、内臣三者的关系中，一方面是以文臣制武臣，以内臣制外臣；另一方面，又是内臣外臣相互制约。

在权力结构的制度层面上，大都督府及后来的五军都督府是国家最高军事领导机关，三等真署都督（都督、都督同知、都督佥事）均由公侯伯及驸马都尉等勋臣充任，但军队武职军官的选授升黜、军队的调遣则听命于兵部。各镇总兵官虽地位尊崇，却受镇守太监、督抚文臣的节制。朱国祯说，自永乐六年（1408）丘福败亡之后，"遣将多以文臣督之，即边镇以赞理为名，而事皆归其掌握"。④ 虽时间略有前移，却反映了整体趋势。事实上，洪熙时，仁宗就已经指责甘肃镇守总兵官费献"溺于宴安而懦弱不振，低眉俯首，受制于人"。⑤ 这是镇守太监王安等监督将领的结果。《明史》所说的"监军、督抚，叠相弹压，五军府如赘疣，弁帅如走卒"的情况，至迟到成化、弘治时已相当普遍。故成化时陆容认为，握兵者不应是武弁，而应文武兼资，都司卫所也应以文职为正官，而以武职为佐贰。⑥

---

① 《明宪宗实录》卷90，成化七年四月甲辰。
② 《明英宗实录》卷35，正统二年十月甲子。
③ 《明英宗实录》卷75，正统六年正月乙卯；卷86，正统六年闰十一月辛巳。
④ 朱国祯：《涌幢小品》卷12《败将弛法》。
⑤ 《明仁宗实录》卷9上，洪熙元年四月庚子。
⑥ 陆容：《菽园杂记》卷3。

兵部虽说是"军令自所出",但实际上,军令的发布、军队的调遣、高级将领的任命、重大的军事决策,均得经过"廷议",请旨而后行。而用以调兵的令符火牌,则由内府印绶监和御马监掌管。沈德符《万历野获编》说:"御马监虽最后设,然所掌乃御厩兵符等项,与兵部相关。近日内臣用事稍关兵柄者,辄改御马衔以出,如督抚之兼司马、中丞。"① 正反映了御马监与兵部、都督府共执兵柄的事实。由于地处近密,内臣不但与外臣共执兵政,而且是皇帝在军中的耳目乃至代理人,因而时时压制外臣。王振、汪直、刘瑾、魏忠贤等人专权时姑且不论,就是王振死于土木堡、于谦主持兵政的景泰时,以及魏忠贤被诛杀、东林党人布列朝野的崇祯初年,于谦、袁崇焕等人也得看太监金英、兴安及张彝宪等的眼色行事。

但是,御马监所掌火牌、兵符,必须先经兵部请旨,或由司礼监"传奉圣旨"方可发出,然后由兵科复奏才发至兵部,由兵部具体执行。正德时武宗北巡,曾命御马监以火牌调兵,内阁大学士杨廷和等人就以火牌未经司礼监传奉而提出异议。② 在外的监军、镇守宦官虽然压制文武,并可随军出征甚至根据需要责成有关卫所提供兵员、军粮,却不能单独领兵及擅提军职。成化十九年(1483)五月汪直镇守大同时,请将归附"达官"收编营中,正德十三年(1518)正月,镇守江西太监毕真请预南赣军事,二议皆因"非故事"而被兵部否决。③

明太祖、成祖乃至宣宗、英宗都曾亲自调遣、指挥军队,军权独揽自不待言。从宪宗以后,除武宗及崇祯帝外,皇帝大体不视朝、不亲政,更不用说指挥军队,但军权未曾旁落。原因就在于形成并坚持以文制武、以内制外、内外相制的军事领导原则,也可以说是武臣、文臣、

---

① 沈德符:《万历野获编》补遗1《内官定制》。
② 《明武宗实录》卷168,正德十三年十一月乙巳。
③ 《明宪宗实录》卷240,成化十九年五月癸丑;《明武宗实录》158,正德十三年正月癸卯。

内臣共理军政，分别对皇帝负责。因此，明朝的军事领导体制，也由武职、文职、宦官三大系统构成。

二、都督府与武职领导系统

任何事物的产生，都有对旧事物的传承或沿袭。朱元璋集团最初的军事领导系统，也是沿用元朝旧制：立行枢密院为最高军事领导机关，由朱元璋自领院事；又有行中书省为最高行政决策机关，下设户、礼、刑、工四部而无吏、兵二部，兵权独揽之意于此可见。至正二十一年（1361），改行枢密院为大都督府，以朱文正为大都督，他虽"节制中外诸军事"①，却长期驻守南昌，大都督府的日常事务由中书省参议兼大都督府司马李善长等人秉承朱元璋的意旨处理，其实是省府合署办事。吴元年（1367）更定官制，革去大都督一职，以左右都督为大都督府长官，品秩升为正一品，以同知都督（从一品）、副都督（正二品）、佥都督（从二品）为同官。②虽然品秩升高（原大都督为从一品），都督府长官却由一员增为五员。洪武三年（1370）十一月，命曹国公李文忠领大都督府事，十年五月，又命其与韩国公李善长共议军国重事。如果考虑当时的政治局势，二李共议军国重事显然是为了制约以胡惟庸为首的中书省。洪武十三年正月，左丞相胡惟庸因"谋反"罪被杀，明太祖在罢中书省的同时，就势必将大都督府改为中、左、右、前、后五军都督府，各设左右都督、都督同知、都督佥事三等都督。③

从大都督府的设置，到分为五军都督府，实际上是军事领导机关有限权力的分割过程。在这期间，受命掌管大都督府的只有朱文正和李文

---

① 《明太祖实录》卷9，至正二十一年三月丁丑。
② 《明史》卷76《职官五》。
③ 《明史》卷76《职官五》。

忠。当时明太祖诸子均未长成，无法效唐高祖李渊以亲子领兵，这二人可说是血缘关系最亲近者，但后来都因"忤旨"获罪，朱文正更以"胸怀怨望"被鞭杀。① 虽然因何"怨望"未见明载，但与军事领导权的争夺当不无关系。大都督府分为五军都督府以后，大小都督由五位增加到二十位，内部的牵制和掣肘也更为严重。

《明史》是这样概括五军都督府职责的：

> 都督府各领其都司、卫所，以达于兵部。凡武职，世官、流官、土官袭替、优养、优给，所属上之府，移兵部请选。既选，移府，以下之都司、卫所。首领官听吏部选授，给由亦如之。凡武官诰敕、俸粮、水陆步骑操练、官舍旗役并试、军情声息、军伍勾补、边腹地图、文册、屯种、器械、舟车、薪苇之事，并移所司而综理之。凡各省、各镇镇守总兵官、副总兵，并以三等真署都督及公侯伯充之。有大征讨，则挂诸号将军或大将军、前将军、副将军印总兵出，既事，纳之。②

这段文字虽然参照了万历十五年（1587）重修的《明会典》，但主要以洪武二十六年所定的《诸司职掌》为依据。事实上，除武职、土官的袭替、优养、优给属兵部，首领官选授由吏部外，武官诰敕、俸粮、军情、军伍、地图、文册、舟车、薪苇、屯种、比试、器械诸项逐渐全部或部分转移给了兵、户、礼诸部及都察院，故王世贞说："（明初）凡天下将士、兵马大数，荫授、迁除，与征讨进止机宜皆属之。（洪武）十三年分大都督府为五军都督府，见若以为品秩如其故者，而

---

① 刘辰：《国初事迹》。
② 《明史》卷76《职官五》。

兵部阴移之，其权渐分矣。至永乐而尽归之兵部。所谓五都督者，不过守空名与虚数而已。"① 据万历《明会典》的记载，五军都督府的主要职责，从实质上说，是在各所属京卫及都司卫所与兵部之间起上传下达的作用，另外，负责京师治安的督促检查。原来意义上的作为中央最高军事决策机关的大都督府及五军都督府已不复发生作用。

永乐、宣德以后，武职军事领导系统主要是由京营和边、省镇戍将领组成，包括京营的提督总兵官、各营统领副将、参将、游击、佐击、大号头官等官，边、省各镇守总兵官、协守副总兵、分守参将、游击、守备等。但需要指出的是，充任总兵、副将、参将、游击、守备等官的，又均为都督府及都司的都督、都指挥、同知、佥事等。于是，都督府和都司成了将领挂衔和领取俸禄、袭替子弟、取得优养优给的衙门，京营及边、省诸镇才是任职地所在。

这样，明朝的武职官其实有两类。一类可称为坐衙官，包括南北两京五军都督府、中都兴都两留守司、各都司卫所及各宣慰、宣抚司武职官员；另一类可称为坐营官，包括永乐时设立的三大营、景泰时设立的十团营及成化以后的十二团营的提督官、坐营官、管操官，各镇总、副、参、游等。坐营官俱由皇帝"特命亲信大臣提督之，非兵部所铨择也"。② 兵部所铨择的，主要是坐衙官中的中下级军官。

坐衙武官有两种情况。一种是高级武官，均为流官，分八等：都督府的都督、同知、佥事，都司的都指挥使、同知、佥事，留守司的正、副留守。另一种是中下级武官，均为世官，分九等：各卫指挥使、同知、佥事、镇抚，各千户所正、副千户、镇抚、百户、试百户，以及土官宣慰使、宣抚、安抚及其副贰。

---

① 王世贞：《弇山堂别集》卷53《大都督府左右都督同知佥事表》。
② 《明史》卷71《选举三》。

洪武二十六年定，武职官之大者，必由会推。凡五军都督府缺掌印官，由兵部具奏，会官于现任公、侯、伯中推举二员；缺佥书官，于带俸公、侯、伯及在京都指挥使，在外正副总兵官中推举二人；锦衣卫堂上官及府军前卫掌印缺，也于侯、伯内推举二人，最后由皇帝裁定。各省都指挥使及同知、佥事，二都正副留守则由兵部推举一人简用，如所在抚、按保举，兵部应察其贤能，奏请简用。①

卫指挥以下及宣慰使以下官，由兵部选授。选拔的途径有四：一是世职，二是武举，三是行伍，四是纳级即战功。每年荐举，三年有武举，六年有会举，而依据则是色目（指从军脚色）、状貌、才行、封赠、袭荫。由于武官选授多依世职，又冒滥严重，故许多制度形同虚设，这也是明军军纪腐败、战斗力低下的重要原因之一。

三、兵部、都察院与文职领导系统

还在与群雄逐鹿之时，文臣指挥、武臣作战的分工在朱元璋集团已初见端倪。如先取陈友谅、后攻张士诚的计划，拔潼关而守之、直趋大都的部署，均由明太祖和刘基等谋士议定而后行。李善长以行中书省参议兼大都督府司马处理一应日常事务，后刘基向明太祖称其"能调和诸将"，洪武十年（1377）又受命与李文忠共议军事大事，均可见文职官员对军政事务的参与。② 中央主持军政大计的机关则是兵部。

兵部设于洪武元年，属中书省。洪武十三年罢中书省，升六部品秩，兵部遂为全国最高军事行政机关。其后，五军都督府的实际权力逐渐移于兵部，兵部又为最高军事领导机关。

---

① 万历《明会典》卷119《兵部·铨选二》；《明史》卷71《选举三》。
② 《明史》卷128《刘基传》，卷127《李善长传》。

《明史·职官志》说："（兵部）尚书掌天下武卫官军选授、简练之政令。"这是洪武二十六年所定的职掌，而永乐以后由都督府"并入"的职掌则被归于兵部四清吏司。①

除作为军事行政和军事领导机关外，兵部也直接参与统领军队、指挥战事。从景泰三年（1452）于谦以兵部尚书提督团营，到嘉靖二十年（1541）刘天和以兵部尚书专理京营戎政，此后又于嘉靖二十九年专设协领京营戎政兵部尚书（或侍郎），兵部对京营的控制逐步加强。与此同时，原由御马监提督的禁兵腾骧四卫和勇士、四卫营也纳入兵部的查核之下。②而在外的镇戍军和征讨军，从永乐四年（1406）刘俊以兵部尚书赞理成国公朱能军务以后，多有兵部尚书总督军务或提督军务之例；南京兵部尚书则定制参赞军务，与内外守备节制南京军队（见前文）。

兵部之外，都察院的派出单位巡抚都御史和各省提刑按察司的分支机构兵备副使不但是文职军事领导系统中的重要组成部分，而且是领导地方军事力量的主要权力机关。关于这方面的情况，将在下篇详论。

此外，作为国家监察官员的六科十三道给事中、监察御史，以及各省、边巡按御史，对军政事务和军事行为自然有监督职责（详见下文）；而作为中枢机关的内阁，对军国大计则处指导乃至决策地位，故到明末，便有大学士督师，成为战区统帅，文职总督、巡抚、兵备副使，武职总、副、参、游均受其节制，但尚无定员定制，构不成一级军事领导机构。

---

① 《明史》卷72《职官一》。
② 参见方志远：《明代的四卫、勇士营》，《第二届明清史国际学术讨论会论文集》，天津：天津人民出版社，1993年。

四、司礼监、御马监与宦官领导系统

早在进行统一战争时,明太祖就经常派宦官到军前向统军大将徐达、常遇春、李文忠、沐英、傅友德等传达命令。① 洪武十一年(1378)十月,总兵杨仲名讨破五开蛮时,又遣宦官尚履、吕玉诣军吴诚往行营"观兵阅胜"。② 谈迁对此事发表评论:"此内臣监军之始,即不预军事,恐为所忾也。"③

成祖即位后,宦官开始全面参与军事领导。建文四年(1402)秋成祖即位伊始,命镇远侯顾成,都督韩观、刘真、何福分别出镇贵州、广西、辽东、宁夏,又命"靖难"有功的宦官"与之偕行,赐公侯服,位诸将上"。④ 这可以说是宦官出镇的开始。永乐三年(1405)六月十五日,命内官监太监郑和领兵27000余人乘巨船62艘下西洋;第二天,又命中官山寿领轻骑出云州。⑤ 这是宦官专征的开始。永乐八年北征蒙古时,都督朱荣、都指挥苏火耳灰军中有宦官王安、春山,都指挥王哈刺把都儿军中有宦官王彦,清远侯王友、广恩伯刘才军中有宦官赵俊、张泰、朱不花。⑥ 这是宦官监军的开始。建三大营时,五军营设提督内臣一员,三千营设提督内臣二员,神机营设提督内臣一员、坐营内臣六员、监枪内臣二十员。⑦ 这是宦官提督京营、坐营、监枪的开始。及至永乐二十二年八月,即成祖死后、仁宗即位之前,太监王贵通(景弘)

---

① 王世贞:《弇山堂别集》卷86、87《诏令杂考二、三》。
② 《明太宗实录》卷121,洪武十一年十一月庚午。
③ 谈迁:《国榷》卷6,洪武十一年十月庚子。
④ 傅恒等:《御批历代通鉴辑览》卷102,永乐元年闰十一月。
⑤ 《明太宗实录》卷43,永乐三年六月己卯、庚辰。
⑥ 王世贞:《弇山堂别集》卷88《诏令杂考四》。
⑦ 《明史》卷89《兵志一》。

奉命"率下番官军赴南京镇守",洪熙元年（1425）正月,郑和受命与王贵通同为南京守备。这是宦官为守备之始。①

虽然永乐时宦官对军事行为与军队领导的参与多属临时性差遣,但除专征之外,后来大多演变为定制。京营提督、坐营、监枪诸宦官则在永乐时就成为定制。宦官与武职、文职一样,逐步形成了一套完整的军事领导系统。

在明朝军事领导系统发挥作用的,主要是司礼监和御马监。

司礼监一方面与外廷的内阁对柄机要,另一方面和御马监在内府共执兵柄,它在军事领导方面的职责主要有四个方面。一是对经过内阁票拟的军政事务进行批红,并可"传奉圣旨",命印绶监和御马监发出调兵遣将的兵符、火牌。二是提督京营,司礼监的这项职责始于土木之变以后,当时司礼太监兴安、李永昌同石亨、于谦共理京营军务②；成化以后,刘永诚、汪直先后以御马监太监提督京营。从此,京营提督的职责在内府由司礼监和御马监共掌。三是守备南京,洪熙时,郑和是以内官监太监守备南京的,正统以后,南京守备太监为司礼监"外差",称"内守备",与勋臣"外守备"和文臣参赞机务兵部尚书共同节制南京及沿江部队。③ 四是推举镇守内臣,各处镇守内臣例由兵部任命,其人选的确定却由司礼监。正德初刘瑾就说："各处镇守出去,皆司礼监举用。"④ 嘉靖初世宗也说："各处内官亦非朕亲用,皆系司礼监指名奏请。"⑤

御马监和司礼监一样,也设于洪武十七年,但其前身御马司设于吴元年（1367）,是明太祖即位前设置的第三个宦官衙门。御马监的职掌

---

① 《明仁宗实录》卷1上,永乐二十二年八月丁未；卷7上,洪熙元年二月戊申。
② 《明英宗实录》卷184,正统十四年十月戊午。
③ 刘若愚：《酌中志》卷16《内府职掌》。
④ 陈洪谟：《继世纪闻》卷1。
⑤ 《明世宗实录》卷80,嘉靖六年九月癸卯。

初为"掌御厩马匹",洪武二十八年九月扩充为"掌御马及诸进贡并典牧所关收马骡之事"①。御马监以后的发展,都是由这一职掌,确切地说,都是由"马"而来。一方面,由管理牧马草场而发展为内府财政部门,皇庄、皇店的采买采办多由该监内官管理或经办。另一方面,御马监因统辖养马管马人员及接待关外贡马人员而发展为内府戎政衙门:兵符令牌由其掌管,腾骧等四卫禁兵以及由此演变而来的四卫、勇士营由其提督;京营固与司礼监共同提督,但坐营、监枪等内臣多属御马监;各地镇守、分守、监枪内臣虽由司礼监推举、兵部任命,但出镇及监军内臣也多来自御马监,可视为御马监的"外差"。

从机构设置来看,司礼监和御马监既分外廷兵权,又与外廷相互制约。司礼监酷似明初的兵部,而御马监则颇类明初的大都督府:司礼监传奉调军旨意,御马监则发出兵符火牌;司礼监推举监军、镇守内臣,御马监宦官则充任监军、镇守;司礼监太监提督京营,御马监太监则充任坐营、监枪。二方颇有对掌军务之势。而且,司礼监提督东厂,是为皇帝的耳目和别动队,御马监则提督勇士、四卫营,是为皇帝的近卫军。因此在明朝,不仅外廷的兵部、都督府无法单独调动军队,内廷的司礼监、御马监也同样无法单独调动军队。②

如果说司礼监和御马监是明朝宦官军事领导系统中的中央系统,那么,各地镇守中官则是它的地方系统。关于这方面的情况,将在下篇详述。

---

① 《明太祖实录》卷161,洪武十七年四月癸未;卷241,洪武二十八年九月附条。
② 参见方志远:《明代的御马监》,《中国史研究》1997年第2期。

第十一章　明代的法律与司法权力结构

第一节　明太祖的立法思想与明朝的"国法"

一、明太祖的立法思想

洪武元年（1368）正月初六，即宣布建立大明帝国的第三天，明太祖在奉天殿大宴群臣，即席发了一番议论："朕本布衣，以有天下，实由天命。……念天下之广，生民之众，万几方殷，朕中夜寝不安枕，忧悬于心。"御史中丞刘基劝谕："往者四方未定，劳烦圣虑。今四海一家，宜少纾其忧。"明太祖不以为然："尧、舜圣人，处无为之世，尚且忧之。矧德匪唐虞，治非雍熙，天下之民方脱创残，其得无忧乎？夫处天下者，当以天下为忧；处一国者，当以一国为忧；处一家者，当以一家为忧。且以一身与天下国家言之，身小也。所行不谨或致颠蹶，所养不谨或生疢疾。况天下国家之重，岂可顷刻而忘警畏耶？"[①]

这种"寝不安枕，忧悬于心"的心态，在中国历代开国之君的身上都可以看得到，但三十余年如一日、始终不移保持这种心态的，几乎只有明太祖一人。明太祖以布衣取天下，处心积虑，立纲陈纪，既建立

---

① 《明太祖宝训》卷1《论治道》。

了一套自以为万无一失的政治体制，又制定了一系列礼制法典，希望子孙后代世守勿替，以保天下长治久安。

其实，顺治皇帝所看到的"条例章程，规画周详"，还只是表面现象。明太祖能够"规画周详"的深层原因，是其对历代兴亡治乱的前因后果都有自己的独特认识，因而对任何问题的考虑都有一个总体构思和设想，对任何问题的处理都不盲从主管官员的意见而不断提出基本思路和具体指导。与此同时，由于形势和个性的因素，也表现出一定程度的随意性和不稳定性。在立法思想上也同样是这样。

在早期，为了适应群雄逐鹿、争取民众支持的需要，明太祖的立法思想主要体现在"宽"与"简"上。至正十八年（1358）三月，命提刑按察司佥事分巡郡县录囚，凡笞罪者释之，杖者减半，重囚杖七十，有赃者免征。左右官员以为用法太宽。明太祖则认为："用法如用药。药本以济人，不以弊人。服之或误，必致戕生。法本以卫人，不以杀人。用之太过，则必致伤物。百姓自兵乱以来，初离创残，今归于我，正当抚绥之。况其间有一时误犯者，宁可尽法乎！大抵治狱以宽厚为本，少失宽厚则流入苛刻矣。所谓治新国用轻典，刑得其当则民无冤抑。若执而不通，非合时宜也。"这里强调的是一个"宽"字。①

吴元年（1367）十月，命中书省定律令时，明太祖下达了一番指令："立法贵在简当，使言直理明，人人易晓。若条绪繁多，或一事而两端，可轻可重，使奸贪之吏得以夤缘为奸，则所以禁残暴者，反以贼良善，非良法也。务取适中，以去烦弊。夫网密则水无大鱼，法密则国无全民。"这里强调的是一个"简"字。②

在简与宽思想的指导下，明初所定的一些律令也多体现这一精神。

---

① 《明太祖宝训》卷5《恤刑》。
② 《明太祖宝训》卷5《恤刑》。

如《大明律令》仅收令145条、律285条。同时又命大理寺卿周祯等人根据所定律令,将民间所行事宜,类聚成编,直解其义,名为《律令直解》,以易懂易记。《律令直解》编成之后,明太祖亲自审定,览而喜曰:"吾民可以寡过矣。"①

但是,随着立国之后统治集团内部矛盾的激化,以及各地不断发生的新问题,明太祖对形势的认识随之发生了变化,其立法思想也由宽而简转向严而密、由"治新国用轻典"转而"治乱国用重典"。接二连三的《大诰》及《大诰武臣》的颁布,《大明律》的较重量刑、锦衣卫和诏狱的设置、廷杖的频施,正是这种转变的表现。

洪武四年(1371)三月刘基致仕,明太祖手书问天象,声称:"元以宽失天下,朕救之以猛。"刘基的回答是:"霜雪之后,必有阳春。今国威已立,宜少济以宽大。"② 可见,君臣在立法思想上已存在重大分歧,这种分歧甚至直接导致刘基的致仕和被害。到晚年,明太祖自己对皇太孙即后来的建文帝说:"吾治乱世,刑不得不重。汝治平世,刑自当轻。"并解释说,这就是"所谓刑罚世轻世重也",即刑轻刑重并无绝对的标准,当以时局的变化为转移。建文帝即位后回忆:"《大明律》皇祖所亲定,命朕细阅,较前代往往加重。盖刑乱国之典,非百世通行之道也。"③

从明太祖立法的一贯思想看,"严"与"简"是贯彻始终的。严与简的结合,构成他立法思想的核心内容。对此,明太祖在吴元年十一月面向中书省和御史台主管官员的一次讲话中作了说明:

> 近代法令极繁,其弊滋甚。今之法令,正欲得中,毋袭其弊。

---

① 《明史》卷93《刑法志一》。
② 夏燮:《明通鉴》卷4,洪武四年三月。
③ 《明史》卷93《刑法志一》。

如元时，条格烦冗，吏夤缘出入为奸，所以其害不胜……今立法，正欲矫其旧弊，大概不过简严。简则无出入之弊，严则民知畏而不敢轻犯。尔等其体此意。①

明太祖晚年对繁法酷刑的修正，可以视为这一思想的回归。《明史·刑法志》关于明律"视唐简核，而宽厚不如宋"的评价，可说是洞悉了明律透露出来的明太祖的基本法律思想。

二、律、例与《大诰》《会典》

明朝的基本法典为《大明律》。《明史·刑法志》说："太祖之于律令也，草创于吴元年（1367），更定于洪武六年（1373），整齐于二十二年，至三十年始颁示天下。日久而虑精，一代法始定。中外决狱，一准于三十年所颁。"这应该是中国有史以来编纂时间最长的一部法典。

从体例上看，《大明律》没有沿用北齐确立、隋唐及宋各朝相继采用的十二篇（名例、卫禁、职制、户婚、厩库、擅兴、贼盗、斗讼、诈伪、杂律、捕亡、断狱）结构，而是在名例之后以吏、户、礼、兵、刑、工六部为名，共为7篇，460条，分成30卷，见下表。

表 11-1：《大明律》篇目表

大明律	7篇30卷460条
名例	1卷47条
吏律	2卷33条：职制15条、公式18条
户律	7卷95条：户役15条、田宅11条、婚姻18条、仓库24条、课程19条、钱债3条、市廛5条
礼律	2卷26条：祭祀6条、仪制20条

---

① 《明太祖宝训》卷3《守法》。

续表

兵律	5卷75条：宫卫19条、军政20条、关津7条、厩牧11条、邮驿18条
刑律	11卷171条：盗贼28条、人命20条、斗殴22条、骂詈8条、诉讼12条、受赃11条、诈伪12条、犯奸10条、杂犯11条、捕亡8条、断狱29条
工律	2卷13条：营造9条、河防4条

这一方面是通过立法的形式来规范社会秩序，另一方面也是通过这一方式来规定国家权力结构及各层面之间的关系。

在立法精神上，明律继承了北齐以来关于"重罪十条"和隋唐以来关于"八议"的规定，从法律上确保君主专制制度和传统道德规范的不可侵犯。《大明律·名例》明确指出：谋反、谋大逆、谋叛、恶逆、不道、大不敬、不孝、不睦、不义、内乱为十恶，"虽常赦不原"，又重申了所谓"八议"：议亲、议故、议功、议贤、议能、议勤、议贵、议宾。对于"十恶"，明律完全承袭唐律的内容和次序，但对"八议"的次序作了调整，唐律的"八议"为亲、故、贤、能、功、贵、勤、宾，明律则将第五位的"功"调至第三位，又将"勤"调至"贵"之前，强调对本朝的效忠。

惩治贪官污吏，是明律的重要内容。对于官员的贪赃罪，唐律列于《职制律》中，而明律首列于《名例律》，可见对贪赃问题的重视。《名例律》定，贪墨之赃有六：监守盗、常人盗、窃盗、枉法、不枉法、坐赃。《职制律》规定：凡官吏受人财礼，以赃罪论；受当事人财物而曲法者，一贯以下杖七十，至八十贯则处以绞刑；受当事人财物而不曲法者，一贯以下杖六十，一百二十贯以上者杖一百、流三千里；只要犯赃罪，官员追夺除名，吏员罢去职役，均永不叙用；至于负有司法监督职责的御史，如受人财物，罪加二等。

薛允升《唐明律合编》在比较了唐律与明律的特点后指出："大抵事关典礼及风俗教化等事，唐律较明律为重。盗贼及有关币帛钱粮等事，明律则又较唐律为重。"① 这显然是社会经济关系发生变化的结果。

明太祖立法思想及明律精神的"重"与"严"，主要是针对官吏的。洪武二年二月，明太祖对官员们说到他对贪官污吏的憎恶："昔在民间时，见州县长吏多不恤民，往往贪财好色，饮酒废事。凡民疾苦，视之漠然，心实怒之。故今严法禁，但遇官吏贪污蠹害吾民者，罪之不恕。"② 洪武三年七月，殿中侍御史寻适及御史王子启、胡子祺等人分任广西按察使和按察佥事时，明太祖的训令便是"严明以驭吏，宽裕以待民"。③ 洪武九年九月，福建参政魏鉴、瞿庄笞奸吏并致其死亡，明太祖不仅没有责怪，反倒赐玺书嘉奖：君之驭臣以礼，臣之驭吏以法。吏诈则政蠹，政蠹则民病。朕尝痛之。……唯仁人能恶人也。④

正是在这一思想的指导下，明太祖于洪武十八年、十九年、二十年，连续颁布了《大诰》三编及《大诰武臣》，其内容多为惩治贪官污吏的案例。至于《大诰武臣》，更是惩治豪强的案例集，兹将其目移录于下，以明其情：

冒支官粮、常茂不才、耿良肆贪害民、梅义交结安置人、千户彭友文等饿死军人、储杰旷职、储钦等擅收军役、咒诅军人、守门阻挡、教人作弊、邀截实封、图财杀人、打死军人、冒支官绢、克落粮盐、卖放胡党、卖放军人、纵贼出没、防倭作弊、因奸杀人、奸宿军妇、男女混淆、以妾为妻、勾军作弊、监工卖囚、私役军人、生事害民、生事苦军、排陷有司、寄留印信、说事过钱

---

① 薛允升：《唐明律合编》卷9《祭祀》。
② 《明太祖实录》卷39，洪武二年二月甲午。
③ 《明太祖实录》卷54，洪武三年七月己亥。
④ 夏燮：《明通鉴》卷6。按：这段文字依据的是《明太祖实录》卷108，洪武九年九月己卯条，但作了修饰。

以上共 31 条，其中直接与赃罪有关的就有近 20 条。三编《大诰》所列举的惩治贪官污吏的案件更达数千起。为了惩治贪官污吏，《大诰》曾多次嘉奖"械送"贪官污吏进京问罪的乡民，成为中国历史上唯一的一部鼓励"以民治官"的法典。

除了贪官污吏，《大诰》的惩治对象还有横行乡里的恶霸豪强、逃税抗役的"刁顽"百姓、心怀不满的读书人、欺行霸市的买卖人，等等。举凡洪武时大明皇朝发生的一切案件，明太祖几乎都要过问，并通过《大诰》的方式进行处理或告诫。

洪武三十年五月颁布的《大明律诰》，既是洪武一朝，也是明代大规模制定法律的终结。《大明律诰》包括《大明律》7 篇、460 条和《钦定律诰》147 条。明太祖为此在午门告谕群臣：

> 朕有天下，仿古为治。明礼以导民，定律以绳顽。刊著为令，行之已久。然而犯者犹众，故于听政之暇，作《大诰》昭示民间，使知趋吉避凶之道。古人谓"刑为祥刑"，岂非欲民并生于天地间哉！然法在有司，民不周知，故命刑官取《大诰》条目，撮其要略，附载于律。凡榜文禁例，悉除之。除谋逆并律诰该载外，其杂犯大小之罪，悉依赎罪之例论断。今编次成书，刊布中外，令天下知所遵守。"刑期无刑"，庶称朕恤刑之意。①

隋文帝时修《开皇律》，到炀帝则有《大业律》；唐高祖时修《武德律》，太宗时则有《贞观律》，高宗时又修《永徽律》。而明朝《大明律诰》颁布之后，即为定本，后世只能恪守，不得更改，故明代只有一部《大明律》。但时代的前进、社会的发展不以人的意志为转移。实际

---

① 《明太祖实录》卷 253，洪武三十五年五月甲寅。

上，明太祖在位的三十一年间之所以屡次修订法律并有"刑罚世轻世重"之说，也正是受时局和社会阶级关系、生产关系的制约。因此，虽然明太祖明令自己亲定的法律和自己设计的国家政治体制一样，子孙后代必须世世恪守，但他制定的法律也必然和他设计的国家政治体制一样，只是为子孙后代留下了一种原则，而实际内容，则时时在修正。

由于不允许对《大明律》进行任何修订，故明太祖去世后，明代的立法活动主要是"编例"，即将一些典型判例进行汇编，以判例作为定罪量刑的依据。

关于律与例的关系，明太祖在世时已有讨论。洪武二十五年，刑部官提出，律条与条例有相互矛盾处，应予更定。但明太祖认为，条例是权宜，定律才是万世之原则，只能是例服从律，不能因例而改律。并于三十年颁布《大明律诰》时明确表示："凡榜文禁例，悉除之。"成祖即位后也一再重申，法司问囚，一依《大明律》，"毋妄引榜文条例为深文"。但从另一方面也可以看出，以例代律的情况已经时有发生。

成化至嘉靖，既是明代社会发生重大变化的时期，也是明代法律制度的重要变革时期。

成化十五年（1479），明朝政府应以恪守祖宗成法著称的南直隶巡抚王恕之请，将所有现行条例如《会定见行律》等追板焚毁。这恰恰说明以例代律的情形已非常普遍，而且正在成为一种趋势并已经板刻成书。而就在这次毁板后三年，成化十八年，定"挟诈得财罪例"，可见明廷一面毁例一面又在编例。此后，弘治五年（1492），刑部尚书彭韶等删定《问刑条例》；十八年，经过九卿会议，增历年问刑条例"经久可行者"297条，这是明代有史以来规模最大的一次编例活动。孝宗在宦官的唆使下，摘取其中有关宦官利益的六条命九卿再议，却因九卿的"执奏"而作罢。《问刑条例》一经颁布，成为量刑定罪的依据。例的地位上升，与律并行不悖。

嘉靖二十八年（1549），在弘治时297条、正德时44条的基础上，新增249条例，嘉靖三十四年再增九事，从数量上看，例的条款已超过了律。万历十三年（1585），刑部尚书舒化等辑录嘉靖三十四年以后的诏令及宗藩军政条例、捕盗条格、漕运议单与刑名相关者，虽说"删世宗时苛令特多"，仍得382条。例继律之后，成为明代的基本法典。

以例代律的过程，实际上是永乐、宣德，尤其是成化以后明政府根据社会发展的需要对法律的修订过程。由于明太祖有子孙后代不得修改成令的祖训，故后世对法律的修订只能是在不触动《大明律》的前提下进行修补，这就不可避免产生一系列弊病，如例与律乃至例与例的相互矛盾、例与例之间缺乏应有的联系，以及由此而使奸吏贪官有更大的作弊空间等。著名学者、弘治朝的大学士丘浚曾回顾成化十八年编敕律例的背景，并对编例的必要性作了合乎情理的解释：

> 我朝律文，比前代为省约，其条止四百六十，其死罪止二百二十，用之百余年于兹，其中固有不用者矣，未闻有所加增也。特所谓例者，出于一时之建请、权宜以救时弊者也。岁月既久，积累日多，朝廷未闻公有折衷，是以刑官犹得以意为去取。伏乞特下明诏，如汉人所云者，命在廷大臣及翰林儒臣，会三法司官，将洪武元年以来，至于成化丁未以前事例，通行稽考，会官集议，取其可为万世通行者，节其繁文，载其要语，分类条列以为一书，颁布中外，与大明律并行。其成化丁未以后有建请者，或救时弊，或达民情，则别为一书，以俟他日之裁择。如此，则民各所遵守，吏不能为奸矣。①

在律、例及《大诰》之外，明初编《大明律令》时，有律与令之

---

① 丘濬：《大学衍义补》卷103《治国平天下之要·慎刑宪·定律令之制（下）》。

分。《明史·刑法志》说："中外决狱，一准三十年所颁（按：指《大明律》）。其洪武元年之令，有律不载而具于令者，法司得援以为证，请于上而后行焉。"日本学者内藤乾吉《大明令解说》对洪武元年颁布的《大明律令》中的律与令作了统计，有律240条：吏律18条、户律63条、礼律14条、兵律32条、刑律105条、工律8条；有令145条：吏令20条、户令24条、礼令17条、兵令11条、刑令71条、工令2条。内藤氏还在洪武三十年颁布的《大明律》中检索出35条是采自洪武元年颁布的《大明令》。[①] 可见，《大明律》本身已吸收了不少案例。

弘治、嘉靖、万历时三次纂修的《大明会典》，也是明代的重要法典。《大明会典》沿用《唐六典》的体例，以官职分卷，记载与其有关的律令、事例，为规定国家权力结构和运行规则的行政法典。

第二节 明代司法系统的权力结构

一、"三法司"与司法权的分工

明朝的司法权事实上由两个系统构成。一是属于文官系统的中央和地方司法机关，即中央的刑部、都察院、大理寺，地方的提刑按察司及其分司等。这些都是国家的常设司法机关，其官员任免及职责范围都以行政法规为依据。二是被称为"厂卫"的特别司法机关。所谓"厂"指的是东厂，始于永乐时；另有西厂和内行厂，分别设立于成化、正德时，旋设旋罢。虽然所谓"卫"指锦衣卫，但真正理审的则是锦衣卫

---

① （日）内藤乾吉：《大明令解说》，《日本学者研究中国史论著选译》第8卷，北京：中华书局，1992年。

的北镇抚司。这些机关直接听命于皇帝，统领于勋贵及太监，有着广泛的侦缉和理刑权，不受行政法规的限制。

明朝将刑部、都察院、大理寺三个衙门合称"三法司"。与唐宋不同，大理寺专管复核而不掌审判，最高审判权归于刑部。三法司的分工如《明史·刑法志二》所说："刑部受天下刑名，都察院纠察，大理寺驳正。"

刑部为国家最高司法机关，设尚书一人、左右侍郎各一人，"掌天下刑名及徒隶、勾覆、关禁"。与户部一样，刑部有浙江、江西、湖广、陕西、广东、山东、福建、河南、山西、四川、广西、贵州、云南十三个清吏司，均设郎中一人、员外郎一人、主事二人，各掌分省及兼领所分京府、直隶军政及宦官衙门的刑名。事务机关有司务厅、照磨所、司狱司等。

《明史·职官志》对刑部的职责及权限，其实也是对明朝的主要审判原则和程序作了以下的概括：

> 凡军民、官吏及宗室、勋戚丽于法者，诘其辞，察其情伪，傅律例而比议其罪之轻重以请。诏狱必据爰书，不得逢迎上意。凡有殊旨、别敕、诏例、榜例，非经请议著为令甲者，不得引比。
>
> 凡死刑，即决及秋后决，并三覆奏。两京、十三布政司，死罪囚岁谳平之。五岁请敕遣官，审录冤滞。霜降录重囚，会五府、九卿、科道官共录之。矜疑者戍边，有词者调所司再问，比律者监候。夏月热审，免笞刑，减徒、流，出轻系。遇岁旱，特旨录囚亦如之。
>
> 凡大祭止刑。
>
> 凡赎罪，视罪轻重，斩、绞、杂犯、徒末减者，听收赎。
>
> 词诉必自下而上，有事重而迫者，许击登闻鼓。

四方有大狱，则受命往鞫之。

四方决囚，遣司官二人往莅。

凡断狱，岁疏其名数以闻，曰岁报；月上其拘释存亡之数，曰月报。

狱成，移大理寺覆审，必期平允。

凡提牢，月更主事一人，修葺囹圄，严固扃钥，省其酷滥，给其衣粮。

大理寺是司法复核机关，设正卿一人（正三品）、左右少卿各一人（正四品）、左右寺丞各一人（正五品），掌"审谳平反刑狱之政令"。下设左右二寺，各有寺正一人（正六品）、寺副二人（从六品）、评事四人（正七品），分理京畿及十三布政司刑名。

《明史·职官志二》对大理寺的审谳平反作了概括：

凡刑部、都察院、五军断事官所推问狱讼，皆移案牍，引囚徒，诣寺详谳。左、右寺寺正各随其所辖而覆审之。既按律例，必复问其款状，情允罪服，始呈堂准拟具奏。不则驳令改拟，曰照驳；三拟不当，则纠问官，曰参驳；有牾律失入者，调他司再讯，曰番异；犹不惬，则请下九卿会讯，曰圆审；已评允而招由未明，移再讯，曰追驳；屡驳不合，则请旨发落，曰制决。凡狱既具，未经本寺评允，诸司毋得发遣。误则纠之。

都察院的司法监督可以从三个方面来看：一是都御史与刑部尚书、大理寺卿共同审理重大案件；二是有"纠劾百官，辨明冤枉"之责，对刑部及大理寺审理过的案件有纠举的权力；三是所属巡按监察御史按临所至，首先审录罪囚、吊刷案卷，有证据不足、囚犯不服者，应予重审。实际上，地方要案在送刑部审理之前，大抵已经巡按监察御史处理。从这个意义上说，刑部又在对巡按御史进行司法监督。

对于三法司的工作关系，大致可以作以下叙述。刑部的职责，是受理全国的上诉案件、审核地方重案要案、审理中央各部门案件。由于明朝禁止越诉，因此，刑部受理的地方案件都必须是有关部门审理过的。明朝刑罚分为笞、杖、徒、流、死五等，刑部有权对流刑以下的案件作终审判决，但必须将罪犯连同案卷送大理寺复核。死刑即使经过复核，也要经皇帝批准，都察院则对全部审理过程进行监督。

二、厂卫的设置与"另类"司法

明朝的司法系统不仅仅包括"三法司"，还应该包括被今人称为"特务组织"的厂卫。"厂卫"是指直接听命于皇帝的特殊侦缉及司法机关，包括东厂和锦衣卫北镇抚司，也包括曾经设置过的西厂和内行厂。

锦衣卫的前身是拱卫司下属的仪鸾司。拱卫司始设于明太祖即吴王位的至正二十四年（1364），为正七品衙门。后改名为"拱卫指挥使司"，升为正三品。不久改名"都尉司"。洪武三年（1370），再改名为"亲军都尉府"，管左、右、中、前、后五卫军士，下设仪鸾司，为正五品衙门。洪武十五年，罢仪鸾司，改设锦衣卫，品秩从正五品升为从三品。锦衣卫位列亲军上十二卫之首，设指挥使一人、指挥同知二人、指挥佥事四人，其属有"御椅"等七员，皆正六品。出任锦衣卫指挥及同知、佥事者，多为勋戚都督，故可睨视他卫。而且，按明代卫所制度，每卫一般领5个千户所，但锦衣卫领有17个所，恩荫寄禄者更没有人数限制，致使嘉靖初进行整顿时，锦衣卫旗校竟达6万人。而据王世贞《锦衣志》，嘉靖时陆炳领锦衣卫时，"仰度支者凡十五六万人"。

与明朝军事编制中的"卫"不同，锦衣卫并非单纯的军事机关。《明史·职官志》说锦衣卫有三个方面的职责："掌侍卫、缉捕、刑狱之事"。首先是侍卫亲军，凡朝会、巡幸、皆具卤簿仪仗，率大汉将军等侍从扈行，宿卫则分番入直，五军官舍比试武艺，锦衣卫指挥使与兵部尚书或侍郎一道莅视。其次是刑侦机关，凡"盗贼奸宄，街涂沟洫，密缉而时省之"。又是司法机关，凡承制鞫狱录囚勘事，偕同三法司共同进行。当然，这些都是锦衣卫的法定职责，或者说是它的例行事务。人们通常说锦衣卫，侧重于它的法外职能，即在皇帝的特许之下，掌管诏狱。

锦衣卫掌诏狱是明太祖刑用重典的产物。《明史·刑法志》说："太祖时，天下重罪逮至京者，收系狱中，数更大狱，多使（锦衣卫）断治，所诛杀为多。"锦衣卫中有专门的掌刑衙门，起初是各卫均有的镇抚司。但洪武十五年设置锦衣卫不久，便在镇抚司之外另设北司，于是锦衣卫镇抚司有南北之分。北镇抚司专理诏狱，锦衣卫的司法职能，主要也是由北镇抚司承担。《明史·刑法志》对北镇抚司行使司法职能的演进作了如下叙述：

> 镇抚司职理狱讼，初止立一司，与外卫等。洪武十五年添设北司，而以军匠诸职掌属之南镇抚司，于是北司专理诏狱。然大狱经讯，即送法司拟罪，未尝具狱词。成化元年始令覆奏用参语，法司益掣肘。十四年增铸北司印信，一切刑狱毋关白本卫。即卫所行下者，亦径自上请可否，卫使毋得与闻。故镇抚职卑而其权日重。

实际上，镇抚司已经是一个挂名在锦衣卫的直接对皇帝负责的独立司法机关。

明太祖晚年曾下令焚毁锦衣卫刑具，并命内外刑狱均由法司受理，而不再经由锦衣卫。成祖以藩王取皇位，出于巩固皇位的目的，不仅恢复了锦衣卫理刑的职责，还增设东厂，专事侦缉。但东厂设置的具体时间仍是人们经常讨论而尚未统一意见的问题。

中华书局标点本《明史·刑法志》说："初，成祖起北平，刺探宫中事，多以建文帝左右为耳目。故即位后专倚宦官，立东厂于东安门北，令嬖昵者提督之，缉访谋逆妖言大奸恶等，与锦衣卫均权势，盖迁都后事也。"按这种标点，语多不顺，意亦难解。如将"耳目"之后的句号换成逗号，而将"专倚宦官"之后的逗号改成句号，则一目了然。专倚宦官与立东厂是两层意思。专倚宦官从成祖即位时即如此，而立东厂则在迁都北京之后。

王世贞《弇山堂别集》中的一段话，使人们相信东厂设于永乐十八年（1420）："十八年立东厂，命内官一人主之，刺大小事情以闻。案，此不见正史、会典。据大学士万安奏，成化十二年增立西厂，疏内云东厂之设自文皇帝，至于今五十六年，故考订于此。"①《明史·成祖纪》沿用了这一说法。但万安将时间说得如此准确，不合古人论事的习惯，反倒使人难以相信。按《明孝宗实录》所载万安之疏云：

  太宗文皇帝建都北京，防微杜渐，无所不用其极。初令锦衣卫官校暗行缉访谋逆、妖言、大奸大恶等事，犹恐外官徇情。随设东厂，令内臣提督控制之。彼此并行，内外相制。行之五六十年，事有定规，人易遵守。②

万安这份奏疏的意义有二，一是明确了东厂设于迁都以后，一是时

---

① 王世贞：《弇山堂别集》卷90《中官考一》。
② 《明宪宗实录》卷225，成化十八年三月壬申。

间上只是采用概数,即是"五六十年"而非"五十六年"。这样,东厂的设置时间大致明确了,是在永乐迁都以后,但并不一定就是永乐十八年。万安的奏疏和《明史·刑法志》的记载是一致的。

东厂由司礼监提督。但为了避免司礼监掌印太监的权力过重,提督东厂者只能是司礼监的秉笔太监。《明史·刑法志》对东厂的情况作了这样的叙述:

> 凡中官掌司礼监印者,其属称之曰"宗主",而督东厂者曰"督主"。东厂之属无专官,掌刑千户一,理刑百户一,亦谓之"贴刑",皆卫官。其隶役悉取给于卫,最轻黠獧巧者乃拨充之。役长曰"档头",帽上锐,衣青素褋褶,系小绦,白皮靴,专主伺察。其下番子数人为干事。京师亡命,诓财挟仇,视干事者为窟穴。得一阴事,由之以密白于档头,档头视其事大小,先予之金。事曰"起数",金曰"买起数"。既得事,帅番子至所犯家,左右坐曰"打桩"。番子即突入执讯之,无有左证符牒,贿如数,径去。少不如意,榜治之,曰"干醡酒",亦曰"搬罾儿",痛楚十倍官刑。且授意使牵有力者,有力者予多金,即无事。或靳不予、予不足,立闻上,下镇抚司狱,立死矣。每月旦,厂役数百人,掣签庭中,分瞰官府。其视中府诸处会审大狱、北镇抚司考讯重犯者曰"听记"。他官府及各城门访缉曰"坐记"。某官行某事,某城门得某奸,胥吏疏白坐记者上之厂,曰"打事件"。至东华门,虽昏夜,投隙中以入,即屏人达至尊。以故事无大小,天子皆得闻之……卫之法亦如厂,然须具疏,乃得上闻,以此其势不及厂远甚。

于此也可以看出厂卫的关系。东厂由司礼监提督,在东厂服役的却都是锦衣卫北镇抚司的官校。东厂所主的主要是侦伺,锦衣卫所主的主要是诏狱,二者互为表里,相互配合,当然也因权力的分配不均而相互斗争。无论是东厂还是锦衣卫,都有一帮为之办事的京师"无赖"。东厂之权重,在于手眼通天,可以直接通过司礼监达于皇帝;而锦衣卫则多一个环节,具疏方得上闻。如果说厂卫的后台是皇帝,那么,基础则是地方无赖,几股势力纽结在一起,其残忍无耻和肆无忌惮就不难理解了。弘治九年(1496),刑部吏典徐珪冒死上疏:

> 臣在刑部三年,见鞫问盗贼,多东厂镇抚司缉获。有称校尉诬陷者,有称校尉为人报仇者,有称校尉受首恶赃而以为从令傍人抵罪者。刑官洞见其情,无敢擅更一字,上干天和,灾异迭见。臣愿陛下革去东厂……则天意可回、太平可致。……臣一介微躯,左右前后皆东厂镇抚司之人,祸必不免,顾与其死于此辈,孰若死于朝廷。愿斩臣头,以行臣言,给臣妻子送骸骨归,臣虽死无恨。①

这道言之凿凿、大义凛然的声讨东厂檄文,竟然使弘治帝震怒,下徐珪于狱。但这又是一件很值得玩味的事情。徐珪抨击的是东厂,弘治帝如果真要惩罚,当下其于锦衣卫诏狱,却命将其下于都察院狱,因而徐珪并没吃太多的苦头,只是"赎徒毕、发为民"。可见,对于厂卫的斑斑劣迹,弘治帝心知肚明,但厂卫的设置,本意就是用另类方式、异端手段来侦刺官员和民众,同时制约外廷司法机关。

西厂的设置更属无稽。成化十二、十三年间,京师北京接连发生几桩怪事。先是十二年(1476)七月,在京师西城一带,有一头形状如犬的黑色怪兽时常在夜间出没伤人,有一夜竟然窜入皇宫,致使满城骚

---

① 《明史》卷189《孙磐附徐珪传》。

动。卫士们昼眠夜作,持刀寻捕,怪兽却又无影无踪。接着,有一个名叫侯得权的山西籍莽汉,化名李子龙,自称精通法术、善用符咒,勾结宦官,潜入皇宫,图谋不轨。虽然经人告发而被捕斩首,却使住在皇宫的宪宗皇帝感到不安。再过一些时候,早朝时大殿中忽然有刀兵相击的声音,经过一番搜查,却什么也没有发现。事情一桩接一桩,宪宗对负责侦缉的东厂和锦衣卫深为不满,成化十三年,命御马监太监汪直带着锦衣卫官校100多人,在灵济宫旁灰厂拘讯人犯。由于灰厂在西城,故称"西厂"。西厂在成化时设而罢,罢而设,最终在成化十八年因汪直的失宠而废。[1]

正德初,刘瑾等"八虎"用事,丘聚提督东厂,复设西厂,由谷大用提督;又改惜薪司外薪厂为办事厂,荣府旧仓地为内办事厂,由刘瑾亲自提督,称"内行厂",东西二厂也在其侦伺之中。这一情况的出现,既可以视为"八虎"之间权力的再分配,也可视为宦官内部的派系斗争。后来刘瑾为张永所倾,正是这一斗争的公开化。刘瑾被杀后,西厂和内行厂都被废除,东厂则因是"祖宗旧制"而保留。

厂卫之设既是明代君主专制强化的产物,又是明代以内制外、内外相制统治思想的表现。但无论从哪个角度说,厂卫都是对国家正常法制的反动。

三、宦官在司法过程中的权力参与

皇帝对司法具有最高裁判权和决定权,这是中国古代也是明代司法的基本原则。明初,明太祖"有大狱必面讯"[2]。后世子孙连大臣也不

---

[1] 参见方志远:《明成化皇帝大传》第七章,沈阳:辽宁教育出版社,1994年。
[2] 《明史》卷94《刑法志二》。

接见，自然不会去"面讯"大狱，于是由宦官代理其行使司法权。与参与政治、经济、军事等事务相似，宦官也广泛地参与到司法之中，其主要表现在两个方面，一是司礼监太监主持三法司的大审，二是司礼监秉笔太监提督东厂、控制锦衣卫北镇抚司。

英宗正统时，始命司礼监太监同三法司堂上官审录狱囚。成化十七年，"命司礼监太监一员会同三法司堂上官，于大理寺审录，谓之大审。南京则命内守备行之。自此定例，每五年辄大审"[①]。《明史·刑法志》对此有以下描述：

> 凡大审录，赍敕张黄盖于大理寺，为三尺坛。（内官）中坐，三法司左右坐，御史、郎中以下捧牍立，唯诺趋走惟谨。三法司视成案，有所出入轻重，俱视中官意，不敢忤也。……内臣曾奉命审录者，死则于墓寝画壁，南面坐，旁列法司堂上官，及御史、刑部郎引囚鞠躬听命状，示后世为荣观焉。

三法司录囚，是明朝的最高审判。司礼太监以皇帝代表的身份监临审判，所以声势不可一世，他们也以此为殊荣。到了明代中期，内臣犯法，只交司礼监审治，法司不得逮问。[②] 除了司礼监，在外的镇守中官也在一段时期内享有司法审判权。关于这一问题，将在下文讨论。

东厂自设立起，就由司礼监提督。成化时万安曾提到成祖朱棣设立东厂的用意："初令锦衣卫官校暗行缉访谋逆、妖言、大奸大恶等事，犹恐外官徇情，随设东厂，令内臣提督控制之，彼此并行，内外相

[①] 《明史》卷94《刑法志二》。
[②] 明世宗时，内臣犯法，惟下司礼监治。刑部尚书、大理寺卿屡言，宜下法司明正其罪，"上报有旨"，不予理睬。

制。"① 即设置东厂的目的是防止负有侦缉理审职能的锦衣卫北镇抚司及刑部、都察院在重大案件中的徇情，而使内臣"提督控制之"。东厂及后来设置的西厂、内行厂的主要职责便是司法侦缉。因东厂、西厂、内行厂及锦衣卫北镇抚司均由宦官控制，法律规定的锦衣卫明确职责便是掌"侍卫、缉捕、刑狱"，故厂卫往往结合起来，这使宦官更加广泛地参与到司法侦缉活动之中。其侦缉的对象上至公卿大臣，下至普通百姓；其侦缉的范围主要是政治案件，作为皇帝耳目探查危害皇权的潜在因素。宪宗时西厂"所领缇骑倍东厂，自京师及天下，旁午侦事，虽王府不免"②；穆宗时"命厂卫密访部院政事"③。这样大规模且直接对皇帝负责的侦缉，自然使许多无辜者受陷。弘治时，户部员外郎张伦题称："近年设立东厂，密查臣僚过失，因而黜罚，甚至恩仇分明，致陷无辜者多矣。伏望圣慈今后在外有事，不系机密重情，免差官校，惟责巡抚、巡按等官勘报。"④ 但因有司礼监为后盾，故厂卫的侦缉权不但未受到限制，而且民间的一些细事也成为其侦缉的对象。宪宗时，"西厂搜寻细故，凡街市斗欧（殴）、骂詈，争鸡纵犬及一时躲避不及者，或加捶楚，或烦渎圣德，置于重法，以致在城军民惊惶不安"⑤。厂卫的侦缉涉及社会生活中的方方面面。

厂卫逮捕人犯，需要到刑部签发驾帖，这是厂卫执行任务时的公文书。最初驾帖不仅需要刑科批定，还需要与司礼监印信、皇城各门关防相配套使用才有效。但到成化时，只凭驾帖甚至没有驾帖也能逮捕人犯。⑥

凡三法司审判重案要案，东厂均派专人进行监督，称之为"听

---

① 《明宪宗实录》卷225，成化十八年三月壬申。
② 《明史》卷95《刑法志三》。
③ 《明史》卷19《穆宗纪》。
④ 《明孝宗实录》卷9，弘治元年正月乙丑。
⑤ 《明宪宗实录》卷166，成化十三年五月丙子。
⑥ 王恕：《王端毅奏议》卷3《驾帖不可无印信疏》。

记",并将审判情形直接报告皇帝。刘若愚在《酌中志》中记道:"凡中府等处会审大狱,北镇抚司拷讯重犯。本厂(东厂)皆有人听记其口词一本,拶打数一本,于当晚或次早奏进。"①

明代宦官参与司法,同样体现了明代国家权力运行中的"以内制外"原则。当初成祖设东厂即是为了防止外廷侦缉人员"徇情",宪宗下令司礼监太监与三法司会审时则说得更为明白:

> 命太监怀恩会三法司审录罪囚毕,因敕谕法司曰:"……特简命尔等(三法司)典司刑狱,冀各尽心职业,用辅朕之治理。奈何中间有等或听断苟且而鞫问不明,或议拟迎合而比附不当,或任意妄为出入,或徇私恣为重轻,以致人罹冤抑,淹禁岁久。是以怨仇繁兴,有伤天地之和。朕念及此情,甚恻然!已敕司礼监太监怀恩,同尔等审录清理之。"②

可见,宦官代表皇帝参与司法,虽然增加了司法的随意性,但也可防止外廷司法人员的恣意徇情。实际上,外廷文官一面抨击宦官参与司法,一面却见怪不怪,竟然发现了宦官参与司法的积极因素。前引弘治时徐珪上疏,一面请革东厂,一面又表示:"如不罢东厂,亦当推选谨厚中官如陈宽、韦泰者居之。"嘉靖六年(1527),言官们则在奏疏中表示:"今后凡贪官冤狱仍责之法司提问辨明,然有隐情曲法,听厂、卫觉察上闻。"③

---

① 刘若愚:《酌中志》卷16《内府职掌》。
② 《明宪宗实录》卷214,成化十七年四月戊辰。
③ 《明世宗实录》卷80,嘉靖六年九月己丑。

第十二章　明代的监察权力及运行

第一节　都察院与六科十三道

一、从御史台到都察院

中国古代君主制度的基本特征是君主独裁，君主是国家的象征。但是，君主的统治必须依靠从上到下一套官僚机构来实施。君主要驾驭群臣以推行自己的意志、整个国家机器要保持正常的运行，就需要有一套监督和制约机制，于是，监察制度应运而生。自秦汉至宋元，经过历代统治者的反复设计和实践，已经形成了一套比较严密的适应君主独裁的监察制度，这为明朝监察制度的建立提供了有益的经验。需要说明的是，明代的整个国家权力本身，就是无所不在的相互监督和制约的结构，而内廷宦官对外廷文官的监察，更是无处不在。关于这方面的情况，以上各章均有讨论，本章所论列的，仅仅是法定国家监察机关的职责及其运行，也就是说，仅仅论及"外廷"的监察机关。

元至正十六年（1356），明太祖在设置江南行省及行枢密院的同时，也设置了提刑按察使司，以儒士王习古、王德芳为佥事。[①] 这个

---

① 《明太祖实录》卷4，丙申（至正十六年，1356）七月己卯。

"提刑按察使司"本来包括了司法和监察两个方面的职能，但由于职位卑下，不足与行省、行枢相抗衡，其职能也就无从真正发挥。至正十八年三月，提刑按察司佥事分巡郡县录囚，开了明初按察司分道巡察之端。① 为了适应统治区域不断扩大、按察分司不断增多、新的大一统帝国即将建立的形势，明太祖于吴元年（1367）十月，即正式建立明帝国的前两个月，置御史台，从而完全继承了元朝中央三大府并立的体制，也开始了明朝中央监察机关的建置过程。

御史台为从一品衙门，设左、右御史大夫各一人（从一品），御史中丞二人（正二品），又有侍御史（从二品）、治书侍御史（正三品）、殿中侍御史（正五品）、察院监察御史（正七品），属官有经历（从五品）、都事（正七品）、照磨、管勾（正八品）等。御史台的首任御史大夫是早年随明太祖起兵的著名将领邓愈、汤和，首任御史中丞则是浙东名士刘基、章溢。② 从御史台的人事安排，可以看出明太祖对这个衙门的重视。《天府广记》记载了御史台设置时明太祖的一段训谕：

> 国家新立，惟三大府总天下之政。中书政之本，都督府掌军旅，御史台纠正百司，朝廷纪纲，尽系于此。而台察之任实为清要。卿等当思正己以率下，忠勤以事上。盖己不正则不能正人，是故正人者必先自治，则人有所瞻仰。毋徒拥虚位而漫不可否，毋委靡因循以纵长恶，毋假公济私以伤人害物。③

当时战事方酣，邓愈、汤和均统兵在外，御史台工作实际上由御史中丞刘基主持。在治理国家的指导思想上，刘基和明太祖有着共同的认

---

① 《明太祖实录》卷6，至正十八年三月己酉。
② 《明太祖实录》卷26，吴元年十月壬子。
③ 孙承泽：《天府广记》卷23《都察院》，《明史》及《明太祖实录》也有关于这段话的记载。

识。明太祖曾不止一次公开表示，元朝之失天下，主要在于一个"纵"字，因此，必须用"猛"来纠之。在这种认识的基础上，他提出了著名的"治乱世须用重典"的理论。刘基也认为，"宋元宽纵失天下，今宜肃纪纲"。明太祖用刘基为御史中丞以掌御史台，应该说是基于这种共同的认识。出任御史中丞后，刘基一丝不苟地行使整肃朝廷纪纲的职责，命众御史对违法乱纪的人和事，"纠劾无所避"，即使是宿卫宦侍有过失，也决不轻贷，必绳之以法。但这样一来，刘基不但得罪了违纪犯法者本人及其亲属，也得罪了为违纪犯法者说合求情的各方面当权者，其中包括中书省丞相李善长。于是群起而攻之，刘基因此遭谗告归。[①]

以刘基在明朝建立过程中的决策之功以及与明太祖非同寻常的关系，只是因为执法太严，便遭到这般结局，可见御史台职责行使的艰难和执法的不易。而在御史台内部，章溢和刘基的认识也并不一致，前者的看法是："宪台百司仪表，当养人廉耻，岂恃搏击为能哉。"[②] 将有法必依、执法必严视为"搏击"，将有法不依、纵容宽贷视为"仪表"。

章溢的这一理念倒和明太祖颇为合拍。御史台的事务本来应该十分繁剧，明太祖却认为："台察之任实为清要。"对御史台首脑的要求也主要是："正己以率下，忠勤以事上。"这一主张本是中国古代社会以人治代替法治的一个重要思想根源，却被最高执法者当作宗旨进行标榜，并得到社会舆论的赞扬，不能不说是中国传统法制建设的一大误区。

洪武九年（1376），明太祖以御史台设官紊乱为由，汰侍御史及治书、殿中侍御史，其实是在削弱中书省和大都督府的同时，削弱御史台

[①] 《明史》卷 128《刘基传》。
[②] 《明史》卷 128《章溢传》。

的职权。洪武十三年元月，废中书省、升六部，分大都督府为五军都督府，御史大夫成了文官中品级最高的官员。当年五月，御史大夫安然致仕，明太祖便顺势废去御史大夫一职，御史台的最高长官为御史中丞，成了正二品衙门。不久，御史台罢去，负责监察工作的官员只剩下群龙无首的察院监察御史。明太祖潜意识中，大概也打算让御史们和六部五府一样，相互颉颃，直接对皇帝负责。虽然洪武十五年设置了都察院，以管理察院的监察御史，但从"都察院"这一名称，可以看出这个衙门的地位，它是由原御史台下属的"察院"演变而来的。既是"都"察院，地位便应高于察院，但明太祖当时只给了监察都御史以正七品衔，而且，监察都御史一共设了八人，这就更暴露了明太祖"相互颉颃"的意图。受命为监察都御史的是秀才李原名、詹徽等。而原有的监察御史则降为正九品。①

洪武十六年，升都察院为正三品衙门，设左、右都御史各一人（正三品），左、右副都御史各一人（正四品），左、右佥都御史各二人（正五品）；属官有经历（正七品）、知事（正八品）等。第二年即洪武十七年，升都察院为正二品衙门，与六部平级，并称"七卿"，都察院首长都御史、副都御史、佥都御史的品秩也分别晋升为正二品、正三品、正四品，监察部门最终又取得了和行政部门相抗衡的地位。实际上，这仍然体现了明太祖各衙门"彼此颉颃，不敢相压，事皆朝廷总之"的政治设想。

都察院是明代继御史台之后设置的最高监察机关，《明史》是这样记叙其职责的：

> 都御史职专纠劾百司，辨明冤枉，提督各道，为天子耳目风纪

---

① 《明太祖实录》卷149，洪武十五年十月丙子；另见《明史》卷73《职官志三》。

之司。凡大臣奸邪、小人构党、作威福乱政者，劾。凡百官猥茸贪冒坏官纪者，劾。凡学术不正、上书陈言变乱成宪、希进用者，劾。遇朝觐、考察，同吏部司贤否陟黜。大狱重囚会鞫于外朝，偕刑部、大理谳平之。其奉敕内地，拊循外地，各专其敕行事。①

这段话将都察院都御史的职责归为四个方面。一是主持都察院事务，提督十三道监察御史，纠劾百司，辨明冤枉，这是都察院的主要职责，其"喉舌之司"的性质也由此表现出来，三个"劾"字，更规范了其纠劾的范围。值得注意的是，都察院不仅继承了原御史台及历代监察机关察官治吏的职责，还对所谓"学术不正""上书陈言变乱成宪"者有纠劾的责任，这既表明明代加强了对思想文化方面的控制，也扩大了都察院的职责范围。都御史第二个职责是在吏治方面，与吏部共同负责对官员的考察。其三是在司法方面，与刑部、大理寺会审重囚。这三个方面的职责都在本院进行。第四个方面的职责却是"外差"，即作为各处巡抚都御史和巡按监察御史，安抚地方、纠举奸邪。除此之外，作为"七卿"之一的都御史及其属官监察御史，凡朝廷议大政、会推文武大臣，均得参与。

宣德三年（1428）六月，顾佐为右都御史，宣宗赐敕说：

都察院受朝廷耳目之寄，掌国家纪纲之任。用得其人则庶政清平，群僚警肃；用非其人则百职怠弛，小人横恣。必尽廉公，乃称斯职。近年以来，在京诸司奸弊纷出，其司风宪者非惟不能纠举，且实与之同和。若此所为，国何赖焉？尔佐刚直廉正，简在朕心，今特畀斯任，其竭诚尽力，必公必明，恪恭夙夜，毋惮勤劳，弹劾

---

① 《明史》卷73《职官志二》。

悉谬,毋避权要、毋枉良善、毋纵奸宄,庶几人知儆畏,弊以清革,副朕简任之意。其各见任御史宜审择之。凡廉勤公正、老成惇厚者俱留在职,其不达政体、不谙文移、贪淫无耻及曾犯赃罪者,悉送吏部降黜,公差给假丁忧亦如之。务尽至公之道。所阙御史,即行吏部慎选,自今不许滥授。①

如果说《明史》所概括的是都御史的职责和权力,宣宗的这道敕谕则着重于对都御史本人及其所属监察御史们职责道德方面的要求,与御史台设置时明太祖对御史大夫和御史中丞们的要求相似。都御史不仅在忠公廉明、正直无私即做人方面要为监察御史们乃至全体朝臣的榜样;在弹劾悉谬、褒奖廉勤即做官方面,也要作出表率。

虽然都察院只是"七卿"之一,在名分上不及当年御史台那样与中书省、大都督府三府并立,但在实际运作上,都察院则是一个庞大的从上到下的管理体系,足以和分掌中央行政事务的六部抗衡。

除了在京主持院务的左、右都御史,副都御史,佥都御史,都察院还有一个职权范围几乎无所不包的地方派出系统,这就是巡抚系统。

举凡地方政务、军务、财务,以及与此有关的一些特殊事务如盐政、茶政、马政等,均由这个系统掌管。巡抚虽然在事实上已经成为地方一级行政机构,但在编制上仍属都察院都御史们的"外差"。无论其头衔是总督、总理,还是巡抚、抚治,或者是经略、巡视、提督、赞理等,乃至兼官兵部尚书或侍郎,最终仍是都察院的右都或右副都、右佥都御史。这个"右",既为了使官名整齐划一,也为了强调督抚和都察院在编制上的隶属关系,无论加官有多大,仍比都察院的掌院"左"都御史差一个等级。

---

① 孙承泽:《天府广记》卷23《都察院》。

此外，都察院还有一个与户部、刑部一样分道设置的十三道监察御史系统，这个系统可以独立发挥作用，其影响也远非户、刑二部的十三道清吏司可比。至于各地的"巡按监察御史"，虽然仅为正七品京官，却有"代天子巡狩"的职责，地方的都、布、按三司及府县、卫所，乃至巡抚和镇守总兵、镇守中官及全体民众，都在其纠举的范围之内。关于这方面的情况，将在下篇进行讨论。

二、六科十三道的"以下制上"

明代以都察院为最高监察机关，都御史与六部尚书并称"七卿"，地位崇高。但也正是因为地位崇高，按明太祖和明宣宗的敕谕要求，都御史得为百官的表率。如果真如《明史》所概括的职责那样：奸邪者劾，结党者劾，作威作福者劾，猥茸贪冒者劾，学术不正、是非成法、希图进用者也劾，都御史势必有"搏击"之嫌、失大臣之体，极易为朝廷招怨，一旦弹劾有误，也无回旋的余地。因此，搏击之事应该让那些地位不高、资历不深、年纪较轻、顾忌较少的官员去干。用明太祖的话，应该建立一种"以小制大，以下制上，大小相制，上下相维"的监察体制。这也是历代统治者惯用的手法。汉武帝就曾用六百石的刺史去制约二千石的郡守，武则天也专用后进之士去搏击元老重臣。基于前代的经验，鉴于现实的需要，明代建立了一套被称为"科道"的监察系统。

所谓"科道"，指的是吏、户、礼、兵、刑、工六科给事中和都察院的十三道监察御史。六科给事中在明代被称为"科官"，十三道监察御史则被称为"道官"，二者虽然系统不同，但地位和职责相近，故合称为"科道官"，也称为"台垣"，御史为"台"，六科为"垣"，构成明代纠举弹劾，防止官员敷衍公事、违法乱纪的两道交叉防线，又由于职在"建言"乃至"风闻言事",故又统称为"言官"。

"给事中"之名秦汉时已经出现,因"给事禁中"而得名,其后各代均有设置,但职责屡有变化。明初承元制,于吴元年(1367)设给事中,正五品,其职责为规谏、补缺、拾遗,是皇帝的谏官。洪武六年(1373)三月,依宋代给事中分理六房之制,定给事中为十二人,分吏、户、礼、兵、刑、工六科,每科二人,品秩降为正七品(六月改为从六品)。职责为"看详诸司奏本及日录旨意等事",凡中书省、大都督府及诸司奏事,给事中各随所掌于殿庭左右,执笔记录,将皇帝的可否旨意记在奏本之后,并签上自己的姓名,以防有关部门壅遏欺蔽。① 这次调整,看似较以往更为规范,但给事中品秩下降,更为重要的是六科的职责由以前的"谏君"转化成了"察臣"。为补六科职责转变后谏官的缺员,洪武十三年曾设过谏院,有左、右司谏各一人,左、右正言各二人,洪武十五年又设了谏议大夫,但不久均被罢去。从此,明代只有纠举臣子的机构而无规谏皇帝的部门。关于这一点,明代的士大夫们看得非常清楚,并多次有人提议重新设置,但均被驳回。孙承泽对此发表评论说:

> 六科即唐之补阙、拾遗,宋改补阙为司谏,拾遗为正言。唐制,谏官随宰相入阁,此最得为政之要。至明革中书省,乃并谏官裁之,惟设六科以掌封驳。宣德中,廷臣请设谏官,不允,于是谏无专职,此为缺典……后世有纠劾而鲜规正,盖以言官、察官浑之为一也。②

---

① 《明太祖实录》卷80,洪武六年三月乙巳。
② 孙承泽:《天府广记》卷10《六科》。

洪武二十二年，明太祖以"六科为政事本源"而改给事中之名为"源士"，这当然也是明太祖众多突发奇想的事例之一，但不久恢复原名。洪武二十四年，更定六科员额，并再次降低六科品秩，每科设都给事中一人（正八品）、左右给事中二人（从八品），给事中吏科四人、户科八人、礼科六人、兵科十人、刑科八人、工科四人，共40人（正九品）。建文元年（1399）改革官制，升都给事中为正七品，给事中为从七品，废左、右给事中，增设拾遗、补阙。成祖即位后，以拾遗、补阙非祖宗旧制而废去，恢复左、右给事中，秩从七品，都给事中和给事中则依建文之旧，仍为正七品和从七品，以后即为定制。① 另外，南京也设有六科给事中，每科一人，户科增设一人专理后湖黄册。这样，南北两京额设给事中65人。

关于六科的职责，《明史》归纳为："掌侍从、规谏、补阙、拾遗、稽察六部百司之事。"②《明会典》则只用了四个字："封驳纠劾。"③ 其实，六科的职责也的确只是两个方面，一是封驳，一是纠劾。根据《明史》的说法，六科封驳的是皇帝的制敕诏令和六部百司的本章奏疏，"凡制敕宣行，大事覆奏，小事署而颁之；有失，封还执奏。凡内外所上章疏下，分类抄出，参署付部，驳正其违误"。至于纠劾，"主德阙违，朝政失得，百官贤佞，各科或单疏专达，或公疏联署奏闻"。即上自最高统治者皇帝，下至六部九卿及在京诸司各衙门大小官员，六科均可纠谬劾误。但实际上，无论是封驳还是纠劾，六科所能针对的仍是六部及诸司衙门事务，这从六科的名目也可以看出。给事中的分科设官根据六部而定，故各科的主要职责是对对口各部事务的监督。既然并无专纠皇帝的科名，则对所谓"主德阙违"进行规谏虽然有一定的法律依

---

① 《明史》卷74《职官志三》。
② 《明史》卷74《职官志三》。
③ 万历《明会典》卷213《六科》。

据，也可将给事中在唐宋各代有关这方面的传统作为历史根据，但毕竟因缺乏专职部门而显得涣散无力。

正德《明会典》专列"六科通行事例"，万历《明会典》则对其中部分事例进行了修订或增补。举其重要者于下①：

凡每日早朝，六科轮官一员于殿廷左右，执笔纪录圣旨，仍于文簿内注写某日某官某钦记相同，以防壅蔽。

凡处置礼仪、边务等事，及军民人等陈言有关大体者，掌科官奉旨同文武大臣会议。（万历本增补："弘治元年题准，假以陈言希进、市恩报怨，及纷更旧法者，参驳究治。"）

凡举用文武大臣，如总制、总兵之类，奉旨会推，掌科官皆预。（万历本改为："凡内阁及吏兵二部尚书、在外总督、总兵，奉旨会推，掌科官皆预。"）

凡两京大臣方面等官有不职者，俱得劾奏，或大班面劾，及诸人有不公不法等事，俱当劾奏。（万历本增补："正德元年题准，若系重事，特旨令科道记著者，即时纠举，不得隐漏。"）

凡三年天下诸司官朝觐毕，除黜退外，其有公事未完等项，俱大班劾奏。（万历本增补："嘉靖六年题准，被诬夺职者，各科即时论辨。"）

凡一应题奏本内违碍事情，及字样差讹洗补迹污等项，参出，该部抄行。

凡各衙门题奏本状奉旨发落事件，开坐具本，户礼二科俱送吏科，刑工二科俱送兵科，每日早朝，六科掌科官同于御前进呈。（万历本改为：各科均送吏科）

凡各衙门题奏发下圣旨，各该衙门堂上官一员，随赴本科批押于

---

① 正德《明会典》卷167《六科·六科通行事例》、万历《明会典》卷213《六科》。

后。（万历本改为："题奏本奉到圣旨"）

凡六科每日收到各衙门题奏本状奉圣旨者，各具奏目送司礼监交收，又置文簿陆续编号，开具本状，俱送监交收。

凡各衙门题奏过本状，俱附写文簿，后五日各衙门具发落日期赴科注销，过期稽缓者参奏。

凡内官内使传旨，各该衙门补本覆奏，再得旨，然后施行。

凡三法司奉旨于午门前鞫问罪囚，许掌科官同问。

凡登闻鼓下，每日各科轮官一员。如有申诉冤枉并陈告机密重情者，受状具题本封进。如决囚之日有诉冤者，受状后批手令校尉停决候旨。（万历本改为："受状后，批校尉手传令停决候旨。"）

万历《明会典》新增以下各条：

凡六科每日接到各衙门题奏本章，逐一抄写书册，五日一送内阁，以备编纂。

凡各衙门援"不为例"事奏请者，正德三年（1508）令各科指实劾奏。

凡各衙门抄出该科参语，正德十六年题准，俱要写入本内覆奏，及行在外勘事衙门，若任情增减削去者，指实劾奏。

凡在外司府衙门，每年将完销过两京六部行移勘合，填写底簿，送各科收贮，以备查考。

凡内外一应章奏，该部院题覆，行各抚按官，俱立限奏报，仍具考成簿二扇，每月赴科倒换，并开已未完手本注销。每上下半年，各科将遇限未完事件，并抚按职名，先行该部查明，类送应题科分，查覆欠数多寡，具本题参。

除上述职责为六科所共有，《明史·职官志》还开列了六科的具体分工：

吏科，凡吏部选官，掌科即都给事中同至御前请旨；外官领文凭，皆先赴本科画字；内外官考察自陈后，本科与各科具奏，揭露其自陈不实及未尽者，纠其不职者。

户科，监光禄寺岁入钱粮及在京甲字等十库钱钞杂物，其他各科也参与此事，三月一轮；凡内外官员贵戚有请乞田土、隐占侵夺者，纠之。

礼科，监订礼部仪制，凡大臣曾经纠劾削夺、有玷士论者均行记录，以核其死后赠恤是否妥当。

兵科，凡武臣贴黄诰敕，本科派一人监视；凡兵部选官，本科掌科即都给事中同至御前请旨；武职领取文凭，皆先赴本科画字。

刑科，根据法司移交的材料，每十天上报一次在狱罪囚的数字，每年二月下旬，上报前一年在狱罪囚的数字，年终时，条上本年冤狱之数。

工科，检阅并测试军器局兵仗，同监察御史巡视内府节慎库，与各科稽查宝源局。

从上述"通行事例"及各科分行事务，可以看出六科在国家权力结构中的作用及发挥作用的方式。如果其职责能够得到正常的发挥，无论是内府宦官衙门，还是外廷府部督抚，其行事都处于六科给事中的监督之下，更何况还有十三道监察御史。虽然外廷文官不断抨击内府宦官"矫旨"谋私，但至少笔者还没有发现外廷能够列举出的具体案例。即使宣德时期处置过几个在外地招摇撞骗的宦官，也并不能证明他们矫旨办事，只不过是敲诈勒索的手段过激引发民变而已。

明初设御史台时，其属便有察院监察御史。御史台一废，监察御史失去了归属衙门。洪武十五年设都察院，监察御史归都察院管辖。当时根据布政司的设置，分监察御史为浙江、河南、山东、北平、山西、湖广、福建、江西、广东、广西、四川等十二道，各道置御史五人或三四人，秩正九品。两年后，都察院由正七品衙门升为正三品，最终为正二品衙门，御史的品秩也恢复为正七品。永乐元年（1403）改北平道为北京道，十八年，罢北京道，增设贵州、云南、交趾三道；宣德十年（1435），罢交趾道，最终定为十三道，故称为"十三道监察御史"。十三道御史各对相应布政司及带管的在京衙门（包括文官衙门、武官衙门和宦官衙门）的官员及事务进行监察，吏部和都察院共同进行的内外诸司官员考察，则专由河南道御史负责监察。

十三道开始各有印信二台，上刻篆文"绳愆纠缪"。一台由该道资深御史掌管，用于处理本道事务；一台藏于内府，御史出巡时领用，回京后纳还。后为了区别道名及内外差，各道所用印信刻文为"某道监察御史印"，巡按御史印则为"巡按某处监察御史印"。如浙江道监察御史，其文为"浙江道监察御史印"；巡按江西监察御史，其文则为"巡按江西监察御史印"。① 另外，因浙江、江西二省及南直隶事务繁剧，每道置印十颗，其余每道五颗。②

监察御史各分道的员额始定于洪武十五年，经过数番调整，定为浙江、江西、河南、山东各10人，福建、广东、广西、四川、贵州各7人，陕西、湖广、山西各8人，云南11人，共110人。这是北京的御史。南京都察院也设有十三道监察御史，浙江、江西、河南、山东、山西、陕西、四川、云南、贵州九道，每道2人，福建、湖广、广东、广西四道，每道3人，共计30人。南北两京监察御史总共140人。

十三道监察御史的主要职责是"察纠内外百司之官邪"，具体地说，有内差、外差之分。内差包括两京刷卷，巡视京营，监临乡试、会试及武举考试，巡视光禄寺费用开支，巡视仓场，巡视内库、皇城、五城，轮值登闻鼓（后由六科负责）等；外差包括巡按，清军，提督学校，巡视盐政、茶政、马政，巡视漕运，巡视边关、钞关，督运粮饷，

---

① 《明史》卷68《舆服志四》、卷73《职官志二》。
② 孙承泽：《天府广记》卷23《都察院》。

监临印马、屯田等，遇有征讨用兵之事，则监军纪功。所有这些差事又根据事情的繁简重轻分为大差、中差、小差三等：大差包括南北两直隶提学御史，两直隶及各省巡按御史，巡视京营御史；中差包括辽东、宣大、甘肃三处巡按御史，以及清军、印马、屯田、巡盐、巡仓、巡关、督运、巡茶御史等，若印马、屯田并作一差，则三年任满可算一大差；小差包括巡视光禄（后改为中差），巡视皇城四门及马房，巡视十库，巡视五城及卢沟桥御史等。①

140名监察御史，加上65名六科都给事中、左右给事中、给事中，科道官定员共有205人，都是七品官，与知县平级，也略相当于汉武帝时六百石的刺史。

永乐以后，对御史和给事中的人选要求越来越严格。一般来说，年龄要在30岁至50岁之间，过于年轻者缺乏办事经验，年龄过大则没有朝气。特别是给事中，还要求体貌雄伟、声音宏亮，以壮观朝班，更为重要的是器识远大、学问该博、文章优赡。② 连英宗也公开向吏部官表示："给事中以封驳纠劾为职，不徒侍从而已。故居是职，非得行检庄饬、才识优长、仪貌丰伟、语言端正者，其曷克称？"③ 在任职资格上，永乐时定，凡吏员出身者，不得为科道官；宣德时定，新科进士不得直接授科道官；成化时定进士必须历任三年以上、弘治时定举人出身的教官必须历任六年以上且才行出众，才能出任科道官。

这样一来，科道官几乎均由政绩卓著的知县、推官、主事等官以及散馆后未留翰林院的庶吉士充任，这是一支年纪适中、素质较高、有朝气、有进取心的言官队伍。可以说，无论是在京还是在外，无论是行政、军政还是财政、学政，无论是文官、武官还是宦官、贵戚，包括都

---

① 参见《明会典》卷209、210《都察院一、二》，《明史》卷73、74、75《职官志二、三、四》，孙承泽：《天府广记》卷23《都察院》。
② 陆容：《菽园杂记》卷7。
③ 余继登：《典故纪闻》卷11。

察院长官都御史在内，都在科道的监督之下。科与道在行使监察权时，也有职责上的分工。一般来说，六科给事中的职责侧重于对六部百司衙门的行政监督，以提高各官僚机构的办事效率；十三道监察御史的职责侧重于对各级官吏的法纪监察，以整肃纲纪、澄清吏治。但二者的目的是一致的，即预防和惩治官僚集团内部的腐败、维护国家机器的正常运行。

第二节　明代监察权力的运行

一、职官监察

明朝的监察系统，既包括中央的都察院及其所属的十三道监察御史和六科给事中，也包括各省巡按监察御史、按察司及其分司，已经地方化和行政化的巡抚都御史也拥有部分监察权。监察范围涉及国家机器的所有部门，以及这些部门运作的全过程。大致划分，有职官监察、行政监察、财政监察、军事监察、司法监察等五大类。都察院为明代中央"三法司"之一，司法监察是其重要职责，关于这方面的情况，前文已有论列，此不赘述。

职官监察是中国古代监察的主要内容。历代的职官监察一般都局限在对现任官员的考察，即对现任官员的人品高下、政绩优劣、守法程度、官声好坏进行考察，以决定其升降罢黜。明代的职官监察，却贯穿于官员的选拔、简任、考察、纠劾、封妻荫子乃至死后封赠等全部环节。这种做法，有利于提高官员队伍的基本素质，使监察工作由消极的惩治变为积极的防治，在中国监察史上也具有重大意义和深远影响。

明代职官监察的第一个环节是对官员选拔的监察乃至直接参与官员的选拔。明朝文官出于科举，武官出于世袭。按明代制度，各省均设按察副使或佥事，南北直隶则有监察御史，专职提督学校，并负责选拔参加科举考试的生员；而科举考试大到乡试、会试、殿试，小到糊名、誊写、读卷、出榜等各个环节，都有按察司官或监察御史进行监督。这样，士人从取得参加科举的资格到最后金榜题名，都在监察系统的监察之下。武官世袭按例也要进行比试，无论是一试还是因一试不合格而进行的二、三试，均有科道官在场监督，以防作弊。

职官监察的第二个环节是对官员任用的监察。明朝官员的铨选，文归吏部，武归兵部，但吏部和兵部真正能够简任的是中下级官员，在任用过程中，行使监督权的是吏、兵二科的给事中；高级文武官员的简任要通过"廷推"，而参加廷推的不仅有都察院长官，还有科道官。

当然，职官监察中的最重要环节还是对官员的考察和纠劾。

考察又称"大计"，有京察、外察之分。京官每六年考察一次，是为"京察"，时间定在巳、亥年；外官每当辰、戌、丑、未年例应赴京朝觐，同时进行考察，是为"外察"，三年一次。凡经大计计处者，永不叙用。

考察是从外官开始的。洪武四年（1371）十二月，命工部尚书朱守仁察吏山东，这可以说是"外察"的先声。洪武六年，命御史台及各道按察司察举有司官有无过犯，这是普遍考察外官的开始。洪武二十九年，定辰、戌、丑、未年为外官朝觐年。朝毕，吏部会同都察院进行考察，故外察又叫"朝觐考察"。据记载，考察气氛十分紧张："吏部会同都察院考察，奏请定夺，其存留者，引至御前，刑部及科道官，各露章弹劾，责以怠职。来朝官皆免冠，伏候上命，既有还任，各赐敕一道，以申戒饬。"① 朝觐官均为布、按二司及府、州、县正官，在当地"颐指气使"，也只有在三年一度的朝觐考察时被杀尽威风。

至弘治时，外察的程序基本制度化。州县正官每月将所属官吏过犯报府，府正官每年汇总并将本府属官过犯一并报布政司。每当朝觐之年，吏部和都察院先期行文，命布、按二司考察其属官及所辖府州县正官，布、按二司官员则由巡抚、巡按考察，最后由抚按通核考察事状并造册进而具报吏部，吏部在朝觐时根据报册进行审理。如所报不公，允许当事人申诉。吏部考察如有失当，科道可指名纠劾。

京察始于正统元年（1436），经吏部奏准，两京各衙门属官首领官由本衙门堂上官考察，如有不才及老疾者，吏部验实定夺。至天顺八年（1464），定为每十年举行一次，弘治十六年（1503）改为每六年一次，遂为定制。考察范围，初为五品及以下官员。成化四年（1468），要求四品以上堂上官"自陈"其业绩，曾被科道纠劾及年老不堪任事、才德不称职者，应自陈致仕；弘治十六年，对四品以上官员的考察有了新规定，即自陈并已定去留后，科道官可对其自陈所隐瞒的"遗行"进行揭发，这就叫"拾遗"。由于被拾遗者"欺君"在先，故均得自请致仕。②

对官员进行纠劾既是明代也是中国历代职官监察的主要内容。作为明朝最高监察机关的都察院及其下属十三道监察御史，主要职责便是纠劾百司。《明史》说"都御史职专纠劾百司"，并用了三个"劾"字概括都察院都御史的纠劾范围；十三道监察御史"主察纠内外百司之官邪"；六科给事中"稽察六部百司之事"。洪武二十六年所定《诸司职掌》要求十三道监察御史：

---

① 万历《明会典》卷13《吏部·朝觐考察》。
② 沈德符：《万历野获编》卷11《京官考察》。

凡文武大臣，果系奸邪小人、构党为非、擅作威福、紊乱朝政、致令圣泽不宣、灾异迭见，但有见闻，不避权贵，具奏弹劾。凡百官有司，才不胜任、猥琐阘茸、善政无闻、肆贪坏法者，随即纠劾。凡大小祭祀，敢有临事不恭、牲币不洁、亵渎神明、有乖礼典、失于举行，及刑余疾病之人陪祭执事者，随即纠劾。凡朝会行礼，敢有搀越班次、言语喧哗、有失礼仪，及不具服者，随即纠问。凡在外有司，扰害善良、贪赃坏法，致令田野荒芜、民人受害，体访得实，具奏提问。凡学术不正之徒，上书陈言、变乱成宪、希求进用，或才德无可称、挺身自拔者，随即纠劾，以戒奔竞。①

而且，明代科道的纠劾既包括纠劾他官，也包括监察机关的互纠：

凡都察院、按察司堂上官及首领官，各道监察御史、吏典，但有不公不法及旷职废事、贪淫暴横者，许互相纠举，毋得徇私容蔽。……正德十四年，令抚按官不许互相荐举，如有不公不法，仍照宪纲互相纠劾。嘉靖二十七年题准，凡巡按御史弹劾三司不职，按察司官亦得纠巡按失职，不许科道官挟私报复。巡按、清军、巡盐、刷卷，御史同事地方，固宜同寅协恭，亦要互相纠察，以清宪体。②

通过他纠与互纠，明朝建立了一张严密的监察纠劾网，科道则是这张大网的"纲"和"目"。

---

① 正德《明会典》卷164《都察院·纠劾百司·诸司职掌》。
② 万历《明会典》卷209《都察院·纠劾官邪》。

二、行政监察

行政监察包括对行政决策及行政实施两个方面的监察。

如果说职官监察主要在都察院及其在中央和地方的各系统进行，那么行政监察则是六科的基本职责，但都察院及十三道监察御史也参与。

行政监察首先是对决策部门的监察。君主制的基本特征是君主为最高和最终的决策者。在明代，废除中书省后，六部对皇帝负责。虽然后来内阁以票拟裁决而为外廷决策机关，但阁票均需经内监批红并以皇帝的名义发出才有效。君主为一切政务名义上的决策者，而其辅助机关，则内为司礼监，外为内阁。因此，对决策的监察实际上是对皇帝及司礼监和内阁的监察。

上文不止一次提到，六科职责发生了由谏君到察臣的变化，谏院等机关随置随废，致使明代没有专门对君主进行净谏的机关，这也是明朝君主专制高度强化的重要表现。尽管明朝没有专门对皇帝进行净谏的机关，都察院和六科却有谏君的职责。而且，大凡有政治头脑的君主都公开提倡和鼓励臣下特别是监察机关对自己的言行和决策进行规谏，尽管其中不无矫揉造作之举，却也有真情的表露。明太祖就多次对御史台和都察院的官员说："台宪之官，不专于纠察，朝廷政事或有遗阙，皆得言之。人君日理万机，听断之际岂能一一尽善。若臣下阿意顺旨，不肯匡正，则贻患无穷。"① 成祖及仁宗、宣宗、英宗固然时时对监察官员提出要求，即使是宪宗、孝宗乃至武宗、世宗等也都有过类似的表示。

关于明朝官僚集团对最高统治者皇帝的净谏，有过几次著名事件。如正统时反对英宗亲征瓦剌、景泰时反对景帝更换太子、成化时呼吁厚

---

① 《明太祖实录》卷63，洪武四年闰三月庚辰。

葬钱太后、正德时劝阻武宗北狩南巡、嘉靖时反对世宗追尊本生父母、万历时请立太子及反对派遣矿监税使等，首先发难并上下联络的，都是科道官。至于对君主一些个人行为及某些决策提出反对意见的，则比比皆是、不胜枚举。同时，对皇帝的诏旨、敕令，六科给事中在签发的过程中有封还执奏的权力。如嘉靖二年（1523）二月，世宗亲批都察院差御史巡盐事，稍有失误，当值的刑科给事中黄臣即予驳还。[①] 给事中邓继曾等更将未经内阁票拟的"中旨"斥为"事不考经，文不会理"[②]。

科道官对最高决策机关内阁和司礼监的监督表现在封驳和纠劾两个方面。按明制，凡内官内使传旨，六科当值官员均得补本复奏，重新得到诏旨后才予签署颁行。而所有经过内阁票拟、内监批红、准备发至各衙门的文书，均得由六科签发。一旦发生内阁首辅或司礼监太监专权之事，率先发起攻击的自然也是科道官。如正统时宦官王振专权，天顺时曹吉祥专权，正德时刘瑾专权，天启时魏忠贤专权，成化时内阁万安、刘吉弄权，嘉靖时严嵩弄权，崇祯时温体仁、周延儒弄权，进行抨击的都是科道官。明代废除中书省后，内阁和司礼监虽然成为新的决策机关，但始终未能在制度上使宰相制度合法化；明代从宪宗开始，皇帝大抵不问政事，但在发生大规模农民起义及清军进关之前，朱姓王朝始终稳定如初，其中很重要的因素便是科道官对决策部门及其首脑的有效监督。

明朝自正统之后形成了一种特殊的决策方式，即廷议。先是因为英宗幼年即位，后是因为皇帝不接见大臣，故此凡有大的政事，如立君、立储、封爵、定都，以及漕运、边务、增饷、募兵等，均由内阁大学士、九卿等三品以上在京大臣及科道官会议决定，称"廷议"。都察院

---

① 《明世宗实录》卷23，嘉靖二年二月丙戌。
② 《明世宗实录》卷36，嘉靖三年二月丁酉。

都御史位列九卿，理应参与廷议；而科道官仅七品，也参加廷议，其作用便在于监督。

行政监察的另一方面是对行政执行部门的监察。明代的行政执行部门，在中央主要有六部及其所属和相关部门，在地方有督、抚、兵备及省、府、州、县等行政机关，均受监察系统的监督。

六科对六部事务进行对口监察，并会同十三道监督一切在京衙门的行政业务。凡六部或其他衙门奉旨行事，须先到六科登记；事情了结之后，须至六科办理注销手续；若有违时日，或行事不妥，六科予以参奏。如被参部门提不出正当理由，则监察御史可行纠劾。各衙门章奏出入，也经由六科签发，如遗失抵牾，或更易紊乱，皆可驳封。事关重大者，抄发过部，加用参语。① 这参语习称"抄参"，又称"科参"。

各省巡按御史对包括总督、巡抚在内的地方各级官员进行纠劾，所临按处，"吊刷案卷，有故出入者理辩之"②。天下诸司官吏考满到京，均须各具给由奏本文册，送吏科稽考，若有违限、差错等项，俱参出施行；外官三年朝觐，均须各具须知文册，送吏科稽考，若查出钱粮等项数目有差错，参奏究治。③

万历初张居正柄政，请立考成法：

> 天下之事，不难于立法，而难于法之必行；不难于听言，而难于言之必效。……近年以来，章奏繁多，各衙门题覆，殆无虚日，然敷奏虽勤，而实效益鲜。……上之督之者虽谆谆，而下之听之者恒藐藐。……请自今伊始，申明旧章：凡六部都察院，遇各章奏或题奉明旨，或复奉钦依，转行各该衙门，俱先酌量道里远近、事情

---

① 孙承泽：《天府广记》卷10《六科》。
② 《明史》卷73《职官志二》。
③ 万历《明会典》卷213《六科》。

缓急，立定程期，置立文簿存照，每月初注销。除通行章奏不必查考者照常开具手本外，其有转行覆勘提问议处催督查核等项，另造文册二本，各注紧关略节及原立程限，一本送科注销，一本送内阁查考。该科照册内前件逐一附簿候查，下月陆续完销，通行注簿。每于上下半年缴本，类查簿内事件，有无违限未销。如有停阁稽迟，即开列具题候旨，下各衙门诘问，责令对状。次年春夏季终缴本，仍通查上年未完，如有规避重情，指实参奏，秋冬二季，亦照此行。又明年仍复挨查，必俟完销乃已。若各该抚按官奏行事理，有稽迟延阁者，该部举之；若部院注销文册，有容隐欺蔽者，科臣举之；六科缴本具奏，有容隐欺蔽者，臣等举之。如此，月有考，岁有稽，不惟使声必中实，事可责成，而参验综核之法严，即建言立法者，亦将虑其终之周效，而不敢不慎其始矣。①

这是张居正改革在行政监督方面的重要措施。根据他的设想，抚按监督所属地方各级官员，部院监督抚按，六科监督部院，内阁监督六科，这样，就可以构成一个严密的行政监督体系。但正如张居正自己所说："天下之事，不难于立法，而难于法之必行。"特别是考成法明显是在加强内阁对六部的控制，所以在张居正去世之后即名存实亡。

三、财政监察

明朝的财政监察权也是由都察院、六科、按察司等机关行使，内府衙门时时参与。由于整个统治集团在财政管理意识上的局限性和最高决策集团的随意性，监察机关在实行财政监督的同时，也直接参与财政

---

① 张居正：《请稽查章奏随事考成以修实政疏》，《明经世文编》卷324。

管理。

都察院对财政管理的监督主要通过三种方式进行。一是都御史参与国家财政收支预算的制定，并负责对其进行审核，对财政管理部门出现的重大失策进行弹劾；二是十三道监察御史通过露章面劾或封章密劾，对财政管理中的弊端进行抨击，并要求有关部门作出解释；三是通过巡按、巡视等方式，对各地各财政部门进行监察。

由于六科对六部进行法定的对口业务监察，故户科和工科又以财政监督为主要职责。

前引《明史·职官志》对户、工二科职责的概括，远远涵盖不了其职责范围。除《明史》所概括者外，户科的财政监督责任至少还有以下五个方面。

其一，监督户部钱粮的收支。凡有司征收秋粮数目及各该库仓实收数目，均得奏缴勘合，送户科注销；凡漕运钱粮，户部各司须于每年年终具手本赴户科注销；凡各盐运司、提举司合办盐课，年终开具办完实数，造册上户部，同时赴户科注销；凡户部差官监收各处粮米及钞关船料钱钞，先由户科赴司礼监领取精微批文，给付之后方能成行，岁满更替时，仍由户科查明原批销缴。此外，各边钱粮的收放、各河泊所征收的税课、应天府龙江关进关粮米数、京师各衙门及内府各监局的人匠费用和收支数目，均应造册送户科收查。

其二，监收、给散钱粮俸禄。凡甲字等十库该收钱钞等物，光禄寺该收钱粮，内府各监局象房及马牛羊等仓场，以及五府、六部等衙门收受禄米，均由户科会同各科轮差官员监收；凡户部关给军官折俸银两、赏赐京卫军士冬衣花布、赏赐各衙门官吏及监生人等钞锭、杂物，均由户科差官会同有关部门给散。

其三，盘查各边及各处牧马草场及园地的粮草收支。

其四，参与对中央、地方财政部门官员的考核。

其五，参奏一切违犯财政法规的人和事。

同样，除《明史》所概括者外，工科的财政监督职责至少还有以下三个方面。

其一，查考两京工部的抽分。凡芦沟桥及通州广积、通积抽分局，每月初一须将前月抽分数目开具手本，由大使等官赴工科投报；南京龙江、瓦屑坝二处抽分竹木等物，每季将收放过数目造册，差人上缴工科，以备查考。

其二，监督在京各税司及内府的财务情况。凡午门、西安门进出一应钱粮，南京畜场及在京宣课司等衙门抽分猪羊等物，均由工科编成字号勘合，转发主管部门；凡内府派出各项钱粮，也由工科与各科轮差官员，会同工部该司官协议停当，开派有关衙门收受。

其三，监督货币铸造及工部库仓出入情况。凡宝源局铸钱，由工科会同各科轮差官员按季稽考工料及钱数，凡内府衙门所用勘合字号，北京、通州二仓修理情况，戊字库收受各厂所造军器等，均由工科监临，并与东城御史一道巡视节慎库钱粮。① 户、工二科以及六科十三道在财政监督方面既有专责，也可联合监督或纠劾；既对中央、地方各财政部门实行监督，也对内府衙门的财政事务实行监督。如宣德时对宦官采买采办的抨击，弘治、嘉靖时对草场、皇庄的清理，万历时对矿监税使的纠劾等，都是由科道联合进行。

比起都察院和六科，内府宦官机构以及地方按察司的财政监督范围要小得多。

内府宦官机构的财政监督主要是在国家的储藏方面，且与科道共同进行。如上述永乐十三年（1415）御史、给事中、中官各一员于各处闸办盐课，再如永乐二十年分遣中官及户部官、科道官八十人核天下仓

---

① 万历《明会典》卷213《六科》。

粮出纳数，以及弘治末、嘉靖初司礼监会同户部及科道清理御马监草场、马房等皆是。

按察司监督的是地方财政及中央派出的财政管理机关的事项，但前后权限大不一样。明初按察司对一省财政大致可以独立行使监察权，自巡按御史及各种巡视御史的派遣形成制度以后，按察司的财政监察主要由分司进行，一般只局限于所辖的府州县财政；其监察的权威性也被削弱，对违纪官员和事件的最终处理，需由巡按御史作出。弘治、正德以后，各地普遍设立兵备副使或佥事，按察司的行政、军事职能强化，其监察职能则进一步弱化。

四、军事监察

明朝对军队和军官的监察，至少有四个系统。一是武官系统，即军官与军官的相互监视；二是文官系统，即督师、经略、总理、总督、巡抚、兵备副使等对军队和军官的控制；三是宦官系统，即提督、坐营、监枪、监军、镇守、守备等宦官对军队和军官的监督；四是科道官对军队和军官的监督。有关武官、文官、宦官系统对军队或军官的监察，前文已经论列，本节主要讨论监察机关主要是科道官对军队和军官的监察。

作为对口监察机关，兵科给事中在军事监察中有特殊的地位。兵科及其他各科给事中军事监察的内容主要有：

其一，监察武职官员的选授。凡兵部引选袭替武职官员，尚书、侍郎须与兵科都给事中同选；已选武官赴任之前，先往兵科画字，以领取文书；武职官员比试授职，兵科官一员会同监试；高级将领的廷推，兵科及他科给事中均得参与。

其二，监察皇城及京城的宦官和护卫官军。宦官出入皇城及皇城内外守卫官军的更代，均由兵科填写勘合或揭帖，并与司礼一同用印，以防诈伪；凡选站殿大汉将军及锦衣卫、旗手卫等上十二卫（后为上二十二卫）守卫官军，兵科与兵部同选；东西南北四城兵马司官每三日清点一次守门官军，其结果须在当晚写好奏本呈兵科类写揭帖以备查核。

其三，监察在京在外各处官军兵员及战马数量的增减，并与兵部一道清理在京卫所及操练军士、巡视宿卫官军及仓场。

其四，监察对军官的考核。武职官员的任满考察，由兵科和兵部会同进行。每五年一次考选军政官员，两京五府掌印、佥书公侯伯，以及管红盔将军侯伯、锦衣卫堂上掌印、佥书等官照例自陈，待兵部考察完毕，兵科会同各科进行调查，有不职者，联名参劾。嘉靖八年又定，兵部按季将南北两京五府各营及亲军卫，分堂上管事及在外镇守、分守、守备方面等官，开写履历贯址及曾经举劾考语，开造揭帖二本，每季第一个月的初一日，差官送兵科，一本由兵科进奏，一本留科以备查考。

其五，监察封赏并随军纪功。凡在省在边官军申报军功，或厂卫旗军校尉申报缉捕获功等，均报兵科，有作伪冒功者，参奏治罪。为了防止冒滥军功，凡有大征讨，均派给事中和御史随军纪功。

十三道监察御史在实行军事监察时多与六科给事中共同进行，内容主要有以下几个方面：

其一，巡视京营。宪宗即位后，重建团营，为加强对团营的监察，命御史、给事中各一员巡察各营奸弊，凡有私役卖放及不按军规操练等项，均指实劾奏。嘉靖时将巡视京营科道官一年一代改为三年一代，并要求不许挨次差委，务必选有能力肯用心任事者。

其二，清军。宣德二年（1427），遣监察御史和给事中各十四员，往各处清理军役。正统五年（1440），差能干御史十七员，分定地方，请敕往浙江等布政司并直隶保定等府州清军，每年八月底将清解过的军数回京具奏。从此，御史清军成为制度。天顺二年（1458），定清军御史三年一替代。

其三，巡关。宣德七年，令居庸关到龙泉关、山海关到古北口，每年各差监察御史一员，请敕前去，会同各该分守、守备等内外官员，巡视关口、点闸军士，整饬器械，并受理、发落守关人等的词讼。如守备等官有罢软疾弱不堪任事者，具实奏罢。其后，蓟镇边墙也差御史一人巡视。

第三节 明朝监察在国家权力结构中的作用与局限

从上文所论及的监察机关的职官监察、行政监察、财政监察、军事监察、司法监察，可以看出明朝监察系统特别是科道在提高官员素质、预防官员违纪犯法、惩治贪官污吏、减少决策失误、调整统治政策、促进政策实施、保证国家财税收入、严密控制军队、避免司法判决畸轻畸重、减少冤狱等方面所起的作用。

当代不少学者如杜婉言、张德信、王天有、罗辉映、林绍明等也在他们的论著中对明代监察权力的作用进行了有益的探讨。[①] 需要提出的是，明朝监察权力的作用固如上文及上述学者所论，但就其影响的深远，在于对邪恶的抨击、对正义的褒扬，并形成强大舆论，在明代士大夫中形成一股振奋人心、维系世运、堂堂正正、至大至刚的凛然正气。

明代是中国古代士大夫意气风发的时代，敢说敢为、欲与人主论短

---

① 参见杜婉言、方志远：《中国政治制度通史·明史卷》，北京：人民出版社，1996年；张德信：《明朝典制》，吉林：吉林文史出版社，1996年；王天有、陈稼禾：《试论明代的科道官》，《北京大学学报》1989年第2期；罗辉映：《明代都察院和监察制度》，《档案学论丛》1987年第2期；林绍明：《略论明代御史制度之利弊》，《华东师大学报》1985年第5期。

长的风气极盛。通观有明一代，为君者任意杀戮、侮辱士大夫，在中国历史上是罕见的；但士大夫的气节在历代也是罕见的，越是受了廷杖、挨了板子，越是觉得风光，在社会上的地位也越高、名气越大。而形成这一风气的主要力量，便是那批年纪较轻、资历较浅的科道官。

明朝科道官不但人数众多，而且两京皆设。每有纠劾诤谏，往往先由有关的某科给事中或某道监察御史上疏，或面争廷劾，或封疏论辩，南京之事由南科道先发，北京之事由北科道先论；如皇帝对所论之事置之不理，或被纠劾者争辩，或有关事件不见处理，则事涉给事中者六科一齐发难，事涉监察御史者十三道联名论奏；如事情仍未了结，则六科十三道交章论列，南京或北京科道也行声援，一时之间，科道争言、南北呼应，造成极大的舆论声势；其甚者，联络多官跪阙请愿，对最高统治者示威。这种情况，为历代所未见。

如果君主的所作所为有违"祖宗法度"、不合"圣贤道理"，如果司礼监、御马监太监，或内阁大学士、六部尚书乃至掌院都御史等当权人物擅作威福、为所欲为，如果大小官吏贪赃枉法、以权谋私，科道官均有匡正、纠劾的责任。相反，如果地方中下级官员清廉公正、克己奉公、体察民情、兴利除弊、打击豪强、扶植良善，受到当地百姓爱戴，科道官特别是巡按御史也受表彰、举荐，以为天下守土牧民官的榜样。

明朝前期吏治相对清明，民风也较淳厚，官员以克己奉公为荣、以贪赃枉法为耻，固然与明太祖大张旗鼓地在民间进行道德教化、在官场惩治贪污腐败，以及国家新立、经济凋敝、社会财富尚不丰富有关，但也离不开监察权力系统特别是科道官员的激扬正气、抨击邪恶。即使在明中后期社会风尚趋于奢靡、官场作风日渐腐败、道德伦理沉沦堕落之时，仍出现东林党、复社这样的士大夫进步团体，仍出现王守仁、张居正这样的励精图治、矢志改革的政治家，仍出现海瑞这样廉洁自律、袁崇焕这样勇于担当、史可法这样视死如归的官员。直至明亡之后，仍出现黄宗羲、顾炎武、王夫之这样一大批坚持气节、誓死不与新朝合作的反清志士。如果比较科道遭受压制、士气遭受摧折的清朝，明朝科道激扬正气的作用就更为明显了。

但不能不指出的是，作为整个明朝国家权力结构组成部分的监察权力，也存在着各种局限。就其大者而言，有以下数端。

其一，在君主专制体制之下，一切国家权力都是皇权的附庸。虽然国家权力的实施受当时生产方式的制约，政治决策必须适应当时社会经济发展的要求，但其最直接的表现，仍然是君主的意志高于一切。因此，明朝监察权力积极作用能否发挥，很大程度取决于君主的是否明智，取决于君主的是否纳谏。即使在洪武、永乐、洪熙、宣德、弘治等为明代士大夫津津乐道的时期，君主拒谏饰非乃至置言官于死地的事情也时时发生，何况为所欲为的武宗、性情乖僻的世宗、刚愎自用的崇祯帝在位时期，以及王振、刘瑾、魏忠贤等人当政时期，言官轻则遭受责罚，重则本人遭杀戮、家人受牵连，所以言官"缄口不言"的事情也时常发生。如成化时期万贵妃受宠、宫中隐事甚多，言官言及宫闱事常遭重责，故"噤不敢言"。有人讥讽六科给事中患有"不语症"，其"不语唾"可治人疥疮；民间更有"北京科道绵如羊，九年考满升京堂"之嘲。① "挑土中书""洗鸟御史""二字尚书"以及"纸糊三阁老、泥塑六尚书"等带有时代特色的政治笑话，也广为流传。一些个人品质低劣的言官，更时时揣摩皇帝、权贵乃至地方强宗大族的意旨，成为褒扬邪恶、搏击正义的"鹰犬"。

其二，只要私有制和公共权力存在，腐败就必然产生。一个朝代或一个时期的政治是清明还是黑暗，是廉洁还是腐败，都是相对而言的。清明廉洁的时期掩盖着黑暗与腐败，黑暗腐败的时期也有局部的清明和

---

① 陆容：《菽园杂记》卷7；王士禛：《古夫于亭杂录》卷2。

廉洁，关键在于哪一方面处于主导地位。而且，风气所至，贤者难免。因此，明代监察权力积极作用能否发挥，很大程度又取决于整个国家是否处在上升阶段，整个官场是否清明廉洁。在统治阶级内部矛盾激化、各派政治力量党同伐异的万历末年及天启、崇祯乃至明亡后的弘光时期，科道官成了小团体相互攻击的喉舌，既加重了明朝的腐败程度，也加速了明朝的灭亡。有关明朝"书生误国"的误解，也正是对这个现象作出的虽然并不准确却并非全无道理的诠释。

其三，明朝和中国历代皇朝一样，只有从皇权派生而出的自上而下的监察，缺乏具有法律效力尤其是以民主权利为保证的自下而上的监督。因此，必然出现监督的缺位，对于最高统治者尤其如此。同时，明朝的监察机关和中国历代一样，不断地被赋予各种权力，从而逐渐行政化、财政化、军事化、司法化，成为新的行政权力部门。在这一过程中，必然发生监察真空，出现不受任何监察的权力和部门。这两方面因素所造成的结果是，本来用于惩治腐败的监察机关自身也趋于腐败，于是又有新的监察机关产生。如此循环往复，成为无法解决的难题或死结。

下篇

明代地方国家权力的调整与重组：抚按、司道与乡里组织

第十三章　行省、三司与三堂：
省级权力结构的调整

第一节　从行省到三司

一、明初的"行中书省"

明太祖取南京后，仿元朝制度置江南行中书省，自总省事。这既是朱元璋集团全国性政权建设的开端，也是明初省级权力机构建置的尝试。此后，随着军事力量的扩张和统一战争的推进，各地陆续建立行省，"分镇方面"。

由于明初行省在形式上继承元制，《明史·职官志》又说，"太祖下集庆，自领江南行中书省……后每略定地方，即置行省，其官自平章政事以下，大略与中书省同"，因此后人往往将明初行省与元朝行省等而视之，其实不然。

元代行省权重，并不重在其行政管理权，而在于军事指挥权和军队调遣权。历代地方一级行政权力机关均具有行政管理权，而元行中书省因为三个方面的原因同时具有军事指挥权和军队调遣权。其一，虽中央设枢密院以"掌天下兵甲机密之务"，但中书省平章政事也是"凡军国重事，无不由之"①，即中书省拥有很大的军事指挥权。作为中书省的派出机构，行省在地方权力结构中的地位自不待言。其二，一方有事，往往临时置行枢密院以镇之，但事平则罢，其所属的镇抚司移归行省管辖。② 这就在不断加强行省的军事职能。其三，各地驻军虽然名义上直属枢密院，但因驻地分散，又无与行省平级的军事领导机关，所以本应由军事领导机关行使的军事指挥权和军队调遣权实际上归并于行省。

但是，明初行中书省并不具备这些条件。在中央，虽然中书省丞相李善长时时参与军国大计，徐达、常遇春等将领均兼中书省丞相或平章政事、中丞等职，但明太祖一直对中书省的权重耿耿于怀，所以在地方权力配置方面时有顾虑，一旦战事平息，即削弱行省的体制及军事指挥权。而省级军事机关和监察机关的设立，更使行省在体制上不具备总揽地方军政重事的权力。其后更并立三司，行省在名称上消失，又废除中书省，行省的归属机构也不存在。

如果稍加考证，便可发现，明初行省实有两种情况。一、早期设置的浙江（由浙东分省改）、江西、江淮（后废）、湖广四个行省。由于当时战事正紧，故充任行省平章、左右丞及参政者均为军事将领，如胡大海、李文忠（浙江），邓愈、何文辉（江西），俞通海（江淮），杨璟（湖广）等。此时的行省实为战区，行省官员的主要职能是统率军队，开拓疆土，不仅军政合一，而且以军事为主。随着战争的向北、向西、向南推进，这些行省的职能也开始发生变化，变为以安抚地方、劝课农桑为主，行省的主要官员也由军事将领换成文职官员。如浙江，在行省平章李文忠率军北伐前夕，即有郭景祥、蔡哲等文职官员任参政；再如江西，在行省右丞邓愈调任湖广平章之前，也有文职官员汪广洋为参

---

① 《元史》卷86、85《官志二》《官志一》。
② 《元史》卷98《兵志一》。

政；而在湖广行省，在邓愈、杨璟分别领兵出征四川、广西之前，文职官戴德、周德兴已经上任为参政。此后，这些行省的最高长官均为文官而不再设武职。而且，所有的文职官员只能任参政、参议以下官。这样，行省的体制也自然由原来的从一品（平章）、正二品（左、右丞）下降为从二品（参政）。二、建元洪武以后设置的山东、河南、北平、山西、陕西、广西、福建、广东及四川等行省。这些行省均设置于大规模军事行动基本结束之后，所以其职能一开始就是安抚地方、劝课农桑，主要长官也都由文职官员充任，如汪广洋、盛原辅（山东），杨宪、孙克义（河南），周彧（北平），刘惟敬（广西）等即是。行省并无军事职能，这是明初行省不同于元代行省的一个重要方面。

一方面是行省的体制在降低，另一方面则是在行省推行军政分离的体制。洪武元年（1368）八月，明军进取大都后，明政府并没有立即在这里设置行省，而是置大都督府分府于北平，以都督副使孙兴祖领府事、指挥华云龙为都督佥事，领导北方战事。[①] 洪武二年战事平息后，虽置北平行省，却并未将都督分府并入行省，而是行省、行府并存，各不相属，分别对中央的中书省和大都督府负责。[②] 后又将这一体制推广，于洪武三年六月分置陕西、北平、山西三个行都督府，与行省对掌军、政事务。这年十二月，取消行府，分置燕山、青州、太原、河南、西安、江西、武昌、杭州等八个都卫指挥使司于北平、山东、山西、河南、陕西、江西、湖广、浙江等八行省，此后又设成都、广东、广西、福州四都卫于所在行省，旋改都卫为都指挥使司，简称"都司"，直属中央大都督府。[③] 这样，各行省都有行政、军事两大机构，行省掌民政、财政，都司掌军政，分属中央的中书省和大都督府，分领府县和卫

---

① 《明太祖实录》卷35，洪武元年九月壬寅。
② 《明太祖实录》卷47，洪武二年十一月甲午。
③ 《明太祖实录》卷53，洪武三年六月壬申；卷59，洪武三年十二月辛巳、壬午。

所，见下表。

表 13-1：明初地方军、政机构设置对照

行省	府	设置时间	都司	卫所	设置时间
浙江行省		至正十八年十二月置浙东行省，二十二年二月改浙东行省，二十六年十二月改浙江行省	浙江都司		洪武三年十二月置杭州都卫，八年十月改浙江都司
	杭州府	至正二十六年十一月		杭州卫	洪武三年十一月
				杭州护卫	洪武七年三月
				杭州左、右卫	洪武八年十月由钱塘、仁和卫改
	严州府	至正十八年三月改建安路为建德府，二十二年二月改严州府		严州卫	洪武三年十一月
	绍兴府	至正二十六年十二月		绍兴卫	洪武七年正月（提及）
	明州府	吴元年十二月		明州卫	洪武五年八月（提及）
	台州府	洪武初		台州卫	洪武五年八月由台州守御千户所改
	金华府	至正十八年十二月改婺州路为宁越府，二十年正月改金华府		金华卫	洪武七年正月（提及）
	衢州府	至正十九年九月改衢州路为龙游府，二十六年正月改金华府		衢州守御千户所	洪武三年十一月
	处州府	至正十九年改处州路为安南府，寻改处州府		处州卫	洪武二年五月（提及）
	温州府	洪武初		温州卫	洪武元年四月
江西行省		至正二十二年正月	江西都司		洪武三年十二月置江西都卫，八年十月改江西都司

续表

行省	府	设置时间	都司	卫所	设置时间
	南昌府	至正二十二年正月改龙兴路为洪都府，二十三年八月改南昌府		南昌卫	吴元年十月（提及）
				南昌左卫	洪武八年十月
	瑞州府	洪武二年			
	九江府	至正二十一年			
	南康府	至正二十二年八月改南康路为西宁府，二十二年四月改南康府			
	饶州府	至正二十一年八月改饶州路为鄱阳府，寻改饶州府			
	广信府	至正二十年闰五月《明史·地理志》为五月		广信守御千户所	洪武元年三月
	建昌府	至正二十二年正月改建昌路为肇庆府，寻改建昌府		建昌守御千户所	洪武二年二月由建昌卫改
	抚州府	至正二十二年正月改抚州路为临川府，寻改抚州府			
	吉安府	至正二十二年正月		吉安卫	吴元年三月
	临江府	至正二十三年			
	袁州府	至正二十年		袁州卫	吴元年十月（提及）
	赣州府	至正二十五年		赣州卫	吴元年十月（提及）
	南安府	至正二十五年			
湖广行省		至正二十四年二月	湖广都司		洪武三年十二月置武昌都卫，八年十月改湖广都司

续表

行省	府	设置时间	都司	卫所	设置时间
	武昌府	至正二十四年二月		武昌卫	吴元年十月（提及）
				武昌左、右卫	洪武八年十月
	汉阳府	至正二十四年二月			
	蕲州府	至正二十四年二月		蕲州卫	洪武三年三月（提及）
	黄州府	至正二十四年二月		黄州卫	洪武三年九月（提及）
	德安府	洪武元年十月			
	安陆府	至正二十五年		安陆卫	至正二十五年十二月
	岳州府	至正二十四年		岳州卫	洪武四年四月
	荆州府	至正二十四年九月（吴元年曾置湖广分省，寻罢）		荆州卫	吴元年十月（提及）
	襄阳府	至正二十四年		襄阳卫	至正二十五年十二月
	长沙府	至正二十四年改天临路为潭州府（洪武五年六月改长沙府）		潭州卫	至正二十六年二月（提及）
				长沙卫	洪武七年六月（提及）
	常德府	至正二十四年		常德卫	至正二十六年八月
	衡阳府	至正二十四年		衡州卫	至正二十五年四月
	永州府	洪武元年		永州卫	洪武元年十月
	宝庆府	洪武元年		宝庆卫	洪武五年十一月
	辰州府	至正二十四年		辰州卫	吴元年正月
山东行省		洪武元年四月	山东都司		洪武三年十二月置青州都卫，八年十月改山东都司
	济南府	吴元年			
	东昌府	洪武			
	青州府	吴元年		青州卫	洪武元年八月（提及）
				青州右卫	洪武二年四月（提及）
				青州左卫	洪武八年十月

续表

行省	府	设置时间	都司	卫所	设置时间
河南行省		洪武元年五月置中书分省，二年四月改河南行省	河南都司		洪武三年十二月置河南都卫，八年十月改河南都司
	开封府	洪武元年五月（八月曾建北京，寻罢）		河南卫	洪武元年五月
	河南府	洪武元年			
	汝宁府	洪武初		汝宁卫	洪武元年三月
	南阳府	洪武初		南阳卫	洪武四年三月
	怀庆府	洪武元年十月		怀庆卫	洪武六年四月
	彰德府	洪武元年闰七月		彰德卫	洪武八年由彰德守御千户所改
	卫辉府	洪武元年八月			
北平行省		洪武二年三月	北平都司		洪武元年九月置大都督分府，三年六月置行都督府，十二月改燕山都卫，八年十月改北平都司
	北平府	洪武元年八月		大兴左右卫	
				燕山左右卫	
				永清左右卫	洪武元年八月
				燕山前后卫	洪武三年八月
				济阳卫	洪武四年六月
				燕山护卫	洪武五年正月
	保定府	洪武元年九月		保定卫	洪武四年九月
	河间府	洪武元年十一月			
	真定府	洪武元年十月			
	顺德府	洪武元年			

续表

行省	府	设置时间	都司	卫所	设置时间
	广平府	洪武元年			
	大名府	洪武元年			
	永平府	洪武二年改永平路为平滦府，四年三月改永平府		永平卫	洪武三年正月
广西行省		洪武二年三月	广西都司		洪武六年置广西都卫，八年十月改广西都司
	桂林府	洪武元年改静江路为府，五年六月改桂林府		广西卫	洪武元年九月
				广西护卫	洪武五年正月
				桂林左右卫	洪武八年十月
	平乐府	洪武元年			
	梧州府	洪武元年		梧州守御千户所	洪武四年四月
	浔州府	洪武元年			
	柳州府	洪武元年		柳州卫	洪武三年三月
	庆远府	洪武元年，二年正月改庆远南丹军民安抚事，三年六月复为庆远府			
	南宁府	洪武元年		南宁卫	洪武三年三月
	太平府	洪武二年七月			
	思明府	洪武二年七月			
	镇安府	洪武二年			
	田州府	洪武二年			
陕西行省		洪武二年四月	陕西都司		洪武三年六月置行都督府，十二月改西安都卫，八年十月改陕西都司

续表

行省	府	设置时间	都司	卫所	设置时间
	西安府	洪武二年三月		西安前卫	洪武六年五月
				华山秦川卫	洪武六年六月
				西安后卫	洪武六年十月
				长安卫	洪武七月正月（提及）
				西安左卫	洪武七年二月（提及）
	凤翔府	洪武二年三月			
	汉中府	洪武三年五月		汉中卫	洪武四年十二月
	延安府	洪武二年五月		延安卫	洪武二年十月
	庆阳府	洪武二年五月		庆阳卫	洪武七年正月（提及）
	平凉府	洪武二年五月		平凉卫	洪武三年正月
	巩昌府	洪武二年四月		巩昌卫	洪武三年正月
	临洮府	洪武二年九月		临洮卫	洪武二年四月
				洮州卫	洪武六年七月（提及）
山西行省		洪武二年四月	山西都司		洪武三年置行都督府，十二月改太原都卫，八年十月改山西都司
	太原卫	洪武元年十二月	山西行都司	太原卫	
				太原左右卫	洪武三年二月
				太原前卫	洪武四年五月
				太原护卫	洪武五年正月
	平阳府	洪武元年		平阳卫	洪武二年六月
				平阳左卫	洪武五年七月（提及）
	大同府	洪武二年			洪武四年正月置大同都卫，八年十月改山西行都司
				大同左右卫	洪武三年正月
				大同卫	洪武五年五月

续表

行省	府	设置时间	都司	卫所	设置时间
广东行省		洪武二年四月	广东都司		洪武四年十一月置广东都卫，八年十月改广东都司
	广州府	洪武元年		广州卫	洪武五年十一月（提及）
				广州左右卫	洪武八年十月
	肇庆府	洪武元年		肇庆千户所	洪武六年八月
	韶州府	洪武元年		韶州千户所	洪武六年八月
	南雄府	洪武元年		南雄千户所	洪武六年八月
	惠州府	洪武元年		惠州千户所	洪武六年八月
	潮州府	洪武二年		潮州卫	洪武八年正月（提及）
	高州府	洪武元年			
	雷州府	洪武元年		雷州卫	洪武元年九月
	琼州府	洪武元年十一月改乾宁安抚司为琼州府，二年降州，三年复为府		海南卫	洪武二年八月
福建行省		洪武二年五月	福建都司		洪武七年二月置福州都卫，八年十月改福建都司
	福州府	吴元年		福州卫	洪武四年正月
				福州左右卫	洪武八年十月
	兴化府	洪武元年		兴化卫	洪武四年十月（提及）
	建宁府	洪武元年		建宁卫	洪武元年三月
				建宁左右卫	洪武八年十月

续表

行省	府	设置时间	都司	卫所	设置时间
	延平府	洪武元年		延平卫	洪武四年闰三月
	汀州府	洪武元年		汀州卫	洪武元年四月
	邵武府	吴元年			
	泉州府	洪武元年		泉州卫	洪武元年三月
	漳州府	洪武元年		漳州卫	洪武元年五月
四川行省		洪武四年七月	四川都司		洪武四年九月置成都卫，八年十月改四川都司
	成都府	洪武四年		成都右中前后卫	洪武四年九月
				成都左卫	洪武八年二月（提及）
	保宁府	洪武四年		保宁守御千户所	洪武四年十月
	顺庆府	洪武			
	夔州府	洪武四年			
	重庆府	洪武		重庆卫	洪武六年十一月由重庆守御千户所改
	遵义军民府	洪武五年正月			
	叙州府	洪武六年六月		叙南守御千户所	洪武四年十月
				青川守御千户所	
	马湖府	洪武四年十二月			
	潼川府	洪武			
	嘉定府	洪武四年			

续表

行省	府	设置时间	都司	卫所	设置时间
直隶		至正十六年七月置江南行中书省，洪武元年八月建南京，置行省。以应天等府直隶中书省，卫所直隶大都督府			
	应天府	至正十六年三月，洪武元年八月建都曰南京		留守都卫	洪武三年置留守司，五年正月改留守都卫
				长淮卫	吴元年十月
				濠梁卫	洪武三年四月（提及）
				怀远卫	洪武四年三月
	凤阳府	吴元年升濠州为临濠府，洪武二年九月建中都，六年九月改中立府，七年八月改凤阳府		长淮卫（水军）	洪武四年闰三月
				凤阳卫	洪武七年九月由濠梁后卫改
	淮安府	至正十六年四月		淮安卫	洪武四年正月
	扬州府	至正十七年改扬州路为淮海府，二十一年十二月改淮扬府，二十六年正月改扬州府		扬州卫	洪武四年十二月
	苏州府	吴元年九月		苏州卫	吴元年十二月
	松江府	吴元年正月		昆山卫	吴元年二月
	常州府	至正十七年改常州路为长春府，十九年改常州府			
	镇江府	至正十六年三月改镇江路为江淮府，十二月改镇江府		江淮卫	吴元年九月（提及）
	庐州府	至正二十四年七月（曾置江淮行省）		庐州过御千户所	洪武三年正月由合肥卫改
				六安守御千户所	洪武三年四月由六安卫改

续表

行省	府	设置时间	都司	卫所	设置时间
	安庆府	至正二十一年八月改安庆路为宁江府，二十二年四月改安庆府			
	嘉兴府	至正二十六年十一月			
	湖州府	至正二十六年十一月		吴兴卫	吴元年二月，洪武五年十一月并为龙骧卫
	太平府	至正十五年六月			
	池州府	至正二十一年八月改池州路为九华府，寻改池州府			
	宁国府	至正十七年四月		宁国卫	吴元年正月
	徽州府	至正十七年七月改徽州路为兴安府，吴元年改徽州府		徽州守御千户所	洪武三年四月由徽州卫改

* 资料来源：《明太祖实录》卷1—101；《国榷》卷1—6；《明史》卷40—46《地理志一至七》，记载互异处大体参照《明太祖实录》。

按：此表仅说明至洪武八年十月改都卫为都司时，各行省均置都司，各府几乎均置卫（或千户所），形成行政、军事两大系统。故凡未能确定其所在地及洪武八年十月以后设置的卫所，或设而复罢者均不列入，而一地之卫所名称出现变化，以后出者为准（关于明初卫所的设置，南炳文教授《明初军制初探》有详论，见《南开史学》1983第1、2期）。

从上表可以看出，虽然明初在形式上继承了元代的行省制度，二者实际内容却有很大差别。即在短期的"军国重事无不领之"之后，明代行者即与都司（之前为行府、都卫）分理政务与军务，形成省级国家权力的分离。行省的权力范围，主要是一省的民政和财政。

二、"三司"并立与省级权力机关体制的下降

至正十六年（1356），明太祖初置江南行中书省时，设置了提刑按

察使司，以王习古、王德芳为佥事。① 两年后，命提刑按察司佥事分巡府县录囚②，开了明代按察司分道之先河。如果说此时的江南行中书省实为明中书省的前身，那么，"按察司"则是此后御史台和都察院的雏形。而提刑按察司的分巡府县，则既开了明代按察司分道之先河，也是都察院监察御史分省巡按的开端。建元洪武之后，随着行中书省和行都督府（后为都卫、都司）的普遍设立，各省也先后设提刑按察使司，简称"按司"。

洪武三年（1370）七月，定各行省、行府、按察司官员会见位次：

> 凡诸道按察司官与行省及行都督府官公会，按察使、副使、佥事俱坐于参政、佥都督之下，省郎中、府经历之上。按察司经历坐于省员外之下，府都事之上。按察司知事坐于省、府都事之下。其各卫指挥司官与按察司官、各府州官皆依品从。③

这不仅说明各省按察司机构已相当完整，还说明行省、行府、按司并立的体制已基本确立。

洪武九年六月，改行中书省为承宣布政使司，简称布司、布政司，与都司、按司并称三司，最终完成了明初地方一级权力机关由行中书省到三司的过渡。由于行省、行府（都司）、按司分理财政与民政、军政、司法监察的体制早已形成，因此，改行省为布政司并不意味着省级权力结构改革的开始，而是标志着它的结束。除了使三司名称统一，改行省为布政司的实际意义只有两点：一、为以后在中央废除中书省作准备；二、强调地方必须秉承中央的意志。明太祖自撰"承宣布政使

---

① 《明太祖实录》卷4，至正十六年七月己卯。
② 《明太祖实录》卷6，至正十八年三月己酉。
③ 《明太祖实录》卷54，洪武三年七月丙申。

诰"云：

> 迩来朕有天下，更行省为承宣布政使司。所以承者，朕命也，宣者，代言之也，布者，张陈之也。所以政者，军民休戚，国之利病。所以使者，必去民之恶而导民之善，使知有畏从。于斯之职可不重乎！①

为了强调中央对地方的控制，竟将行政区划的名称改得如此复杂而累赘，可见明太祖在改革行政体制问题上的苦心和个性。这条诰文还特别强调，承宣布政使所承者为"朕命"，即直承皇帝的意旨，以示与行中书省为中书省派出机构的根本区别。

虽然官方对省级行政区划进行了名称上的改变，民间却仍然沿袭元时旧习，并除去"行"字，径称"某某承宣布政使司"为"某某省"。

洪武九年改行省为布政司时，全国除直隶外，有浙江、江西、福建、北平、广西、四川、山东、广东、河南、陕西、湖广、山西十二布政司。洪武十五年，置云南布政司。永乐元年（1403）以北平布政司为北京，与南京为南北两京。五年，置交趾布政司。十一年，置贵州布政司。至此，全国地方一级行政区划有南北两直隶和十四个布政司。另外在边疆地区还有辽东都司、奴尔干都司（以上在东北地区）、乌思藏都司和朵甘都司（以上在西藏）等军政合一的准省级区划，以及西北的赤斤、哈密等六卫，是为明代疆域的全盛时期一级行政区划的情形。

宣德三年（1428），罢交趾布政司，此后即为两直隶十三布政司。各布政司辖区内都是都指挥使司、布政使司、按察使司三大机构并立，分别对中央的大都督府、户部、都察院负责，互不统属。大都督府分为

---

① 朱元璋：《洪武御制文集》卷4《承宣布政使诰》。

五军都督府后,左军都督府领浙江、山东二都司及辽东都司,右军都督府领陕西、四川、云南、贵州、广西五都司及陕西、四川等行都司,中军都督府领南直隶、河南都司及中都守备司等,前军都督府领湖广、江西、福建、广东四都司,后军都督府领山西都司及行都司等。①

都指挥使司设都指挥使一人(正二品)、都指挥同知二人(从二品)、都指挥佥事四人(正三品)。其属有:经历司,设经历(正六品)、都事(正七品)各一人;断事司,设断事(正六品)、副断事(正七品)、吏目各一人;司狱司,司狱一人(从九品)。另有仓库、草场,各设大使(正九品)、副使(从九品)一人。都指挥使及都司的职掌是"掌一方之军政",统率本省卫所,军籍隶于中央五军都督府,并听从兵部的调遣,日常事务则是练兵、屯田、漕运、京操诸事。

布政使司设左右布政使各一员(从二品,贵州只设左布政使)、左右参政各一员(从三品)、左右参议各一员(从四品)。其属有:经历司,经历一人(从六品)、都事一人(从七品);照磨所,照磨一人(从八品)、检校一人(正九品);理问所,理问一人(从六品)、副理问一人(从七品),提控案牍一人;司狱司,司狱一人(从九品);库大使一人(从九品)、副使一人;仓大使一人(从九品)、副使一人;杂造局、军器局、宝泉局、织染局,各大使一人(从九品)、副使一人。布政使及布政司的职掌是"掌一省之政",明太祖称之为"方伯"。其主要职责在两个方面:一是理民政,包括管理户籍田册、抚民赈灾、劝民耕作;二是理财政,包括均平赋役,催粮征役,发放在省宗室、官吏、师生、军伍的禄俸廪粮。当然,作为承宣、张陈朝廷政令的布政使,还须负责晓示中央的各项政令及率府州县正官往京师朝觐等礼仪性事务。

---

① 《明史》卷90《兵志二·卫所》。

提刑按察使司设按察使一员（正三品），副使（正四品）、佥事（正五品）无定员。其属有：经历司，经历一人（正七品）、都事一人（正八品）；照磨所，照磨一人（正九品）、检校一人（从九品）；司狱司，司狱一人（从九品）。提刑按察使掌一省的刑名按劾之事，纠劾官员以澄清吏治，缉捕罪犯以整顿治安，受理诉讼以察理冤情，打击豪强以安抚贫民。所以严格地说，省略"提刑"而将其简称为"按察使"是不恰当的，但既然明人已约定俗成，本书也沿例称"按察使"。

如果说，布政使体现的是朝廷的恩泽，按察使则体现了朝廷的威势。但无论是恩泽还是威势，都需要以军事力量为保证，都指挥使所统辖的军队便是这一保证。

需要指出的是，明代省级权力机构由行省到三司的演变过程，其实也是省级体制下降的过程。这种下降一方面表现为省级权力机构一分为三，由原来的军政合一变为军政分离，而监察权又与行政权、军政权三足鼎立；另一方面表现为分割后的衙门品级降低，行政权力机关由原来的正二品（行省左右丞）降为从二品（行省参政及布政司布政使），军事权力机关由原来的从一品（行省平章）降为正二品（都指挥使）。不仅如此，即使与洪武元年设置的大都督府北平分府相比，都卫、都指挥使司的体制也有所下降。当时北平分府领府事的是都督副使（正二品）、不久列入二十一位开国功臣的孙兴祖，为其副者是由指挥使（正三品）升为都督佥事（从二品）、后封淮安侯的华云龙。而洪武四年任命广东、江西、河南等都卫都指挥使时，尽管明太祖声称"国家设都卫节制方面，所系甚重"，但任都指挥使的，均由正三品的卫指挥或都卫指挥同知越级升任。[1] 洪武十五年江西都指挥使空缺，出任此职的竟然

---

[1] 《明太祖实录》卷69，洪武四年十一月甲戌：以兴化卫使聂纬为广东都卫都指挥使、广东卫指挥同知胡通为指挥使，建宁都卫都指挥同知宋晟为江西都卫都指挥使，骁骑左卫指挥使郭英为河南都卫都指挥使，神武卫指挥使缪道为河南都卫都指挥使。

是太仓卫指挥佥事（正四品）吴斡，任都指挥同知的则是太仓卫百户（正六品）戴宗。① 更有甚者，洪武二十六年十月任命了一批都指挥使和都指挥同知，受任者均为"有才干、精力未衰"的致仕武官。② 省级权力机构体制上的下降，于此也一览无余。

第二节　"三司"的弊病与"三堂"的出现

一、"三司"并立的弊端

从理论上说，三司并立，各负其责，相互协调并相互制衡，所以明太祖认为十分"稳当"。实际上却是相互牵制、相互推诿。都司名义上掌一省之军政，但布政司参政、参议，按察司副使、佥事也有清军、监军乃至操练之责；布政司掌一省之政令，但纠劾官员、整肃吏治由按察司负责；按察司主吏治刑名，但都司、布司处处掣肘。不仅如此，中央也没有对地方三司实行统一管理协调的机关，如江西都指挥使司统于前军都督府并听命于兵部，按察使司同时听命于都察院和刑部；布政使司则财政民政听命于户部，刑法听命于刑部，土木工程听命于工部。至于官员的任命，则是文归吏部、武归兵部。

或许明太祖的"深意"正在于三司之间的无法协调，因为无法协调便得听命于中央，地方割据或违背中央的事情便无从发生。因此，三司并立可以说是典型的内耗型权力结构。地方权力的配置应当是为着更

---

① 《明太祖实录》卷142，洪武十五年二月己亥。
② 《明太祖实录》卷230，洪武二十六年十月丁丑。

好地控制地方，其基本责任在于维持地方的稳定。但是，一旦地方出现不稳定因素，三司并立的权力结构体系很快就暴露出事权不一、运转不灵、效率低下的弊端，尤其难以应付突发事件。正如何乔新抨击的那样：

> 我朝惩前代藩镇之弊，以都司典兵，布政司理民，按察司执法。凡军戎调发之政，布、按二司不得专，非有符验，都司亦不听调也。平日所以能前却之者，恃有三尺法耳。一旦有事，白刃临其身，厚禄诱其心，三尺法焉能制之？[1]

何乔新并非危言耸听。早在洪武年间，仅仅是永新、龙泉（今遂川）二县山民结聚，江西都司便屡讨不平，只得命申国公邓镇等率兵往讨。[2] 赣县发生民变时亦然。[3]

二、镇守武臣、文臣、内臣并设："三堂"的出现

明太祖对地方体制的改革，是以社会静态为前提的，但社会的发展始终处于动态中。随着社会矛盾的发展，以成祖起兵"靖难"并夺取皇位为契机，明代省一级的国家权力结构从永乐开始发生了一系列变化。都、布、按三司逐渐失去其法定的地位，下降为部门性业务机关及分道制派出机关。省级最高权力机构从洪武中期开始到正德、嘉靖，经历了以下的演变过程：都司、布司、按司"三司"并立—镇守中官、镇守总兵、镇守文臣"三堂"并立—巡抚都御史主持军政事务。但是，

---

[1] 何乔新：《论都司书》，《皇明名臣经济录》卷17《兵部四》。
[2] 《明太祖实录》卷156，洪武十六年八月癸亥。
[3] 《明太祖实录》卷199，洪武二十三年正月乙酉。

与洪武九年（1376）六月在中央的统一指令下各行省均改为布政司不同，各地省级权力机构从三司到三堂、三堂至巡抚的过渡却是在渐进甚至无序中完成的。以江西为例，这一过程始于建文四年（1402）八月即成祖即位后不久。

《明太宗实录》载：洪武三十五年八月初八日，"命右军都督同知韩观往江西等处操练军马、整点城池，广东都司、福建行都司、湖广都司军马听其节制"①。这是江西有镇守总兵之始。镇守总兵之设，既出于对建文朝旧部的疑虑，更由于原有的三司并立体制难以迅速平息"靖难之役"后所发生的地方动乱。与都指挥使司不同，总兵均由勋臣或都督府堂上官出任，地位崇高，而且具有"钦差"性质，在兵员调动上有更大的主动权。韩观到江西所做的第一件事，便是"越俎代庖"，招抚"啸聚劫掠"的庐陵县民。②

但是，总兵权力一大，又有控制上的问题，必须要有对其进行监督的力量。于是"右军都督陈晖、旗手卫指挥李忠往江西参赞都督韩观军事"③。说是"参赞"，其实就是监督。但同一系统内部的监督存在诸多不便，也不是"祖宗旧制"。明太祖于战时派往前敌"观军"的，既非文官，也非武官，建元洪武之前多为义子干儿，建元洪武之后则多为宦官。④ 这一惯例理所当然为成祖所效法，其后韩观由江西转镇广西，以及顾成等人出镇贵州等地，均有宦官随军监督，称"镇守中官"或"镇守内官"。⑤ 不过，军事将领固然可以平息一时之动乱、宦官固然可以直接向皇帝通报消息，却无法处理地方善后事务，更无法消弭动乱于

---

① 《明太宗实录》卷11，洪武三十五年（即建文四年，下同）八月己未。
② 《明太宗实录》卷11，洪武三十五年八月甲子。
③ 《明太宗实录》卷11，洪武三十五年八月庚午。
④ 关于这一问题，参见业师欧阳琛教授：《明代的司礼监》，《江西师范大学学报》1984年第4期。
⑤ 傅恒等：《御批历代通鉴辑览》卷102，永乐元年闰十一月。

未然，这些事情仍然得靠文官。这就使镇守或巡视文官的设置成为必要。

仍以江西为例。《明宣宗实录》载：

> 宣德五年（1430）十一月庚子，敕行在都察院副都御史贾谅、行在锦衣卫指挥王裕、参议黄翰，同奉御张义、兴安往江西巡视军民利病。凡军卫有司官吏及富豪大户奸民强盗为军民害者，体实擒拿，轻者就彼发落，重者连家属解赴京师。仍戒谅等务公勤廉谨，毋徇情枉法，纵释有罪及滥及无辜。①

上述"行在"云云，为永乐、宣德时明朝的中央机关。成祖在永乐八年（1410）以后将中央各部门迁往北京，南京仅留太子"监国"，但最终将京师定在北京是在正统六年（1441），其间中央各部门均称"行在"。贾谅等人的职责说是"巡视"军民利病，其实是安抚地方，且被赋予超越地方政府的权力。其制裁和打击对象，既包括所有军队系统的都司卫所和行政系统的司府州县，也包括一切民间的强势群体和动乱因素，而且，一经查实，即可便宜行事，"体实擒拿"。在这一行人当中，起着主导作用的，是都察院副都御史贾谅和宦官张义、兴安。

《明宣宗实录》又载：

> 宣德五年九月丙午，升行在吏部郎中赵新为吏部右侍郎、兵部郎中赵伦为户部右侍郎、礼部员外郎吴政为礼部右侍郎、监察御史于谦为兵部右侍郎、刑部员外郎曹弘为刑部右侍郎、越府长史周忱为工部右侍郎，总督税粮。新江西、伦浙江、政湖广、谦河南山

---

① 《明宣宗实录》卷72，宣德五年十一月庚子。

西、弘北直隶府州县及山东、忱南直隶苏松等府县。先是上谓行在户部臣曰:"各处税粮多有逋慢,督运之人,少能尽心,奸民猾胥,为弊滋甚,百姓徒费,仓廪未充。宜得重臣往莅之。"于是命大臣荐举。遂举新等以闻,悉升其官,分命总督,赐敕谕曰:"今命尔往总督税粮,务区画得宜,使人不劳困、输不后期,尤须抚恤人民,扶植良善,遇有诉讼,重则付布政司、按察司及巡按监察御史究治,轻则量情责罚,或付郡县治之。若有包揽欺侵及盗卖者,审问明白,解送京师,敢有沮挠粮事者,皆具实奏闻。但有便民事理,亦宜具奏。尔须公正廉洁、勤谨详明、夙夜无懈,毋暴毋刻,庶副朕委任之重。"①

从宣宗的敕谕可以看出,当时的执政者仅将这一次任命作为权宜之举,且责任只是督粮,但不久即命巡抚地方,事实上成为明代在各省普遍设置巡抚之始。诸人以临时性督粮为始任,以长驻一省巡抚地方为终结。除赵伦外②,赵新在江西、吴政在湖广、于谦在河南山西、曹弘在北直隶、周忱在南直隶的任期至少在五年以上,而赵新、于谦、周忱更为一代名臣。从宣德五年开始,至正统四年九月调任吏部管事,赵新巡抚江西九年;而周忱自宣德五年至景泰二年(1451),巡抚南直的时间长达二十年。③

其后,巡视都御史、巡抚侍郎或侍郎合二而一,演变为"巡抚都御史",巡视奉御也并入"镇守中官"或"镇守内官(或内臣)",巡抚都御史、镇守中官与镇守总兵一道,并称"三堂",构成了新的省级三

---

① 《明宣宗实录》卷70,宣德五年九月丙午。
② 《明宣宗实录》卷93,宣德七年七月辛酉条载:"时有言(赵)伦督粮赋用峻法、吏民不胜苦者,上闻之曰:即酷安可抚民,遂命(成)均往代之而召伦还。"
③ 《明宣宗实录》卷59,正统四年九月甲寅;《明史》卷153《周忱传》。

权分立体制。"三堂"之中,"镇守中官"总管全局并作为地方与中央的联系纽带,成为中国地方政治制度史上的一个奇特现象。

第三节 镇守中官的设置及其普遍化和制度化

一、永乐、洪熙时的"中官出镇"与"镇守中官"

关于镇守中官的始设时间,史籍所载互异。

洪武修订《诸司职掌》时,尚无镇守中官之设;正德初修《明会典》,未列中官职掌,致使当时一些重要情况失于记载;至万历重修《明会典》,距镇守中官的革除已有半个世纪,又有只载见在官司的原则,故于镇守中官之设,仅寥寥数语:

> 镇守内臣,自永乐初出镇辽东开原及山西等处,自后各边,以次添设。而镇守之下,又有分守、守备、监枪。①

据此,则镇守中官之设,始于"永乐初",先在辽东开原及山西等处,后及"各边"。清初官修《明史》,在《成祖纪》中,将镇守中官的设置定在"永乐元年(1403)":"是年,始命内臣出镇及监京营军。"但《宦官传》不及于此,只说永乐八年,"命马靖镇甘肃、马骐镇交阯"。而《职官志》又与《纪》《传》相左:

---

① 万历《明会典》卷126《兵部·镇戍一》。

（永乐）八年，王安等监都督谭青等军，马靖巡视甘肃。此监军、巡视之始也。及洪熙元年，以郑和领下番官军守备南京，遂相沿不改；敕王安镇守甘肃，而各省皆设镇守矣。①

将镇守中官的设置定在洪熙元年（1425），标志是郑和守备南京、王安镇守甘肃。

万历《明会典》及《明史》的《纪》《传》《志》在镇守中官设置时间上出现矛盾的原因有二。

一是所据史料的不同。《明会典》与《明史·成祖纪》说镇守中官始设于"永乐初"或"永乐元年"，根据的是张芹的《建文备遗录》及黄佐的《革除遗事》。《御批通鉴》说：

《明史》据《革除备遗录》，以为（镇守中官设置）始于是年（永乐元年），特书于《本纪》……初，惠帝御内臣严，燕兵逼江北，多逃入军中，漏朝廷虚实，帝深以为忠于己。及即位，封赏既行，诸宦官言功不已，帝患之。会镇远侯顾成，都督韩观、刘真、何福等出镇贵州、广西、辽东、宁夏诸边，乃命宦官中有谋者与之偕行，赐公侯服，位诸将上。未几，云南、大同、甘肃、宣府、永平、宁波亦各相继遣使。②

《明会典》所载，亦源于此。《明史》之《宦官传》《职官志》云镇守中官始设于永乐八年、洪熙元年，则本自王世贞《弇山堂别集》：

---

① 《明史》卷6《成祖纪二》、卷304《宦官传》、卷74《职官志三·内监》。
② 傅恒等：《御批历代通鉴辑览》卷102，永乐元年闰十一月。

- 402 -　　明代国家权力结构及运行机制

(永乐八年)敕内官马靖往甘肃巡视,如镇守西宁侯宋琥处事有未到处,密与之商议,务要停当……此内臣出镇之始也。然职尚止巡视,事毕回京。

……

洪熙元年正月丁未,命内官监太监郑和领下番官军守备南京……此南京守备之始也。其年二月,敕甘肃总兵费瓛、镇守太监王安。案此镇守之始见者也,计永乐末已有之矣。①

二是概念上的混淆。"中官出镇"与"镇守中官"是两个不同的概念。前者指的是中官被派往边镇协助或监督军事将领,属临时性差遣;后者是对出镇宦官的概称,它出现在出镇宦官的正式任命之后。这两个概念在宣德、正统以后,是同一个事物的两个方面,但在永乐、洪熙时有一个由前者到后者即由临时差遣到正式任命的过程。上引《明会典》及《明史·成祖纪》明显是指"中官出镇",《明史·职官志》指的则是镇守中官的正式设置,而《明史·宦官传》则将宦官的巡视认为是镇守中官设置的开端。

据《明太宗实录》,刘真、何福于建文四年(1402)八月受命镇守辽东、宁夏,韩观、顾成分别在这年九月和十月往广西、贵州镇守。②"宦官中有谋者与之偕行",则中官出镇的时间当在建文四年成祖即位初刘真等出镇辽东等地之时,而非永乐元年。在无法确定准确时间的情况下,《明会典》采用了虚载"永乐初",符合明人的传统说法;《明史》则用实纪"永乐元年",却产生了差错。又据查继佐《罪惟录》,宦官随成祖起兵靖难有功者,首推郑和、孟骥、李谦、云祥、田

---

① 王世贞:《弇山堂别集》卷九十《中官考一》。
② 《明太宗实录》卷11,洪武三十五年八月壬子、己未;卷12下,洪武三十五年九月乙未;卷13,洪武三十五年十月丙寅。

嘉禾、王彦、王安等，又以王彦（狗儿）为著。① 最早出镇的宦官，当是王彦等。王彦在正统九年（1444）卒于镇守辽东任上，似可为旁证。

但是，宣德五年（1430）修成的《明太宗实录》，既无关于中官"出镇"的记载，也无"镇守中官"的称谓，其中既有修史诸臣的遮掩，更主要的是永乐时出镇的中官，均属临时性差遣，且往往负有特殊使命，事毕即还。如永乐三年六月命郑和率役卒二万七千余人出海、遣山寿等领骑出云州；永乐六年正月遣王安往别失八里探寻本雅失里的去向、永乐八年十二月命马靖巡视甘肃等即是。② 随着一些出镇中官如王彦、王安等的久驻一地，以及永乐以后明代地方政治体制的全面调整，中官的出镇也由临时性差遣逐渐演变为正式任命，即在各地正式设置"镇守中官"（或称"镇守内臣"）。郑和由领兵使番到守备南京，王安由往别失八里到镇守甘肃，就是由临时差遣到正式任命的典型例证。

王世贞《弇山堂别集》将洪熙元年正月郑和守备南京、二月王安镇守甘肃视为南京守备太监及各省镇守中官设置之始，因《明史·职官志》沿袭，该说已被人们广泛接受，但并非确论。据《明仁宗实录》，永乐二十二年八月初五日，也就是成祖死后不久、仁宗即位的前十天，太监王贵通奉命镇守南京："命太监王贵通率下番官军赴南京镇守。"③ 这里的"王贵通"，当是王景弘的谐音。又永乐二十二年九月，命襄城伯李隆为南京守备。故洪熙元年正月命郑和为南京守备太监时敕云："于内则与内官王景弘、朱卜花、唐观保协同管事；遇有外事，同襄城伯李隆、驸马都尉沐昕商议的当，然后施行。"④ 宣宗即位后，于

---

① 查继佐：《罪惟录》列传卷之29《宦寺列传》。
② 《明太宗实录》卷43，永乐三年六月己卯、庚辰；卷75，永乐六年正月甲子。谈迁：《国榷》卷15，永乐八年十二月；王世贞：《弇山堂别集》卷90《中官考一》。
③ 《明仁宗实录》卷1上，永乐二十二年八月丁未。
④ 《明仁宗实录》卷7上，洪熙元年二月戊申。

洪熙元年六月敕谕李隆："凡事同守备太监郑和、王景弘计议，尽夜用心。"① 可见，南京守备太监的设置，不在洪熙元年正月，而在永乐二十二年八月；最早受命为守备太监的，不是郑和，而是王景弘。而镇守中官之名，也并非始见于王安，而是始见于山寿。《明仁宗实录》载：永乐二十二年九月，"遣镇守交阯中官山寿赍敕谕交阯头目黎利。"② 按山寿在永乐时已在交阯镇守，且与黎利相孚。因此，镇守中官的设置，当在永乐末年，起初主要是在辽东、甘肃、交阯等边镇。

二、宣德以后镇守中官的普遍设置

宣宗于洪熙元年（1425）六月即位，七月，命中官云仙往云南镇守，谕曰：

> 朕初即位，虑远方军民或有未安。尔内臣，朝夕侍左右者，当副委托，务令军民安生乐业。凡所行事，必与总兵官黔国公及三司计议施行，仍具奏闻。遇有警备，则相机调遣，毋擅权自用及肆贪虐。盖尔辈出外，鲜有不恃宠骄傲者。若稍违朕言，治以重法，必不尔贷。③

此后，宣德元年（1426）八月，命内官谭顺、内使陈锦往淮安，助平江伯陈瑄镇守④；宣德三年十二月，命太监刘宁往镇江、常州及

---

① 《明宣宗实录》卷2，洪熙元年六月辛亥。
② 《明仁宗实录》卷2中，永乐二十二年九月乙酉。
③ 《明宣宗实录》卷3，洪熙元年七月庚午。
④ 《明宣宗实录》卷20，宣德元年八月乙丑。

苏、松、嘉、湖等府"巡视军民利病"①，开始在各省普遍设置镇守中官。至于原来设在诸边的镇守中官，也从宣德元年三月开始，陆续补铸关防。②从此，镇守中官日渐成为明代地方政治体制中的重要组成部分。其主要表现在：任命手续的程序化、设置类型的系统化、职责范围的明确化。

永乐时，中官出镇皆由皇帝特差，基本上是随意的。宣德以后，任命手续逐步程序化。明代宦官外出，一般都要有相关部、寺开具的手本，内阁书敕，写明情由，方得成行。镇守中官的任命也被纳入这一程序之中。镇守中官的设置地点及员额，均以宣德、正统时的"成例"为依据。故大学士刘健在正德初年称："各分守、守备等内臣，旧设有数。"如员缺需要增补，得先由兵部奏请，或司礼监"传奉圣旨"到兵部，由兵部开具手本，送内阁票拟（称"书敕"），写明委任原由及职责范围，经司礼监批红，六科挂号，方许派出。梁储《请罢遣中官疏》云："先该兵部手本，开称司礼监太监温祥传奉圣旨，司设监太监刘允，着他前出四川等处公干，写敕与他。"③王恕成化时巡抚云南，也说镇守中官出镇"用司礼监印信，该科挂号，皇城各门俱打照出关防印子，皆所以防作伪也"。④据《明宣宗实录》，宣德二年六月，"命行在兵部，凡去年八月差往各处镇守内外官，皆令还京。"⑤即镇守中官任命之由兵部，从宣德时就开始了。故万历重修《明会典》时，关于镇守中官的叙述，也放在兵部。但镇守中官人选的推举，则由司礼监负责。正德

---

① 《明宣宗实录》卷49，宣德三年十二月丁酉。
② 《明宣宗实录》卷15，宣德元年三月己亥："命行在礼部铸镇守交阯内官关防。"《明英宗实录》卷6，宣德十年六月癸卯："给镇守陕西行都司地方内官关防。"
③ 梁储：《请罢遣中官疏》，《明经世文编》卷113。
④ 王恕：《驾帖不可无印信状》，《明经世文编》卷39。
⑤ 《明宣宗实录》卷28，宣德二年六月甲子。

初刘瑾便说："各处镇守出去，皆司礼举用。"① 正德十六年（1521）七月世宗即位不久，兵部请革各省镇守内臣，仍命"以后有缺，司礼监择廉慎老成者用之"。② 直至嘉靖十五年（1536），征镇守辽东太监王纯还京，仍"命司礼监选老成安静者代之"③。

镇守中官的资格虽无明确规定，但也形成了一些惯例。一般来说，南京等处守备太监属"司礼外差"，得由司礼监太监担任，这是正统以后随着司礼监地位提高而形成的规矩。其他衙门的太监任南京守备，也得转衔司礼监。如成化二十一年（1485）内官监太监李荣转司礼监，任南京守备即是。④ 诸边及各省镇守太监开始时由内府各监派遣，成化尤其是正德以后，多由御马监宦官出任。以正德元年为例，派出镇守中官二十余人，其中明载衙门职衔者十八人，御马监中官居半。⑤

三、镇守中官的类型与职责

宣德以后，镇守中官逐渐形成三种类型：南京等处守备中官、诸边镇守中官、各省镇守中官。

南京为明代留都，是东南地区的政治经济中心，地位十分重要。自永乐六年（1408）成祖经营北方，至十八年正式迁都北京的十多年里，南京一直由皇太子即后来的仁宗朱高炽居守。仁宗虽在北京即位，但仍将南京视为根本，即位前十天，先命王景弘为南京守备太监，不久又命郑和守备南京。从此，南京守备太监定额二员，并授关防一颗，文曰：

---

① 陈洪谟：《继世纪闻》卷1。
② 《明世宗实录》卷4，正德十六年七月辛未。
③ 《明世宗实录》卷183，嘉靖十五年正月甲戌。
④ 《明宪宗实录》卷265，成化二十一年闰四月辛卯。
⑤ 《明武宗实录》卷9，正德元年正月己亥；卷10，正德元年二月壬戌；卷13，正德元年五月庚辰；卷14，正德元年六月己酉、乙卯、甲子；卷18，正德元年十月丙寅。

"南京守备太监关防。"南京而外,中都凤阳府、寝陵天寿山以及兴都承天府也各设守备太监一人,均给关防。①

诸边镇守中官设置在从辽东沿长城至甘肃一线,即明代的"九边"地区。明初在这些地方多设有都司、行都司及卫所,并以军事机关代理行政。永乐时,陆续在这些地区增总兵镇守,下设分守参将及游击、守备等武职,同时分派中官出镇,监督、巡视军务。宣德以后,凡有镇守总兵官处,均设镇守太监(或少监);有分守参将处,设分守少监(或监丞);有武职守备处,亦设中官守备,一般是监丞、奉御、内使等。由此形成了镇守武臣和镇守中官两套完整的系统。各城堡关隘,多设监枪内官,专护火器,武职军官对此不得染指。据笔者不完全统计,仅在宣德至景泰的三十年里,诸边设镇守中官或监枪内臣的有甘肃、宁夏、大同、宣府、延绥、蓟州、辽东、万全、独石、怀来、密云、永宁、蔚州、紫荆关、雁门关、居庸关等三十余处。②

《明史·职官志》说:洪熙元年(1425),"敕王安镇守甘肃,而各省皆设镇守矣"。其实,王安镇守甘肃仍属诸边镇守,明初在这里设置陕西行都司,而甘肃建省是清代的事情。各省镇守中官的设置当自洪熙元年七月始。时宣宗即位,命中官云仙镇守云南(见上文)。严从简说:"宦官镇守,宣德末事也。其出将则正德间也。一则宣皇弥留之际,一则权奸用事之时。"③ 事实正相反,各省镇守中官的设置,并非宣宗"弥留之际",恰恰是其即位之初。严从简是典型的为尊者讳。据《明英宗实录》,英宗即位之初,宣德十年(1435)正月,"敕浙江等处都司、布政司、按察司曰:'比遣内官张达等往彼镇守,特为抚安军民,

---

① 刘若愚:《酌中志》卷16《内府衙门职掌》。
② 参见《明宣宗实录》、《明英宗实录》。
③ 谈迁:《国榷》卷50,正德十一年七月乙未。

提防贼寇，近闻军民皆已宁贴，今取达等回京．'"① 《国榷》将其记为："撤各省镇守内臣，仍敕各三司加意抚绥军民．"② 《御批通鉴》亦云："罢十三布政司镇守中官。其守备南京、镇守诸边，收粮徐州、临清，巡盐淮浙者如故．"③ 宣德年间，已在十三个布政司全部设置了镇守中官，只是在英宗即位初，由三杨主持，将其裁撤。

孟森先生对宣宗时各省镇守中官的设置也作了论述，但他只注意到宣德十年镇守中官的革除，而未曾注意其后复设，故曰："（宣德时）十三布政使（司）皆有镇守，宣宗崩后乃罢。终明之世，幸未复设……假使宣宗崩后不罢，不知王振、刘瑾等用事，天下成何景象．"④ 其实，宣宗去世时，掌内府者正是王振。前引陆容《菽园杂记》说宣德年间，"朝廷起取花木鸟兽及诸珍异之好，内官接迹道路，骚扰甚矣。自振秉内政，未尝轻差一人出外，十四年间，军民得以休息"⑤。这些"接迹道路"的内官，自然包括镇守中官，恰恰是王振"秉内政"时将其撤除的。但到景泰、天顺，特别是成化、弘治时，各省的镇守中官陆续恢复。与诸边镇守中官有镇守—分守—守备—监枪一整套系统不同，各省镇守中官除非常时期外，一般只设一至二员。⑥

不同类型的镇守中官，其职责也有所不同。

南京守备太监的职责是"护卫留都"。永乐二十二年八月，仁宗在给第一任南京守备太监王景弘的敕书中说：

---

① 《明英宗实录》卷1，宣德十年正月庚寅。
② 谈迁：《国榷》卷23，宣德十年正月庚寅。
③ 傅恒等：《御批历代通鉴辑览》卷103，宣德十年正月。
④ 孟森：《明清史讲义》上册，北京：中华书局，1982年，第115页。
⑤ 陆容：《菽园杂记》卷7。
⑥ 特殊设置例外，如江西有镇守太监一人，成化、弘治时设南赣巡抚，又增设镇守太监一人；四川有镇守太监一人，又设松潘镇守中官；云南有镇守太监，另设金齿腾冲镇守中官。

命太监王贵通（景弘）率下番官军赴南京镇守。宫中诸事同内官朱卜花、唐观保，外事同驸马都尉西宁侯宋琥、附马都尉沐昕计议而行。①

具体说，"内事"有南京内府衙门及孝陵卫事务，后湖垦艺及被谪种菜净身军人的管理，各地发往南京有罪内使的惩治及囚禁等；"外事"有南京城防江防的筹划，南京诸狱的录囚，大胜关等关隘官军的提调，江南各地赋税钱粮的征收等。

诸边镇守中官的职责是守边，具体说，一是"监军"，二是"抚夷"。

镇守中官的监军与监察御史不同。监察御史监军重在稽核功罪赏罚，镇守中官监军则拥有监督军事将领、协赞军事行动、整饬军纪边防等权限。洪熙元年四月，仁宗敕谕甘肃总兵官费瓛：

尔名臣子孙，为国重臣，先帝谓尔练习军政，付边寄。朕承先志，付托尤专。不意尔比来溺于宴安，而懦弱不振，低眉俯首，受制于人。大丈夫所为，固若是乎。②

这是镇守太监王安监督军事将领的结果。将领的公务私事，皆在中官的监督之中，且中官随时可以劾奏。正统初，镇守大同太监郭敬劾巡抚李仪、参将石亨相互龃龉，堕坏边事，致李仪下狱；又劾总兵官方政专权。③ 成化时，镇守宁夏太监王清劾总兵官李杲违法，致李杲下狱④；汪直劾大同副总兵朱鉴私遣士卒近边采药，数十人被杀死，致朱鉴下

---

① 《明仁宗实录》卷1上，永乐二十二年八月丁未。
② 《明仁宗实录》卷9上，洪熙元年四月庚子。
③ 杨士奇：《东里集·东里别集》卷3《辨方政被诬疏》。
④ 《明宪宗实录》卷32，成化二年七月己丑。

狱。① 协赞军事行动早在永乐八年就已有敕文,当时命中官马靖前往甘肃巡视,如西宁侯宋琥处事有未至处,密与之商议,务要停当。所以景帝不止一次重申:朝廷委任内臣各处镇守备御,监军行事,皆是祖宗旧制,不可更改。② 于谦在兵部批复提督永平等处军务佥都御史邹来学的题本时,让其会同镇守内官张溥等"协赞军务"③。正统以后,遇有战事,基本上形成了总兵官出战,镇守中官守城;或巡抚守城,总兵、中官出战的分工。

安抚边镇地区的少数民族,处理民族事务,是诸边镇守中官的又一重要职责。如正统五年(1440)九月,敕镇守辽东太监易信厚抚女真;正统十一年十月,瓦剌使者因入贡事求见大同镇守中官郭敬;弘治二年(1489)正月,左都御史马文升上疏,建议让延绥镇守太监与鞑靼议定入贡路线等。④ 可见镇守中官在民族事务中的作用。

各省镇守中官的主要职责是安民。宣德十年正月撤各省镇守中官时,仍向浙江三司官员解释当初派驻镇守中官的理由:"比遣内官张达等往彼镇守,特为抚安军民,提防贼寇。"⑤ 其实是在重申镇守中官的责任。宣德三年十二月的一份敕书则更为全面:

> 敕行在锦衣卫指挥任启、参政叶春、监察御史赖瑛,同太监刘宁往镇江、常州及苏、松、嘉、湖等府巡视军民利病,殄除凶恶,以安良善。凡军卫有司官吏,旗军里老,并土豪大户,积年逃军、逃囚、逃吏,及在官久役吏卒,倚恃豪强、挟制官府、侵欺钱粮、

---

① 《明宪宗实录》卷231,成化十八年闰八月丁丑。
② 《明英宗实录》卷187,景泰元年正月甲辰。
③ 于谦:《题为边务事二》,《皇明名臣经济录》卷14《兵部一》。
④ 分见谈迁:《国榷》卷24、26、41。
⑤ 《明英宗实录》卷1,宣德十年正月庚寅。

包揽官物、剥削小民；或藏匿逃亡，杀伤人命；或强占田产人口，或污辱人妻妾子女；或起灭词讼，诬陷善良；或纠集亡赖，在乡劫夺；为军民之害者，尔等即同大理卿胡概体审的实，应合擒拿者，不问军民官吏，即擒捕，连家属拨官军防护解京。有不服者，即所在卫所量遣官军捕之。仍具奏闻。①

根据这道敕书以及现有材料，各省镇守中官拥有以下职权：监督文武官吏，调遣卫所官军镇压人民反抗、弹压土豪大户、缉捕在逃人犯，应地方治安的需要而向中央建议增削行政、军事设置，协调本省文武官员及司、府、县机构的公务，招抚流失人口等。

所有的镇守中官又负有另外两项特殊使命。

一是作为朝廷耳目，随时通报各地情况。景泰元年（1450）十月，山东右布政使裴伦请罢镇守中官，景帝当即予以反驳："往岁各处贼寇生发，人民流散，因令内官镇守，得知事情缓急。今（裴）纶擅欲取回，主意安在？"② 景泰四年九月，吏科都给事中卢祥请罢镇守中官其他职事，"惟理机密"③。可见，作为皇帝耳目是镇守中官的重要职责。

二是为皇室采办土物贡品，作为奴才对主子的"孝顺"。陆容《菽园杂记》云："各镇守内官竞以所在土物进奉，谓之'孝顺'。"④ 孝顺的名目繁多，数量浩大。弘治时巡抚云南都御史王诏等言，已故镇守太监王举选作奇玩器物进贡，其名目有屏风、石床、金银器皿、宝石、珍珠、象牙、漆器等，又有金镶玉、宝石帽顶等，请求分别予以销毁或入库，孝宗却命"悉解送京来"⑤。河南镇守太监廖堂的贡物有古铜器、

---

① 王世贞：《弇山堂别集》卷93《中官考四》。
② 王世贞：《弇山堂别集》卷91《中官考二》。
③ 《明英宗实录》卷233，景泰四年九月丙辰。
④ 陆容：《菽园杂记》卷1。
⑤ 王世贞：《弇山堂别集》卷93《中官考四》。

窑变盆、黄鹰、锦鸡、猎犬、羔羊皮等。所有这些贡物，有的是镇守中官别出心裁所选，有的则是朝廷的指令。如甘肃等边镇守太监被要求采捕鹰豹等野味，广东太监则需进贡珍珠等海珍，不一而足。而这些，又只有由镇守中官办理最为合适。

四、镇守中官的地位及所受制约

镇守中官、镇守总兵、巡抚都御史三堂之中，总兵之责在领兵，巡抚之责在安抚，中官之责在协调。成化十四年（1478）正月，兵部尚书余子俊等人因三堂地位问题申明条例：

> 在外总兵、巡抚，恒以位次相争。合令左右都督与左右都御史并，都督同知与副都御史并，都督佥事与佥都御史并，俱文东武西。独伯爵以上，则坐于东，而内臣居中，则争端自息。[①]

镇守中官居中而坐，文东武西分列，宦官的地位也由此可见，因为他代表着皇帝或中央。尽管如此，这并不说明镇守中官对重大事务具有决定权。如中官、总兵、巡抚意见相持不下，仍由中央定夺。《明宪宗实录》载：

> 成化十六年四月乙亥，命湖广荆襄等卫所备御清浪等处官军各留其半，以备差操，其备御有缺，即于清浪等屯军内以次选补。初镇守太监王定、总兵官王信、巡抚都御史吴诚、荆襄分守太监韦贵、抚治大理寺少卿吴道宏等，各执存留备御之见，久不能决，至

[①] 《明宪宗实录》卷174，成化十四年正月乙酉。

是兵部议上，遂有是命。①

从具体职责来说，南京守备太监的职责是"护卫留都"，守备勋臣、参赞南京机务兵部尚书也有相同的职责；诸边镇守中官的职责是守边，镇守总兵官的职责也是守边；各省镇守中官的职责是安民，与巡抚都御史的职责一样。那么，总兵、巡抚、中官三堂在负有同样职责的情况下，应该有不同的分工。论者多因宦官骄横跋扈而认为镇守中官无所不管，不受约束。其实不然。正德十四年（1519）六月，武宗命内阁将延绥、山西、宁夏、甘肃、陕西、辽宁、蓟州各总兵、巡抚官的职掌增入镇守太监敕中，被大学士杨廷和等拒绝：

> 各镇守总兵官、巡抚都御史及镇守太监，各有一定职掌，敕书彼此不同，皆有深意，此屡朝成法也……一旦无故轻易变更，他日律以祖宗之法，孰任其咎，臣等不敢曲为阿顺。②

在此之前，梁储等人也拒绝该书敕："各处镇守、守备内臣，其当行事务，旧有定规。"③ 可见，镇守中官并非无所不管，其职权受到一定的限制，不然，也毋须屡请在敕书中增加职掌。成化七年四月，兵科给事中章鉴等人的一份奏疏指出：

> 国家之制，边方以文臣巡抚，以武臣总兵，而内臣纲维之。事体相埒，职位相等，胜则同其功，败则同其罪。④

---

① 《明宪宗实录》卷202，成化十六年四月乙亥。
② 《明武宗实录》卷175，正德十四年六月癸亥、戊辰。
③ 《明武宗实录》卷160，正德十三年三月戊辰。
④ 《明宪宗实录》卷90，成化七年四月甲辰。

于此可见镇守中官虽地位崇高，但仍有职责划分，镇守中官不得侵夺武臣的总兵权和文臣的巡抚权。即使在护卫留都、守边安民的法定职责内，镇守中官也不得随意侵夺总兵、巡抚及其他部门的职权。同时，还受到各种制度的制约。

镇守中官有权监督、弹劾所在地区的文武官员，还可举荐、请留甚至"奏罢"地方长吏，却没有升迁罢黜官员的权力，也没有考察官吏的职责。景泰二年（1451）十一月，镇守福建刑部尚书薛希琏请会同镇守中官右监丞戴细保考察文武方面官员，就遭到吏科给事中们的坚决反驳：

> 旧例之（按：指考察官吏）任不以属内臣，（薛）希琏乃欲会同内臣考察，不惟假以媚权贵，抑且因以纵黜陟，殊失大体，有辜重任，请正其罪。诏宥希琏不问。考察官员仍如旧例。①

考察官吏仍由巡抚、巡按及按察司会同进行。

镇守中官有权监军、随军出征，甚至根据需要调遣所在卫所官军，却不可单独领兵及擅提军职。成化七年四月，延绥战事失机，科道论镇守太监秦刚、巡抚王锐、总兵官房能之罪，御史杨守随等认为主要责任在总兵官："房能专持兵柄，非特如内臣之总理、文臣之兼督也。"② 可见"兵柄"不在中官。其实，永乐时曾常有宦官领兵之事，如郑和、王景弘领兵下番，山寿领兵出云州侦察蒙古军情，王安领兵往别失八里等皆是。宣德以后，对此作了调整，镇守中官只能随军出征而不能单独

---

① 《明英宗实录》卷210，景泰二年十一月癸卯。
② 《明宪宗实录》卷90，成化七年四月甲辰。

第十三章　行省、三司与三堂：省级权力结构的调整　　　-415-

领兵。弘治三年（1490）五月，又以总督两广军务右都御史秦纮所言，禁镇守中官擅执军职，① 进一步限制了中官对军队的干预。

镇守中官有权在辖区替皇室采办土物贡品，同时乘机搜括敲剥，但非特命不得参与地方赋税钱粮的征收及矿山的管理。以福建市舶司为例，景泰四年十二月，命来住代替戴细保镇守福建，"仍兼领市舶"②。戴细保曾兼领市舶司，来住继之，但领市舶司并非福建镇守中官的法定职责。成化十二年四月，福建巡按御史叶稠为讨好镇守太监卢胜，请将市舶司归其管辖。明政府没有应允叶稠的要求，而是另遣内官韦眘领市舶事。③ 又如采矿，成化三年三月，命四川、云南镇守太监兼领，而浙江、福建则另遣内使管理。④

镇守中官有权过问地方司法事务，并与抚按定期录囚，却不得自行受理讼事。明代诉讼由地方里老、县、府、按司、巡按御史受理，按律不得越诉。但由于镇守中官有安民防寇之责，官民军匠间恃强凌弱、起灭词讼之事皆得预闻，因而多有直接受理讼事、径行处置者。天顺二年（1458）十月，陕西延安府儒学学正罗中专疏此事：

> 词讼起于不平，听断各有攸司。比者各处镇守太监、侯、伯、都督等官，不务固守城池，抚安军民，以尽厥职，顾恃官高，往往滥受民讼。或批发所司而嘱令枉断，或差人提取而骚扰官民，甚至视所赂之多寡而断所讼曲直，是致刑罚不中，善良被害。乞敕都察院移文各镇守太监等官，自后不许干预词讼。仍榜禁军民人等，果有不平，第许循序赴诉所辖官司，不得辄诉镇守官处，违者治罪。⑤

---

① 《明史》卷178《秦纮传》。
② 《明英宗实录》卷236，景泰四年十二月丙午。
③ 《明宪宗实录》卷152，成化十二年四月乙未。
④ 谈迁：《国榷》卷35，成化三年三月。
⑤ 《明英宗实录》卷296，天顺二年十月乙亥。

弘治三年，都御史秦纮复论此事。此后，镇守中官被禁止受理民讼。

另外，镇守中官的活动自弘治时起得接受抚按官的考察和兵部的勘核，各地巡抚、总兵、巡按及有关官吏也有向中央弹劾不法中官的权利。这样，镇守中官完全被纳入明代的地方政治制度之中。只是因为镇守中官中多有恃宠骄横、为非作恶者，所以人们注意的往往是其随意性而不是制度性。《弇山堂别集》有一段很有意思的记载：正德十四年宁王宸濠在南昌起兵时，认为南京有守备太监刘琅为内应，浙江有镇守太监毕真相呼应，江南各处指日可下，结果无一处事成。这也说明镇守中官受到各方面的钳制。

第四节　正德时镇守中官的泛滥及嘉靖初的革除

一、正德时期的镇守中官

虽然镇守中官的设置在宣德以后趋于制度化，镇守中官的职权及活动受到各种限制，但由于最高统治者的纵容，一些制度化的"成例"经常遭到破坏。正德时，随着官僚政治的腐败和宦官势力的扩张，镇守中官的设置更加泛滥，主要表现为：设置旧额被突破、委任程序被打破、镇守中官对地方事务进行全面干预甚至直接参与地方叛乱、在各地掀起搜刮民财的狂潮。

南京守备太监定额两员，至正德元年（1506），已有余庆、黄准、黄忠、刘云四人同守备南京。所属龙江关另有内官把守，内府各库也由内官监管，而守备太监仍不断奏讨增员，仅常盈仓内官就由成化时的二员增至十三员，广运仓也由一员添至五员，远远超出原额。① 天顺、成化时诸边设镇守中官三十余处，至正德，仅北直隶就有蓟州、密云、居庸关等三处设有镇守太监，遵化、滦阳、永平等二十四处设有分守、守备中官，加上监枪等内使，北直隶的镇守中官已相当于以前诸边镇守中官的总额。② 宁夏原设太监一人，正德五年四月，安化王起兵，在宁夏一处就杀了镇守太监三人、少监一人。③ 故大学士刘健等多次奏请裁减："各处分守守备等项内官，旧设有数，今添至几倍。"④ 这所谓"添至数倍"不仅仅是正德年间的事情，弘治时已如此。

镇守中官的委任程序也被打破。以正德十年为例，置诸边镇守中官四人，皆为"中旨"；又在广西、陕西、河南、湖广、贵州、云南、山东、江西、四川等九个布政司更换镇守太监，也全是"中旨"。⑤

镇守中官的职权亦在急剧膨胀。正德元年十一月，特许凤阳守备太监倪文兼辖凤阳、庐州等府卫军民；二年二月，许分守密云内官王昕免受镇守总兵与巡抚都御史节制，并给符验旗牌；四年六月，从凤阳守备太监黄淮之请，命少监金奉同南户部主事共收税粮；十一年七月，许镇守山东太监黎鉴收泰山元君祠香金；十二年五月，许镇守湖广太监杜甫巡历所部；十三年二月，许守备凤阳太监丘得兼统庐、淮、扬、徐、和等府州政务；同年五月，许分守潼关太监黄玉视潼关兵备副使例，管理陕、商、解、蒲诸州；十四年六月，命将延绥、山西、宁夏、甘肃、辽东、蓟州各总兵、巡抚官职任俱入各镇守太监敕中。⑥ 在此之前，守备

---

① 梁材：《革徐淮二仓内臣疏》，《明经世文篇》卷104。
② 陆容：《菽园杂记》卷5。
③ 《明武宗实录》卷62，正德五年四月庚寅。
④ 《明武宗实录》卷4，弘治十八年八月庚辰。
⑤ 见《明武宗实录》正德十年各卷。
⑥ 参见《明孝宗实录》《明武宗实录》《明世宗实录》各卷。

凤阳太监丘得、镇守延绥太监刘祥、宁夏太监马锡、大同太监许经、宣府太监颜大经已经改敕，获得了统兵、巡历等特权。① 随着权力的扩充，一些镇守宦官的权欲也进一步受到刺激，直接参与地方叛乱。宁王朱宸濠叛乱，浙江太监毕真、河南太监刘璟、南京太监刘琅密谋响应并付诸行动，皆因"濠党"而下狱。②

采办土物贡品，是各地镇守中官的特殊使命，也是他们搜刮民财、中饱私囊的极好机会。早在永乐、宣德时，宦官的搜刮就已造成严重后果并引起朝野的广泛关注。永乐十六年（1418），因中官马骐采办土物贡品，"大索境内珍宝，人情扰动"，致使交趾大乱，不可收拾。③ 宣德六年（1431），太监袁琦出使广东，"假公务为名，擅差内官内使往诸处凌辱官吏军民，逼取金银等物，动累万计"。由于群情激愤，"归怨朝廷"，宣宗不得已将其处死。④

至正德，各地镇守中官更掀起搜刮财富的狂潮。据陈洪谟《继世纪闻》说：刘瑾认为镇守中官皆因贿赂司礼监而得举用，劝武宗将各地镇守尽皆召回，另换一批新人。而"新用者论地方大小，借贷银两进献，即得差用"。一到地方，即"剥削民财，全无顾忌"。⑤ 故户科给事中刘蒨有"用新人不若用旧人，犹养饥虎不若养饱虎"之说。⑥ 廖堂在河南、陕西，刘琅在河南、南京，刘瑾在浙江、两广、河南，毕真在山东、江西、浙江，韦经在两广，董让在江西，刘云在陕西、南京，无不以朘削称，积财巨万。

吏部主事孙磐以诸边为例，抨击了正德时期镇守中官之弊：

---

① 《明武宗实录》卷160，正德十三年三月戊辰。
② 王世贞：《弇山堂别集》卷97《中官考八》。
③ 《御批历代通鉴辑览》卷102，正德十六年正月。
④ 《明宣宗实录》卷85，宣德六年十二月丙申。
⑤ 陈洪谟：《继世纪闻》卷1。
⑥ 《明史》卷188《刘蒨传》。

> 今各边镇守、分守、监枪诸内臣，托以心腹，而其诛求百计，实为腹心之病。役占健卒，置于标下，纵之生事，以为爪牙。或抑买弓弦缨子而总收军饷，或扣转仓场马料而坐支官价，或私猎走役战马，或私种夺占耕牛……家人头目皆无籍恶少，聚众侵剥，势若虎狼。武职借以夤缘，宪司不敢诘问。一遇有警出战，惟驱占剩羸卒当之，故不能永斗决胜。及战有微功，虚张捷报，则皆附势挟贵者攘之。①

镇守中官的活动，扰乱了社会经济秩序，加深了明王朝的政治危机，因此，直接导致了嘉靖时的制裁乃至全面革除。

二、嘉靖前期对镇守中官的革除

早在景泰元年（1450），兵部尚书于谦就指出："内臣凡腹里地方，亦乞减省，庶臣下不致旷职，军民亦免烦扰。"② 山东右布政使裴纶也要求："请敕廷臣会议，凡非边境，有巡抚官处，俱命（中官）回京，庶内臣无轻出之劳，有司免供应之扰。"③ 但当时人们还只是要求撤回内地各省镇守中官。弘治十八年（1505）六月，武宗即位，兵部请罢沿边监枪、分守、守备内臣，内阁也利用拟登极诏的机会，命减裁各处添设分守、守备等官。④ 正德元年（1506），吏部主事孙磐又提出："尽

---

① 王世贞：《弇山堂别集》卷94《中官考五》。
② 《明英宗实录》卷191，景泰元年四月丙子。
③ 王世贞：《弇山堂别集》卷91《中官考二》。
④ 《明武宗实录》卷2，弘治十八年六月乙亥；卷4，弘治十八年八月乙丑、乙亥；卷1，弘治十八年五月壬寅。

取沿边内臣回京，所带头目尽行革去。"① 但均未成功。直至嘉靖初，世宗由外藩入继大统，才在杨廷和、张璁等人的主持之下，开始了对镇守中官的全面革除。

嘉靖时革除镇守中官是通过这样几种方式进行的：

一是在总体上打击和削弱宦官势力。世宗于正德十六年四月即位，六月，汰锦衣卫冗校三万余人；七月，又裁京卫各厂局旗校十四万余人，同时裁革南京内府各监局官。嘉靖八年（1529）五月，裁汰御马监勇士三千四百余人，又禁止内侍子弟授锦衣卫官、追夺内侍家人所得的爵位、收夺中官庄田。这些措施，从政治、军事、经济等方面削弱了宦官势力。

二是裁削镇守中官在正德时所获得的特权，恢复"旧制"。正德十六年五月，收凤阳、密云守备太监符帜。凤阳守备只许管理皇陵皇城，监管高墙庶人；密云分守中官仍得听蓟州总兵、巡抚节制。嘉靖七年八月，重申镇守中官不得受军民词讼的禁令，并将正德时增入镇守中官敕内的职责全部收回。

三是严治镇守中官之罪。从正德十六年四月至嘉靖十年，因罪罢免的镇守中官有辽东于喜、王纯，河南董文，贵州王闰，开原刘岑，潼关黄玉，山西周缙，陕西张绅，四川萧通等十多人。一般是罢而不补。

四是渐次革除各地镇守中官。正德十六年，首先撤山海关内臣及云南金齿腾冲分守太监；嘉靖八年，裁守备、监枪等内臣，将其职责并入镇守太监。嘉靖九年和十年，先后将剩余的云南、蓟州、浙江、江西、湖南、福建、独石、万全、永宁等镇守中官革除。至此，除南京、凤阳等守备太监保留外，所有边镇、内地的镇守中官均被革除，只留有黄花

---

① 王世贞：《弇山堂别集》卷94《中官考五》。

镇一处，后者于嘉靖四十年革去。①

《明史·职官志》说各地镇守中官"至嘉靖八年后始革"，是以这年三月裁守备、监枪内臣为根据的。从制度上来说，《明史》的这一结论是正确的。另据沈德符《万历野获编》：

> 镇守内臣之革，在嘉靖九年十年间，天下称快。此正张永嘉（璁）入相时也。至十七年，而太师武定侯郭勋奏请复之，上许云贵、两广、四川、福建、湖广、江西、浙江、大同等边，各仍设一人，中外大骇。时任邱李文康（时）当国，不能救正，人共惜之。十八年四月，以彗星示变，将新复镇守内臣尽皆取回，遂不再设，距用郭言，甫匝岁耳。是时当国者，为夏贵溪（言）。而严分宜（嵩）为大宗伯，题请得旨，其功亦不细。今人但知裁革镇守，归美于永嘉，而夏、严二公，遂不复齿及，岂因人而没其善耶？抑未究心故实也。②

据此，则镇守中官革除后仍出现过反复。但据《明世宗实录》：

> 先是武定侯郭勋欲复各处镇守分守内臣，并委其取矿课以资国用。兵部覆言："此辈害民，在先朝已极，顷幸圣断裁革，民始安堵，不当复从。"上曰："各处镇守内臣，原不系太祖定制。今且著云南、两广、四川、福建、湖广、江西、浙江、大同每用一人，内监慎选以充，不得作威生事。"已，都给事中朱隆禧等言："皇上登极诏革内臣，中外臣民一时称快，（郭）勋徒因取矿一事而欲

---

① 以上参见《明世宗实录》各卷及王世贞《弇山堂别集》卷98—100《中官考九至十一》。
② 沈德符：《万历野获编》卷6《内监·镇守内臣革复》。

并复镇守，诚恐黩货殃民，天下汹汹，臣等不能计其所终也。"上是其言，竟已之。①

郭勋曾有复设镇守中官之议，世宗首肯，但因兵部及科道的反对而未行。故《明史》郭勋、李时、夏言等传均不记此。沈德符只知有复设之议，未察其未行之实，故有嘉靖十七、十八年镇守中官的革复之说。

三、明代宦官及镇守中官再检讨

对于中官出镇和镇守中官的设置，论者多从明代君主专制的强化进行说明，认为君主对外廷文臣武将不放心而将地方事务委托于"家奴"，是有一定道理的。但这只是问题的一个方面，因为，这种看法无法解释嘉靖时镇守中官的革除，难道成祖、仁宗、宣宗，乃至武宗都不放心外臣而唯独世宗放心，难道其他君主均专制而唯独世宗不然？

客观地看，镇守中官在明代的设置，既有中国君主专制强化的历史必然性，更有明初社会的现实必要性。成祖即位后，面临着三大难题。一是统治阶级内部矛盾的激化。由于成祖夺取皇位的手段颇为时人不齿，因而许多官员采取了不合作的态度，甚至潜往各地采用多种方式进行对抗，建文帝也下落不明。这些，都对成祖皇位构成了威胁。二是社会矛盾的继续发展。尽管明初采取了一系列措施恢复和发展生产，惩治贪官污吏，打击豪强大户，但社会矛盾从未真正缓和。仅据《明实录》所载，洪武、永乐两朝发生的有一定规模的汉族人民的武装斗争就有一百多起，而"靖难"期间及以后一段时间表现得更加严重。三是边备

---

① 《明英宗实录》卷211，嘉靖十七年四月戊午。

的虚弱。由于明太祖大肆杀戮有功将领,"靖难"时蓟、辽一带的精兵强将又席卷南下,而蒙古势力迅速复苏,整个北部边防显得过于空虚。淇国公丘福奉命征讨蒙古,结果全军覆没,随成祖起兵的重要将领几乎阵亡过半。在这种形势下,成祖一面对公开的反对派进行无情镇压;一面又得派遣军事将领往各地镇守,以求稳定内地,防御外患。

由于"靖难"之役进行得过于顺利,成祖尚未在战争中培养出足够的高级将领就夺取了政权,因此,派往各地的镇守总兵多为建文旧臣,有的还曾直接与燕兵对垒。以建文四年(1402)九、十月间最先派出的几位镇守总兵为例,何福曾与盛庸、平安会兵伐燕,战于淮北;顾成从耿炳文御燕师,战于真定;韩观也奉命练兵德州,抗御燕师。虽然他们在归降后受到优礼,分别镇守宁夏、贵州、广西,但毕竟往事耿耿,成祖对他们也不可能完全放心。但这种不放心并非一般的君主对将领的猜忌,而是在特定条件下的自然心态。中官随何福等出镇,说是因为"争功不已",实是掩人耳目,他们负有监视总兵的特殊使命。即使像宋琥,既是靖难勋臣,又是成祖女婿,成祖也仍遣中官察其行为。沈德符认为,这是"内难初平,恫疑未解"[①] 而致,是有道理的。其后何福畏罪自缢,宋琥因不敬而夺爵。

明代武官的世袭制度,造成了将领的怯懦和无能。吴宽指出:"洪武永乐之初,武臣皆起自行伍,身经百战,功名富贵,自我取之,故其名实相副。后世子孙,承袭旧勋,坐享高爵,固有不能弯弓跨马者矣,此其名实相戾,无怪其不能将也。"[②] 成祖、仁宗、宣宗也经常埋怨将领的无能。洪熙元年(1425)四月初一、仁宗同时敕责辽东总兵官朱荣、山海永平等处总兵官陈英、甘肃总兵官费𤩐及所属将领,谓其"溺

---

① 《明史》卷144《何福传》《顾成传》,卷155《宋晟附宋琥传》,卷166《韩观传》。
② 吴宽:《论西北备边事宜》,《皇明名臣经济录》卷16《兵部三》。

于宴安,而懦弱不振","略不念朝廷付托之重,恬然自逸,未尝一出巡视关隘。壮士健卒,留卫左右;饥寒穷苦无资之人,令守烟郭关口。""上下相师成风,军务都不留意,是以寇奄至而不觉,人被掳而不知。"① 守边尚且如此,更不用说孤军深入,远征漠北。

与这些或心怀二志,或怯懦无能的将领相比,宦官有很多优势。首先是政治上可靠。他们或"自小随侍,颇称使令";或追随成祖起兵,东征西讨;或舍生忘死,引领燕兵直下南京。故成祖、仁宗皆以为"忠于己"。二是敢于担当,无所畏惧。如交趾黎利起兵发难时,山寿"力言(黎)利与己相孚,今往谕之,必来归。"并表示:"如臣谕而彼不来,臣当万死。"② 虽然事情没有成功,却敢于承担责任,足使人主信赖。三是能征敢战,奋勇当先。郑和、孟骥、云祥、王彦等皆以敢战闻名,而"(王彦)最敢战先登"③。永乐八年(1410)成祖北征蒙古,先战于斡难河,再击阿鲁台,护卫左右、勇当敌锋者,也多是宦官。四是宦官中有不少是少数民族,熟悉"夷"情,敢于深入。如第一位领兵巡视黑龙江流域奴尔干都司的亦失哈(又名易信)、第一任甘肃镇守太监王安是女真人,从成祖起兵靖难的郑和、孟骥是回人,云祥、田嘉禾是蒙古人,交趾镇守太监山寿、马骐很可能也是少数民族。在诸边的民族事务中,往往需要这些少数民族的宦官发挥作用。

查继佐一方面谴责"明累朝率中贵用事",一方面又不能不承认:

> 燕初起,不可为名,士大夫多缩匿,而诸阉无所顾惜,且又多域外人,文皇既借其锋,便不能如祖训云云,势使然也。④

---

① 《明仁宗实录》卷9上,洪熙元年四月庚子。
② 《明仁宗实录》卷2中,永乐二十二年九月乙酉
③ 查继佐:《罪惟录》列传卷29《宦寺列传》。
④ 查继佐:《罪惟录》列传卷29《宦寺列传》。

这种从"势"的角度来看宦官的重用、镇守中官的设置，是很有见地的。事实证明，永乐、洪熙、宣德时期的镇守中官在沟通民族关系、加强边备、监督文武官吏、镇压内地人民斗争及统治阶级的反对派等方面确实起了一定的作用，因而由临时差遣逐渐演变为地方制度。

明初三司并立的省级体制，在某种意义上也使镇守中官的设置成为必要。何乔新已论三司相互牵制之弊，朱国祯也认为，洪武、永乐、宣德时民变四起，难以平息，在于"经制未明"，"兵权尚属都司，布、按藐为武吏，若不相干，有司观望，不肯尽力"。[①] 在士大夫缩匿、将领怯懦、地方政治体制改革刚刚开始的永乐、宣德时期，要协调三司、平定地方，宦官当然是可以依靠的力量。

随着镇守中官的普遍设置以及景泰、天顺以后尤其是正德时期镇守中官权力的膨胀，这一制度也迅速走向反面，由解决地方体制缺陷、守御边境、安抚内地、监督官吏不法行为的有效措施，演变为破坏正常统治秩序、激化阶级矛盾和统治阶级内部矛盾、废弛边备、腐败政治、支持地方反对势力的重要动乱因素，对明朝的中央统治构成严重危害。因此，从景泰时起，一些中央和地方官员就不断要求召回内地镇守中官。成化以后，革除诸边镇守中官的呼声越来越高。至正德，镇守中官已经到了非革除不可的地步。武宗中年夭亡，世宗由外藩继统。革除镇守中官的条件成熟了。

《明史·宦官传》说：

> 世宗习见正德时宦侍之祸，即位后御近侍甚严，有罪者挞之至死，或陈尸示戒……又尽撤天下镇守内臣及典京营仓场者，终四十

---

① 谈迁：《国榷》卷 23。

余年不复设。

《罪惟录·宦寺列传》也说：

> 上（世宗）感毅皇（武宗）任用中官之过，御内臣颇严。……尽收在外中官。

二书都从吸取正德时教训这一角度来解释嘉靖时对镇守中官的裁革。但是还应看到，镇守中官此时已失去存在的必要性。

成化、弘治以后，边境虽仍是多事之秋，但瓦剌已经衰落，鞑靼对明朝构不成像永乐、正统时期那样的威胁。经过于谦对京营的整顿和改革，以及明政府对边镇的一系列经营，明军的防边部署较前严密，"武臣总兵，文臣监督"的新格局已经形成。更为重要的是，各省地方政治体制的调整已基本完成，巡抚已成为明代新的省级机构，形成了巡抚—布、按—府县这一统治阶梯，强化了对地方的统治功能。因此，虽然镇守中官中也有陕西晏宏、河南吕宪这样"忠良廉靖，缙绅所不及"的人物，但作为一项制度，镇守中官无论在诸边还是内地，均成了政治体制中的累赘。世宗由外藩继统，既怕廷臣结党，亦防内监蒙蔽，重用在大礼议中由自己提拔的以张璁为首的文职官员，对宦官势力进行一系列打击。正是在这种形势下，世宗才将边镇和各省镇守中官尽行革除。因此，镇守中官的兴革，在某种意义上说，又是明代内廷宦官集团和外廷文官集团之间势力消长的结果。

需要指出的是，在天启六年辽东形势严峻、"阉党"气焰嚣张时，各边镇守太监恢复。天启七年（1627）十月，崇祯帝即位后又行罢去：

"一柄两操，甚为无谓。"① 但是，未隔数年，崇祯四年（1631）九月，又遣中官王坤、刘文忠、刘元中监视宣府、大同、山西兵饷。此后，各边各军皆设中官镇守、监军，直至明亡。论者因此以为明朝灭亡，在于信用内臣，"监军镇守，覆辙累累"②。其实，天启、崇祯两朝镇守中官的复设及明朝的最终灭亡，乃是明代统治集团，首先是文官集团全面腐败的结果。《明史》中的这段话是耐人寻思的：

> （庄烈）帝初即位，鉴（魏）忠贤祸败，尽撤诸方镇守中官，委任大臣。既而廷臣竞门户，兵败饷绌，不能赞一策，乃思复用近侍……吏部尚书闵洪学率朝臣具公疏争。帝曰："苟群臣殚心为国，朕何事乎内臣！"③

如果说永乐、洪熙时镇守中官的设置是因为将领的无能，那么，天启、崇祯时镇守中官的复设，则因为文臣的腐败。

从镇守中官的兴革，可以看出明代宦官与汉唐相比有两个明显特点：参政的广泛性和专权的可控性。镇守中官的设置及其职权的扩大，实际上是宦官的参政范围由中央向地方，由政治向经济、军事、外交等各个领域的延伸和扩展；而且，宦官的有关职掌均以"祖制"或"成例"的方式制度化。尽管正德、天启时镇守中官遍布各处，气焰甚盛，但嘉靖、崇祯初的一道敕书，即可将其全部撤回，宦官的专权并未发展到失控的程度。宦官集团包括镇守中官在内，只是明代国家权力结构中的组成部分，它受着其他各种力量的有效制约。

---

① 夏燮：《明通鉴》卷80。
② 夏燮：《明通鉴》卷90。
③ 《明史》卷305《宦官传二》。

第十四章　明代省级国家权力结构的定制

第一节　巡抚的设置及地方化、制度化

一、明代"巡抚"的出现

"三堂"之中，巡抚的名称出现最早，但定制最晚。关于巡抚的设置，在明中叶主要有三种看法。

洪武说。郑晓认为巡抚之名始于洪武二十四年（1391）敕遣皇太子巡抚陕西。① 《明史·职官志》以此并据《会典》予以发挥：

> 巡抚之名，起于懿文太子巡抚陕西。永乐十九年，遣尚书蹇义等二十六人巡行天下，安抚军民。以后不拘尚书、侍郎、都御史、少卿等官，事毕复命，即或停遣。②

这段记载给我们提供了三条线索：一、巡抚起源于临时性差遣；二、巡抚之名，得之于它的特殊使命，"巡行天下、安抚军民"；三、与一般的御史出巡不同，巡抚主"安抚"而非主"监察"，且体制甚

---

① 郑晓：《今言》卷2之11。
② 《明史》卷73《职官志二·都察院》。

重,被称为"大臣出巡"。以上内容容易给人们造成一个错觉,以为明代巡抚一直停留在"事毕复命,即或停遣"的临时性差遣的阶段。

永乐说。王鏊、徐学聚等认为,明代巡抚始置于永乐十九年(1421)王彰巡抚河南。清代官修《历代职官表》赞同这一看法,并对洪武说提出质疑:

> 王彰奉敕,为有明设巡抚之始。先是洪武二十四年遣皇太子巡抚陕西,盖暂一行之,非定制也。①

其实,王彰巡抚河南,也是"暂一行之"。王鏊《守溪笔记》载:当时有告周王将不轨者,成祖欲以兵临之,都御史王彰劝止,请带御史三四人巡抚其地,成祖从其请。王彰到河南,劝周王交出三护卫,随即还朝。而像王彰这样临时性的差遣,在永乐并非一例。永乐二年就曾遣给事中雷填巡抚广西。

宣德说。何孟春认为明初未有巡抚,宣德间始以侍郎、都御史为之。孙承泽《天府广记》肯定了这一说法,认为:

> 洪熙初,尝命广西布政使周干巡视直隶、浙江。至宣德元年(1426)二月,干还,言有司多不得人,土豪肆虐,良民苦之。乞命廷臣往来巡抚,庶民安田里。下吏部会户部、工部议,遂命广西按察使胡概为大理寺卿,同四川参政叶春巡抚直隶及浙江诸郡。此设巡抚之始。②

---

① 清敕修《历代职官表》卷50《总督巡抚》。
② 孙承泽:《天府广记》卷23《都察院》。

《明史·宣宗纪》据此，并据《实录》在时间上作了修正：宣宗于洪熙元年（1425）八月癸未遣胡概、叶春巡抚南畿浙江，"设巡抚自此始"。

如果将巡抚作为一项制度来考虑，其设置当有两个前提：一、专抚一地，二、相对稳定。据《明史》本传，胡概（后复姓熊）自洪熙元年八月抚浙直，至宣德五年始离任还朝。因此，将其作为明代巡抚的开端是可取的。宣德五年，赵新、赵伦、吴政、于谦、曹弘、周忱等六人分往江西、浙江、湖广、河南及山西、北直及山东、南直之苏松等地巡抚，巡抚的设置开始成为经常性的措施。故王世贞又认为："各省专设（巡抚），自宣德五年始。"[1]

二、宣德、正统间的文臣镇守与巡抚

明代巡抚的设置，有其明显的阶段性，总的趋势则是逐步地方化和制度化，即由中央的派出大员向地方的军政长官转化，由临时性的差遣向永久性的机构转化。

宣德、正统时期，是明代巡抚设置的尝试期。其特点是，一般以某项特殊性差遣为过渡，并有一定的盲目性和重叠性。宣德五年（1430）赵新等人分抚各省，直接使命是总督税粮。《明宣宗实录》宣德五年九月丙午条载"先是，上谓行在户部呈曰：'各处税粮，多有逋慢。督运之人，少能尽心。奸民猾胥，为弊滋甚。百姓徒费，仓廪未充。宜得重臣往莅之。'"于是命赵新等人分赴各地，"总督税粮"。但是，在督粮过程中，不可避免遇到一系列问题，如有司作弊、豪户包揽，以及农民

---

[1] 龙文彬：《明会要》卷34《职官六·巡抚》。

逋负等，因而又得"便宜行事"，"往来巡抚，抚安一方"①。

先有专责，兼为巡抚的情况，在宣德、正统时有很大的普遍性。胡概、周忱曾相继巡抚南直。有人以胡概为喻，讽谏周忱用法过于宽大，周忱解释说："胡卿敕旨，在祛除民害；朝廷命我，但云安抚军民。委寄正不同耳。"② 直至景泰元年（1450），景帝在给耿九畴的敕谕中仍说："往者命尔巡治盐法，今特命尔不妨前事，仍兼巡抚凤阳、淮安、扬州、庐州四府，滁、徐、和三州，抚安军民。"③

与此同时，对巡抚的基本职责，也开始有了较为明确的规定。这可以从宣德八年给各处巡抚的敕谕中看出：

> 兹命尔等巡抚郡县，务宣德意、抚民人，扶植良善。一切税粮，皆从尔设法区处，必使人不劳困、输不后期；卫所屯种，从尔比较，水田圩岸，亦从提督，使耕耘以时、水旱无患。应有便民之事，悉具奏闻。④

巡抚之外，又有镇守，后者始置于英宗即位之初。因而在许多地方出现了巡抚与镇守并设的局面。如山西、河南，宣德五年已命于谦巡抚，宣德十年五月又命于谦镇守河南，旋兼巡抚，而命兵部右侍郎徐琦、工部左侍郎郑辰、刑部右侍郎吾绅、左通政周铨等一并巡抚山西。⑤ 又如江西，已有赵新巡抚，宣德十年正月复命右佥都御史王翱往镇守。⑥ 在英宗即位后的不到五个月，江西、湖广、河南、山东、陕西

---

① 《明宣宗实录》卷70，宣德五年九月丙午。
② 《明史》卷153《周忱传》。
③ 《明英宗实录》卷197，景泰元年十月庚辰。
④ 孙承泽：《天府广记》卷23《都察院》。
⑤ 《明英宗实录》卷5，宣德十年五月壬申。
⑥ 《明英宗实录》卷1，宣德十年正月辛丑。

诸省和宁夏、甘肃、辽东诸边均设置了文臣镇守,与巡抚并称"镇巡官"。

《明会典》将镇、巡一概视作巡抚"初名巡抚,或名镇守"①,而不作区分。这种处理是有道理的,因为后来镇、巡归于一途。但这并不等于巡抚、镇守完全没有区别。一般来说,宣德、正统时的巡抚事实上多久驻一地,但明政府仍将其视作临时差遣,如徐琦等巡抚山西即是。而镇守则一开始就有定制的趋势。如陈镒镇守陕西、于谦镇守河南,皆历时十余年。正统六年(1441),又开始实行镇守更代制。这年正月,命王翱、卢睿分别前往陕西、宁夏,代陈镒、金濂镇守,并规定"岁一更代"②。

对于巡抚的地方化和制度化,镇守的设置无疑是重要的一步。但巡抚、镇守重叠,各持敕书,各行其是,政出多门,纷繁骚扰,往往使地方有司无所适从。

三、景泰、正德间巡抚的地方化和制度化

景泰至正德,既是"三堂"取代"三司"成为新的省级权力结构的时期,也是巡抚全面地方化和制度化的时期。在这一时期,巡抚制度经历了一些重要的变化。

镇守和巡抚重叠的局面是在天顺时改变的。英宗复辟后,曾应勋臣石亨、司礼监太监曹吉祥等人的要求,罢去各地镇、巡官,以加强总兵官及镇守太监的地位。但天顺二年(1458)四月,因"各边革去文臣巡抚,十分狼狈",经李贤建议,复置巡抚。③ 出于"镇守既有总兵,

---

① 万历《明会典》卷209《都察院·督抚建置》。
② 《明英宗实录》卷75,正统六年正月壬子。
③ 李贤:《天顺日录》。

又有内监"的考虑，选择文臣出镇，"不复有镇守之称，但称巡抚"①。文臣镇、巡自此合一，并保留了镇守久驻一地及更代原则，使巡抚的地方化和制度化前进了一大步。

巡抚编制的归属从景泰开始趋于划一。巡抚初设之时，胡概为大理寺卿，叶春为参政，赵新等六人为六部侍郎；正统时设置的镇守文臣，也是或部或院，未行统一。这样，巡抚在文移往来、迎送礼遇等问题上往往和负有纠举之责的巡按御史、提刑按察使发生纠纷。宣德时赵新以吏部右侍郎巡抚江西，按察使就因非其部属而拒绝合作。为此，宣德七年（1432）四月专门规定了巡抚与巡按、按司的文移事例。②景泰四年（1453），耿九畴以刑部右侍郎镇守陕西，布政使许资提出："侍郎出镇，与巡按御史不相统，事多拘滞，请改授宪职。"为了进一步解决抚、按之间"文移往来，亦多窒碍"的矛盾，明政府接受了许资的建议，将耿九畴由刑部右侍郎转右副都御史，仍镇守陕西。③此后，各地镇巡官陆续向都察院系统迁转，皆称"巡抚都御史"。巡抚考满，可望"回院"主持两京都察院事务。

巡抚的资格也逐渐制度化。赵翼指出："宣德中，于谦由御史超拜兵部右侍郎，巡抚河南、山西，此尚沿国初用人不拘资格之例。迨资格既定，则巡抚或用佥都御史、或由布政使升用。"④这一说法虽然过于绝对，却无意中揭示了明代巡抚内外官并用的原则。一般来说，自成化、弘治以后，巡抚均于两京各寺卿、少卿，大理寺丞，资历较深的给事中、御史、郎中，以及在外之布政使、按察使、参政，资历较深的兵备副使、上等知府内推升。原职高者为副都御史，称巡抚某处右副都御

---

① 沈德符：《万历野获编》卷22《督抚·巡抚之始》。
② 《明宣宗实录》卷89，宣德七年四月壬子。
③ 《明史》卷158《耿九畴传》。
④ 赵翼：《廿二史札记》卷36《明末巡抚多由边道擢用》。

史；原职卑者为佥都御史，称巡抚某处右佥都御史。①

巡抚进一步地方化。景泰元年，礼科给事中李实等提出："各处镇守、巡抚等官，（违家）动经三、五、七年，或一二十年。家室悬隔，患疾病而不能相恤；子女远违，（欲）婚姻而不能嫁娶。有子者尚遗此虑，无子者诚有可矜。乞敕多官议，许其妻子完住。"② 这一建议得到准许。从李实等人的本意来看，此议完全是为解决巡抚与家人的异地分居问题，却无意中使巡抚与所有外官一样，携家眷赴任，从而减少了巡抚与京师的个人瓜葛。宣德十年，定各地镇、巡官每年八月赴京会廷臣议事。③ 后又规定，离京师较近的辽东、大同、南北直隶和北方诸省每年一次，西北的宁夏、延绥、甘肃和南方诸省两年一次。④ 但当巡抚应赴京之时，又常因地方有事而不果行，这一规定实为虚文。几经反复之后，成化二十二年（1486）最终废止了巡抚赴京议事的规定，⑤ 明政府实际上已承认巡抚的地方化。

巡抚初设时，往往在本省"往来巡抚"，与布政司合署办公。景泰、天顺以后，各地巡抚陆续开府建衙。从此，巡抚不但指"巡抚都御史"个人，而且指以巡抚为首脑的新的权力机构——巡抚衙门。何乔新对弘治时建司于赣州的南赣巡抚衙门作了如下记叙：

> 前后堂五间，穿堂两廊，大门、仪门廊庑各若干间，东左建寝室，又东则建赏功所。大门之外，立抚安、镇静二牌坊。屏墙之南，又立三司厅，以为巡守、兵备会议白事之所……穹堂峻宇，高

---

① 张璁：《论馆选巡抚兵备守令》，《明经世文编》卷177。
② 《明英宗实录》卷188，景泰元年闰正月辛未。
③ 《明英宗实录》卷9，宣德十年九月壬辰。
④ 万历《明会典》卷209《都察院·督抚建置》。
⑤ 《明宪宗实录》卷274，成化二十二年正月戊申。

闳崇墉，规制壮丽，它镇所未有也。凡政令之布、赏罚之施，皆在此。诸帅出兵、受律、献馘，亦在此。郡县百司政有弛张，亦必至此白之，而后敢罢行焉。①

四、明代巡抚的类型

至嘉靖，随着镇守中官的被撤和总兵地位的下降，巡抚的地方化和制度化也逐步完成，并形成了四种不同的类型。

一、居三司之上，为各省最高权力机构。明代十三个布政使司均设定员巡抚，三司属其管辖。王鏊对弘治、正德以后的省级体制结构作了这样的说明："各省布政使二人，参政二人，参议二人；按察使一人，副使二人，佥事二人；又有（巡抚）都御史统之。"② 这一类型，是明代巡抚的主流，也是本章讨论的重点。

二、加强对边境地区的管辖，为新省区建制的开端。这类巡抚主要设在边境地区，又多在原有的行都指挥使司的基础上发展而成，以辽东、宁夏、甘肃为典型。辽东本属山东布政司，宁夏、甘肃则隶属陕西布政司，明初分别设有山东行都司、宁夏卫、陕西行都司。随着这些地区的逐步开发，加上边患日重，英宗即位后增设文臣镇守（天顺以后改称巡抚），相应机构逐渐由军事单位过渡为行政单位。成化二年（1466），因辽东已有巡抚而罢山东按察司分巡官；同时，宁夏、甘肃从陕西分离出来。这样，东北和西北的政区划分更为合理，清朝遂正式置省。另外，南直隶本是明初中央直接管辖的地区，它继承了历代"京畿"和元代"腹里"的遗意。永乐迁都北京后，南京称为"南都"，虽

---

① 何乔新：《新建巡抚院记》，《明经世文编》卷67。
② 王鏊：《震泽长语》。

仍有部院九卿，但形同虚设，无法对这一广大地区实行有效管辖。为此，明政府在南直隶分设苏松（后改应天）、凤阳两巡抚，其管辖范围奠定了江苏、安徽两省的基础。陆深认为："宣德间以关中、江南地大而要，始命官更代巡抚，不复罢去。"① 尽管在细节上尚欠准确，但对这类巡抚的设置还是有所认识的。

三、组成特别区。这类巡抚主要设置在数省交界、统治力量薄弱的山区，以南赣、郧阳为典型。南赣巡抚正式设置于弘治十年（1497），是由原江西按察司所辖岭北道发展而来的。成化二十二年，江西巡抚闵珪上疏言："赣州与福建、广东、湖广邻境，流贼攻劫，分巡等官责任不专，事多牵制。"明政府遂命江西按察佥事李辙专居赣州，主持防剿之事②。二十三年，又设分守参将、兵备副使各一员于赣州府会昌县。③ 这样，在赣州出现了分巡、分守、兵备副使三套机构，犹似一省之有三司。弘治十年，设巡抚以统之。何乔新详细记叙了南赣巡抚设置的原委：

> （弘治七年）汀、赣奸民合为寇，其始甚微，蕞苻狗鼠之盗耳。郡县有司无远略，不急逐捕，其势寝炽。而岭南湖湘之不逞者，从而和之，四出剽掠，劫富室、燔民居、掠帑藏、杀官军，哄然为东南郡县患。有司始骇而图之，备其东则发于西，剿其南则窜于北。时镇守江西太监邓公原，暨巡按监察御史、布按三司议，以为盗之未平，以政令不一，而邻境有司不肯协心故也。宜设巡抚宪臣，置司要地以节制之，而割附近郡县以隶之，则盗易平也。④

---

① 陆深：《玉堂漫笔》。
② 《明宪宗实录》卷275，成化二十二年二月甲辰。
③ 《明孝宗实录》卷8，成化二十三年二月癸酉。
④ 何乔新：《新建巡抚院记》，《明经世文编》卷67。

于是廷推广东左布政使金泽为巡抚，升右副都御史，置司于赣州。割江西之南安、赣州二府，福建之汀州府，广东之韶州、惠州、南雄三府，湖广之郴州以隶之，在闽、粤、湘、赣四省边境建立了一个特别行政区。

郧阳巡抚的设置，在某种意义上可说是明政府与该地流民相妥协的产物。自宣德始，山东、河南、江西、湖广、陕西等处流民大批移居人烟稀少的川、湖、陕交界的荆襄地区。明政府对流民采取了强迫返乡政策，激起声势浩大的荆襄流民起义。起义被镇压后，流民在武力的胁迫下陆续离境。但事隔不久，各地流民复向该地区迁徙，且越来越多。为避免再次引起动乱，明政府接受了原杰、王恕、吴道宏等人的建议，采取了以下措施：一、将各地迁往荆襄地区的流民分别附籍于所在州县，承认其迁居的合法性[1]；二、拓郧阳县为郧阳府，同时设湖广行都司及所属郧阳卫，命河南、湖广巡抚兼抚之，以加强统治[2]；三、于成化十五年五月升湖广巡按御史吴道宏为大理寺少卿，抚治郧阳，建立起准巡抚机构[3]，以湖广之郧阳、襄阳二府，河南南阳府之邓、唐等州县，陕西西安府之商州、汉中府之兴安等州县，以及四川之夔州府隶之。

从国家权力对内镇压的职能和阶级实质来看，这类巡抚显然具有特殊意义。

四、组成战区。这类巡抚有两种情况。一是设置于原来的边境重镇，如宣府、大同等，有相对的稳定性；二是根据战事的发展临时增设，事平则罢，如崇祯时为抵抗后金而设置的密云、登莱等巡抚，这可视为巡抚在非常时期的"变态"。为了应对紧急情况，明中后期甚至组

---

[1] 原杰：《处置流民疏》，《明经世文编》卷93。
[2] 原杰：《开设荆襄职官疏》，《明经世文编》卷93。
[3] 《明宪宗实录》卷190，成化十五年五月甲子。

织大的战区，并在各战区设"总督"进行节制。

《明史·职官志》共列明代巡抚三十三个，兹归类如下。第一类：广东、浙江、福建、河南、山西、山东、陕西、四川、湖广、江西、广西、云南、贵州。第二类：凤阳、应天（以上由南直隶划分）、顺天、保定（以上由北直隶划分）、辽东（由山东分出）、宁夏、甘肃、延绥（以上由陕西分出）。第三类：南赣、郧阳、松潘、偏沅。第四类：宣府、大同、天津、登莱、安庐、密云、淮扬、承天（天津以下六巡抚皆为明末兵兴时增设）①

第二节 巡抚在明代省级权力结构中的地位

一、巡抚的地位和职责范围

景泰以后，随着巡抚的全面地方化和制度化，巡抚逐渐演变成为居三司之上的地方最高军政长官，巡抚衙门成为省级权力机构，三司实际上已下降为部门性机构。但是，在嘉靖以前的"三堂"并立时期，由于镇守中官在三堂中处于居中调停的地位，巡抚的权力受到一定的制约。而在镇守中官撤除之后，巡抚的地位便立即凸显出来。

由于巡抚是由临时性差遣演变为永久性机构的，因此，人们对巡抚的地位有一个认识过程。这一认识过程客观上反映了巡抚制度的演变过程，只是认识上的变化总比实际上的变化要慢半拍。

正统十一年（1446），巡抚直隶监察御史李奎请遣巡抚官赈济永

---

① 《明史》卷73《职官志三·都察院》。

平、滦州饥民,并于浙江、江西、湖广等地复置巡抚。英宗认为,巡抚因事而设,苟非其人,适增繁扰,否决了李奎的建议。①景泰六年(1455),刑部尚书俞士悦以福建远隔京师,边临大海,"草寇窃发",请遣重臣巡抚。吏部尚书王直则认为,捕盗之责在三司,无需巡抚。景帝也认为:"非有大事,不许轻遣廷臣。"② 可见,巡抚在正统、景泰时尚被视为临时性差遣。

弘治时何孟春则指出:"今之巡抚,即魏之慰抚大使,隋之宣抚大使,唐之存抚、安抚使也。宋亦时有命焉。而今为重。边方领(制)置之权,腹里兼转运之职,手持敕纸,便宜行事,三司属其管辖,数郡系以惨舒。"③ 肯定了巡抚在地方事务中的崇高地位和重要作用,但对巡抚作为地方行政制度的估计略显不足。

至嘉靖,吏部尚书桂萼明确指出:"足食足民大计,全赖各巡抚、兵备官整理。"④ 世宗则认为:"用当此任者,须要好官,以保吾民。"⑤ 最高统治集团已公开将巡抚视作地方保民守土官了。

巡抚的职责范围,主要有三个方面:抚循地方、考察属吏、提督军务,即治民、治吏、治军。

抚循地方,是巡抚的基本职责。上文所引宣德八年(1433)给各处巡抚的敕谕,已有较明确的规定。嘉靖十一年(1532)重申:"凡徭役、里甲、钱粮、驿传、仓廪、城池、堡隘、兵马、军饷,及审编大户粮长、民壮快手等项地方之事,俱听巡抚处置。"⑥ 一切与此有关及由此派生出来的招抚流民、劝课农桑、勘报灾情、督筹税粮,赋役的均平

---

① 《明英宗实录》卷139,正统十一年三月丙戌。
② 《明英宗实录》卷255,景泰六年闰六月丁卯。
③ 何孟春:《陈万言以俾修省疏》,《明经世文编》卷127。
④ 《明世宗实录》卷83,嘉靖六年十二月乙丑。
⑤ 张璁:《论馆选巡抚兵备守令》,《明经世文编》卷177。
⑥ 万历《明会典》卷211《都察院·抚按通例》。

与捐免，民变的化解与镇压，以及水利的兴修、矿场的开闭等，皆责之巡抚。

考察属吏，是巡抚的又一基本职责。宣德七年八月，命各处巡抚侍郎会巡按御史共同考察三司及郡守官[①]。弘治元年（1488），左都御史马文升、兵部尚书余子俊奏准，命巡抚、巡按岁核镇守总兵、中官及分巡、守备等官政绩，行保举、论劾。[②] 其著名者如天顺六年（1462），巡抚山西佥都御史李侃考察属吏，一次奏罢布政使王允、李正芳以下一百六十余人。[③] 但是，与抚循地方的专责不同，考察属吏则是由巡抚巡按共同进行。

明代正式以文臣参预军务，始于永乐四年（1406）七月。讨安南时，以朱能为征夷将军总兵官，兵部尚书刘儁参赞军务。[④] 此后，凡军兴，例以文臣赞军务。而军事行为又必然牵涉军饷的筹集供给和地方的治安等问题，故宣德以后文臣参赞军务者多兼巡抚，或以原有巡抚和镇守提督参赞军务。如宣德十年三月，陈镒、罗亨信分镇陕西、甘肃，兼"提督所属卫所官军土军操练"[⑤]；又如景泰二年二月，敕巡抚永平等处右佥都御史邹来学提督顺天、永平军务[⑥]。随着社会矛盾的激化，巡抚的军事职能也逐渐加强。举凡军伍的整饬、将校的任免、军队的布防、军饷的供给，皆由巡抚主持或参预决策。嘉靖初，在杨廷和、张璁等人的主持下，各地镇守中官陆续撤回，镇守总兵的地位也日渐下降，巡抚成了各地驻军实际上的首脑。无论是北方的御"寇"，还是东南御"倭"，抑或内地平"贼"，巡抚皆负指挥之责，总兵以下，悉听指麾。

---

① 《明宣宗实录》卷94，宣德七年八月庚子。
② 《明孝宗实录》卷10，弘治元年闰正月己巳；卷21，弘治元年十二月丁巳。
③ 《明史》卷159《李侃传》。
④ 《明太宗实录》卷56，永乐四年七月辛卯。
⑤ 《明英宗实录》卷3，宣德十年三月辛巳。
⑥ 《明英宗实录》卷200，景泰二年正月丙午。

明中叶以后各地发生的兵变，巡抚也首负其咎。

但是，直至明亡，巡抚与提督军务也并未完全合一。万历十五年（1587）重修《明会典》时，各地定制巡抚凡二十五员，其中二十四员具有军事职能，内地巡抚兼提督军务衔，边镇巡抚有总兵兼赞理军务衔，唯广西巡抚未兼衔提督，因而也不参预军务。①《会典》兵部一章，列入了二十四员兼理军务的巡抚，也独不及广西。② 巡抚须兼衔提督，方能参预军务的原则，亦为清朝所继承。

在承担上述共同职责的同时，各地巡抚往往又有各自的特别使命。苏松江南，是明朝财赋所出之地，故应天巡抚有"总理粮储"之责。徐、滁、苏北，处运河中段，地邻江南，为南北漕运之枢纽，故凤阳巡抚有"总督漕运"之任。河南、山东在黄河下游，二巡抚皆"兼管河道"。③ 内地庶政纷繁，巡抚以察吏安民为主；边境军务丛脞，巡抚则主整军御"寇"。

抚循地方、考察属吏、提督军务，分别是明初布政司、按察司、都指挥司的职掌，而永乐以后，则有镇守中官和镇守总兵参与其事。巡抚制度的形成及三司职权向巡抚的集中，无疑改变了三司、三堂并立的省级权力机构的格局，说明了明代省级体制的重新组合。

二、明代巡抚的制约力量

在明代，没有哪一级或哪一种权力可以不受制约，巡抚也一样。在三司职权向巡抚集中的同时，对巡抚的各种制约力量也逐步形成。

一是平级制约力量。如前文所述，各省专设巡抚之前，边境重镇和内地一些省份已设有镇守总兵。据《明太宗实录》，在成祖即位后的不

---

① 万历《明会典》卷209《都察院·督抚建置》。
② 万历《明会典》卷128，《兵部·督抚兵备》。
③ 万历《明会典》卷209《都察院·督抚建置》。

到两年时间里，山东、云南、浙直、辽东、宁夏、广西、贵州、甘肃、大同、江西、广东、陕西等十三省、镇先后设镇守总兵，在边镇，更派驻了镇守中官。宣德、正统间，一面向各地派遣巡抚和镇守文臣，一面又派驻了镇守中官。因而在部分地区形成了总兵、中官、文臣三镇守即"三堂"并立的新"三角"关系。为此，天顺以后文臣出镇，皆改称巡抚。巡抚往往受制于总兵、中官，并在天顺、正德时两度遭受打击。嘉靖以后，总兵地位下降，镇守中官撤回，但在制度上，总兵和巡抚仍是平级关系，边镇又时时复设中官镇守，总兵、中官、巡抚的敕谕也各不相同，各有所司。① 因此，在边境地区，总兵和中官仍然是对巡抚的牵制力量。

二是自下而上的制约力量。尽管三司隶属巡抚，但在名义上仍然是法定的省级机构，对巡抚保持着相对的独立性。万历十五年（1587）重修《明会典》，将巡抚列入都察院，而将三司分为地方最高机构。这种处理，虽然主要是为了表示遵循明太祖所定的"祖制"，但在客观上又使巡抚颐使三司有名不正、言不顺之嫌。宣德四年（1429）、嘉靖十一年（1532）、万历二年，明政府三次以法令形式要求巡抚"不许辄差都、布、按三司及军卫、府州县正官、掌印官"②。三司职员有不职者，巡抚不得自行处理，而只能"奏罢"。万历元年十月，又规定凡考察属吏，任期三年之内的布政使、按察使升京堂者，"听南京科道论劾，外省抚、按不得一概参论"③。巡抚有违法行为，三司长官亦得向中央参奏。这样，一方面是巡抚统驭三司，另一方面，三司也对巡抚实行牵制。

三是来自中央各部门自上而下的制约。巡抚的任命须经廷推，内地

---

① 《明武宗实录》卷175，正德十四年六月癸亥。
② 万历《明会典》卷211《都察院·抚按通例》。
③ 《嘉靖新例》卷1《吏例》。

巡抚的廷推由吏部会户部主持，边方则由吏部会兵部主持。巡抚的考课、黜陟、改调，操于吏部考功、文选二司。京察确定去留后，又得听科道纠劾、拾遗。地方重大事务未及完报者，亦由科道查参。① 纵观有明一代巡抚，几乎没有不被科道论劾者。巡抚属内的农桑赋役事务，得接受户部的指导，所管军务，得听命于兵部。巡抚对地方重大问题的处置，在正式上疏前一般还得用揭帖请示内阁。②

尤其值得注意的是各省巡按御史对巡抚的制约。巡抚一方面总揽一省之军政，被视为"封疆大吏"，另一方面，又必须作为地方长吏接受巡按代表中央所进行的纠举督察。（详见下文）另外，嘉靖以后在诸边陆续设置的总督，不定期差遣的巡视官，以及形形色色的公差御史等，也都在一定程度上对巡抚起着牵制乃至控制作用。因此，尽管明代巡抚集三司之权为一体，却不可能成为独立的政治力量，更无法像唐代节度使及晚清督抚那样，发展成为与中央龃龉或对抗的地方势力，而只能是紧密地依附于中央政权。

三、巡按监察御史与地方事务

《明史·太祖纪二》载："洪武十年（1377）七月，始遣御史巡按州县。"但在这之前，洪武二年七月，已命监察御史谢恕巡按松江；洪武十年二月，遣监察都史吉昌等十三人分巡山东、广西等地，五月又遣御史王渊等六人分巡各布政司。这些都史有明载，《明史》却将稍后的洪武十年七月这一次作为御史巡按州县的开始，其原因在于明太祖对这一次的差遣有专门训辞：

---

① 《明史》卷71《选举志三》。
② 《明神宗实录》卷147，万历十二年三月己亥。

汝等出巡天下，事有当言者，须以实论列，勿事虚文。凡为治以安民为本，民安则国安。汝等当询民疾苦，廉察风俗，申明教化。处事之际，须据法守正，务得民情。惟专志以立功，勿要名以取誉。朕深居九重之中，所赖以宣布条章、申达民情者，皆在汝等。汝其慎之。①

在这以前，御史出巡，往往是带有特定的使命或为了处理某件具体事务，而这一次出巡，则是为了普遍了解地方的情况。明太祖用十六个字概括了御史们的任务：询民疾苦、廉察风俗、宣布条章、申明教化。可以说是进行一次普遍的社会调查，同时宣传国家的政策法令。即使是这样，御史出巡在当时也只属临时性差遣，而非定制。

成祖即位后，为加强对地方的控制，在向边、省派驻镇守总兵及镇守中官的同时，还不断派文臣巡视天下，其中包括监察御史的出巡。永乐元年（1403）二月，命监察御史分巡各省民瘼，《明史》根据《实录》记载了这件事，但在后面特别加了一句话："为定制。"② 《御批通鉴》也说："自是遂为定制。"并作了附记："至洪熙元年（1425），定出巡之期以八月。"③ 另《明太宗实录》载，永乐十年六月成祖命都察院"每岁遣人巡行郡邑"④；《明宣宗实录》载，宣德二年（1427）二月，行在都察院右都御史王彰奏："先遣御史许胜等巡按江西、浙江，已逾一年，例应更代。"⑤ 可见，巡按御史每年一换之"例"，当形成于宣德之前，《明史》和《御批通鉴》的说法是有道理的。

既然是一年一换，而且有一定的派遣时间，御史巡按应该说是已成

---

① 《明太祖实录》卷113，洪武十年七月。
② 《明史》卷6《成祖纪二》。
③ 傅恒等：《御批历代通鉴辑览》卷102，永乐元年二月。
④ 《明太宗实录》卷129，永乐十年六月甲戌。
⑤ 《明宣宗实录》卷25，宣德二年二月甲申。

制度，但当时巡按御史、巡抚都御史及按察司的职责分工并不明确。

宣德八年，宣宗敕饬各处巡抚："兹命尔等巡抚郡县，务宣德意、抚民人，扶植良善。一切税粮皆从尔设法区处，必使人不劳困、输不后期；卫所屯种，从尔比较，水田圩岸，亦从提督，使耕耘以时、水旱无患。应有便民之事，悉具奏闻，宜秉公正、励廉洁，无暴无刻，以副朕心。"① 这段话和洪武十年明太祖对巡按御史们的敕谕在总体精神上是一致的，这当然与派遣巡抚和巡按的目的一致有关，但也说明二者之间的职责界线并不清楚。而且，巡抚都御史和巡按御史都是都察院的派出机关，职责的重叠也就很难避免。经过一段时间的磨合与调整，巡抚与巡按的分工逐渐明确。巡抚都御史的职责侧重于政务和军务，为一省最高军政长官，虽然在编制和名称上仍属都察院，但实际上已属地方长吏；巡按监察御史的职责侧重于监察和司法，取代按察司为一省的最高监察官，但其体制仍属中央派出机关。关于二者的职责界限，《嘉靖新例》作了很好的概括：

> 凡徭役、里甲、钱粮、驿传、仓廪、城池、堡隘、兵马、军饷，及审编大户粮长、民壮快手等项地方之事，俱听巡抚处置。都、布、按三司将处置缘由，备呈巡按知会。巡按御史出巡，据其已行之事，查考得失，纠正奸弊，不必另出己见，多立法例。其文科武举、处决重辟、审录冤刑、参拨吏农、纪验功赏，系御史独专者，巡抚亦不得干预。②

《新例》明确无误地规定，明太祖所定的都指挥使司和布政使司的

---

① 孙承泽：《天府广记》卷23《都察院》。
② 万历《明会典》卷211《都察院·抚按通例》。

职责，已归于巡抚都御史，而原属提刑按察使司的职责，则归于巡按御史。对于三司及府州县官员的考察，却是由抚、按会同进行。巡按御史逐渐成为中央对地方的主要监察力量和都察院在各地的派出机构。正德时胡世宁就指出："天下亲民者，郡县守令也；总督郡县者，藩臬二司也；巡察二司守令者，巡按御史也。"① 景泰四年（1453）以后，巡抚均戴都御史衔，确定了都察院对巡按的统属关系。但是，巡按御史在履行职责时仍保持独立性，巡抚不得干预。王鏊《守溪笔记》有这样一段记载：

（景泰间，李秉）公以都御史巡抚宣府，张鹏以御史巡按。有武臣私役士卒，公将劾之。故事，（巡抚）都御史不理讼狱，公以属鹏，亲诣之。鹏不可，曰："鹏非公问刑官也。"强之再三，必不可。公乃自为奏劾之。事下御史，鹏曰："今日乃可理耳。"

可见，巡按并不对巡抚，而是直接对中央都察院负责。甚至对于巡抚所行之政，巡按也可查核纠劾。成化十八年（1482）五月，命巡按御史每年将镇守总兵和巡抚都御史的政绩奏上听勘。② 嘉靖十一年（1532）重申："地方之事，俱听巡抚处置。都、布、按三司将处置缘由，备呈巡按知会。巡按御史出巡，据其已行之事，查考得失，纠正奸弊。"③ 在巡抚和总兵、中官及三司、郡县官发生互讦时，也由巡按御史勘核上闻。

至于巡按御史和按察司的关系，《明会典》作了一个过程性概括：

---

① 胡世宁：《守令定例疏》，《明经世文编》卷136。
② 《明宪宗实录》卷227，成化十八年五月庚寅。
③ 万历《明会典》卷211《都察院·抚按通例》。

国初，监察御史及按察司分巡官巡历所属各府州县，颁颁行事。洪武中详定职掌，正统间又推广申明，著为宪纲及宪体，相见礼仪事例甚备。迨后按察司官听御史举劾，而御史始专行出巡之事。①

论地位，按察使为正三品，分巡副使、佥事分别为正四品和正五品，品秩高出正七品的巡按御史四至八级，但御史为钦差出巡，"代天子巡狩"，口含天宪，又有纠举之权，已为地方有司所侧目，而明廷又有意提高其地位。宣德六年二月，宣宗采纳监察御史胡智的建议："御史任纪纲之职，受耳目之寄，纠劾百僚，肃清庶政。巡按一方，则御史朝廷所差，序于三司官之上。"② 接着，宣德七年令各处巡抚侍郎、巡按御史考察方面官，并会同方面官考察州县官；弘治九年（1496）定，在外布按二司及府州县官、教官等有政绩才行者，许抚按官奏举。③ 巡按不但在礼仪上凌驾于按察司之上，而且可考察、举劾按察司官，故而权势日重，按察司实际上成了巡按御史的下属。正如孙承泽所说："抚按之权重，而宪司仅为承行之官。"④ 尽管嘉靖时经大学士张璁奏请，重申在御史纠弹诸司的同时，如御史不法，按察司官也得纠弹，但一方面巡按积势已重，难以逆转，另一方面都察院为巡按的后台，按察司品秩虽高，仍得在巡按面前自甘下属。

《明史》说：巡按"代天子巡狩，所按藩服大臣、府州县官诸考察，举劾尤专，大事奏裁，小事立断"，又说："（布政使）凡有大兴革及诸政务，会都、按议，经画定而请于抚按若总督"，"（按察司）纠官

---

① 万历《明会典》卷210《都察院·出巡事宜》。
② 孙承泽：《天府广记》卷23《都察院》。参见《明宣宗实录》卷76，宣德二年六月壬寅。
③ 万历《明会典》卷13《吏部·朝觐举劾》。
④ 孙承泽：《天府广记》卷23《都察院》。

邪，戢奸暴，平狱讼，雪冤抑，以振扬风纪，而澄清其吏治，大者暨都、布二司会议，告（巡）抚、（巡）按，以听于部、院。"① 如前文所说，巡按既取代按察司成为地方最高监察官，也直接插手地方的许多政务，实际上又代表中央的都察院对已经成为省级最高军政长官的巡抚的监察和制约机关。

根据洪武二十六年所定巡按御史"出巡事宜"，御史巡按所至地方，所有合行事务，均可着令首领官吏抄案施行。其中财政监督方面的职责有：凡科差赋役，督令各地须于黄册丁粮相应人户内，周而复始，从公点差，毋得放富差贫、挪移作弊、重扰于民；凡荒闲田地，督令各府正官招民开垦，及时布种，该纳钱粮，须候年限满日解征；凡税粮课程，督令各府将岁办数目保结开报；凡收买军需等项、额造缎匹等物，以及度量衡器的检校，均督令有司行办。嘉靖十一年又定，凡各省徭役、里甲、钱粮、驿传、仓廪、兵马、军饷及审编大户粮长、民壮快手等项地方之事，都、布、按三司均得将处置缘由备呈巡按知会，以接受监督。②

永乐十三年，因盐课壅滞，差御史、给事中、内官各一员，于各处闸支盐课。这是监察机关和内府衙门联合监察盐政的开始。接着，成祖又差监察御史一员，巡视河间盐运司私盐，巡盐御史也由此而设。但这时御史的职责只在"巡"，属财政监督范围。而成化九年差御史巡视河东运司及陕西灵州盐司时，特命陕西所属关内、关南、关西、庆阳等道，河南所属河北、汝南、河南等按察分司带管盐法者悉听巡盐御史节制。其余福建、广东、四川、云南等地，则由巡按御史兼理。于是，财政监察官员成了财政管理官员。③ 各处茶政、马政、屯政、库仓、钞

---

① 《明史》卷73、75《职官志二、四》。
② 万历《明会典》卷211《都察院·出巡事宜》、《抚按通例》。
③ 万历《明会典》卷34《户部·盐法三》、卷210《都察院·奏请点差》。

关、抽分局、两京九门钞法、金银铜诸矿，以及马房草料、光禄供品等一切与财政相关的事务，几乎均由固定或非固定的巡视御史或者巡按监察御史兼理，实施财政监督并在不同程度上参与财政管理。此外，都察院长官的一些临时性外差，如清理两淮、两浙、山东、长芦等处盐法都御史，总理山西等处屯盐都御史，清理陕西等处马政都御史等，也兼有财政监督和财政管理的双重职能。

《皇明条法事类纂》有一则关于明代江西民众诉讼的材料，对于了解当时的地方司法情况很有帮助：

> 江西地方小民，多被势要土豪大户占种田地，侵占坟山，谋骗产业，殴伤人命。状投里老，畏惧富家，受私偏判，反告到县。平日富豪人情稔熟，反将小民监禁，少则半年，多则一二年以上，贿属官吏，止凭里老地邻保结，妄行偏断。小民屈抑，又逃司府伸诉，又行串查原案，本县妄称问结，一概朦胧申覆，屈抑不伸。及赴御史处伸冤，御史又行查审，曾经司、府、州、县、里老剖断过者，俱不行准状，以致小民率至含冤受苦。①

可见，明朝的地方司法有一个由里老到县（州）、府、按察司、巡按御史的程序。

明太祖屡命地方官挑选民间年高有德行者，每里置一人，称为"耆宿"，让其质正里中是非，后因户部郎中刘九皋上书说耆宿多非其人、民受其害而罢之。到洪武二十七年，又命有司择民间年高老人公正可任事者，理其乡人之词讼，称为"里老"，又称"方巾御史"，主要是排解并裁决乡里纠纷，同时也被赋予了初级司法机关的职能。上引《皇明

---

① 戴金等：《皇明条法事类纂》卷48《断罪不当》。

条法事类纂》所反映的是成化年间的事情。另据吕坤《实政录》，乡都有婚姻田土之讼，里老可"笞杖断决"。① 直至万历时，里老仍然作为初级调解及审判机关发挥作用。(详见下文) 但是，里老对民间纠纷的裁决，严格地说只是民间调解和仲裁，不可能取代官方的法律审判。何况，里老能解决的只是发生在家庭、家族内部及邻里之间的纠纷，如户婚、土地、继承、债务、孝悌等，其他谋逆、诈伪、人命等重案便需要交由州县官解决。

《大明律》"越诉"条规定："凡军民词讼，皆须自下而上陈告。若越本管官司，辄赴上司称诉者，笞五十。"② 也就是民间的告状及地方的刑名案件，首先要交由州县官审理，由州县—府—按察司，两京及直隶地方，由县—府—三法司。州县官除处理其他行政事务外，每三五天有一"放告"日，用于接受民间诉讼的词状，并加以登记、验看，作出一些必要的处理。当然这只是针对一般的案件而言。对于一些大案、要案，则不拘日期即时办理。

州县官对于狱讼须"躬亲厥职"，不仅要对案件进行审判，还要主持勘查、讯问及缉捕罪犯。但并不是所有州县官都能做到这一点。成化九年三月，陕西凤翔府起服听选同知毛琼奏称：

> 臣看得各处府州县有等奸顽不才正官，凡民间词讼，不量事情轻重，一概及覆批仰里老断理，任其在乡坞集多人，频需酒食，颠倒是非，苦索财物，动辄累月经年，事无完结……推原其故，各该正官所以不肯清理，及不分与佐贰断理，一则推顽躲懒，不任劳

---

① 吕坤：《实政录》卷5《乡甲约》。
② 《大明律》卷22《刑律五·诉讼·越诉》。

怨,而愚弄小民。①

州县官对狱讼的玩忽态度,一方面造成了大量的越讼,另一方面使民间的词状转向军事机构。明制,军事机构及军官不得接受民人词讼。但至成化时期,内外镇守、总兵、参将等官,往往擅自接受军民词讼,致使"事不归一"。他们"或出批帖,径自差人捉拿,不分事情轻重,凭一面之词,法外加刑,屈要招承;或批发所属衙门问理,却又不徇公道,分付务依原词问断"②,而这又是由于他们"或受贿与人追债,或假公报得私仇,号为军法处置。"③ 很明显,这种状况造成了案件审判的混乱,更为严重的是,它干扰了地方的司法和行政,在大同、宣府等军队势重的地方,军民人等的户婚、田土、斗殴、相争、钱债等诉讼,均委之于军职官员,当地法司几乎被架空。

县之上为府,府推官的职责是"理刑名"。负责一省司法刑名的是提刑按察使司。《明史·刑法志》说:"按察名提刑,盖在外之法司也,参以副使、佥事,分治各府县事。"府、按察司一般不直接受理民间诉状。凡规定不得上诉的案件,若有官员受理,其人要受到惩处。

在按察司分司制度形成以后,各分巡道成了代表按察司行使司法权的准省级司法机关,受制于巡按监察御史。《明史·职官志四》说:按察司"纠官邪、戢奸暴、平狱讼、雪冤抑,以振扬风纪,……告于抚按。"《明会典·抚按通例》说:"处决重辟、审录冤刑,……系御史独专。"则巡按御史不但进行司法监督,而且已是省级最高司法机关。《明会典》正是根据这一变化作出了概述:

---

① 戴金等:《皇明条法事类纂》卷38《在外问刑衙门官员务要亲理词讼不许辄委里老人等保勘例》。
② 戴金等:《皇明条法事类纂》卷38《内外镇守等官不许滥受民词状》。
③ 戴金等:《皇明条法事类纂》卷38《申明镇守备管屯管粮等官不许滥受词讼例》。

凡有告争户婚、田土、钱粮、斗讼等事，须于本管衙门自下而上陈告归问。如理断不公或冤抑不理者，直隶赴巡按监察御史，在外赴按察司或分司及巡按监察御史处陈告，即与受理推问。如果得实，将原问官吏依律究治。其应请旨者具实奏闻。若见问未经结绝，又赴本管上司告理，不许辄便受状追卷。变易是非，须要即时附簿，发下原问官司，立限归结，如理断不当，及应合归结而不归结者，即便究问。违者监察御史、按察司体察究治。如不系分巡时月及巡历已过所按地面，却有陈告官吏不公不法者，随即受理追问。凡监察御史、按察司官分巡去处，如有陈告官吏取受不公等事，须要亲行追问，不许转委，违者杖一百。凡有军民相干词讼等事，移文到日，其应该会问官员随即前去，若无故不即会问，及偏徇占怪者，从监察御史、按察司官按问。其应请旨者，具实奏闻。①

巡按监察御史既与按察司官一并受理诉讼，对各级"有犯"官员，也得"即便拿问"。② 如成化四年三月，兵部奏陕西洮州、岷州二卫"番贼出没、杀略人财"，分守千户阎庆、整饬兵备副使李玘等防御不严，即命"监察御史逮（阎）庆问理"。③ 当年十一月，四川总兵官奏"番贼"攻小坝关，守关官御敌失利，被杀被虏共五十余人，"令巡按御史逮分守地方官鞫治之"。④ 成化五年三月，兵部尚书白圭等奏四川

---

① 正德《明会典》卷166《都察院·追问·宪纲》。
② 正德《明会典》卷164《都察院·问拟刑名·宪纲》：凡告有司官吏人等取受或出首赃私等事，直隶赴巡按监察御史，在外赴按察司并分司及巡按监察御史处陈告，追问明白，依律施行。其应请旨者奏闻挐问，若军官有犯，在京从都察院，在外从巡按监察御史、按察司并分司密切奏请施行。其各都司及卫所首领官有犯，即便拿问。
③ 《明宪宗实录》卷52，成化四年三月甲申。
④ 《明宪宗实录》卷60，成化四年十一月乙酉。

双桥儿等寨"番贼"聚众入境攻劫人口、抢夺粮食,皆因各官疏于防范,"命巡按御史逮问(都指挥使)庞福等"。这些都是发生在成化时期的事情,其后即为惯例,边境有"失机",巡按御史必奉命"逮问"相关将领。而早在景泰时期,巡按监察御史就已自告奋勇"执问"分巡、分守官。《明英宗实录》载:

  巡按福建监察御史许仕达奏:近年福建布按二司分巡分守,地方官员多有年久不易,与所属官吏情熟,恣意妄为。今后宜听镇守巡抚巡按官,岁一更委。如有故违,许巡按御史执问,具闻降用。从之。①

可见,在明代的国家权力结构中,如果说巡抚都御史是省一级的权力中心,巡按监察御史则是中央权力在地方贯彻的保障,是中央在地方的执法者。

四、国家权力在地方的聚散及其利弊

  从巡抚的设置到它的全面地方化和制度化,成为地方最高权力机构,整个过程是在不自觉和被动中进行并完成的。明政府一开始就力图维系原有的三司并立体制,坚持巡抚为临时性差遣的原则。成化以前一些巡抚的置而复罢、罢而复置说明了这一点。但是,客观形势的发展不断冲击并最终改变了明朝最高统治集团的主观愿望。明代巡抚的地方化和制度化,主要受以下几个因素的推动。
  首先是宣德、正统时开始激化的社会矛盾和各地发生的暴力事件。

---

① 《明英宗实录》卷217,景泰三年六月甲子。

巡抚正是应强化对地方统治的需要而产生的。

明初社会经济的恢复和发展，以及明政府推行的维护自然经济的政策，带来了两个副产品——人口增长和土地兼并。其后果在宣德、正统时开始暴露出来，流民问题逐渐严重，各地农民的反抗时有发生，政府的赋役来源也受到影响。河南、江西、浙江、山西、南直隶等地巡抚，正是在这一形势下设置的。明政府的初衷，是指望有廷臣处理，上述问题可很快解决，巡抚就可以事毕复命，不再复遣了。巡抚可以凭借朝廷重臣的身份在灾情严重地区开仓赈民、招抚流亡，以解燃眉之急；也可以督促地方有司平定民众的斗争，以恢复正常的统治秩序；还可以持敕惩治某些横行乡里的乡绅豪户，祛除民害。但这只能缓和一时一地的阶级矛盾，无法也不可能真正解决社会矛盾的激化。而自景泰、天顺，尤其是成化以后，农民的流亡和闹事乃至起义已不再是个别的地区性问题，而是普遍的全局性问题，因此，巡抚不仅不能"事毕复命"，一些已被撤回的巡抚也纷纷恢复，并加速了地方化和制度化。如正统十四年（1449）在福建爆发的邓茂七事件，就同时导致了江西、浙江二巡抚的恢复和福建巡抚的设置。①

社会矛盾的激化对巡抚军事职能的强化更具有决定性的作用。王世贞代书的《重建（郧阳）提督军务行台记》充分说明了这一点：

> （郧阳）名为提督抚治，而不恒受符节，不得从军兴法以便宜从事。虽亦用考功计吏，顾三方之抚臣实共之，而其黠桀者阳受束而阴挠（之），以左支右吾，甚或借躯椎埋，奸铸亡命之徒，出一探丸，而繁丑麇至蹠附。距弘治于今未百年，而叛者十三。一杀倅，二杀令，三杀尉，而祸未已竟也。则岂其先臣之咸弗事事，毋

---

① 《明英宗实录》卷177，正统十四年四月庚申。

亦县官之所以委任之者未尽欤？臣不胜过计，窃以当武宗朝，赣实据江闽岭海要害，数困贼，而都御史（王）守仁以提督军务请，诏许之一切便宜从事，守仁用是得募卒蒐伍，缮甲庀赀。……臣不佞，不敢望守仁。请郧一切得比赣。①

明政府同意了这一要求，将抚治郧阳的玺书更改为提督军务兼抚治，给令旗令牌，许便宜行事。内地巡抚的提督军务，多类此。

其次，在社会矛盾激化的形势下，三司并立的体制暴露出事权不一、运转不灵的弊端，也不能适应统治集团内部新的力量对比关系。巡抚又是应解决地方政治体制的不合理性、适应统治集团内部关系变化的需要而产生的。

明初，为解决行省体制过重、权力过于集中和文、武两大集团权力分配的问题，在各省设置都卫（后改都司）以统驭卫所，形成了行省—府县、都卫（都司）—卫所两大平行系统，并在此基础上确立了都、布、按三司并立的省级政治体制。三司并立，有利于保持省级机构间的平衡，有利于中央的集权和地方的分权。从理论上说，又各有所司，事有所归。但社会的发展，统治集团内部各种政治势力之间的力量对比，平衡总是相对的，而不平衡则是绝对的。宣德、正统以后，三司并立的体制无法适应文官集团势力的扩充和军人集团地位的下降这一新的力量对比态势，三司的平衡必然被打破。日趋激化的社会矛盾，又使三司条条分割、运转不灵、相互牵制、事权不一的弊端暴露无遗。朱国祯对此有较为深刻的揭示：

> 二祖荡涤之后，威震殊俗，可谓盛矣。而中土数十余年休养生

---

① 王世贞：《重建（郧阳）提督军务行台记》，《明经世文编》卷334。

息之民，顾时时见告。此岂经制未明、芽蘖易作，以致潢池之弄？想当时兵权尚属都司，布、按藐为武吏，若不相干，有司观望，不肯尽力。都司亦未必得人，所遣卫所之兵，素无纪律，不用命。而新设巡抚，行移体统间尚多彼此龃龉。故窥伺者易动，结聚者难除。①

三司的职权，也正是在这种情况下逐步向巡抚集中的。既然三司职权的集中已成必然，那么，为什么不提高三司中的一环，例如布政使的地位，却在各省另置巡抚？这就更反映出明代最高统治集团坚持中央集权、地方分权原则的愿望：即使不得已而使地方权力集中，也最好是临时性的。但客观形势并不以这种主观愿望为转移。行省之后的"三司"并立，"三司"之后的"三堂"鼎峙，其后又不得不归于巡抚，均说明了这一点。

其三是吏治的败坏以及由此而造成的办事效率低下和军备废弛。巡抚又是应提高统治效率、整肃军备的需要而产生的。

吏治的败坏在中央和地方是同时存在的，但由于地方要直面种种矛盾和掣肘，往往表现得更加突出。夏时在正统时为江西按察佥事，极言："今之守令，冒牧民之美名，乏循良之善政，往往贪泉一酌而邪念顿兴。"② 英宗则指责都司卫所官"占种膏腴，私役军士"，"倚恃势强，欺虐良善"。③ 吏治的败坏，还表现为官吏的尸位素餐、办事不力、相互扯皮、推诿塞责，以及军队的士气低落、军纪涣散、兵甲不缮、军备废弛，从而导致对内统治和对外防御能力的下降。巡抚的考察属吏、提督军务，均与此有关。自秦汉确立君主专制的中央集权制度以后，对于

---

① 谈迁：《国榷》卷23。
② 《明英宗实录》卷40，正统三年三月乙巳。
③ 《明英宗实录》卷108，正统八年九月戊寅。

吏治的腐败，只能通过两种途径来解决。一是农民起义和农民战争的荡涤，二是统治集团内部自上而下的整肃。通过派遣廷臣管理地方事务和对原有机构进行某些改革来整饬吏治、革除积弊，已成为历代虽然不自觉却又经常性的措施，也确能取得一时实效。巡抚的派遣正属后者。

在明代巡抚的设置及其地方化和制度化的过程中，可以看到两股相反的作用力：一是秦汉开始形成，唐宋得到加强，明初进一步强化的中央集权、地方分权的原则和传统；二是在社会矛盾激化形势下地方集权的紧迫需要。

如果说汉代的州、唐代的道、宋代的路、元代的省，是我国历史上省级建制形成的几个阶段，那么，从行省到三司，再由三司到"三堂"到巡抚，客观上则是省级权力结构的调整过程。继权力集中的行省和权力分散的三司这两个极端化的体制之后，在地方分权的原则和集中的需要这一矛盾的制约下，明中叶形成了介于行省和三司、三堂之间的新的省级政治体制——权力相对集中的巡抚，并为清朝所承袭。行省、三司、三堂作为省级权力机构的时间总共仅一百年，而巡抚则前后共达四百余年。如果现实性可以说明合理性，那么，巡抚的合理性在于：权力相对集中，便于提高统治效率；只给关防、不给印信，保留差遣的形式，并建立各个层次的制衡力量，便于中央进行控制；对下属只有考察、保荐权而无任免权，且巡抚不得在原籍任职，不易形成地方割据势力。清朝几乎继承了以上明代巡抚的所有特点，并进行了若干调整，使之在制度上更为完备，效率上进一步提高。

从明代巡抚的地方化和制度化来看，与汉之刺史——州牧，唐之采访处置使——节度使，宋之制置、转运使，乃至元之行省丞相、平章，颇有相同之处，即均由中央的派出官员转化为地方长吏，由临时差遣转化为正式机构。这已为许多学者所注意。但历史上如此多的相似与反复，主要原因并非一些学者所认为的那样，是君主个人的集权欲望，而是在相同的社会生产关系和中央集权条件下，各个时期有相似的社会问题和社会要求。值得指出的是，从刺史到州牧、采访使到节度使的转变过程，是逐步获得军事指挥权的过程，但并没有出现新的监察力量；无论是制置使、转运使，还是巡抚，都没有完全意义上的军事指挥权和财政控制权，这两大权力总是由中央牢牢控制，同时出现了新的监察力量，因此，它们都不易发展到与中央分庭抗礼的地步。

第十五章　明代的"道"：分巡、分守与"整饬兵备"

第一节　三司职能的变化与分巡、分守道

一、三司职能的变化及分巡、分守"道"的发生

随着三司地位被"三堂"取代，以及巡抚成为省级权力中心，都、布、按三司逐渐沦为省级职能部门。

《明史·职官志》对布政使的职掌作了如下表述：

> 布政使掌一省之政，朝廷有德泽、禁令，承流宣播，以下于有司。凡僚属满秩，廉其称职、不称职，上下其考，报抚、按以达于吏部、都察院。三年，率其府州县正官，朝觐京师，以听察典。十年，会户版以登民数、田数。宾兴，贡合省之士而提调之。宗室、官吏、师生、军伍，以时班其禄俸、廪粮。祀典神祇，谨其时祀。民鳏寡孤独者养之，孝弟贞烈者表扬之，水旱疾疫灾祲，则请于上蠲振之。凡贡赋役，视府州县土地人民丰瘠多寡，而均其数。凡有大兴革及诸政务，会都、按议，经画定而请于抚、按若总督。其国

庆国哀，遣僚贰朝贺吊祭于京师。天子即位，则左布政使亲至。

这是一段自相矛盾的文字，但文字上的矛盾是由制度上的矛盾造成的。如前文所说，布政使在洪武初设之时，确实是"掌一省之政"。但当永乐时向各省派驻镇守总兵，宣德、正统时"三堂"形成，镇守中官实际上主持全省事务，特别是成化、正德以后巡抚成为省级最高军政首脑，布政使已为其下属。

《明史·职官志》的作者显然已经注意到了这一变化，却拘于明初的"定制"①，将洪武时布政使设置之初的地位、职掌和宣德、正统以后的情况糅合在一起，遂使布政使不伦不类地既"掌一省之政"，又听命于巡抚、巡按。在上述职掌中，所谓宣告朝廷的"德泽"和"禁令"、掌管田册户籍、每十年主持编造赋役黄册、每三年率府州县正官赴京朝觐、表扬孝悌贞烈、赡养鳏寡孤独、赈济灾民祀典神祇等，均为常规性事务而无决策性权力。真正可视为权力象征的，是属官的考察和政务的"大兴革"，但这两项不仅必须"报抚按"或"请于抚按"，即需要得到巡抚都御史和巡按监察御史的认可而后行，而且，主要是巡抚、巡按的职责，并非布政使能够独自"会都、按二司议"。② 所以，虽然左右布政使的品级仍为从二品，而初任巡抚仅为佥都御史正四品，巡按监察御史更为正七品，但布政使仍得听命于巡抚都御史并接受巡按御史的监督。

这时，布政司的首脑布政使，在某种意义上说已是"闲曹"，布政

---

① 这种拘于"定制"而将政书撰得不伦不类的事情在明代已经发生。正德、万历《明会典》均不记宦官的职掌，以致清代编修《明史》只能多采刘若愚的《酌中志》；又无视内阁实际地位的变化而将其仍列入《翰林院》，而清修《明史》既为其立《宰辅年表》，又在《职官志》中仍按"殿阁大学士"的思路进行罗列。

② 正德《明会典》卷15《吏部·事例》载，弘治八年奏准："各处巡抚巡按，会同从公考察布按二司并直隶府州县、各盐运司、行太仆寺苑马寺等官贤否。"

司具有实质意义的政务,是参政、参议的分"道"理事。这个"道"实有两种类型。一是业务性的,专理一事,如各省皆设的"督粮道"和间或设置的"督册道"即是。前者以催征粮饷、督运漕粮为专责,后者则专事督修黄册。二是分区性的,守土安民,所以叫"分守道",其职责是粮储、屯田、清军、驿传、水利、抚民等事。

由于各省人口有多寡、辖区有大小、事务有繁简,故各布政司的设官也因此而添革不一。弘治初修《明会典》时载:左右布政使各一员、左右参政各一员(后因事添设无定员)、左右参议各一员(后因事添设无定员)。① 至万历重修《明会典》时,左参政浙江、江西、福建、湖广、广东、广西、四川、河南、山西、陕西、云南、贵州各一员,山东二员;右参政福建、广东、广西、四川、陕西、山东、云南各一员,浙江、江西、湖广、河南、山西各二员,贵州不设。左参议浙江、福建、湖广、广西、四川、河南、山东、山西、云南、贵州各一员,江西、广东、陕西各二员;右参议浙江、江西、福建、广东、广西、云南各一员,四川、山东、山西、贵州各二员,陕西、湖广各四员,河南不设。②

所有这些参政与参议,大抵上分"道"理事,从中也可以看出各省事务的繁简。以江西为例,万历时额设参政、参议六员,其中一员为"督粮道",驻省城南昌,另有五"分守道":南瑞道辖南昌、瑞州二府,驻南昌;湖东道辖广信、抚州、建昌府,驻广信;湖西道辖吉安、袁州、临江三府,驻临江;饶南九江道辖饶州、南康、九江三府,驻九江;赣南道辖赣州、南安二府,驻南安。参政和参议名为布政司的"堂上官",却大多长驻地方;虽然是布政司的派出单位,却主要对巡抚而不是对布政使负责。

---

① 正德《明会典》卷5《吏部·官制三·在外》。
② 万历《明会典》卷4《吏部·官制三·外官》。

《明史·职官志》对按察使的职掌作了和布政使相类似的归纳和处理：

> 按察使掌一省刑名按劾之事。纠官邪，戢奸暴，平狱讼，雪冤抑，以振扬风纪，而澄清其吏治。大者暨都、布二司会议，告抚、按，以听于部、院。凡朝觐庆吊之礼，具如布政司。

与布政使一样，按察使也曾经"掌一省刑名按劾之事"，但在受控于抚、按特别是巡按之后，按察司的实质性职责也是副使、佥事分巡各道。而这个"道"，同样也有两种类型。其一是业务性的，包括常设的"提学道"及非常设的"清军道""邮传道"等。前者主管学校、科举，后者分理清军、刷军及驿传、邮政等。其二是分区性的，巡察民情吏治，所以叫"分巡道"。仍以江西为例，按察司设有提学副使一人，驻省城南昌，专理学校、科举事，这是"提学道"。另有五分巡道，各设副使或佥事：饶南九江道，驻饶州；湖西道，驻吉安；南昌道，驻省城；湖东道，驻广信；岭北道，驻南安。

洪武二十五年（1392）分全国为四十八个分巡道，二十九年十月定为四十一道。后因事添革，至万历时为六十余道。① 随着"分巡道"的增加，按察司副使和佥事的员额也相应地增加。正德《明会典》记各省分设按察使一员、副使二员、佥事不定员。② 至万历修《明会典》，按察使仍为一员，但副使、佥事猛增。副使：福建三员，贵州四员，广西五员，广东、浙江、江西、河南各六员，四川七员，湖广、云南各八员，山西十员，山东十三员，陕西十六员。佥事：广西、贵州各二员，

---

① 《明史》卷75《职官志四》。
② 正德《明会典》卷5《吏部·官制三·在外》。

第十五章 明代的"道"：分巡、分守与"整饬兵备"

江西、陕西、云南各三员，浙江、广东各四员，福建、河南、山东、山西各五员，湖广、四川各六员。①

按察司各分巡道与布政司各分守道都是派出机构，职责相同，并且也都对巡抚负责。但布政司分守道更侧重粮储、赋役、屯田、水利等有关国计民生事，按察司分巡道更侧重治吏、抚民、清军等有关社会风气与社会治安事。由于分巡道的职责更多的是维护社会治安，因而军事职能被不断地加强，致使在一些要害地区由"分巡道"发展到"兵备道"。如江西，万历时即有南昌（驻宁州）、九江（驻九江）、抚建广（夏秋驻建昌、冬春驻抚州）、袁州（驻吉安）、赣州（驻会昌）五兵备道，专职治安，而九江兵备又兼分巡饶南九江道、抚建广兵备兼分巡湖东道、袁州兵备兼分巡湖西道、赣州兵备兼分巡岭北道。

从按察司副使及佥事的数量远远超过布政司参政及参议的数量，可以看出，明朝地方国家权力的主要职责，已经不是引导民众从事生产、发展经济，甚至也不是征收钱粮，而是防范民众。对于一个政府来说，这不能不说是一个悲剧。

《明史·职官志》对都指挥使司的职责也作了概括：

> 都司掌一方之军政，各率其卫所以隶于五府，而听于兵部。凡都司并流官，或得世官。岁抚、按察其贤否，五岁考选军政而废置之。都指挥使及同知、佥事，常以一人统司事，曰掌印；一人练兵，一人屯田，曰佥书。巡捕、军器、漕运、京操、备御诸杂务，并选充之，否则曰带俸……凡朝廷吉凶表笺，序衔布、按二司上。②

---

① 万历《明会典》卷4《吏部·官制三·外官》。
② 《明史》卷76《职官五》。

都司设置之初，确实是"掌一方之军政"，但随着各省镇守总兵的设置和卫所制度的变化，都司所辖的卫所军多抽调为镇戍军，由总兵统领。而练兵、屯田及巡捕、军器、漕运、京操、备御诸杂务，很大程度也被分守、分巡、兵备诸道参政、参议、副使、佥事等分割。到明中后期，都司的职责主要是管理卫所老家官舍、军余的文册档案，带领番上班军赴京、操练及戍边，虽然仍有维护地方治安的职任，但已不被重视。而且，本来为地方最高军事领导机关的都司，其衙门名称渐成了营兵制中的一种军职，其地位在总兵、副总兵、参将、游击之下，与守备相当，故不能称"将军"，只为"营官"。①

成化十八年（1482）十一月的一道"圣谕"，倒是为三司职能作了新的定位。其时广西布政司左参议唐盛分守梧州等处，按察司佥事萧仓、陈琏先后分巡其地。自成化十六年正月以后，瑶民闹事，多次入境杀掠人畜，巡按御史劾奏守备指挥张灏、丁端，百户王胜许铭不能御敌，屡失军机，又劾唐盛等暨梧州府知府陈棫不能及时弹压。都察院覆奏，经内阁票拟及司礼监批红，成了成化帝的"谕旨"："朝廷设布政、按察官，令分地巡守；设知府，令画境而治。本以卫民保境也，比年各边屡有失利，罪止武臣而不及藩郡，以故视为泛常，恬不知戒。盛等四人可下巡按御史逮治其罪，若边将失机，自有常典，灏等四人俱如拟发边卫充军。"可见，在中央最高决策者眼中，三司的责任只是"分地巡守"，而非"总一省之政"。②

布政司、按察司及都指挥使司的分道巡守，本来也属临时性差遣，但当分区地盘日渐固定，巡守官员又长驻一地，并不断兼具军事功能和行政功能之后，客观上成为省之下、府之上的新的单元。这与前朝曾经

---

① 万历《明会典》卷127《兵部·镇戍二·将领下》。
② 《明宪宗实录》卷234，成化十八年十一月甲辰。

发生的，如汉之州、唐之道、宋之路极其相似，只是范围有缩小的趋势，说明国家权力对地方的控制更为严密。当然，这个"道"并非只由某司独领，而由三司的佐贰官，即都指挥使司的同知、佥事，布政司的右参政、右参议，按察司的副使、佥事，共同组成。尽管如此，分巡、分守道在体制上仍然是三司的派出单位，称为"司道"更加合适。①

二、按察司副使、佥事的分巡

明代三司官员的分巡与分守，首先发生于按察司的分道巡按，按察司的分巡即由此而来。而正是按察司的分道巡按，导致了明代地方二级权力结构"道"的产生。但是，明代的"分巡"有两种情况，既有各省按察司副使或佥事的分道巡按，也有中央都察院监察御史的分省巡按。

洪武十年（1377）二月，明廷遣监察御史吉昌等十三人分巡山东、广西等处。② 此后逐渐形成监察御史代表都察院分省巡按的制度，称"代天子巡狩"。而此前的至正十八年（1358）三月，明太祖命当时的江南行中书省提刑按察司佥事分巡郡县录囚。③ 这成为明代设按察司分道巡按的先声，但当时尚无"分道"之说，也不具备分道的条件。洪武二十五年九月，命铸各按察分司印，重新更定各按察分司巡按地方，共四十八道。

此时按察司分道巡按的"道"只是监察区，可以视为明代中央监

---

① 清代的"道"即由此而来，但具有更大的独立性。严格地说，20世纪下半叶中国各省的"地区""专区"，其所谓"行署"，仍可视为明清"道"的延续，而其终结，则是今日成为一级独立政府的"设区市"。
② 《明太祖实录》卷111，洪武十年二月己巳。
③ 《明太祖实录》卷6，至正十八年三月己酉。

察网络下移后顺乎自然的配套措施。巡按监察御史代表中央都察院分"省"巡按，某种意义上已经剥夺了按察司在全省行使监察权的职能，按察司的监察只能向下推移，由副使或佥事代表省一级的按察司分"道"巡按。如果单纯从品级的角度看，二者却是错位的。巡按监察御史仅为正七品，却负有监察一省的使命；按察司副使为正四品、佥事为正五品，却只能分巡一道。这也正体现了明太祖设计的国家权力结构的基本原则：以内制外、以小制大。

洪武二十九年，分巡道由 48 个减为 41 个，并划定了各道的分巡范围。

表 15-1：洪武二十九年各道分巡范围

直省名称	各道及所辖府县
直隶（南）	六道：淮西（治凤阳、庐州二府，徐、滁、和三州及太仆寺、中都留守司）、淮东（治淮安、扬州二府及六合县、两淮都转盐运使司）、苏松（治苏州、松江二府）、建安徽宁（治池州、安庆、徽州三府）、常镇（治镇江、常州二府）、京畿（治太平、宁国二府，广德州及句容、溧水、溧阳三县）
直隶（北平）	二道：燕南（治保定、河间、真定、广平、顺德、大名六府）、燕北（治北平、永平二府及行都指挥使司所属卫分）
浙江	二道：浙东（治绍兴、宁波、温州、台州、处州、金华、衢州七府）、浙西（治嘉兴、湖州、杭州、严州四府）
江西	三道：岭北（治南安、赣州、吉安、临江、袁州五府）、两江（治南昌、南康、九江、瑞州四府）、湖东（治建昌、饶州、广信、抚州四府）
福建	二道：建宁（治建宁、邵武、延平、汀州四府）、福宁（治福州、兴化、漳州、泉州四府）
广东	三道：岭南（治肇庆、南雄、韶州、广州、潮州、惠州六府）、海南（治琼州府及海南等卫）、海北（治高州、廉州、雷州三府）
广西	三道：桂林苍梧（治桂林、梧州、平乐三府）、左江（治南宁、浔州二府）、右江（治庆远、柳州二府）

续表

直省名称	各道及所辖府县
四川	三道：川东（治重庆、夔州、保宁、顺庆、潼川五府州及贵州都司所属卫分）、川西（治成都、叙州、马湖三府，嘉定、泸、眉、雅、龙五州及建昌等卫、松潘军民司）、黔南（治云南、大理等府州县并各卫分）
湖广	四道：武昌（治黄州、德安、武昌、汉阳四府）、荆南（治荆州、岳州、襄阳三府，沔阳、安陆二州）、湖南（治长沙、衡州、宝庆、永州四府，桂阳、郴二州）、湖北（治常德、辰州二府，靖、沅二州）
山东	三道：济南（治济南、东昌、兖州三府）、海右（治青州、登州、莱州三府）、辽海东宁（治东宁、沈阳中、辽海、铁岭、三万、金州、复州、盖州、海州、义州十卫及广宁中护卫，广宁左前后四屯卫、定辽左右中前后五卫）
河南	二道：河南（治开封、河南、汝宁、南阳四府）、河北（治怀庆、彰德、卫辉三府）
山西	三道：冀宁（治大原一府，泽、潞、辽、沁、汾五州）、冀北（治大同一府，东胜等卫）、河东（治平阳一府）
陕西	五道：关内（治西安、凤翔、平凉三府）、关南（治汉中府）、河西（治延安、庆阳二府，宁夏卫）、陇右（治临洮、巩昌二府，洮州、岷州、河州、兰州四卫）、西宁（治西宁、庄浪、凉州、永昌、山丹、甘州、肃州七卫）
合计	41道

* 资料来源：《明太祖实录》卷247，洪武二十九年九月甲寅。

从上表可以看出，这时的分道是比较粗放的，也符合"巡察"的职责。此后，随着行政功能和军事功能的加强，分巡道的责任越来越重，"道"的划分更加细密，"道"的数量也随之增长。下表为洪武二十五年、二十九年，以及弘治、万历修《明会典》时的分道情况。

表 15-2：明代按察司分巡诸道表

直省名称	洪武二十五年	洪武二十九年	弘治十五年	万历十五年
直隶（南京）	六道：淮西、淮东、苏松、安池、京口、江东	六道：淮西、淮东、苏松、建安徽宁、常镇、京畿		
直隶（北平）	三道：卢龙、燕南、冀北	二道：燕南、燕北		
浙江	四道：浙东、海右、浙江、金华	二道：浙东、浙西	二道：浙东、浙西	二道：浙东、浙西
江西	四道：九江、岭北、湖东、湖西	三道：岭北、两江、湖东	五道：南昌、湖东、湖西、九江、岭北	五道：南昌、湖东、湖西、九江、岭北
福建	三道：宁武、延汀、漳泉	二道：建宁、福宁	四道：福宁、建宁、武平、漳南	四道：福宁、建宁、武平、漳南
广东	四道：岭南、潮阳、海南、海北	三道：岭南、海南、海北	五道：岭南、岭东、岭西、海南、海北	五道：岭南、岭东、岭西、海南、海北
广西	三道：苍梧、南宁、庆远	三道：桂林苍梧、左江、右江	四道：桂林、苍梧、左江、右江	四道：桂林、苍梧、左江、右江
四川	三道：东川、西川、剑南	三道：川东、川西、黔南	四道：川东、川西、川南、川北	四道：川东、川西、川南、川北
湖广	五道：蕲黄、江陵、汉江、湖南、湖北	四道：武昌、荆南、湖南、湖北	六道：武昌、上湖南、下湖南、湖北、上荆南、下荆南	七道：武昌、上湖南、下湖南、湖北、上荆南、下荆南、荆西
山东	二道：济川、胶西	三道：济南、海右、辽海东宁	四道：济南、东兖、海右、辽海东宁	四道：济南、东兖、海右、辽海东宁
河南	三道：河南、汝南、河北	二道：河南、河北	四道：河南、河北、大梁、汝南	四道：河南、河北、大梁、汝南

续表

直省名称	洪武二十五年	洪武二十九年	弘治十五年	万历十五年
陕西	四道：汉中、岐阳、河西、陇右	五道：关右、关南、河西、陇右、西宁	六道：关内、关南、关西、陇右、西宁、河西	六道：关内、关南、关西、陇右、西宁、河西
山西	四道：朔南、云中、泽潞、河东	三道：冀宁、冀北、河东	五道：冀宁、冀南、冀北、河东、口北	五道：冀宁、冀南、冀北、河东、口北
云南			四道：普安、临元、金沧、洱海	四道：普安、临元、金沧、洱海
贵州			四道：贵宁、新镇、安平、思仁	四道：贵宁、新镇、安平、思仁
合计	48	41	57	58

* 资料来源：《明太祖实录》卷221，洪武二十五年九月乙酉；卷247，洪武二十九年九月甲寅。正德《明会典》卷165《都察院二》、万历《明会典》卷210《都察院二》。

相对于洪武二十五年，洪武二十九年的分巡道减少了7个，山东、陕西两省不仅没有减少，反而各增加了1个。山东增加的是"辽海东宁"道，陕西增加的是"西宁"道，这和洪武时期明朝的势力在东北、西北两个方向的拓展有关。云南、贵州二布政司在洪武时都没有分巡道。按贵州布政司设于永乐十一年（1413），故尔。但云南布政司设于洪武十五年，同样没有设道。洪武时贵州由四川川东道带管，云南则专设四川黔南道。① 这种设置，完全可以视为西南地区人口稀少之故，而云南的地方建制还不完整。

至弘治修《会典》时，云南、贵州已各设四道，而四川也由原来的三道分为四道，可见从洪武至弘治的一百年间，西南地区的局势已经发生了很大的变化。而弘治、万历修《会典》时不列直隶分巡道，则

---

① 《明太祖实录》卷247，洪武二十九年十月甲寅。

是因为直隶未设按察司而由巡按直隶监察御史分巡。如果将洪武时直隶地区的 6 个分巡道和北平布政司的 2 个分巡道除去,则弘治十五年(1502)较之洪武二十九年,百年间按察司分巡道的数量增加了 24 个。如果不计云南、贵州的 8 个分巡道,弘治十五年时浙江、江西等十一布政司的分巡道比洪武二十九年增加了 16 个,平均每省约 1.5 个。这当然和人口的增加、经济的增长及社会矛盾的发展有关,但各省情况也各异。如江西、福建、广东、湖广、河南、山西,各增加了 2 个,四川从表面数字看虽然只增加了 1 个,但专巡云南的黔南道已经剔除,川东道也不再带管贵州,实际上可以认为是增加了 2.5 个。其他四省,浙江仍为 2 道,广西、山东、陕西则各增加 1 道。

从弘治十五年至万历十五年(1587),从《明会典》的记载看,分巡道只增加了 1 个,即嘉靖十九年(1540)三月在湖广增加了一个专管承天、德安二府的"荆西道"。① 但这丝毫不能说明近百年间明代社会平静,而是因为按察司的另外一种"道"即"兵备道"的大量出现。即如荆西道,初置时已各设布政司、按察司守、巡官各一员,数年之后,即改为"整饬荆西等处兵备兼管分巡",其辖地除承天、德安二府外,增加了邻近嘉鱼等八县。②

三、布政司参政、参议的分守

布政司参政、参议的分守,起于永乐时方面官的"巡视民瘼"③。而此事的发生,与按察司副使、佥事的分巡极其相似。成祖即位后,既命都督府都督、同知往各省镇守,为"总兵官",又命六部及都察院官

---

① 《明世宗实录》卷 235,嘉靖十九年三月乙卯。
② 《明世宗实录》卷 342,嘉靖二十七年十一月丙申。
③ 《明太宗实录》卷 178,永乐十四年七月甲寅条:"时命方面官巡视民瘼"。

往各省"巡视民瘼"。

《明太宗实录》载，建文四年（1402）七月，成祖即位伊始，即对群臣发表了一番感慨："朕居藩邸时，凡百姓艰苦，靡不知之。而数年兵兴，北方之民疲劳尤甚。朕所以举义者，为宗社生民之计，今宗社既安，而北方之民未安，吾夙夜不忘。"遂命前工部尚书严震直、户部致事尚书王钝、应天府尹薛正言等分往山西、山东、河南、陕西等布政司"巡视民瘼"，要求"何弊当革，何利当建，速具奏来"。① 永乐元年（1403）二月，又命监察御史等分往各布政司"巡视民瘼"②，这批御史的职责和巡按监察御史重在察官察吏不同，凡官民利病，皆在"巡视"范围之内。

京官的分省巡视，推动了布政司官员即方面官的分区巡视，布政司参政、参议之分道"守土安民"即由此而起。但从事务性的"巡视"到分区性的"分守"，应该有一个相当长时间的过渡，所以布政司官的"分守"时间，要晚于按察司官的"分巡"。景泰三年（1452）六月，巡按福建监察御史许仕达奏："近年福建布按二司分巡、分守地方，官员多有年久不易，与所属官吏情熟，恣意妄为。今后宜听镇守巡抚巡按官，岁一更委。如有故违，许巡按御史执问，具闻降用。"③ 这是笔者所见到的最早的一条关于布政司官员分守的明代官方记载。从这个记载看，福建布政司官员的"分守"当发生在正统、景泰之际，而这段时间正是福建民变频繁的时期。此后，有关"分守"的记载逐渐多了起来，到成化、弘治年间，已是动辄"分巡分守"并称了。

根据《明史·职官志》记载，常设的布政司分守道60个，见下表。

---

① 《明太宗实录》卷10，洪武三十五年七月甲辰。
② 《明太宗实录》卷17，永乐元年二月乙卯。
③ 《明英宗实录》卷217，景泰三年六月甲子。

表15-3：明代布政司分守诸道表

布政司	分守道名	驻地	所辖府（州）县
浙江 （四道）	杭嘉湖道 宁绍台道 金衢严道 温处道	驻省（杭州） 驻省 驻省 驻省	杭州、嘉兴、湖州三府 宁波、绍兴、台州三府 金华、衢州、严州三府 温州、处州二府
江西 （五道）	南瑞道 湖东道 湖西道 饶南九江道 赣南	驻省（南昌） 驻广信 驻临江 驻九江 驻南安	南昌、瑞州二府 广信、建昌、抚州三府 吉安、临江、袁州三府 饶州、南康、九江三府 赣州、南安二府
山东 （三道）	济南道 东兖道 海右道	驻省（济南） 驻省 驻省	济南府 东昌、兖州二府 青州、登州、莱州三府
山西 （四道）	冀宁道 河东道 冀北道 冀南道	驻省（太原） 驻蒲州 驻大同 驻汾州	太原府 平阳府 大同府 潞州府及沁、泽、辽、汾四州
陕西 （六道）	关内道 关西道 西宁道 关南道 河西道 陇右道	驻省（西安） 驻凤翔 驻凉州 驻兴安 驻庆阳 驻巩昌	西安府 平凉、凤翔二府 凉州、肃州二府 汉中府 庆阳、延安二府 巩昌、临洮二府
河南 （四道）	大梁道 河南道 汝南道 河北道	驻省（开封） 驻河南 驻南阳 驻怀庆	开封、临德二府 河南府及汝州 南阳、汝宁二府 彰德、卫辉、怀庆三府
湖广 （八道）	武昌道 上荆南道 下荆南道 荆西道 上湖南道 下湖南道 上江防道 下江防道	驻省（武昌） 驻郧阳 驻澧州 驻安陆 驻衡州 驻长沙 驻荆州或岳州 驻蕲州	武昌、汉阳、黄州三府 襄阳、郧阳二府 荆州、岳州二府 安陆、德安二府 衡州、永州二府 长沙、宝庆二府 武昌以上 武昌以下

续表

布政司	分守道名	驻地	所辖府（州）县
福建 （四道）	兴泉道 福宁道 漳南道 建南道	驻泉州 驻兴化 驻漳州 驻延平	兴化、泉州二储 福州府及福宁州 汀州、漳州二府 建宁、邵武、延平三府
广东 （五道）	岭东道 岭西道 罗定道 海北道 岭南道	驻潮州 驻高州 驻罗定州 驻廉州 驻南雄	惠州、潮州二府 肇庆、高州二府 罗定州 雷州、廉州二府 广州、韶州、南雄三府
四川 （六道）	川西道 川北道 上川东道 下川东道 上川南道 下川南道	驻省（成都） 驻保宁 驻重庆 驻涪州 驻雅州、嘉定 驻叙州、泸州	成都、龙安二府及潼川州 保宁、顺庆二府 重庆府 夔州府 雅州府及建昌行都司 叙州、马湖二府，镇雄、东川二军民府及嘉定、眉、泸、邛四州
广西 （四道）	桂平道 苍梧道 左江道 右江道	驻省（桂林） 驻梧州 驻浔州 驻柳州	桂林、平乐二府 梧州府 南宁、浔州、太平三府 柳州、庆远、思恩、思明、镇安五府
贵州 （四道）	安平道 贵宁道 新镇道 思仁道	驻省（贵阳） 驻省 驻平越 驻思南	安顺、平越等军民府 贵阳府 平越、镇远诸府 思州、思南、铜仁、石阡诸府
云南 （三道）	临安道 腾冲道 澜沧道	驻临安 驻腾冲 驻澜沧	临安等处地方 腾冲等处地方 澜沧等处地方

资料来源：《明史》卷75《职官志四》、卷41—46《地理二至七》，万历《明会典》卷128《兵部》，《明会要》卷73《方域三》。

第二节　整饬兵备副使、佥事：兵备道

一、兵备道的设置及地位

自宣德、正统开始向各地差遣的巡抚都御史，一方面逐步地方化成为省级行政领导机关，另一方面又是中央都察院在各省、边的军事督察机关，进而成为军事领导机关。尽管直至明末，巡抚都御史与提督军务也没有完全合二为一，但据万历《明会典》，当时作为定制的二十五处巡抚，除广西因有总督两广军务兵部尚书外，其余二十四处巡抚均参预军务。其中，内地各省加提督军务衔，各边镇有总兵处加赞理军务衔，而总兵及标下副、参、游击等均听其调度。[①]

各省按察司副使、佥事本有分道巡察之责，既巡察民政、财政、学政，也巡察军政。随着社会矛盾的加剧，明廷开始在一些要冲之地，或者加强分巡道的军事职能，或者增设整饬兵备副使或佥事，当地及附近的卫所官军听其节制，从而导致了"兵备道"的设置。关于明代"兵备道"之设，沈德符《万历野获编》认为始于弘治十二年（1499）八月：

> 兵备官之设，始于弘治十二年。其时马端肃（文升）为本兵，建议创立此官，而刘文靖（健）在内阁，则力阻以为不可。马执奏愈坚，本年八月始设江西九江兵备官一员。盖以九江既管江防，

---

① 万历《明会典》卷126、卷128《兵部·镇戍一、三》。

又总辖鄱阳湖防，故特以专敕令按察司官领之。继则湖广之九永、广西之府江、广东之琼州、四川之威茂，皆添设兵备，盖皆边方，多属夷地也。其时事寄本不轻，此后以渐添设。在正德间，流寇刘六等起，中原皆设立矣。至嘉靖末年，东南倭事日棘，于是江、浙、闽、广之间，凡为分巡者无不带整饬兵备之衔。[①]

沈德符关于兵备道初设缘起及续设过程的叙述，与明代兵备道的设置大致是相吻合的。为控制南京上游及鄱阳湖区，遂有九江兵备道之设；为弹压少数民族地区的民变，遂有九永、府江、琼州、威茂诸兵备道之设；为镇压刘六等的流民起义，遂有中原各地兵备道之设；为抵御倭寇，遂有江南各省的兵备之设。

按兵备道设置之初，皆称"整饬兵备"而无"道"之说。也就是说，兵备道的设置与内阁、巡抚一样，都有一个由临时性的权宜到永久性的定制的过渡。上述的九江兵备道，当时也只是称"整饬兵备"江西按察司副使，在其尚未过渡到"道"时，已经在弘治十二年十月被撤除。[②]

需要说明的是，"整饬兵备"副使及佥事之设，却并非始于沈德符所说的弘治时马文升之议。

就笔者所见，明代第一位被冠以"整饬兵备"的按察司官始见于天顺八年（1464）二月的"整饬松潘兵备四川按察司副使王用"。时英宗"以其勤劳于外故"，赏赐了南京参赞机务并各处巡抚、镇守、守备

---

① 沈德符《万历野获编》卷22《整饬兵备之始》。关于九江兵备之设，《明孝宗实录》卷153"弘治十二年八月己酉"条也作了记载："兵部尚书马文升奏，江西九江府当长江上流，实荆南江西之襟喉、南京之藩屏。比来湖广、江西盗起，沿江亦有盐徒为患，请增设江西按察司副使一员，专理九江、安庆、池州、建阳等府卫地方，整饬兵备。从之。"

② 《明孝宗实录》卷155，弘治十二年十月戊子。

内外文武官一批人。冠以"整饬兵备"的，仅王用一人，与其同样受赏十五两白金的均为武臣，包括都指挥使、同知、佥事及指挥同知等。①虽然王用何时开始"整饬松潘兵备"未见记载，但《明英宗实录》中有一条相关信息：天顺六年三月，"升四川道监察御史王用为四川按察司副使，松潘等处抚治羌夷"②。王用乃至整个明代按察司副使或佥事的"整饬兵备"之始，或者说，明代按察司副使及佥事开始"整饬兵备"，时间应该在天顺六年三月至天顺八年二月之间。

《实录》中第一则关于"兵备道"的记载，见于嘉靖元年（1522）十一月："更定山东四兵备道所属州县。"③此后则在各种文字中大量地出现。虽然兵备道的名称应该早于这则记载，但至少可以说，由"整饬兵备"到"兵备道"，是有一个过程的。这个过程比巡抚从差遣到定制的时间大约晚半个世纪。

就明代省之下、府县之上的"道"而言，成化以前主要是分巡、分守道，它们同时承担着维护地方治安、保证边境防御及催征田粮赋役的职责，但军事职能逐渐明晰；成化至嘉靖年间，由于内地的社会骚乱、北部边境的蒙古内侵，以及东南沿海的倭变，兵备道大量出现，其主要的职能是整饬兵备，统领指定地区的军事力量，或镇压内乱，或抗御外侮；隆庆、万历及此后的天启、崇祯年间，兵备道已遍布各地，成了巡抚之下的地方主要军政机关，它们统领军队、管辖府县，听命于督抚，同时取代了分巡、分守道，成为"道"的主体。

---

① 《明宪宗实录》卷2，天顺八年二月辛亥。
② 《明英宗实录》卷338，天顺六年三月壬戌。
③ 《明世宗实录》卷20，嘉靖元年十一月己酉。当时的山东四兵备道为济宁（改为沂州）、曹州、武定、临清。

二、兵备道的分布及其职责范围

郭培贵教授通过对明代历朝《实录》的检索，稽得自天顺八年（1464）至崇祯元年（1628）的164年间，明廷在全国各地先后设置的兵备道及整饬兵备副使（佥事）凡219处。[①] 这些兵备道和巡抚、总督一道，构成了明代中后期地方军事力量的控制体系，下表所体现的，正是这一体系。

表15-4：万历十年前后明代兵备道及其统属表

总督、巡抚	兵备道	驻地	所辖地区及管辖事务
总督蓟辽保定等处军务兼理粮饷			
整饬蓟州等处边备兼巡抚顺天等府地方	蓟州兵备道	蓟州	管理喜峰口、马兰谷、松棚谷、太平寨四路，监督副、参等官；分管蓟州、遵化、丰润、玉田四州县，蓟州、镇朔等九卫及宽河所兵马、钱粮，兼屯田
	昌平兵备道	昌平	管理黄花镇、居庸关、横岭城三路，监督副、参等官；分管昌平州及怀柔、顺义二县，长陵等九陵卫、延庆、营州左屯二卫、奠靖、镇边等四所兵马、钱粮，兼屯田
	永平兵备道	永平	管理燕河营、台头营、石门寨、山海关四路，监督副、参等官；分管永平府、滦州及卢龙、迁安、抚宁、昌黎、乐亭五县，抚宁、永平等六卫兵马、钱粮，兼屯田
	密云兵备道	密云	管理石塘岭、古北口、曹家寨、墙子岭四路，监督副、参等官；分管通州及密云、三河、宝坻、平谷四县，密云中后等八卫及梁城守御千户所兵马、钱粮，兼屯田
	霸州兵备道	霸州	管理霸州及香河县、营州前屯卫，及西山、澜河一带兵马、钱粮，兼屯田、河道

---

① 郭培贵：《〈明史·职官志四〉兵备道补正》，《文史》2004年第3辑（总68辑）。

续表

总督、巡抚	兵备道	驻地	所辖地区及管辖事务
巡抚保定等府兼提督紫荆等关兼管河道	天津兵备道	天津	专在天津、沧州二处来往，所管自天津起德州止，并河间、沧州军卫有司兵马钱粮，兼屯田、河道
	紫荆兵备道	易州	管理紫荆关并该关所辖隘口，东起沿河口总、西至白石口，及保定府所属二十州县，保定五卫及茂州卫，并山西广昌等州县军卫有司；仍听保定巡抚节制干涉，山西都御史一体呈请施行
	井陉兵备道	井陉	管理倒马、龙泉、故关并各关隘口，东起插箭岭、西至石榴𪩘等口，及真定府所属三十二州县，真、神、定三卫，平定守御千户所，并平西平定州、乐平、五台、繁峙等县，兼马政、驿传
	大名兵备道	大名	管理顺德所辖边隘，北起锦绣堂等口，南至数道岩等口，并顺、广二府各九县，大名府所属十一州县，顺德守御千户所，兼制山东、河南、直隶邻境州县卫所操练、防盗、马匹等项，兼驿传
巡抚辽东地方兼赞理军务	宁前兵备道	宁远前屯	东至宁远塔山所，西至前屯中前所，抵关所辖宁、前二卫城堡驿所，共三十二处，兼管屯田、马政
	开原兵备道	开原	兼管屯田、军政
	苑马寺卿兼金复海盖兵备道	盖州海州	照旧管理马政，整饬四卫，并东昌、东胜、耀州、连邦谷等堡
	分巡辽海东宁道	锦州义州	带管广宁、锦、义处兵备，东至广宁镇武，并西兴、西宁、平洋等堡，西至锦州杏山驿，所辖广宁等九卫城堡驿所三十五处，兼管屯田、马政
	分守辽海东宁道		带管辽阳、沈阳、抚顺、蒲河、宽奠各城堡边备，兼管屯田、马政
总督宣大山西等处军务兼理粮饷			

续表

总督、巡抚	兵备道	驻地	所辖地区及管辖事务
巡抚宣府地方赞理军务	怀隆兵备道	怀来	整饬南山等处,分理北、东二路
	分巡口北道	马营赤城	管理北、中二路,兼管屯田、马政
	分守口北道	宣府	兼理兵备
巡抚大同地方赞理军务	阳和兵备道	大同	整饬沿边地方兵备,专听军门委用,管天城、阳和二卫,并东路、新平二路十三城堡,兼屯牧
	左卫兵备道	大同左卫	经理左右云、玉及威远五卫
	分巡冀北道	大同	管理北东、北西二路,并浑源、聚乐、高山等二十三城堡,兼屯牧
	分守冀北道	朔州	防秋移驻平房城,管理平房等城堡边备,仍兼原管怀、应等州县,兼屯牧
提督雁门等关兼巡抚山西地方	雁平兵备道	代州	管广武、北楼、平刑等处兵备,管辖代州及繁峙、五台、崞三县,兼屯田
	岢岚兵备道	偏头关	管辖岢岚等五州县,分管偏老、岢岚、河曲等处兵备,西路参将老营游击地方兵马,兼屯田
	潞安兵备道		带管冀南道分巡
	分巡冀宁道兼兵备		管辖永宁州、宁乡、临县并静乐、太源、清源、交城、文水五县,兼管太原参将营兵马、钱粮
	分巡河东道兼兵备		并管隰州西接陕西关隘地方
	行太仆寺卿兼宁武兵备道	宁武关	不妨马政,兼理屯田,分管八角、神池、宁武三守备及中路参将地方兵马
总督陕西三边军务	固原静宁隆德镇原等处兵备道		兼屯田驿递
	洮岷兵备道		分管洮、岷二卫并西固、阶、文三千户所,兼管漳、成二县,兼分巡屯粮、驿递
	延安兵备道	鄜州	兼管分巡,专在鄜州驻扎,及督修延、庆所属城堡,兼屯田
	临巩兵备道		专管临洮府属五州县及甘、兰、临、河西诸卫仓场、驿递、屯种

续表

总督、巡抚	兵备道	驻地	所辖地区及管辖事务
	巩昌兵备道		整饬巩昌府等处抚安兵备，兼分巡陇右道，巡禁茶马，带理屯种，分督巩昌府卫所，并秦、徽二州及清、澧等十县
	靖房兵粮道		修举马政，整理兵粮，分管安定、会宁二县并永乐等九堡卫所屯寨，专管靖房屯田
巡抚延绥等处赞理军务	靖边兵备道兼分巡	定边营	东至延绥西路旧安边，西至宁夏萌城各营堡、仓场、边务，俱听经理，及大盐池盐法，兼分巡屯田
	神木兵备道兼分巡		管理榆林东路，兼分巡建安、高家、柏林、大柏油、永兴镇等城堡，并葭州、神木、府谷、吴堡四州县
	榆林兵备道兼分巡		管理榆林中路，兼分巡双山等堡，并榆林二卫，绥德、米脂、清涧三州县及清平、威武、怀远三堡边墙
	分守河西道	庆阳	分理延安、庆阳二府所属州县，兼管督修就近所属城堡，分管庆阳卫并环县千户所各屯田、驿递
巡抚宁夏地方赞理军务	宁夏管粮道	宁夏	管理粮储，带管本镇东路及宁夏后卫等十二城堡，及小盐池盐法，兼理屯田
	宁夏兵粮道		太仆寺少卿兼佥事，不妨原务，兼理花马池后卫及灵州、兴武、韦州三所，东、中二路城堡、仓场、驿递、兵政、粮储、屯田、水利、盐法，并经理清水营互市
巡抚陕西地方赞理军务	西安兵备道		整饬西安等处卫所兵备，分守关内道，带管粮斛、驿传、盐法、水利
	泾邠兵备道	邠州	分管关内道，专管西安府等二十七州县，整饬兵备，管辖宁州等州县及平、庆二卫牧地军民粮草
	商洛兵备道	商州	兼管商州、洛南、商南、山阳、镇原等处兵备，兼屯田递驿
	潼关兵备道		专管潼关卫班军，分管河南阌乡、灵宝二县，陕西同州九州县，山西蒲州，并守御千户所
	汉羌兵备道	汉中	兼抚民，及分巡关南道事务，分管汉中府属南郑等州县并汉中卫、宁羌卫、沔县千户所驿递、粮草

续表

总督、巡抚	兵备道	驻地	所辖地区及管辖事务
巡抚甘肃等处赞理军务	西宁兵备道		抚治西宁番夷，兼管西宁等卫所，并西宁卫所属仓场
	甘肃兵备道		专在肃州地方，抚治番夷、整饬兵备，并肃、镇二卫钱粮，兼屯田
	庄浪兵备道		行太仆寺少卿兼按察司职衔，整饬庄浪兵备
总理粮储提督军务兼巡抚应天等府地方	徽宁池太安庆广德兵备道	池州	管辖徽州、宁国、池州、太平、安庆五府，广德州，句容等六县及新安、建阳、宣州、安庆各卫所，提防江贼矿徒
	苏松常镇兵备道	太仓州	整饬苏州、松江、常州、镇江四府兵备
总理漕运兼提督军务巡抚凤阳等处兼管河道	颍州兵备道		管理庐州、凤阳、滁州地方卫所，兼管江防事宜
	徐州兵备道		整饬徐、宿二州等处兵备，兼管淮安府、徐州及淮北卫所，及淮安、邳州、大河、徐州、沂州等卫，莒州、东海、西海等所京操官军
	淮扬海防道	泰州	整饬淮扬、海防、江洋，仍分操扬州、仪真、高邮等卫，泰州、盐城、通州等所京操官军
提督军务巡抚浙江地方	杭严兵备道	杭州	分巡杭州、严州二府，兼管兵备，及前后二卫军兵，各府县民壮，一并团练，督捕水陆盗贼
	金衢兵备道	衢州	整饬金华、衢州二府兵备，兼理分巡
	嘉湖兵备道	嘉兴	分巡嘉兴、湖州二府，兼管兵备
	台州兵备道	台州	分巡宁波、绍兴、台州三府，兼提督操练
	温处兵备道	温州	整饬温州、处州二府兵备，兼管分巡，管理遂、松、龙三县
	海道兼理宁绍兵备道	宁波	巡海兼理宁绍兵备，经管沿海卫所，管理水陆兵粮
巡抚江西地方兼理军务	南昌兵备道	宁州	整饬南昌兵备，专饬南昌、瑞州二府戎事，训练营乡等兵，兼制湖广兴国、通城、崇阳、浏阳、咸宁、平江等七州县，扼险捕盗
	九江兵备道	九江	分巡饶州、南康、九江三府，管理兵备，赞理南康湖防，提调上江船厂，辖安庆府

续表

总督、巡抚	兵备道	驻地	所辖地区及管辖事务
巡抚南赣汀韶等处地方提督军务	抚建广兵备道	建昌抚州	分巡湖东道，整饬抚州、建昌、广信三府各属县额设精兵，并铅山及抚、建二府各守御所官军
	袁州兵备道	吉安	分巡湖西道，兼管辖湖广茶、攸、郴、桂、浏阳等处，不妨控制万安，往来巡历
		赣州	所辖江西岭北赣州道及广东惠潮道、岭南韶南道，福建漳南道，湖广上湖南郴桂道，俱听节制
	赣州兵备道	会昌	整饬赣州地方兵备，兼分巡岭北道
提督军务兼巡抚福建地方	福州兵备道		归并清军道，仍兼管福州兵备，兼分巡福宁道，监督全省水陆官军
	福宁兵备道	福宁	分巡福宁，分理军务，管理该州并福州地方
	建南兵备道	建宁	分巡建南道，分理军务，管理该府并邵武、延平地方
	兴泉兵备道	泉州	分巡兴泉道，兼分理军务
	海道	漳州	督理沿海卫所官军，专管兵粮海防，兼理团练，分理军务
	分巡漳南道	上杭	分巡汀漳二处地方，操练军快人等，分理军务，兼管广东大埔、程乡二县
巡抚湖广地方兼提督军务	岳州兵备道	岳州	管上江防道，由武昌而上，至沔阳、岳州、长沙等处，提督一带江防、湖禁、巡私，兼制宁州并宁州守备
	蕲州兵备道	蕲州	管下江防道，由汉阳而下，至黄州、蕲州、德安等处，提督一带江防、湖禁、巡私
	郴桂兵备道	郴州衡州	提督本州五县、桂阳州所属各卫所地方，及广东韶州府所属县卫守御千户所，并续拟衡、永二所所属十二州县，广东孔乐、连山、广西富贺、江西大庾、上犹等县，衡、永二卫，及连州阳山一带地方
	靖州兵备道		在靖州铜鼓、五开等八卫并天柱等所居中驻扎，整饬兵备，操练卫所军马并钱粮
	沔阳兵备道	沔阳	整饬荆西等处兵备，兼管分巡，提督承天所属堤垸，原管承天、德安二府属及邻近嘉鱼等八县地方

第十五章 明代的"道"：分巡、分守与"整饬兵备"

续表

总督、巡抚	兵备道	驻地	所辖地区及管辖事务
	分巡武昌道	省城	整饬武昌兵备，专一团练军兵，所辖武昌，南至嘉鱼北至白湖镇二哨，及汉阳府黄陂县地方
	分守荆西道	承天	与守备太监协同护守陵寝，管承天、德安二府
	分守上荆南道	澧州	整饬澧州（按：原文为岳州，误）、九、永等处兵备，提督军卫有司
	分守湖北道	辰州	兼抚苗夷，提督军卫有司
	抚治荆州兼施归兵备道	荆州	照旧分巡上荆南道，抚治荆州等府流民，整饬施、归等处兵备，统辖荆州府所属州县，及荆州卫、右卫、瞿塘卫及枝江、惠州各千户所，施州、永顺等土司，巡历夷陵、归州、巴东一带州县，听川、贵巡抚及四川巡按节制
提督军务兼抚治郧阳等处地方		郧阳	所辖湖广下荆南道、郧襄道，河南汝南道，陕西关南汉羌道、商洛道，四川下川东夔瞿道，俱听节制
	郧襄兵备道	襄阳	整饬郧襄兵备，及分巡下荆南事务，练兵捕道
总督两广军务兼理粮饷带管盐法兼巡抚广东地方	韶南兵备道	韶州	所辖南雄、韶州二府各县卫所，并广州府属州县，兼分巡，分管练兵事务
	惠潮兵备道	潮州	兼管惠、潮二府，兵巡事务，巡历惠州府属海丰等十县、潮州府属饶平等十县，提督捕盗水陆官兵，往来山海地方，操练营寨
	高肇兵备道	肇庆	兼分巡岭西道，整饬高、肇二府兵备，修理各该城堡，操练官军、民快、乡夫、打手，抚民捕盗
	罗定兵备道	罗定	专管新设一州，并南乡、当霖、封门、出口四所，及黄姜洞、大峒二营，分管练兵事务
	雷廉兵备道	廉州	整饬雷、廉二府地方兵备，兼理分巡海北道，监督海康乌兔寨
	琼州兵备道	琼州	整饬兵备，监督琼州寨，操练兵船
	海道兼整饬广州兵备	东莞南头城	巡视海道一带地方，整捌船只，操练水战，监督南头、白鸽二寨

续表

总督、巡抚	兵备道	驻地	所辖地区及管辖事务
巡抚广西地方	苍梧兵备道	郁林	整饬苍梧、北流、兴业、博白、岑溪、陆川地方兵备，兼管分巡
	宾州兵备道	宾州	整饬宾州等处地方兵备，兼分巡
	府江兵备道	平乐	整饬府江兵备，带管平乐府分巡事务
	分巡桂林道	省城	分巡桂林一府，兼全州、永宁、永福兵备事务，带管抚夷
	分巡左江道	南宁	兼浔州、太平、思明等府凭祥、桂平、宣化、养利等州县，奉议、训象、向武、太平、武缘等卫所，及武缘县膺、葛二墟地方兵备
提督军务巡抚四川等处	安绵兵备道	绵州	整饬安、绵、石泉等处兵备，提督关堡，操练土兵民壮，兼督利卫，并保宁府官军民快
	威茂兵备道	茂州	整饬威茂等处兵备，抚治羌夷
	重庆兵备道	重庆	分巡上川东道，管辖重庆府卫州县，并贵州、酉阳等处土司
	夔州兵备道	达州	整饬下川东道兵备，即兼分巡，专辖夔州府卫州县并石柱土司，抚民捕盗，兼治施州
	叙马兵备道	建武镇	招集民兵充实墩堡，整饬叙、马二府泸州所属及叙、泸二卫新所，并永宁、东川、镇雄、乌撒、乌蒙等地方土司兵备
	建昌兵备道	建昌	会、盐、宁、越、礼州、德昌、镇西、宽山、迷易、打冲河等卫所，并昌州马喇邛部威龙普济等土司地方兵备，兼管分巡
	松潘兵备道	松潘卫	整饬松潘等处兵备，抚治羌夷，兼管红花、潭厉等八屯
	分巡上川南道	雅州	管嘉、眉、邛、雅四州，并雅、大二所，天全招讨、黎州安抚二土司

第十五章 明代的"道"：分巡、分守与"整饬兵备"

续表

总督、巡抚	兵备道	驻地	所辖地区及管辖事务
巡抚山东等处地方赞理营田兼管河道提督军务	武定兵备道	武定德州	往来武定、滨、德三州，并阳信、商河各州县，督理屯营，操练防守
	济宁兵备道	济宁	专管河盐，兼济宁州及宁阳、鱼台、汶上三县，并济宁一卫兵备，仍分巡
	曹濮兵备道	曹州	督捕盗贼、操练卫所屯营兵马，兼管分巡
	沂州兵备道	沂州	督捕盗贼，操练州县卫所屯营，带管分巡马政
	临清兵备道	临清	整饬东昌府属、兖州府属各州县兵备，带管分巡马政、河道
	青州兵备道	青州	整饬青州所属莱芜、新泰、蒙阴、沂水、长山、淄川各县，兼分巡青、莱二府
	海道	登州	仍治登莱二府，兼管登州一处分巡
巡抚河南等处地方兼管河道兼提督军务	开封兵备道	省城	管理开封及本府属二十九州县并宣武一卫，往来提督军卫有司
	磁州兵备道	磁州	擒捕盗贼，修理城池，抚安民兵，排练军马，其卫辉所辖县分，兼马政
	大梁兵巡道	陈州	巡历归、睢地方，练军、御盗、马政（系睢陈兵备道归并）
	分巡汝南道		兼整饬兵备
巡抚云南兼建昌毕节等处地方赞理军务兼督川贵粮饷	临安兵备道		整饬临安等处兵备
	腾冲兵备道		整饬腾冲等处
	澜沧兵备道		整饬澜沧、姚安等处
	曲靖兵备道		整饬曲靖寻甸马龙木密沾益等处
巡抚贵州兼督理湖北川东等处地方提督军务	都清兵备道		整饬都清等处，分巡新镇道，兼治广西南丹等州，平清、偏镇、铜鼓、五开等卫所
	威清兵备道		整饬威清等处，分巡平安道，兼制泗城、沾益等州，节制普安坝阳守备等官
	毕节兵备道		整饬毕节等处，分巡贵宁道，兼治乌撒、镇雄、永宁等司府
	思石兵备道		整饬思石兵备，分巡思仁道，兼治镇筸、平茶、播州等处

资料来源：万历《明会典》卷128《兵部·镇戍三·督抚兵备》。

从上表可以看出，在万历十五年（1587）重修《明会典》时，具有军事功能的布政司、按察司分司及其他相关机构共119处，分别是："兵备道"92处，"分巡道"兼兵备11处，"分守道"兼兵备7处，"太仆寺""苑马寺"卿兼兵备各1处，"兵粮道""管粮道"兼兵备各1处，"海道"兼兵备4处，"抚治荆州"兼兵备1处。在92处兵备道中，有43处兼分巡，其中，兼分巡道者37处、分巡指定地区者2处、分巡具体事务如屯田屯粮驿递马政者4处，另有兼分守者1处（关内道）。

从表面上看，上表反映的是明后期地方军事力量的统属关系，但在一定程度上也是整个国家地方权力结构的展示。由于治安逐渐上升为地方政府的主要职能，各巡抚通过提督军务强化了军事功能，兵备道则通过兼分巡、分守道强化了行政及监察功能，因此，上表清晰地反映了明后期国家地方权力结构的特征及统属关系：在北部边境地区，形成了总督—巡抚—兵备道（含分巡、分守、兵粮等道）—府县、卫所的统属关系；在内地，则没有总督这一层，为巡抚—兵备道—府县、卫所的统属关系。

以北方重镇蓟、辽为例，设有总督蓟辽保定等处军务、兼理粮饷兵部尚书一员，下有整饬蓟州等处边备兼巡抚顺天等府地方都御史、巡抚保定等府兼提督紫荆等关兼管河道都御史、巡抚辽东地方兼赞理军务都御史三员，巡抚之下又有兵备副使若干员。如顺天巡抚下，有蓟州兵备一员，管理喜峰口、松棚谷、马兰谷、太平寨四路，监督副将、参将等官，分管蓟州、遵化、丰润、玉田四州县和蓟州、镇朔、遵化、营州右、东胜右、安义中、兴州前、开平中屯、兴州左屯等九卫以及宽河千户所的兵马钱粮，并兼管屯田。另有昌平兵备、永平兵备、密云兵备、霸州兵备，职责与蓟州兵备相似。无论是总督、巡抚还是兵备道，均统军治民，并兼理钱粮、屯田等事项。再以江南腹地江西为例，巡抚江西都御史兼理军务，下辖南昌、九江、抚建广、袁州四兵备道。除南昌兵备道"专饬"南昌、瑞州二府军事外，九江兵备道分巡饶州、南康、九江三府并辖南直安庆府，抚建广兵备道分巡湖东道（辖抚州、建昌、广信三府），袁州兵备道分巡湖西道（辖吉安、袁州、临江三府），而南赣巡抚下的赣州兵备道分巡岭北道（辖赣州、南安二府）。因此，江西布政司的十三府及所属州县及所在卫所，均在兵备道的管辖之下。

但是，与作为中央都察院派出的权力机关巡抚一样，作为省按察司派出权力机关的兵备道与法定的府、县权力机关相比，也表现出其"权宜"性。

首先，明廷始终将兵备道视为权宜机构，地方发生动荡时增设，一旦动荡平息即予撤除。如成化六年（1470）三月，升监察御史涂棐为广东按察司副使，提督兵备，分守琼州地方。原因是巡抚广东都御史吴琛等认为琼州"孤悬海外"，辖十三州县，而原设海南卫及儋州等六个千户所又远离省城广州，分巡、分守官每年难得巡视一次，"遇有警急，猝难驰报"，故请求专任副使一员，"提督兵备、防御倭寇"。① 六年之后，因总督两广都御史朱英认为"边方无事"，琼州兵备道被革除，涂棐的继任者徐怀也调往湖广，琼州仍"岁委副使或佥事一员分巡"。② 再如被沈德符误认为是"兵备官"之始的九江兵备道，兵备副使尚未到任就被革除。《明孝宗实录》载：

> 弘治十二年（1499）十月戊子，监察御史陈铨等劾奏兵部尚书马文升："前以王越之故而添设总制三边都御史，以杨时敷之故

---

① 《明宪宗实录》卷77，成化六年三月甲申。
② 《明宪宗实录》卷160，成化十二年十二月丙子。

而添设清理军册员外郎，又徇沈晖之请添设湖广九永等处兵备佥事李宗泗，今又以欧钲旧属于腹里地方，添设江西九江兵备副使。乞裁革此二处兵备，并黜钲及文升等，以正朋比之罪。"上命二处兵备官俱革去，钲等二人俱调用。文升等已之吏部，以钲虽升副使，未到任，又被劾不可复任副使，请仍调知府，与佥事李宗泗俱候缺听用。从之。①

虽然九江兵备道被革除，但《实录》的修撰官们认为九江位于南京上流，"宜设兵备官"，陈铨等人为此事劾奏马文升，乃其同列王鼎欲得之，马文升却用欧钲，故遭到劾奏。而弘治帝（当然，主要是内阁和司礼监的作用）准陈铨之奏，仍然说明朝廷一直将兵备道视为"权宜"，并不想到处增设。

其次，兵备道最明显的特征是它的军事职能，即"整饬兵备"，虽然属于按察司系统，但其设置及革除均由兵部负责，故《明会典》将其纳入"兵部"的统属之下。除此之外，各兵备道并不像府、县官那样，有历代相承因而约定俗成并通过"诸司职掌"确认的职掌，而是根据各地情况，通过"敕书"的方式，增加其行政、财政、监察及其他方面的职掌，从而不但成为省之下、府之上的军事领导机关，而且取代分巡、分守道，成为同一级别的军政机构。②

以南、北二京所在地的顺天、应天两巡抚为例。同为顺天巡抚统辖的蓟州、昌平、永平、密云、霸州五兵备道，蓟州等四兵备为京师北部屏障，故分段管理边隘各路、监督副参等将领、分管所在地区的府县卫

---

① 《明孝宗实录》卷155，弘治十二年十月戊子。
② 兵备道之取代分巡、分守道对于统一政令是有积极意义的，早在弘治时，就有人指出分巡、分守、兵备道设置的重叠。《明孝宗实录》卷151载，弘治十二年六月癸卯，致仕都督同知鲁鉴言四事，其一说甘州一处，有左副总兵，又有游击参将，"兼有分守分巡兵备等官，政出多门"。

所兵马钱粮等事，并兼理屯田。唯霸州在京师南面，所以无管理边隘各路的职责，只理所在地区州县卫所兵马钱粮及屯田；又因辖区内浑河、会通河纵横，所以又兼理河道。应天巡抚统辖徽宁池太安庆广德、苏松常镇二兵备道，前者"管辖"徽州等五府、句容等六县及广德州，以及新安等卫所，并有防江、护矿的职责；后者则只是整饬苏州等四府兵备，并不得理民事。苏松常镇兵备道不同于上述江西诸兵备道，不理民事，很大程度上是因为苏州、松江、常州、镇江诸府为国家财赋之地，虽然常因"江南重赋"的问题引起当地舆论的不平，但总体上是国内社会秩序最为稳定的地区，似乎并不需要运用军事力量来对地方进行弹压。从中也可以看出，如果不是出于无奈，明廷并不希望赋予权宜的兵备道以过大的权力。

尽管明廷并不希望遍设兵备，也不希望兵备拥有过大的权力，但时局的发展使兵备道遍设于全国各地，成为集特殊职能与分区管理为一体、虽是按察司的派出机关但主要对巡抚及兵部负责的特殊建制，成为明朝地方国家权力结构中的重要组成部分。但也正如沈德符所说："其始欲隆其柄以钤制武臣，训习战士，用防不虞，意非不美。但承平日久，仍如守土之吏，无标兵可练，无军饷可支。虽普天皆云兵备，而问其整饬者何事，即在事者亦茫然也。"[①]

---

① 沈德符：《万历野获编》卷22《整饬兵备之始》。

第十六章　明代府州县"亲民官"及其施政方式

第一节　府州县机构的设置与调整

一、府州县机构的设置及官员的职业道德要求

明朝建立以后，在对省级权力机构进行改革的同时，也对省级以下国家权力机关和行政区划作了调整，将元朝的路、府、州、县四级，简化为府（或直隶州）、县（或属州）二级，形成了省—府（直隶州）—县（属州）三级地方行政系统。

府是省之下、辖若干县和属州的接近基层的行政单位，为法定的二级地方权力机关。按税粮的多寡，府分为三等：税粮额在20万石以上的为上府，10万至20万石的为中府，10万石以下为下府。各府均设知府（正四品）一员，根据情况不同及府等的高下，分设同知（正五品）、通判（正六品）、推官（正七品）。

县为明代基层行政单位，也是基层国家权力机关，按税粮数额分为三等：税粮额6万至10万石的为上县，3万至6万石的为中县，3万石以下的为下县。各县均设知县一人，也根据不同情况及县等设县丞（正

八品)、主簿(正九品)。

州在明朝分为直隶州和属州两种,但这两者都不成为一级行政机关。从级别来说,直隶州直辖于布政司,管辖一县或数县,地位相当于府而低于府;属州则辖于府,地位相当于县而略高于县。无论是直隶州还是属州,均设知州一人(从五品),同知(从六品)、判官(从七品)的设置则视情况而定,多有被裁革者。大体上说,直隶州裁革同知,只留知州和判官,属州则只留知州,同知、判官均予裁革。①

为了便于统治,明代州、县大多设有巡检司、水陆驿站、税课司等业务部门。巡检司为县的派出单位,洪武二年(1369)始设于广西,其后各府州县关津要害处俱渐次设置。各巡检司都设有巡检、副巡检(俱从九品),"主缉捕盗贼,盘诘奸伪"。②洪武十三年二月,明太祖谕各处巡检:"朕设巡检,扼要道,验关津,必士民之乐业,致商旅之无艰。然虽法古之良能,未经点督。今特差人诣所在,谕以巡防有道,讥察多方。有能坚守是职,镇靖所司,役满来朝,朕必嘉焉。"③可见,设置巡检司的主要目的在于维护地方治安,因而顾炎武比之为秦汉时的游徼。④驿站设有驿丞,主邮传迎送之事;税课司设大使、副使,主收工商诸税。

洪武元年十二月定府、州、县衙门的规制:府衙围墙高一丈五尺,内深七十五丈,阔五十丈;州治次之,县治又次之。府、州、县衙内均盖公廨正厅三间,东西耳房各二间,通计七间。公廨后起盖房屋,供守令正官居住;左右两旁,佐贰官及首领官居住。公廨东另起盖分司一所,供巡按监察御史及按察司分巡官临时居住。公廨西起盖馆驿一所,

---

① 《明史》卷75《职官志四》。
② 《明史》卷75《职官志四》。
③ 《洪武御制全书》卷7《谕各处巡检》。
④ 顾炎武:《日知录》卷8《乡亭之职》。

供来往差使居住。①

据《明史·地理志》，明朝南北直隶及十三布政司共辖府 159 个、州 240 个，县 1144 个。自从布按二司分守、分巡制度形成后，府（州）县也分道而治。

由于知府、知州、知县为牧民官，代表政府直接与民众接触，故明政府对其甚为重视。明太祖多次公开表示，治国之本在保民，保民之要在择守令，并谕吏部："任官惟贤才，凡郡得一贤守，县得一贤令，足以致治。"② 并对廷臣说："古者帝王治天下，必广聪明，以防壅蔽。今布政使司官，即古方伯之职。各府知府，即古刺史之职。所以承流宣化，抚安吾民也。然得人则治，否则瘝官旷职，病吾民多矣。朕今令之来朝，使识朝廷治体，以警其玩愒之心。且以询察言行、考其治绩，以观其能否。苟治效有成，即为贤材，天下何忧不治！"③ 成祖即位后也多次告诫吏部及都察院："为国牧民，莫切于守令。守令贤则一郡一邑之民有所恃，而不得其所者寡矣。如其不贤，当速去之。"④ 在这些思想的指导下，布政司及府、州、县正官三年一朝觐并接受吏部和都察院考察的制度形成了。宣德时行保举法，命大臣举京官廉能者为知府，于是况钟、赵豫等 34 人分知苏州、松江等府，俱有治绩。

对于地方官中的玩忽职守、克剥百姓者，明初多从重惩治。洪武九年，山东日照县知县马亮考满入觐，其评语是："无课农兴学之绩，而长于督运。"明太祖大怒："农桑衣食之本，学校风化之原，皆守令先务，不知务此，而曰长于督运，是弃本而务末，岂其职哉！苟任督责以

---

① 陆容：《菽园杂记》卷 13。
② 《明太祖实录》卷 90，洪武七年六月戊午。
③ 《明太祖宝训》卷 3《任官》。
④ 《明太宗实录》卷 26，永乐元年十二月丁亥。

为能，非恺悌之政也。为令而无恺悌之心，民受其患者多矣。"立命黜之。① 在三篇《大诰》中，有关明太祖亲自处置地方守令中贪官污吏的诰文比比皆是，仅《大诰三编·臣民倚法为奸》一诰，就开列了江西建昌县知县徐颐、直隶松江府知府李子安、直隶江浦县知县杨立、陕西甘泉县知县郑礼南、北平开州同知郭惟一、江西德安县丞陈友聪、山东定陶县知县刘正、山东莱阳县丞徐坦、直隶溧水县主簿范允等九名为害一方的守令，以及与这些官员相勾结、鱼肉乡里的豪民数十人，处理办法或是"枭令示众、籍没其家"，或是"凌迟示众"。同时，太祖屡发禁令，不许地方官吏下乡扰民，如有犯者，许当地百姓械送京师处置，兹举两篇诰文为例。

其一曰：

十二布政司及府、州、县，朕尝禁止官吏、皂隶，不许下乡扰民，其禁已有年矣。有等贪婪之徒，往往不畏死罪，违旨下乡，动扰于民。今后敢有如此，许民间高年有德耆民，率精壮拿赴京来。②

其二曰：

今后布政司、府、州、县在役之吏、在闲之吏，城市乡村老奸巨猾顽民，专一起灭词讼，教唆陷人，通同官吏害及州里之间者，许城市乡村贤良方正、豪杰之士，有能为民除患者，会议城市乡村，将老奸巨猾及在役之吏、在闲之吏，帮缚赴京，罪除民患，以安良民。敢有邀截阻当者，枭。令拿赴京之时，关津渡口毋得

---

① 《明太祖宝训》卷3《任官》。
② 朱元璋：《大诰续编·民拿下乡官吏第十八》。

阻当。①

永乐、宣德及以后各朝，也屡有严惩违法守令的记载。但随着整个官场风气的败坏，从上到下贪赃成风，坑民成习，禁令多成空文，即便明廷对一些民愤极大的官员进行惩治，也多半与官场的权力斗争有关。

二、县的增置与国家权力对地方控制力的体现

作为与社会基层最为接近的国家权力机关，县的设置主要是由两种因素推动的。一是由于人口的增长和经济的发展，原有的县级机关已经无法适应新的形势，需要对原有行政区划进行拆分，以加强政府对人口和财富的控制。二是原有的县级机关对边远地区缺乏控制力，而这些地区恰恰成为流民的集聚地，并以此作为对抗官府的基地，政府则通过设县的方式加强对这些地区的管辖。当然，这两个因素是相互交织的。自从秦汉实行郡县制以来，郡（州、府）及县的增设，元、明、清三代省级区划的变更缘由，大体上也不外乎以上两大因素。当然，如果通过战争扩大疆域，省、府、县的增设当作别论。

就明代而言，前者如南直隶松江府，宋、元时期已是繁华之地，入明之后，曾遭受明廷政策上的压制。随着经济的恢复和发展，人口增加，税收也增加，遂析上海、华亭二县地，以新泾巡检司所在地为县治，增设青浦县。而大量新县的增设，则属于后者。下面以江西为例进行讨论。

明人王世懋说："江西东南大都滨江带湖，四要之地。自三代以还，其战争之略尽于此矣。此乏则彼乘，民安则盗戢，乘除机宜，可指诸掌

---

① 朱元璋：《大诰·乡民除患第五十九》。

者。入我朝，正德以后，则渐入于多事，盖不复可以雅驯优游理矣。"① 王世懋其实讨论了江西的两大问题：一是明正德以前社会安定和人口增长的基本原因，即大抵上没有发生战乱，即使有战乱，也只局限在鄱阳湖一带，而未深入腹地。二是正德以后江西的社会动荡问题，他认为，从明正德以后，江西才进入多事之秋，才陷于动荡之中。其实，江西的动荡开始于成化年间，大批来自鄱阳湖区和吉泰盆地，以及福建、广东的流民进入赣南山区，开荒种地、砍树烧炭，由暂时性谋生发展为永久性居住，与土著的矛盾逐渐尖锐并受到官府的驱赶，动荡因此而发生，至正德时，赣南山区已成为明廷最为关注的多事地之一，也才有王守仁的"巡抚南赣汀韶"。而赣东北、西北，也同时陷入动荡之中。正是这些动荡，才使江西成为内地增设县治最多的地区之一。

《明史·地理志》记载了明代江西布政司所属的13府，1州，77县，其中有9县属正德及正德以后新置，增加了13.2%：

抚州府东乡县，正德七年（1512）八月以临川县的孝冈所置，并析金溪、进贤、余干、安仁四县地益之。

饶州府万年县，正德七年八月以余干县的万春乡所置，并析鄱阳、乐平及贵溪三县地益之。

南康府安义县，正德十三年二月析建昌县所属安义等五乡所置。

南安府崇义县，正德十四年三月以上犹县崇义里所置，并析大庚、南康二县地益之。②

广信府兴安县，嘉靖三十九年（1560）八月以弋阳县的横峰寨所置，并析上饶、贵溪二县地益之。

临江府峡江县，本新淦县之峡江巡检司，嘉靖五年四月改为县，并

---

① 王世懋：《实书》，《明经世文编》卷345。
② 《明史》卷43《地理志四·江西》。

析新淦县六乡地益之。

赣州府定南县,隆庆三年(1569)三月以龙南县之莲莆镇置,并析安远、信丰二县地益之。

赣州府长宁县,万历四年(1576)三月以安远县之马蹄冈所置,并析会昌县地益之。

建昌府泸溪县,本为府治所在地南城县的泸溪巡检司,万历六年十二月在此置县。

除个别之外,上述新设县均与人口的流动特别是流民与政府的斗争密切相关。

东乡县。正德六年(1511),聚集在抚州府临川县的流民,以王珏五等人为首,与官府对抗,为官兵、狼兵所杀11000余人,所破的聚落点265处。[①] 正德七年八月,明政府以流民闹事的发起地临川县的东乡为中心,设置了东乡县。同一天设置的便是万年县。

万年县。明武宗正德三年,聚集在饶州府鄱阳、余干、乐平及广信府贵溪、安仁一带的流民因不堪忍受官府的欺压,以姚源山为中心,推举王浩八为首领,揭竿而起,聚众数万人,转战江西、浙江、南直三省边界,与官兵周旋达五六年,活捉了乐平知县、攻破了安仁县城,官兵死伤上万人。[②] 正德七年八月,明政府在姚源洞附近,以余干县万春乡为中心,建立万年县,用以管辖这一带的流民。只是这个刚刚设置的县级衙门,不久即被流民攻陷。

安义县。正德五年,瑞州府高安县的流民集结在华林寨,以罗光权为首,聚众万人,连破瑞州府城及新余、分宜、上高、奉新、靖安、建昌等县城,击杀声势浩大。[③] 而在建昌县安义乡一带,则活跃着以徐九

---

① 《明武宗实录》卷87,正德七年五月甲寅。
② 《明史》卷187《陈金传》。
③ 《明武宗实录》卷92,正德七年九月乙酉。

龄为首的流民组织,他们出没江湖几十年,黄州、德安、九江、安庆、池州、太平"咸被其害"。① 正德十三年,明政府采纳了南康府知府陈霖的建议,以建昌县安义乡为中心,设置安义县。

南安府崇义县的设置,更是流民与政府斗争的产物。

天顺、成化时,江西南安府大庾、上犹、南康等县的横水、桶岗、左溪、长流等处,以及赣州府的安远、信丰、会昌,福建汀州府的清流、上杭,漳州府的南靖、龙岩,广东惠州府的龙川、长乐以及湖南郴州等四省毗邻山区,聚集着大量来自江西吉安等府及广东福建的流民。流民们成百上千,各为聚落,同时也因山场、田地的归属等问题与当地土著居民发生纠纷。地方官府在这些争执中自然是维护土著居民的利益,流民只能通过自己的力量来保护自己。加上流民中多杂有流氓无赖之徒,往往挑起事端,抢劫杀掠也就难以避免。官府出面干预,流民辄行抵抗,遂酿成武装冲突。时间一长,流民结成了无数股武装势力。其中势力较大的,有江西上犹县横水的谢志珊、桶岗的蓝天凤,广东龙川县浰头的池仲容,福建南靖县的詹师富等。流民居住地地域相连,政府反复用兵而流民声势愈加浩大,成为令明廷十分棘手的难题。

为了加强对闽、粤、湘、赣边界流民聚集地区的管理,明廷于成化七年(1471)正月以福建汀州府清流县之明溪镇置归化县,并析将乐、沙县、宁化三县地益之;以上杭县溪南里之田心地置永定县,并析胜运等四里益之。成化六年,以漳州府龙岩县九龙乡置漳平县,并析居仁等五里地益之。弘治七年(1494),明政府更批准了江西镇守太监、巡按江西监察御史及三司的请求,设巡抚南赣汀漳都御史,开府赣州,遇有紧急军情,闽、粤、湘、赣四省三司,皆听节制。但这里的"奸氓""不逞之徒"并没有因为南赣汀漳巡抚的设置而平息,相反,气势越来

---

① 《明史》卷187《俞谏传》。

越大，而且不少已建号称王。官军屡次围剿，不是无功而返，便是大败而归。直到正德十二、十三年间，王守仁苦心经营，才将其逐个铲平。在平定了福建南靖詹师富后，王守仁于正德十四年六月奏准以南靖县之河头大洋陂置平和县，并以漳浦县地益之。平定龙川浰头池仲容后，王守仁于正德十三年八月以龙川县之和平司置和平县，并析河源县地益之。在此之前，正德十二年，王守仁平灭上犹横水一带的谢志珊时，当地乡绅联名上书：

> 上犹等县横水、左溪、长流、桶冈、关田、鸡湖等处，贼巢共计八十余处，界乎三县之中，东西南北相去三百余里，号令不及，人迹罕到。其初輋贼，原系广东流来。先年，奉巡抚都御史金泽行令安插于此，不过砍山耕活。年深日久，生长日蕃，羽翼渐多，居民受其杀戮，田地被其占据。又且潜引万安、龙泉等县避役逃民并百工技艺游食之人杂处于内，分群聚党，动以万计。始渐房掠乡村，后乃攻劫郡县。近年肆无忌惮，遂立总兵，僭拟王号，罪恶贯盈，神人共怒。今幸奏闻征剿，蒙本院亲率诸军，捣其巢穴，擒其首恶，妖氛为之扫荡，地方为之底宁。三县之民欢欣鼓舞，如获更生。访得各县流来之贼，自闻夹攻消息，陆续逃出颇众，但恐大兵撤后，未免复聚为患。合无三县适中去处，建立县治，实为久安长治之策。①

于是，王守仁以这份或为自愿或经授意而写成的"上书"为由，奏准于上犹县崇义里设置崇义县，修筑县城，管辖原上犹县崇义等三里、大庾县义安等三里及南康县的至坪里，认为这是"变盗贼强梁之区

---

① 王守仁：《王阳明全集》卷10《立崇义县治疏》。

为礼义冠裳之地,久安长治无出于此"的最好办法。同时在县西南的铅厂、东南的长龙及西北的上保三处分设巡检司,又命千户孟俊在茶寮伐木立隘,以扼要害。这样,南安府的"山贼"便无处躲身了。[①]

嘉靖五年所设的峡江县,其所在地虽然没有发生大的流民起事,却也骚乱不断。钱琦《设县事宜》记峡江县设县的由来:

> 照得本府所属县治地方,惟新淦最广,难于控驭。考之前代,有石阳、巴丘、新淦三县,至元改新淦为州。我朝寻复为县。今之新淦,实为一州二县之地也。东与乐安、丰城接界,南连吉水、庐陵、永丰。贼盗生发,吉水诸县彼此为巢,难以力捕。夫立县则亦吉水诸县之便也。凡钱粮之催征,公事之勾摄,民之弱者闭门上山,强者集众拒抗,甚至中途哄夺府县。添人拘捕,则假称激变,以挟制官府。……再照新淦原额五百七十里,今归并止五百二十里。开国以来,户口日增,何新淦民日减哉?化不行也。归并之地,必皆顽民所居也。归并日多犹无害也,顽民日多为可虑也。……盖峡江之地,离官僻远,又多深山阻谷,小民被狡鸷者霸占田地而不收粮,或卖以与人而收粮不尽。间有诉告,又因依山负固,官府不能一一拘理,甚至物料夫差,百端催迫,至不能存,而窜徙于他乡,或商贩于别省,或投入势要,为家奴佃仆。民之逃亡,此其故也。民虽逃亡,田粮如故,一遇征期,官府只将里长催并。里长几何,能堪而出官哉?中间固有被积年歇家包克者,然而顽者不肯出官,弱者不敢出官,亦自不能无矣。民与里长既逃亡而不出官,则不特秋粮之拖欠也。一应坐派军需物料,里长委之,人户逃亡;官府委之,里长不出。逐年拖欠,又积而至无算矣。由此

[①] 王守仁:《王阳明全集》卷11《再议崇义县治疏》。

言之，钱粮逋负，由于里长之不出；里长不出，由于小民之逃亡；小民逃亡，由于田粮之不明。其根源所自，断断无疑也。①

可见，峡江县之设，也是因为人口的流动。一方面，由于"田粮之不明"，致使本地居民不断逃亡，户口减少；另一方面，由于"离官僻远""深山阻谷"，致使外地流入的"顽民日多"，政府却无法进行管理或控制，钱粮无法征收。

隆庆三年（1569）设置的定南县、万历四年（1576）设置的长宁县，同样是为解决流民问题。吴百朋《分建长宁县疏》说：

> 安远县黄乡、双桥等堡地方，离县三百余里，与广东平远、和平、龙川等处接壤，实为江、广两省上游，层峦叠嶂，不逞之徒，向来啸聚其中，历稽往牒，如邝子安、黎仲瑞、王霁壤、高安、陈良玉、张士锦等相继猖獗，积久而后勘定。正德五年，该县贡生林大纶等具呈，乞于地名李福湾，三省巢峒之冲，建立州治以控制之，竟因会议迁延，遂使三百余里土地人民，尽没于叶楷之手。迄今八十余年，横极而祸烈矣。近赖朝廷威武神灵，逆楷伏诛。然特一时之利，未为永久之规。须趁此时会，开设县治，控制要冲，敷声教而化导之，如先臣平桶冈而建崇义，平浰头而建和平，平高砂、下历而建定南，皆杜遗孽潜滋之萌，贻生灵久安之休。不然，堤防疏阔，万一有复如楷者，诚不知其终也。为今经久之图，孰有逾于建县者哉。②

---

① 钱琦：《设县事宜》，《明经世文编》卷226。
② 吴百朋：《分建长宁县疏》，同治《赣州府志》卷67《艺文志》。亦可参见江一麟：《平黄乡疏》，同治《赣州府志》卷69《艺文志》。

赣州府安远县地处闽粤赣交界地区，早在明成化、弘治、正德时，就是流民的聚集处，南、赣、汀、漳一带流民起事时，这里是中心地区之一。王守仁平定流民后，分别在福建、广东、江西设立了平和、和平、崇义三县进行管理，当时或出于平衡关系的考虑，没有在安远分设他县，但此后骚乱不息，明政府最终不得不另立定南县及长宁县以行镇压。

以上八县的增设，都与当地的社会动荡有关，唯泸溪县的设置，是防患于未然。据陈王庭《泸溪县记》，万历时建昌知府王之屏以南城地域广袤四百里，而东北尤旷远，易生变故。宋元丰时始设泸溪巡检司，然不足以治地方。于是请江西抚、按会疏，经明廷批准，以南城县东北置泸溪县，县治即巡检司所在，县名也沿用"泸溪"。巡检司则迁至伏牛市。①

从上述江西八县之设置情况，大致可以看出明朝乃至历代府、县增设的一般情况。而国家权力也正是在这一过程中更深入地向基层延伸。

第二节　官的责任与吏的义务

一、府州县的设官及派驻机关

各府的正官为知府，正四品，这一品级相当于都察院佥都御史（正四品）而高于国子监祭酒（从四品）、六部各清吏司郎中（正五品），在明朝已属于高级官员的序列。《明史·职官志》对其职掌作了如下

---

① 雍正《江西通志》卷3《沿革·建昌府》。

归纳：

> 知府掌一府之政，宣风化，平狱讼，均赋役，以教养百姓。每三岁，察属吏之贤否，上下其考，以达于省，上吏部。凡朝贺、吊祭，视布政使司，直隶府得专达。凡诏赦、例令、勘札至，谨受之，下所属奉行。所属之政，皆受约束于府，剂量轻重而令之，大者白于抚、按，布、按议允乃行。凡宾兴科贡，提调学校，修明祀典之事，咸掌之。若籍帐、军匠、驿递、马牧、盗贼、仓库、河渠、沟防、道路之事，虽有专官，皆总领而稽核之。

从这段文字可以看出，比起布政使，知府才真正有责有权。而且，这种责任和权力是全面的，包括行政、财政、司法、教育、治安、水利、交通乃至军事等，即本府的一切事务及所发生的一切事件，知府都必须进行处置并承担责任。

按明朝的制度，各府还设有副职，名为同知、通判、推官，但并非各府并设。以江西为例，南昌、南康二府，同知、通判经常缺额，但推官是常设，专理刑名并协管钱粮。可见司法和财政在地方事务中的地位。根据需要，推官还可以不止一名。成化时，吉安知府张锐上疏奏称："江西多大家，往往招纳四方流移之人，结党为非。如吉安一府，健讼尤甚，囚犯监禁，常累至千人。缘官少不能决断，多致瘐死。今宜增设推官一员，专理词讼，不得以他事差遣。"[①] 明廷从其请，吉安府遂有两名推官，但同知、判官不时置。

县的首脑为知县，掌一县之政，其佐为县丞、主簿，分掌财务（粮马）和治安（巡捕）。《明史·职官志》将知州的职掌并入知县条下

---

① 《明宪宗实录》卷280，成化二十二年七月壬戌。

记述：

> 知县掌一县之政。凡赋役，岁会实征，十年造黄册，以丁产为差。赋有金谷、布帛及诸货物之赋，役有力役、雇役、借债不时之役，皆视天时休咎，地利丰耗，人力贫富，必调剂而均节之。岁歉则请于府若省蠲减之。凡养老、祀神、贡士、读法、表善良、恤穷乏、稽保甲、严缉捕、听狱讼，皆躬亲厥职而勤慎焉。若山海泽薮之产，足以资国用者，则按籍而致贡。

如果说地方发生问题，知府作为"亲民官"还有推诿责任的理由，那么，知州、知县则全无退路，本州、本县的任何事务都必须"躬亲厥职而勤慎焉"。如果无同知、判官或县丞、主簿，其有关职掌也由知州或知县一并掌管。

下面以江西南昌府、南安府为例，分析明代府州县设官置吏及派驻机构的情况。

作为省、府以及南昌、新建二县三级地方权力机关的所在地，南昌城内外分布着大大小小的官署，驻扎着大大小小的官员。

省级官员有：巡抚江西都御史，巡按江西监察御史；江西左、右布政使，江西督粮道、清军道参政或参议；江西按察使，江西驿盐道、清军道副使或佥事；江西都指挥使及同知、佥事。江西布政司的派出机构分守湖东道、湖西道、南昌道、九江道，江西按察司的派出机构分巡南昌道、湖东道、湖西道、九江道，其参政或参议、副使或佥事，也都在南昌设有临时官署。

南安虽然偏处江西南端，却因为扼江西、广东两省通道而为按察司岭北分巡道所在地，驻有分巡道副使或佥事，另有提督学政署和布政分司署，以便接待提学副使及分守岭北道参政或参议。

两府均设有知府，以理府事。据雍正《江西通志》，明末南昌有知府公署、督粮厅、推官理刑厅，但无同知厅、通判厅，这是因为南昌只设知府、推官而不设同知、通判。南安有知府公署、通判厅、理刑厅，但无同知厅，则是因为南安府有知府、通判、推官而不设同知。

各县设官也并不相同。南昌府所属各县，县丞、主簿并设，而南安府所属南康、崇义二县因人口较少，县丞、主簿并不常设。又，南昌府除了"附郭"县即府治所在地的南昌、新建二县，其他丰城、进贤等县及宁州，南安府的南康等县，均设有各种"行署"。多者如丰城，有巡按御史的察院、分守参政或参议的布政分司公署、分巡副使或佥事的南昌道公署，少者如上犹县，也有分巡副使或佥事的岭北道公署。

二、《到任须知》与"亲民官"的职责

洪武年间所定《诸司职掌》定："凡在外官员，三年遍行朝觐。其各布政司、按察司、盐运司、府州县及土官衙门流官等衙门官一员，带首领官吏各一员名，理问所官一员，照依《到任须知》，依式对款攒造文册，及将原领敕谕、诸司职掌内事迹文簿，具本亲赍奏缴，以凭考核。"① 同时规定，朝觐者应该是各衙门的正官，但如果正官到任"日浅"，则由到任"日久"的佐贰官代行。而考核的依据，是"到任须知"。王恕在成化、弘治年间历任南、北二京吏部尚书，主持朝觐官的考核，对两广地区以路程遥远、地方不宁为由而多次规避朝觐提出批评，重申地方官必须遵循"祖宗以来之旧制"，于朝觐时照依《到任须知》，对款造文，并将原领敕谕及诸司职掌内事迹文簿，亲赍奏缴，以

---

① 正德《明会典》卷15《吏部·诸司职掌》。

备考核。①

可见,《到任须知》乃明朝考核地方官尤其是府县官员的基本依据,也是政府对府县官的基本要求和府县官的基本职责所在。按《到任须知》全称为《敕谕授职到任须知》,首见于洪武二十六年(1393)所定《诸司职掌》,其编撰是明太祖整饬吏治、加强地方统治的重大举措。

自隋唐行科举制后,门荫衰而进士盛。进士多出自寒门,于官场规则一窍不通;科举以"四书""五经"命题,所谓"策论"不过是书生空论,于行政处事风马牛不相及。上层官员固然可以"祖宗法度"和"圣贤道理",或票拟批答、以备顾问,或颐指气使、高谈阔论,但面对基层的亲民官,则需要了解乡情民俗、熟悉行政程序,《到任须知》正是应这种需要而制定的,可以说是明朝国家权力行使的重大进步,它告诉官员特别是"亲民官"们到任后应该知道哪些事情、应该如何处理这些事情。

《到任须知》共三十一项,开列极为具体,要求府州县官到任之日始,便向前任官、首领官及六房吏典咨询明白,以掌握入仕的门径,兹移录于下:

一、祭祀:祀神有几。各开:祭祀国之大事,所以为民祈福。各府、州、县每岁春祈秋报二次。祭祀有社稷、山川、风云雷雨、城隍诸祠,及境内旧有功德于民应在祀典之神、郡厉邑厉等坛。到任之初,必首先报知祭祀诸神日期、坛场几所、坐落地方、周围坛垣祭器什物见在,有无完缺。如遇损坏,随即修理,务在常川洁净,依时致祭,以尽事神之诚。

二、救济:养济院孤老若干。各开:养济院见在孤老、月支粮米、

---

① 王恕:《王端毅奏议》卷14《吏部·定夺两广朝觐官奏状》。

岁支布匹，逐一开报。须亲自点视给赐，毋致失所，以副朝廷存恤之意。

三、录囚：见在狱囚若干，已未完。各开：刑狱者死生所系，实惟重事，故报祀神之次，即须报知本衙门见禁罪囚。议拟已完若干、见问若干。其议拟已完者，虽系前官之事，亦宜详审决放。见问者到任尤宜究心，中间要知入禁年月久近、事体轻重。何者事证明白，何者取法涉疑，明白者即须归结，涉疑者更宜详审。期在事理狱平，不致冤抑。

四、土地钱粮：入版籍官民田地若干官粮民粮若干。各开：版籍田粮，政事之大。故于祀神、理狱之次，即须报知此件。中间须要分豁军、民、匠、灶、僧、道、医、儒等户各若干，官田地若干、民田地若干，每岁民间夏秋二税该粮若干、官田租粮若干，各分款项开报，以备度量支用。

五、朝廷政策：节次圣旨、制书，及奉旨榜文谕官民者若干，曾、无存者若干。各开：为官之道，政治禁令，所当先知。须考求节次所奉圣旨、制书，及奉旨意出给榜文、晓谕官民事件，逐一考究讲解。立法旨意，已、未施行，中间或有损缺不存者，须要采访抄写，如法收贮，永为遵守。

六、察吏：本衙门吏典若干。各开：分科办事，在吏典之能否。必须先报吏典总数若干，然后分豁六房，某房司吏几名、典吏几名。备细开报所该房分，须令常川掌管，考其所办事务，验其能否勤怠，以示惩劝。

七、治吏：各房吏典不许那移管事，违者处斩。凡有司内吏典各有所掌房分，如刑房专掌刑名、户房专掌钱粮。该吏承管日久，则知事首尾，容易发落。近有司多听从吏员托嘱，将所管房分，时常迁调，以致所管事务不知首尾，多生情弊。今后各房若有仍前那移管事者，吏处斩、官别议。若一房事更过十名、二十名或二三名接管，人人不到，了时都拿来要处斩罪。其有事故接管者，不拘此例。

八、处事：承行事务，已完若干、已施行未完若干、未施行若干。各开：六房吏典各将节次承受上司来文及照行事件，分豁已完若干、已作施行未曾完结若干、未作施行若干，各另开报。除已完外，未完事件要分事体急缓重轻，先后催并完结。其未施行者即作施行，毋致沉匿稽迟，以致耽误公事。

九、所属衙门：在城印信衙门若干。各开：除本衙门外，所属衙门，如一府所辖有州、县、学校、巡检司、水马驿、河泊递运所、仓场库务，凡有印记衙门各若干，逐一报开，庶知所辖处所及所理庶务。州县所属印记衙门，一体开报。

十、库藏：仓库若干。各开：凡本衙门所有仓库，须分豁报知某仓见储，某年收到官粮若干、民粮若干、几年干粮若干、民粮若干、已支若干、见存若干。其库分依上分豁。金银钱货什物某件若干，逐一开报，以凭稽考支用，无致侵欺埋没。

十一、境内库藏：所属境内仓场库务若干。各开：除本衙门仓库已报外，所属境内应有仓场库务，某仓储某年所收官民粮米见在若干，某场所收竹木等项数目若干，某库盛贮金银钱货什物各若干，某税课司局岁收钱钞若干，逐一开报，庶知境内所产所税钱粮物货数目。

十二、官养牲畜：系官头匹若干。各开：本衙门或有系官头匹及所属驿分所有马驴孳畜等项头匹数目，务要逐一取勘见数，或有孳生数目，随即报知作数，以凭考核。

十三、粮储货物：会计粮储，每岁所收官民税粮若干，支用若干。各开：量入为出，国家经费重事，须要开报每岁收到入官租粮若干、民间税粮若干，或漕运邻境、或折收布匹钱钞货物，各该若干，及每岁官吏俸给军士月粮等项，支用若干，各另开报，庶知每岁所收及支用数目，以候经度。

十四、工商税收：各色课程若干。各开：所属境内出产货物、各色课程、酒醋茶矾等项，各别开报每岁所收数目，以凭稽考支用。

十五、水产税收：鱼湖几处岁课若干。备开各湖多少：所属境内若有鱼湖，须报总计几处、岁办鱼课若干，内某湖坐落某处、岁办若干，逐一开报，以凭稽考。

十六、金银矿：金银场分若干，坐落何山川，所在若干。各开：所属境内或有出产金银场分，须知总计若干，分豁坐落某处金场额办数目若干，某处银场额办数目若干，须要稽考实办数目，以革侵欺隐匿之弊。

十七、诸色窑矿：窑冶。各开：是何伎器及砖瓦名色，所属境内若有窑冶去处，须要各另开报某窑出产，或铜铁锡岁办若干、烧窑去处所烧是何器物，或砖或瓦碗碟什物等项名色，逐一开报。

十八、盐场：近海郡邑煮海场分若干。各开：国家所需，多资铸山煮海之利，以省民租。所辖境内或系边海郡邑，须将所有煮海场分，某场灶户若干，该工本钱若干、岁办盐课若干，所有场分，逐一开报，以凭稽考。

十九、公物：公廨间数及公用器皿裀褥之类若干。各开：署事公厅及住歇房屋、公用器皿，皆民所办，须分豁公厅左右两厢门屋后堂等项间数，内公用什物椅桌裀褥等项，逐一开报，遇有缺坏，随即修理。务在整治，洒扫洁净，相沿交割。其有毁坏者，必须究治，庶令爱护使用，免致重劳民力。

二十、境内公物：邑内及乡村系官房舍有正有厢若干。各开：系官房舍，若不以时整点，恐致颓敝埋没，必须逐一开报，某处官房几间、正房几间、厢房几间，其有便于民间租赁者，约量租赁，从便住歇。须令时加葺理，免致颓敝。

二十一、官学生：书生员数若干。各开：培养生员，所以作成人才，以资任用。如一府所属本府学肄业生员几名、中间通经成才者几名、年幼及未成才者几名，时加考试勉励，劝勤惩怠。遇有缺员，随即选补。其有入学已久、不遵教养者，随即黜退，罚充令典。若建言实封告讦、把持公事者，照依已行榜文内事理治罪。所属州县依前开报，考试勉励，务求实效，以称善俗良才之意。

二十二、老人：耆宿几何、贤否若干。各开：设耆宿，以其年高有德、谙知土俗、习闻典故，凡民之疾苦、事之易难，皆可访问。但中间多有年纪虽高、德行实缺、买求耆宿名色、交结官府，或蔽自己差徭，或说他人方便，蠹政害民。故到任之初，必先知其贤否，明注姓名，则善者知所劝、恶者知所戒，自不敢作前弊矣。

二十三、孝悌：孝子顺孙、义夫节妇，境内若干。各开：如前官未明，到任之后，须当日访以开之，移风易俗，在于激劝善良。所属境内或有孝子顺孙、义夫节妇、孝行可称、节操显著、已行旌表者，必须报知数目；其有未经旌表者，必须亲自体访的实，申请旌表，以励风俗。

二十四、本籍官员：境内士君子在朝为官者几户。所属境内有士人君子在朝为官，及任府州县事者，须逐一开报，几户及见任是何职事，其有仕于朝廷年老致仕还乡者，一体开报。

二十五、儒士：境内有学无学儒者若干。各开：所属境内之贤愚不等，其间儒者，或有精通经典，或有长于文章，或有牧民驭众之能，或有干办小才之用，皆当察其能否，记其姓名。一可访问，以补政治；二可充贡，以资任用。

二十六、恶霸讼棍：境内把持公私、起灭词讼者有几，明注姓名。为政之要，必先除奸去恶，则良善得安。所辖境内或有把持公私事务、说事过钱、教唆起灭词讼、骗诈良善者，着令备细开报。但恐到任之初，一时吏典人等，访寻不实，以善为恶，反害忠良，必须到任之后，详细究问的实，注其姓名，以候再犯，则恶者知惧不敢为非矣。毋得纵令吏典人等指此为名，遍行取勘，以致扰民。

二十七、游民术士：好闲不务生理、异先贤之教者有几。民有常产，则有常心。士农工商，各居一业，则自不为非。或有游手好闲不务生理，及行邪术左道以惑人视听、扶鸾祷圣烧香结会，夜聚晓散，并不孝不悌好饮赌博、不遵先贤之教者，须采访姓名，注于簿籍，以示惩戒。其人畏惧更改则止，若仍前不悛，则治之以法。毋得纵令吏典人等指此为名，遍行取勘，以致扰民。

二十八、诸色衙役：本衙门及所属该设祇禁弓兵人等若干各报数目。本衙门见设祇从、禁子、弓兵人等，各报数目若干，分豁额设定数。到役日月，毋令容留滥设作弊。

二十九、本籍犯罪黜罢官员：境内士人在朝为官，作非犯法、黜罢在闲几人、至死罪者几人。所属境内有为官作非犯法、断发他所工役、迁徙安置家不存者及罢闲在家住坐者，须逐一开报。其已犯死罪家小见存者，一体开报。

三十、违法犯罪：境内民人犯法被诛者几户。境内民人有作犯非为、已经诛戮者，逐一取勘数目，及所犯是何罪名。

三十一、境内警迹人若干。各开：所属境内充警迹人若干，逐一开报。

不能不赞叹明太祖的处心积虑。一个地方官员，如果能够在到任前后掌握并熟悉以上所列各款事项，至少可以说对当地的官场民情心中有数，也能够避免因情况不明而带来的诸多不便。正如《诸司职掌》要求诸官熟悉《到任须知》说的那样：

> 士人未官，不可不知受任应行之事。但肯于闲中先知《到任须知》，明白为官之道，更有何加？若提此纲领，举是大意以推之，诸事无有不知办与不办；若人懒于观是纲领，虽是聪敏过人，官为

之事亦不能成。若能善读勤观，则永保禄位，事不劳而疾办。此书所载，学生及野人辈皆可预先讲读，以待任用。且五经四书，修身为治之道，有志之士，固已讲习此书。虽粗俗，实为官之要机，熟读最良。①

三、"首领官"与"吏"

以上的叙述，仅限于"主官"及"佐贰官"的层面。而权力的运行、公务的处置，很大程度是在"首领官"和"吏"的层面进行的。中国民谚说：不怕现官、就怕现管。所谓"现官"，指的是主官及佐贰官；而"现管"，则是指首领官和吏员，因为具体办事的是这批人。要了解明朝国家机器的运行状况，要了解当时地方官员们如何对民众实施统治，有必要对"首领官"和"吏"的设置予以说明。

一般来说，南北两直隶及浙江、江西、湖广、福建、山东、河南、山西等地府、州、县的主官及佐贰官，除了州通判和县丞、主簿可以由举人出身者担任，其余都是进士出身。但首领官则只需举人或儒士，乃至由吏拨充。而云南、贵州、四川、广西及广东、陕西的部分地区因属"边远"，府推官乃至知州、知县也可能由举人及儒士充任。

据《明史·职官志》，布政司的首领官有：经历司经历（从六品）、都事（从七品），照磨所照磨（从八品）、检校（正九品），理问所理问（从六品）、副理问（从七品）、提控案牍。经历司的职责是掌管往来公文，照磨所的职责是掌管各类卷宗，理问所掌管诉讼文档。

按察司的首领官相对少一些，只有经历司经历（正七品）、知事（正八品），照磨所照磨（正九品）、检校（从九品）。他们职掌与布政

---

① 正德《明会典》卷10《吏部·诸司职掌》。

司一样，但品秩低一级。

府的首领官也有经历司经历（正八品）、知事（正九品），照磨所照磨（从九品）、检校（未入流），职责和布、按二司同名首领官相同，品级又相应降低。州的首领官为吏目（从九品）、县为典史（未入流）。

从职掌和品级可以看出，首领官中管理文书者地位较高而管理具体事务者地位较低。布政司品级最高的首领官为经历，品级（从六品）超过知县（正七品），但由于是"首领官"出身，其升迁机会远远少于知县；其低者如府检校、县典史，均未入流，但又因为他们是"官"而非"吏"，所以升迁仍在官的系统内进行。指出这一点，是因为明代官与吏的身份完全不同。但这些低品级乃至未入流的"官"，就其出身来说，有相当部分由吏"拨充"，故情况十分复杂。

在省、府、县各级政府中，还有一些具体的职能部门，这些部门也设置了主管官员，主要有：司狱司司狱（布、按二司从九品，府未入流），管理监狱；库大使（布政司从九品，州县未入流）、副使（仅布政司设，未入流），掌管钱物；仓大使（布政司及府从九品，州、县未入流）、副使（布政司及府、州、县设，均未入流），掌管粮储；儒学教授（府学设，从九品）、正学（州学设，未入流）、教谕（县学设，未入流）、训导（府、州、县学均设，未入流），掌教诲生员；税课司（县为局）大使（从九品），掌征收商业税及财产过户税；河泊所官，掌收渔税；递运所官，掌递运粮物。

又有一些对特殊行业进行管理的机构及相应官员。管理医生的衙门叫医学，府设医学正科（从九品）、州设医学典科（未入流）、县设医学训科（未入流）。管理术士如算卦、占卜的衙门叫阴阳学，府设阴阳学正术（从九品）、州设阴阳学典术（未入流）、县设阴阳学训术（未入流）。管理僧人的衙门，府设僧纲司，有都纲（从九品）、副都纲（未入流）；州设僧正司，有僧正（未入流）；县设僧会司，有僧会（未入流）。管理道士的衙门，府设道纪司，有都纪（从九品）、副都纪（未入流）；州设道正司，有道正（未入流）；县设道会司，有道会（未入流）。这些机构的官员本身也从事该行业，所以只设官而不给俸禄，带有民间团体的自治性质，与后来的商会颇为相似。

上述机构均设于府、州、县治所在地。还有一些机构则根据需要，分布在各地。在这些机构中，巡检司和驿站是需要关注的。

巡检司置巡检、副巡检（均为从九品），掌"缉捕盗贼、盘诘奸伪"。这些巡检司多设在远离府州县城的关津要害处。[①] 如南安府大庾县，在郁林镇黄泥巷设有郁林镇巡检司、赤石镇峰山里水西村设有赤石镇巡检司；再如吉安府庐陵县，在淳化乡设有富田巡检司、宣化乡设有敖城巡检司、安平乡设有井冈巡检司。巡检司所在地一般都是要害去处，嘉靖时增设峡江县，隆庆时增设定南县，县治所在地即为巡检司所在地。

驿站置驿丞（未入流），掌管邮传和官员迎送事。驿站既有设在府州县城之内及城郊者，如南昌县的市汊驿、青浦驿；也有设在远离府州县城而地处交通枢纽的重要市镇，如铅山县的车盘驿、鹅湖驿。

所有这些机关，构成了明朝在基层的统治网络。但所有的机关，又离不开"吏"。

明朝的吏有各种名目，正德《明会典》说：

> 国初因前代之制，令有司设司吏，许各保贴书二名，其后定设掾史、令史、书吏、司吏、典吏，俱视政事繁简为额。及政事益繁，又设提控、都吏、人吏、胥吏、狱典、攒典，事简者则裁

---

① 《明史》卷75《职官志四·巡检司》。

减之。①

明朝各衙门吏的名目并不相同，吏的数量则根据需要而变化。关于吏的名目及来源，已在第八章作了说明，以下根据《明会典》的记载，对布政司以下各衙门的吏员设置及其名目综述如下，但吏员的数量因缺乏记载而从略。

巡抚都御史衙门：令史（正九品出身）、典吏（杂职出身）。

巡按监察御史衙门：书吏（从九品出身）、典吏。②

布政司衙门：通吏（正九品出身）、令史（正九品出身）、典吏（杂职出身）、承发架阁库典吏、库攒典；经历司：典吏；理问所：司吏、典吏。

府衙门：司吏（杂职出身）、典吏、承发；经历司：典吏；司狱司：狱典。

州、县衙门：司吏、典吏、承发。

府、州、县属机构，儒学：司吏；税课司（局）：司吏、攒典；库、仓：攒典；递运所：司吏、典吏；水马驿：驿吏；巡检司：司吏。

按察司衙门：书吏（从九品出身）、典吏、承发；经历司：典吏；司狱司：典吏；架阁库典吏。

都指挥使司衙门：令史（正九品出身）、典吏（杂职出身）、承发、架阁库典吏；经历司：典吏；断事司：司吏、典吏。

各卫衙门：令史（从九品出身）、典吏；镇抚司：司吏。

各守御千户所衙门：司吏。③

---

① 正德《明会典》卷6《吏部·吏》。
② 正德《明会典》卷6《吏部·吏》、卷9《吏部·洪武礼制》。
③ 正德《明会典》卷7《吏部·吏》、卷9《吏部·洪武礼制》。

明太祖出身贫苦，对于元末官昏吏贪的社会现实刻骨铭心①，故对吏员的出身有较为严格的要求：凡佥充吏役者，应该出身农民，自身和家庭没有过失的记录，年龄在三十岁以下，并且能够识字书写。时人称吏员为"书吏"，即因为吏的职责多为文书。为了预防他们作弊，又规定，即使符合上述条件，但如果曾经在各衙门主写文案、攒造文册，或者曾经充当过衙役，或者虽为农民而实在城市游荡者，皆不得充吏。②而苏州、松江二府及浙江、江西二省之吏受到更为严厉的限制，不管实绩如何，都不得调充户部为吏。③

四、《供报须知》与吏员的职责

作为基层国家权力机关，府州县衙门对所属地区进行全方位的管理，所以在吏的层面上，六房俱设。所谓"六房"，指与中央六部、六科相对应的吏、户、礼、兵、刑、工六房，各房有着比较严格的分工。

官员要掌握《到任须知》所须知的情况，需要吏员的积极配合，明政府对此也有相应的法令："凡新官到任，其先任首领官、六房吏典，限十日以里，将各房承管应有事务，逐一分豁，依式攒造文册，从实开报。如有隐漏不实，及故不依式繁文紊乱并十日以里迁延不报者，该吏各以违制律论罪。有所规避，从重论。"④

为与《到任须知》相配套，明廷要求府、州、县正官上任之后，首领官须同六房司吏在十日内供报各种信息，以便新任官尽快了解当地情形，并颁布了相应的"式样"，即《供报须知》。

---

① 关于这一情况，参见明太祖"御制"《大诰》。
② 关于对吏员的限制，正德《明会典》卷9《吏部·宪纲、事例》有较为详细的记载。
③ 参见方志远：《明代苏松江浙人"毋得任户部"考》，《历史研究》2004年第6期。
④ 正德《明会典》卷11《吏部·新官到任各房供报须知式样》。

以吏房司吏为首,各房均须"供报"的信息为本房司吏、典吏的员数及具体信息,包括年龄、籍贯、籍别(民籍、军籍、匠籍、灶籍、医籍、儒籍等)、充吏时间及食俸年限。同时,也要供报各房尚未完结的事务,以免人去政亡。而各房另有具体事务,简述于后。①

吏房须供报的主要情况是有关"印信衙门"及官吏设置状况。所谓"印信衙门",指纳入国家编制因而授予印信的各级、各类机构。以府为例,本府自在供报之列,还有所属州、县以及本府及各州县所属的各类机关。这些机关包括:官学,含府学、州学、县学;税课司局,含府税课司,各州县税课局;僧道衙门,含府僧纲司、道纲司,州僧正司、道正司,县僧会司、道会司;巡检司、司狱司、水马驿、库仓、河泊所、金银场及铁冶所、递运所、闸坝、杂造局、织染局、惠民药局等。

对于府、州、县及官学,须供报设官及现任官的员数,各官的姓名、出身(如进士、举人、生员、人材、干济、孝弟力田、聪明正直、吏员等类)、到任年月日等。至于税课司局及僧道衙门等,只需供报几处(或几所)及名称,以及设官的员数。

当然,作为"吏房",还须供报本籍在任及退休官员情况,包括各官的姓名及现任、原任官职,以让新任官熟悉当地的人脉网。

户房须供报的自然主要是户口田地钱粮等有关国计与民生的情况。包括:户口、田粮、仓库、税课司局、鱼湖、盐场、金银场、各色课程、农桑蓝靛、会计粮储、系官房屋等,州县衙门的户房还须供报乡都的情况,如里长、坊长员数。

关于户口,须供报的有:本府、州、县的户、口数量,其中包括男子及"成丁""不成丁"的数量、妇女及"大口""小口"的数量,以

---

① 正德《明会典》卷11《吏部·新官到任各房供报须知式样》。

及民、军、医、儒、灶、僧、道、匠各类人等的户数。

关于田粮，须供报的有：官民田、地及夏税、秋粮的总数，并分列官田官地、民田民地的数量以及各种田、地的夏税、秋粮数。

至于仓库、税课司局、盐场、金银场等，吏房供报的是设官情况，户房供报的则是储藏和该办税收的情况。如军储仓所储各色粮米的总数及各年收储的数量，永益库所储金银钱钞及铜、锡、麻、绵、丝等的数量。再如税课司，主要供报的是岁办课程，包括银、钱、钞、米石等。

最能反映户房职责及地方财政的是"各色课程"：酒醋课程、商税、门摊钱、房地租赁钱、水磨课程、椒课、油炸课、纸课、水碾课、姜课、水银课、缸课、矾课、漆课、朱砂课、皮硝课、棕毛课、铸课、窑课、蜂蜜课、黑锡黄丹课、竹山租、蒲苇网门课、茶子油课、莲子课、石膏课等。

户房需要供报的重要信息还有粮储情况，包括米、麦、杂粮等，以及岁用数量，如官吏俸给、军士月粮、漕运邻境的数量等。

相对于户房，**礼房**需要供报的事项相对简单。包括境内的祭祀坛场，如社稷坛、风云雷雨山川城隍、郡厉邑厉坛的数量及所在地。此外，须供报的还有养济院的孤老人数及所支米布；收到的制书榜文数量及时间、制书榜文涉及的内容；受旌表的孝子顺孙义夫节妇姓名；在校生员数量及成材者、未成材者的姓名，儒者、耆宿的人数及姓名等。

兵房需要供报的则有：弓兵、祗候、禁子的数量；水马驿的数量、所在地点及配备船只、骡马牲口、马夫、水手的数量；递运所的数量、所在地点及配备车、船、牛、运夫的数量；巡检司的数量、所在地点及弓兵数量；系官牲口如马、骡、驴、牛、羊的数量；急递铺的数量及铺兵的数量；烽堠的数量等。

刑房需要供报的是：在狱囚犯人数；审判已毕及正在审讯的人数；各宗案件原、被告人、涉案人及具体审判结果，死罪、流罪、徒罪、杖罪、笞罪的数量等。

工房需要供报的有：公厅的间数，包括公厅、厢房、官员房屋、吏舍，公用物品（包括桌、椅、被褥、器皿等）；岁造段匹、纻、丝、绫、罗、纱、绢、绸等的数量；轮班人匠的总数及金银匠、铁匠、铜匠、锡匠、戗金匠、木匠、竹匠、石匠、瓦匠、锯匠、刊字匠、漆匠、络丝匠、绣匠、织匠、绦结匠、弓箭匠、船匠、搭材匠、墨匠、钉铰匠等的数量；打捕户的数量及岁办翎毛、皮货的数量；铁冶的数量及岁办生铁的数量。

为了保证情况的属实，以上各房的供报，要求司吏及典吏作出保证："当该未完事件，逐一分豁，依式开报，中间并不敢繁文及隐漏不实。如蒙查勘争差，甘当重罪无词。"并画字签押。

可以说，《到任须知》和《供报须知》所罗列的事情，对于作为亲民官的府、州、县正官来说，应该都是必须清楚的，或者说是理政的基础和前提。但无论是官员的《到任须知》，还是吏员的《供报须知》，其落实的程度如何，既取决于上级部门的督责，也取决于各官、各吏的敬业态度。一方面是法久弊生，另一方面是没有自下而上的监督，所以尽管政府有要求，而且在理论上完全必要、实践中完全可以办到，但仍然可以相信，敷衍塞责、得过且过的官员仍不在少数，而欺上瞒下、上下其手的吏员也大有人在。否则，一个好端端的明朝，为何有那么多的流民及流民闹事。但同时仍然可以相信，在传统儒家学说的熏陶和激励下，还是有大量的官员乃至部分的吏员在恪尽职守。如果说中国的传统社会和官场，特别是明代的社会和官场，即使到山穷水尽、天崩地析之时仍然有可贵处，那么，可贵处就是这种信念，这种世代相传的"圣贤道理"。

五、《备忘集》与《惠安政书》

《四库全书》将两个同是举人出身又同由县教谕而为知县的人物的作品，著名的海瑞的《备忘集》和并不著名的叶春及的《惠安政书》放在一起，应该不是巧合。从这两个文献中，可以看出当时一批"亲民官"是如何通过行使国家权力来维护大明江山的基石、来维护底层民众的利益的。从一定意义上也可以解释，为何当最高统治者及上层社会日趋散漫松懈之时，明朝的根基仍然坚固。其中最基本的原因当然是民众的安贫乐道、日复一日的传统的生产和生活习惯，但要使民众有一个可以循着传统习惯生产和生活的环境，需要国家权力的保护。知府、知州、知县以及他们下属的职责就在于此。

海瑞自嘉靖三十二年（1553）闰三月至四十三年十月的十一年半时间里，历任福建南平县儒学教谕、浙江淳安及江西兴国二县知县①，加之出身贫寒、办事认真，"惟以利民除害为事"，所以对县务有较多的感受和领悟。在淳安知县任上，海瑞对县衙门及所属官员提出了自己的评判要求，择其要者录于下。

对于知县，其《知县参评》云：

---

① 《明史·海瑞传》记：海瑞由南平教谕迁淳安知县，擢嘉兴通判，因得罪鄢懋卿而坐谪兴国州判官，久之，因陆光祖为吏部文选司郎中而迁户部主事。雍正《广东通志·人物志三》则说由嘉兴通判"改调兴国"，而未明"兴国"州或县。据海瑞《备忘集》卷1《乞终养疏》自云："臣由嘉靖二十八年举人，三十二年闰三月内授南平县儒学教谕，三十七年五月内升淳安县知县，四十一年十二月内调兴国县知县。……四十三年十月内，臣当朝觐，升户部主事。"又同书卷《自陈不职疏》云："臣年五十六岁，广东海南卫籍番禺县人，由嘉靖二十八年举人，历任福建南平县儒学教谕、浙江淳安县知县、江西兴国县知县、户部主事、兵部主事……"可见，海瑞并未任所谓兴国州判官，而是任江西兴国县知县，时间是嘉靖四十一年十二月至四十三年十月，约两年的时间，著名的"兴国八议"即在此时完成。

知县知一县之事，一夫不获谁辜，一民失所予咎。……上而朝廷吾父母，中而抚按藩臬僚属过客乡士夫吾长兄弟，下而吏书里老百姓人等吾子姓，遇之各有正道。若谓止可洁已，不可洁人，洁人生谤，谓所行不可认真，认真生怨取祸；不顾朝廷之背否，以乡愿之道待其身，以乡愿之道待吾子吾长兄弟，浮沉取名，窃取官爵，非知县也。本县初意，直欲以圣贤之所已言者，据守行之，自谓效可还至。迄今四载，中夜返思。日日催征，小民卖妻鬻子，未有完事之日；时时听讼，小民争斗趋利，未有息讼之期。感孚之道薄而民不化，烛奸之智浅而弊犹存，徒有其心，未行其事；徒有其事，未见其功。诵法孔孟，幼学之壮，行之期月，而可三年有成，有深愧焉。俗吏非，所以语我，若曰称知县职，则全未也。①

兢兢业业而唯恐上对不起君父、下对不起百姓，呕心沥血而自认为尚不称职，这是海瑞的个人感受，其实也是当时一批"亲民官"的感受。如与海瑞同时在浙江为知县的霍与瑕，天启《慈溪县志》载其在当地的作为："令慈，锄积梗、歼大盗，以民和召祥，岁屡稔。邑始城，形胜多缺，相天时地利之便，补偏钟秀。遵令丈量田亩，过目不爽尺寸，吏民诧以为神。会鄢懋卿总理盐法，巡行郡国，骄恣无度。与瑕清鲠无赂遗，懋卿怒，嗾龇使者劾之。遂落职，萧然出署，置书若干，尽捐之学官以去。"② 有了这些业绩，又敢于和上司相抗，故与海瑞齐名，浙江称之为"二廉吏"。

其实，做好知县并不是容易的事情，且不说既要应付上司、又要善待百姓，既要安定地方、又要催征钱粮，仅就社会舆论而言，至少得面

---

① 海瑞：《备忘集》卷6《附录·知县参评》。
② 雍正《浙江通志》卷152《名宦》。

对三个方面的压力。一是洁己而不可洁人。洁己本属不易，要求别人像自己一样廉洁就更难，所谓"洁人生谤"。但海瑞则不但自己两袖清风，而且要求同僚清廉节俭。二是遇事不可太认真，认真必"生怨取祸"，这是官场的箴言。但海瑞恰恰是事事认真，事事一丝不苟。三是朝廷的意志可以敷衍，"乡愿"即当地强宗大族的利益却不可侵害。但要维护普通百姓的利益，恰恰需要遏制强宗大族的侵夺。海瑞、霍与瑕等人正是在这三个方面都顶住压力，所以才每到一处，即兴利除弊。为知县时如此，为巡抚时亦如此。隆庆时海瑞为佥都御史，巡抚应天等十府，《明史·海瑞传》载："属吏惮其威，墨者多自免去。有势家朱丹其门，闻瑞至，黝之。中人监织造者，为减舆从。瑞锐意兴革，请浚吴淞、白茆，通流入海，民赖其利。素疾大户兼并，力摧豪强、抚穷弱。贫民田入于富室者，率夺还之。徐阶罢相里居，按问其家无少贷。"当被劾改督南京粮储时，"小民闻当去，号泣载道，家绘像祀之"。七十五岁死于南京吏部右侍郎任上后，"丧出江上，白衣冠送者夹岸，酹而哭者百里不绝"。

海瑞对时世的观察是准确的，如果只洁己而不洁人、敷衍塞责而不认真、只顺乡愿而置法律为虚文，国家的意志和民众的利益是无法得到保障的。所以他不仅对知县有要求，对属官也同样有要求。

其《县丞参评》云：

> 官以县丞名，盖谓一县事，宜与知县和衷协济，承流而宣化之也。……县丞之事，亦知县之事；知县之责，亦县丞之责也。如未入官门，先营家计，爵禄贿赂，夺魄动心，国病民冤，如聋如哑，县丞之谓耶？瑞自下车日，窃心鄙之。讵我寮列备官而未之讲耶？每见时可共言、为之卷舌，事可独任、为之却步。……治县之绩，无一足纪。是上人子惠元元之意，不能承而宣之也。非县丞也。

《主簿参评》云：

主簿者，掌一县簿书之事也。虽位有崇卑，职有详要，夫人莫不有真性率真而行之，即古所谓仅得一官，亦可小试。苟不尽分称职，金玉其外而败絮其内也。即陟巍科、登腴仕，徒玷官常耳，余无容赕缕。如钱谷一书，宜出入明允，无悖孔子会计当之说。苟勾稽错乱，追呼朦胧，有钱则宽征，无钱则急比，且计粮数之多寡而茧丝之，有大封小封，以为常规之入焉。是凭家兄为驱使，了不能以自主，徒老死于簿书间也，又何异于王恂辈唯唯诺诺，仅供公之喜怒也哉。非主簿也。

《典史参评》云：

典史掌巡捕，民间盗贼争斗微事尽属之。所当小心翼翼，昼夜惟勤，栖仅一枝，饮惟满腹而已。若位卑而言高，禄微而谋大，黑白出于唇吻，曲直任其心胸，指良为盗，为己驱利，欺肺石之无言，棘林之哭，置不恤焉，何以为民长上哉。况屈一夫、冤一妇，天之霜旱随之。为民上者，可不缘此为兢兢欤！且又偏听衙蠹，相助朘削，盗贼分其赃，争斗罚之纸，不几乎祥符之五鬼乎？非典史也。

《教官参评》云：

掌学教者，谓可安闲以自旷乎？应将经书性鉴子史诸集，与群弟子朝夕讲习，月日会课，切磋琢磨，使之义理明而心性醇。异日登之仕路，文章由道德发出，事功从学问做来，有裨于国家，有济于生民，亦以见学优则仕之明验也。瑞仕淳邑一载有奇矣，见诸生唱饮呼卢、逐膻蝇营则有之，所谓经义治事斋、忠臣孝子录，憦然罔闻也。是谁之过与？若寄空名于诸士子之上，典籍无传，模范不端，虚縻岁月，为身谋为家计，初入学则索其贽见之仪，既入学则需其送节之礼。于诸士子无毫末补焉，亦何以克称广文之职也哉。非教官也。

对阴阳官、医官，也有相应的"参评"，即要求。按明制，知县一任一般三年，任内能够稳定地方、完纳钱粮，已属不易。其余暇，悠游山水者有之，舞文弄墨者有之、嘱托钻营者有之、朘削肥己者有之，但《备忘集》为我们呈现了一个恪尽职守、兢兢业业的海瑞，《惠安政书》，则为我们呈现了一个同样恪尽职守、兢兢业业的叶春及。

叶春及比海瑞晚了一个时代。海瑞嘉靖二十八年中举，三十二年任南平教谕，从此进入仕途，并经历了人生的大悲大喜。叶春及虽然嘉靖三十一年即晚海瑞一科中举，但直到隆庆二年（1568）才任福清县教谕，而第二年，海瑞便以都察院右佥都御史巡抚应天了。虽然仕途坎坷，但叶春及与海瑞一样，也是兢兢业业地对待自己的职守。《福建通志》记其在惠安："单骑入境，采风谣、访民苦，凡邑所困重役悉为申改。官雇征纳，规则纤悉曲尽，八郡传以为式。"被称为天下治绩第一。[①] 而《惠安政书》，正是其施政的基础和依据，也是其施政过程的心得。

《惠安政书》收录在叶春及的《石洞集》中，共五卷。从《自序》中可以看出，叶春及本拟写十二篇：《图籍问》《地里考》《版籍考》

---

① 雍正《福建通志》卷30《名宦》。

《地里图》《地里表》《户口表》《田土表》《赋税表》《乡约篇》《里社篇》《社学篇》《保甲篇》。但真正分篇的是图籍、地里、乡约、里社、社学、保甲六篇，版籍等则合叙之，有综述，有分述，地里图表及户口、田土、赋税均按惠安一县，三坊，三十四都分述。①

在《惠安政书·自序》中，叶春及言及当时的情景："召邑中长老乡里所信，乡三十余人，置酒设礼，咨便事厄塞、户口、强弱之处，民所疾苦。……延茂才文学诸生，切劘究之。"② 可见，《惠安政书》其实是通过"调查研究"完成的集体作品。如第一篇《图籍问》开篇即云：

> 问父老郑若晦等。盖闻古之为政，率用图籍，以具知厄塞户口多少，强弱之处，民所疾苦者。知县寡昧，不逮古人远甚，谬为尔牧，敢不求之。凡里中状可绘为图，图不尽者，悉笔于籍，以匡知县不逮。

本篇共分二十八节，从绘制图籍的原则，到图籍涉及的有关内容，一一列举。如第一节，实为惠安政区图的绘制说明：该县南北纵九十里，东西横八十里，共分三十都，则全县总的图形及各都的形貌皆在图中。在有航拍技术的今天，这个工作比较简单，但在当时，全靠制图人对当地情形的熟悉及绘图的经验，而且要通过直观的图形和说明文字进行标明。所以，虽然运用了晋裴秀的"制图六体"、唐贾耽的"计里画方"及朱思本、罗洪先的"图例标志"等方法，仍然费时一年，方才告成。由于亲临现场，并有众多的"父老"作顾问，故《惠安政书》的《图籍问》以后的各篇，都纠正了大量过去府、县志中的错误，为

---

① 按《四库全书总目提要》的作者其实并没有认真读《惠安政书》的全文，而是根据叶春及的《自序》，说《石洞集》"载《惠安政书》十二篇"。
② 叶春及：《石洞集》卷3《惠安政书·自序》。

此后编修省、府、县志提供了更为准确的信息,更重要的是成为此后历届知县行政的依据。略举《版籍考》中一例以证之。

黄册和鱼鳞图册是明代有关户口田粮的最权威资料,也是政府征收赋税、征发徭役的基本依据。《明史·食货志》说:"鱼鳞册为经,土田之讼质焉。黄册为纬,赋役之法定焉。"虽然黄册十年一修,但其数据是否真实,全在于地方官的责任心及是否在辖区内具有真正的权威。而鱼鳞图册更是年久而废,难为依据。叶春及隆庆年间所面对的惠安县情形正是如此:"今之土田从人,而鱼鳞簿久废,里胥为奸,盖益易矣。"既然面对,就得解决,这是叶春及在惠安任内的风格。《惠安政书》中记载了解决问题的办法。田地的来源有二,一是在册的田地,一是实有的田地。二者相符,则无隐漏飞洒。于是专查二者不相符的田地,册有载而无实地,册不载而实地在,其中定有隐情。或是有地而不上册不纳税,或者是无地而不去册不纳税。经过反复清查核实,版籍中关于田地的误载得到纠正,被隐瞒的田地被清查出来,失去田产之后的税收被废除。但是,版籍的记载只能说明过去,田地数量及归属是变化的,继任者是否和自己一般认真不得而知。叶春及不禁感叹:"邑志云,法久弊生,莫不援引版赋以为左验,自非精密小心傍推远考,未有不为所眩者,况以簿书应接之间乎?故尽信书不如无,岂不信哉,岂不信哉?余犹恐以志为左验者,将废国法而不知也。"

可以相信,明朝的地方官中有不少人像海瑞、霍与瑕、叶春及一样尽心尽职,但从海瑞的名气和叶春及治绩为"当时第一"来看,当然也不会太多。而明代国家权力之向社会底层伸展,则正是由海瑞、霍与瑕、叶春及等人体现出来。

第十七章　明代国家权力向基层社会的延伸

第一节　深入民间的礼乐教化

一、国家的"教化"与《教民榜文》

明代国家权力向基层社会的延伸，主要是由三个方面表现出来。一是由府、州、县及其所属的权力机关如巡检司等加强对地方的管理和控制。二是重建传统等级制度，通过教化来传输并体现国家的意志。三是建立里甲、保甲等各种地方组织，设立老人制度、利用宗族势力，化基层社会权力为国家权力。

明太祖生于贫寒，长于困苦，对民间的恶俗陋规极为熟悉，也深知民风民俗对于政权稳定的重要意义，故而特别注重对民间的教化，其实是通过教化的功能来实施国家权力在基层社会的影响。吴元年（1367）十月对御史大夫邓愈等人的一番话，可以看出他在这方面的考虑：

> 治天下当先其重且急者，而后及其轻且缓者。今天下初定，所急者衣食，所重者教化。衣食给而民生遂，教化行而习俗美。足衣食者，在于劝农桑；明教化者，在于兴学校。学校兴，则君子务

德；农桑举，则小人务本。如是为治，则不劳而政举矣。①

通过劝农桑，使民足衣食，有恒产者有恒心；通过办学校，使民知礼数，安分守己则国家太平。

明代的"教化"，其实早在至正十八年（1358）征浙东、下金华时就已开始。当时明太祖召儒士范祖干、叶仪、许元等十三人讲经义，并命王宗显开郡学，进行教化。其后，随着统治区域的扩大及明朝的建立，明太祖也逐步将朝廷的礼乐教化推广到全国，以形成全国统一的规范和习俗。当时的教化工作，主要是从以下几个方面进行的。

一是兴办学校，通过学校的教育功能进行教化。

洪武二年（1369）十月，命郡县立学校：

> 古昔帝王育人材、正风俗，莫先于学校。自胡元入主中国，夷狄腥膻污染华夏，学校废弛，人纪荡然。加以兵乱以来，人习斗争，鲜知礼义。今朕一统天下，复我中国先王之治，宜大振华风，以兴治教。今虽内设国子监，恐不足以尽延天下之俊秀。其令天下郡县并建学校，以作养士类。②

各地学校兴建之后，又因北方久经战乱，人才凋零，命国子监选国子生分教北方各地：

> 致治在贤，风俗本乎教化。教化行，虽闾阎可使为君子；教化废，虽中材或坠于小人。近北方丧乱之余，人鲜知学，欲求方闻之

---

① 《明太祖宝训》卷1《论治道》。
② 《明太祖实录》卷46，洪武二年十月辛卯。

士，甚不易得。今太学诸生中，年长学优者，卿宜选取，俾往北方各郡分教，庶使人知务学，人材可兴。①

国子监根据这道谕旨，选取国子生林伯云等360人，往北方各地为教师。

为了统一思想，又向北方学校颁发"五经""四书"，作为教材。明太祖将这两部书的作用比作衣食："人非菽稻布帛则无以为衣食，非'五经''四书'则无由知道理。"物质生活不可缺菽稻布帛，精神生活则不可缺"五经""四书"。

其实，兴办学校的意义不仅仅在于教化，还在于使各地"精英"们对新政权寄予期望，看到自己的前途和命运。这对于争取人心、实现中央权力向地方伸展起着重要的作用。

二是劝民学法守法，通过法律的威慑作用进行教化。兴办学校是为了从思想上统一认识，但正面的教育从来代替不了法律的规范和惩罚。法律的作用固然是惩罚于已然，但更重要的是"使人不犯法"。《孙子兵法》主张不战而胜人，法律的制定者也希望不罚而治人。所以，《大明律令》初颁之时，明太祖便命大理寺卿周祯等人编《律令直解》，用以宣传，不但要使士大夫们通晓法律，而且要使全国百姓知法守法。《明太祖实录》载：

> 吴元年十二月戊午，命颁《律令直解》。先是上以律令初行，恐民一时不能尽知法意，或有误罹于法者，乃谓大理卿周祯等曰："律令之设，所以使人不犯法。田野之民，岂能悉晓其意，有误犯者，赦之则废法，尽法则无民。尔等前所定律令，除礼乐制度钱粮

---

① 《明太祖宝训》卷1《兴学》。

选法之外，凡民间所行事宜，类聚成编，直解其义，颁之郡县，使民家谕户晓。"至是书成以进，上览而喜曰："前代所行通制条格之书，非不繁密，但资官吏弄法，民间知者绝少，是聋瞽天下之民，使之不觉犯法也。今吾以《律令直解》遍行，人人通晓，则犯法自少矣。"①

《大明律令》颁布，《律令直解》颁布，《大诰》也颁布，都是为了"使人不犯法"，这是明太祖法律思想的独特之处。不管实际效果怎样，毕竟是明代在推行法治方面的重要尝试。

令明太祖不解的是，虽然法令昭昭，但仍有人违法犯法，屡禁不止，《大诰三编》的第一篇说：

> 于戏！世有奸顽，终化不省，有若是！且如朕臣民有等奸顽者，朕日思月虑，筹计万千，务要全其身命，使扬祖宗、显父母、荣妻子、贵本身，共安天下之民。朕所设一应事务，未尝不稳，一一尽皆的当。其不才臣民，百般毁坏，不行依正所行，故意乱政坏法。自取灭亡，往往如此，数百数千矣。故入此奸顽，终了杀身者，莫知其数。②

仅此一篇，便列举了十八宗案子，涉及被处置的贪官污吏、刁民顽民数百人，均公布于众，以示警戒。

三是要求民众各安其业，各守其分，服役纳税，做国家的良民顺民。

---

① 《明太祖实录》卷28，吴元年十二月戊午。
② 朱元璋：《大诰三编·臣民倚法为奸》。

洪武十五年十月通过户部对两浙、江西的榜谕，明太祖提出了做良民顺民的基本要求：

> 为吾民者，当知其分。田赋力役，出以供上者，乃其分也。能安其分，则保父母妻子，家昌身裕，斯为仁义忠孝之民，刑罚何由而及哉。近来两浙江西之民，多好争讼，不遵法度，有田而不输租，有丁而不应役，累其身以及有司，其愚亦甚矣。曷不观中原之民，奉法守分，不妄兴词讼，不代人陈诉，惟知应役输租，无负官府。是以上下相安，风俗淳美，共享太平之福。以此较彼，善恶昭然。今特谕尔等，宜速改过从善，为吾良民。苟或不悛，则不但国法不容，天道亦不容矣。①

洪武十九年四月又敕户部，让其榜示天下，晓谕士、农、工、商各安其业：

> 古先哲王之时，其民有四，曰：士、农、工、商，皆专其业，所以国无游民，人安物阜，而致治雍雍也。朕有天下，务俾农尽力畎亩，士笃于仁义，商贾以通有无，工技专于艺业。所以然者，盖欲各安其生也。……尔户部即榜谕天下，其令四民务在各守本业，医卜者土著，不得远游。凡出入作息，乡邻必互知之，其有不事生业而游惰者，及舍匿他境游民者，皆迁之远方。②

南京为六朝故都，历来是风物繁华之地，民风崇尚奢靡，明太祖对

---

① 《明太祖实录》卷150，洪武十五年十一月丁卯。
② 《明太祖实录》卷177，洪武十九年四月壬寅。

此极为不满："京师天下之统会，万民之瞻仰，四方所取则者也。而积习之弊，率以奢侈相高、浮藻相诱，情日肆而俗日偷，非所以致理。"命礼部整齐风俗，导之以俭朴。①

贫富不均，以强凌弱，历来都是严重的社会问题，明太祖也希望通过教化来解决。洪武二年二月，他将浙西富民召至南京，当面告诫："汝等居田里安享富贵者，汝知之乎？……使天下一日无主，则强凌弱，众暴寡，富者不得自安，贫者不能自存矣。今朕为尔等立法更制，使富者得以保其富，贫者得以全其生。尔等尚循分守法，能守法则能保身矣。毋陵弱，毋吞贫，毋虐幼，毋欺老，孝敬父兄，和睦亲族，周给贫乏，逊顺乡里，如此则为良民。若效昔之所为，非良民矣。"②

洪武三十年，明太祖将在位期间所颁布的各种告谕、榜令，共四十条汇编成册，取名为《教民榜文》，作为对民众进行教育的读本和里甲、里老对本地居民进行制裁的依据。而此前颁布的《大诰》及其续编、三编，以及《大诰武臣》《大明律令》等，虽然是法律及案例，但在明太祖看来，也是"教民榜文"。

二、申明亭、旌善亭与乡饮酒礼

对于民众的教化，明太祖在充分注意"以吏为师"即政府的教化功能之外，特别关注"民自为师"即家族及其他社会组织的教化功能，即利用家族、家庭及其他社会组织，补充国家权力的局限和空白，以达到国家权力延伸的极大化。

民自为师的重要措施，是在各地建起申明、旌善二亭，并恢复传统

---

① 《明太祖宝训》卷2《厚风俗》。
② 《明太祖宝训》卷2《崇教化》。

的乡饮酒礼。

申明亭始建于洪武五年（1372）二月，完全是明太祖自己的主张。《明太祖实录》载："上以田野之民不知禁令，往往误犯刑宪。乃命有司于内外府州县及其乡之里社，皆立申明亭。凡境内人民有犯，书其过名，榜于亭上，使人有所惩戒。"① 从这段材料的记载来看，申明亭所"榜"列的，应该是"不知禁令"而"误"犯过失的乡民。但由于纤细皆书，遂书不胜书。

十年后，明太祖对这一做法进行了指责："天下郡邑申明亭，本以书记犯罪者姓名，昭示乡里，以劝善惩恶，使有所警戒。今有司概以百姓杂犯小罪书之，使良善一时过误者，为终身之累，虽欲改过自新，其路无由。"② 实际上是对十年前自己所定的申明亭的功能进行修正，由榜书"误犯刑宪"者改为榜书"犯罪"即被政府处以刑罚者。于是礼部建议，此后犯有"十恶、奸盗、诈伪、干名犯义、有伤风俗及犯赃至徒（罪）者"，方书写于申明亭，其余"公私过误非干风化者"，均不书写。申明亭于是失去了其初始的意义，其所惩之"恶"已经不是过失的恶，而是故意的恶，是对国家法律审判的宣传，类似于"布告"。而其教化的防微杜渐作用也转化为对犯罪的警示作用。当然，申明亭强调的仍然是教化问题，所以对于"伤风化"者的处置更为严厉。礼部同时要求，凡是私毁亭舍所悬的法令榜文等及涂抹姓名者，都由巡按监察御史及按察司官依法处置。《大明律》更规定：凡拆毁申明亭房屋及毁板榜者，杖一百、流三千里。③ 可见明廷对申明亭的重视。

旌善亭始建的时间应该稍晚于申明亭，记载始见于洪武十八年三月："命礼部录有司官善政著闻者，揭于其乡之旌善亭。刑部录内外诸

---

① 《明太祖实录》卷72，洪武五年二月附条。
② 《明太祖实录》卷147，洪武十五年八月乙酉。
③ 正德《明会典》卷142《刑部·杂犯·明律》。

司官之犯法罪状明著者，揭于申明亭，以示劝戒。"① 但旌善亭之建，当在此之前。

关于申明亭和旌善亭，顾炎武《日知录》载：

> 宣德七年正月乙酉，陕西按察佥事林时言："洪武中天下邑里皆置申明、旌善二亭，民有善恶则书之，以示劝惩。凡户婚田土斗殴常事，里老于此剖决。今亭宇多废，善恶不书，小事不由里老，辄赴上司。狱讼之繁，皆由于此。"景泰四年诏书犹曰："民有怠惰不务生理者，许里老依《教民榜例》惩治。"天顺八年三月，诏军民之家有为盗贼，曾经问断不改者，有司即大书"盗贼之家"四字于其门，能改过者许里老亲邻人相保管，方与除之。②

申明、旌善二亭的设置，是明前期民自为教的基本手段。民为善者，在旌善亭张榜表彰其善，为恶而犯罪者，则在申明亭张榜公布其恶、揭示其所犯罪的由来，以此来激励人们从善戒恶。

从各种记载来看，当时全国各县乡似乎大多建立了申明、旌善二亭，但至嘉靖年间，有相当多的申明亭、旌善亭已不复存在或改作他用。王鏊作《姑苏志》，记府衙厩门之外，东为旌善亭，西为申明亭，而且特别注明："二亭俱洪武中建。"③ 康海作《武功志》，记该县申明亭在"县门外"，并特别注明："与旌善亭同处。"④ 二志皆作于正德时，说明至少当时部分府城、县城的申明亭、旌善亭还是完好的。其所在地，一般在府衙、县衙前，酷似"告示"亭。如南直青阳县、山西定

---

① 《明太祖实录》卷172，洪武十八年四月壬寅。
② 顾炎武：《日知录》卷8《乡亭之职》。
③ 王鏊：《姑苏志》卷21《官署上》。
④ 康海：《武功县志》卷1《建置》。

襄县的旌善亭都在"县衙门外"①，浙江钱塘县、会稽县的旌善亭、申明亭则在县衙"仪门外"②。由此可见，康海所记武功县申明、旌善亭在"县门外"的"县"当是县衙而非县城。另外，虽然申明亭之建早于旌善亭，但其后发挥作用更多的应该是旌善亭，凡当地乡绅、商人有所贡献者，以及在危难中出现的"烈女""义士"等，多在旌善亭张榜表彰。

叶春及在给抚按的一份公文中详细叙述了从洪武至隆庆间福建惠安县城申明、旌善二亭置毁的始末：

> 本县旌善、申明亭被侵没盖四十年余矣。往有司答宪纲，谬云见在善恶，备载章章也，职览羞之。窃叹天下饰空文以相谩者，大率类此。故于宪纲，据事而书，本条之下，明标侵没未复之状，不敢谩也。考之邑志，遍问父老子弟，申明亭初建名贤坊中，旌善亭在登龙坊。嘉靖三年，知县万夔辟居民吴伯厚宅，广儒学门，而以申明亭易之。于是为吴伯厚宅，今为黄孟和宅。云旌善亭者，当时不穷，故莫得而问也。万知县既以申明亭广学门，乃并旌善亭改建龙津桥北，盖龙津庵外当市地也。嘉靖八年，有谢敏者请于莫知县而有之，自言纳官银一十二两。至三十七年以卖徐淑卿，其价五十两。余验敏所执县帖，以后为前、以彼抵此，豪强兼并……可痛也。职为政务，举祖宗之旧，所辖二十八都，已除淫祠建亭，独附郭不备，何以示彰瘅而成教化哉。龙津故址近市湫隘，请如晋江县，建于仪门左右，以县赎成之。谢敏得利久，价又倍本，宜追论。但今窿然一妾人耳。乞免徐淑卿岁得租银五两，凡十四年，价

---

① 雍正《江南通志》卷24《舆地·公署三·宁国府》、雍正《山西通志》卷156《列女八》。
② 雍正《浙江通志》卷30《公署上·杭州府》、卷31《公署中·绍兴府》。

足偿矣。宜归于学，以赡贫生。①

从这段文字看，惠安县城内确实建有申明、旌善二亭，一在名贤坊，一在登龙坊。申明亭嘉靖八年（1529）之前一直存在，只是在嘉靖三年发生了一次变故。而旌善亭则不知废于何时，"莫得而问"。嘉靖三年知县万夔在置换申明亭时，一并重建二亭。但嘉靖八年，知县莫某以十二两银子的价钱卖给了谢敏；三十年后，谢敏以五十两的价钱转卖徐淑卿。三十年的经营所得不算，仅房价谢敏就赚了三十八两，所以叶春及说"谢敏得利久，价又倍本，宜追论"。从嘉靖三十七年后至隆庆时的十四年中，徐淑卿出租所得每年五两，共获租银七十两，所以叶春及说"价足偿矣"。

这里暂不考索莫姓知县到底得了谢敏多少好处费，也不考察嘉靖八年至三十七年间惠安县房价的上涨情况，仅从莫知县收十二两"官银"便将申明、旌善二亭的产权让谢敏"有之"，而叶知县因为谢敏"得利久"且卖价倍于买价即主张"追论"、并将已归徐淑卿所有的申明、旌善二亭收"归于学"，可以清晰地看出当时代表国家权力的地方官员与普通县民之间的关系。在进行了一系列调查的情况下，叶春及通过国家权力收回了"龙津庵"外的二亭产权，同时通过其他商业运作在县衙的仪门之外重建申明、旌善亭。在此之前，叶春及则重建或新建了本县二十八个都的申明、旌善亭。从万知县置换土地，到莫知县出让产权，再到叶春及收回产权并重建二亭，也可以看出，至明代中后期，作为教化象征的申明、旌善亭，其存其亡，完全取决于府、州、县长官个人的作用。而明太祖对民众进行教化以加强国家对民众控制的愿望，在很大程度上也决定于府、州、县官的个人信念和办事能力。

① 叶春及：《石洞集》卷8《公牍一·立申明旌善亭》。

乡饮酒礼是中国传统的民间教化活动，同时也是传统等级制度和国家权力在基层的体现方式。

古之乡学，三年业成，考其德艺，以其贤者能者荐于朝，临行之时，由乡大夫为主人，设宴饯行，饮酒酬酢，皆有仪式，这套仪式就叫"乡饮酒礼"。《仪礼》有《乡饮酒礼》篇，记载乡饮酒的仪式。与乡饮酒礼相似的仪式还有"宾兴"，见于《周礼·地官》。后来，人们将地方官设宴为应举之士饯行称为"宾兴"，乡饮酒礼则专指地方燕会的仪式。

《明会典》说："洪武初，诏中书省详定乡饮酒礼条式，使民岁时燕会，习礼读律，期于申明朝廷之法，敦叙长幼之节。"[①] 即将前代"岁时燕会、敦叙长幼之节"的乡饮酒礼，注入新的内容，与"习礼读律、申明朝廷之法"的教化功能结合起来。明代"乡饮酒礼"始定于洪武五年四月，《明太祖实录》载：

> 洪武五年四月戊戌，诏天下举行乡饮酒礼。上以海内晏安，思化民俗，以复于古，乃诏有司举行乡饮。于是礼部奏取仪礼及唐宋之制，又采周官属民读法之旨，参定其仪：在内应天府及直隶府州县，每岁孟春正月、孟冬十月，有司与学官率士大夫之老者，行之于学校。在外行省所属府州县，亦皆取法于京师。其民里社，以百家为一会，粮长或里长主之；百人内，以年最长者为正宾，余以序齿坐。每季行之于里中。大率皆本于正齿位之说。而宾兴贤能、春秋习射，亦可通行焉。所用酒肴，毋致奢靡。若读律令，则以刑部所编申明戒谕书兼读之。其武职衙门，在内各卫亲军指挥使司及指挥使司，凡镇守军官，每月朔日亦以大都督府所编戒谕书，率僚佐

[①] 正德《明会典》卷78《礼部·乡饮酒礼》。

读之。如此则众皆知所警而不犯法矣。制曰：可。①

根据这一规定，乡饮酒礼并非仅仅行之于"乡"，而且还行之于京师内外各文武衙门。所不同的是，各衙门举行的饮酒礼每年春冬各一次，由主管官员行于学校；里社举行的饮酒礼则一年四次，每季一次，后来为一年二次，春秋行于里中。又，各衙门饮酒礼的物品和费用由官府开销，而里社饮酒礼的物品和费用则由各家共同承担。但读律令、读戒谕则是共同的。由此可见，"饮酒"只是形式，习礼读律即明确等级制度、强化等级观念、宣讲国家法律、强化国家权力才是实质。

洪武十八年，颁《大诰》七十四篇于天下，其第五十八篇为"乡饮酒礼"，对乡饮酒礼的具体细节作了详尽规定，并特别其强调了"叙长幼、论贤良、别奸顽、异罪人"的功能：

> 朕本不才，不过申明古先哲王教令而已。所以乡饮酒礼，叙长幼，论贤良，别奸顽，异罪人。其坐席间，年高有德者居于上，高年淳笃者并之，以次序齿而列。其有曾违条犯法之人，列于外坐，同类者成席，不许干于善良之席。主者若不分别，致使贵贱混淆，察知，或坐中人发觉，主者罪以违制。奸顽不由其主，紊乱正席，全家移出化外。的不虚示。……吾今特申明之，从者昌，否者亡。②

从洪武十六年所颁布的图式和条例看，乡饮酒礼仪式的繁琐甚至不让朝廷的经筵。府、州、县的乡饮酒礼暂且不说，即以里社为例，略而言之。

---

① 《明太祖实录》卷73，洪武五年四月戊戌。
② 朱元璋：《大诰·乡饮酒礼第五十八》。

每年春秋社祭，会饮毕，行乡饮酒礼。

乡饮酒礼所用酒肴，于一百家内供办。可见以明代在乡坊中所推行的里甲制的"里"为基本单位。百家之内，除乞丐外，其余只要是年老者，即使赤贫，亦须上坐；年少者虽至富，也必序齿下坐，不许掺越，违者以违制论。其有过犯之人，虽年长财富，也得坐于众宾席之末，听讲律，受戒谕。行礼均由里长主席，推年龄最高且有德者一人为"宾"，其次一人为"介"，其余各依年齿序坐。如有乡人为官致仕者，则请以为"僎"。择通文学者一人为"扬觯"，一人为"读律"，二人为"赞礼"。

行礼的前一天，主席者亲往宾家相请，止于门。"宾"出大门迎接，迎入家中。相见毕，主稍前致词："某日行乡饮酒礼，吾子年高德劭，敢请为宾。"宾必须推辞说："某固陋，恐辱命，敢辞。"主再请："询诸众，莫吾子贤，敢固请。"宾谢道："夫子申命之，某不敢辞。"主再拜，宾答拜。请过"宾"，再用同样的礼节请"介"。

行礼之日清晨，宾、介及众宾皆至里中门外，主出迎，西向揖，宾东向答揖。主先入门而右，宾入门而左。至阶，主揖宾，宾揖主，主先从东阶上，宾从西阶上，至中堂，主西向立，宾东向立。赞礼唱"拜兴"，主宾皆两拜。主请众宾各就位。宾席在堂中稍西，南向；主席在堂东南，西向；众宾六十以上者，席于堂中上两席，东西相向；如宾众过多，则年较少者席于堂下。

众人就座后，赞礼唱"扬觯"，扬觯者举觯酌酒，诣中堂北向而立。赞礼又唱"在坐皆起"，宾主以下，皆起拱立。扬觯者乃扬觯而扬言曰："恭惟朝廷，率由旧章。敦崇礼教，举行乡饮。非为饮食，凡我长幼，各相劝勉。为臣尽忠，为子尽孝。长幼有序，兄友弟恭。内睦宗族，外和乡里。无或废坠，以忝所生。"言毕，赞礼唱"揖"，扬觯者揖，主宾以下皆揖。扬觯者遂将酒饮讫，众人也饮讫。扬觯者复揖，众人皆揖。落座。

此后是读律、读申明戒谕，仪式和"扬觯"相同。最后是饮五巡或七巡。食毕，撤案。赞礼唱礼毕，主先行而西向立，赞礼引宾以下东向立，赞"拜、兴"，于是主宾皆拜、兴，两拜之后，主送宾于门外，东西相揖。各退。

第二日，宾、介及众宾均至主家拜谢乡饮之赐。主出门外拜，谓"辱屈昨日之来"。

至此，乡饮酒礼结束。①

这套繁文缛节如今在戏剧中也难得一见，即在当日，也未必演习得如此规矩。表面上看，乡饮酒礼除了一系列仪式，并无实际意义。但一切制度都离不开仪式，所有的权力也都在仪式中体现，只是仪式有繁有简，场面有大有小而已。政府的目的，是通过提倡行乡饮酒礼，不断提醒人们注意长幼之序、尊卑之礼，灌输"为臣尽忠、为子尽孝"的思想，并宣传国家的法律法令。②

政府强调的是长幼之序、尊卑之礼，当二者之间发生矛盾时，长幼之序又让位于尊卑之礼。《周礼》有言："一命齿于乡里，再命齿于父族，三命而不齿。"③ 苏州太仓籍著名学者陆容以江西安福籍大学士彭时在家乡受到礼遇，特别强调这一点：

> 乡党莫如齿，此先儒之论也。然礼亦有"一命齿于乡、再命齿

---

① 正德《明会典》卷78《礼部·乡饮酒礼》。
② 洪武二十二年的图式中甚至规定：凡良民中，年高有德无公私过犯者，列为一席，坐于上等；有因户役差税迟误，及曾犯公杖私笞者，另为一席，序坐于中门之外；曾犯奸盗诈伪、说事过钱、起灭词讼、蠹政害民、排陷官长、及一应私杖徒流重罪者，又别为一席，序坐于东门之内。执壶供事，各用本等之家子弟。当然，这种善善恶恶的情绪化条例是不利于社会安定的，所以各地并未认真执行。（正德《明会典》卷78《礼部·乡饮酒礼》）
③ （汉）郑玄注，（唐）陆德明音义、贾公彦疏：《周礼注疏》卷12《地官司徒二》。

于族"之文。今学校老生，凡遇仕而返乡者，辄以齿自居，略无贵贵之义。彼为命士大夫者，又皆避嫌之厚，不以自明。于是先王之礼，遂成偏废而不明……闻安福彭文宪公（时）省亲还家，族党以三命不齿于族致隆于公。公不敢当，乃受异席。盖其族党，多读书知礼之士故耳。①

这个事例的意义在于，它明确了社会等级的"尊卑"比血缘关系的"长幼"更为重要，更受政府的重视，也就是说，家族权力、社会权力必须服从于国家权力。

三、乡约与家规

律、例、《大诰》与《会典》，都是明代的"国法"，体现的是国家意志，并由国家权力机关贯彻执行。但所有的国家意志、所有的国家法律，都是以民间的"习惯"为基础的。从反映民间习惯的角度看，乡约和家规比国家法律更直接也更便捷。从这个意义上说，乡约和家规本是国家的前提和基础，但国家法律一经制定，便对乡约和家规产生巨大的示范作用，成为所有乡约和家规必须遵循的法则。因此，乡约、家规与国家法律之间其实是一种互补的关系。在国法指导下的乡约与家规，一方面维护本约本家族成员的共同意愿和利益，另一方面又协调本约本家族成员的关系及其与国家、与社会其他人群的关系。在很大程度上，乡约和家规又是国家意志的表现，只是所规范的事情更为明确，所规范的人群更为具体而已。而其产生的社会效果，在一定意义上也可被视为国家权力在基层社会的体现。

---

① 陆容：《蓬轩类记一》，邓士龙辑《国朝典故》卷68。

如果说在《颜子家训》《朱子家训》的时代，乡约与家规对国法具有重要的启示意义，那么至明代，由于国家法律的日趋健全，乡约与家规更多的是在重申国家法规。而其中起重要作用的，则是在任与乡居的官员，以及准备出仕的举人、监生、生员，或者说，是在职的官员与在乡的士绅。

王守仁巡抚南赣时所颁"南赣乡约"，被视为明代乡约的范本，兹节录于后，以便分析：

咨尔民，昔人有言：蓬生麻中，不扶而直；白沙在泥，不染而黑。民俗之善恶，岂不由于积习使然哉。往者新民，盖常弃其宗族、畔其乡里，四出而为暴，岂独其性之异、其人之罪哉？亦由我有司治之无道、教之无方。尔父老子弟，所以训诲戒饬于家庭者不早，熏陶渐染于里闬者无素，诱掖奖劝之不行，连属叶和之无具，又或愤怨相激、狡伪相残，故遂使之靡然，日流于恶。则我有司与尔父老子弟，皆宜分受其责。呜呼，往者不可及，来者犹可追。故今特为乡约，以协和尔民。自今凡尔同约之民，皆宜孝尔父母、敬尔兄长、教训尔子孙、和顺尔乡里，死丧相助、患难相恤，善相劝勉、恶相告戒，息讼罢争、讲信修睦，务为良善之民，共成仁厚之俗。呜呼，人虽至愚，责人则明；虽有聪明，责己则昏。尔等父老子弟，毋念新民之旧恶而不与其善，彼一念而善，即善人矣。毋自恃为良民而不修其身，尔一念而恶，即恶人矣。人之善恶，由于一念之间。尔等慎思吾言，毋忽！

一、同约中推年高有德为众所敬服者一人为约长，二人为约副，又推公直果断者四人为约正，通达明察者四人为约史，精健廉干者四人为知约，礼仪习熟者二人为约赞，置文簿三扇，其一扇备写同约姓名，及日逐出入所为，知约司之；其二扇一书彰善、一书纠过，约长司之。

一、同约之人每一会，人出银三分，送知约具饮食，毋太奢，取免饥渴而已。

一、会期以月之望，若有疾病事故不及赴者，许先期遣人告知约，无故不赴者，以过恶书，仍罚银一两公用。

一、立约所于道里均平之处，择寺观宽大者为之。

一、彰善者，其辞显而决；纠过者，其辞隐而婉。亦忠厚之道也。如有人不弟，毋直曰不弟，但云闻某于事兄敬长之礼颇有未尽，某未敢以为信，姑书之以俟。凡纠过恶皆例此。若有难改之恶，且勿纠，使无所容，或激而遂肆其恶矣。约长副等须先期阴与之言，使当自首，众共诱掖奖劝之，以兴其善念。姑使书之，使其可改，若不能改，然后纠而书之。又不能改，然后白之官。又不能改，同约之人执送之官，明正其罪。势不能执，戮力协谋官府，请兵灭之。

一、通约之人，凡有危疑难处之事，皆须约长会同约之人，与之裁处区画，必当于理济于事而后已。不得坐视推托，陷人于恶，罪坐约长约正诸人。

一、寄庄人户，多于纳粮当差之时，躲回原籍，往往负累同甲。今后约长等劝令及期完纳应承，如蹈前弊，告官惩治，削去寄庄。

一、本地大户、异境客商，放债收息，合依常例，毋得磊算。或有贫难不能偿者，亦宜以理量宽。有等不仁之徒，辄便捉锁磊取，挟写田地，致令穷民无告，去而为之盗。今后有此，告诸约长等，与之明白，偿不及数者，劝令宽舍。取已过数者，力与追还。如或恃强不听，率同约之人鸣之官司。

一、亲族乡邻，往往有因小忿，投贼复仇，残害良善，酿成大患。今后一应斗殴不平之事，鸣之约长等公论是非。或约长闻之，即与晓谕解释。敢有仍前妄为者，率诸同约呈官诛殄。

一、军民人等，若有阳为良善、阴通贼情，贩买牛马、走传消息，归利一己，殃及万民者，约长等率同约诸人，指实劝戒，不悛，呈官究治。

一、吏书、义民、总甲、里老、百长、弓兵、机快人等，若揽差下乡、索求赍发者，约长率同呈官追究。

一、各寨居民昔被新民之害，诚不忍言，但今既许其自新，所占田产，已令退还，毋得再怀前仇，致扰地方。约长等常宜晓谕，令各守本分，有不听者，呈官治罪。

一、投招新民，因尔一念之善，贷尔之罪。当痛自克责、改过自新，勤耕勤织、平买平卖，思同良民，无以前日名目，甘心下流、自取灭绝。约长等各宜时时提撕晓谕。如踵前非者，呈官惩治。

一、男女长成，各宜及时嫁娶。往往女家责聘礼不充，男家责嫁妆不丰，遂致愆期。约长等其各省谕诸人，自今其称家之有无，随时婚嫁。

一、父母丧葬，衣衾棺椁，但尽诚孝，称家有无而行。此外或大作佛事，或盛设宴乐，倾家费财，俱于死者无益。约长等其各省谕约内之人，一遵礼制，有仍蹈前非者，即与纠恶簿内书以不孝。

一、当会，前一日知约预于约所洒扫张具于堂，设告谕牌及香案，南向。当会日，同约毕至，约赞鸣鼓三，众皆诣香案前序立，北面跪听约正读告谕。毕，约长合众扬言曰：自今以后，凡我同约之人，祗奉戒谕，齐心合德，同归于善。若有二三其心、阳善阴恶者，神明诛殛。众皆曰：若有二三其心、阳善阴恶者，神明诛殛。皆再拜。兴。以次出会所，分东西立。约正读乡约毕，大声曰：凡我同盟，务遵乡约。众皆曰：是。乃东西交拜，兴。各以次就位。少者各酌酒于长者。三行，知约起，设彰善位于堂上，南向置笔砚，陈彰善簿。约赞鸣鼓三，众皆起。约赞唱：请举善。众曰：是，在约史。约史出就彰善位，扬言曰：某有某善、某能改某过，请书之以为同约劝。约正遍质于众曰：如何？众曰：约史举甚当。约正乃揖善者进彰善位，东西立。约史复谓众曰：某所举止是，请各举所知。众有所知即举，无则曰：约史所举是矣。约长、副、正皆出就彰善位。约史书簿毕，约长举杯扬言曰：某能为某善、某能改某过，是能修其身也。某能使某族人为某善、改某过，是能齐其家也。使人人若此，风俗焉有不厚。凡我同约，当取以为法。遂属于其善者。善者亦酌酒酬约长曰：此岂足为善，乃劳长者过奖，某诚惶怍，敢不益加砥砺，期无负长者之教。皆饮毕，再拜谢约长。约长答拜。兴。各就位。知约撤彰善之席。酒复三行。知约起，设纠过位于阶下，北向置笔砚，陈纠过簿。约赞鸣鼓三。众皆起。约赞唱：请纠过。众曰：是，在约史。约史就纠过位，扬言曰：闻某有某过，未敢以为然。姑书之以俟后图，如何。约正遍质于众曰：如何。众皆曰：约史必有见。约正乃揖，过者出，就纠过位，北向立。约史复遍谓众曰：某所闻止是，请各言所闻。众有所闻即言，无则曰：约史所闻是矣。于是约长、副、正皆出纠过位，东西立。约史书簿毕。约长谓过者曰：虽然，姑无行罚，惟速改。过者跪请曰：某敢不服罪，自起酌酒，跪而饮曰：敢不速改，重为长者忧。约正、副、史皆曰：某等不能早劝谕，使子陷于此，亦安得无罪。皆酌自罚。过者复跪而请曰：某既知罪，长者又自以为罚，某敢不即就戮。若许其得以自改，则请长者无饮，某之幸也。趋后，酌酒自罚。约正、副咸曰：子能勇于受责如此，是能迁于善也。某等亦可免于罪矣。乃释爵。过者再拜。约长揖之。兴。各就位。知约撤纠过席。酒复三行,遂饭。饭毕。约赞起,鸣鼓三唱,申戒。众起。约正中堂立,扬言曰:呜呼,凡我同约之人,明听申戒。人孰无善,亦孰无恶。为善虽人不知,积之既久,自然善积而不可掩。为恶若不知改,积之既久,必至恶极而不可赦。今有善而为人所彰,固可喜。苟遂以为善而自恃,将日入于恶矣。有恶而为人所纠,固可愧,苟能悔其恶而自改,将日进于善矣。然则今日之善者,未可自恃以为善;而今日之恶者,亦岂遂终于恶哉。凡我同约之人,盍共勉之。众皆曰:敢不勉。乃出席,以次东西序立,交拜。兴。遂退。①

王守仁以南赣巡抚的身份,亲自制定并颁布此约,要求在南赣汀韶巡抚管辖范围内普遍推行,可以说是典型的由官方制定的乡约,与明太祖时颁布的"教民榜文"极其相似。《南赣乡约》的内容涉及各个方面,要求民众遵纪守法、敬畏官府、克己奉公、纳粮服役,孝敬父母、尊重师长,罢争息讼、和睦邻里,有善必彰、有恶必改,其目的十分明显。当然,这些内容也是一般的乡约家规所要求的。其特点在于要求各地设置与申明、旌善亭相类似的"约所",作为各约公会之处;并推举出约长、约副、约正、约史、知约、约赞,定期召集本约之人集会,褒善纠恶,推行乡约。而公会之时的礼仪,显然又借鉴了"乡饮酒礼",甚至可以说是乡饮酒礼以乡约方式的再现。所以,"南赣乡约"其实是在试图恢复正在泯灭中的国家"教化"功能。

随着王守仁功业的日隆、随着王学传播的日盛,"南赣乡约"的影响也日增,以至嘉靖时政府号召并责成推行乡约时,即以其为蓝本,

---

① 王守仁:《王阳明全书》卷17《别录九·公移二(巡抚江西征宁藩)·南赣乡约》。

"南赣乡约"遂成为各地官员和乡绅推行乡约的范本。①

从目前能见到的材料看，可以相信，当时确实有不少地方官和乡绅在做制定并推行乡约的事情。略举数例：嘉靖十二年（1533），陆粲迁江西永新县知县，兴利除弊，铲除豪强，而"尤厚学校、礼耆老，倡乡约"，至清代修县志时，仍称："民至今称之。"② 可见其影响之大。万历十年（1582）申其学为直南睢宁知县，也"行保甲、乡约"，据称"皆有实效"。③ 这是地方官的作为。而另外一些推行乡约者，却是社会力量。如南直庐江县有杨林书院，为嘉靖三十四年乡绅朱绂所建，"聚族党读书其中，朔望伏腊，乡约正副等宣读上谕、申明乡约"。④ 而江西安福县的复礼书院，则由名儒刘元卿建于隆庆间，万历间有乡绅陈国相者捐田三十亩，"每岁于书院讲乡约、举文会"⑤，书院遂成为讲论乡约之所。而另有一些地方，则如"南赣乡约"所言，有专门的"约所"。如抚州东乡县，其约所即在义仓之前。⑥ 至于吕绅在山西、叶春及在福建惠安制定及推行的乡约，在当时就已经产生了重大的影响。叶春及因为在惠安推行包括乡约在内的一系列实政，而被称为天下治绩第一。至于吕坤的乡约，清康熙间赵于京任临潼知县，作《风俗志》，仍念念不忘王守仁及吕坤的"乡约"，并进行了总结和效法：

> 文成公（按：王守仁死后得谥"文成"）之法曰：立约所于道里均平之处，推年高有德、众所推服者一人为约长、二人为约

---

① 叶春及：《石洞集》卷7《惠安政书九·乡约篇》云："嘉靖间，部檄天下举行乡约，大抵增损王文成公之教，有约赞知约等名。其说甚具，实与申明之意无异。"
② 雍正《江西通志》卷61《名宦五·吉安府》。
③ 雍正《江南通志》卷115《职官志·名宦四·徐州府》。
④ 雍正《江南通志》卷90《学校志·书院》。
⑤ 雍正《江西通志》卷21《书院一·吉安府》。
⑥ 雍正《江西通志》卷19《官署·抚州府·东乡》："义仓在乡约所后。"

副,公直果断者四人为约正、精健廉干者四人为知约、礼仪习熟者二人为约赞;置文书三:一书姓名及日之所为,知约司之,一书彰善,一书纠过,约长司之,彰善之辞显而决,纠过之辞隐而婉,盖不轻弃人于过而欲引之同归于善也。其要曰:一念而善即善人矣,一念而恶即恶人矣。文简公(按:吕坤死后得谥"文简")之法曰:在城、在镇,以百家为率,孤庄村落以一甲为率,立约正、约副、约讲、约史各一人,选公道正直者充之。其十甲之中,亦择一长,一甲之中,自有四邻,以交相劝戒焉。约所设铎书讲案,傍竖一碑,碑上书:"天地神明、纪纲法度"八字。纪善有簿,纪恶有簿,和处有簿,改过有簿。其所以引人去不善而即于善者至详且尽。①

乡约的作用是教化,同时也具有一定的民间自治功能。所有的教化,无疑都是为了地方社会的安定。而地方的安定不仅仅是政府的事情,也是地方的事情,更是乡里的事情。正是这个共同的利益点,使得国家权力和其他社会权力可以在一起做同一件事情。

规范一方者谓乡约,规范一家一族者则为家训、家规或族规。与乡约一样,家规是在国法的立场上来要求家人或族人的。

以杨士奇为子孙定的"家训"为例,主要内容是:一、教育。访求有德有学之人为师,教育子弟;先教正心修身事亲为人之道,再择资质聪颖者,教其治经,以备科举,次者则教以诗文杂学,让其粗知道理。二、敬祖。祭祀祖先,不可怠慢,一切按定规办理,否则即不孝。三、事官。不许倚仗势力干预官府公事,谋求私利,以辱家门。四、交友。当贵义贱利,务善循理,亲近正人、勿交俗辈。五、褒善惩恶。子

---

① 雍正《陕西通志》卷45《风俗》。

弟中有善行好学者，众共礼之重之；有不受训戒者，数其罪而笞之；有违法而家规无所治者，明告官府治罪。六、谦虚宽厚。子弟须谦虚为人、宽厚待下，少饮酒，保安康。七、兄弟同心。子弟须同一心，有狠戾者众起攻之，不改者绝之不为兄弟。八、不听妇言。兄弟本同一气，不可因听女人之言而伤至亲之情。① 这是杨士奇在给子侄的信中提出的要求，并非严格意义上的"家规"，但已经包括了一般家规、族规的主要内容。而这些内容，也正是国家法律所要求的。

罗伦的"家训"，更以"齐家"为要求。"齐家"的目的，则在"治国"：

未有治国不由齐家。家不齐而求治国，无此理也。何谓齐家？不争田地、不占山林、不尚斗争、不肆强梁、不败乡里、不凌宗族、不扰官府、不尚奢侈，弟让其兄、侄让其叔、妇敬其夫、奴恭其主，只要认得一"忍"字、一"让"字，便齐得家也。其要在子弟读书兴礼让。若不听吾言，譬如争一亩田、占一亩住基，两边不让，或致人命，或告官府，或集亲戚，所损甚大。……今后若有田地等物不明，只许自家明白，不许扰及官府。我若不仕，尤当守此言也。其余取债之属，民甚贫穷可悯，自已少用一分便积得一分德。奴仆放横，不可放起。自今以后，无片言只字经动府县方好，不然外人指议：此人要做好人不能齐家，世间安有此等好人哉。由此得祸，不可知也。……进退得失，有义有命，吾心视之，已如孤云野鹤，脱洒无系。自古坏事，皆是爱官职底人弄得狼狈了。脱使根本不安，枝叶自能保乎？戒之戒之，若使我以区区官势来齐家，不以礼义相告，便成下等人了。但中间有等无知子弟与不才奴仆，

---

① 杨士奇：《东里续集》卷53《家训》。

弄出事来，则须治之以官耳。叔父须戒之，慎勿以吾言为迂也。①

在朝廷，罗伦为维护传统道德标准，就"夺情"问题对首辅李贤进行了弹劾；在家族，罗伦则站在同样的立场上，从家与国的双重立场上，对族人提出了道德要求。在罗伦看来，国和家其实是一个统一的整体，治国的基础是齐家，齐家的目的是治国。罗伦的这些告诫，其实并无创新处，都是儒家学说的基本理论和观点。在万历、天启间被视为士林领袖但又不卷入党争的邹元标，其四言体《家训》，更为生动地表达了家国一体、和睦共处的主张：

> 诗咏多福，易言余庆。积善之家，罔不繁盛。眇予小子，厕名士绅，愧无实德，裨补君民，未能治国，愿教吾家：敷诚布衷，寂听无哗。凡我宗人，无忽予言。洗心涤虑，培根达源。敬奉天地，孝养双亲。与其浊富，宁守清贫。勿利货贿，嘱托上官。小民叫冤，尔心何安。输赋无讼，迹绝公室。尊宪守约，终鲜差失。里闬姻党，情谊无涯。富贵轮流，转眼虚花。出入以度，惟公惟平。夜半叩门，尔心不惊。永言孝思，世德作求。我语谆谆，我心悠悠。毫厘不差，神明临汝。良心不昧，三复斯语。②

如果将明太祖的《大诰》《榜文》与王守仁、叶春及、吕坤等人的"乡约"，杨士奇、罗伦、邹元标等人的"家训"对照，其基本精神是一脉相承的，那就是知礼、守法、克己、奉公，这正是国家法律所规定的，也贯穿着国家权力的精神。

---

① 罗伦：《一峰文集》卷9《书·戒族人书》。
② 邹元标：《愿学集》卷1《家训》。

当然，乡约和家规必须得到国法的保护和认可，才可能发挥作用，才具有合法性，否则就是违法。所以罗伦因有族人违其家规而毙之，即受到章懋的质疑：

> 乡约之行，欲乡人皆入于善，其意甚美。但朱（熹）、吕（本中）之制，有规劝无赏罚，岂其智不及此？盖赏罚天子之柄，而有司者奉而行之。居上治下，其势易行。今不在其位而操其柄，已非所宜，况欲以是施之父兄宗族之间哉？或有尊于我者，吾不得而赏罚焉，则约必有阻而不行者矣，可不虑其所终乎？……又闻族人有为盗者，必亲置之死地。此于当代之典、先王之制、圣贤之事，皆所未闻。孔子曰：古之为盗，恶之而不杀也。……礼曰：公族其有死罪，有司谳于公，公既三宥之矣，而又使人追之曰：虽然，必赦之。有司对曰：无及也。然后为之素服。不举，如其伦之丧，亲哭之。夫以朝廷之上，法度所在，其处宗族之死罪者若是，而况于手自杀之乎？又况罪不应死者乎？①

章懋对罗伦的质疑，也是站在一个基本的立场上：乡约、家规必须符合国家的法律。乡约与族规应该在遵守和坚持国法的前提下，根据本乡和本族的实际情况制定相应的条文，以更有效地对本乡和本族进行管理。王守仁的"南赣乡约"中便有许多条是针对当时南赣当地的一些具体情况而作出的特别规定。如"军民人等若有阳为良善，阴通贼情，贩买牛马，走传消息，归利一己，殃及万民者，约长等率同约诸人指实劝戒，不悛，呈官究治"，是针对当时南赣乡民与"山贼"相通而规定的；父母丧葬，婚姻嫁娶，应量力而行，不得大肆铺张，是针对当地风

---

① 章懋：《枫山集》卷2《复罗一峰》。

俗奢靡而规定的。同时，为维护本约民众的利益，于是规定，凡有府州县吏员及义民、总甲、里老、百长、弓兵、机快人等下乡骚扰百姓、索求财物者，约长可率本约之民将其械送官府追究。① 这些都体现了乡约的地方特色和"家法"特征。

但乡约发挥作用，仍然需要推行及监督的主体，这个主体可以是国家权力，也可以是其他社会权力，如宗族、乡绅、商人、会馆或其他民间团体或群体。在传统的聚族而居的状态下，宗族起着重要作用；而在流民社会，会馆则起着重要作用。但在会馆中，仍然得依靠有势力的商人或行会，或者随着移民同时迁徙的家族势力。

第二节 里甲、保甲与里老

一、里甲与保甲

明朝继承了历代的统治办法，在省、府、县各级政权之下，于城乡普遍建立基层组织，以加强对民户的管理。城内分坊，有坊长；近城为厢，有厢长；乡村为里，有里长。坊、厢、里之下是甲，有甲首。由于明朝建立于大规模的农民战争之后，又大力推行重农政策，加之城市为各级政府部门所在地，管理较为便利，故基层组织的重点是在乡村。因此，虽然明朝的里甲制度既指乡村的里甲组织，也包括城郭的坊甲和厢甲组织，但人们通常都把它视为乡村基层组织，并非没有道理。里甲之上是乡，但由于乡在明朝是作为地区划分而未建立起政府所要求的行政

---

① 王守仁：《王阳明全书》卷17《别录·公移二（巡抚江西征宁藩）·南赣乡约》。

组织，所以县以下基层单位主要是里甲。

明初设置并推行的这一基层组织，在衔接国家权力方面具有重要的意义。叶春及《惠安政书》将里甲视为上接府县的基层行政组织："惟皇制治，建府置县，画乡分里，以奠民庶。乃立耆老以佐令敷政教。国家之法，十户为甲，甲有首；一百一十户为里，里有长。统以县、府、布政使司，而达于部。"①

明朝的里甲制度定于洪武十四年（1381），是与编制赋役黄册同时进行的。因此，从一定意义来说，里甲制度的建立是为了保证国家对人口的控制，适应征发徭役、征收赋税的需要。

《明会典》和《明史》等史籍对里甲编排的记载略有不同，大抵以乡、坊、厢为单位。每110户为1里，推丁粮多者10户为里长，其余百户分为10甲，每甲10户，有甲首1户；如有剩余户口，则编入本乡的邻里（或邻厢、邻坊）。据《明史·地理志》，全国共编里59556个。每年各里役里长1人，甲首1人，带领本甲民户"董一里之事"，十年一轮，叫"排年"。因此，里长、甲首其实也是佥派，仍属役的性质。每里除了里长、甲首，另有里书，由略通文字算术者充任，协助里长、甲首编制黄册、摊派赋役，史籍上常说的"里胥"，主要就是指里书。里长、甲首、里书既为里甲的首领，对于国家来说自然是役，但对本里本甲的民户来说，是国家的管理人员；虽然没有被纳入官或吏的编制，也不能从国家领取俸禄，却可以在编制黄册、摊派赋役中上下其手，树立权威，得到好处。他们与政府官吏的区别，即在于此。

由于不是一级政府机关而只是基层行政组织，所以里甲的职责在明代政书中没有明确记载，只是在律令中作了若干规定。丘濬《大学衍义补》曾概括说："凡其一里之中，一年之内，所有追征钱粮，勾摄公

---

① 叶春及：《石洞集》卷7《惠安政书九·乡约篇》。

事,与夫祭祀鬼神、接应宾旅,官府有所征求,民间有所争斗,皆在见役者所司。"① 他指出了里甲四个方面的职能:一是宗法职能,主持祭祀;二是司法职能,处理民间诉讼;三是接待职能,迎送政府有关人员;四是财政职能,追征钱粮,采办贡物,提供徭役。其实,里甲还有两个重要职能,即户籍管理的职能和督促乡民从事农副业及其他生计的职能。据《大明律》,如果里长失于查勘,致使里中有脱籍者,一户至五户,笞五,五户以上每五户加一等,杖一百止;一口至十口,笞三十,十口以上每十口加一等,杖五十止。又,如本里田地无故荒芜,应种桑麻稻麦之类而未种者,里长也得受惩罚,以十分为率,荒芜一分笞二十,一分以上每一分加一等,杖八十止。② 十年一次的黄册编造工作,也由里甲具体负责。

从实质上看,里甲制度是明政府以役的方式建立起来的强制性地方管理体制,完全可以视为国家权力在基层社会的延伸。里甲制度是以明初相对稳定的小土地占有关系和自耕农经济为基础的,随着土地占有关系的变化和商品经济的发展,人口流动成为不可逆转的趋势,虽说里甲每十年重新调整编排一次,但人口的流失必然造成里甲数量的减少和国家可征徭役及钱粮的减少。正德、嘉靖以后,各地纷纷进行赋役制度的改革,田赋丁银逐步由民收民解改为官收官解,徭役也开始由政府出银雇佣,里甲催征钱粮、管理户口的职能逐步减弱乃至丧失。而社会矛盾的发展,也必然要求地方基层组织的主要职能由催征钱粮转为维护治安。这样,许多地区在里甲之外建立了保甲制度。

从景泰、成化开始,不断有人提出设立保甲,以维持地方治安。弘治初,兵部正式提出了推行保甲法的方案,但并未认真实行。在明代,

---

① 丘濬:《大学衍义补》卷31《治国平天下之要·制国用》。
② 正德《明会典》卷134《刑部·明律·脱漏户口》。

全力推行保甲法的第一人仍是王守仁。他在《申谕十家牌法》中对南赣地区推行保甲制的办法和目的作了如下申谕：

> 凡置十家牌，须先将各家门面小牌挨审的实，如人丁若干，必查某丁为某官吏，或生员，或当某差役、习某技艺、作某生理，或过某房出赘，或有某残疾，及户籍田粮等项，俱要逐一查审的实。十家编排既定，照式造册一本留县，以备查考，及遇勾摄及差调等项，按册处分，更无躲闪脱漏，一县之事，如视诸掌。
>
> 每十家各令挨报甲内，平日习为偷窃及喇唬教唆等项不良之人同具，不致隐漏，重甘结状，官府为置，舍旧图新，簿记其姓名，姑勿追论旧恶，令其自今改行迁善，果能改化者，为除其名。境内或有盗窃，即令此辈自相挨缉，若系甲内漏报，仍并治同甲之罪，又每日各家照依牌式，轮流沿门晓谕觉察。如此，即奸伪无所容，而盗贼亦可息矣。
>
> 十家之内，但有争讼等事，同甲即时劝解和释。如有不听劝解，恃强凌弱及诬告他人者，同甲相率禀官，官府当时量加责治省发，不必收监淹滞。凡遇问理词状，但涉诬告者，仍要查究同甲不行劝禀之罪。又每日各家照牌互相劝谕，务令讲信修睦，息讼罢争，日渐开导。如此则小民益知争斗之非，而词讼亦可简矣。①

为了解决各甲不相统属的问题，王守仁又令所属府州县于各乡村推选"才行为众信服者"一人为保长，专门防御盗贼。平时各甲词讼之事，保长不得干预，以免其武断乡曲。"但遇盗警，即仰保长统率各甲

---

① 王守仁：《王阳明全书》卷17《别录九·公移二（巡抚江西征宁藩）·申谕十家牌法》。

设谋截捕。"①

从上可以看出，保甲并不像里甲那样以催征钱粮为职责，而是重在维护社会治安，且贯穿着王守仁一贯主张的以教化为主、教化与镇压相结合的思想。对于这套办法，王守仁自己也颇为得意，他认为："凡十家牌式，其法甚约，其治甚广，有司果能着实举行，不但盗贼可息，词讼可简，因是而修之，补其偏而救其弊，则赋役可均；因是而修之，连其伍而制其什，则外侮可御；因是而修之，警其薄而劝其厚，则风俗可淳；因是而修之，导以德而训以学，则礼乐可兴。"②

因为不存在均徭均役的问题，所以保甲的编制不像里甲那样强求划一，而是根据各地情况的不同而变化。如王守仁在巡抚南赣时推行十家牌法，十家为一牌，设牌长；五至十牌为一保，设保长。海瑞在行保甲法的告示中则明确要求编甲时不必一定十户为甲，"多或十余户，少或不及十户，但取守望之便，不必分析割补，拘定数目"。北京城内十家一甲，十甲一保。而江西农村则多随居民村落相附，多则五十家为一保，少则二三十家为一保。南直一些地区多以姓氏组成保甲，一族有千户以上者立保长三四人，保甲组织与宗族制度结合起来了。③

保甲组织和其他基层组织一样，其存其亡以及效率的高下，完全视时局及地方官员的重视程度而异。叶春及叙及惠安县的状况："余观往保甲册，少者一丁为户，多止二三，谩以应有司督责耳。"这种应付差事的做法在当时应该十分普遍。虽然叶春及到任后以立乡约、复保甲为务，但仍然是人去政亡。

---

① 王守仁：《王阳明全书》卷17《别录九·公移二（巡抚江西征宁藩）·申谕十家牌法增立保长》。
② 王守仁：《王阳明全书》卷17《别录九·公移二（巡抚江西征宁藩）·申谕十家牌法》。
③ 参见王昊：《明代乡里组织初探》，《明史研究》第1辑。

二、里老

与里甲、保甲相类似，由政府推动设置并在基层社会中发挥重要作用的，是当地有声望的"老人"，称"里老"。但这里说的里老，并不是一般意义上的老人甚或"年高德劭"的老人，而是具有特殊政治含义并制度化的老人，它既代表一个群体，更代表一个制度。

所谓"制度化"的老人即里老，是指由官府选任，负有"听讼""剖决事务"等职责的里中老人。关于这一点，几乎所有明人记载都是明确的。

"里老"制的前身是"耆宿"制。明太祖初定天下，亟需各种管理人员，大量选用"年高德劭"的老人进入各级政府，遂成一大社会现象。① 耆宿制即在这一背景之下产生。《明太祖实录》载：

> 洪武二十一年（1388）九月壬子，罢府州县耆宿。初令天下郡县选民间年高有德行者，里置一人，谓之"耆宿"，俾质正里中是非，岁久更代。至是，户部郎中刘九皋言耆宿颇非其人，因而蠹蚀乡里，民反被其害。遂命罢之。②

可见，这里所说的"耆宿"并非单个的耆宿，而是"里置一人"

---

① 其著名者，如洪武十三年九月即废中书省后不久，即召王本、杜祐、龚敩等乡村老儒为"四辅官"。（《明太祖实录》卷133，洪武十三年九月丙午）洪武二十三年，更"命吏部选天下耆民有才德知典故者，授以官，凡四百五十二人。"（《明太祖实录》卷202，洪武二十三年六月庚寅）。

② 《明太祖实录》卷193，洪武二十一年八月壬子。《明会典》亦载："设耆宿，以其年高有德，谙知土俗、习闻典故，凡民之疾苦，事之易难，皆可访问。但中间多有年纪虽高，德行实缺，买求耆宿名色，交结官府或蔽自己差徭或说他人方便，蠹政害民。故到任之初，必先知其贤否，明注姓名，则善者知所劝，恶者知所戒。自不敢作前弊矣。"（卷10《吏部·授职到任须知·耆宿》另见卷11《吏部·新官到任各房供报须知式样》、卷15《吏部·事例》）

的耆宿，即是由政府选任或废罢因而具有特殊身份，同时又负有"质正里中是非"这一特殊使命的耆宿。从目前的材料中还无法断定耆宿始置于何时，按常理应该是实施有年，才可能发现弊病而予以革除。①但明太祖的办事不按常规、洪武时政策的朝令夕改是事实，解缙曾直陈："无几时不变之法，无一日无过之人。"其实，耆宿的置废并不十分重要，重要的是时隔不久，洪武二十七年（1394），耆宿制以里老制的形式重新出现，并持久地存在，成为明代国家权力在基层的重要表现方式。《明太祖实录》载：

> 洪武二十七年四月壬午，命民间高年老人理其乡之词讼。先是，州郡小民多因小忿，辄兴狱讼，越诉于京。及逮问，多不实。上于是严越诉之禁，命有司择民间耆民公正可任事者，俾听其乡诉讼。若户婚、田宅、斗殴者，则会里胥决之，事涉重者始白于官，且给教民榜使守而行之。②

虽然没有"里老"的字样，但里老制正是根据这一法令而产生的。里老的设置其实就是耆宿的恢复，被选为里老者，应该有三个条件：年事较高、品德优秀、知情达理，也正是耆宿的选择条件，可能只是恐引起误解而改称"耆民"而已。里老的职责是听其乡之"词讼"，也就是"质正里中是非"，但可操作性应该更强。这道诏令同时规定：凡涉及户婚、田宅、斗殴等被《大明律》视为"细事"因而不得"扰官"者，均由里老会同里胥即里中书手等仲裁，不得报官，否则即为"越诉"，

---

① 正德《明会典》卷19《户部·事例》记："洪武十八年，令灾伤去处有司不奏，许本处耆宿连名申诉，有司极刑不饶。"这里的"耆宿"，似乎可以理解为"里置一人"的耆宿。如果是这样，则"耆宿"制的发生当在洪武十八年之前。
② 《明太祖实录》卷232，洪武二十七年四月壬午。

将受到惩罚。只有"事涉重者",如发生人命重案或谋反、妖言等危害政权稳定者,方可告官处置。

其实,乡间词讼由里老处分,早在洪武二十七年以前就有明令。洪武二十一年三月十九日,户部奉圣旨发布榜文:

> 自古人君代天理物,建立有司,分理庶务,以安生民……奈何所任之官,多出民间,一时贤否难知。儒非真儒,吏皆猾吏,往往贪赃坏法,倒持仁义,殃害良善,致令民间词讼,皆赴京来。如是连年不已。今出令昭示天下,民间户婚、田土、斗殴、相争,一切小事,须要经由本里老人、里甲断决。若系奸盗诈伪、人命重事,方许赴官陈告。是令出后,官吏敢有紊乱者处以极刑,民人敢有紊乱者,家迁外化。前已条例昭示,尔户部再行申明。①

是里老处分乡间词讼作为法律制度,有其特殊的背景。这个背景就是,当时的明太祖既严厉制裁江西等地的好讼"刁民",也重刑惩治贪官污吏。他认定,地方官吏大多贪赃枉法、殃害百姓,民间词讼赴京越诉,乃是迫不得已。因此,他希望通过宗族或亲情的作用,将社会矛盾解决于底层,以减轻越诉对政府造成的压力。

里老行使职责的依据,主要是"教民榜文"。

按明代法律包括律、令、诰、榜等主要形式。律为主体,令为补充,诰是"法外用刑,以案释律",榜文则是"揭榜示以昭大法"。明初,律令条法尚不健全,而榜文既能及时迅速传达最高统治者的旨意,又能有针对性地指明调整对象和治理重点,所以,明初法律的运行实际

---

① 张卤:《皇明制书》卷9《教民榜文》。

上是"以榜文为主、律为辅"。① 试以专门针对当时经济文化最为发达的浙江、江西及苏州、松江等府发布的榜文为例：

> 两浙江西等处人民，好词讼者多，虽细微事务，不能含忍，径直赴京告状。设若法司得人，审理明白，随即发落，往往亦要盘缠。如法司囚人数多，一时发落不及，或审理不明，淹禁月久，死者亦广。其干连之人，无罪而死者不少。详其所以，皆由平日不能互相劝诫，不忍小仇，动辄经由官府，以致身亡家破。如此者连年不已，曾无警省。今后老人，须要将本里人民恳切告诫，凡有户婚、田土、斗殴、相争等项细微事务，互相含忍。设若被人凌辱太甚，情理难容，亦须赴老人处告诉，理事轻重，剖断责罚，亦得伸其抑郁，免致官府系累。若顽民不遵榜谕，不听老人告诫，辄赴官府告状，或径赴京越诉，许老人擒拿问罪。②

从这一条及上文所引榜文，可以看出榜文的基本风格，即文白意明、就事论事、措辞严厉。第二条榜文则直接与"老人"即里老相关。里老的责任有三：一是对"本里人民"进行劝谕告诫，息争止讼；二是处理本里发生的各种争执，并有"责罚"的权力；三是将不遵榜谕、不听劝谕、不受裁处的"顽民""擒拿问罪"。如果按照这个榜文，则里老成了国家在基层的执法者。但事实上并没有到这个地步，而且随着基层社会关系的变化，里老的地位也随之变化。

洪武三十年，《大明律诰》编成并颁行天下。为了统一法典，明太祖宣布："朕有天下，仿古为治。明礼以导民，定律以绳顽。刊著为令，

---

① 参见傅衣凌：《明史新编》，北京：人民出版社，1993年，第43页；黄彰健：《明洪武永乐朝的榜文峻令》，见韩延龙主编：《法律史论集》第2卷，北京：法律出版社，1999年，第542页。
② 张卤：《皇明制书》卷9《教民榜文》。

行之已久。然而犯者犹众，故于听政之暇，作《大诰》昭示民间，使知趋吉避凶之道。古人谓刑为祥刑，岂非欲民并生于天地间哉。然法在有司，民不周知，故命刑官取《大诰》条目，撮其要略，附载于律。凡榜文、禁例悉除之。"① 根据这道谕旨，律、诰之外，榜文、禁例"悉除之"，里老的存在也就失去了依据。但就在第二年，洪武三十一年，明太祖又将被认为仍然行之有效的41条"教民榜文"汇编成册，颁布天下。

这些"榜文"涉及基层社会的方方面面，如理讼、教化、治安、兴学等，但核心内容是确立以里老为主体的乡村社会管理制度。它对里老制度的设置及里老的职责范围、人员选择以及理讼原则、程序、处罚方式等，都作出了详尽的规定，可以说是中国历史上极具特色的乡村民事诉讼法集成。根据"教民榜文"，我们可以归纳出制度层面里老的基本职能②：

第一，理断民讼、仲裁是非。这是里老最基本的职能。里老理断民讼一般在申明亭进行，与里胥"依齿论坐"，理断的范围是：户婚、田土、斗殴、争占、失火、窃盗、骂詈、钱债、赌博、擅食田园瓜果等、私宰耕牛、弃毁器物稼穑等、畜产咬杀人、卑幼私擅用财、亵渎神明、子孙违犯教令、师巫邪术、六畜践食禾稼、均分水利等十九项，大致可以囊括乡村社会所发生的一般性争执。（第二条）而且，即使奸盗、诈伪、人命等本来应由州、县官受理的案件，如果不是十恶、强盗、杀人等重案，如果"本乡本里内自能含忍省事不愿告官"，亦可由里老决断，而且里老必须"听其所以，不许推调不理"。（第十一条）可见，里老理讼的范围又不仅限于户婚、田土等"细故"，即使是刑名案件，

---

① 《明太祖实录》卷253，洪武三十年五月甲寅。
② 张卤：《皇明制书》卷9为《教民榜文》，收录洪武三十一年所颁布的榜文共四十一条。以下的分析中榜文条目的顺序即依此本。正德《明会典》则录有榜文六条，分载第19、22、78卷。

第十七章　明代国家权力向基层社会的延伸

只要乡民含忍作罢，里老也可以调理其中，进行"私了"。

第二，引导风俗，劝民为善。理讼是为了少讼、息讼，里老也不得无事生非或挑起事端。榜文十三条明确地说，争执双方如果"本人自能含忍，不愿告诉，若里甲老人风闻寻赴勾引生事者，杖六十"。由此可见，里老还应该处事稳健。而里老的选择标准正是年长且德行好、有威望，目的就是要利用这些品行端正的老人引导社会风尚、教化乡民。榜文第十五条说："老人里甲不但与民果决是非，务要劝民为善，其本乡本里人民务要见丁着业。凡有出入互相周知，《大诰》内已有条款要申明遵守，违者论罪。"第二十四条又说："老人须要将本里人民恳切告诫，凡有户婚、田土、斗殴、相争等项细微事务，互相含忍。设若被人凌辱太甚，情理难容，亦须赴老人处告诉，量事轻生，剖断责罚，亦得伸其押縻，免致官府系累。若顽民不遵榜谕、不听老人告诫，擒拿问罪。"

第三，劝课农桑、兴修水利。中国是传统农业国家，历朝历代的统治者对农业都十分重视。明太祖出身农家，对民以食为天的道理更有体会，所以从起兵之日起，就在与群雄相争的间隙讲论农桑，他的部队也是当时最早进行屯田的军队。榜文要求里老必须以劝课农桑、兴修水利、为民兴利除害为己任。榜文第二十三条明令，河南、山东农民有懒惰不肯务农者，里老须督责其从事生理。如仍有衣食不给、犯罪到官，而里老又失于督责者，里老也得受罚。而榜文第二十九条则对里老维护地方水利建设做了相应的规定。

第四、维持秩序、安定地方。捕盗原本并非里老的职责，但因为涉及地方的稳定，所以里老被要求协同里长、巡检等追捕、缉盗。榜文第十四条规定，里中"若有强劫、盗贼、逃军、逃囚及生事恶人，一人不能缉捕，里甲、老人即须会集多人擒拿赴官，违者以罪罪之"。

第五，上情下达、下情上达。榜文第二十条规定："本里有递年犯法官吏人等，或工役、或充军逃回者、有别处逃来者，老人须要家至户到，叮咛告诫里内人民，毋得隐藏，将此等军囚送赴官司起解，免致连年勾扰，邻里亲戚受害。设若隐藏在乡，事发必然被其连累。"另外，里老为了积极引导乡民从善，还需将本里诸如孝子顺孙、烈女贞妇，几世同堂之类的"善迹"一一上达。（第十六条）此外，对于当地官员的不法行径，里老可以径自告知监察御史或按察司等，甚至还可将不法官员吏员等绑赴京城。（第十七、二十一条）

其实，只要是乡里发生的事情，里老都有责任参与处置。如前述"乡饮酒礼"，主席者便是里长或里老，而为宾的"年龄最高且有德者"，也多曾为"里老"。又如前述申明、旌善亭，在其中起主要作用的也是里老。海瑞甚至认为，申明亭就是为里老旌善简恶而设。

> 圣制老人之设，一乡之事皆老人之事也，于民最亲，于耳目最近，谁善谁恶，洞悉之矣。尤择一醇谨端亮者为之，以年则老、识则老，而谙练时务，则又老。有渠人，因构一亭，书之曰"申明亭"，朔望登之，以从事焉。是不计仇、非不避亲，毋任口雌黄、不凭臆曲直，善则旌之，恶则简之。此亦转移风俗之大机括，而乡落无夜舞之鳅鳝矣。①

叶春及则记载了惠安县里老理讼的状况：

> 凡老人里甲于申明亭议决坐，先老人、次里长、次甲首，论齿序坐。如里长长于老人，坐于老人之上。事干别里，须会该里老人里甲；本里有难决事，或亲戚子弟有犯，须会东西南北四邻里分老

---

① 海瑞：《备忘集》卷6《附录·老人参评》。

人里甲公同议决。许用竹篦荆条量情决打,不许拘集。自来陈告,方许辨理。闻风勾引者杖六十,有赃者以赃论。①

里老理讼,应该说有其极大的合理性。这种合理性就在于里老对乡里的熟悉,即海瑞所云:"于民最亲,于耳目最近,谁善谁恶,洞悉之矣。"叶春及则进一步阐释"高皇帝为民之心至矣":

盖耆老里甲,于乡里人室庐相近,田土相邻,周知其平日是非善恶。长吏自远方来至,一旦坐政事堂,求情于尺牍之间,智伪千变,极意揣摩,似评往史,安能悉中。重以隶卒呵于其旁,棰楚罗于其前,视其长吏犹鬼神之不可睨,十语九忘,口未出而汗交颐,何如反复于乡里之间,若子弟于父兄然,得以尽其词说。又况不肖之吏,恣为暴虐,自以解官,挺身去耳,无有顾虑。耆老、里甲,其乡里长久人也,即有不平,何敢相远。且一被逮,往复岁时,它无论,道途饮食,费已不赀万一,触忤朴击交下,孰与保家产、全肤体、争于陌头、释于闾尾者哉。是以知县钦遵圣制,一切小事付诸耆老。愚民訾訾,或动浮言,微察耆老常有惕然之意,岂法可行于昔而不可行于今乎,抑诚之未至也。凡我父老,尚共勉旃。②

但平心而论,里老的难处也是显而易见的。虽然受政府的选任、以国家权力代言人的身份宣传国家法令、处理乡里事务,但如何保证里老在乡民面前具有权威性?谁进行财力上的支持?这就使得任里老者必须要有背景,或者自己是大户或强宗,或者是大户或强宗的代言人。而里

---
① 叶春及:《石洞集》卷7《惠安政书九·乡约篇》。
② 叶春及:《石洞集》卷7《惠安政书九·乡约篇》。

老的权威一旦树立，又如何对其进行监督，使其不滥用职权、不危害乡里？从现有的记载看，更多的倒不是里老如何形同虚设，而是滥用职权、鱼肉乡里。

洪熙元年（1425）七月，巡按四川监察御史何文渊上疏专论里老：

> 太祖高皇帝令天下州县设立老人，必选年高有德、众所信服者，使劝民为善，乡间争讼，亦使理断。下有益于民事，上有助于官司。此诚良法。比年所用，多非其人，或出自仆隶，或规避差科，县官不究年德如何，辄令充应，使得凭借官府，肆虐闾阎。或因民讼大肆贪饕，或求公文横加骚扰，妄张威福，颠倒是非。或遇上司官按临，巧进谗言，易置（贤）愚，变乱白黑、挟制官府。比有犯者，谨以按问如律。切虑天下州县，类有此等，请加禁约。

此时上距洪武不过二三十年，问题已如此严重。当时宣宗刚即位，谕行在户部："必申明洪武旧制，选年高有德者充。违者并有司皆置诸法。"① 顾炎武《日知录》断言，这件事之后，"里老之选轻而权亦替矣"②。其实不然。宣德七年（1432），右都御史，顾佐上疏论及在考察中所发现的问题："布政司按察二司暨巡按监察御史，往往偏信乡都里老、甲长、学校生员等之言，定为去留。"③ 景泰三年（1452），太仆寺少卿黄仕俊也指出，"各处巡抚官考察州县官吏多凭里老呈说可否，以为去留。是与除稂莠而保嘉禾，去泥滓而洁泉源者同意也。"但其后果，可能形成"里老乃有权之有司，而官员乃受制之里老"的局面。④ 又

---

① 《明宣宗实录》卷4，洪熙元年七月丙申。
② 顾炎武：《日知录》卷8《乡亭之职》。
③ 《明宣宗实录》卷94，宣德七年八月壬子。
④ 《明英宗实录》卷222，景泰三年十月庚戌。

《皇明条法事类纂》载：

> 成化二十一年十二月二十六日，礼部等衙门题为建言民情事……各处每里设一老人，其役至微，其责至重，必推年高有德、平昔公直、人所敬服、举措得宜者，方称斯役。近年以来，多有不遵旧制，往往故违，将行止不端、平昔在乡教唆词讼、出入衙门、说事过钱，或曾充隶卒，或犯罪决断之奸邪小人，与该年里长相亲朋友，意图日后结为朋党，一概混举。以致不知风俗之美恶，不顾人民之疾苦。理词讼，则颠倒是非；勘事情，则朦胧结报。惟知骗取财物，求索鸡酒，通同官吏剥削小民。农桑不能劝课，礼仪不相勉励。或有某水可以灌溉田苗，故令子侄拦截。某水为害，可以堤防，纵令刁徒不行用工。某河壅塞，可以疏通，却令子侄填塞为田。某道路应该修理，又将木料石板拆毁入己。甚至举放私债，则违禁取利。或准折人家子女为妻妾妇婢，拆毁房屋，致使香火无处安顿。催征粮料，则通同里长多收；攒造黄册，扶同里书作弊。此等所为，安能诲训子弟，劝善惩恶，实为民害。①

昔日"年高有德，平昔公直，人所敬服，举措得宜"的里老，至此蜕变成行止不端、教唆词讼、出入衙门的"奸邪小人"。而理断词讼、勘报事情、劝课农桑、劝导民俗等方面的职能，也走向另外一个极端，给社会带来了严重的破坏。但是，里老的角色并未改变。直至隆庆时期，叶春及为福建惠安知县时，仍将里老作为国家权力在基层的代理人。《惠安政书》也将"教民榜文"中所列的里老理讼十九项重新开列（见上文）并重申："人命重事，方许赴官陈告。户婚田土一切小事务，

---

① 戴金等：《皇明条法事类纂》卷12《禁革主保里长》。

由本管里甲老人理断。不由者不问虚实，皆杖六十发回。官吏不即杖断，稽留作弊诈取财物，处以重罪。里甲老人不能决断、致令赴官紊烦者，亦杖六十……已经老人里甲处置停当，顽民不服，展转告官捏词诬陷，正身处以极刑，家迁化外。官吏不察所以，一概受理，一体罪之。"①

可以看出，尽管弊病甚多，但地方官府一直在保护和支持里老在乡里的地位。同时也可以看出，一旦有了国家权力的支持，里老很容易在乡村事务中处于核心地位。

第三节　宗族与生员

一、宗族势力与国家权力

家族聚居、个体经营，可以说是中国乡村社会的基本组织形式和生产形式。每个家族不但以血缘关系为纽带，严格遵循尊卑长幼的等级伦理秩序，而且通过建祠修谱、购置义庄族田等措施，结成具有共同利益的经济关系。一个大的家族，就是一个缩微的国家。所谓"修身、齐家、治国、平天下"理念，正是基于这个事实而形成的。因此，利用宗族组织对乡村社会或基层社会进行管理，在某种意义上比单纯依靠强制性建立基层行政组织更为有效，而且更节约成本。事实上，在广大的中国农村，各家族自行制定的族规对本族子弟的约束力在某种程度上比国家法律更有效。清人冯桂芬在论及宗族制度作用时就认为："牧令所不

---

① 叶春及：《石洞集》卷7《惠安政书九·乡约篇》。

能治者，宗子能治之，牧令远而宗子近也。父兄所不能教者，宗子能教之，父兄多从宽而宗子可以从严也。宗法实能弥乎牧令父兄之隙者也。"① 同治《吉安府志》的作者也认为："家范肃于刑律，乡评严于斧钺。"② 中国历代政权，无一不对家族势力实行既支持又控制的政策。明代在推行里甲制、保甲制、里老制的同时，也在法律上承认宗族制度的合法性，并将其与里甲、保甲、里老制度相结合，实行对基层社会的控制。从这一意义来说，真正具有永久性质的基层社会组织及基层政权组织应是宗族制度，但前提是，宗族制度必须遵守国家法律。

其实在明代，宗族势力一度受到打击。虽然明太祖多次声称民富才能国富，并反复表示对富民的尊敬，但基于自己幼年的生活经历，以及建立起大一统帝国的愿望，始终对包括强宗大族在内的一切有可能阻碍国家权力贯彻的社会力量保持警惕。洪武三年（1370）明太祖与户部官的一段对话以及对浙西富民的训示，可以看出其对富民的真正态度：

> 上问户部："天下民孰富、产孰优？"户部臣对曰："以田税之多寡较之，惟浙西多富民巨室。以苏州一府计之，民岁输粮一百石以上至四百石者四百九十户，五百石至千石者五十六户，千石至二千石者六户，二千石至三千八百石者二户。计五百五十四户，岁输粮十五万一百八十四石。"上曰："富民多豪强，故元时此辈欺凌小民，武断乡曲，人受其害。宜召之来，朕将勉谕之。"至是诸郡富民至入见。上谕之曰："汝等居田里安享富税者，汝知之乎？古人有言：'民生有欲，无主乃乱。'使天下一日无主，则强凌弱、众暴寡，富者不得自安、贫者不能自存矣。今朕为尔主，立法定

---

① 冯桂芬：《校邠庐抗议》卷下。
② 万历《吉安府志》卷11《风土志》。

制,使富者得以保其富,贫者得以全其生。尔等当循分守法,能守法则能保身矣。毋凌弱、毋吞贫、毋虐小、毋欺老,孝敬父兄、和睦亲族、周给贫乏、逊顺乡里,如此则为良民。若效昔之所为,非良民矣。"①

其实,早在吴元年(1367)十月,也就是这次训话的前四年,明太祖剿灭张士诚势力之后不久,已"徙苏州富民实濠州"。②洪武二十四年,明太祖谕工部臣曰:"昔汉高祖徙天下豪富于关中,朕初不取。今思之京师天下根本,乃知事有当然,不得不尔。"有了这个历史依据和现实需要,明太祖又徙"天下富民"五千三百户至南京及其附近地区。③迁徙过程,其实就是对强宗大族进行打击和制裁的过程。方孝孺在建文时发表评论说:"太祖高皇帝以神武雄断治海内,疾兼并之俗,在位三十年间,大家富民多以逾制失道亡其宗。"④不仅如此,成祖迁都,又于永乐元年(1403)八月迁南直隶苏州等十府及浙江、江西等九布政司"富民"实北京⑤,从而造成了上百年的"富民"和"逃户"问题。直至成化时期,仍在"勾补"。⑥

当时对强宗大族的打击也可以从另一个角度得以证实。清人陈田《明诗纪事》称颂明初诗风之盛:

---

① 《明太祖实录》卷49,洪武三年二月庚午。
② 《明太祖实录》卷26,吴元年十月乙巳。
③ 《明太祖实录》卷210,洪武二十四年七月庚子。
④ 方孝孺:《逊志斋集》卷22《碑表志·故中顺大夫福建布政司左参议郑公墓表》。
⑤ 《明太宗实录》卷22,永乐元年八月甲戌:"简直隶苏州等十郡,浙江等九布政司富民实北京。"
⑥ 正德《明会典》卷21《户部·事例》:成化十四年,令顺天府查勘在逃富户应清勾者,造册送部,发各该司府州县拘解补役。十六年,令各府委官清理原造富户籍册,不得违例妄补勾丁,及以应放免者重役。其富户为事抵充在厢病故者,免勾补,逃亡病故者,仍勾一丁,终身除豁。

凡论明诗者，莫不谓盛于弘、正，极于嘉、隆，衰于公安、竟陵，余谓莫盛明初。若犁眉（刘基）、海叟（袁凯）、子高（刘崧）、翠屏（张以宁）、朝宗（汪广洋）、一山（李延兴）、吴四杰（高启、杨基、张羽、徐贲）、粤五子（孙蕡、黄哲、王佐、李德、赵介）、闽十子（林鸿、王恭、王偁、高廷礼、陈亮、郑定、王褒、唐泰、周玄、黄玄）、会稽二肃（唐肃、谢肃）、崇安二蓝（蓝仁、蓝智），以及草阁（李晔）、南村（陶宗仪）、子英（袁华）、子宜（张适）、虚白（胡奎）、子宪（刘绍）之流，以视弘、正、嘉、隆时，孰多孰少也？且明初诗家各抒心得，隽旨名篇，自在流出，无前后七子相矜相轧之习，温柔敦厚，诗教固如是也。①

近人赵尊岳《明词汇刊》则说：

明代开国时，词人特盛，且词亦多佳作。如刘基、高启、杨基、陶安、林鸿诸作，均多可取。虽诸家多生于元季，尚沐赵宋声党之遗风。然刘、高诸词，竟可磨两宋之壁垒，而姑苏七子等，要亦多能问者，不可不谓为开国时风气使然也。②

陈田和赵尊岳都想指出一个长期被人们忽略的基本事实：明初曾经是诗词创作十分繁荣的时期。但洪武时期又是一个摧残诗人的时代，王世贞对这一点看得十分清楚：

当是时，诗名家者，无过刘诚意伯温、高太史季迪、袁侍御可

---

① 陈田：《明诗纪事·序》。
② 赵尊岳：《明词汇刊·惜阴堂汇刻明词记略》。

师。刘虽以筹策佐命，然为逸邪所间，主恩几不终，又中胡惟庸之毒以死。高太史辞迁命归，教授诸生，以草魏守观《上梁文》腰斩。袁可师为御史，以解懿文太子忤旨，伪为风癫，备极艰苦，数年而后得老死。文名家者，无过宋学士景濂、王侍制子充。景濂致仕后，以孙慎诖误，一子一孙大辟，流窜蜀道而死。子充出使云南，为元孽所杀，归骨无地。呜呼，士生于斯，亦不幸哉。①

"士生于斯，亦不幸哉。"这才是当时文人的真正感受。悲剧不只发生在刘、高、袁、宋、王数人身上。上引陈田《明诗纪事序》所列的35人中，曾被征辟为官的有32人。而在这32人中，竟有9人被杀或被害致死，他们是刘基、汪广洋、高启、张羽、徐贲、谢肃、孙蕡、黄哲、王偁；因事得罪的有3位，他们是杨基、唐肃、刘崧。也就是说，在明初被政府起用的著名文人中，将近一半被杀、被罢，其中包括地位最高、名气最大的刘基、汪广洋和高启。而"吴中四杰"或"明初四杰"高启、杨基、张羽、徐贲，也无一幸免，且其中三位被杀。而王世贞列举的以诗名家者刘基、高启、袁凯，以文名家者宋濂、王祎，五人之中，刘基被毒致死、高启被腰斩、宋濂放逐而死且一子一孙被杀，袁凯靠装疯勉强逃过一死，王祎之出使云南也被时人认为是明太祖的借刀杀人。而上述所有的著名文人或学者，大多出身于当地大族。

通过这一系列打击，宋元以来形成的江南巨族或消亡或沉寂。业师郑克晟教授所论明代江南大户怀念元朝，与此当有密切关系。② 明代前期国家法令在基层社会的高效实施，也与此有密切关系，故里长、甲首、粮长，特别是里老也得以由"良民"充当。

---

① 王世贞：《艺苑卮言》卷6。
② 郑克晟：《明清史探实》，北京：中国社会科学出版社，2001年。

但是，随着农村社会经济的恢复与发展，宗族势力的重新复苏也在情理之中。事实上，尽管强宗大族受到打击，乡村宗族的基本结构却是摧毁不了的。民间的修谱祭祖活动也在上层得到反映，嘉靖十五年（1536）十二月，世宗采纳礼部尚书夏言的提议，诏天下臣民得祀始祖。[①] 世宗君臣的本意，当是为其一系列的改制寻求社会舆论的支持，却由此推动了民间建祠修庙、祭祖强宗的热潮。宗族在基层社会中的势力迅速壮大，形成了由族人、族长、族谱、祠堂、族田、族规等要素组合而成的宗族组织，成为国家权力之外的强有力的基层社会权力。

宗族势力一旦重新崛起，则必然在乡村社会产生重要的影响。无论是里长还是里老，其在乡村社会的核心地位，不仅需要国家权力的认可或维护，还必须得到当地强宗大族的支持和配合。而上文所说的里老的作用和弊端，还是这两个方面力量共同作用的结果。也就是说，里老在作为国家权力代表的同时也成了强宗大族的代表。事实上，不仅里老，包括乡约、家规，申明旌善亭、乡饮酒礼，以及里甲、保甲制度，还有在部分地区一度实行的粮长制度，如果没有当地强宗大族的支持和配合，都是无法推行的。因为许多乡约或家规本身就是家族的族规，乡饮酒礼在某种程度上也以家族为主体进行。因改朝换代而发生周期性变化的国家权力，与持续在乡村社会起着主导作用或者说持续作为基层社会组织形式的家族势力，二者在明代的结合，正是由上述方式表现出来的。

但正如前文反复强调的，无论是乡约还是家训、族规，都必须在国家法律允许的范围内对本乡、本族进行规范，因此在某种意义上说，宗族管理也是国家管理的一种体现。家族势力一旦与国家权力部门对抗，则必然受到惩处。江西永丰县梁氏家族就因此而受到打击。

---

① 谷应泰：《明史纪事本末》卷51《更定祀典》。

黄宗羲《明儒学案》说：

> 阳明先生之学，有泰州、龙溪而风行天下，亦因泰州、龙溪而渐失其传。……泰州之后，其人多能赤手以搏龙蛇。传至颜山农、何心隐一派，遂复非名教之所能羁络矣。……诸公掀翻天地，前不见有古人、后不见有来者。①

这"赤手搏龙蛇""复非名教之所能羁络"的群体中，有一人是被黄宗羲称为"掀翻天地，前不见有古人、后不见有来者"的颜山农，即颜钧，江西永新县人；另一人是何心隐，原名梁汝元，江西永丰县人，为颜钧的弟子。

何心隐继承了泰州学派关于百姓欲望即为天理的思想，公开主张"育欲"，主张满足人们对于味、色、声及安逸等方面的欲望。与同时代其他学者不同，何心隐不但宣传自己的学说，而且希望将自己的学说提供给社会，为百姓营造出能够安居乐业、同享太平的乐土。王学对于儒家经典首推《大学》，而《大学》要求修身、齐家、治国、平天下。何心隐自认为学术已足修身，遂从齐家开始实践。但他所"齐"的家并非自己的五口小家，而是全族这个大家。他建造了"萃和堂"，也称"聚和堂"，以聚结全族，并用白话连续写了《聚和率教谕族俚语》《聚和率养谕族俚语》《聚和老老文》三篇文章，从思想教化和生活所需两个方面对全族提出要求，以共同遵守。何心隐自己身理一族之政，全族不分贫富贵贱，丧葬嫁娶，均统一操办，赋税徭役，全族共同负担。全族人过起了有饭同吃、有衣同穿的"大同"生活。今日的学者们喜用"乌托邦"来形容何心隐们的理想，未免过于轻率。因为何心隐并非只

---

① 黄宗羲：《明儒学案》卷32《泰州学案》。

是停留在构想上，而是亲身实践，据载还"行之有成"。《永丰县志》对何心隐的大同实践给予了高度评价：

> 梁汝元字夫山，永丰人，少负异才。闻王心斋讲学，慨然以道自任。率同族建聚和堂，立率教、率养、辅教、辅养之人，各董其事。延师礼贤，以训乡族子弟，计亩收租，以赡公家粮税。复捐千金创义田、储公廪，以待冠婚丧祭鳏寡孤独之用。数年间，一方之人，几于三代。①

但这种"几于三代"的日子并没有维持太长的时间。何心隐领着全族所过的大同生活，很大程度上靠的是他个人的智慧、学术和人格力量，特别是祖上经商积累起来的家产作为后盾。一旦家产不足以支撑，聚和堂也就难以维持下去。几年后，永丰知县下令征"皇木银两"。这是额外之赋，何心隐写信进行讥讽，知县大怒，报告上司，定了罪名，将其下入狱中，聚和堂的大同社会也随之土崩瓦解。

这是一个看似偶然实则必然的事件。皇木银两之类的额外税收无时不有。正德五年（1510），王学的创始人王守仁为庐陵知县时，上任伊始遇上的就是这类事情。当时的镇守中官姚某行文江西布政司，凡生产葛布的县份，必须在葛布上市时抓紧采办上贡，不生产葛布的县份，也要根据原先田赋的多少，摊派买布银两。可以设想，在何心隐领着全族过大同生活的那段日子，摊派已不在少数。但有两个因素使得何心隐不能不提出异议。一、既然自己有理想并力图将其变为现实，就必然要和各种不同的思想和行为进行交锋。而何心隐那自负的个性，则决定了他的交锋方式是冷嘲热讽。二、何心隐的聚和堂是以家产及族产为后盾

---

① 雍正《江西通志》卷79《人物·吉安府》。

的，但家产及族产毕竟有限，既要对家族内部的贫困成员进行补助，又要应付官府的种种正赋杂税及各种摊派，不免捉襟见肘、坐吃山空。何心隐仅仅为了维系聚和堂的经济来源，也必然要和官府发生冲突。更何况，这种全族大同的生活方式，不仅与当时个体农户的生产方式不相适应，还与以小农经济、个体经营为基础的国家制度格格不入。张岱《快园道古》记载了一个关于明太祖朱元璋和浦江郑氏家族郑济的流传甚广也耐人寻味的故事：

> 太祖召浦江郑济至京，嘉叹其家法，厚赐遣还。高后曰："闻郑氏千余人，老幼一心，为所欲为，何事不可，宜设法防之。"太祖又复召问："汝家十世同居，何以得此？"济对曰："只是不听妇人言耳。"太祖大笑，许即归里。①

十世同居、千人一心，便使最高统治者产生警戒之心，而全族共产、贫富同心，岂能让地方官员安枕？

二、生员与地方事务

在讨论国家权力结构时将生员单独列出，看似大可不必，因为所有的生员，以及同一阶层的监生、举人等，都分别属于各自的家族和乡里。他们的活动既代表个人，也代表各自的家族或乡里。但是，在明代中后期的基层社会，无法排除作为一个社会阶层或势力而出现的生员群体。在里甲、保甲、乡约或宗族中，往往是他们在发挥作用，甚至里长、保长、里老、约长、族长等，也多由他们或他们的亲属出任。当

---

① 张岱：《快园道古》卷4《言语部》。

然，或许是由生员而提升家庭、家族的地位，或者是因家族或家庭的势力而得以为生员。此外，一些学者所关注的所谓基层"精英"乡绅等，也多出身于生员或监生。所以，当我们在讨论生员以及与其身份相类似的监生、举人等的时候，其实可以将其看成是一个阶层，即地方的知识阶层。

洪武时虽然多有国子监监生乃至学校生员受命丈量土地乃至直接授官的记载，但总体上是受到限制的。洪武十五年（1382）八月，颁学校禁例十二条，第一条即"生员事非干己之大者，毋轻诉于官"；第三条为"军国政事，生员毋出位妄言"。① 根据这个禁例，地方事务是禁止生员干预的。这个条例同样针对与生员身份相同的监生、儒士等。但这个禁例至迟从宣德时开始，就已经缺乏实效，生员、监生、儒士及其他身份的乡绅人等已经在地方事务中发挥重要作用。

宣德七年（1432）八月，行在都察院右都御史顾佐上言：

> 考课之法、黜陟之典……臣比闻布政、按察二司暨巡按监察御史往往偏信乡都里老、甲长、学校生员等之言，定为去留，殊不知有等小人，即假公济私，以图报恩复仇。于刚正公平不受请托者诬毁，以为非；昏懦贪婪同流合污者妄誉，以为是。以致是非颠倒。②

生员与里老、甲首的意见，是布、按二司及巡按监察御史考察当地官员的重要依据。生员、里老中的某些"小人"正是利用这一时机"假公济私""报恩复仇"，这在当时已经不是个别现象。但当士风尚正之时，生员等在基层社会的积极作用也是不可否认的。

---

① 俞汝楫：《礼部志稿》卷70《学校备考·儒学·颁镌学校卧碑》。
② 《明宣宗实录》卷94，宣德七年八月壬子。

正德十二年（1517）至十四年，王守仁为南赣巡抚，漳南报捷后增设福建平和县，横水报捷后增设江西崇义县，浰头报捷后增设广东和平县。在诸县的建置过程中，可以看出当时是哪些人群在基层社会公开发挥作用。

王守仁《添设平和县治疏》及《再议平和县治疏》称，首先提出在漳州府添设县治的是"南靖县儒学生员张浩然等"，继而提出同样建议的是"南靖县义民、乡老曾敦立、林大俊等"，而相度地形，测量距离的是福建按察司漳南道兵备佥事胡琏、漳州知府钟湘关、南靖县知县施祥及"耆民曾敦立""山人洪钦顺"等。呈报程序则是：生员张浩然等经南靖县呈知府钟湘关，钟湘关呈兵备佥事胡琏，胡琏再呈南赣汀漳巡抚王守仁，最后由王守仁疏请朝廷。①

《立崇义县治疏》称，首先提出添设崇义县治的是"致仕、省祭义官、监生杨仲贵等"。呈报程序为：监生杨仲贵等经南康县呈南安知府季敩，季敩呈江西按察司分巡岭北道兵备副使杨璋、江西布政司分守岭北道左参议黄宏，杨璋、黄宏呈南赣汀漳巡抚王守仁，王守仁疏请朝廷。②

《添设和平县治疏》称，首先提出添设和平县治的是"广东惠州龙川、河源等县省祭监生、生员、耆老陈震、余世美、黄宸等"，江西"龙南县太平等保里老赖本立等"，参加会勘的有江西按察司分巡岭北道兵备副使杨璋、广东按察司分巡岭东道兵备佥事朱昂、江西赣州府广东惠州府及龙川、河源二县掌印官，以及龙川县署县事主簿陈甫、河源

---

① 王守仁：《王文成公全书》卷9《别录一·奏疏一·添设平和县治疏（十二年五月二十八日）》、卷11《别录三·奏疏三·再议平和县治疏（正德十三年十月十五日）》。按：上海古籍版《王阳明全书》卷9《别录一·奏疏一》为《添设清平县治疏》，今依《四库全书》本《王文成公全书》，以下数条均依此本。

② 王守仁：《王文成公全书》卷10《别录二·奏疏二·立崇义县治疏（十二年闰十二月初五日）》。

县署县事县丞朱节、龙川县全县及河源县惠化都里老沙海、钟秀山、原呈监生陈震等。呈报程序为：监生陈震等分别由龙南县呈赣州知府邢珣、龙川及河源县呈惠州知府陈祥，邢珣、陈祥呈兵备副使杨璋、兵备佥事朱昂，杨璋、朱昂"呈总督、总镇、巡按衙门，公同计议"，最后由王守仁疏请朝廷。①

在镇压江西、广东、福建边境地区流民动乱的过程中，也有不少社会力量在发挥作用。《浰头捷音疏》说，正德十二年九月往"剿"横水、桶冈时，为防浰头流民乘虚而入，王守仁命"报效生员黄表、义民周祥等"往谕浰头"各贼"，各赐银布，致使"贼党亦多感动"，于是顺利剿灭横水、桶冈"各贼"。当正德十三年四月往"剿"浰头时，王守仁又让黄表及"听选官雷济"往谕浰头"贼首"池仲容，使勿以此自疑，同时"密购其所亲信，阴说之使自来投诉"，从而袭破浰头，而当"余党"二百余人请求归降时，又命这位生员黄表"往验虚实"。②

以上在地方建制及平定动荡中起作用的非官方人员，主要是儒学生员，包括廪膳生员、增广生员及附学生员，如被派往浰头"劝谕"并行离间计的黄表，以及领头建议添设县治的张浩然等；其次是里老，如南靖曾敦立、龙南赖本立、龙川沙海、河源钟秀山等；再有义官，义民，山人及致仕、省祭的官员，监生等，如南康杨仲贵、龙川陈震、南靖洪钦顺等。王守仁甚至专为南康县生员张云霖发出"公移"："看得张云霖原系本院檄召起兵从征人，数立有功，次已经核实造报，皆本院所亲知。后因忌功之徒搜求罗织，遂令此生屈抑至此，言之诚为痛愤。"③

---

① 王守仁：《王文成公全书》卷 11《别录三·奏疏三·添设和平县治疏（十三年五月初一日）》

② 王守仁：《王文成公全书》卷 11《别录三·奏疏三·浰头捷音疏（十三年四月二十日）》。

③ 王守仁：《王文成公全书》卷 18《别录三·公移三·批南康县生员张云霖复学词》。

此外，弘治时林俊代韩邦问巡抚江西，根据"南昌府宁县儒学廪增生员戴邦哲等、该县里老陈淮等"的连名具呈，疏请恢复州的建制，以便加强对江西、湖南边境地区的控制，经明廷批准，"宁县"复为"宁州"。而戴邦哲等人的具呈，也是经由县、府转呈布、按二司分守、分巡南昌道右参政王纶、佥事王纯呈送的。①

弘治、正德时期，杨一清先后以右副都御史巡抚陕西、以都御史提督陕西三边，在奏疏中述及："平凉县里老耆民魏庆、蒙钊等，平凉府县廪增附学生员李文缙、谢经等，及致仕、省祭等官，连名告保本府同知任守德刚介自守不为势利所怵，欲将本官奏请，升任知府，小民得安等情。臣因询问本官民情边务，随事应答，俱有条理。"②

何孟春在正德时以右副都御史巡抚云南，言及当地头面人物沐昆袭祖爵镇守事，联名的有"云南左等六卫指挥千百户镇抚等官申铠等、云南府昆明县儒学生员纪崇儒等、军民舍余里老董曦等"③。

潘季驯万历初巡抚江西，有瑞州府"儒学廪增附生员刘子立等"为致仕礼部尚书吴山事具呈。吴山致仕后家居病故，刘子立等人为其乞赐恤典。经高安县申文至瑞州府，再由布政司呈经巡按江西监察御史批，由潘季驯上疏题请。又经布政司分守南昌道左参政郑一龙、高安县掌印官咨询本县"西南厢四图里老刘龙、吴曰湖等"，最后给予恤典。④ 又潘季驯以都御史兼工部侍郎治黄淮，访求治河方略的主要对象也是生员、里老："窃照臣与前任漕抚都御史江一麟未至之时，称淮水为害之大、高堰当复之由者，不知其几千万人；而形之抚按之奏牍、台省之条陈者，又不知其几千万言也。然臣亦不敢轻率举事，到任之后，

---

① 林俊：《见素集·奏议》卷2《奏议十七篇·复州治疏》。
② 杨一清：《关中奏议》卷11《提督类》。
③ 何孟春：《何文简疏议》卷4《保袭祖爵疏》。
④ 潘季驯：《潘司空奏疏》卷6《督抚江西奏疏·请致仕吴尚书恤典疏》。

亲诣泗州，会集生员、里老人等，备询泗州水患。"①

以上都不是有意识地"选用"材料，而是随意性地"抽取"材料。从所列材料中可以看出，在明代中后期地方社会事务中经常性公开露面的，是生员、里老、归省监生、致仕官员等。与明前期相比，生员的作用更在里老之上。这也是明代基层社会权力结构的一个明显但并未引起研究者关注的变化。而这个变化，在某种意义上正反映出国家权力与宗族势力在基层社会影响力的消长。正如前文所说，本来是自由身份的"年高德劭"的老人，一旦被州县选为"里老"，虽然仍属于各个家族，但其在乡里主要是代表国家权力；而作为"官学生"的生员，当突破国家的禁令在基层社会发生影响和作用时，更多地代表民间并在一定程度上代表家族的利益。但正如前文所指出的那样，由于国家利益和家族利益在大的方面是统一的，因此生员所代表的利益可以既是家族的利益，又是国家的利益。以上诸例均可作如是观。

沈德符认为，明朝士风"浸淫于正统，而縻溃于成化……（至正德）而朝士之体澌灭尽矣"②。沈德符显然是从社会风气的角度发出这番感慨的，但每个人对事物的认识也不尽相同。据范濂对松江府的认识，"士风之弊"大抵开始于万历十五年（1587），其所举事例，也只是意气用事、声气相投，对官员进行抑扬褒贬而已。虽然单个的生员时时受大户豪强及官府的欺凌，但结成群体的生员显现出极大的社会影响力，形成与地方官府相抗衡的力量："苏州同心而仇凌尚书，嘉兴同心而评万通判，长洲则同心而抗江大尹，镇江则同心而辱高同知，松江则同心而留李知府。"而其特点，则是"一时蜂起、不约而同"，其声势几乎可以左右官员的前途。当然从表面上看，生员的这些行为是在与代

---

① 潘季驯：《河防一览》卷9《高堰请勘疏》。
② 沈德符：《万历野获编》卷21《佞倖·士人无赖》。

表着国家权力的地方官府作对，但从本质上说，则在帮助国家权力褒扬善类、清除异己。所以范濂认为，生员们虽然行为不免过激，却无"穷凶极恶"者。①

但是，任何事情一旦超出底线，就必然走向其反面。海瑞对生员的地位及普遍表现作了这样的描述：

> 我国家群士黉宫，导之师儒，优之廪禄，复其身及其宗族，待之不为不厚矣。至求士之可以润泽生民、还报天子者，则鲜其人焉。何上之人意在得贤，而士之所希在荣利也。……今人不以行义视君子之仕，以荣身及亲当之，意向一差，是以百端施用，无一而可。昔人谓士非不修之家也，至应举入官，耽利禄、慕荣途，患得患失，靡所不至，不能不坏焉。……试举一二。今上人之鼓舞诸士子者尽声势也，细推论之，多不协义，士子遂群然而曰："是能作兴我辈人也，是待士之厚人也。"然则入官之后，其声势更有大焉，将无慕之乎？上而朝廷待士之恩，下而有司义起之典，如补增廪、如优免、如途费，非士子所宜兴也。今越分而求且纷纷焉，比之墦间之乞，相去何如？然则入官之后，其为利更有大焉，将无乞之乎？……而今凡事有与，于秀才者不论是非可否，辄群起而曰"护我类焉"。习战国背公死党之风，更不知孔门不比不同之义。小人学道则易使，秀才学道，今人顾以惟难管目之。然则入官之后，其徇私、其植党，更有利焉，将无胥朋比以坏国事乎？……议者比秀才为闺女，孟子"人有不为，后可有为"意也。今之秀才不为处女而为淫妇亦多矣。以若所为，求若所欲，负天地生人之义，孤朝

---

① 范濂：《云间据目抄》卷2《记风俗》。

廷作养之恩，非生员也。①

这是海瑞对嘉、万时期生员的总体评价，以及导致士风日下的社会因素的分析。商品经济的发展必然导致社会风气的转变，而当社会财富可以官得、可以势得时，人们行事之风格也必然发生变化。官场之风日趋腐败，又怎能要求里老的遵纪守法、怎能指责生员的谋利逐财？但海瑞恰恰又描绘了一股正在形成的势力，这股势力就是生员。他们有相同的身份，有相当的数量，有共同的利益，有相似的干预社会事务的方式，竟然被顾炎武称为"五蠹之一"。

按明制，府、州、县皆设官学，学员通称"生员"或"诸生"，有廪膳、增广、附学三种。廪膳生员为洪武二年十月所定名额内的生员。当时定府学生员为40名，州学30名，县学20名，应天为京府，故应天府学特定为60员。这些生员都由官府"日给廪膳"。洪武二十年，随着国子监的发展及科举制的恢复，各地士子求学之风日盛，为适应社会需求，命府、州、县学均增广生员，不拘数额。增广的生员和原额生员一样，享受优复其家二丁差役的待遇，只是不给钱粮。那些由官府"日给廪膳"的原额生员就称为"廪膳生员"，而增广的生员则被称为"增广生员"。宣德三年，定增广生员名额与廪膳生员相等，也就是应天、顺天二府各60名，府、州、县学依次为40、30、20名。如廪膳生有缺，可在增广生中选补。正统十二年（1447）三月，礼部采纳凤阳知府的建议，于未入学的童生中增收生员，称"附学生员"。从此，凡初入学者均为附学生员，附学生通过一定时间的学习，经考试合格者可依次补为增广生、廪膳生，至于每年向国子监输送的岁贡，则一般在廪

---

① 海瑞：《备忘集》卷6《附录·生员参评》。

膳生中挑选。①

这样一来，官学生即生员的数量便持久增长，加上身份相似的儒士、监生、举人，他们形成一个庞大的社会阶层。以在校生为例，一个县即有廪膳生、增广生40名，州、府则分别为60名、80名，应天、顺天二府分别为120名，加上没有名额限制的"附学生"，数量就更多了。而早在景泰时期，大学士陈循在奏疏中即提到"臣原籍（吉安府）生员之外，儒士报科举者，往往一县至有二三百人"②。据《明史·地理志》，明代全国有府140个、州193个、县1138个，那么廪膳生和增广生的员额约有7万人，加上附学生员，在校生不下10万人。另有羁縻府19个、州47个、县6个，土官宣慰司11个、宣抚司10个、安抚司22个、招讨司1个、长官司169个、蛮夷长官司5个，各都司、行都司、留守司所属军卫493个，卫学生员及各府州县学中的军生应不下万余人。所以顾炎武估计，明末生员大约有50万人。③再加上身份相当的儒士、监生、举人，这个社会阶层的总人数当在百万以上。这上百万的"社会闲散人员"既可以是国家官员的后备军，也可以成为社会的包袱和危害。

顾炎武说："今则遐陬下邑，亦有生员百人。即未至扰官害民而已，为游手之徒，足称五蠹之一矣。有国者苟知俊士之效赊，而游手之患切，其有不亟为之所乎？其中之劣恶者，一为诸生，即思把持上官，侵噬百姓，聚党成群，投牒呼噪……呜呼，养士而不精，其效乃至于此。"④

生员本来是国家权力执行主体的后备力量，但到明后期，出路十分

---

① 万历《明会典》卷78《礼部·学校·儒学》。
② 《明英宗实录》卷268，景泰七年七月丙申。
③ 顾炎武：《顾亭林诗文集》卷1《生员论上》。
④ 顾炎武：《日知录》卷17《生员额数》。

渺茫。由附学生而增广生，由增广生而廪膳生，再经过积累资历、打点主官而为"岁贡"。即使熬为监生，其出路同样艰难，于是寻求其他的出路，一部分甚至转化为国家权力的异己力量。这种转化其实也发生在其他阶层，如里老，如乡绅，如所有通过自己的行为导致民众对国家不满乃至敌视的大小官吏。

王临亨《粤剑编·志时事》载：

> 岭南税事，从来有之。凡舟车所经，贸易所萃，靡不有税。大者属公室，如桥税、番税是也。小者属私家，如各埠各墟是也。各埠各墟，属之宦家则春元退舍，属之春元则监生、生员退舍，亦有小墟远于贵显者，即生员可攘而有之。近闻当道者行部，过一村落，见有设公座、陈刑具，俨然南面而抽税者，问为何如人，则生员之父也。当道一笑而去。

这是南方的情况，当道者"一笑而去"，既是因为出乎意料，也是因为见怪不怪。而在北方，已故日本学者山根幸夫经过研究指出：

> 乡绅、豪强等当地地主醵金而设立义集，这并非是出自他们的牺牲精神，而是因为由于乡集的繁荣，他们自身也能获得巨大利益的缘故……在现象上、表面上所显露的是所谓"奸牙"，而在他们背后，则通常存在着当地的豪强地主，从幕后操纵他们……他们与其说是乡绅这类大地主，还不如说多是生员、监生层这类人物。[①]

[①] 山根幸夫：《明及清初华北的市集与绅士豪民》，载《日本学者研究中国史论著选译》第6卷，北京：中华书局，1993年。

各地生员、监生由于对仕途缺乏信心，都干起了自谋生路的行当。各地乡绅也都加入这个行列之中。顾炎武游历遍天下，不无感叹："自万历以后，天下水利、碾硙、场渡、市集，无不属之豪绅，相沿以为常事矣。"① 这仅仅是在经济事务中干预地方事务。而随着国家控制力的下降，生员、乡绅也开始干预地方政务。万历初年曾任礼部尚书的徐世谟记载缙绅们在家乡的权势："显宦居乡，县送门，皂吏书承应，比于亲临上司。"② 清人顾公燮记明代缙绅的威赫道："平昔稍有睚眦，即嘱抚按访拿。甚至门下之人，遇有司对簿将刑，豪奴上禀，主人呼唤，立即扶出，有司无可如何，其他细事，虽理曲者亦可以一帖弭之。"③ 顾炎武描述："今天下之出入公门以扰官府之政者，生员也；倚势以武断于乡里者，生员也；与胥史为缘，甚有身自为胥史者，生员也；官府一拂其意，则群起而哄者，生员也。……上之人欲治之而不可治也，欲锄之而不可锄也。小有所加，则曰是杀士也、坑儒也。"④ 而在凌濛初的《拍案惊奇》中，他们都成了"强盗"：

> 话说世人最怕的是个"强盗"二字，做个骂人恶语。不知这也只见得一边，若论起来，天下那一处没有强盗：假如有一等做官的，误国欺君，侵剥百姓，虽然官高禄厚，难道不是大盗？有一等做公子的，倚靠着父兄势力，张牙舞爪，诈害乡民，受投献，窝赃私，无所不为，百姓不敢声冤，官司不敢盘问，难道不是大盗？有一等做举人秀才的，呼朋引类，把持官府，起灭词讼，每有将良善人家拆得烟飞星散的，难道不是大盗？只论衣冠中，尚且如此，何

---

① 顾炎武：《日知录》卷13《贵廉》。
② 徐学谟：《世庙识余录》卷20，书目文献出版社《北京图书馆古籍珍本丛刊》本。
③ 顾公燮：《消夏闲记摘抄》（上）。
④ 顾炎武：《顾亭林诗文集》卷1《生员论中》。

况做经纪客商、做公门人役?①

至明末,大顺、大西军起并迅速摧毁明朝国家权力,以及清军以摧枯拉朽之势入主中原,上述"强盗"大多转化为清朝的"奴才"和"顺民"。

可以说,明代国家权力在基层社会的实施有一个由重建到强化到削弱的过程。或者说,对于基层社会,明代经历了一个由国家直接控制转向由国家权力和其他社会力量共同控制,再到国家失控的转变。这个过程或转变是由三个方面因素的消长而造成的,一是国家统治力的强弱,二是基层其他社会权力的生长,三是外部力量的干预。而在这三个因素中,起决定作用的是国家权力本身的变化。

---

① 凌濛初:《初刻拍案惊奇》卷8《乌将军一饭必酬　陈大郎三人重会》。

引用文献

一、正史、官书

《明太祖实录》，(台北)"中研院"史语所校勘本。
《明太祖实训》，(台北)"中研院"史语所校勘本。
《明太宗实录》，(台北)"中研院"史语所校勘本。
《明太宗宝训》，(台北)"中研院"史语所校勘本。
《明宣宗实录》，(台北)"中研院"史语所校勘本。
《明英宗实录》，(台北)"中研院"史语所校勘本。
《明宪宗实录》，(台北)"中研院"史语所校勘本。
《明孝宗实录》，(台北)"中研院"史语所校勘本。
《明武宗实录》，(台北)"中研院"史语所校勘本。
《明世宗实录》，(台北)"中研院"史语所校勘本。
《明穆宗实录》，(台北)"中研院"史语所校勘本。
《明神宗实录》，(台北)"中研院"史语所校勘本。
《明熹宗实录》，(台北)"中研院"史语所校勘本。
《明实录》(从太祖至神宗)，国立南京图书馆藏抄本。
《皇明祖训录》，北京图书馆藏明抄本。
《清世祖实录》，中华书局影印本。
《史记》，中华书局标点本。

《汉书》，中华书局标点本。

《三国志》，中华书局标点本。

《隋书》，中华书局标点本。

《新唐书》，中华书局标点本。

《宋史》，中华书局标点本。

《元史》，中华书局标点本。

《明史》，中华书局标点本。

（宋）司马光：《资治通鉴》，中华书局标点本。

（元）马端临：《文献通考》，《四库全书》本。

《大明集礼》，《四库全书》本。

正德《明会典》，上海古籍出版社影印文渊阁《四库全书》本。

万历《明会典》，商务印书馆《万有文库》本。

《嘉靖新例》，江西师范大学图书馆藏清刊本。

（明）朱元璋：《御制文集》，《御制大诰》《大诰续编》《大诰三编》，《御制皇明祖训》，均见张德信、毛佩琦主编：《洪武御制全书》，黄山书社1995年版。

（明）戴金等：《皇明条法事类纂》，刘海年、杨一凡主编《中国珍稀法律典籍集成》本，乙编第四、五、六册，科学出版社1994年版。明抄本藏日本东京大学附属图书馆，日本古典研究会于昭和四十一年（1966）影印。

（明）陈子龙等：《明经世文编》，中华书局1962年影印本。

（清）傅恒等：《御批历代通鉴辑览》，《四库全书》本。

（清）敕修《续文献通考》，中华书局影印本。

（清）敕修《历代职官表》，《四部备要》本。

（清）薛允升：《唐明律合编》，《万有文库》本。

二、文集、笔记及其他文献

《周礼》，《十三经注疏》本。

《左传》,《十三经注疏》本。

《孟子》,《十三经注疏》本。

《墨子》,中华书局《丛书集成初编》本。

《战国策》,中华书局《丛书集成初编》本。

《荀子》,荀况著、王天海校释:《荀子校释》,上海古籍出版社。

《韩非子》,中华书局标点本。

《国语》,中华书局标点本。

(汉) 刘向:《说苑》,上海古籍出版社影印本。

(宋) 黄履翁:《古今源流至论·别集》,《四库全书》本。

(元) 王恽:《秋涧集》,《四库全书》本。

(明) 陈洪谟:《治世余闻》,中华书局标点本。

(明) 陈洪谟:《继世纪闻》,中华书局标点本。

(明) 陈九德:《皇明名臣经济录》,北京出版社《四库禁毁书丛刊》本。

(明) 董其昌:《神庙留中奏疏汇要》,上海古籍出版社《续修四库全书》本。

(明) 方孝孺:《逊志斋集》,《四库全书》本。

(明) 范濂:《云间据目抄》,《笔记小说大观》本,广陵古籍刻印社1983年版。

(明) 冯梦龙:《明清民歌时调集》,上海古籍出版社1987年版。

(明) 高拱:《病榻遗言》,《胜朝遗事初编》本。

(明) 高拱:《本语》,《四库全书》本。

(明) 黄佐:《翰林记》,《四库全书》本。

(明) 黄淮:《省衍集》,《四库全书》本。

(明) 何良俊:《四友斋丛说》,中华书局标点本。

(明) 何孟春:《何文简疏议》,《四库全书》本。

(明) 海瑞:《备忘集》,《四库全书》本。

(明) 金幼孜:《金文靖集》,《四库全书》本。

（明）焦竑：《国朝献征录》，上海书店影印万历刻本。

（明）刘基：《诚意伯文集》，《四库全书》本。

（明）刘若愚：《酌中志》，《丛书集成初编》本。

（明）刘辰：《国初事迹》，北京大学出版社《国朝典故》本。

（明）李贤：《天顺日录》，北京大学出版社《国朝典故》本。

（明）李诩：《戒庵老人漫笔》，中华书局标点本。

（明）李锜：《寓圃杂记》，中华书局标点本。

（明）李贽：《焚书》，中华书局标点本。

（明）林俊：《见素集》，《四库全书》本。

（明）陆深：《玉堂漫笔摘抄》，中华书局《丛书集成初编》本。

（明）陆容《蓬轩类记》，北京大学出版社《国朝典故》本

（明）陆容：《菽园杂记》，中华书局标点本。

（明）罗伦：《一峰文集》，《四库全书》本。

（明）凌濛初：《初刻拍案惊奇》，上海古籍出版社影印本。

（明）马文升：《马端肃奏议》，《四库全书》本。

（明）彭时：《彭文宪公笔记》，影印《纪录汇编》本。

（明）潘柽章：《国史考异》，中华书局《丛书集成初编》本。

（明）潘季驯：《潘司空奏疏》，《四库全书》本。

（明）潘季驯：《河防一览》，《四库全书》本。

（明）丘濬：《大学衍义补》，《四库全书》本。

（明）沈德符：《万历野获编》，中华书局标点本。

（明）宋濂：《洪武圣政记》，北京大学出版社《国朝典故》本。

（明）田艺蘅：《留青日札》，《纪录汇编》本。

（明）王直：《抑庵文集》，《四库全书》本。

（明）王世贞：《弇山堂别集》，《四库全书》本。

（明）王世贞：《弇州四部稿》，《四库全书》本。

（明）王世贞：《嘉靖以来首辅传》，《四库全书》本。

（明）王世贞：《艺苑卮言》，中华书局《历代诗话续编》本。

（明）王鏊：《守溪笔记》，《纪录汇编》本。

（明）王鏊：《震泽长语》，《纪录汇编》本。

（明）王恕：《王端毅奏议》，《四库全书》本。

（明）王守仁：《王阳明全书》，上海古籍出版社标点本。

（明）王守仁：《王文成公全书》，《四库全书》本。

（明）解缙：《文毅集》，《四库全书》本。

（明）谢肇淛：《五杂俎》，《国学珍本文库》本。

（明）徐渭：《南词叙录》，中国戏剧出版社《中国古典戏曲论著集成》本。

（明）徐学谟：《世庙识余录》，书目文献出版社《北京图书馆古籍珍本丛刊》本。

（明）严从简：《殊域周咨录》，影印国家图书馆藏万历刻本。

（明）杨士奇：《御书阁颂有序》《三朝圣谕录》，北京大学出版社《国朝典故》本。

（明）杨士奇：《东里集》，《四库全书》本。

（明）杨荣：《杨文敏集》，《四库全书》本。

（明）杨一清：《关中奏议》，《四库全书》本。

（明）尹直：《謇斋琐缀录》，北京大学出版社《国朝典故》本。

（明）于慎行：《谷山笔麈》，中华书局标点本。

（明）余继登：《典故纪闻》，中华书局标点本。

（明）叶春及：《石洞集》，《四库全书》本。

（明）俞汝楫：《礼部志稿》，《四库全书》本。

（明）朱国祯：《涌幢小品》，中华书局点校本。

（明）章懋：《枫山集》，《四库全书》本。

（明）张卤：《皇明制书》，《续修四库全书》本。

（明）张璁：《谕对录》，《胜朝遗事初编》本。

（明）张萱：《西园闻见录》，《续修四库全书》本。

（明）张岱：《快园道古》，浙江古籍出版社1986年标点本。

（明）张瀚：《松窗梦语》，中华书局点校本。

（明）郑晓：《今言》，中华书局标点本。

（明）郑晓：《吾学编余》，《丛书集成初编》本。

（明）邹元标：《愿学集》，《四库全书》本。

（清）陈田：《明诗纪事》，上海古籍出版社1993年版。

（清）傅维鳞：《明书》，《丛书集成初编》本。

（清）顾炎武：《顾亭林诗文集》，中华书局1959年版。

（清）顾炎武：《日知录》，上海古籍出版社《日知录集释》影印本。

（清）顾祖禹：《读史方舆纪要》，中华书局2005年版。

（清）顾公燮：《消夏闲记摘抄》，台北商务印书馆《涵芬楼秘笈》本。

（清）谷应泰：《明史纪事本末》，中华书局标点本。

（清）黄宗羲：《明夷待访录》，中华书局《四部备要》本。

（清）赫舒德等：《资治通鉴纲目三编》，清刊本。

（清）纪昀等：《四库全书总目提要》，中华书局影印本。

（清）计六奇：《明季北略》，中华书局标点本。

（清）孙承泽：《天府广记》，北京书店标点本。

（清）孙承泽：《春明梦余录》，中华书局标点本。

（清）龙文彬：《明会要》，中华书局1956年版。

（清）谈迁：《国榷》，中华书局标点本。

（清）王鸿绪：《明史稿》，清康熙间敬慎堂刊本。

（清）王士禛：《古夫于亭杂录》，中华书局标点本。

（清）夏燮：《明通鉴》，中华书局点校本。

（清）赵翼：《陔余丛考》，河北人民出版社标点本。

（清）赵翼：《廿二史札记》，中华书局点校本。

（清）查继佐：《罪惟录》，浙江古籍出版社标点本。

（清）欧阳成：《吉水先哲碑传集》，江西师范大学图书馆藏清刊本。

（明）王鏊：《姑苏志》，《四库全书》本。

（明）康海：《武功县志》，《四库全书》本。

雍正《陕西通志》，《四库全书》本。

雍正《江南通志》，《四库全书》本。

雍正《山西通志》，《四库全书》本。

雍正《广东通志》，《四库全书》本。

雍正《浙江通志》，《四库全书》本。

雍正《福建通志》，《四库全书》本。

雍正《江西通志》，《四库全书》本。

同治《赣州府志》，（台北）成文出版有限公司《中国地方志丛书》本。

同治《吉安府志》，（台北）成文出版有限公司《中国地方志丛书》本。

光绪《泰和县志》，（台北）成文出版有限公司《中国地方志丛书》本。

光绪《浙江通志》，商务印书馆影印本。

今（近）人论著：

柏桦：《明代州县政治体制研究》，中国社会科学出版社2003年版。

陈宝良：《明代儒学生员与地方社会》，中国社会科学出版社2005年版。

陈支平：《近500年来福建的家族社会与文化》，上海三联书店1991年版。

常建华：《明代宗族研究》，上海人民出版社2005年版。

丁易：《明代特务政治》，群众出版社1983年版。

杜乃济：《明代内阁制度》，台北商务印书馆1967年版。

杜婉言、方志远：《中国政治制度通史·明代卷》，人民出版社1996年版。

方志远：《（明）成化皇帝大传》，辽宁教育出版社1994年版。

方志远《明代城市与市民文学》，中华书局2004年版。

傅衣凌主编，杨国桢、陈支平著：《明史新编》，人民出版社1993年版。

高寿仙：《明代农业经济与农村社会》，黄山书社2006年版。

关文发、颜广文：《明代政治制度研究》，中国社会科学出版社 1995 年版。

贺凯：《明代中国的监察制度》，斯坦福大学出版社 1966 年版。

黄云眉：《明史考证》，中华书局 1979—1986 年版。

黄仁宇：《万历十五年》，中华书局 1982 年版。

黄彰健：《明清史研究丛稿》，台北商务印书馆 1977 年版。

侯外庐等主编：《宋明理学史》，人民出版社 1987 年版。

韩延龙主编：《法律史论集》（第 2 集），法律出版社 1999 年版。

靳润成：《明朝总督巡抚辖区研究》，天津古籍出版社 1996 年版。

李渡：《明代皇权政治研究》，中国社会科学出版社 2004 年版。

梁方仲：《明代粮长制度》，上海人民出版社 1957 年版。

柳诒徵：《中国文化史》，上海古籍出版社 2001 年版。

刘俊文等：《日本学者研究中国史论著选译》（第 6 卷），中华书局 1993 年版。

刘俊文等：《日本学者研究中国史论著选译》（第 8 卷），中华书局 1993 年版。

刘志伟：《在国家与社会之间：明清广东里甲赋役制度研究》，中山大学出版社 1997 年版。

栾成显：《明代黄册制度新探》，中国社会科学出版社 2000 年版。

孟森：《明清史讲义》，中华书局 1981 年版。

苗棣：《魏忠贤专权研究》，中国社会科学出版社 1994 年版。

聂崇岐：《宋史丛考》，中华书局 1980 年版。

谭天星：《明代内阁政治》，中国社会科学出版社 1996 年版。

唐克军：《不平衡的治理：明代政府运行研究》，武汉出版社 2004 年版。

陶希圣、沈任远：《明清政治制度》，台北商务印书馆 1967 年版。

王其榘：《明代内阁制度史》，中华书局 1989 年版。

王春瑜、杜婉言：《明代宦官与经济史料初探》，中国社会科学出版社 1986 年版。

王春瑜、杜婉言：《明朝宦官》，紫禁城出版社 1989 年版。

王天有：《明代国家机构研究》，北京大学出版社 1992 年版。

王兴亚：《明代行政管理制度》，中州古籍出版社 1999 年版。

韦庆远：《明代黄册制度》，中华书局 1961 年版。

吴晗：《朱元璋传》，三联书店 1965 年版。

吴晗：《读史札记》，三联书店 1956 年版。

吴晗：《明史讲座》，北京师院学报丛书本。

吴廷燮：《明督抚年表》，中华书局 1982 年版。

徐连达等编：《中国通史》，复旦大学出版社 1986 年版。

杨树藩：《明代中央政治制度》，台北商务印书馆 1978 年版。

张德信：《明朝典制》，吉林文史出版社 1996 年版。

张哲郎：《明代巡抚研究》，台北：文史哲出版社 1995 年版。

张显清、林金树：《明代政治史》，广西师范大学出版社 2003 年版。

赵世瑜：《吏与中国传统社会》，浙江人民出版社 1994 年版。

赵尊岳：《明词汇刊》，上海古籍出版社 1992 年版。

郑克晟：《明代政争探源》，天津古籍出版社 1988 年版。

郑克晟：《明清史探实》，中国社会科学出版社 2001 年版。

郑振满：《明清福建家族组织与社会变迁》。湖南教育出版社 1992 年版。

朱保炯、谢沛霖：《明清进士题名碑录索引》附《明清进士题名碑录》，上海古籍出版社 1980 年版。

朱东润：《张居正大传》，湖北人民出版社 1957 年版。

朱绍侯主编：《中国古代史》，福建人民出版社 1982 年版。

[法] 魏丕信：《18 世纪中国的官僚制度与荒政》（徐建青译），江苏人民出版社 2003 年版。

[德] 马克思：《摩尔根〈古代社会〉一书摘要》，北京：人民出版社 1965 年版。

[美] 摩尔根：《古代社会》，商务印书馆 1977 年版。

[美] 牟复礼、[英] 崔瑞德编:《剑桥中国明代史》,中国社会科学出版社 1992 年版。

《明清史国际学术讨论会论文集》,天津人民出版社 1982 年版

论文:

柏桦:《试论明代州县官吏》,《史学集刊》1992 年第 2 期。

柏桦:《明代知县的关系网》,《史学集刊》1993 年第 3 期。

柏桦:《明代州县衙署的建制与州县政治体制》,《史学集刊》1995 年第 4 期。

柏桦:《明代州县官的施政及障碍》,《东北师大学报》1998 年第 1 期。

柏桦:《社会环境的变化对明代州县官施政的影响》,《明史研究》2001 年 7 辑。

陈梧桐:《论朱元璋强化封建专制中央集权的统治》,《中央民族学院学报》1980 年第 2 期。

陈尚胜:《论明代市舶司制度的演变》,《文史哲》1986 年第 2 期

陈宝良:《明代的社与会》,《历史研究》1991 年第 5 期。

陈宝良:《明代的保甲与火甲》,《明史研究》1993 年第 3 期。

陈柯云:《明清徽州宗族对乡村统治的加强》,《中国史研究》1995 年 3 期。

曹国庆:《明代乡约发展的阶段性考察》,《江西社会科学》1993 年第 8 期。

曹国庆:《王守仁与南赣乡约》,《明史研究》1993 年第 3 辑。

曹国庆:《明代乡约推行的特点》,《中国文化研究》1997 年第 1 期。

曹国庆:《明代乡约研究》,《文史》总第 46 辑,中华书局 1999 年版。

曹永和:《试论明太祖的海洋交通政策》,台北"中研院"史语所《中国海洋发展史论文集》(第一辑)。

杜婉言:《论明代内阁制度的特点》,《中国史研究》1992 年第 4 期。

段自成:《明清乡约的司法职能及其产生原因》,《史学集刊》1999 年第

2 期。

傅衣凌：《中国传统社会：多元的结构》，《中国社会经济史研究》1988 年第 3 期。

方志远：《明代的巡抚制度》，《中国史研究》1988 年第 3 期。

方志远：《明代内阁的票拟制度》，《江西师范大学学报》1987 年第 4 期。

方志远：《论明代宦官的知识化问题》，《江西师范大学学报》1989 年第 3 期。

方志远：《略论西汉初期的分封与削藩》，《南昌职业技术师范学院学报》1989 年第 3 期。

方志远：《论明代内阁制度的形成》，《文史》总第 33 辑，中华书局 1990 年版。

方志远：《明代的镇守中官制度》，《文史》总第 40 辑，中华书局 1994 年版。

方志远：《明代的御马监》，《中国史研究》1997 年第 2 期。

方志远、李晓方：《明代苏松江浙人"毋得任户部"考》，《历史研究》2004 年第 6 期。

方志远：《"传奉官"与明成化时代》，《历史研究》2007 年第 1 期。

范中义：《明代海防述略》，《历史研究》1990 年第 3 期。

范玉春：《明代督抚的职权及其性质》，《广西师范大学学报》1989 年第 4 期。

郭厚安：《关于明代专制主义中央集权高度强化的问题》，《西北师大学报》1983 年第 4 期。

郭培贵、牛明锋：《〈明史·职官志四〉兵备道补正》，《文史》总第 68 辑，中华书局 2004 年版。

关文发：《试论明朝内阁制度的形成和发展》，《明清史国际学术讨论会论文集》，天津人民出版社 1982 年版。

关文发：《试论明代督抚》，《武汉大学学报》1989 年第 6 期。

高春平：《试论明代的巡按制度》，《山西大学学报》1990 年第 1 期。

洪焕椿：《明清封建专制政权对资本主义萌芽的阻碍》，《历史研究》1981 年第 5 期。

怀效锋：《明代中叶的宦官与司法》，《中国社会科学》1985 年第 6 期。

黄志繁：《乡约与保甲：以明代赣南为中心的分析》，《中国社会经济史研究》2002 年第 2 期。

黄忠怀：《明代县以下区划的层级结构及其功能》，《史学月刊》2003 年第 4 期。

李天佑：《论明清的封建专制》，《学术月刊》1980 年第 1 期。

李天佑：《明代的内阁》，《明清史国际学术讨论会论文集》，天津人民出版社 1982 年版。

李熊：《明代巡按御史》，《史学月刊》1988 年第 4 期。

李文治：《明代宗族制的体现形式及其基层政权作用——论封建所有制是宗法宗族制发展变化的最终根源》，《中国经济史研究》1988 年第 1 期。

李渡：《明代皇权与宦官关系论略》，《中国史研究》1995 年第 3 期。

梁希哲：《明代内阁与明代的官僚政治》，《史学集刊》1992 年第 2 期。

梁绍杰：《明代宦官教育机构的名称和初设时间新证》，《史学集刊》1996 年第 3 期。

栾成显：《洪武时期宦官考略》，《明史研究论丛》1983 年第 2 辑。

栾成显：《明代里甲编制原则与图保划分》，《史学集刊》1997 年第 4 期。

冷东：《明代宦官监军制度述略》，《汕头大学学报》1994 年第 3 期。

冷东：《叶向高与宦官关系略论》，《汕头大学学报》1995 年第 2 期。

林乾：《论明代的总督巡抚制度》，《社会科学辑刊》1988 年第 2 期。

林绍明：《略论明代的内阁》，《华东师大学报》1982 年第 3 期。

林绍明：《略论明代御史制度之利弊》，《历史教学问题》1985 年第 5 期。

罗辉映：《明代都察院和监察制度》，《四川大学学报丛刊》1987 年第 34 期。

罗冬阳：《明代的督抚制度》，《东北师大学报》1988 年第 4 期。

廖心一：《刘瑾"变乱旧制"考略》，《明史研究论丛》1985 年第 3 辑。

刘秀生：《论明代的督抚》，《中国社会科学院研究生院学报》1991 年第 2 期。

刘晓东：《监阁共理与相权游移：明代监阁体制探赜》，《东北师大学报》1998 年第 4 期。

孟昭信：《试论张居正的"考成法"》，《吉林大学学报》1993 年第 5 期。

南炳文：《明初军制初探》，《南开史学》1983 第 1、2 期。

欧阳琛：《明代的司礼监》，《江西师院学报》1983 年第 4 期。

欧阳琛：《论明代阁权的演变》，《江西师范大学学报》1987 年第 4 期。

欧阳琛：《明内府内书堂考略（兼论明司礼监和内阁共理朝政）》，《江西师范大学学报》1990 年第 2 期。

商传：《试论明初专制主义中央集权的社会基础》，《明史研究论丛》1983 年第 2 辑。

田澍：《明代内阁的政治功能及其转化》，《西北师大学报》1994 年第 1 期。

杜婉言：《明代宦官与明代经济》，《中国史研究》1982 年第 2 期。

王跃生：《关于明清督抚制度的几个问题》，《历史教学》1987 年第 9 期。

王天有、陈稼禾：《试论明代的科道官》，《北京大学学报》1989 年第 2 期。

王世华：《略论明代御史巡按制度》，《历史研究》1990 年第 6 期。

王昊：《明代乡、都、图、里及其关系考辨》，《史学集刊》1991 年第 2 期。

王昊：《明代乡里组织初探》，《明史研究》1991 年第 1 辑。

王兴亚：《明代实施老人制度的利与弊》，《郑州大学学报》1993 年第 2 期。

王日根：《明清基层社会管理组织系统论纲》，《清史研究》1997 年第 2 期。

王日根：《论明清乡约属性与职能的变迁》，《厦门大学学报》2003 年第 2 期。

汪毅夫：《试论明清时期的闽台乡约》，《中国史研究》2002 年第 1 期。

余兴安：《明代里老制度考述》，《社会科学辑刊》1988 年第 2 期。

余兴安：《明代巡按御史制度研究》，《中国史研究》1992 年第 1 期。

郑天挺：《明代的中央集权》，《天津社会科学》1982 年第 2 期。

张德信：《明代中书省、四辅官、殿阁学士废立述略》，《史学集刊》1988 年第 1 期。

赵轶峰：《票拟制度与明代政治》，《东北师大学报》1989 年第 2 期。

赵世瑜：《明代吏典制度简说》，《北京师范大学学报》1988 年第 2 期

赵世瑜：《明清时期华北庙会研究》，《历史研究》1992 年第 5 期。

赵世瑜：《庙会与明清以来的城乡关系》，《清史研究》1997 年第 4 期。

赵世瑜、张宏艳：《黑山会的故事：明清宦官政治与民间社会》，《历史研究》2000 年第 4 期。

赵中男：《试论明代的"老人"制度》，《东北师大学报》1987 年第 3 期。

周绍泉：《退契与元明的乡村裁判》，《中国史研究》2002 年第 2 期。

郑振满：《明清福建的里甲户籍与家族组织》，《中国社会经济史研究》1989 年第 2 期。

朱亚非：《明朝督抚制度浅议》，《山东师大学报》1991 年增刊。

后　记

　　感谢王天有、商传二位教授的推荐，感谢华夏英才基金的立项，使我能够就自己三十年来对明代国家权力问题的思考作个小结。

　　1977年高考的恢复，使我们这批所谓的"老三届"有了重新回到课堂的机会。在当时，学什么专业、进什么学校，并不是十分重要的事情（尽管后来的事实证明还是很重要），重要的是可以上学。1979年9月，凭着年轻人不安于现状的锐气，我在读了一年大学专科之后，考入江西师范学院（今江西师范大学）历史系，从先师欧阳琛教授伯瑜先生，攻读中国古代史专业明清史方向研究生。平心而论，当时只有一张初中毕业证书（即使这张证书也已经作废，因为上面的照片被揭下来贴在了当年的招工表上）的我并不知道历史研究是何物，也不知研究生该怎样读。而一年"大专"的经历，也主要是在自学外语，准备应付研究生的入学考试。至于此后的研究方向，或者说靠什么在学术界安身立命，根本没有想过。入学后，先师进行的第一轮教诲便是"板凳要坐十年冷"，"可以有年轻的艺术家、科学家，但不要指望有年轻的历史学家"。给的任务则是读书，从《明通鉴》开始，然后是《明史》《清史稿》《明会典》《清会典》。同时开具的书目还有《马克思恩格斯选集》，特别是第四卷中马、恩关于历史唯物主义的通信。这些书都要求"倒本读"，做读书笔记、摘录卡片。先生一个星期检查一次。一年下来，笔记作了好几本，卡片也摘了近万张，满脑子是明清时期的人物、明清时期的政治、明清时期的制度。因此第二年开始写毕业论文，自然也是政治，是制度。当然，要写就要写主要的，核心的，具有全局性的，于是选择了明代内阁。仍然是老办法，像过去倒本读《明史》《清史稿》一样，倒本读《明实录》。

　　说起来很有意思，正如我在本书《导论》中所说的那样："随着学术的推进和时势的发展，某些历史问题往往会在一个特定的时期同时引起众多学者的关注。"在我选择内阁作为毕业论文题不久，天津召开了明清史国际学术会。从后来出版的论文集看，至少有两篇关于明代内阁的文章提交到了大会。一篇是武汉大学关文发先生的《试论明朝内阁制度的形成和发展》，另一篇是华东师范大学李天佑先生的《明代的内阁》。从学术背景看，关、李二先生都是前辈学者。但事隔多年后突发奇想，仅就明代国家制度的研究而言，大家其实都处于起步阶段。导致我产生这一想法的原因有两个。其一，经过三年的"社教"和十年的"文化大革命"，大陆学术从总体上说基本中断。如果不是一直在思考学术问题，1963年和1979年的起点差不了多少。其间的差别，是学术背景。其二，大凡研究明代内阁，一般应该是一个学者研究明代国家制度的开端。任何一个"科班"的或"正统"的明代史研究者，没有不首先关注政治及制度的；关注明代政治及制度，首先必然是内阁。在尚未见到相关的成熟学术成果前，将其作为研究对象便是符合逻辑的选择。随着学术的推进，在杜乃济《明代内阁制度》（台北商务印书馆1967年版，但80年代初大陆看不到）的基础上，在大陆学者研究内阁的基础上，王其榘的《明代内阁制度史》1989年由中华书局出版，谭天星的《明代内阁政治》1996年由中国社会科学出版社出版。除非是发现了新的带有颠覆性的材料，明智的学者是不会回过头来研究内阁的。

1981年春节前，先师已经得到了关、李二先生的大会论文稿，但并没有给我看，而是要求我在不受外界干扰的情况下，按自己的思路继续完成论文。这和今天的论文写作先厘清"学术史"不同。因为在先师看来，撰写毕业论文的目的不是为着发表而是为着训练，为着训练纯粹的"读书得间""论从史出"的独立研究能力。春节后，论文初稿写完，先师出示那两篇论文，让我自己进行比较。最大的发现是，关文的材料依据主要是《明通鉴》，李文的材料依据主要是《明史》，而我的毕业论文主要材料依据是《明实录》，于是有了信心。但先师告诫：会议论文大多是急就篇，不能体现学者的真实研究水平，这与研究生毕业论文可以花一两年的时间收集资料、反复打磨并有导师指导和修改不同。

　　应该说，研究明代内阁是我从事明代史研究特别是从事明代国家问题研究的起点。而在研究内阁的过程中，仅《明史·职官志》的一句话，"内阁之票拟，不得不决于内监之批红"，便会将研究者带向内监特别是司礼监，接着便是内府和外廷的关系。这是横向问题。而纵向，自然是巡抚、巡按、司道、府县、里甲。这是我当时准备系统研究明代国家权力问题的基本思路，也是本书的基本结构。

　　但在随后的时间里，我并没有真正沿着这条路走太远。

　　其一是没有必要。因为不久即发现，有不少学者也在走同一条路。大家在路上碰上了，于是各走一段，形成了没有计划却有默契的分工合作、群体研究。有研究巡按御史的，有研究兵备道的，有研究州县的，有研究里甲基层的，也有研究宦官的。而且每一段路都有不少学者在走。比如在研究巡抚的路上就遇上了老朋友罗东阳、王跃生、刘秀生，还有张哲郎老师、关文发老师等；在研究宦官的路上，则遇上了新朋友梁绍杰、冷东、田澍等，而且王春瑜、杜婉言先生早就在路上等着。一旦踏上州县及基层的路，则有更多的朋友，赵世瑜、柏桦，唐力行、常建华、陈支平、郑振满、陈春声、刘志伟、周绍泉、栾成显、梁洪生、曹国庆、陈宝良、卞利等，已在前面挥手，有的甚至接近地平线了。所以，现在的这个著作虽然主要是我个人的研究心得，但也充分借鉴了这些新老朋友的成果。

其二是我在专业"背景"方面补了一些课，读了一批明人的文集、笔记，以及清人研究明代史的著作；也读了一批专史如政治史、法律史、经济史、史学史等方面的著作，以及渐次进入大陆的港台、日本及西方学者的历史学、社会学、人类学等方面的著作。给历史系本科生开中国古代史及明清史课，是另外一种补课。因为在备课的过程中，需要在"通史"和"专史"的两个方面强化基础。更为集中的补课则是到南开大学明清史研究室进修，师从郑克晟教授，专攻明史。同时得到刘泽华、冯尔康、南炳文、谢代刚诸先生及时任南开大学校长的滕维藻先生（尽管没有谋过面）和先师早年的一个学生刘仁智先生的帮助。在"补课"的过程中，学术兴趣也发生了某些转移。

回想起来，先师一手促成我去南开进修（当时属"计划外"），或许也是在实现他自己的一个夙愿。先师当年在西南联大读研究生，导师是邵循正先生，毕业论文的答辩主席则是郑天挺先生。先师对郑老先生心仪久之，随着郑老先生东赴南开，先师的情结也转到了南开。

伯瑜先生和克晟先生都是根柢深厚的传统型学者，讲究勤读史料，讲究读书得间，治学方法则是在读书的过程中摘录卡片、写读书札记，当积累到一定心得时，才动手撰写论文。所以，他们的论文都不是为了发表"写"出来的，而是通过读书"悟"出来的。但到了我们这一辈人，情况发生变化，职称评定、年度考核，文章大多是被"逼"出来的。数量可能不少，但真正经得起检验、经得起"把玩"的却不多。所幸多年来受二位先生"悟"功的影响，在被"逼"的同时也一直在"悟"。后来写巡抚、写御马监、写镇守中官、写知识宦官、写江右商与江西讼风、写传奉官与成化时代，也自认为"悟"的成分比"逼"的成分更多些。而且，随着中国学术的向纵深发展，"悟"的成分自信也越来越多。故最近在接受一家学术报纸的记者采访时，我斗胆说了一句："越是近期发表的作品，感觉越是好些。"因为中国学术在进步，自己也应该有所进步。

在我的学习历程中，谷霁光先生对我的影响是巨大的。谷老是具有博大气度的学者，得以在他人生的最后几年时间里时时过从、听取教诲，是我一生中的幸事。谷老关于"广博""专精""融通"相结合的学术理念，关于从生产生活、从时局大势、从人物活动、从偶然因素综合分析历史发展进程、揭示政治走向、理解古人行为的思维方式，对我来说可谓受用无穷。也使我对历史唯物主义和辩证唯物主义、对黑格尔关于"存在即合理"的命题有了更深刻的认识。

在扬州大学师从王小盾教授读中国古代文学的博士研究生，曾被同行朋友戏称为"自坠身份"。因为王小盾教授是我大学的同班同学而非前辈学者，扬州大学又并非"名校"，我自己也已经是"教授"。但在我们这一个年龄段的学者中，乃至在至今还在职的学者中，综括文、史、哲三大传统学科，王小盾教授所达到的学术层次和学术境界，我不作第二人观（至少在大陆学界如此）。否则，就是我孤陋寡闻。三年扬州并非梦，它既让我扎扎实实地读了一批书，同时也尽可能地尝试像小盾师那样，从大文化的视野和多学科的角度去思考历史问题。因为历史本身就是多层面的、纷繁复杂的。

犹如历史的进程一样，人生的道路也往往由一些偶然因素所决定（当然不排除其中的必然性）。如果不是"文化大革命"和"唯成分论"，我一直相信自己应该研究数学或天文学。而明代史研究者的行列中有我，很大程度上是出于杜婉言老师和汪圣铎老师的"挽留"。20世纪80年代大学教师的日子是拮据的，收入低、住房紧、压力大。为了解决家庭的生计问题，我从1981年底即研究生刚毕业时就开始在"电大"兼课，并在当地的成人学员中闯下了比较响亮的名头。后来，这些学员中的不少人考了律师证，成了律师，经济收入可观。在他们的鼓动下，我也准备参加考试，改行干律师。如果成功（当然没有不成功的道理，因为迄今为止，凡是参加过的考试，还没有不成功的先例，这大概也是我至今"狂"性不改的重要原因），至少当地会有一位名律师出现。但就在准备考试的那一年，1987年，我同时给《中国史研究》和《文史》投了稿，不久即收到用稿通知。后来知道，是杜婉言老师和汪圣铎老师代表各自"编辑部"给我写了修改意见。这两篇稿子的题目是《明代的巡抚制度》和《论明代内阁制度的形成》（1981年毕业论文的修改稿），分别发表在《中国史研究》1988年第3期和《文史》第33辑。这两篇论文可以说是我研究明代国家制度的基础。而在当时的地方院校，初出道的学者没有人推荐能在这里发表文章是难以想象的事情。所以当时就有朋友打听：你在那两个地方有熟人？但杜老师和汪老师我当时并不认识，也没有任何人打招呼。由于有他们代表这两个刊物的挽留，于是我死心塌地搞历史，转眼又是二十年。如果在今后的人生中不发生戏剧性变化，此生可能也不会改行做其他事情了。

现在呈献给读者的这部著作，对于动态地揭示明代国家权力的内部结构和运行法则，对于客观地认识中国古代社会国家制度的一些本质特征，我认为是有贡献的。也算是对自己的一个交代。但我自己对它并不满意。倒不是说书中讨论的有些问题还没有搞透，事实上我们所做的事情只是在接近历史真相而不可能穷极真相。而是因为涉及的面太宽，需要关照的问题太多，而大凡"课题"，又都有时限，这就造成"悟"得不够通达透彻，综合分析及文化层面的揭示更显不足。

我曾经承诺过一家出版社的朋友，争取写出一本自己"悟"出来的、学究气息少些、启示性多些、因而可能受到读者更多欢迎的历史著作。我想，我会实践这个承诺的。

科学出版社在得知我的课题立项后的第一时间主动联系，并立即签订出版协议，令我感动。王刃余、郝莎莎前后两位责任编辑的积极配合和宽松管理，更令我感到亲切。

在本书写作及最后校稿过程中，谢宏维博士及汪红亮、陈刚俊二君付出了辛勤的劳动，在此谨致谢意。

方志远　2008年春节
于江西师大北区寓所

再版后记

本书在 2008 年出版之后，得到不少朋友的鼓励，我也自认为它对明代国家制度、权力结构及运行机制的研究做出了一定贡献。当然，也有诸多不满意处，所以一度希望能够通过"修订"以后再版，弥补其中的一些遗憾。一旦动手，便打消了这个念头，原因有三：

第一，本书是对明代国家制度和权力结构的整体性研究和描述，而不是对某个环节的专题讨论，如果修订，工程浩大，而且未必能够修补得更好。

第二，本书代表我当年的认知水平，其中不少内容是和同行学者讨论的成果，如果修订，场景便发生了变化，对自己、对他人都是不负责任。

第三，进入本世纪后，我的学术研究的旨趣和方法发生了一些变化，更多地站在社会进程的角度思考明朝、思考明代的问题，这些思考，集中在几篇论文之中。这些论文被有些朋友称为"新政治史"研究，正在考虑一些朋友的建议，打算编成一个集子，以《走进明朝：从严峻冷酷到自由放任》的书名出版，以弥补本书的某些缺憾。从这个角度看，《走进明朝》实为《明代国家权力结构及运行机制》的续篇。回过头来再度审视明朝国家制度和权力结构，认为即使在今日，本书的整体认识仍然是到位的，所以，最终放弃了"修订"的打算，只是对明显的错字、误用的标点及个别文献进行了修正。

本书由科学出版社出版后，至今 15 年，库存已尽，网上旧书的购价好像到了数百上千，不少朋友以及我的学生，是通过打印或复印获取本书的一些信息，也有不少朋友通过微信或微博建议此书早日重印或再版，每每看看这些信息，就感到对不住朋友、对不住读者。早在七八年前，何孝荣教授就询问过这本书的版权，准备将其纳入紫禁城出版社的出版计划，但我对"版权"之类的事从来没有放在心上，因为有几本书的版权是 10 年，遂以为都是 10 年，其实那个时候，这本书的版权时间已经到了。虽然后来又有几个出版社和我联系，有的已经签订再版协议，拟在 2022 年夏出版，但因为无法预测的原因，迄未出版。

感谢刘景琳、刘隆进、张洁诸友的努力，广西师范大学出版社准备尽快再版此书。我和景琳相交是在 30 年前，从年龄上说是两代人，但他思想的敏锐和办事的干练，却给我留下深刻的印象；和隆进的相识，是因为他出版黄宗智先生的文集，里面收录了我的一篇文章，从此有邮件和微信来往；张洁几年前约了我一个稿子，因为忙，一直在爽约，真对不住，但她并不介意，极力推进本书的再版，期待它能够早日和读者见面。

学生俞翊、施睿哲、汪浩东等在校读的过程中，付出了艰辛的劳动，发现多处过去"抄卡片"时留下的问题。

在没有电脑、没有网络、没有数据库的时代，所有历史学者的资料和信息，几乎都是通过查找纸质文献、抄录卡片积累的。这种方法一直延续到 1990 年代中期。后来虽然用了电脑，电脑仍然是作为输入资料和写作的工具，就像那个时候手机只是用来通话一样。本书的大部分资料，就是这样积累起来的。抄录卡片时，只会注明作者、书名、卷帙及细目，编年史则标明年、月、日，这在当年已经是十分规范了。随着"和国际接轨"、随着学术的"规范化"，大概从 2005、2006 年开始，一些刊物开始要求论文的注释精确到文献的页码，极大程度消除引用文献的错误，但对著作，当时还没有这种要求。这次再版本书，本想补上页码，但因工作量太大而放弃。所以，尽管责任编辑和校对投入了大量的劳动，恐怕还是无法完全消除错误，不能不说是一个遗憾。但坦率地说，要求对所有古籍标注页码，我还是有一些抵触。同时也认为，人文社会科学著作在这方面留下个别无妨大旨的缺憾、留下少许不影响整体品质的错误，也没有什么不好。突发奇想，留下少许错误，还便于发现个别转引文献不注明来源的作者。因为你的引文错了，他也跟着错，从我的论文和著作中犯这种转引错误的，不小心发现了两三起。从另外一个角度说，史料页码标得如此明白，是否也为转引史料提供了方便？

遗憾的是，当年向华夏英才基金推荐本书的王天有、商传二教授，已先后驾鹤仙去。本书的再版，也是对他们的怀念。

方志远

2023 年 2 月 18 日

广东惠州富力湾寓所

附录：明代国家权力结构演进简表

中央一 洪武十三年以前

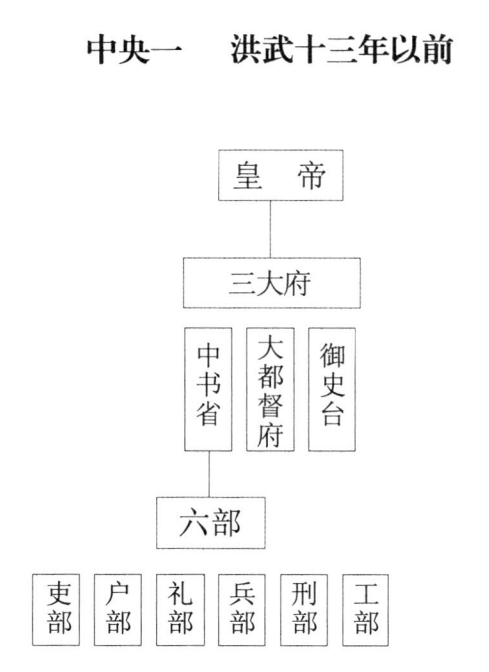

```
         皇帝
          |
        三大府
    御史台
    大都督府
    中书省
          |
         六部
    吏部 户部 礼部 兵部 刑部 工部
```

中央二 洪武十三年以后

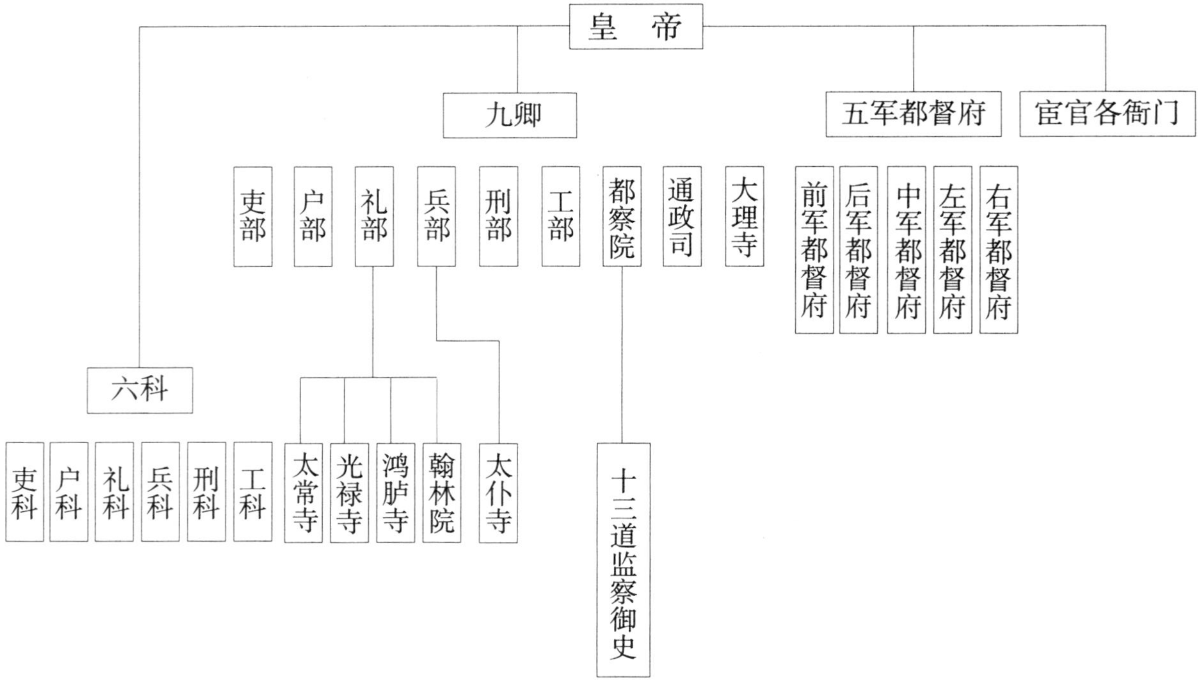

```
                    ┌─ 宫官各衙门
                    │
                    │                    ┌─ 右军都督府
                    │                    ├─ 左军都督府
                    ├─ 五军都督府 ───────┼─ 中军都督府
                    │                    ├─ 后军都督府
                    │                    └─ 前军都督府
                    │
                    │   ┌─ 大理寺
                    │   ├─ 通政司
                    │   ├─ 都察院 ─── 十三道监察御史
                    │   ├─ 工部
皇 帝 ──────────────┤   ├─ 刑部
                    │   ├─ 兵部 ─── 太仆寺
                    ├─ 九卿 ─┤       ┌─ 翰林院
                    │   ├─ 礼部 ────┼─ 鸿胪寺
                    │   │           ├─ 光禄寺
                    │   │           └─ 太常寺
                    │   ├─ 户部
                    │   └─ 吏部
                    │
                    │        ┌─ 工科
                    │        ├─ 刑科
                    │        ├─ 兵科
                    └─ 六科 ─┼─ 礼科
                             ├─ 户科
                             └─ 吏科
```

中央三 永乐以后

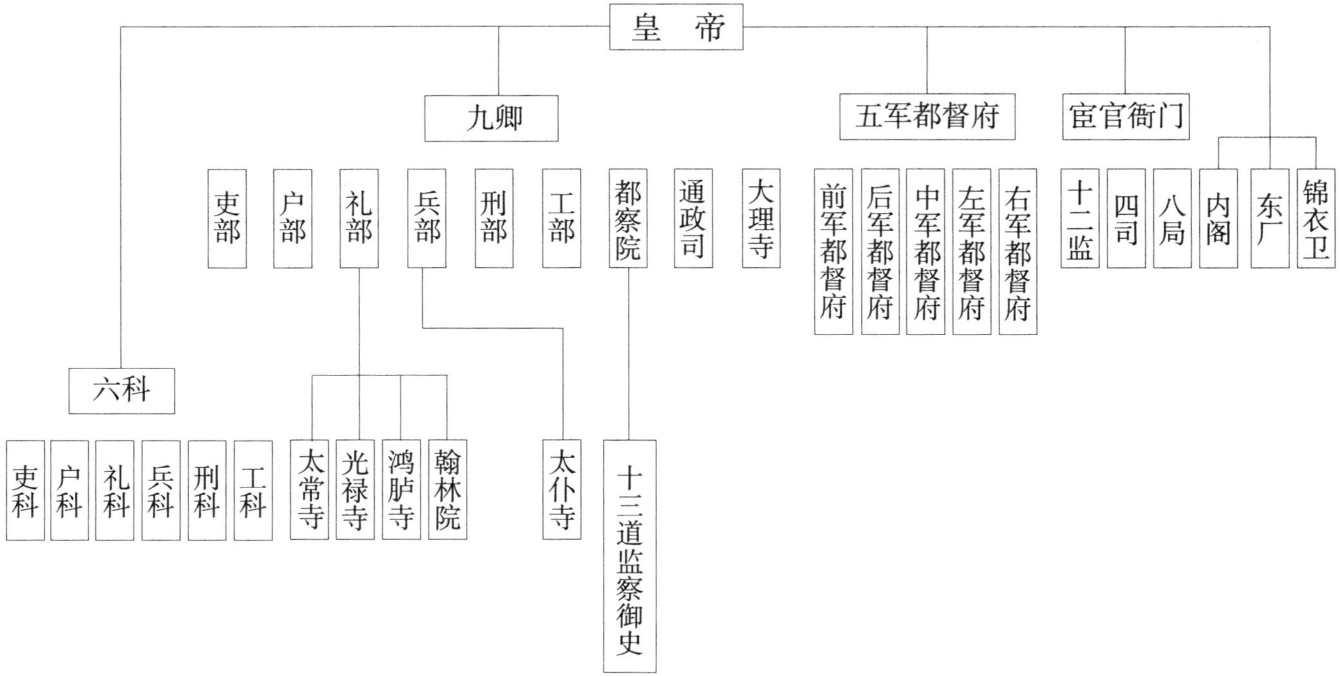

```
                                            ┌─ 锦衣卫
                                            ├─ 东厂
                                            └─ 内阁
                            ┌─ 宦官衙门 ─┬─ 十二监
                            │           ├─ 四司
                            │           └─ 八局
                            │
                            │              ┌─ 前军都督府
                            │              ├─ 后军都督府
                            ├─ 五军都督府 ─┼─ 中军都督府
                            │              ├─ 左军都督府
                            │              └─ 右军都督府
                            │
                            ├─ 大理寺
                            ├─ 通政司
                            ├─ 都察院 ──── 十三道监察御史
                            │
                皇 帝 ─────┤           ┌─ 工部
                            │           ├─ 刑部
                            ├─ 九卿 ────┼─ 兵部 ──── 太仆寺
                            │           │           ┌─ 翰林院
                            │           ├─ 礼部 ────┼─ 鸿胪寺
                            │           │           ├─ 光禄寺
                            │           │           └─ 太常寺
                            │           ├─ 户部
                            │           └─ 吏部
                            │
                            │           ┌─ 工科
                            │           ├─ 刑科
                            └─ 六科 ────┼─ 兵科
                                        ├─ 礼科
                                        ├─ 户科
                                        └─ 吏科
```

中央四 成化、弘治以后

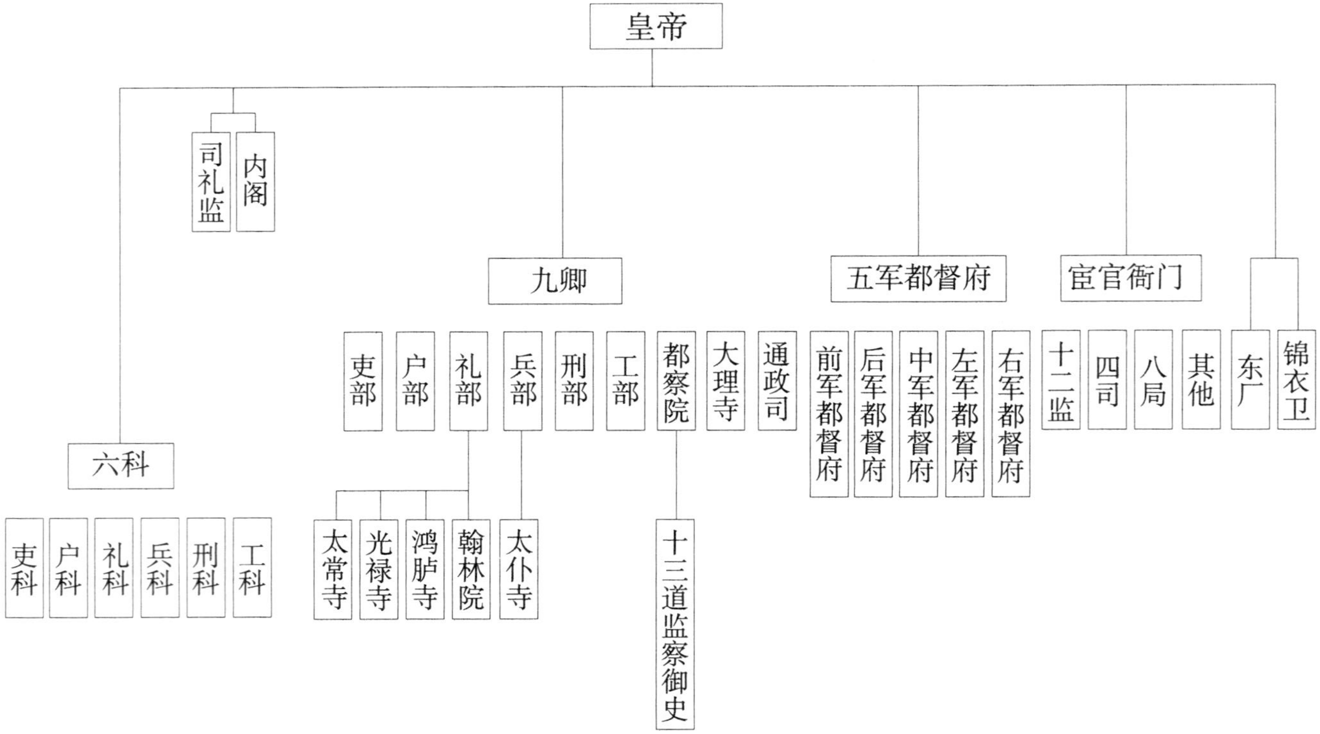

```
                        ┌── 锦衣卫
         ┌──────────────┤
         │              └── 东厂
         │
         │              ┌── 十二监
         │              ├── 四司
         ├── 宫官衙门 ───┤
         │              ├── 八局
         │              └── 其他
         │
         │              ┌── 右军都督府
         │              ├── 左军都督府
         ├── 五军都督府 ─┼── 中军都督府
         │              ├── 后军都督府
         │              └── 前军都督府
         │
         │              ┌── 通政司
         │              ├── 大理寺
         │              ├── 都察院 ─── 十三道监察御史
         │              ├── 工部
皇帝 ────┤              ├── 刑部
         │              │              ┌── 太仆寺
         ├── 九卿 ──────┼── 兵部 ──────┤
         │              │              ├── 翰林院
         │              ├── 礼部 ──────┼── 鸿胪寺
         │              │              ├── 光禄寺
         │              │              └── 太常寺
         │              ├── 户部
         │              └── 吏部
         │
         │       ┌── 内阁
         ├───────┤
         │       └── 司礼监
         │
         │              ┌── 工科
         │              ├── 刑科
         │              ├── 兵科
         └── 六科 ──────┼── 礼科
                        ├── 户科
                        └── 吏科
```

地方一　洪武时期

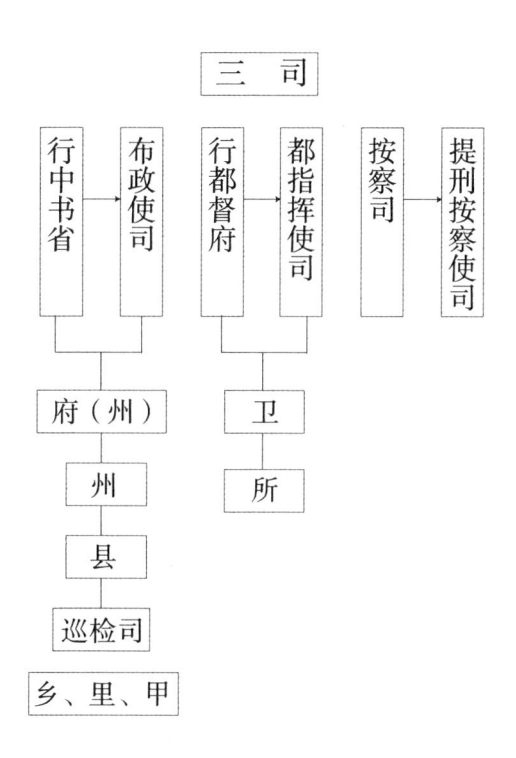

```
                    ┌─三　司─┐
         ┌──────┬──────┬──────┬──────┬──────┐
         │行中书省│布政使司│行都督府│都指挥使司│按察司│提刑按察使司│
         └──────┴──────┴──────┴──────┴──────┘
              │                │
           府（州）             卫
              │                │
              州               所
              │
              县
              │
            巡检司
              │
           乡、里、甲
```

地方二 永乐以后

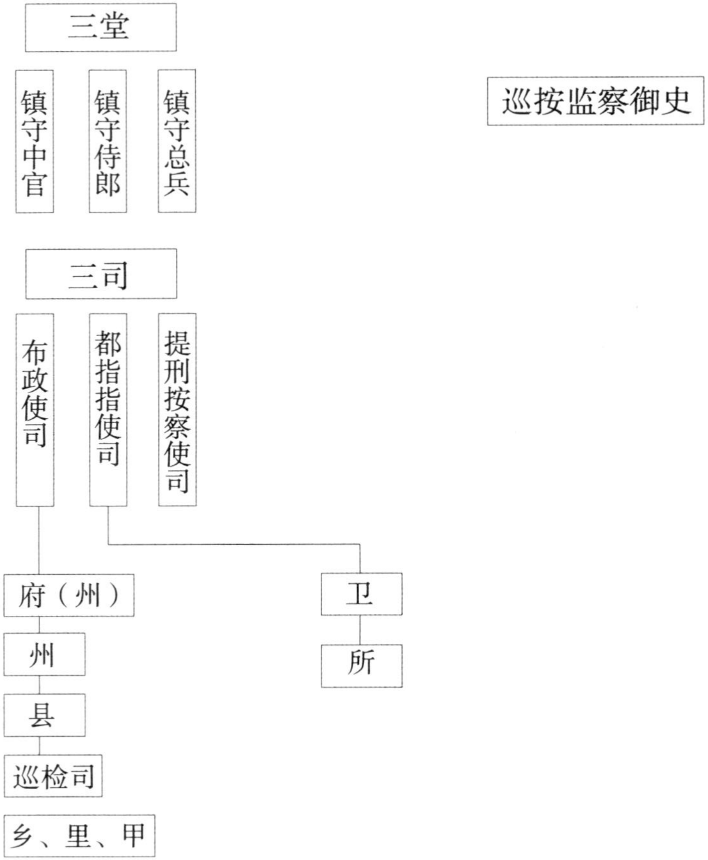

巡按监察御史

三堂：镇守总兵、镇守侍郎、镇守中官

三司：提刑按察使司、都指挥使司、布政使司

都指挥使司 —— 卫 —— 所

布政使司 —— 府（州）—— 州 —— 县 —— 巡检司 —— 乡、里、甲

地方三 成化、弘治以后

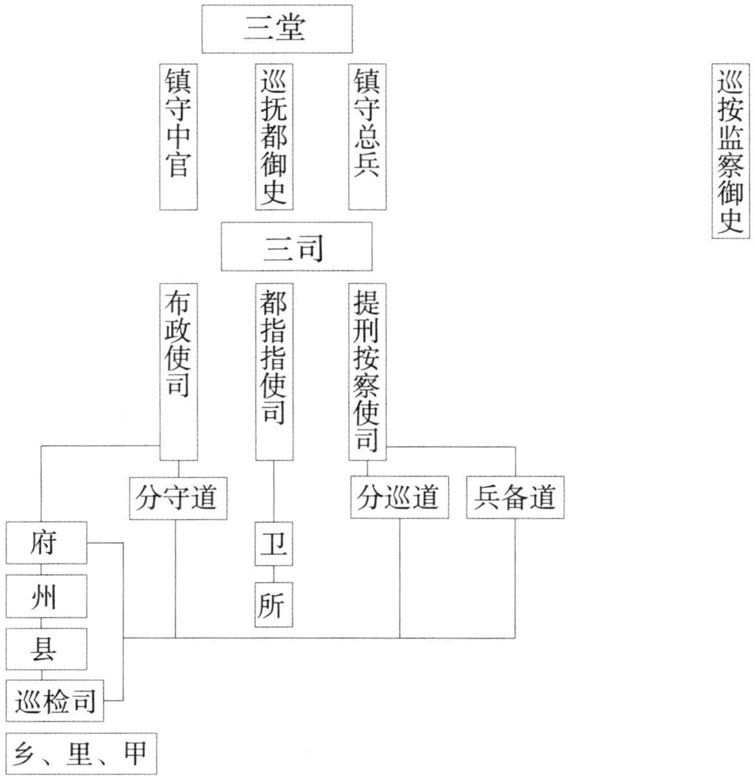

```
                巡按监察御史

三堂 ┬ 镇守总兵
     ├ 巡抚都御史
     └ 镇守中官

三司 ┬ 提刑按察使司 ┬ 兵备道
     │              └ 分巡道
     ├ 都指挥使司 ── 卫 ── 所
     └ 布政使司 ──── 分守道
                          │
                    ┌─────┼─────┬─────┐
                    府    州    县   巡检司
                                      │
                                  乡、里、甲
```

地方四　嘉靖以后

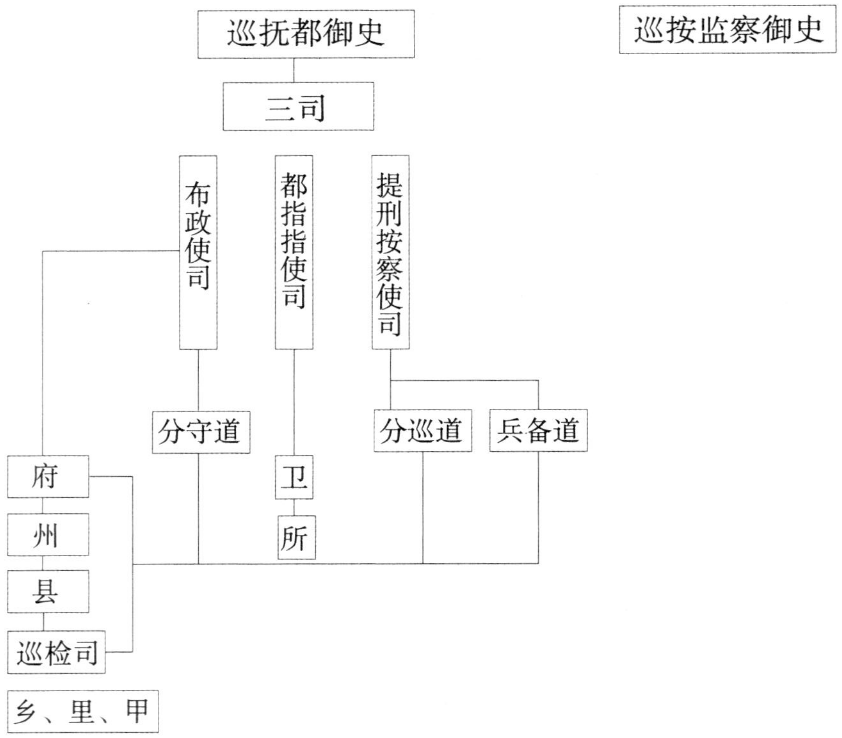

```
巡按监察御史

巡抚都御史
    │
   三司
    │
 ┌──┼──────────────┐
 │         │              │
提刑按察使司   都指挥使司      布政使司
 │         │              │
 ├─分巡道   ├─卫           └─分守道
 └─兵备道   └─所                │
                          ┌────┼────┬────┐
                          府    州    县   巡检司
                                           │
                                       乡、里、甲
```

"大学问"是广西师范大学出版社旗下的学术图书出版品牌。品牌以"始于问而终于明"为理念，以"守望学术的视界"为宗旨，致力于原创+引进的人文社会科学领域的学术图书出版。倡导以问题意识为核心，弘扬学术情怀、人文精神和探究意识，展现学术的时代性、思想性和思辨色彩。

截至目前，大学问品牌已推出《现代中国的形成（1600-1949）》《中华帝国晚期的性、法律与社会》等70多种图书，涵盖思想、文化、历史、政治、法学、社会、经济等人文社会科学领域的学术作品，力图在普及大众的同时，保证其文化内蕴。

"大学问"品牌书目

大学问·学术名家作品系列
朱孝远《学史之道》
朱孝远《宗教改革与德国近代化道路》
池田知久《问道：〈老子〉思想细读》
赵冬梅《大宋之变，1063—1086》
黄宗智《中国的新型正义体系：实践与理论》
黄宗智《中国的新型小农经济：实践与理论》
黄宗智《中国的新型非正规经济：实践与理论》
夏明方《文明的"双相"：灾害与历史的缠绕》
王向远《宏观比较文学19讲》
张闻玉《铜器历日研究》
张闻玉《西周王年论稿》
谢天佑《专制主义统治下的臣民心理》
王向远《比较文学系谱学》
王向远《比较文学构造论》
刘彦君　廖奔《中外戏剧史（第三版）》
干春松《儒学的近代转型》
王瑞来《士人走向民间：宋元变革与社会转型》

大学问·国文名师课系列
龚鹏程《文心雕龙讲记》
张闻玉《古代天文历法讲座》
刘强《四书通讲》
刘强《论语新识》
王兆鹏《唐宋词小讲》
徐晋如《国文课：中国文脉十五讲》
胡大雷《岁月忽已晚：古诗十九首里的东汉世情》

大学问·明清以来文史研究系列
周绚隆《易代：侯岐曾和他的亲友们（修订本）》
巫仁恕《劫后"天堂"：抗战沦陷后的苏州城市生活》
台静农《亡明讲史》
张艺曦《结社的艺术：16—18世纪东亚世界的文人社集》
何冠彪《生与死：明季士大夫的抉择》
李孝悌《恋恋红尘：明清江南的城市、欲望和生活》
孙竞昊《经营地方：明清时期济宁的士绅与社会》

大学问·哲思系列
罗伯特·S. 韦斯特曼《哥白尼问题：占星预言、怀疑主义与天体秩序（上）》
罗伯特·斯特恩《黑格尔的〈精神现象学〉》
A. D. 史密斯《胡塞尔与〈笛卡尔式的沉思〉》
约翰·利皮特《克尔凯郭尔的〈恐惧与颤栗〉》
迈克尔·莫里斯《维特根斯坦与〈逻辑哲学论〉》
M. 麦金《维特根斯坦的〈哲学研究〉》
G·哈特费尔德《笛卡尔的〈第一哲学的沉思〉》
罗杰·F. 库克《后电影视觉：运动影像媒介与观众的共同进化》

大学问·名人传记与思想系列
孙德鹏《乡下人：沈从文与近代中国（1902—1947）》
黄克武《笔醒山河：中国近代启蒙人严复》
黄克武《文字奇功：梁启超与中国学术思想的现代诠释》
王锐《革命儒生：章太炎传》
保罗·约翰逊《苏格拉底：我们的同时代人》
方志远《何处不归鸿：苏轼传》

大学问·实践社会科学系列
胡宗绮《意欲何为：清代以来刑事法律中的意图谱系》
黄宗智《实践社会科学研究指南》
黄宗智《国家与社会的二元合一》
黄宗智《华北的小农经济与社会变迁》
黄宗智《长江三角洲的小农家庭与乡村发展》
白德瑞《爪牙：清代县衙的书吏与差役》
赵刘洋《妇女、家庭与法律实践：清代以来的法律社会史》
李怀印《现代中国的形成（1600—1949）》
苏成捷《中华帝国晚期的性、法律与社会》
黄宗智《实践社会科学的方法、理论与前瞻》
黄宗智　周黎安《黄宗智对话周黎安：实践社会科学》

大学问·雅理系列
拉里·西登托普《发明个体：人在古典时代与中世纪的地位》
玛吉·伯格等《慢教授》
菲利普·范·帕里斯等《全民基本收入：实现自由社会与健全经济的方案》
田雷《继往以为序章：中国宪法的制度展开》
寺田浩明《清代传统法秩序》

大学问·桂子山史学丛书
张固也《先秦诸子与简帛研究》
田彤《生产关系、社会结构与阶级：民国时期劳资关系研究》
承红磊《"社会"的发现：晚清民初"社会"概念研究》

其他重点单品
郑荣华《城市的兴衰：基于经济、社会、制度的逻辑》
王锐《中国现代思想史十讲》
简·赫斯菲尔德《十扇窗：伟大的诗歌如何改变世界》
北鬼三郎《大清宪法案》
屈小玲《晚清西南社会与近代变迁：法国人来华考察笔记研究（1892—1910）》
徐鼎鼎《春秋时期齐、卫、晋、秦交通路线考论》
苏俊林《身份与秩序：走马楼吴简中的孙吴基层社会》
周玉波《庶民之声：近现代民歌与社会文化嬗递》
蔡万进等《里耶秦简编年考证（第一卷）》
张城《文明与革命：中国道路的内生性逻辑》